医事法学进展在广东

宋儒亮／主编

THE PROGRESS OF
MEDICAL LAW
IN GUANGDONG

《中国医学论坛报》“医事法学”专栏合集

广东省医学会医事法学分会
《中国医学论坛报》 **联合编辑制作**

法律出版社
LAW PRESS · CHINA

名誉主编——朱宏

医学博士，研究员，硕士研究生导师。曾任南方医科大学南方医院医师、主治医师、副教授、副院长，现为广东省卫生与计划生育委员会党组成员、干部保健局局长，担任广东省医学会副会长、上海交通大学卫生管理学院兼职教授、南方医科大学公共卫生管理学院兼职教授。从事医院管理、健康管理、卫生事业管理等方面的工作二十多年。出版专著3本，在国内核心期刊发表文章近40篇。同时担任中华医学会理事、中华医学会健康管理学分会副主任委员、《中华健康管理学杂志》副总编辑等职。

名誉主编——李国营

医学博士，汉族，1967年8月生，河南省确山县人。1991年7月参加工作，中山大学医学院人体解剖与组织胚胎学专业毕业，研究生学历，教授，研究生导师；曾为广东省“千百十”工程省级重点培养对象，哈佛大学医学院访问学者。主持国家级、省级等课题十余项，发表论文50余篇，其中SCI收录20余篇，出版专著5部，获广东省科技进步三等奖1项。现任广东省医学会秘书长，常务理事。

1986–1991年新乡医学院临床医学系学习；1991–2004年，新乡医学院解剖学教研室助教、讲师、副教授。1996–1999年河北医科大学人体解剖与组织胚胎学专业硕士研究生学习，获硕士学位；2001–2004年中山大学医学院人体解剖与组织胚胎学专业博士研究生学习，获博士学位；2004–2007广东药学院基础学院人体解剖学系副教授、系主任、党委副书记（主持党委工作）；2007–2014年，广东药学院基础学院教授、党委书记、院长。2010.12–2012.01美国哈佛大学医学院访问学者； 2014年至今任广东省医学会常务理事、秘书长。

名誉主编——谭宁

医学博士，现为广东省人民医院、心血管病研究所主任医师，教授，博士生导师，心内科行政副主任，曾在新加坡国立大学医院，美国宾夕法尼亚大学医学院担任访问学者。从事临床一线工作近30年，对心血管急重症及介入诊治具有丰富的临床经验，同时对心血管疾病的介入治疗及心血管疾病基础发病机制有深入的研究。担任欧洲心脏病协会委员，亚太心血管学会委员，中华医学会心血管病学分会预防学组委员，中国医师协会心血管内科医师分会委员，中国南方国际心血管病学术会议秘书长。主持国家自然科学基金及广东省科技项目多项，多次获得广东省科学进步奖。已发表临床SCI论文30余篇，累计影响因子100多分。

主编——宋儒亮

博士，现为法治广东研究中心主任，中共广东省委党校/广东行政学院校（院）学术委员会委员；省委党校/行政学院法律学教授，硕士研究生导师；广东省委宣传部十八届四中全会精神专家宣讲团成员；“百名法学家百场报告会”法治宣讲活动主讲专家；兼职律师；广州仲裁委员会仲裁员。

主要研究方向：宪法、行政法以及医事法律领域理论研究和律师实务工作。

兼任：中国社会科学院法治国情广东调研基地研究委员会委员、国家食品药品监督管理局执业药师资格认证中心国家执业药师工作专家、中国医师协会第三届维权委员会委员、中国药品监督管理研究会药品监管法规和政策研究专业委员会委员、广东省人民代表大会常务委员会立法咨询专家、广东省高级人民法院特邀审判理论专家、广东省律师协会医疗法律专业委员会主任、广东省医学会医事法学分会主任、广东省法学会卫生法学研究会副会长、广州市人民政府法律咨询专家、广州市重大行政决策论证专家等社会职务。

成果荣誉：

成果：《广东法治史》编写课题组组长；承担广东省哲学社会科学“十五”规划项目《脑死亡立法问题研究》1项；承担省、市、厅、校课题12项；

出版专著《打开天窗说“亮”话》（法律出版社）、《医法通》（新世纪出版社）、《脑死亡与器官移植——关联、争议与立法》（法律出版社）；

主编《医事纠纷律师实务：案例评析和诉讼指引》（法律出版社）和《医事法学在广东》（法律出版社）；

合作主编《民法通》、《专利法通》和《婚姻法通》（新世纪出版社）；

在《中国法学》、《宪法学、行政法学》、《法律科学》、《研究参考》（中央纪委监察部廉政理论研究中心、中国监察协会主办）、《中国循证医学》、《中国处方药》、《法制日报》、《中国医学论坛报》、《南方日报》、《羊城晚报》等杂志报纸发文260余篇。

栏目：中国循证医学杂志编委、《中国医学论坛报》之“医事法学”栏目主持人；《医药经济报》之“医界真知”专栏撰写人。

荣誉：全国优秀社会科学普及专家（2013年）；广东省医学会先进个人（2013年）；广东省法学会先进个人（2015年度）；广东省律师协会专业委员会优秀主任（2015、2014、2013、2012和2011年度）

荣获广东省委党校/广东行政学院特优教学奖（2006−2008年度）；荣获广东省委党校/广东行政学院青年教师特优教学奖（2004−2006年度）；荣获广东省委党校/广东行政学院优秀教学奖（2002−2004年度）。

“完善保证宪法实施的监督机制”荣获广东省委党校/广东行政学院校院主体班精品课一等奖（2014年）；“依法行政与行政救济”荣获广东省委党校/广东行政学院校院首批精品课（2012年）。

广东省委党校/广东行政学院优秀科研工作者奖（2016年）；

著作类：《脑死亡与器官移植——关联、争议与立法》（专著）先后获广东省委党校/第十二次科研成果一等奖（著作类）以及广州市律师协会“理论成果一等奖”（2009年）；广州律师协会律师业务成就奖（2006年）；《医法通》（专著）广州市律师协会理论成果一等奖（2005年）；

论文类：《论公务员在执行上级决定或者命令中的角色定位》（《法律科学》，2006年第4期）获广东省委党校（广东行政学院）第十一次科研成果一等奖优秀科研成果奖著作类和论文类一等奖；论文《循证医学证据首次直接用于医疗及其侵权诉讼引发的问题与思考》（《循证医学杂志》2014年8月）获广东省委党校（广东行政学院校（院）第十五次（2013—2014年度）优秀科研成果奖二等奖。

副主编——赖永洪

儿科主任医师，硕士导师。1986年广州医学院医疗系毕业获医学学士学位，2004年北京大学中国经济研究中心中国医院管理高级课程班结业，2005年中国政法大学法学（医疗）专业研究生课程班结业，2006年获中山大学EMBA学位。现任广州医科大学附属第三医院党委书记、广州医科大学第三临床学院党委书记。曾任广州医学院第一附属医院常务副院长、广州医学院第三附属医院院长、党委书记。担任中国医师协会人文医学专业委员会副主任委员、广东省医师协会副会长、广东省医学会医事法学分会副主任委员，广州市医学会常务副会长。长期从事医疗、教学、科研及医院管理工作。

副主编——邓娟闰

湖南邵东人。曾先后就读于中南政法学院、湖南财经学院及武汉大学。2002年博士毕业后到广州市中级人民法院工作，现任民事庭副庭长。

副主编——王娣

2002年毕业于山东大学医学部，获临床医学学士学位，2007年毕业于北京大学医学部，获临床医学博士学位（皮肤病学专业）。同年加入《中国医学论坛报》社，现任《中国医学论坛报》“循环周刊”和“全科医学周刊”主编。

编委（按照姓氏笔画排列）：

王绍强	王俊杰	王慧君	付洪林	邓新建	田　柯
刘玉莹	刘　芳	刘治家	刘秋生	孙海峰	年　亚
许茂怡	佘琼圣	宋立志	张互帮	张永燊	张顺华
李　妍	杨　扬	杨金顺	陈　伟	陈华虹	陈国翔
陈　虹	官　健	罗　斌	姚　麟	姜　红	柯　旭
洪嘉忠	钟晓东	饶　璐	徐荣远	耿　巍	袁伟伟
梁　栋	黄伟青	黄庆晖	程东海	程　虎	魏　巍

医 事 剪 影

第二届南方医事法学高峰论坛部分领导嘉宾合影

广东省委党校（广东行政学院）谭泽中常务副校（院）长
在第二届南方医事法学高峰论坛作主旨讲话

担任工作专家　宋儒亮主任参加国家执业药师资格认证发展战略研讨会

第十六届中国南方国际心血管病学术会议之医事法学高端论坛

第十六届中国南方国际心血管病学术会议现场

左一：广东省医学会副会长朱宏参加第十六届中国南方国际心血管病学术会议

之医事法学高端论坛开幕式

宋儒亮教授受邀在广州市司法局与市司法鉴定协会联合举办的司法鉴定人初任培训班讲学

推进以法治思维和方式处理医事纠纷研讨会合影

广东省医学会医事法学国家级继续教育学习班
暨广东省卫生法学研究会培训会议现场

林辉雄院长作开班主持

中华医学会游苏宁教授作主题报告：
大数据时代的医疗

申卫星教授作主题报告

官健法官作专题报告

周民伟作演讲

罗斌教授作演讲

魏巍法官作演讲

主持人梁栋在演讲

医疗风险防控组领证书

媒体信息组领证书

医疗纠纷处理实践组领证书

医疗损害鉴定组领证

在广东省医学会医事法学国家级继续教育学习班
暨广东省卫生法学研究会培训会议上，广东省医学会医事法学分会成立四个专业学组

广东省律师协会医疗法律专业会举办“专家顾问眼中医事法律的专业、领域和能力”专业研讨会合影

第三届南方医事法学高峰论坛部分领导嘉宾合影

省司法厅律师管理处陈建处长致辞

医事法学分会杨扬副主任作主题报告

电视访谈（模拟）

第三届南方医事法学高峰论坛学术沙龙（一）

第三届南方医事法学高峰论坛学术沙龙（二）

第三届南方医事法学高峰论坛学术沙龙（三）

第三届南方医事法学高峰论坛学术沙龙（四）

第三届南方医事法学高峰论坛学术沙龙（五）

电视访谈（模拟）

第三届南方医事法学高峰论坛学术沙龙（六）

宋儒亮主任代表分会赠送首都医科大学
附属北京安贞医院副院长周玉杰教授
《医事法学在广东》书籍

医事法学分会田柯副主任作主题报告

宋儒亮主任代表分会赠送广州市中级人民法院
民一庭张坚雄庭长《医事法学在广东》书籍

宋儒亮主任在主持医事法学分会全体委员会

专家学者集体讨论

广东省医学会医事法学分会医疗风险防控学组第三期学术沙龙

广东省医学会医事法学分会医疗纠纷处理实践学组第一次学术沙龙

新常态新思路新选择：医事纠纷仲裁法律实务研讨会合影

新常态新思路新选择：医事纠纷仲裁法律实务研讨会现场

广东省医学会医事法学分会医疗与企业健康学组成立仪式暨学术会议

省医学会李国营秘书长、医事法学分会宋儒亮主任与学组负责人集体合影

医事法学分会宋儒亮主任代表

第四届南方医事法学高峰论坛主办单位致欢迎辞

第四届南方医事法学高峰论坛部分领导嘉宾合影

序言

顺应法治新常态　续谱医事法新篇

广东省医学会医事法学分会主任　宋儒亮

2013 年 4 月,《医事法学在广东》出版。

三年来。医事法学人在广东不停地忙活:宣理念导向,展理论研究,行实务工作,办学术交流,辩主张见解,评利弊得失,等等。

点点滴滴。星星之火。先行先试。

2016 年 3 月,《医事法学进展在广东》出版。

进步中的医事法学,正以全新、全力且全面的新思路,建设法治医事之新常态,贡献健康广东之新医改。

新医改,又称新的医事改革,专指医事领域进行着的一场全面的医事改革。新医改要有医事新思路:医事改革之启动、推进、落地和评价,正在法治轨道上,全新展现、全力推动和全面推进。

新医改,不同之前、以往之医改,要害在于善以改革要素论指引和推进新医改。如此新医改,一方面,是以改革要素论为视野,展新医改之未来。改革要素论就代表着是一种新视野。改革,在本质上是"改"与"革"的矛盾统一体。哲学思维上,离开了"改",谈改革,只是半个改革,实质只是革命;离开了"革",谈改革,也还是半个改革,本质就是停滞徘徊。新医改,就是在医事领域中正在同时、同次和同场发生的一场关于改与革、量与质、量变与质变的长久而彻底的变革;另一方面,是以改革类型为导向,阐新医改之格局。基于改与革之要素构成论为角度,按照改与革之比(改:革)为划分标准，最终形成三类不同的改革类型：以改为主导的改革（量变型改革）、以改与革同比的改革（势均型改革）和以革为主导的改革（质变型改革），这其中，只有以“革”占多、为主的改革（即质变型改革），形成或者造就“某类型”之医事新状况、新情态和新情势。“某一类型”、“某类型”、“某些类型”，等等之医事新状况、新情态和新情势，逐次汇集、连在一起、融为一体，成就新医改之新格局、新常态。

新医改，不同之前、以往之医改，重点在于新医改，是在法治轨道建设。事物有旧、有新；状态有旧、有新。新医改是新事物，新医改是新状态。之初，就是开始，随之递进，进展、延续、深入、突破、新常态、常态，连绵不断，周而复始，螺旋上升，永无止境。新医改也循此逻辑，比如，医改，再医改，新医改，再新医改，伴之形成医改新常态、常态，再循环。新医改，也正如此，螺旋上升，推陈出新。凡事都有始终。新医改，要能持续，有序改革，须靠制度。纵观维系能持续改革之力量中，性价比最高、风险比最小的制度力量就只能是法治。因此，推进新医改，须有不同之前、以往之新特性、新特色，比如，改革目标是推进医事治理而非医事管理之现代化；轨道路径是推行法治医事而非再入人治巢穴；思维方式上化解医事改革难题首选法治思维和方式；内容项目上凡属于医事的都要一并纳入共同实施；力量配置上要国家、政府、社会、单位、个人共同推动，多方共治、共担、共享和共责。概言之，面对医事、医改，这其中，“建”和“法”乃共通之词，以“法”为轨道，通过法律、法制和法治，实现法治医事；以“建”为途径，通过建设、建立和建成，实现健康医事，共推、共享医事治理法治化。

进展中的医事法学，正以左右逢源、先后衡平之新思维，力推病与人和谐之新格局，力建医与法有序之新局面。

病与人，犹如一左一右，期许能左右逢源。病人，病与人。人处病中，病在人中。人之病，落点在病；依医学救治，离不了医之术；病之人，落脚在人，靠法律保护，离不了法之术。医之术，伴之左，治病，保健康；法之术，伴之右，治人，护人权。故此，要力推病与人关系有新格局，实质就要实现由“左右为难”之旧态向“左右逢源”之新态的根本转变，如此一来，更需进展之医事法学，表现在思维上就要坚持病与人的辩证统一；在实践上，既要尊重医学规律，不能用法治思维替代医学思维，否则，就是草菅人命，又要尊重法学规律，不能用医学思维替代法治思维，否则，就是祸国殃民。

医与法，犹如一先一后，期许能先后衡平。医学，乃自然科学，关注是病；法学，乃社会科学，关心在人。离开了病而谈人，就是不讲医学，不尊重自然科学，最终也不能爱护和保护健康；离开了人而谈病，就是不讲法学，不尊重社会科学，最终也不能尊重和保障人权。面对病人，医应在先，求之治病，疾病与健康关系上，要行平衡之道；法再随后，要能救人，权利与权力关系上，要行衡平之法。故此，要力建医与法有序之新局面，让病得以治愈、让人得以健康，实质就要实现由“先后失衡”之旧态向“先后衡平”之新态的根本转型，如此一来，更需进展之医事法学，表现在思维上，就要坚持医学（自然科学）和法学（社会科学）的有机统一；在实践上，核心就要妥善处理医学争论（如并发症）与法律争议（如医疗损害），比如，处理医学之并发症，要尊重和注重提高运用医学思维和医学方式之能力；处理法律之争议事，要尊重和注重提高运用法治思维和法治方式的能力。

概言之，病与人、医与法，乃医事法学理论研究和实务操作的核心范畴。力推病与人之新格局，力建医与法有序之新局面，就需要从核心和关键问题入手，既善用一左一右之术，实现病与人的和谐统一；又活用先后衡平之法，实现医与法的有机融合，最终实现集医、德和法三者共存共荣之效果，这其中，“医”之术，乃本事，求之在“立功”，导向为“医术高明”；“德”之术，乃根本，求之在“立德”，导向为“医德高尚”；“法”之术，乃是底线，求之在“立规”，导向为“医法高超”，最终培养出既适应需要，造福人类，又集医术高明、医德高尚和医法高超三位于一体、一身之医者。

进行中的医事法学，正以可复制、可推广且利大弊小之新思考，不断导入和拓展医事法治活动，推进医事治理现代化。

法治和人治是世界两种不同治国理政类型，在此之下，又存在三类——法、理、情——不同类型之活动。医事也不例外，表现为：

情商型医事活动。主述乃“情”之字。这类型活动，通俗说属于“会哭的孩子有人抱”之类。持此主张者信赖凡事要 以“情”为先、为底、为界，比如，认为“自己真的很投入”、“自己真的很认真”、“自己真的很无奈”，等等。认可该类型的，具有如下特征：面对不同诉求时，“以情待人”之运用是关键之道。一般意义上，表现常常就是：“提出需求时，要会哭”、“寻求理解时，要懂哭”、“表达付出时，要哭诉”。具体医事活动上，认为“面对门诊人多时，要讲自己不喝少吃”、“鼓励医生多看病人时，多讲将心比心”、“面对复杂病情病人时，多说病这个共同敌人”、“面对风险时，多讲这乃世界难题、人类问题”，等等。

情商型医事活动，非万能也，有难题，难就难在“情”该如何平衡？

智商型医事活动。主述乃“理”之字。这类型活动，通俗说属于“常在河边走难免不湿鞋”之类。持此主张者强调凡事要以“智”为先、为底、为界，比如，认为“自己想得够全了”、“自己想得够细了”、“自己想得够多了”，等等。认可该类型的，具有如下特征：面对不同诉求时，“以理服人”是要害之法。比如，具体医事活动上，认为“面对病情，要少说”、“面对风险，要不说”、“面对不同事项，要看人说”、“面对难题，要选择说”，等等。

智商型医事活动，非万能也，也有难题，难就难在“理”又该如何把握？

法商型医事活动。主述乃“法”之字。持此主张者是坚持凡事要以“法”为先、为底、为界，比如，认为“自己按规定讲全了”、“自己按规定讲够了”、“自己按规定讲完了”，等等。认可该类型的，具有如下特征：面对不同诉求时，“依法办事”乃实质所在。比如，在医事活动上，认为“看病顺序有先后、时间有早晚，要有预约、要按轻重缓急救治”、“看病时间长短要把规定内容说完为准”、“看病，既在治病也在救人”、“看病，要按规矩办、依法行医”，等等。

法商型医事活动，非万能也，仍有难题，难就难在“法”又该如何坚持？

三类活动，比较而言，有以下特点：一是，就效果而言，法商型医事活动，具有明显的比较优势。众所周知，“情商型医事活动”、“智商型医事活动”虽为常大众常见、常说、常用，但难以有效复制，比如，“不喝”、“少说”、“不说”、“看人说”和“选择说”，等等之词，常因利益选择或者感情介入而陷于纠结和纠纷之中，难有判断依据，更缺乏统一标准。但是，“法商型医事活动”却全然不存在这些问题。能事先设定、有统一标准、好复制推广、利大弊小，存在明显之比较和选择之优势。二是，建设健康广东，需要更多的法治类活动。推进健康广东建设，需要开展很多各类活动。法治活动是各类活动中归属于下限、底线之类的活动，不能缺少，也不能突破。同样，法商型医事活动也是各种医事活动之下限、底线类的活动。故此，要建设健康广东、法治广东，就需要不断导入可持续、可复制之医事法治活动，如此一来，进行中的医事法学，就需更多地运用法治思维和法治方式，更多推行法商型医事活动，把权力关进制度之笼，把健康纳入法治之路，而这就必须调之前的“情、理、法原则”为现在的“法、理、情原则”，让权力受到规范、监督和保障，让权利得到保护、保障和保卫，以医事法治的实践和实现，推进医事治理现代化建设。三是，推广具比较优势之法商型医事活动，也需要有与之匹配的方式排序。众所周知，改革让强调道德之熟人社会在不断解体，让主张法治之生人社会在不断形成。顺应改革之需要，进展中的医事法学，正力推利大弊小之法商型医事活动，正选择与法商型医事活动相匹配之方式方法。面对事情处置，熟人社会有不同于生人社会的选择：一以贯之、一直秉承的就是坚持“情、理、法相结合原则”。若在面对生人社会，仍坚持该原则，以情、理、法为先后排序，定难以有序应对挑战。健康广东迫切需要建立和实施一种有别于之此之处置原则：面对问题挑战，以生人社会为基调，以法治社会为常态，以法治广东为基本，变之前“情、理、法”（情为先、理为中、法为后）之排序为现在之“法、理、情”（法为先、理为中、情为后）之排序，以法为先、以法为底和以法为界的思维和方式，化解熟人社会到生人社会之风险，以法治广东保障健康广东。

这方面，新迹象、新举措已不断涌现。比如，面对看病难问题，评价关键不能再简单以看多少病人判断医生优略；不能再单纯看医院又扩建了多大面积、又增加了多少床位，而是应当依据门诊医师的类别和专业特点，提出安排“每日接诊患者人数”、“全面预约看病”、“安排每日接诊患者的人数，保障每位患者的合理就诊时间”、“按法定项目依法进行医患沟通”、“按法定诊疗规范要求进行诊疗护理”、“保障每位患者的合理就诊时间”等新思路。面对看病贵议题，评价关键已不再简单说又做了多少检查、又用了多少药、又花了多少钱，而是在就诊中，是否尊重医学之术和能否尊重法律之权。又如，面对卫生行政部门、医疗机构或者行业学会协会等单位时，关注监管和服务也随之面临不同调整，比如，能否加快制定门诊医师接诊量的标准，让依法就医成为主流。这方面，媒体已有密切跟进和报道。新华社曾引用专家观点，刊文表示：“限制每日接诊人数，事实上也就是保障了每个患者的就诊时间，确保了医患双方的法定权利义务。在情和理之外，当前更需要导入和运用‘法’的理念化解紧张的医患关系”，显然，这恰恰就是法商型医事活动推进之必然效应。

新常态，因改革而新，靠法治而常态。

改革催生新态，法治维系常态，常态永葆健康。

这一切；这一些；这一书。

忙登录，全记录，已收录。

沧海一粟。灵光闪耀。且行且试。

2016年3月，《医事法学进展在广东》出版。

共勉之。

以为序。

2016年·黄华园深透斋

前言

推进医事发展　共促健康广东

广东省医学会秘书长　李国营

医生要发展，需要有医事法学知识和能力。医事法学是一个交叉学科，有着丰富的内涵，担负培训和培养高水平专家的职责，尤其从事医疗事故技术鉴定的专家，更需要医事法学。众所周知，医疗事故技术鉴定是医学会一项重要工作。鉴定的水平如何事关医患双方的利益、责权以及法院能否公正判决的关键。鉴定意见关系医疗损害纠纷处理的走向。医鉴工作目前放开了，从事鉴定工作的有医学的、法医的还有其他相关方面的。不同领域鉴定专家的鉴定角度往往不同，不同医院的医生水平常常有所差异。不同和差异，常常导致问题发生。比如，曾遇见一起因病理诊断引发很大争议的案件。某市一患者，2013 年 12 月 29 日，因咳嗽、咳痰、发热一周入院，医生诊断肺炎合并支气管炎急性发作，入院后主要进行抗感染治疗。入院第二天就发现患者血氧饱和度下降，血压上升，虽然医院及时进行治疗，但随着血氧饱和度下降，血压上升血压达到 180 水平，患者出现意识模糊，脑缺氧，紧急进入 ICU，第二天就死亡的。在死亡问题上，患者家属抓住了这一点，即硝普钠降压时，医院输液过程中存在避光问题。硝普钠使用需要避光，但患者家属诉求医院在使用硝普钠过程中，没有严格避光，导致中毒，患者死亡，以此向医院索赔。提交鉴定后，在某大学鉴定中心病理检查中，发现患者肺部小细胞癌合并真菌感染。这时候，患者家属又主张医院存在误诊,又提出进行重新鉴定。鉴定机构由三个临床一线肺科专家和两名法医共五人专家组成专家小组。我在场,并聆听了专家们的不同意见,其中一位专家认为是因感染最后导致综合性病症死亡;另一位专家认为是因为小细胞肺癌短期内突发爆发增长,血液中的氧少了,导致死亡。专家交锋结果就是:从之前所有检查结果来看,查不到肿瘤,从现有水平也很难鉴定小细胞肿瘤。认为患者死亡是小细胞肺癌合并支气管感染,堵塞了呼吸,最后死亡。虽然患者主张使用硝普钠没有避光,但是,即便有小量的降解,也不会致死。我虽然做的是基础医学的研究,本科也是临床医学,有临床和基础结合的背景,但在面对纠纷、医鉴工作时,就认为一定要有懂医学、法学的高水平的专家参与,才能更科学的维护医患双方权利、才能更专业为法院的判决提供真实依据。这方面,就非常需要医事法学知识、需要懂医事法学的专家、需要懂医事法学的各界。

医事要发展,更需要法治保障。面对医事新常态,面对医学和法律专业领域存在的问题,更需要有懂专业人作专业的事,以专业性表达,传递专业观点。作为专业性的学术团体,广东省医学会一直致力于推动健康广东建设,作为下属专门从事医事法律理论研究和实务交流的医事法学分会,近年来作了许多富有成效的、开拓性的、卓有成效的工作,共同举办南方医事法学高峰论坛、联合开办医事法学专栏、出版《医事法学在广东》、进行医事法学巡讲等,业已成为在医学和法律之间进行有效研讨与交流的渠道,成为广东医生了解医事法律的专门性、专业性的专业平台。

百尺竿头更进一步!期待并相信:通过医事法学分会的不懈努力,通过举办的活动、开展的工作,在不断提供广东医生更多了解、更好学习和更莘掌握医疗法律的机会,不断提高广东医生运用法治思维和法治方式的能力,不断提升医生自我防范法律风险的能力,能更好享受提供的法治指引、学术盛宴的同时,也能继续贡献更多建设性的法制成果,为政府决策服务、为医疗改革服务和为推进医患和谐服务。在共同推动健康广东建设中,发挥更大力量,作出更大的贡献!

医在左　法在右

——写在《医事法学进展在广东》篇前

中国医学论坛报编辑部循环周刊主编　王　递

2012年春天，我的一位编辑从南方国际心血管病学术会议回来，对我说："今年有个会场挺特别，教医生懂法，谨慎行医，避免被病人告。会场人特别多……"

2012年6月14日，《中国医学论坛报·循环周刊》与广东省医学会医事法学分会合作的月度专栏"医事法学"破土而出，这也是彼时刚成立的分会与权威医学专业媒体的首次牵手。我还清晰记得第一期的选题是《主动脉夹层介入治疗"是非"之争》。对于一份创刊三十年来专注于医学技术的报纸、特别还是它一直深扎于心血管学术领域的《循环周刊》，这很不寻常，以至于那段时间我常担心社领导要找我谈谈。

在宋儒亮教授亲自主持和报社领导的支持下，专栏不但平安度过了"周岁生日"、还茁壮成长到"三周岁"；不但在报纸上与读者见面，还配合学会衍生出新媒体平台"医法断案"专题和讨论社区，《医事法学在广东》书籍，以及"高峰论坛"、"医院行"等一系列品牌活动，惠及更多医务人员。四年长路，春风化雨，我们有幸与这个领域的先行者一起，见证了这份事业的萌芽和成长。

在全社会倡导"医患和谐"、"人文关怀"的大背景下呼吁"首先要守法"，需要专业眼光和智慧；在依法治国的大背景下探索依法行医，前路光明，但依然多艰。继两年前的《医事法学在广东》之后，此次结集出版的《医事法学进展在广东》是这长途中又一块铺路石，我们希望这本书中的案例和理念能引发深思，希望它能帮助医务人员更安全地执业，更完善地照护患者。我们期待有一天，"医事法学"如同"诊断学"一样，成为临床医生的一门必修课。

中国医学论坛报

目　录

序　言

前　言

第1章　高端建言

第2章　调研报告

第3章 高峰论坛

第4章 医事法学

目录

第5章 医法新探

第6章 会议综述

第7章 学组风采

第1章 高端建言

高举法律大旗　关注医疗卫生立法
落实医改主力军　开创医疗事业新局面

中国工程院院士　钟南山

记得2011年11月，广东省医学会医事法学分会成立大会上，那次人数大概只有今天参加人数的一半。当时我就提出了要高举法律大旗，要让医生依法行医、患者依法寻医、医鉴依法判医和媒体依法评医，共同实现医患和谐。

今天济济一堂，这说明广东医事法学分会这个“小孩子”长大了，也得到了各方面的支持。本次会议是由法治广东研究中心、广东省医学会、广东省法学会、广东省律师协会、广东省医师协会、广州市法官协会六家单位主办。“一个中心、五个协（学）会”共同参与，既表明了参与队伍越来越多，值得祝贺，又说明了作为多学科交叉的论坛，多元观点交流互动会产生很多新思想、新见解。从听刚才的主旨讲话中就很有感触。各个行业与部门都尝试从不同的角度解决这个医疗纠纷的问题。我感到很兴奋。我觉得医事法学的组织推动工作,很有成效。广东医事法学分会做了很多工作,包括开办“医事法学”专栏、编写医事问答、百名法学家百场报告会上讲授医事法学等,对提高医院的法律观念很有帮助。最近我也了解并参与了关于医事法学功能定位以及一些医疗立法上的事情。对发生的某些医疗纠纷与处理深表关注。比如,就“八毛门事件”而言,一家医院要2万元解决的病,另外一家医院8角就解决了,引起公众哗然,但是实际上小孩的确是先天的结肠闭塞。最终还在武汉的一个医院解决了,费用也不少。后来事情的发展是患者的家属、媒体表示道歉。这些工作不是医生自己做的,而是相关组织推动的。还有一个就是广医二院ICU医生被殴事件、温岭杀医事件。为什么这些事件在舆论中引起强烈的反响,而结果就是公众都认为是犯罪,这就是公众的法治观念加强了,这就是大家工作起到了很大的作用。目前,在接近事情的真实性和客观真理方面,广东医务人员法律素质在不断提高,律师、法官和检察官等法律人士的医学知识也在不断提升,这有力地促进了医患纠纷的化解,有效地推进了医疗事业的发展。能在这方面有良好互动的结果,广东省医学会医事法学分会起了非常重要的作用。

很高兴参加今天的南方医事法学高峰论坛。对于今天大会的很多议题,我很少涉及,有点跟不上,所以我谨代表一个医生发表看法。从医生直观感受来说,要把法举高了,医患纠纷才可以解决,至少能解决大部分。如果病人依法就医,司法依法判医,媒体依法评医,医患关系就可以缓解了。医患纠纷可以引起这么大的影响,为什么不容易处理,有很多方面的因素。我觉得有一个问题,就是如何运用法律威慑力,把医患关系解决得更加好。医患纠纷不像其他纠纷,其他纠纷给我的感觉,就是“yes or no”的问题,是就是,不是就不是。医疗纠纷有很多不确定的因素,有的处理是合理合法,比如说孩子死于青霉素过敏,做了皮试没有事,打针出事,抢救及时,因为严重休克死亡了,从法律的角度来看,该做的都做了,是不应该承担法律赔偿责任的。肝炎疫苗导致小孩死亡的问题,我觉得不一定犯法,因为疫苗总有那么十万分之几的风险;有些处理是不合理不合法,例如拐卖小孩的医生,告诉家属说生出来的小孩子不行了，这是典型的不合理不合法。但有些事情不完全是这样；有的事情是合理不合法，当时香港让我写一个专家意见，就是有 SARS 病人病情很重，在进行大剂量的激素治疗后活过来了，但是股骨头坏死，用那么大的激素剂量，虽然不符合医疗常规，不太合法，但是合理。还有一个事例出现在上海，三个 H7N9 的病人以医院不隔离他为由，拒绝取样，拒绝付任何费用。还有一个就是合法不合理的问题，作为医生，我们常常会遇到病人快要死，做手术风险极大，其实别说极大风险，即使有 50% 的风险医生都不做了，因为成功了当然好，失败了就会出问题。但是如果医护人员总是这样，我们的医疗事业就不会进步。还有一种情况是最近出现的，药厂支付医生开会、出国交流等活动的费用，合理但是否合法呢，是不是商业贿赂呢？最近全国来说，药厂资助的出国开学术会议是全部禁止的，如果长此以往，我们的医学水平，肯定要下降。还有一种情况就是，有些医生讲话伤了病人，是否算不合法。医疗活动是一个综合性活动，有身体和心理影响，有伦理和法律影响，不仅仅是身体造成的影响，还有心理造成的影响。由上面的例子来看，医疗的问题非常复杂。为什么医疗损害的鉴定机构比较少，因为这是吃力不讨好的事情，说实在的，就是体现不了价值。做这个工作需要很强的专业性，因此需要物质上有很高的回报，没有回报，谁去干？而且损害的鉴定，也拖很长时间，这个怎么办？我自己觉得还是要高举法。从法的高度来改善医患纠纷。这个和看病是相似的，要从预防诊断治疗的角度，需要用法来解决。医生索取红包，违反了《执业医师法》的第 27 条，篡改病历也违反了法律。如果有法的威慑，医生就不敢去做违法的事。患者更是这样，为什么这次广医二院的事情反应很快，总的来说，就是有法这么一个观念。从预防医患关系的角度来说，法律观念很重要。另一方面，就是从判断医疗纠纷来说，医事法学会有很多事情可以做。法官也要高举法，更要有医学的知识，判断就比较容易。我有一个老朋友在旧金山做医事法学方面的研究，在一个案件中，让医生参与到案件的处理中，看看资料，对法院判断很有帮助，但处理是另外一个问题。如果我们医事法学会声音大了，影响也大了，我希望把它推到全国。我的愿望是这样。另外,法跟理,不一定那么清晰。所以医疗人文也要做一些工作。沟通是可以解决大部分的医患问题。总的来说,我建议:一是法学进医院,医学进法院,希望能相互配合,广东做得很好,希望做得更好。二是医护人员的维权和纯洁医护人员队伍要并行。三是合理地支持学术会议和医护人员的学术交流,商业贿赂界限比较模糊。医学进步很多是靠交流出来的。各地有各地的做法。最近我去日本,有的医生提出要去东京去玩,我跟厂家交流说这不对,后来把这个全部撤销了,是学术交流就要做该做的事情。相信我们这个可以做好,我们这么多的部门,结合起来,就可以在广东推动很多有创见性的制度,我们的声音就会越来越大。

本次论坛在医事法学理论研究上又飞跃了一个新高度。

在新形势下,创新是医疗发展的一个方向,我们应从更高视野考察医学与法学关系。我国现在还没有医疗法,导致医事行政具有很大的随意性,也让医患纠纷多产生,所以,最根本原因要认识和解决医疗体制问题。医疗不仅是一门技术活,更重要的是学会与病人交流。爱心与疗效是医生的根本,只有解决好了疗效,又对病人有爱心,医患纠纷才会自然减少。认为本次论坛在医事法学理论研究上又飞跃了一个高度。现在,医生只有多工作,才能多收入,多看病人,分配到每个病人的时间就少。公立医院医务人员收入,80%是靠自己赚取的,如果没有保障医生收入,会产生一系列意想不到的后果。所以,医事法学分会要关心国家基本医疗卫生法的制定,这才是根本。政府要正确定位医院在社会中的地位。虽然国务院很早就提出政府在医院改革中起主导作用,也提出医务人员是医院改革的主力军,但还没有体会到主力军认识完全落实在实践之中。希望法学界共同努力实现主力军构想,积极参与基本医疗卫生法的创制。同时,活动也在关注当前的需要,论坛专门就当前干细胞医疗混乱、二孩生育医事难题、互联网医疗、医疗隐私、超说明书用药问题进行安排设计和论述,这就很好、很及时。要知道,医疗科技快速发展的今天,创新就存在违反常规的风险,法律目前跟不上这个速度。希望法学界和医学界共同努力,开创医疗事业新局面!

推动健康中国建设
推进广东医事治理现代化建设

广东省委党校/广东行政学院副(校)院长　苟志效

多次参加南方医事法学高峰论坛。每次论坛都选择了不同主题,每次论坛主题研讨都有新见解。很是欣慰。第四届南方医事法学高峰论坛选择以“医事发展法治保障”为主题,既切合“十三五”规划所确定和关注的发展大业,又通过医事领域的主题研究,更好地推进生命健康事业有序发展。这些工作的开展和推动,彰显慈悲善事之价值,需要很强社会责任感,需要非常有责任感的人予以支撑。

众所周知,医疗问题是重大民生问题,是老百姓最关注的问题之一,党和政府一直非常重视。面对民众需求、社会需要和政府关注的医事事业,如何能妥善在法治轨道上推进,更好实现医事事业的健康发展,让老百姓看得起病、看得好病,医事法学会任务非常光荣和艰巨。

医学是个极端复杂的领域,对于一个问题有不同观点再正常不过,比如,本人曾在上海某医院体检时发现胆管结石,但在广州再检查却发现没有。如何看待?这是复杂的问题,需要医学和法律相结合,共同研讨,找出答案。如何对医学领域进行更加科学有效地管理、在全省范围内推进对医事管理者进行培训,既有着重要的意义,也是一个需要重点对待的问题,值得我们每个人思考。

在全省范围内推进对管理者进行培训就有着更重要的意义。研究无止境。面对医事等问题,面对生命健康的问题要特别重视。如何使各种不同看法都能在合法、合理和合情范围内表达,非常关键。我们要有初学者的心态,通过建立问题,研究问题,进而解决问题。问题来了,能处理好,既是一个机遇,也可以增加信心。论坛设定的主题顺应天人,很有价值。

我来自省委党校,校院十分重视法学理论的传播。2011 年 11 月在广东省委党校正式成立广东省医学会医事法学分会。一大批从事法学包括医事法学教学和教研的专家济济一堂,共商医事法学交流和合作大局。党校在很多方面可继续为医事法学领域研究提供平台和机会。如有机会,不管是省级项目,还是委托项目,党校愿意提供合作的机会。要把研讨形成的好理念,变成有新意、可实施的项目。希望论坛活动成果能对政府的决策起到一定的作用,让学术的研究成果惠及全体人民。

非常欢迎下届论坛能到党校召开。集思广益,群策群力,充分利用各种渠道,把好的意见和建议直接报上去,更好地实现服务民众,推动健康中国建设,推进广东医事治理体系和治理能力现代化建设。

把法律引入到医学之中 医法同伴 同在共进

广东省依法治省工作领导小组办公室专职副主任　周四龙

党的十八届四中全会将依法治国作为会议主题,体现了党的决心和远见。南方医事法学高峰论坛选择以“共建医事法治　共享法治医疗”为论坛主题,非常恰当,非常及时。很高兴能参加论坛活动。

把法律引入到医学,让医法同伴、医法同在、共同推进有着特别的意义。南方医事法学高峰论坛作为法治医疗的探讨交流平台,已做了许多有成效的工作。这次论坛活动也正是学习和贯彻落实十八届四中全会的一次具体行动。当前我国正处于小康社会决定性的阶段,我省也处于全面深化改革发展关键时期,面对改革攻坚期、矛盾凸显期等交集,在实现改革发展稳定任务的同时,各种矛盾纠纷也日益增多,利用法治手段解决社会难题,平衡社会利益,规范社会行为比任何时候都显得迫切需要。医疗系统进入改革的深入时期,难度加大,人们对医疗保健的期望值不断增高。医事纠纷和矛盾多,群众法治意识比较薄弱,有体制的客观原因,也有内部的管理问题。如何妥善解决这些问题是医疗行政部门管理的一大难题,经过多年努力,有关部门已经探索出一些有效的途径,如中山市建立无“医闹”城市,得到了省里的肯定。这些工作还需要不断探索、不断完善和不断推进。

共建医事法治,共享法治医疗。把医事纠纷真正纳入法治轨道并全面推进，任重道远，前景光明。希望各位嘉宾、各位医事法律专家学者们，畅所欲言，多提出医疗行业涉及法律问题的解决对策，特别是提出化解当前医患纠纷有效的途径，先行先试，共同迈向依法行医，为法治广东贡献一份力量！

祝南方医事法学高峰论坛取得圆满成功！

同舟共济　共同致力于以法治方式解决医患矛盾

广东省卫生与计划生育委员会党组成员干部保健局局长　朱　宏

今年是《执业医师法》颁布的第十七周年，是《医疗事故处理条例》颁布的第十四周年，是《侵权责任法》颁布的第五周年，是广东省医学会医事法学分会成立的第五年，这些年省医学会医事法学分会做了许多创新性工作，工作成绩很显著，社会效果很好。非常开心来参加第四届南方医事法学高峰论坛。回想之前省医学会医事法学分会的成立，仍倍感亲切。希望分会继续努力，共同实现医患和谐。

医学发展遇到了新问题和新机遇。医患矛盾、冲突就是这些社会矛盾的集中体现之一。比如，医患冲突不断发生，恶性事件不断爆发，引起了社会和政府的重视。面对矛盾、冲突，我们肩负理论指引和学术供给重任，要从多种渠道讨论如何解决医患的矛盾的思路、方式。同时，医学发展更充满机遇，如何在四个全面时代，更好推进医学健康有序发展，更好发挥分会引领和示范作用，充满了机遇。分会要充分利用好当前的新常态、新形势，多付出、多努力、多收获。

有机遇也有挑战。医事法学理论研究和实务工作任重道远，期待通过分会有效工作，引导医务人员和患者彼此信任，互相理解、互相体谅、理性担当、依法重德，更好提高运用法治思维和法治方式的能力，同舟共济,共同致力于以法治方式解决医患矛盾,更好提高运用法治思维和法治方式的能力,彼此信任,理性担当,共同实现医患和谐,共同造福人类健康。

发挥律师等在运用法治思维和法治方法化解医患冲突的能力

广东省司法厅副厅长 梁 震

南方医事法学高峰论坛今天隆重举行了！论坛得到了省有关部门、多个组织的支持，举办内容非常丰富、主题很是鲜明，工作也井井有条，十分高兴。在此，代表司法厅表示热烈祝贺！

本次论坛以“拒绝暴力，依法维权，运用法治思维和法治方法化解医患冲突”为主题，对研究医事法学、化解医患矛盾，推动医事法治建设，具有积极意义。

广东省司法厅，一直在努力推动和谐医疗关系构建，一直在组织律师开展医事法律服务，一直在引导依法进行医疗司法鉴定工作。我省医疗法律行业的律师在处理医疗纠纷方面积累了大量的服务经验，在解决医疗纠纷方面具有独到的优势，参与化解了大量医患纠纷，培育了一批具有权威性、专业性和科学性的专家。

本次论坛邀请了省内各个行业、各个部门的专家、学者参与，行业多、层次高、范围广、人员强。希望参会的律师朋友，展示专业水平，与其他行业、领域、专业的同道，加强学习和增强交流，共同推动法治广东建设。

面对纷繁复杂的医患纠纷，也希望通过平台载体，多方合作，多方努力，通过发挥律师、人民调解、司法鉴定、组织专业性的医事法律服务等作用，在更好保护患者的合法权益、更好推进医患和谐的方面，不断有思路、有对策和有新思考。

预祝南方医事法学高峰论坛取得圆满成功！

用好平台　营造环境　实现多方共赢

广州市中级人民法院副院长　向金华

非常高兴参与南方医事法学高峰论坛活动,非常感谢专家学者在南方医事法学高峰论坛平台上畅所欲言,推陈出新,不断有新的贡献!

医疗卫生事业关系到每一个人的生命健康安全,关系到整个社会的安宁、和谐、幸福。南方医事法学高峰论坛自开办以来,始终围绕构建法治环境下的医疗环境,完善医疗纠纷处理机制,促进医患双方双赢的宗旨开展活动,引起全国卫生医学界的高度关注和重视。从某种意义上说,医学、法学融合的核心问题,就是医患关系中法律如何在运用的问题。医疗纠纷的产生就是因为医患双方对具体情节中法律权利义务是否实现产生的纠纷。医疗纠纷的解决就是理清具体法律权利义务关系。同时,由于医学有很强的发展性、不可逾越性、不确定性等因素和特点,要在具体情境中理清医患双方的权利义务很不容易。要使医疗纠纷得到公正高效的解决,必然离不开医学和法学的两个领域的参与。这几年,我们围绕医疗纠纷发展中热点法律问题和医疗纠纷处置机制的完善开展讨论和探讨,取得丰硕成果,期待大家更深入关注医疗纠纷解决机制,更多动员法学和医学专家们的共同参与。

不同角色在预防和减少医患纠纷有不同作用。在这个方面,医方还可以再多做工作:一是病历的规范管理问题。二是抢救过程中形成的录像问题。例如，在患者抢救过程中，患者表示医院耽误了抢救时间；又如，在接生小孩过程中，是否存在耽误时间，等等。面对这些争议，医院应当有录像存证。有了这些证据，一定程度上可以减少和化解一些医疗纠纷。

各方在理解医患纠纷的角度是不一样的，医院、患方、律师、法院要多互相理解。大家都认识到，建立和谐的医患关系非常重要，如果医患关系和谐了、社会和谐了、家庭和谐了，一切都会向好的方向发展，一切医患纠纷都好解决。如果各方只从自己一方利益出发，问题很难处理。法院在审理医疗纠纷当中，处理的是法律事实，而不是医事事实。有些医患纠纷被法院判决后，医院和患者双方都不满意，都对法院不满，但法院是依法律和证据判案的，解决的是法律公平，而不是单一的专业的医学问题。

多次参与了南方医事法学高峰论坛活动，论坛的举办，让包括法官在内的法律专业人员有更多机会同相关医事法学专业、同道专家们进行交流互动，活动效果很明显。希望作为平台和渠道的南方医事法学高峰论坛继续完善，不断推动多方交流，让大家能持续地互相促进、互相学习，共同推进广东医事法治现代化建设。

推进医疗卫生行业的法治化 构建医患和谐新局面

广东省医师协会常务副会长兼秘书长　吴少林

社会公正讲的就是要行法治。医事法学是推动建立法治社会所需要的一门重要学科。医疗卫生服务行业是一个国家文明的重要窗口，但近年来，医疗纠纷、暴力伤医事件却时有发生，给国家、社会等带来了许多负面影响。实践证明，只有通过法律规范医患双方的权利义务关系，才可以使医患双方关系建立和处理步入正轨。大家共同举办南方医事法学高峰论坛，就是希望凝聚共识，学法、用法、守法、信法，共同实现和谐共处。

在当前，一个新特点、新启示就是：妥当处理医疗纠纷案件，要不断增加法律因素、要不断形成好的司法裁判，而当前正是推动医疗行业法治化进程的一个重要契机。

推进医疗卫生行业的法治化可以从三个层面着手：（一）医护人员本身。自律是基础，在医疗卫生行业无证不能行医，有证不能乱行医，必须严格按照专业的范围去从事医疗卫生行业。（二）专业层面，我们要求医生要按照医疗技术指南和规章去做事，必须有规必依，要使治疗过程符合科学、符合专业。这中间，更应该不断加强医生的医事法学能力和水平。（三）社会层面。社会要更加加强医疗和法律的教育，不能违法报道、胡乱报道。报道不讲科学，不讲法律，不维护医生合法权益，长此以往将会对社会造成不可估量的伤害。

作为医师之家的省医师协会，期待在拒绝暴力，依法维权，运用法治思维和法制方法化解医患冲突方面不断发力、不断努力、不断给力，在法治轨道上，共同实现医患和谐，共同开创广东法治新局面。

多举办切合时代需要的南方医事法学高峰论坛活动

广东省律师协会会长　欧永良

非常荣幸参加南方医事法学高峰论坛，非常开心参加医事法学高端论坛！在此，代表广东省律师协会对本论坛举办表示祝贺！

省律师协会一直重视专业律师的培养和作用，一直致力于发挥律师在法治轨道上化解医疗纠纷。省律师协会医疗法律专业委员会就是其中之一。作为成立比较早的、由专业律师组成的医疗法律专业委员会。医疗法律委员会业务工作启动早、工作投入多、工作成效大，多次获得由省律协理事会现场评选的优秀专业委员会称号。

大家明白，让人民群众在每个司法案件中感受到公平正义，是我们的共同追求。这在备受关注的医疗损害案件中则更具有迫切性，因此，广东省律师协会等多方共同举办非常有意义的医事法学高端论坛，切和时代背景，符合时代需要，非常重要和及时。

大家懂得，医事法学工作涉及领域广泛，具有很强的专业性，也具有更大的难度。显然，论坛注意了这些问题。高峰论坛的议题非常广泛，既有现实需求，有医疗事故的鉴定选择，有医疗纠纷处理难点；又具有前瞻性，有器官移植面临的风险，也有医疗暴力的应对，等等。同时，论坛也在回应这些议题。十多个议题，两天时间，许多专家学者共聚一起，围绕医事法学领域的这些热点问题，进行主旨发言、专题报告、研讨交流、深入探讨等。总之，这些议题的设置安排、研讨交流和见解对策,凸显了在法治中国建设大背景下,在如何更好呼应了社会需求、满足了民众迫切需要的同时,又直面问题,正视现实,通过研讨交流,最终实现共同提高、共同提升、共同进步的价值和意义。

召开这样的论坛是具有丰富内涵和积极意义的。希望各位专家、各位律师同道能把自己精心研究的真知灼见与大家分享,共同促进,共享和谐。

最后,借此机会,祝大家身体健康,工作顺利,祝高峰论坛取得圆满成功!

第2章 调研报告

广州医疗纠纷诉讼情况白皮书

（2010～2014年）

广州市中级人民法院课题组：《广州地区医疗纠纷案件审理情况司法统计分析》

随着人民群众医疗服务需求的不断增长，社会各界越来越关注医患关系。党和国家历来高度重视医药卫生事业建设和医患关系问题，指出维护正常医疗秩序、构建和谐医患关系是全面推进依法治国的重要举措，是维护人民群众健康权益的重要手段，也是全面建设小康社会的重要内容。随着患者维权意识的提高，医疗纠纷也日益增长，医患关系渐趋紧张，处理医疗纠纷是一个热点难点问题。广州法院认真履行审判职能，公平公正审理医疗纠纷案件，督促医院依法行医，引导患者理性维权，积极化解医患矛盾，取得应有工作成效。2010年7月1日《中华人民共和国侵权责任法》实施以来，广州医疗纠纷审判工作又出现了许多新情况和新问题。因此，广州中院以近五年医疗纠纷诉讼情况为样本，分析医疗纠纷诉讼中面临的问题和困难，提出相应的对策和建议，旨在公正高效妥善处理医疗纠纷，依法平等保护医患双方的合法权益，化解医患矛盾，构建和谐医患关系。

一、基本情况

(一)案件分布相对集中

医疗纠纷案件涉及大型三甲医院、村镇卫生医疗机构乃至私人诊所等各级的医疗机构,也涉及中医院、妇幼保健院、骨科等专科医院以及整形美容机构、康复机构、计划生育服务机构等各种类型的医疗机构。但是,大型综合性三甲医院作为被告的比例较高,究其原因,主要是因为大型综合性三甲医院诊疗服务总量大,诊疗医案更为疑难复杂和紧急,风险更大,更容易发生争议。因此,广州医疗纠纷案件也呈现相应的地域性分布特点,越是医疗资源丰富的地区,医疗纠纷的数量越多。从全市来看,医疗纠纷案件主要集中在大型医疗机构较多的。

城区,其中越秀 33.16%、白云 15.16%、天河 15.16%、海珠 13.48%,仅上述四区就占了全市医疗纠纷案件的 76.95%(见图表一)。在发生医疗纠纷的专科分布上,妇产科、骨科、普通外科、神经外科与心血管内科等所占比例较高。

图表一　2010 年至 2014 年广州各基层法院医疗纠纷案件数量

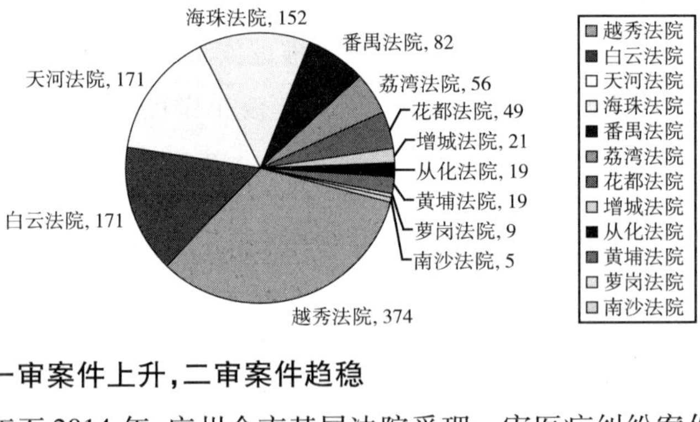

(二)一审案件上升,二审案件趋稳

2010 年至 2014 年,广州全市基层法院受理一审医疗纠纷案件共计 1131 件,而 2005 年至 2009 年的案件共计 727 件。可见,近年来医疗纠纷诉讼案件总体呈上升趋势(见图表二),主要原因,一方面是因为诊疗服务总量的持

续增长，另一方面是患者维权意识不断增强。广州中院2010年至2014年医疗纠纷二审案件收案数分别为：78件、104件、98件、91件、91件，医疗纠纷二审案件收案处于平稳态势，主要是得益于两级法院统一裁判尺度和基层法院案件质量不断提升，降低了案件上诉率。

图表二 2010年至2014年受理医疗纠纷案件趋势

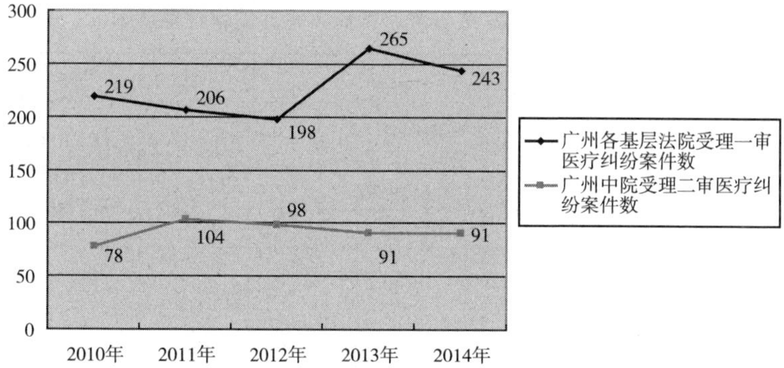

（三）依赖鉴定程度较高，审理周期较长

医疗纠纷涉及医疗行为是否有过错、过错与损害是否有因果关系以及参与度等医学专业问题，法官不具备医学专业知识，对这些问题难以做出准确判断，通常需要借助医学鉴定来认定。广州中院近五年判决的270件二审案件中，一审做过医疗鉴定的有227件，占84.07%；有的还多次鉴定（见图表三）。

图表三 2010年至2014年医疗案件医学鉴定情况

年度	判决结案数	一审鉴定				二审鉴定	
		有鉴定的案件数	鉴定率	有多次鉴定的案件数	多次鉴定率	二审中有鉴定的案件数	二审鉴定率
2010	31	21	67.74%	7	22.58%	5	16.13%
2011	64	55	85.94%	16	25.00%	1	1.56%
2012	65	56	86.15%	19	29.23%	0	0.00%
2013	61	54	88.52%	22	36.07%	0	0.00%
2014	49	41	83.67%	11	22.45%	0	0.00%
合计	270	227	84.07%	75	27.78%	6	2.22%

受医学鉴定周期长的影响，医疗纠纷一审案件的审理周期，远远超出普通民事案件的审理周期。以案件比较集中的越秀、白云、天河和海珠法院为例，近3年的医疗纠纷案件审理期限平均在200天以上（见图表四）。广州中院近五年医疗纠纷案件二审期限平均达到100多天，也超过其他民事二审案件的审理期限。

图表四 医疗纠纷案件与普通民商事案件的审理期限对比

	医疗纠纷案件				普通民商事案件			
法院	2012年平均自然审理天数	2013年平均自然审理天数	2014年平均自然审理天数	2012～2014年平均自然审理天数	2012年平均自然审理天数	2013年平均自然审理天数	2014年平均自然审理天数	2012～2014年平均自然审理天数
越秀	400	401	228	343	108	94	99	100
白云	599	510	462	524	155	159	142	152
天河	428	581	300	436	176	207	210	198
海珠	326	185	161	224	81	73	86	80

（四）一审案件调撤率低，二审案件发改率高

与普通民事案件相比，医疗纠纷案件当事人之间对抗性更强，案件审理难度偏大，呈现一审案件调解、撤诉率低和二审案件改判、发回重审率高的特点。近五年来，全市法院医疗纠纷案件一审平均调撤率为35.72%，远低于普通民事案件51.58%的调撤率。广州中院在二审阶段，更加注重对医疗纠纷案件的调解，平均调撤率为22.01%，略高于普通民事案件18.29%的调撤率。但是，医疗纠纷案件二审平均发改率达到21.02%，远远高于普通民事案件9.57%的发改率。（见图表五至图表十）

图表五　一审医疗纠纷案件裁判方式情况

年度	收案	结案	判决	调解撤诉	调撤率
2010	219	198	132	64	32.32%
2011	206	190	112	78	41.05%
2012	198	170	116	51	30.00%
2013	265	212	148	64	30.19%
2014	243	202	110	91	45.05%
合计	1131	972	618	348	35.80%

图表六　二审医疗纠纷案件裁判方式情况

年度	结案	维持	发改	调撤	发改率	调撤率
2010	67	30	14	23	20.90%	34.33%
2011	117	57	30	29	25.64%	24.79%
2012	101	62	15	23	14.85%	22.77%
2013	94	56	17	15	18.09%	15.96%
2014	82	49	21	10	25.61%	12.20%
合计	461	254	97	100	21.04%	21.69%

图表七　医疗纠纷案件与普通民事案件的调解率、发改率对比

年度	广州各基层法院		广州中院			
	医疗纠纷案件调撤率	普通民事案件调撤率	二审医疗纠纷案件调撤率	二审普通民事案件调撤率	二审医疗纠纷案件发改率	二审普通民事案件发改率
2010	32.32%	43.80%	34.33%	21.20%	20.90%	12.26%
2011	41.05%	61.21%	24.79%	19.05%	25.64%	10.06%
2012	30.00%	51.64%	22.77%	19.99%	14.85%	9.36%
2013	30.19%	52.11%	15.96%	15.94%	18.09%	7.66%
2014	45.05%	49.15%	12.20%	15.25%	25.61%	8.52%
5年平均值	35.72%	51.58%	22.01%	18.29%	21.02%	9.57%

图表八　一审医疗纠纷案件与普通民事案件的调撤率趋势对比

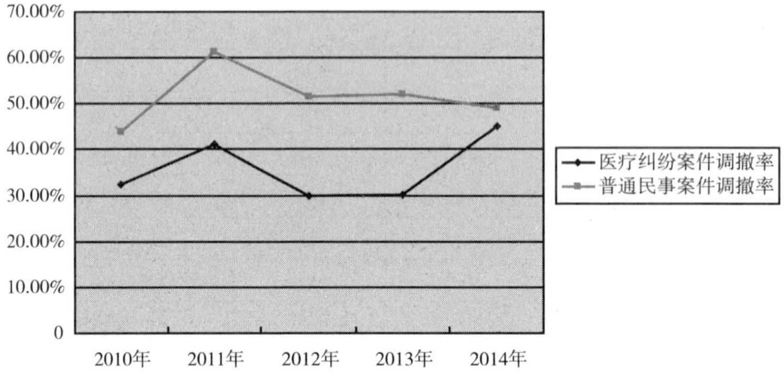

图表九　二审医疗纠纷案件与普通民事案件的发改率趋势对比

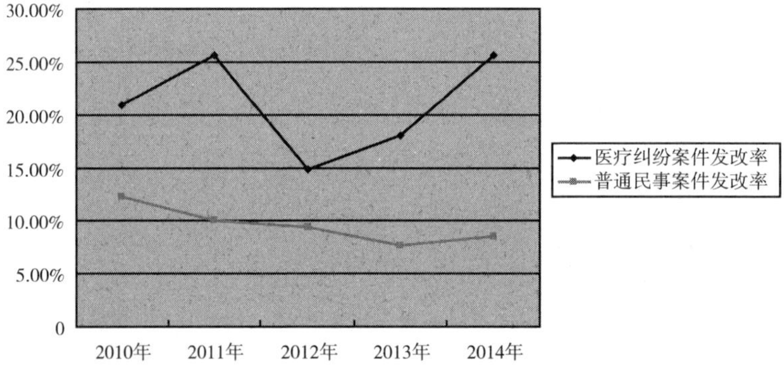

图表十　二审医疗纠纷案件与普通民事案件的调撤率趋势对比

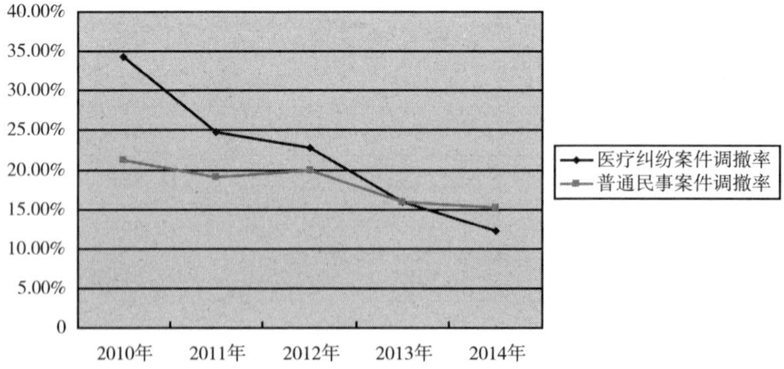

（五）判决结果的主要特点

广州中院近五年来二审判决结案270件中，判令医疗机构承担赔偿责任的案件173件，占64.07%，其中，医疗机构承担次要责任的案件109件，占判决结案总数的40.37%；医疗机构承担主要责任的案件64件，占判决结案总数的23.70%。二审判决医疗机构无须承担责任的案件97件，占35.93%。（见图表十一、图表十二）

从赔偿金额来看，法院判决的赔偿数额与患者主张的数额反差较大。近五年，广州中院二审医疗纠纷案件患者的请求金额平均为344,730.49元，最终支持的金额平均为63,895.90元（见图表十三），在一定程度上说明，患者在医学知识欠缺的情况下，对医疗纠纷缺乏理性认识，提出的诉讼请求超过正常标准，追求利益最大化。

图表十一　二审医疗纠纷案件判决医方承担责任比例情况

年度	判决结案数	判决医方承担责任的案件数	比例	判决医方承担50%及以上的责任的案件数	比例	判决医方承担低于50%的责任的案件数	比例	判决医方无责任案件数	比例
2010	31	18	58.06%	4	12.90%	14	45.16%	13	41.94%
2011	64	41	64.06%	17	26.56%	24	37.50%	23	35.94%
2012	65	34	52.31%	10	15.38%	24	36.92%	31	47.69%
2013	61	47	77.05%	19	31.15%	28	45.90%	14	22.95%
2014	49	33	67.35%	14	28.57%	19	38.78%	16	32.65%
合计	270	173	64.07%	64	23.70%	109	40.37%	97	35.93%

图表十二　二审医疗纠纷案件判决医方承担责任情况

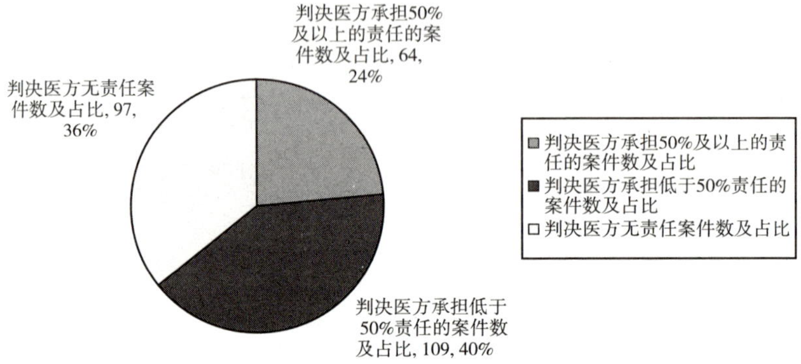

图表十三　二审判决医疗案件涉诉标的及赔偿情况

年度	判决结案数	二审支持赔偿的案件数	比例	患方请求金额	二审支持金额	支持金额比例
2010	31	18	58.06%	8,769,088.4	1,139,386.4	12.99%
2011	64	41	64.06%	21,468,606	3,319,584.84	15.46%
2012	65	43	66.15%	28,133,317.23	6,223,547.63	22.12%
2013	61	51	83.61%	34,706,220.07	6,569,374.28	18.93%
2014	49	36	73.47%	27,781,495.93	6,424,162.52	23.12%
合计	270	189	70.00%	93,077,231.7	17,251,893.15	18.54%

（六）专业化审判情况

广州中院自2010年起试行医疗纠纷专业化审判制度，设立专业合议庭负责医疗纠纷调处和调研工作。实行专业化审判以来，市中院二审医疗纠纷案件的平均审理时间从232天缩短为105天，审判效率提高明显，裁判文书说理更为充分。深入开展理论研究，总结实践经验，编写发布了《医疗损害责任纠纷案件审理指引》，内容涉及侵权责任法体系下的医疗损害案件的案由、主体资格、举证责任、病历复印封存、医疗损害鉴定、医疗损害责任形式、赔偿项目及计算等各个方面，为两级法院统一医疗纠纷审判程序和裁判尺度提供了有效参考。重视矛盾纠纷化解，加强调解工作，积极探索鉴定人出庭作证和专家辅助人制度实施，最大限度地促进医患双方就医疗过错及因果关系等核心问题展开充分辩论，加强司法审查，防范以鉴代审，有效平息医患矛盾。积极发挥司法能动性，采取多种举措加强与医学界及相关行业的沟通，及时反馈审判过程中发现的问题，就加强医疗管理提出司法建议。

二、主要问题

(一)医患理解和信任亟须加强

当前，医疗资源总量不足的矛盾依然突出，以药补医的局面尚未根本扭转，群众看病难、看病贵的问题没有根本缓解，这是医患关系紧张的体制机制因素。医方与患方沟通不充分、对诊疗行为告知不足，患者对医学技术和医疗行为的特殊性缺乏深入的了解，也是医患之间难以建立信任，引发医疗纠纷的重要因素。

现实中，由于医疗资源紧张、医护人员工作繁忙等原因，一些医护人员不重视与患者的沟通，没有时间耐心解答患者的疑问，让患者感觉不受重视和尊重，认为医护人员没有替患者着想，对医护人员产生不信任感。医护人员在告知说明方面也有不足之处，对患者个体病情告知不够细致，对诊疗方案的风险告知不够全面，没有详细告知替代治疗方案及优劣等，导致患者对治疗行为产生疑虑。

医学是一门探索性极强的实践科学，病因的探索和治疗处于不断发展中，医疗行为本身面临现实医学科技发展水平不能预知、不可避免的风险；每一种治疗都不能保证百分百的成功，只要有医疗活动，就可能出现意外。但一些患者没有正确认识医疗行为的风险，甚至有将医疗服务商品化的倾向，认为自己付出医疗费用，就应获得相应的诊疗效果，一旦出现不良后果，往往缺乏相应的心理准备，将失败归因于医方，产生纠纷，对处理结果抱有不切实际的期待。少数患者受职业医闹的唆使和挑拨,采取极端方式主张权利并漫天要价。

（二）病历问题较多

在当前审判实践中,医方病历不规范导致患方对病历真实性提出质疑的情况非常普遍。由于病历真实性影响到案件事实的认定,与诉讼利益密切相关。双方关于病历的争议非常激烈,使纠纷的调处难度进一步加大。引发争议的病历问题包括:

1. 病历书写不严谨。一些医务人员对病历书写不够重视,病历记录不严谨,出现基本信息错误,如写错日期,床号、页码、年龄等,或前后记录矛盾,或者不按病历规范格式书写等,患者质疑强烈。

2. 病历修改不规范。按照病历书写规范,有三种情况可以修改病历:一是书写中出现错字;二是实习生、试用期医务人员书写的病历,由合法执业的医师修改;三是上级医师可修改下级医师的病历。但病历修改应保持原记录清晰可辨,不得掩盖或去除原来的字迹,否则为涂改,可能影响事实的认定。若改动的内容经证实不客观,则为篡改,可直接推定过错。如事后添加,则可能被认定为伪造。

3. 漏记或记录过于简单。此问题较为多见,如未书写门诊病历;麻醉未记录麻醉药剂量;手术记录对重要情况欠缺描述;手术和抢救记录没有在规定时间内完成等。这些情况均会影响对重要事实的认定,导致对医方不利的局面。

4. 病历资料不完整。没有将各种有关检查报告及时准确收入病历中。有的化验单粘贴错误,如将 A 的化验单粘贴在 B 的病历中;有的遗失检查报告或影像资料等。某案中,患者肾移植手术后数天内的化验单报告均丢失,未能提供原始病历。

5. 病历复制封存问题。医疗机构只允许患者复制封存客观病历,不允许患者复制封存甚至查阅主观病历,或者仅仅允许封存主观病历的复印件。医疗机构的理由是主观病历是医务人员对诊疗活动的判断和评价,与客观病历不同，是医务人员在诊疗过程中根据自己的专业知识形成的医学评价。但在纠纷处理过程中，主观病历与客观病历，都是病历资料的组成部分，是进行医疗鉴定和查清案件事实的必要材料，都应当提交和封存。医方的处理容易引发患方认为医方故意隐匿病历的怀疑。因此应当允许全部复制和封存。

（三）鉴定难问题突出

《侵权责任法》实施后，医疗事故技术鉴定不再作为民事案件的审理依据。人民法院处理医疗纠纷，应当委托进行医疗损害鉴定。但由于目前缺乏统一的医疗损害鉴定机制，医疗纠纷处理面临的鉴定困难非常突出，严重影响医疗纠纷案件的审判质效。

1. 鉴定机构数量少。目前广州市医学会没有开展医疗损害鉴定业务，入选全省法院医疗损害鉴定名录的机构只有 20 家，广东省内多数医学会没有参与医疗损害鉴定，有实力的司法鉴定机构少，法院选择鉴定机构的余地不大。

2. 鉴定程序不规范。司法鉴定机构开展医疗损害鉴定，是否召开医患双方参与的听证会，是否咨询相应专科的临床专家以及咨询何种水平的临床专家，均没有强制性要求，基本上由鉴定机构自行决定。有些鉴定机构甚至由法医鉴定人在完全没有咨询临床专家的情况下直接做出鉴定意见，既违反了医学专业问题由同行专家评议的基本原则，也不能有效保障当事人的参与权利和解决医患争议的核心问题，鉴定意见的质量没有保障。

3. 鉴定时间长，拉长审理期限。鉴定机构往往因为人手少、鉴定专家工作忙等原因，需要半年甚至一年的时间才能完成鉴定。近年来，医患双方对鉴定的争议越来越多，特别是对鉴定所依据的病历材料争议甚多，鉴定前往往需要多次质证，鉴定程序进展缓慢。需要多次鉴定的案件，审理程序更加复杂。上述原因拉长了法院审理医疗纠纷案件的周期。

4. 鉴定机构随意不受理鉴定，终止鉴定。有的鉴定机构被摇珠选定为案件的鉴定单位后，看到案件疑难复杂，或者当事人矛盾尖锐，就找理由不接受委托或者终止鉴定,导致案件审理无法顺利进行。

5. 患方不配合鉴定。在实践中,患者及其家属往往因为质疑鉴定机构的中立性或者怀疑病历的真实性等种种原因拒绝进行医疗鉴定。常见的有拒绝对病历质证、拒绝做死因鉴定、在鉴定程序中不配合抽取专家、拖延移送病历资料等,导致无法进行鉴定,案件事实无法查清。

(四)审判专业化需要提升

广州实行医疗纠纷专业化审判取得了一定成效,但仍面临不少制约因素。全市基层法院医疗纠纷专业化审判处于停滞状态,主要原因是绝大部分法官不具备医学专业知识,感觉案件审理难度大,信访压力大,难出成绩,有畏难情绪,不愿意长期从事此类案件的审理。

目前,广州法院具有医学专业背景的复合型法官非常稀缺。在审理医疗纠纷案件中,法官对鉴定意见的依赖度很高,对鉴定意见的审查流于形式,难以形成内心确信,需要医学专业人士辅助。现阶段,医疗专家作为人民陪审员直接参与医疗纠纷案件审理的情形很少,鉴定人出庭作证还没有完全落实,专家辅助人参与鉴定意见质证也处于起步阶段,医学专业人士参与医疗纠纷案件审判需要大力加强,进一步强化对医疗损害鉴定意见的实质审查,避免以鉴代审,确保医疗过错认定具有医学的科学性和法律的正当性。

另外,自《侵权责任法》实施以来,在医疗纠纷的法律适用上,出现一些新问题,尚未达成共识,不同的法官可能有不同的处理尺度,需要深入研究统一处理意见。如侵害知情同意权纠纷、医疗产品损害赔偿纠纷等纠纷案件举证证明责任如何分配;《侵权责任法》第58条的推定过错如何理解与适用;赔偿责任及范围应否限制等。

(五)多元调处机制需要加强

根据我们对广州四家三甲医院的跟踪抽样调查,该四家医院近五年共有946件医疗纠纷获得解决,其中医患双方自行协商解决797件,占84.25%;以诉讼方式解决102件,占10.78%;而通过卫生行政部门调处的只有 12 件，占 1.27%。说明医患双方协商解决之外，诉讼是医疗纠纷最主要的解决途径，人民调解、行业调解等非诉讼解决机制需要进一步发挥作用，多元调处机制需要加强。

三、对策与建议

医患关系的改善需要整个社会的关注与努力。要从根本上缓解医患双方之间的紧张关系，最终要回归到医疗卫生体制改革等深层次问题的解决上。但与此同时，建立公正高效的医疗纠纷解决机制，也是推动医患关系和谐的重要一环。在积极推进医疗卫生体制改革的同时，破解医疗纠纷预防和调处的难题，极为重要。

（一）依法规制医患关系，有效预防医疗纠纷

在现代医疗中，医患关系已不只是单向的医师对病人的医疗技术及知识的应用，而是双向互动的社会关系。这种社会关系具有医疗的特殊性，但同样需要接受法律的调整和规制，最终回到权利义务的规范系统中来。医患关系的和谐，也只有在法律调整的前提下才能实现。针对医患关系的现状，我们建议：

1. 规范诊疗行为，减少诊疗失误。应进一步加强职业培训和医德医风教育，提高医务人员的诊疗水平和责任心。严格落实首诊负责制及值班制度、三级检诊、三级查房、重症监护及治疗跟踪等诊疗质量监控核心制度，为减少和预防误诊漏诊、手术失误的发生提供制度保障，预防对重症病人、危险用药的病人的监护不力及跟踪治疗不到位而导致损害发生。严格执行医生资质管理制度，严禁无执业医师资格的人员单独实施诊疗行为。

2. 完善医患沟通告知机制，保障患者知情选择权。患者的知情权是患者的基本权利之一，许多医疗纠纷就是因患者的知情权未得到妥善的保障而造成患者对医疗机构的怀疑而引发的。而知情权的争议又可能影响医疗纠纷案件审理当中鉴定的顺利开展、医疗过失及因果关系认定等。为保障

患者的知情选择权，需要完善有关医患沟通机制，并加大管理力度，促使医务人员认真与患者进行沟通。医方应重视告知说明义务的履行，对应当告知的病情、医疗措施、医疗风险等必要信息，应尽可能详细告知。对于必须取得书面同意的情况，应在告知的同时交患者或者其近亲属同意并签字；对于其他内容的告知应当注意留存证据，在病历上予以记载或要求患者签名确认。只有充分尊重与保障患者的知情权，才有建立良好医患关系的基础，才能使患者积极地支持、配合诊疗工作，才能避免误解，加深信任，真正构建起和谐的医患关系。

3. 严格执行病历管理制度，保障病历制作公信力。应严格执行病历制作规范，严格按照规定的格式和要求制作病历。建立严谨的病历保管制度，将病历保管作为一项规范化、制度化的工作加以开展，确保医疗纠纷发生时能够查询到详细的诊疗过程。建立有助于患者及其家属复印病历资料的制度。对于要求复印病历资料的患者及其家属，及时提供病历资料的复印件，并加盖证明印记。变医院单方保管病历资料为医患双方保管，降低医院病历资料保管的风险，增加透明度，缓和医患双方的对立情绪。在病历的封存上，可以采取定期封存、打印页码的方式，在制度上防止病历的伪造和缺失。针对病历争议多、病历质证认证难的情况，建议推动建立病历资料的第三方保存机制，将医疗机构制作各种病历资料在合理时间内固定和保存在第三方，有效地解决医患双方对于病历资料的争议，提高医疗纠纷解决的效率。

4. 依法保护患者权益和严厉打击医闹并重，引导理性维权。应完善医疗纠纷投诉处理制度，明确投诉处理的流程，责任，认真对待患方维权要求。医疗机构内部应建立医疗争议投诉解决机制，提高处理效率，确保患者的诉求在合理的期限内得到重视和有效的沟通回复，避免矛盾激化升级。要加大对医疗纠纷解决途径的公示与指引，利用多种途径向公众告知依法维权的途径、联系方式以及典型案例等，指引患者依法维权。另外，要严厉打击医闹，维护医疗秩序，依法保护医疗机构及其医务人员的合法权益。医疗机构要破除“不闹不理，小闹小理、大闹大赔”的思想，对于所有的医疗纠纷应该一视同仁，依法进行处理，不向“医闹”妥协。对于在医疗机构内寻衅滋事，在医疗机构内故意损坏公私财物，利用封建迷信扰乱医疗秩序，侮辱、威胁、恐吓、殴打医务人员，非法限制医务人员人身自由的等违法行为，要依法处理。构成犯罪的，要依法追究刑事责任。

5. 加强舆论宣传和引导，倡导医患信任关系。当今信息时代，各种舆论宣传对社会生活影响日益深刻。媒体宣传应兼顾舆论引导和监督作用，对涉及医疗行为的宣传报道应当慎之又慎。对于医疗行为的质疑和过错认定，应进行深入的事实调查和专业咨询。在医患关系紧张的社会背景下，应加强医学知识的宣传教育，加深社会大众对医疗机构及医务人员工作的认识，对医疗行为特殊性及医疗风险的理解。要加强医疗行业的正面报道，深化对卫生系统先进集体和先进人物的宣传，树立正面典型，弘扬社会正气。要加强对医疗纠纷维权方式的宣传，告知医疗纠纷的正确维权途径；对破坏正常医疗秩序、侵犯医务人员人身权益的各种医闹事件，应给予旗帜鲜明的谴责，在全社会营造依法就医、依法维权的舆论环境。

（二）完善医疗损害鉴定机制

医疗损害鉴定是解决医学专业判断难题的必要手段。要确保医疗纠纷审判的质量与效率，必须建立统一完备的鉴定机制。我们认为医疗损害鉴定机制的构建应着重解决以下问题。

1. 建立统一的专门的医疗损害鉴定资质管理。医疗损害鉴定不同于医疗事故技术鉴定，不需要做出是否构成医疗事故的结论，但也明显不同于法医鉴定。医疗损害鉴定的核心是对动态的临床诊疗行为的合理性及其与患者损害后果的因果关系进行评价，与医疗事故技术鉴定的本质更为接近。法医鉴定的优势更多体现为死因鉴定和伤残鉴定。综合考虑医学会鉴定和法医司法鉴定的优劣和资源，建议建立统一的、专门的医疗损害鉴定资质要求，统一由司法行政部门进行资质许可和管理。资质要求应当包括，应有一定数量的法医鉴定人，应有组织临床专家参与鉴定的资源（譬如有自己的专家库或与相关单位签订合作协议），应有召开听证会的场所和条件等。对于医学会下属的鉴定办公室,可以加以改造,增设必要法医鉴定人员,赋予医疗损害鉴定资质。为有效激励临床专家参与医疗损害鉴定,确保医疗过错评价符合行业规范,可考虑设立医疗专家鉴定资质,具有一定医学水平的临床执业人员,通过参加医疗损害鉴定基本知识的考试,即可获得由鉴定行政主管部门颁发的资格证书,可以参加医疗损害鉴定,发表专业意见。卫生行政主管部门可将参与鉴定听证的情况作为职称考核内容。另外,为规范专家辅助人制度,可将获得该资质作为专家辅助人的条件。

2. 制定医疗损害鉴定的程序规范,为鉴定科学提供程序保障。医疗损害鉴定有两个明显特点,一是涉及临床诊疗行为评价,二是以解决医疗赔偿纠纷为目的。应充分考虑医疗损害鉴定的特殊性,制定相应的程序规范。程序规范应体现两个基本原则,一个是医患双方充分参与的原则,另一个是同行评价的原则。因此,程序规范的内容应包括:鉴定时限,包括受理、出具鉴定意见的时限等。鉴定听证程序,要求必须召开双方当事人参加的听证会;必须有若干相关科室的具备相应资质的临床专家参与。鉴定意见书的要求:对鉴定意见书的形式和内容的具体要求,包括鉴定依据、鉴定人签名等;对于临床专家的意见效力,及其与最终鉴定意见的关系,也应明确。鉴定人出庭作证及具体操作规程。鉴定监督程序:对鉴定意见因违反法律规定或科学性不足而不被采信的情况,明确鉴定机构应承担的后果。

3. 建立远程网络视频鉴定体系,推广异地鉴定。本地鉴定机构的中立性易受到质疑和干扰,异地鉴定可以有效避免双方当事人对鉴定的干扰,确保鉴定的中立性。在现代科技发达的背景下,应充分利用远程网络视频技术,建立远程网络视频鉴定体系。人民法院(或其他纠纷解决机构)和鉴定机构建立视频对接的远程网络视频鉴定平台,医患双方和法院审判人员可通过高清同步视频参加鉴定听证会,实现不出省、少花钱、少耗时的共同参与鉴定的模式。鉴定意见出具后,鉴定人可以通过网络视频出庭质证,陈述鉴定意见,对当事人的疑虑进行专业释明。

（三）完善医疗纠纷专业化审判机制

1. 专业审判组织与集中管辖制度。专业审判的核心是审判主体即法官的专业化。专业化的养成需要大量的经验积累和理论研究，非一朝一夕之功。为提升专业化程度，节约人才培养资源，建议对医疗纠纷这类高度专业化的案件进行全市集中管辖。广州可将所有市区基层法院管辖的一审医疗纠纷案件指定由1～2家基层法院审理，设立专门的医疗纠纷审判庭，专门负责医疗纠纷案件的审理，并负责与相关单位的横向联系，参与医患矛盾的联动化解。

2. 研究制定医疗损害鉴定意见可采性审查标准。关于鉴定意见的审查，我国民事诉讼法和证据规定有一些规定，但主要是从程序上进行审查，缺乏相应的实质审查判断标准。因此，法官通常只进行程序审查，实质审查的能力较差，普遍情况是没有程序问题即予以采信，被批评为审判权的旁落。在国外，关于专家证言的可采性审查标准，通过判例形成了可参考的规则。建议对相关案例进行总结梳理，借鉴参考国外实践经验和理论研究成果，制定相应的医疗损害鉴定意见可采性审查标准。

3. 探索建立辅助法官进行专业判断的制度。法官始终不是医学专业人员，无论怎样学习和积累，都不可能对所有医学专业问题具备相应的判断能力。因此，为了辅助法官更好地处理医疗纠纷案件，实现案件处理的法律效果和社会效果的统一，在利用和落实现有的专家辅助人制度与人民陪审员制度外，未来可尝试建立多样化的辅助法官进行专业判断的工作机制。譬如，参考知识产权审判经验，设立医学技术调查官；或考虑建立专家咨询制度，对于无法进行鉴定或鉴定意见难以审查的案件，直接咨询专家意见作出处理。为此，可考虑建立人民法院自己的医疗专家咨询库，专家咨询库的成员可根据需要选任为人民陪审员，或在具体案件中担任专家辅助人或咨询专家。

（四）进一步完善多元化医患矛盾调处机制，形成合力

1. 完善医患矛盾调处应急联动机制。为加强对医疗纠纷预防与应急处理工作的组织领导，建议由市委政法委牵头成立由分管领导任组长，卫生、司法、公安、检察、法院、纪检、财政、民政、保监等相关单位和部门负责人为成员的医疗纠纷预防与处理工作领导小组。负责全市医疗纠纷预防与处理工作的领导和协调、定期召开会议，研究、解决本市医疗纠纷预防与处理工作。领导小组下设办公室，负责医疗纠纷信息研判、矛盾排查工作，定期召开成员单位联席会议，沟通、协调医疗纠纷化解工作。对于重大医疗纠纷和医患矛盾，应建立医患矛盾调处应急联动机制，提供专门的经费支持和人员保障，制定明确的工作职责和工作流程，确保应急联动机制长期有效运作。

2. 完善医疗纠纷第三方调解机制。近年来，由医疗纠纷专业调解机构对医疗纠纷进行调解的第三方调解机制在全国蓬勃兴起。第三方调解机制具有专业性强、便民高效、成本低等优势。但是，目前全国各地医疗纠纷第三方调解机制模式不尽相同，发展水平各异。广州的第三方调解机制尚未充分发挥出优势。社会公众对医疗纠纷调解委员会的认知度不够高，专业调解组织的资金来源、队伍建设、规范调解的制度保障仍待进一步完善。建议加强由政府主导的独立于卫生行政部门、医疗机构与保险公司的医疗纠纷专业调解组织建设，增强第三方调解机构的独立性和中立性，增强患者对于调解的信任感。组建一支由医学专家、司法鉴定人员、律师、保险从业人员等人员组成的调解员队伍，充分运用人民调解、心理疏导、法律援助、司法公证等各种手段在医患双方自愿平等的基础上进行独立调解。

3. 推广医疗纠纷仲裁解决。作为一种非诉讼的纠纷解决方式，仲裁既具有类似诉讼的一些特点，如由第三方裁决，裁决有执行力等；同时因为其实行一裁终局、不公开审理等原因，又具有简便快捷、依据灵活的特点，有利于纠纷以较低成本、较低对抗性的方式快速解决。根据我国仲裁法的规定，涉及身份关系的纠纷以及依法应当由行政机关处理的行政争议不能由仲裁裁决。其他民事主体之间的私人权益纠纷均可用仲裁解决。医疗纠纷仲裁可以满足社会对纠纷高效处理的期望，又可以满足医疗纠纷处理的中立、专业权威的原则，具有法律正当性和现实必要性，应予以大力推广。建议通过地方立法在现有仲裁机构内设立医疗纠纷仲裁庭，组建一支专业的仲裁员队伍，制定医疗纠纷专业仲裁程序，由地方财政对仲裁工作予以补贴。为了鼓励医患双方接受和选择仲裁方式，建议医疗纠纷仲裁采取统一按件收取象征性费用的制度，卫生行政部门可加强对医事仲裁制度的宣传和推广，要求医疗机构在重大风险病例治疗前向患方告知和签署仲裁协议。

4. 完善医疗纠纷诉非衔接机制。人民法院应当加强与非讼纠纷解决机制之间的沟通与衔接，对第三方调解组织的调解工作给予业务指导，对当事人在医调委、人民调解委员会达成的协议及时进行司法确认。加强与第三方调解机构、仲裁机构及相关行政部门的沟通联络，保持信息互通共享，参与重大纠纷联合调处等。

四、结语

医疗卫生事关民生福祉，事关全民小康。公正高效调处医疗纠纷，构建和谐医患关系，推动医疗卫生法治，是保障医疗卫生事业健康长远发展的必然要求，也是全面建设小康社会、全面建设法治国家的重要内容。广州法院将不断开拓创新，提升医疗纠纷审判能力和司法服务水平，与社会各界共同推进医患纠纷的预防与处理机制完善，为全面建设平安广州、和谐广州、幸福广州作出应有的贡献。

2014年度广东医疗纠纷处理调研报告

法治广东研究中心广东医疗法治发展状况研究课题组

组长:宋儒亮

成员:官健、佘琼胜、潘盛鹏、赖永洪、葛志坚、庹明生、王辉、张兆金、刘晓绛、王文倩、赖嘉敏、粟燕杰

来源:《中国地方法治发展报告》(2014)年中国社会科学院法学研究所,社会科学文献出版社出版。

摘　要:自行协商、调解、行政处理、诉讼、法律法规规章规定的其他途径以及医疗纠纷仲裁等是广东医事纠纷处理的六种法定方式。要理顺和应用好医事纠纷处理方式,还需要以法治思维和法治方式就六种法定方式的适用与效益进行再分析,医方更应当自觉按照《侵权责任法》第58条的"过错推定"规定,进一步加快推进医事纠纷的专业化审判工作,加快建立医疗损害鉴定机构的统一管理制度。

关键词:医疗法治　侵权　医疗纠纷　仲裁

法治蓝皮书是对中国与世界发展状况和热点问题进行年度监测,以业的角度、家的视野和实证研究方法,针对某一领域或区域现状与发展态势展开分析和预测,具备权威性、前沿性、原创性、实证性、时效性等特点的连续公开出版物,由一系列权威研究报告组成。蓝皮书系列的作者以中国社会科学院、著名高校、地方社会科学院的研究人员为主,多为国内一流研究机构的权威家学者,他们的看法和观点代表了学界对中国与世界的现实和未来最高水平的解读与分析。2014年,中国社会科学院法学研究所首度推出"地方法治蓝皮书"。地方法治蓝皮书立足于地方,梳理其推进

法治建设中的探索、成效和面临的问题，展示更为鲜活的地方法治发展进程。

广东作为华南地区的中心，是医疗资源大省，其接诊量在全国居前，在全国有影响医事纠纷案也不断发生。在法治中国新形势下，面对医事纠纷预防和处理的时代难题，回顾过去、总结经验和展望未来，总结梳理广东在医事预防与处理的六大问题，对进一步地实现医患和谐、构建法治医疗和推进法治广东建设，具有重要价值和深远的意义。

一、广东医事纠纷的现状与特征

医事纠纷处理多在市级层面行政处理完毕。省以下的地市行政机关等是处理医事纠纷的主要单位。比如，2013 年一年广东省级层面没有收到医事类行政投诉个案，但在市级层面则医患纠纷广泛发生。据广州市司法局统计，2010 年至 2013 年，广州市每年发生医患纠纷 700 余起，其中，严重扰乱医疗秩序的 400 余起，引发突发事件的 100 余起。

据报道，2010 年以来，广州市检察机关共查处“医闹”（建议以后要将“医闹”改称为“医事类犯罪案件”）案件 12 件 40 人，其涉及妨害公务、聚众扰乱公共场所秩序、聚众扰乱交通秩序、寻衅滋事、故意伤害、绑架罪等罪名，其中涉嫌“职业医闹”的 6 件 19 人，分别占 50% 和 47.5% 。“职业医闹”案件数已占穗“医闹”案一半，一些外来人员甚至将“医闹”作为解决医患纠纷的主要途径。

第一，争议规模整体呈上升趋势，并不平衡。2010 年全省法院受理医疗纠纷一审案 900 件，2011 年增加到 1014 件，2012 年回落到 910 件，2013 年又出现增长，1 ~ 10 月受理 953 件。2010 年 7 月 1 日《侵权责任法》实施以来，广东全省法院受理医疗纠纷案件的数量并没有出现井喷式的增长，而是呈现有升有降、总体上缓慢增长的态势。具体到各级法院，年度之间的表现也存在差异。比如，广州市各基层法院 2011 年 1 月至 2014 年 5 月医疗纠纷案件的结案数为826件，其中2011年结案325件，2012年结案217件，2013年结案212件，2014年1月至5月结案72件。广州中院2011年1月至2014年5月医疗纠纷案件收案总数为344件，其中2011年收案106件，2012年收案98件，2013年收案93件，2014年1月至5月收案47件。2011年1月至2014年5月医疗纠纷案件结案数为347件，其中2011年结案123件，2012年结案102件，2013年结案95件，2014年1月至5月结案27件。

第二，地域和专科分布不均衡。在地域分布上，医疗纠纷主要集中在大城市。从2013年1～10月的统计数据来看，广州地区法院受理医疗纠纷一审案293件，占了全省的32%；深圳地区198件，占21%。广州、深圳的数量占全省的53%。而整个粤东地区汕头、汕尾、潮州、揭阳4个城市只有10件。这与城市人口规模以及医疗资源集中在大城市是密切相关的。在医疗专科的分布上，医疗纠纷主要集中在妇产科、骨科、普通外科、神经外科与呼吸内科等科室。上述领域医疗行为风险相对较大。

第三，鉴定数量不断增加。2011年广东省高院出台的《关于人民法院委托医疗损害鉴定若干问题的意见（试行）》，指定了20家医学会和司法鉴定机构。从鉴定数量来看，全省法院受理的医疗损害纠纷案件逐年上升。2008年有645宗。2009年升至797宗。2010年988宗。到了2011年破千，达到了1437宗。2012年1～6月达到了1019宗。

第四，调撤率较高，但低于民事案件的平均调撤率且呈下降趋势（图表一）。由于医疗纠纷裁判难度大，判决难以实现服判息诉、案结事了，法官在审理过程中都会尽力调解结案，全省医疗纠纷的调撤率并不算低，有的年份甚至会超过50%。但总体上仍低于民事案件的平均调撤率，而且似乎越来越难以调解，调撤率呈现下降的趋势。

图表一 广东省医疗损害责任纠纷一审案件调撤率

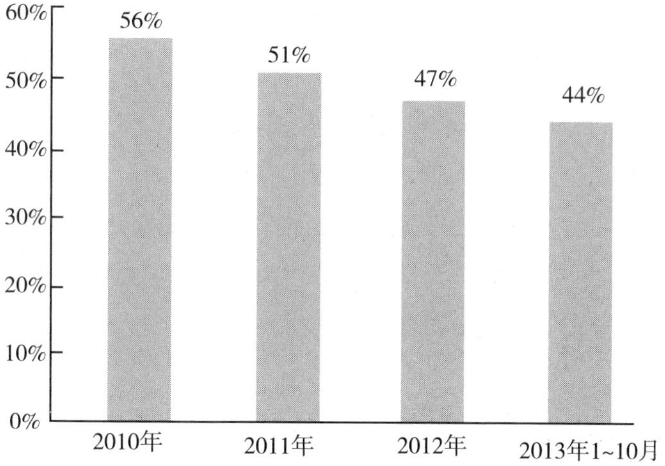

第五,再审率较高(见图表二)。2013 年 1 ~ 9 月,广东省法院共处理 208 件医疗纠纷再审审查案件,其中 19 件裁定再审,再审率为 9.13%,而同期民事案件的平均再审率为 8.72%。在案件数量较多的 8 大类民事案件中,医疗纠纷再审率排第 5 位。

图表二 广东省法院 2013 年 1 ~ 9 月八大类民事申请再审案件再审率

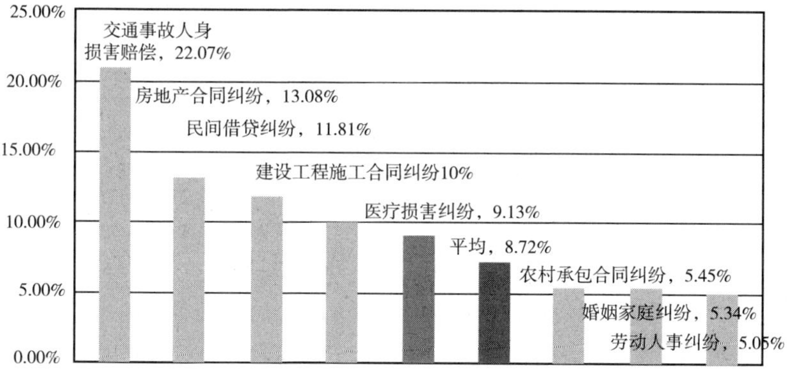

总体上,医事纠纷案涉及民事、行政和刑事,但案件在政府、法院和检察院领域的分布并不均衡。在 2013 年,就医事纠纷行政执法投诉而言,在省级法制办并未发生,但民事、刑事方面比较多。比如,在民事层面,纠纷影响大的、较典型的多在2011年和2013年，2011年影响全国的有“佛山南海弃婴事件”、“深圳儿童医院八毛门事件”和“广东妇幼保健院录音门事件”；2013年影响全国的有2013年2月21日广东卫视知名主持人发表“想砍人”言论惹风波事件等；在刑事方面影响比较大的，如2013年3月4日潮州中心医院发生的患者家属纠结百余人押住一位医生在医院内游行事件，2013年10月21日广州医科大学附属第二医院重症医学科ICU病房两名医生被患者家属打伤事件和2013年12月广州市伊丽莎白医院发生了近百名患者亲友、家属在医院门前设灵堂、撒纸钱、打砸医院事件。

二、预防化解医事纠纷面临的直接障碍

从广东的近年情况来看，医事纠纷与其他一般的民商事、行政纠纷均有差异，这成为预防化解的直接障碍，主要表现在以下几个方面。

第一，病历的真实性、完整性是医事纠纷争议的焦点。病历往往是医疗纠纷的主要证据，病历是否真实、完整，又是医疗纠纷中最常见的争议。其中的原因是，病历是医疗机构单方制作的，住院病历也由医疗机构单方保管。患方质疑病历的真实性和完整性具有天然合理性。这是医疗纠纷的诉讼证据与其他民事案件证据的显著区别。因此，除了严格按照规范制作和管理病历外，如何防范病历争议是包括医疗卫生行政监管等在内各方的共同难题。

第二，专业性较强，给纠纷化解带来障碍。一方面，医事纠纷案件处理不仅涉及大量的医学专业知识，还涉及大量的法律法规乃至政府文件，而纠纷处理方往往很难兼具两个专业领域的知识。另一方面，医事纠纷涉及医学专门问题，法官非医学专业人才，对医疗行为是否有过错，过错行为与损害后果是否有因果关系以及原因力的大小等，难以单独做出准确判断，常常需要借助医学鉴定来认定。突出表现为相关司法案件审理高度依赖鉴定。鉴定成为法院审理医疗纠纷案件的常用工具。以广州白云区法院为例，该

院在 2011 年 1 月至 2014 年 5 月受理的 142 件医疗纠纷案件中，约85.92%的案件进行了一次鉴定（鉴定类型包括医疗事故技术鉴定或者司法鉴定，下同），约 8.45% 的案件进行了两次鉴定（主要为二次医疗事故技术鉴定，或者一次医疗事故技术鉴定与一次司法鉴定），只有约 14.08% 的案件没有委托鉴定，个别案件甚至曾委托两次医疗事故技术鉴定及进行了一次司法鉴定。

第三，医患双方矛盾对立性强，协调化解难度较大。在医疗纠纷中，患方往往存在伤残或者死亡等情形。通常情况下，患方的情绪比较激动，对医方产生不满甚至抵触情绪。在调解时，患方往往提出不切实际的高额赔偿要求。相反，医方大多强调患方的损害结果系因患者自身原有疾病自然转归或者现有的医学条件或者诊疗水平的局限所致，认为患方属于无理取闹，协调化解双方冲突的难度较大。医方即使出于平息事态的动机而愿意接受调解，往往也只接受赔偿或者补偿数额较低的调解方案，由此导致案件的调解工作难以进行。

第四，医事纠纷处理耗日持久，常常超过一般民事案件审限。医事纠纷的具有较强的专业性，法律关系牵涉主体多样、处理难度比其他一般案件难度大得多。医疗纠纷案件的审理所高度依赖的鉴定，但由于现阶段鉴定机构人手不足等各种原因，通常需要半年甚至一年的时间才能完成鉴定。同时，由于近年来医患双方对鉴定的争议越来越多，特别是对鉴定所依据的病历材料争议很大，鉴定前往往需要对病历进行多次质证，鉴定程序进展缓慢。这导致法院审理医疗纠纷案件所需时间一再加长。比如，广州市白云区法院 2011 年 1 月至 2014 年 5 月审结的 121 件医疗纠纷一审案件的自然审理天数（含节假日）平均为 539 天，已远远超出一般一审民事案件的审理期限。广州中院 2011 年至 2014 年 5 月审结的 298 件医疗纠纷案件的自然审理天数（含节假日）平均为 152 天，也远远超出一般二审民事案件的审理期限。

第五，法官多回避或者不愿意从事相关案件审理工作。医疗纠纷横跨两个高度专业领域——医学和法学，现实中，多数情况为“学医的不懂法、学法的不懂医、患者不懂医也不懂法”，兼具医学和法学知识的复合型人才稀缺。随着审理者裁判、裁判者负责为核心的司法改革进程推进，在这方面的问题的将更为凸显。由于审理难度大、周期长、社会压力大等原因，法官多回避或者不愿意长期从事医疗纠纷案件的审理工作。不利于审判经验的积累和业务水平的提高。

第六，部分患方的诉求过高，案件存在信访隐患。在医疗纠纷案件中，受医疗水平的局限性、患者病情的个体差异等因素的影响，并非所有的疾病都能得到治愈，亦并非所有的损害都可以归咎于医院。但患方往往由于专业知识限制以及诊疗规范、常规不健全等因素，不能客观认识医患双方各自的过错程度，以致部分患方在诉讼中提出不切实际的高额赔偿请求。同时。在此类案件中，医患双方往往因对于赔偿数额的分歧太过而无法达成调解，法院虽以判决方式结案，但在案件判决后，患方发现其获赔的数额与预期的数额相距甚远时，往往不能理性看待判决结果，容易上访、闹访、缠访等。

三、医事纠纷处理难的深层次原因

医事纠纷的频发，难以处置，且冲突不断升级，既有医事纠纷自身特殊性的直接因素，也有深层次原因值得关注。其深层次原因包括以下方面。

一是医疗体制市场化取向，公立医院公益性不足。“看病难、看病贵”问题长期存在，多为人诟病，昂贵的医疗费也成为普通民众不能承受之痛。对医护人员的激励机制往往与其为医院创造的经济效益挂钩。一些医务人员收回扣、收红包、开大处方、开贵药、态度不好等问题，又加剧了医患不信任。

二是医疗从业人员缺乏必要法治培训，依法行医意识不强。据课题组调查，执业医师阅读《执业医师法》一两遍的比例很低。用情、说理仍是基本方式，靠法往往不是基本方式。即便对医疗工作者开展法治教育培训，多是以教育培训如何防范风险的各种具有可操作性、应用性的内容，缺乏对法律、法制和法治的整体性、基础性的教育培训，法律多成为或者作为一种工具被对待，这不利于后续的依法行医工作。

三是医事纠纷的法治化解观念仍然不到位。鉴定成本高、久拖不决导致等待期长、难以预测诉讼结果，导致医患纠纷发生后，患者往往绕开合法正当的途径，通过"闹"的方式发泄不满或争取更有利的赔付。如报道所言"一些患者家属认为，打医疗官司成本太高，做医疗事故鉴定又是'医医相护'，不如闹一闹，赔钱快"。更有人错误地认为，"大闹大赔、小闹小赔、不闹不赔"。而有些医院、有些卫生行政部门为了息事宁人，寄希望于用钱来解决问题，无形中助长了"闹"的发生。以法为先的正确合法有效纠纷解决途径指引不力，医患纠纷解决常常偏离或者远离法治思维及方式。

四是医疗活动的规范性和为民意识仍有待加强。从司法实践来看，诸如诊断过失、治疗过失、未充分履行告知说明义务、未严格执行病历管理制度、跨执业范围及地点执业（甚至出现未取得执业医师证书的实习医生在没有上级医生指导的情况下单独实施诊疗行为）、值班制度存在漏洞、未尽必要安全保障义务（特别对于精神异常但因身体其他疾病需要入住非精神专科病房的患者，医院对其潜在自杀、伤人、逃逸等医疗风险及陪护要求）等情况并非罕见，医疗活动不合规导致的纠纷和诉讼案件比比皆是。

不少大医院人满为患，医生接诊任务繁重，有时缺乏精力和耐心与患者交流。患者排队几个小时挂号，医生态度冰冷、三言两语便被打发的现象也非个案，令不少患者心理失衡。加上医患双方基于权利和义务性的法制类沟通明显不足，医疗效果不理想，医患矛盾加剧。

五是对"医闹"的惩治不力甚至过于纵容。相关部门对"闹"的处理滞后或不力，变相鼓励了患者及其家属的过激行为。长期以来，对"医闹"该违法行为并未做鲜明而有导向性、示范性的处理。久而久之，一些人就认为不仅闹的'违法成本不高'，甚至闹得理直气壮，甚至出现"依法维权，事倍而功半，违法的却事半功倍"的反效果。比如，在粤东潮汕地区某地级市，2010 年和 2011 年，该市两家医院各发生一起产妇羊水栓塞死亡事件，其中一宗通过鉴定、信访、上访，历时一年，最后在卫生行政部门调解下，患方家属获得了18万元补偿款。另一宗则采取“闹”的方式，患方家属通过聚众到医院设灵堂、摆花圈、拉横幅、堵大门、打医生，砸设备，甚至威胁要抬尸上路，到市政府请愿，迫使政府责令医院赔钱了事，在维稳、和谐、同情死者、保护弱者虚伪的高调下，医院赔了72万，纠纷3天解决。二者比较，通过“闹”索赔所获得金额是依法索赔得到金额的4倍，而时间仅是1/100。“息事宁人”的“怕事”心理，传递给闹者错误信息，以致“闹”愈演愈烈，形成恶性循环。

六是保险机制的作用未得到有效发挥。保险在中国医疗行业的功能好价值还停留在理论层面。在参考国外做法和借鉴交通赔偿处理的背景下，一些地方强力推行医疗机构购买商业保险，但其效果并不尽如人意。例如，粤东潮汕地区某地级市某医院自2014年4月16日开始购买医疗责任险。之后，医院共发生7宗医疗纠纷，保险公司并未按照医院要求派人到场，并以纠纷没有通过医疗事故鉴定或省公司不同意等理由，全部拒绝赔偿。事实上，该市推行医疗责任险后，购买医疗保险的医疗机构发生纠纷后，至今均没有获得保险公司赔偿。

七是媒体作用存在错位。医患纠纷关系民生，社会关注度很高，媒体对涉医事件尤为关注，参与度相当高。据法制日报社统计，凡是医疗事件，70%有媒体参与。近年来，虽然社会舆论、媒体报道高度关注医事纠纷，但专业性和中立性不足，存在未能发挥正确的指导作用的现象。众所周知，医患关系比较特殊，患者往往是以“弱”的群体形象出现，社会舆论情感上往往倾向于患者一方，对其过激行为给予一定程度的包容，甚至不乏有些媒体为博眼球，真实、专业、公允的报道比较少，客观上助推医患矛盾的激化，让“闹”一直成为医事纠纷难以处理的主要原因之一。

四、广东处理医事纠纷的主要做法及效果分析

自从“八毛门”、“录音门”发生后，广东省就加快了医事纠纷解决方面的

探索。根据法律法规和《广东省医疗纠纷预防与处理办法》,在广东进行医事纠纷处理包括六种法定方式:自行协商、医疗纠纷人民调解委员会或者医患纠纷人民调解委员会调解、卫生行政部门行政处理、人民法院诉讼、医疗纠纷仲裁等。

(一)“双方自行协商”方式

据广州市卫生局数据:协商方式在处理医患纠纷中占比最大。以广州市某三甲综合医院为例,协商方式占全部方式比例如下:

图表三 2009～2013年广州市某医院协商途径解决纠纷数量情况

年份	纠纷总数量	协商数量	协商占比
2009	27	24	88.9%
2010	40	36	90.0%
2011	28	24	85.7%
2012	49	47	95.9%
2013	32	21	65.6%
合计	176	152	86.4%

协商解决纠纷数量占比五年平均占比为86.4%,为该院医事纠纷主要解决途径。但随着《广东省医疗纠纷预防与处理办法》实施,该方式不断弱化,作用和价值将大打折扣。根据该办法,一万元以自行协商,和解方式只能应用于争议较小、责任不重、问题不大的纠纷中,这虽在一定程度上抑制了协商的被滥用和规避监管的情况,但实践中,医事纠纷往往涉及的金额较大,该种方式因可协商数额较小,协商和解范围大大缩小,大部分医事纠纷无法适用该方式。虽“双方自行协商”作为法定方式,但该方式日渐式微,正逐步退出纠纷处理方式。

(二)“医疗纠纷人民调解委员会或者医患纠纷人民调解委员会调解”方式

这是当前大力推进的一种方式。以《广州市医疗纠纷预防与处理若干规定》为例,调解被当作一种优先方式。调解不成,再选择以行政、司法、仲裁等合法途径解决纠纷。国内医疗纠纷第三方调解模式主要包括“宁波解法”、“天津模式”、“山西模式”、“南通模式”、“济宁模式”等。

在广东,调解也是被推荐的方式。调解的长处很明显,但也面临日益增加的难度和非议。突出问题包括以下方面。

一是调解的常态就是给钱结案。一些地方滥用调解,只要能结案就行,“摆平就是水平”。以致不少医院专门准备用于“摆平”纠纷的费用。对错、是非、合法与非法等都不是关注的要点,只要能结案就行。调解往往让“案之事”演变成为“钱的事”。

二是调解往往无书面对错分析,缺乏后续指引,难为类似事件的预防和处理提供借鉴和启示。有调解,但无后续指引;有经验教训,但缺乏示范作用。个案处理是调解的特色,但在案能结、事能了之外,却并未给当事人、社会、正确的后续的指引和制度预期。不能创新理念、缺乏示范功能,调解必然局限于一时一地,而不能发挥更加普遍性、规范性的功能,更遑论用于提高医术、提升管理和提高依法行医能力。显然,调解立足于个案,治标差强人意,治本则尚未提上议事日程。

三是模糊法院、行政、调解委员会之间的权责界限。调解作为自治领域,既不适合直接官办,也不宜由官方直接参与进行。但现实是,一方面,官方参与度过高,如很多地方由政府机关等组织,有编制、有经费、有办公场所等。另一方面,不少地方法院、法官解决医事纠纷也强调突出应用调解。法院调解大幅上升的同时,法院、行政和调解委员会之间走向趋同,其权责界线不明。法院本应提供有理由和有依据的法理说明、法律答案与后续指引等功能,这些均告落空。

总之,调解的滥用和误用,并不利于医事制度建设,也不利于法治主导下的医患和谐的有序形成。

(三)“行政处理”方式

行政处理虽是一种法定方式,行政调解也是行政处理中的一种方式,其同其他调解方式也有综合使用,但种种原因,该方式基本上既不作为一种日常的常规选择,也让按此方式处理的案件处于低量徘徊状况。

要提醒的是,虽在医事纠纷中,比较其他方式,“行政处理”方式基本或者甚至不用,但从政府法治建设角度,“行政处理”的缺位也表明这样一种行政监管在调整医患关系、医生管理、医院监管等方面处于乏力甚至不力之状况。

(四)“向人民法院提起诉讼”方式

诉讼方式虽然存在审理周期长、判决金额不高等特点,却是一种值得期待和需要不断提升水平的法定方式。诉讼具有严格的程序性要求,在医疗纠纷诉讼中,通过法庭审理能够更加客观与清晰地对事实及法律问题进行判定,划分责任,并作出相对客观公正的判决。而且诉讼具有终极性及权威性,其作出的调解书或判决书具有强制执行力,如果一方拒绝履行生效的法律文书,另一方可以向法院申请强制执行。诉讼可谓是医疗纠纷最可靠、最说理的解决方式。相对于前两种解决方式来说,民事诉讼是最具权威的医疗纠纷解决途径。

但在目前的司法实践中,并没有发挥其应然实效。根据广州市司法局统计数据,实践中医事纠纷处理的司法途径仅占全部解决方式的2.4%。司法资源紧张、病历证据认定困难、审判高度依赖鉴定、诉讼周期过长、诉讼风险高和诉讼成本高昂等是重要原因。

(五)医疗责任保险

为解决赔偿等风险,有关部门推出了医疗责任保险。2007年,国家卫生部、中医药管理局、保监会就曾共同发文,为医疗责任保险提供了政策支持。《广东省医疗纠纷预防与处理办法》第9条规定:“鼓励和支持医疗机构参加医疗责任保险,鼓励患者参加医疗意外保险。卫生行政部门应当引导医疗机构参加医疗责任保险。”医疗责任保险虽然能缓解了一些矛盾,但实际效果远未达到制度设计状态,处于医院不积极投保、保险公司谨慎观望和医生感受不到实际帮助的两难境地。其原因包括:(1)医疗责任保险不具强制性,投保单位少。(2)缺乏数据和经验不足,保险业务难开展。(3)开拓医疗责任保险的兼具医学与法学的复合型人才缺乏。(4)医疗体制改革缓慢,不利于医疗责任保险的发展。对保险成本是否计入成本、计入方式;对医生个人是否交纳保险费意见不一;保险费的支出与保险保障的对价比、平衡点难以确定。

从司法实践来看,下面的问题更真实面对,否则,医疗责任保险难以推动:

第一,立法资源不足。把"医疗责任保险作为法定保险强制购买"存在立法依据不足问题。第二,赔偿数额并不是医方最担心和最关心的。已有的司法判决一再表明:即便医方承担全部赔偿责任,同医院的收入和支付能力相比,实际赔偿额不仅不高,而且很低。第三,担心医院赔不起的司法环境,现在既不存在,也还没有形成。第四,期望能把医事争议引到院外,像车险一样交由保险公司处理的初衷很好,这也是医院最需保险公司的理由,但实践中根本或者难以做到。人身医事纠纷同已有的车辆保险纠纷完全不是一回事。患方是不愿意离开医院的。第五,医院是法人,保险是商业行为,是否购买保险医院完全可自由作主。除非存在国家利益、社会公益等法定事由,否则,强制购买存在对法人自由意志不当侵害之疑。

(六)"医疗纠纷仲裁"方式

医疗法律法规中并未明确规定仲裁解决方式。广东明确了地级以上市可以试行医疗纠纷仲裁。比如,深圳医患纠纷仲裁院首批仲裁员24人,现有仲裁员56人,主要来源于深圳各大医院的专家,有部分的律师参与。首席仲裁员几乎全部属于法律专业人士。

据深圳医患纠纷仲裁院统计:目前深圳申请人仅支付100元即可立案,其他所有的费用由财政承担。截至2013年年底共收案118件,标的额3200多万元,仲裁支持1500多万,支持赔偿额低于标的额的50%。2014年至今已受理75件,标的额约2150万元,2014年可能超百件,案件80%调解解决。

但深圳医患纠纷仲裁院表明,仲裁仍高度依赖鉴定结果。各大医院医学专家作为仲裁员缺乏法律理论知识和法律实践,往往会走两个极端:要么闭口不讲专业判断而主张进行医疗鉴定,要么忠于其选定人,发表意见缺乏中立性。目前,深圳医患纠纷仲裁可能出现两种趋势,一是存在医学会(仲裁员80%来源于当地各大医院)鉴定面临鉴定的中立性困境;二是法院几乎所有的疑难案件都依赖鉴定,根据鉴定进行调解或者裁决。

目前,如何启动医事纠纷仲裁程序、选择恰当的仲裁员和保证仲裁员中立性等正成为难题。

(七)信访等其他方式

除上述方式之外,实践中处理医事纠纷还有信访、媒体曝光等方式。虽然已明确建立涉法、涉诉案件信访终结制度,但"信访"仍在一种客观存在且被适用的方式,医事纠纷相关信访在现实中仍有大规模发生的可能。

五、建议与展望

医事纠纷的预防化解,是医疗法律制度的重要组成部分,也是现代中国纠纷解决的难点问题。立足广东,放眼全国,医事纠纷法治的改革完善,应从以下方面展开。

第一,各方均应树立起应有的法治思维和法治方式之认识。医事纠纷的责任认定不仅涉及民事、行政责任,还涉及刑事责任。面对三种不同性质责任,如何正确区别和依法适用,医院、医生不仅在法律教育、培训以及适用上准备不足,政府、法院和检察院也还有很长的路要走。如何提高运用法治思维和法治方式化解医事纠纷的水平,还有许多工作要做。

第二,医事纠纷处理思路上要查清法律性质,定好位置,走类型化和法治化的治理之路。不同类型纠纷,其处理关键并不相同。民事类纠纷,主要处理好平等和有偿问题,金钱是问题的焦点。行政类纠纷,主要适用好监管处罚问题。刑事类纠纷,主要确定好定罪量刑问题。行政类、刑事类纠纷,难点在于有法必依、执法必严和违法不究。宪法类,主要涉及主权和人权问题,难点在于宪法实施及其加监督机制。

第三,进行医事纠纷处理,应当在认识上要明确医事问题不只是治病的问题，更不仅是医生的事情。必须意识到，人的生死关系一个家的存亡，更是治国的问题。医事纠纷处理与医事法学，绝不能仅停留在治病层面、治家层面，而要上升到治国的层面。病和人、医和法让我们更清楚：医事法治关系政府法治和国家法治体系和治理能力现代化。医和老百姓联系最近、最密，只有把老百姓医事问题搞好了，才可能最大限度地尊重和保障人权，才能更好地体现政府法治的价值和目标，实现国家治理体系和治理能力现代化。

第四，进一步地加快推进医事纠纷的专业化审判工作。一是建议医疗纠纷案件较为集中的区域的基层法院设置医疗审判专业合议庭，推动医疗纠纷案件审理的专业化，统一审理尺度，增强司法判决的公信力。二是应探索成立医事法院。中国人口最多，也是全世界病案最多的国家。如同建立知识产权法院一样，医事纠纷更需要有专门审理的法院，若能探索成立医事法院，将更专业、更长久地保护生命健康权，更好地落实尊重和保障人权。三是有计划地吸纳有医学背景的法律人才参与到医疗纠纷案件的审判，破解法官的医学专业知识壁垒，提高办案质效。

第五，建立医疗损害鉴定机构的统一管理制度。应当尽快建立由医学专家和司法鉴定人员共同参与、鉴定的依据和标准由其共同制订、鉴定意见取舍以法庭为核心内容的统一的医疗损害鉴定制度。医疗损害鉴定机构应独立于卫生行政部门，在司法行政部门进行登记和监管，以保持中立性。医疗损害鉴定专家应同时具有医学和法律相应的专业知识，以保证专业性。应在严格遴选的基础上建立医疗损害鉴定机构的名册，并对纳入名册的鉴定机构进行统一管理。医疗损害鉴定机构可借助现有医学会建立专家库，将其作为鉴定机构的专家顾问库。鉴定机构和审案法官均可以根据鉴定需要，在专家顾问库中随机抽取专家作为鉴定辅助人，将专家的意见记录在案，作为得出或者接受和放弃鉴定意见的重要参考，以保障鉴定意见专业性。

法治医疗是法治中国中最具有人权特性的法治建设类型。法治医疗建设离不开对各种社会关系的依法处理。医患关系作为社会关系的一种，处理状况直接关系法治社会建设大局。在法治中国建设新形势下，应当进一步深刻认识和准确把握医患关系的新特点和规律，认真思考和总结医事纠纷案件处理中的新问题，进一步探索医事纠纷预防与处理机制和路径，为提出切实可行的法治应对思路，为预防和化解医事纠纷、实现医事法治和建设法治广东而不懈努力。

六、专家评论

近几年来，“医闹”事件在全国各地纷纷上演，法院受理的医疗纠纷案件一直呈现增长趋势，民众对通过司法途径解决医患纠纷也提出了更高的期待。此类案件专业性强，诉讼请求复杂，案件审理难度大，调解工作也很难开展。作为改革开放的前沿阵地，广东省在这方面进行了可贵的探索，取得了一定的成绩和经验。首先是医疗纠纷有法可依。除了国家层面的法律，该省还结合自身实际制定了《广东省医疗纠纷预防与处理办法》、《广州市医疗纠纷预防与处理若干规定》等地方法规，作为处理医疗纠纷的指导思想和法规依据。其次是动员各方力量（如医学系统、政法系统、社会系统等），采取多种方式（如举办医事法学高峰论坛、合办“医事法学栏目”、举办研讨会，包括医事法规培训班或巡讲等），参与和帮助医事纠纷预防处理工作。最后是处理医事纠纷的法定途径多种多样，如自行协商、人民调解、行政处理、法院诉讼和仲裁等。在实践中，该省对不同类型的纠纷，有不同的处理要点，在思路上分清民事、行政、刑事、宪法等不同法律定位，而且在医疗损害鉴定等关键性问题上取得了某些基本共识。不足之处是，公立医院的公益性仍显不足，行政处理、刑事追究在医事纠纷中不得力，而且各类处理途径的效益比较还需要深入研究，在法治思维和法治方式上也有待进一步提高。

（余少祥，中国社会科学院法学研究所副研究员）

2015年度广东省医事法治建设现状、问题与对策调研报告[①]

法治广东研究中心广东医事法治发展状况研究课题组

组长：宋儒亮

成员：官健、佘琼胜、栗燕杰、向金华、杨凤英、王俊杰、赖永洪、邓娟闰、年亚、王绍强、罗斌、梁栋、钟晓东、陈国翔、程虎、庹明生、范秀玲、刘芳、曹翔、宋立志

摘　要：相比去年，广东医事法治建设又呈现这样趋势现状：虽然纠纷数量整体呈逐年上升但行政、刑事类案件有所减少，但导致医事纠纷的原因、发生、加剧、处理和善后等问题仍相当程度地存在，有些还有愈演愈烈之苗头。

新常态下的广东医事也正面临互联网医事规制、人类辅助生殖技术服务、冻卵推进、器官移植进入新常态、循证医学证据跨入法学界、非法行医解答以及鉴定难如何应对和处置等难题。

适应新常态，实现医事法治，要放弃旧理念并形成新观念，要多从法治思维研究医事体制、机制、沟通和处理等问题，要多以法治方式为导向，推进专项执法加大行政监管力度、继续发布白皮书增大司法透明度、提高鉴定人出庭率，在完善多元化调处机制中，择机推进医疗仲裁制度。

关键词：医事新常态　医事法治　法治思维　法治方式　医事仲裁

---

① 调研报告为2015年6月科学院法学研究所《地方法治蓝皮书》之约稿。报告获得广东省律师协会、广东省卫生监督所、广州市卫计委、广东省高级人民法院、广州市中级人民法院、广东省医学会医事法学分会、广州仲裁委等单位和人员大力支持。

这是一个社会矛盾凸显的时代。有人甚至打趣说,婆媳关系、城管与小贩关系还有医患关系是世界上最难处三种关系。妥善处理医患关系,以法治思维与方式改进、完善和防范以医事纠纷,事关已平安广东、法治广东建设。面对紧张医患关系,广东省法学界、医学界、实务界等多方联动,以举办南方医事法学高峰论坛、开办医事法学专栏和发布白皮书等活动,广东医事法治建设又有新举措、新氛围、新进展。结合本省年度情况报告如下:

一、2015 年度广东省医事法治面临的老问题和新现状

广东是医疗资源大省。据统计,广东医疗机构总数为 45,311 户,其中医院 1125 户、妇幼保健院 124 户、社区卫生服务机构 2388 户、卫生院 4314 户(1286 户)、疗养院 14 户、门诊部 1975 户、诊所、医务室、护理站 9414 户、村卫生室 28971 户、急救中心(站)14 户。

广东医疗接诊量和纠纷数在全国居前。以广州市为例,截至 2014 年年底,3947 家医疗机构门诊量 1.4 亿,住院量 230 万人,医疗纠纷发生率约占住院病人数的千分之一(以每年发生医疗纠纷 2300 例计)。[①] 伤医事件不断发生,比如 2015 年 7 月 15 日,从医 14 年的惠州市龙门县人民医院神经内科女医生欧丽志医院病房查房遭前来就医的患者持菜刀砍成重伤……

法治广东研究中心广东医疗法治发展状况研究课题组提交《2014 年广东医疗纠纷处理调研报告》的一年来,呈现以下特点和现状:

(一)医事纠纷应对和处理难度仍然大的状况并没有发生根本改变

一是医事纠纷案件处理不仅涉及大量医学专业知识,还涉及大量法规问题,但兼具医学和法学知识的复合型处理人才稀缺仍然目前的难题。

二是医事纠纷案件处理对鉴定依赖性很强,但医学鉴定和司法鉴定所存在的诸多问题未有效化解,如省内多数医学会没有参与医疗损害鉴定,

① 王俊杰:广州市卫计委医政处,“我市医疗纠纷现状及应对措施”(2015 年)

入选全省法院医疗损害鉴定名录的机构只有20家；有实力司法鉴定机构少；有些鉴定机构甚至由法医鉴定人在完全没有咨询临床专家的情况下直接做出鉴定意见；法院选择鉴定机构余地不大等，这些问题严重影响审判质效。

三是医事纠纷案件处理难度比其他一般案件难度大得多。根据2015年广东省医学会医事法学分会医方委员提交资料分析，鉴定方委员认为请鉴定专家出庭质证难；[①]医院方委员认为许多司法鉴定意见明显缺乏科学依据，请专家辅助人出庭以指出某些缺乏科学依据鉴定意见之不足已成为常态。[②] 广东省律师协会医疗法律专业委员会委员指出整合医学会鉴定与司法鉴定资源、构建统一的医疗纠纷司法鉴定体系，缩短鉴定时间，解决纠纷处理“肠梗阻”现象非常重要[③]。

四是审判专业化难以深入推进。一方面，医疗纠纷案件总量在民事案件总数中比例不高，专业化医疗审判组织的专业法官不能、不愿一心一意钻研医疗审判业务；另一方面，医疗案件绩效考核差，专业法官激励缺失。医疗案件往往是疑难复杂案，审理通常需要付出比普通案件数倍的精力。在考核时，没有针对医疗纠纷的专门考核指标和折算系数，审理医疗纠纷的专业法官却会因超审限多、改判率高、信访率高、答疑率高等原因，获得考核差评，费力不讨好。实践中，法官不愿意长期从事医疗纠纷案件的审理工作。

五是过错认定及赔偿法律适用存在不少困惑。立法在对医疗过错认定虽有已有原则，但缺乏医疗过错认定情形、程序和方式等规定，不懂医的法官裁判有争议医疗行为是否构成过错确实较难，很难不将认定过错权利让渡给鉴定机构。另外，案件举证证明责任如何分配、推定过错如何理解与适用等也存在不同看法。

---

① 凌芝雄：肇庆市医学会医鉴办，《关于提交委员单位医事法治建设资料的通知》的回复

② 耿巍：中山大学附属第三医院，《关于提交委员单位医事法治建设资料的通知》的回复

③ 范秀玲：广东省律师协会医疗法律专业委员会，《关于提交委员单位医事法治建设资料的通知》的回复

（二）患医间既有问题矛盾等并没有发生根本改变，化解纠纷需多方治理

一是部分患者缺乏医学专业知识。不少患者往往相信电视上、报纸上、网络对相关疾病治疗效果宣传，对医院诊疗结果妄加判断；部分患者往往把医患关系看成买卖关系，把看病看成消费，认为自己花了钱，医生就应该为自己看好病，一旦不如意，就会产生纠纷；某些患者缺乏对生命敬畏，缺乏对生命守护者敬畏，动不动就对医护人员采取暴力行为，以转嫁、发泄其对诊疗过程及结果之不满。

二是医院行政化主导明显，行政思维浓厚。医院领导是官员而非职业经理人，行政官员思维明显，习惯于只对上负责，为保仕途，多息事宁人。当事医务人员和所在科室在纠纷处理方式选择等方面，缺乏参与渠道、平台和途径。

三是医生非自由职业者，受行政等约束，难以凭技术水平生存。与临床关系不直接的科研、论文等耗费了医生大量精力，不太愿意花费更多时间同病人沟通，依法角度进行沟通的认识、理念和方式更显不足。

四是医患"弱者"、"强者"之划分让纠纷处理更远离法治氛围，不利于推动法治思维方式落地。不少社会阶层仍愿意把患者作为"弱势群体"，当他们用非法手段维护权益时，往往会得到社会同情甚至纵容。"小闹小赚，大闹大赚，不闹不赚"、"闹了不白闹，能赚谁不闹"等仍普遍存在。

（三）医患纠纷多元处理机制有待深化落实，推进依法维权难度仍然较大

一是患方索赔金额不断攀升。绝大多数医疗纠纷都和经济赔偿联系在一起的，近几年来表现得尤为突出。

二是病历真假问题争议更影响处理。病历是医疗案件中最重要的证据。在当前审判实践中，医方病历不规范导致患方对病历真实性提出质疑的情况非常普遍。患方往往抓住病历缺陷主张病历不真实，拒绝进行鉴定。即使人民法院对病历真实性认定情况下，有些患者仍然坚持不配合鉴定。

三是不希望通过法定途径解决纠纷的状况仍然存在，拉横幅、摆花圈、设灵堂等影响医院的正常秩序方式仍然存在，暴力伤害医务人员等问题不断出现，迫使医院为了息事宁人，满足患方无理要求。[①]

四是医疗核心制度落实不严、打折扣。医疗资源分布不均，公立医院公益性不足，造成医护人员的激励机制往往与其为医院创造的经济效益挂钩。另外，该查房时没有查房、该病历讨论时没有讨论、该会诊时没有会诊，该执行上级医师意见时没有执行，该术前讨论时没有讨论；病历书写不及时，过于简单、马虎，不能全面客观地反映患者诊断、治疗及愈后情况；不按照《病历书写规范》要求书写病历、修改病历、管理病历等仍然存在。[②]

五是部分医疗机构本着“家丑不可外扬”思想，仍在沿用传统的或者“本院特色”的办法处理纠纷。两条腿走路办法处理医疗纠纷普遍存在：可能有责任的，医院就“私了”；可能没有责任，才指引患方走法定途径。部分患方也形成“有法可以不依”等错误思想。[③]

（四）医疗卫生监督执法仍然问题亟须尽快解决

一是医疗卫生监督执法主体地位不清。广东 127 家卫生监督机构中，只有 12 家属行政执法机构，绝大部分属公益一类事业单位、参照公务员管理。委托执法、权责脱节，导致卫生监督机构无法实施行政强制措施，处置违法行为时束手无策，执法力度大打折扣。

二是卫生行政监管法律、法规明显滞后。《医疗机构管理条例》1994 年 9 月 1 日实施、《中华人民共和国执业医师法》1999 年 5 月 1 日实施，面对医疗服务市场新情况，缺乏相应条款或有相应条款但处罚力度偏低，解决突出问题效果非常差。

三是卫生监督执法力量不足。目前广东省卫生监督员总数为 2500 人左

① 王俊杰：广州市卫计委医政处，“我国医疗纠纷现状及应对措施”（2015 年）

② 王俊杰：广州市卫计委医政处，“我国医疗纠纷现状及应对措施”（2015 年）

③ 王俊杰：广州市卫计委医政处，“我国医疗纠纷现状及应对措施”（2015 年）

右,每万人口配备卫生监督员0.25人,仅达全国平均水平(0.45人/万人)的53%,排全国末位。

四是部分卫生监督所至今仍无独立的办公场所,交通工具不足,办公设备、快速检测设备简陋。全省卫生监督执法信息化水平滞后。

五是部分医疗机构管理者认为,既然得到了卫生行政部门的许可并已获得合法证件,作为行政部门授权执法的监督所监督工作不过是例行公事而已,对监督所工作未能予以应有对待。

(五)医疗质量与患者期望值存在差距,医患沟通仍多停留在情、理层面,以法治思维和法治方式推动、推进问题化解力度明显不足

一是医疗保险制度不健全,医疗费用个人承担比例仍然过大。医疗保险体系不完善是导致医患关系紧张的因素之一。"亲兄弟明算账",涉及经济问题,难有和和气气、好商好量。因病致贫、因病返贫甚至人财两空时,易采取过激行为。

二是大医院接诊每个患者只有三五分钟时间,这让那些等候几个小时甚至几天才能看上病的患者很难满意;一些患者为治好疑难杂症,常年奔波寻医问诊,委屈和愤懑早已在心头积压,一旦遭遇医生苛责或失误都可能爆发。①

三是医方与患方对诊疗行为说明告知不足,患者对医学技术和医疗行为特殊性缺乏深入了解,等等。有效沟通、依法沟通明显不足,信任难以有效建立。②

四是案件审理周期长、高度依赖鉴定、面临败诉的风险等导致医事纠纷发生后,患方往往绕开合法正当的途径,通过"闹"的方式发泄不满或争取更有利赔付。有些医院、有些卫生行政部门为了息事宁人,寄希望于用钱来解

---

① "暴力伤医最终将伤及每个人",载http://bddsb.bandao.cn/data/20150719,2015年7月29日访问。

② "鉴定难影响医疗纠纷审判质效",载http://www.legaldaily.com.cn,2015年5月29日访问。

决问题，无形中助长了闹的蔓延。[1] 解决途径指引不力，医事纠纷解决偏离法治思维及方式。

（六）伤医事件等应急处置能力欠缺；偏颇的社会舆论、媒体报道更助推让矛盾激化；矛盾转化也导致纠纷增多。

一些医务人员、对医事法学专业关心不多。涉医违法犯罪案件行为发生时，习惯于按照领导要求办理纠纷，依法处理纠纷意识不强，没有章法，一团麻，与公安部门、新闻媒体沟通协调不及时、不到位，处理起来总是晚一步、报道起来总是差一点。特别是当存在医疗过错情况下，问题应对和处理变得更为艰难。[2]

据法制日报社统计，凡是医疗事件 70% 都有媒体参与。社会舆论在情感上往往倾向于患者一方，对其过激行为给予一定程度的包容，甚至不乏有些媒体为博眼球，失实报道，客观上助推医患矛盾的激化。[3]

"其他伤害案"是指刑事伤害案、治安伤害案、交通事故伤害案、工伤伤害案等。面对这些案件，一旦院方不能满足患方要求，易在医院频繁闹事。

（七）医疗纠纷诉讼虽然在稳定增长，但与同期诊疗服务总量及医疗纠纷的数量变化缺乏稳定的正相关关系，医事纠纷本身发生率并无显著增长，而是保持在较平稳水平。根据对广州四家三甲医院进行的跟踪抽样调查。自 2010 年以来，被调查的四家医院诊疗服务总量一直呈稳定匀速增长态势，但医疗纠纷并非对应增长，2011 年、2013 年医疗纠纷数量甚至有波动性的下降。（可见图表五）五年间每家医院年均接收门急诊及住院病人约 1,943,227 人次，产生医疗纠纷 47 件，医疗纠纷发生率在 0.0024% 左右，即十万个病人之中约有两个病人产生医疗纠纷。[4]

---

① "用对话消弭医患间的偏见与误解"，载 http://news.hxyjw.com/html/2015－09/05，2015 年 9 月 6 日访问。

② 王俊杰：广州市卫计委医政处，《我市医疗纠纷现状及应对措施》（2015 年）。

③ 耿巍：中山大学附属第三医院，《关于提交委员单位医事法治建设资料的通知》的答复。

④ 广州市中级人民法院课题组向金华、张坚雄、邓娟闰、官健、年亚、魏巍、孙帅："医患关系司法调整研究报告"。

图表一　患者就诊、医事纠纷与法院受理案件之变化趋势

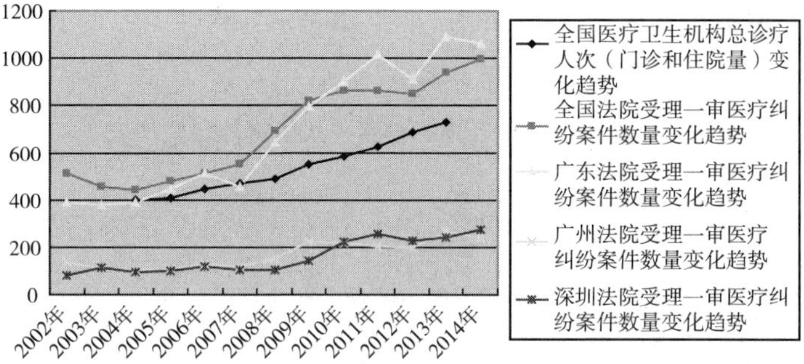

（八）纠纷处理方式选择上，呈现多种方式并行、并用之状况，但比例并不一致。以广州为例，2012～2014年，广州市每年发生医疗纠纷数在2000件至2300件之间，总体比较平稳，其中一般医疗纠纷约占医疗纠纷总数的87%，重大医疗纠纷约占医疗纠纷总数的13%，医疗纠纷化解率约74%，其中，医患双方协商解决约占65%，通过行政调解、司法调解、医调委调解约占25%、通过司法途径解决约占10%；申请医疗事故技术鉴定或司法鉴定案件数约占医疗纠纷案件总数的5%①。

（九）医事诉讼案数量整体呈逐年上升趋势，但行政刑事类案件有所减少

医事诉讼案数量总体呈上升趋势，但全省状况不一。以广东省高级人民法院受案为例，2014年受理医疗纠纷再审审查案件93件（新收84件，旧存9件），其中包括医疗损害责任纠纷案件90件，医疗服务合同纠纷案件3件。全年未收一、二审医疗纠纷案件。全年审结医疗纠纷再审审查案件84件，其中裁定再审12件，包括指令再审7件，本院提审5件，再审率为14.28%。5件提审案件中，有2件调解，2件发回重审，1件改判。②

---

① 广州市中级人民法院课题组向金华、张坚雄、邓娟闰、官健、年亚、魏巍、孙帅："医患关系司法调整研究报告"。

② 广东省高级人民法院，佘琼胜："省法院2014年医疗纠纷案件审理情况报告"。

广州市中级人民法院发布的《广州医疗纠纷诉讼情况白皮书》(2010～2014年)统计,2010年至2014年,广州全市基层法院受理一审医疗纠纷案件共1131件,而2005年至2009年此类案为727件。①

图表二　广东法院受理一审医疗纠纷案件数量情况②

单位:件

法院	2002年	2003年	2004年	2005年	2006年	2007年	2008年	2009年	2010年	2011年	2012年	2013年	2014年	合计
全国	10,249	9079	8854	9601	10,248	11,009	13,875	16,448	17,243	17,237	16,966	18,799	19,944	179,552
广东省	387	380	387	448	513	457	645	797	900	1014	910	1090	1061	8989
广州市	137	107	104	108	126	117	152	224	219	206	198	265	243	2206
深圳市	82	115	97	100	119	102	106	141	221	257	230	241	274	2085

图表三　2014年广东省医疗损害赔偿纠纷案一审收案情况

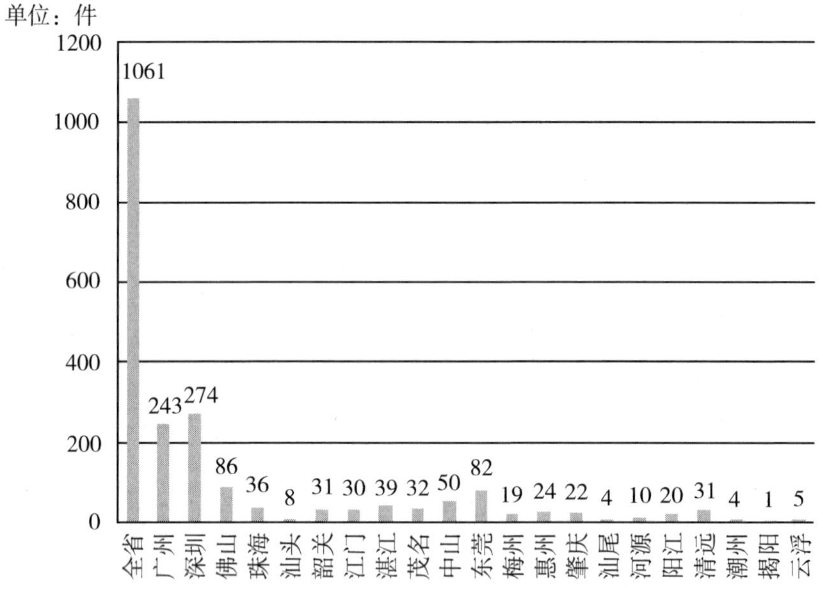

① 广东省高级人民法院,佘琼胜:"省法院2014年医疗纠纷案件审理情况报告"。

② 为了清晰地展现全国医疗卫生机构总诊疗人次数及法院受理一审医疗纠纷案件的变化趋势,变化趋势图中全国医疗卫生机构总诊疗人次数(门诊和住院量)以"千万人次"为计量单位;全国法院受理一审医疗纠纷案件的数量以"20件"为计量单位,广东、广州及深圳法院受理一审医疗纠纷案件的数量以"件"为计量单位。

图表四　2015年1~8月期间广东省医疗损害赔偿纠纷案一审收案情况

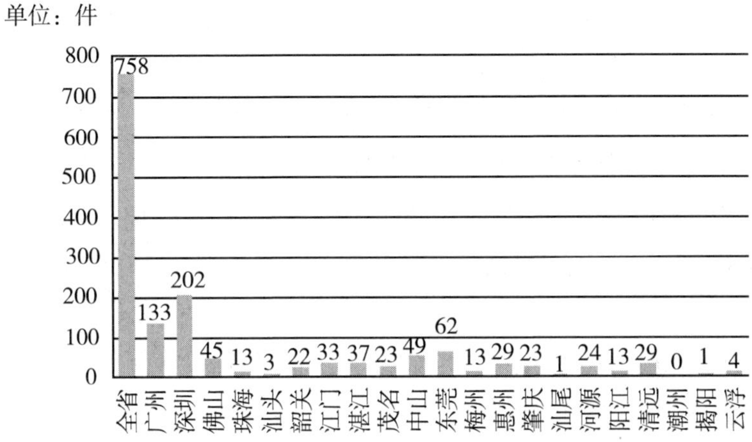

图表五　2014年医疗纠纷案件再审审查情况表

二审法院	裁定再审案件数(件)	结案数(件)	再审率
茂名中院	1	1	100%
梅州中院	3	5	60%
东莞中院	3	8	37.5%
河源中院	1	3	33.3%
中山中院	1	4	25%
湛江中院	1	8	12.5%
广州中院	2	26	7.7%
深圳中院	0	15	0%
佛山中院	0	8	0%
惠州中院	0	2	0%
韶关中院	0	1	0%
肇庆中院	0	2	0%
江门中院	0	1	0%
总计	12	84	14.28%

在2015年1~8月期间,以广东省高院提交医疗损害赔偿责任诉讼纠纷案数为例,纠纷诉讼数量上,深圳、广州和东莞排在前三位,呈现为越是经济相对发达地区,越多选择诉讼方式化解纠纷的特点。

医事类涉违法犯罪类案件呈现下降趋势,但有效率的医事类行政处理方式,其作用亟待整体提升和提高。广州市中级人民法院《医患关系司法调整研究报告》课题组报告:2012年发生"医闹"事件100件,2013年74件,2014年63件,呈逐年下降趋势。广东中山市更在这方面取得了很好成绩,有一定示范意义。但是:

一是课题组再次表示:鉴于"医闹"之称谓具有歧视性,且报道等所称的"医闹",以法制思维角度,实际和实践应当属于"涉嫌医事类违法犯罪案件",因此,"医闹"称谓应由"涉嫌医事类违法犯罪案件"代替为妥。否则,即便处理也存在法治缺陷。

二是各地依法行政能力增加,该类案件发生必然会逐年下降。《刑法修正案(九)》的严格执行更利于有针对性处理该类涉医犯罪案件。

三是虽然"涉嫌医事类犯罪案件"趋势在下降,但"涉嫌医事类违法犯罪案件"在医事行政处理上却亟待整体提升和提高。虽然行政处理是处理医事纠纷的法定方式,但管办不分、有法不依等原因,行政处理在广东省医事纠纷处理方式中所占比例较低。行政机关作为中间调停人,一般不会像律师那样尽量为当事人办事,要不应付推辞、要不强压医疗机构赔钱,基本无所作为。①

二、2015年度广东省医事法治建设的新难题和新进展

新常态的当下,医事领域又遇到了新难题,医事法治也有了新进展,广东医事法治建设值得关注和期待。

---

① 范秀玲:广东省律师协会医疗法律专业委员会,《关于提交委员单位医事法治建设资料的通知》的答复。

（一）如何更有效导入互联网医事规制思维和方式。“互联网+医疗”已经改变了传统就医模式。虽然大范围铺开推广网络医院还需很长的一个探索过程，但如何规范互联网医疗将一个紧迫问题。全国首家网络医院在广东省。网络医院运作以来，接诊了许多患者，医疗纠纷为零。针对网络医院兴起，法治广东研究中心、广东省律师协会医疗法律专业委员会联合举办“律师等在互联网+医事新常态下的定位与担当”研讨会，研究提出，互联网医疗环境下证据意识、证据思维将进一步强化，电子证据、视听资料等将为双方平等获取，并成为医患维权的有效证据。

（二）人类辅助生殖技术服务如何有效规范。2015年年初多个新闻媒体报道广东省部分地区存在非法开展人类辅助生殖技术服务、网络非法营销代孕等问题。虽然广东省卫生监督系统编制了打击代孕工作手册，但面对更多属涉及境外、国外的人类辅助生殖技术事宜，如何更好地完善和落实相关法律法规、规章制度及规范性文件的编纂、如何有序开展人类辅助生殖专项整治工作以及如何更好地制定案件查处依据和程序等问题，是广东医事法治建设面临的法律难题。

（三）冻卵技术的规范和监管问题又成为当前新难题。2014年11月19日广东省妇幼首例“冻卵时光婴儿”降生。冷冻卵子，又称雪藏卵子。卵子冷冻保存技术是继卵巢组织冷冻保存技术和胚胎冷冻保存技术后又一保存女性生育力的新技术。但问题在于，在高龄妊娠不断增多趋势、肿瘤发病率越来越高、人权保障意识越来越强等情势下，如何有序推进、规范和处罚卵子冷冻技术开展和发展中遇到的难题，正面临更多立法、执法和法律救济上的考验。

（四）器官移植进入新时代，面临新挑战。2015年1月1日起中国停止死囚器官使用，公民自愿捐献成为唯一合法器官来源。这是中国器官捐献与移植体系向公开透明迈进的节点性事件。公开透明导向的器官移植仍面临三类法律风险。民事法律风险，主要是死亡认定双轨、说明告知履行不全面和合法费用不足问题；行政法律风险，主要集中在收费依据制定以及监管信息如何落实公开的问题;刑事法律风险,主要面临器官取得和器官买卖问题。

(五)循证医学证据的跨界,正引发医法新变革。循证医学证据在司法领域如何运用正面临新时代挑战。众所周知,循证医学证据已成为临床医疗、卫生行政决策、监管评估、药物选择等的判断标准和依据,但其司法诉讼中该如何适用,是一个跨界、跨域的大问题:医学上能用 Cochrane 系统评价等循证医学证据进行临床决策,那么法律上,能同样也应可于医事实务、医事诉讼、裁决定案吗?遗憾的是,国内法院一直没有引用循证医学证据的判决先例,学界也缺乏以医事法律角度就 Cochrane 系统评价等证据进行医事法学研究。发表"循证医学证据首次直接用于医事及其侵权诉讼引发的问题与思考"一文的《循证医学》【编者案】所言:在医学界,循证医学证据是全世界公认的质量最高的研究结论,是实践循证医学最好的证据来源,并且已在临床上广泛使用,成为许多发达国家卫生决策的参考依据。但循证医学证据在法律领域的效力如何、能否直接用于判案?这是一个跨学科的问题,我们不是很清楚。显然,"循证医学证据首次直接用于医事及其侵权诉讼引发的问题与思考",从医法角度解读民事诉讼证据和循证医学证据,分析循证医学证据首次由医学领域引入法律领域中可能引发的问题,并从医法结合的角度阐述了观点,敬请对此问题感兴趣的读者关注。

课题组认为:该问题深入研究和广泛讨论,或将为循证医学证据由医学界进入法学界提供一种可能,进而也为鉴定提供新种类、为纠纷提供新方式。

(六)回答非法行医更需要导入法治思维和法治方式。行医合法性与否问题更成为当前一个亟待厘清的医事法律问题。2015 年广州日报《广州医生讲述参与"万米高空救人"故事》报道更引发巨大反响。医务界非常关注后续答案,比如怎么评价"医生在飞机上救人,或有非法行医风险"、"可以录音作证"等表述?"医生高空见义勇为施救的行为与是否非法行医问题没有关系,用非法行医来看医生见义勇为行为,是一种误读误判。"广东省律师协会医疗法律专业委员会主任、法治广东研究中心主任宋儒亮说，人们普遍对非法行医存在误解，非法行医是在医疗活动中因存在违法而造成的可能涉及需要承担民事、行政和刑事责任的一种活动，而医生在飞机上施救的行为是在医疗活动之外和在履行医疗职务时间之外的非职务活动，是一种值得肯定的见义勇为。“简单地说，医生在医院之外见义勇为的行为是以社会人的身份进行的一种利用自身专业知识进行的非执业活动。”宋儒亮说，在这种情况下，即使是普通人也会施以援手，这是公民应有的道德，法律上属于合法之无因管理行为，应当予以提倡、保障和保护。只有这样，才能对医学发展、法律推进具有重要意义。

（七）行政监管工作更在发力并创新。一是不断优化医疗监督模式，扩宽和增大行政监管范围。从开始打击非法行医和非法采供血，扩展到医疗案件调查和医疗机构日常监督，在到目前有部分地区的医疗机构监督工作已延伸到医疗行政管理中机构设立、变更、校验等受理和现场核查。经常性进行卫生监督。根据2014年度信息统计，全省医疗机构经常性卫生监督覆盖率82.71%、合格率99.03%。

图表六　广东省医疗机构经常性卫生监督信息汇总表

统计时限:2014.1～12

专业类别	应监督户数	实监督户数	监督覆盖率(%)	实监督户次数	合格户次数	合格率(%)
总计	38,055	31,476	82.71	56,992	56,440	99.03
医院	1421	1083	76.21	2269	2206	97.22
妇幼保健院	103	85	82.52	183	183	100.00
社区卫生服务机构	1691	1447	85.57	2561	2552	99.65
卫生院	4195	3044	72.56	5117	5101	99.69
疗养院	33	26	78.79	48	48	100.00
门诊部	3162	2719	85.99	5954	5805	97.50
诊所	6831	5783	84.66	11,372	11,196	98.45

续表

专业类别	应监督户数	实监督户数	监督覆盖率(%)	实监督户次数	合格户次数	合格率(%)
村卫生室(所)	17,354	15,490	89.26	24,330	24,222	99.56
急救中心(站)	9	6	66.67	10	10	100.00
临床检验机构	16	14	87.50	25	24	96.00
专科疾病防治机构	137	118	86.13	238	238	100.00
护理院(站)	13	10	76.92	17	17	100.00
健康体检机构	31	25	80.65	37	37	100.00
其他	3059	1626	53.15	4831	4801	99.38

注:1. 应监督户数是指统计时段内有效过的单位数,理论上大于同专业同时点的被监督单位汇总表有效单位数;2. 由于实监督户数和实监督户次数的统计依据和计算方式都不同,所以两者没有直接可比关系。

二是行政处罚力度在增大。据国家专项检查报表,查处情况如下:

图表七　医疗机构监督检查汇总表

报告地区:广东省　　单位:广东省卫生监督所

医疗机构级别	应监督户数	实际监督户数	违法行为查处情况													
			查处案件数(件)	案由*						处理结果						
				A(件)	B(件)	C(件)	D(件)	E(件)	F(件)	警告(户次)	责令改正(户次)	没收违法所得(万元)	罚款(户次)	罚款金额(万元)	吊销诊疗科目(户)	吊销《医疗机构执业许可证》(户)
三级	217	217	16	0	0	1	2	0	13	10	10	0	3	0.85	0	0
二级	743	743	38	4	2	4	10	0	18	23	30	0.33	12	4.49	0	0
一级	7868	7734	274	91	1	29	57	0	113	177	275	0.72	128	38.83	0	0
其他	43084	40081	2416	797	18	264	432	0	922	1143	2025	65.67	1553	4729.21	3	27
合计	51912	48775	2744	892	21	298	501	0	1066	1353	2340	66.72	1696	4773.38	3	27

填表人:张颖　　联系电话:020－84469693　　填表日期:2014－12－10
审核人:杨凤英　　单位负责人:张顺华

返回

*案由:A 超范围开展诊疗活动;B 出卖、转让、出借《医疗机构执业许可证》或出租、承包科室;C 发布违法医疗广告;D 使用非卫生技术人员;E 违法开展院前医疗急救;F 其他。

三是注重专项执法。第一,继续加大打击非法行医力度。根据广东省卫监所提供数据,2014 年 1 月至 12 月全省各级卫生监督部门查处无证行医 2441 户(次),其中:行政处罚 2250 户(次),罚款 1730 万元,没收违法所得 132 万元,移送公安、食药和其他部门案件 511 件,追究刑事责任 72 人。第二,打击买卖《医疗机构执业许可证》和出租承包科室专项行动。第三,实行记分管理,量化了监管指标。实行累积记分制度。记分情况定期向社会公告。第四,探索建立以约谈形式加强医疗广告监督的新模式。用挂号信向监测到发布违规医疗广告的医疗机构发出《约谈通知书》,再针对性处罚。

图表八　打击无证行医工作汇总表

专项调查报告

打击无证行医工作汇总表

报告地区:广东省	单位:广东省卫生监管所	
查处无证行医	合计(户次)	5229
	其中:西医(户次)	3024
	中医(户次)	389
	医疗美容(户次	95
	口腔(户次)	1425
	院前医疗急救(户次)	0
	其他(户次)	329
处罚及移送	行政处罚(户次)	2441
	罚款(户次)	2250
	罚款金额(万元)	1730.90
	没收违法所得(万元)	132.72
	移送食药部门(件)	5
	移送公安机关(件)	124
	移送其他部门(件)	382
	追究刑事责任(人)	72

填表人:张颖　联系电话:020-84469693　填表日期:2014-12-10

审核人:杨凤英　单位负责人:张顺华

注:数据采自 2014 年全国卫生监督专项检查报表。

(八)鉴定及相关问题又面临新问题。主要存在:第一,仪器设备缺乏。

没有必要的常用的仪器设备，就没有鉴定的亲历性。围绕仪器设备使用而存在合作、借用等问题。第二，鉴定人出庭作证仍然困难。第三，重复鉴定、多头鉴定情况频发，司法鉴定救济途径过滥。第四，因选择医学会还是司法鉴定机构来鉴定而相互扯皮，诉讼陷入“泥潭”。[①]

（九）主动公开力度加大，法院白皮书意义巨大。广州市中级人民法院发布《广州医疗纠纷诉讼情况白皮书（2010～2014年）》，其对前5年的医疗纠纷案件暴露的问题进行了深入剖析，并就案件审理提出了切实指引，比如广州市中院副院长向金华介绍，与普通民事案件相比，医疗纠纷案件当事人之间对抗性更强，案件审理难度偏大，呈现一审案件调解、撤诉率低和二审案件改判、发回重审率高的特点。广州中院的做法，在医事法学理论和实务领域，具有开拓意义、示范导向和推广价值，值得肯定和推崇。

三、广东省医事法治建设的新思考和新思路

（一）适应医事新常态　产生医事新思考

在推进广东省医事法治建设过程中，有了以下新思考：

第一，以改革和法治结盟思维，全面推进医事法治建设。治标又治本的办法，就是改革和法治联姻，具体就是医事和法学有机结合，在法治的轨道推进医事发展。树立正确法治观念、择医观念。以负面清单方式落市场决定医疗服务设置，保证医护人员的合理待遇。创新医患沟通方式，比如邀请深圳市11家市属公立医院院长与患者代表就医疗改革、就医体验等方面进行对话，“院长对话日”将成为广东医患互动史上有价值之范例。[②]

第二，化解看病贵和看病难问题更需引入法治思维与法治方式。解决

① 中山大学罗斌、杨建广；广东省司法厅司法鉴定管理处潘小明；广州市司法局法鉴定管理处谭和平、姚自斌：“广东省司法鉴定工作的现状与发展趋势”（2015年）。

② 广州市中级人民法院：课题组：向金华、张坚雄、邓娟闰、官健、年亚、魏巍、孙帅：“医患关系司法调整研究报告”。

看病难问题关键在于不在于看了多少病人，核心在于是否在病人和医生之间建立起有效诊疗、给予有质量地解决。对医生不能再简单以看多少病人来判断，应依据门诊医师类别和专业特点，安排每日接诊患者人数。要通过预诊方式，保障每位患者的合理就诊时间。卫生行政部门、医疗机构或者行业学会协会等单位应当加快制定门诊医师接诊量的标准。

第三，需对司法裁判再多行后续解读和拓展。根据对广州四家三甲医院的跟踪抽样调查，该四家医院近五年共有946件医疗纠纷获得解决，其中医患双方自行协商解决797件，占84.25%；以诉讼方式解决102件，占10.78%；而通过卫生行政部门调处的只有12件，占1.27%。说明在医患双方协商解决之外，诉讼是医疗纠纷最主要的解决途径。[①] 但遗憾的是，遵循先例、裁判文书示范指引价值作用并没有充分显现、体现。需要加强司法裁判做更多、更好的后续解读，更多释放法律指引作用，加深和拓展司法先例价值。

第四，改革、改进鉴定问题不容拖延。司法鉴定意见属于三大诉的法定证据种类，鉴定意见，直接关乎生杀予夺、人身自由和公民的合法权益，直接关系中国司法鉴定的公信力。面对存在的问题，改革、改进建议如下：

一是提高鉴定人的鉴定水平和质量，鼓励多参加学术交流会，与时俱进地接受新技术、新思维。二是切实做好合同评审，将鉴定注意事项写入条款；三是在无原则性错误情形下，鉴定意见要考虑受损害救济。四是不要随意出具与初次鉴定相左的鉴定意见，除非具有科学依据和法律证据。五是提高鉴定人许可准入门槛，细化医事纠纷鉴定范围，同时建立司法鉴定机构纠错机制和自查制度，提高司法鉴定质量。六是对司法鉴定人，单独许可，要定学科鉴定业务范围、划定具体专业科系。七是司法鉴定的基础理论和技术主要是法庭科学，而法庭科学属于自然科学，因此，要建立起能支持鉴

---

① 广州市中级人民法院：课题组：向金华、张坚雄、邓娟闰、官健、年亚、魏巍、孙帅："医患关系司法调整研究报告"。

定的实验室规模、技术设备条件①。八是落实鉴定组专家在鉴定书中签署姓名、职称制度。九是化解专家出庭存在的安全权利难以保障、出庭动力和约束力缺乏等问题。明确专家出庭的经济补偿标准。落实鉴定专家履行出庭接受质证。比如根据摸底调查,广东省医学会鉴定专家库鉴定专家中,不足1/4 的专家同意出庭接受质询。②

第五,建立医疗仲裁制度不失为一种可供选择的方案。医疗纠纷仲裁,是指纠纷仲裁机构对纠纷双方的任何一方当事人请求解决医疗纠纷,依法审理,调解,裁决等居中公断的准司法行为。同调解、行政、司法诉讼相比,优越性包括:一是保密性,有利于减轻声誉上可能受到负面影响顾虑。二是快捷性、经济性。可以进行书面审理。一裁终局制,无须多审级收费。三是专家仲裁员优势。兼具医学和法学背景的专家,或者厅内有医学专家直接担任仲裁员,更能有效克服和解决法院审理医疗纠纷受到专业性的局限。他们的身体力行能保证仲裁的专业性和权威性。总之,建立医疗仲裁制度不失为一种可供选择新思考。

(二)适应医事新常态,提出医事新思路

第一,医事理念类。核心导向在于化解旧理念,倡导新理念。针对性化解民众某些误读误解误判在当前非常重要:

一是彻底放弃用之甚广的"医闹"之称谓,以"涉医违法犯罪案件"代替。一方面,"医闹"一词带有强烈主观情绪,在法律上并未得到认可,况且,在面临诸如医方在政府等门口拉横幅等情形,定性上难以一视同仁,存在歧视患方之嫌;另一方面,实践中已存在诸如"非法医闹"、"恶性医闹"等称谓,继续沿用"医闹",不利于法治导入、法规适用、法治社会建设。

二是"涉医违法犯罪事件"的问责,不能再停留在民事层面。"医闹"一

---

① 中山大学罗斌、杨建广;广东省司法厅司法鉴定管理处潘小明,广州市司法局法鉴定管理处谭和平、姚自斌:"2015 年广东省司法鉴定工作的现状与发展趋势"。

② 王绍强,广东省医学会副秘书长,"医学会开展医疗损害鉴定的探讨"(2015 年)。

词引发误导，面对实际已构成“涉医违法犯罪事件”，普遍存在只问民事不管行政、刑事责任之状况。而且对这一明显错误，未做鲜明的处理，久而久之，人们就会认为，闹的‘违法成本不高’，甚至认为自己的行为是合理合法的，不会受到法律制裁。[①] 应当加快导入民事、行政和刑事思维和方式，依法处理明为“医闹”实属“涉医违法犯罪”案件。这方面，广东中山的一些成功经验、做法值得借鉴。

三是化解以诉讼方式解决医事纠纷“时间”长之误解。一直以来，一谈到诉讼方式化解纠纷，总出现诸如等待时间长、耗时等答案，以致时间这成为不选择司法诉讼等方式的正当理由。显然这是非常错误的、具有普遍性的误导，是不遵循司法审判规律的典型案件。

医疗纠纷案件之所以耗时长，本身就有法律支持。《中华人民共和国民事诉讼法》第 161 条规定：“人民法院适用简易程序审理案件，应当在立案之日起三个月内审结。”、第 149 条的规定：“人民法院适用普通程序审理的案件，应当在立案之日起六个月之内审结。有特殊情况需要延长的由本院院长批准，可以延长六个月；还需要延长的，报请上级人民法院批准。”第 176 条规定：“人民法院审理对判决的上诉案件，应当在第二审立案之日起三个月内审结。有特殊情况需要延长的，由本院院长批准。人民法院审理对裁定的上诉案件，应当在第二审立案之日起三十日内作出终审裁定。”又根据民事诉讼相关之规定，鉴定期间不算在审限之内。造成医事诉讼案时间长，因法定期限比较长而非约定、自定等原因造成，因此，除非具有法定可以指责理由，否则，不应当再循此说法迷惑民众。

四是防范以处理所谓“医闹”为幌子，出现“以暴制暴”现象。“医闹”名称改变会让冲突事件处理更为简单直接。但种种难以公开等原因，实践中当面对相关部门处理滞后性或处置不力，比如防御考虑，在合法途径不通、

① 曹斯、陈枫：《把脉医患纠纷症结何在?》，载南方日报网络版，http://news.southcn.com，2013-10/31/，2014 年 8 月 28 日访问。

职能部门不力、医院保安无法应付等情况下，还不排除有的医院会采取“以暴制暴”方式，以处理所谓“医闹”为幌子，通过“外来势力”解决矛盾，导致原本已经难以调和的医患关系雪上加霜。这值得警惕。

第二，医事立法类。在国家层面，国家立法让暴力伤医问题有望得到更切实地化解。2015 年 8 月 29 日，全国人大常委会表决通过了刑法修正案（九），其中，在刑法原第 290 条的“聚众扰乱社会秩序罪”条款中增添“医疗”一项，立法完善对暴力伤医行为更具有威慑力，更利于医务人员人身权益保障。

在地方层面，制定广东省医事条例更利于发挥立法指引作用。

一是作为地方政府立法——《广东省医疗纠纷预防与处理办法》——先行先试成果，虽然发挥了作用，但若能适应新形势，再增加病历书写管理、多点执业监管、非法行医规范、鉴定机构设置、实验性临床医疗界定等内容，更利于规范纠纷处理。

二是《深圳经济特区医疗条例（草案）》尝试通过立法，选择以法的思维和方式对诊疗护理进行源头指导和防范，意义深远，其第 47 条规定：“医疗机构应当依据门诊医师类别和专业的特点安排每日接诊患者的人数，保障每位患者的合理就诊时间。门诊医师接诊量的具体标准由市卫生行政部门另行制定。”

三是比如，拥有三个院区、年门诊人次达 400 万的广州市妇女儿童医疗中心，国庆长假后的第一个工作日起，将在门诊推行新举措——除急诊、隔离门诊外，门诊通过 5 种方式推行全面预约挂号，现场不设人工挂号。全面预约挂号还只是艰难的第一步，全面预约挂号之后的全面预约看病、全面按法定项目进行医患沟通、全面按法定时间确定人数、全面按法定诊疗规范要求诊疗护理、全面按法定要求履行医院、医师、药师、护士权责任等更还在后面，而这恰恰是观察医事法治新常态之亮点所在。

四是冠名“红十字会”的医院，全国有，广东也有。区别于战时，现今广东虽然有冠名“红十字会”的医院，但并没有完全属于红十字会的医院。形势发展，更需要建立真正名副其实的红十字会医院，既利于识别红十字会属性，也利于发挥的公益等功能，但这需要有法规政策。

总之，制定《广东省医事条例》更利于推进医事法制建设上水平、上层次。

第三，医事执法类。当前应当继续关注"非法行医"问题。据媒体报道，广州一年半有40宗非法行医案，每8宗有1人死亡。统计发现，黑诊所常开设在城中村或城乡结合部等地，致人死亡事件时有发生，白云区、花都区的非法行医案高发。白云花都非法行医案高发。①

图表九　广州市非法行医分布情况

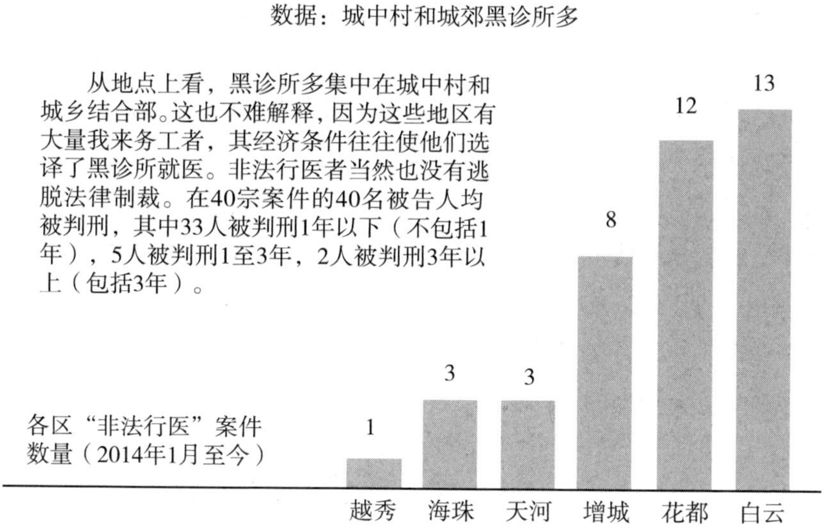

统计广州审判网发布的40宗非法行医案例发现，40宗案件中，就有5人因在黑诊所死亡。加大尤其加大地非法行医的行政处罚、刑事追究力度非常紧迫。

第四，医事司法类。主要关注以下问题：

① "统计：广州一年半共40宗非法行医案每8宗有1人死亡"，载《广州日报》，http://society.workercn.cn/2/201508/14，2015年8月14日访问。

一是理念上要强调注重进行司法调整。司法调整是一种针对已经发生的医疗行为和医疗关系的事后评价和矫正,属于事后调整,但它同时亦向未来即将发生的行为提供规则和预期,因此也具有事先调整的规范和指引功能。医患关系的司法调整包括民事司法调整、行政司法调整和刑事司法调整等各个方面,理念上要强调注重司法调整,善于在病患权利和医学发展之间作出平衡。①

二是推进专业审判目标下的集中管辖。医疗纠纷专业性历来是医疗纠纷审判的难题。应对专业性难题,建议更多选择专业化模式,加快建立医事法庭,实现审理专业性。

三是推进专业陪审制度。广州市部分基层法院也从2014年开始聘请医疗专业人员担任陪审员参与医疗纠纷调处。但也有人担心医疗专业人员担任陪审员实际加重了医方的强势,进一步减弱了患方的话语对抗权。②

第五,医事仲裁类。医事纠纷可仲裁性业已提出,但在广东具有实施基础吗?显然,具有可行性。一是《广东省医疗纠纷预防与处理办法》已给了医疗仲裁的名分和地位;二是广东仲裁业务能力强,广州更是领军者。2012年至2014年期间,广东受理的涉外仲裁案件数量总体上呈上升趋势,并占全国受理仲裁涉外案件的50%以上,是全国受理涉外仲裁案件最多的省份。广州仲裁委员会受理的案件量从2010年的4593件增加到了2014年的5926件,增加了1333件,增幅达29%;标的额从2010年的70.5亿元增加到了2014年的187.3亿元,总标的额增加了116.8亿元,增幅为165.7%,已经迈入高速发展阶段。三是具备信息数字化管理能力。广州仲裁委率先针对律师群体打造了服务律师平台、实现所有案件重要纸质化信息数字化管理。能够做到每天更新推送信息的只有广州仲裁委等少数仲裁机构。广东仲裁

① 广州市中级人民法院:课题组:向金华、张坚雄、邓娟闰、官健、年亚、魏巍、孙帅:"医患关系司法调整研究报告"。

② 广州市中级人民法院:课题组:向金华、张坚雄、邓娟闰、官健、年亚、魏巍、孙帅:"医患关系司法调整研究报告"。

启动"互联网 +"模式,已先针对律师群体打造了服务律师平台。①

上述特点,再加上仲裁特点又很适合医事纠纷需求、各方需要能提供答案指引的裁决书以及纠纷当事人更需要尽快获得医事纠纷争议之终局结果,因此,只要提供的病历中有当事人仲裁选择项、担任医事仲裁的仲裁员有足够权威、那么,讲依据、说理由和有答案的医事仲裁能成为多元化调处机制中的有力、有为和有位的有价值的一元。

由新常态迈向常态是方向。变新常态为常态根在建成法治。医事新常态,是法治思维和法治方式成为应对和处理、预防和处置医事纠纷的常态。增法治,化纠纷,实现法治医疗。

① 钟晓东等,广州仲裁委员会:"2015 年广东商事仲裁发展形势与展望"。

第3章 高峰论坛

第二届南方医事法学高峰论坛

大会主题

拒绝暴力　依法维权

运用法治思维和法治方法化解医患冲突

论坛日程

2013年12月14日下午			
14:30－15:30	第二届南方医事法学高峰论坛开幕式		
主持人:	宋儒亮	法治广东研究中心	主任
		广东省医学会医事法学分会	主任委员
		广东律师协会医疗法律专业委员会	主任
14:30－14:35	承办单位代表致论坛欢迎词		
致词人:	姜　虹	广东省法学会卫生法学研究会	会长
		南方医科大学	党委副书记
14:35－15:30	大会主旨讲话		
15:30－15:50	合　影		
15:50－16:50	主题报告		

续表

主持人:	邓娟闰	广州市中级人民法院民一庭	副庭长
主题报告:	医疗纠纷诉讼的现状与前瞻		
主讲人:	余琼圣	广东省医学会医事法学分会	委员
		广东省高级人民法院民一庭	副庭长
16:50–17:30	学术沙龙		
主持人:	王绍强	广东省医学会	副秘书长
		广东省医学会医事法学分会	副主任委员
16:50–17:30	议题一:医疗暴力的理性应对 ——以广医二院ICU医生被殴事件为例		
主持人:	文卫平	中国医师协会耳鼻咽喉科分会	副会长
		中国抗癌协会头颈肿瘤专业委员会	常务委员
		广东省医师协会耳鼻咽喉科分会	主任委员
发言人:	程宇星	广东省医学会医事法学分会	委员
		广州中医药大学属第一附医院医务处	处长
	陈　伟	广东省医学会医事法学分会	秘书
		广东省第二人民医院医务科	科长
	沈利频	广东省医学会　医事法学分会	秘书
		广东省医学会医鉴办	副主任
	庹明生	广东省律师协会医疗法律专业委员会	委员
	韩志鹏	广州市政协	委员
	胡学军	广东省中医院医务处	副处长
总评人:	杨　毅	广东省病理专业委员会	委员
		广州医科大学附属第四医院	院长
2013年12月15日上午			
8:30–9:20	议题二:伦理、人文、法律与医师权益保护		
主持人:	翁开源	广东省法学会卫生法学研究会	副秘书长

续表

		广东药学院医药商学院	副院长
发言人:	严金海	广东省法学会卫生法学研究会	副秘书长
		南方医科大学人文与管理学院	副院长
	雷　娟	广东省法学会卫生法学研究会	理事长
		南方医科大学人文与管理学院	法学副教授
	杨会林	广东省法学会卫生法学研究会	副会长
		广东省律师协会医疗法律专业委员会	委员
	刘俊荣	广东省法学会卫生法学研究会	副会长
		广州医科大学卫生管理学院	院长
	赖永洪	广东省医师协会	副会长
		广东省医师协会人文医学工作委员会	主任委员
		广州医科大学附属第三医院	党委书记
总评人:	曾其毅	广东省法学会卫生法学研究会	副会长
		南方医科大学珠江医院	院长
9:20－10:10	议题三:肿瘤诊疗规范的法律效力 ——以胃癌诊疗规范为例		
主持人:	何　斌	中国医院协会人力资源管理专业委员会	副主任委员
		广东省医院协会人力资源管理专业委员会	主任委员
		广东省人民医院	副院长
发言人:	周志伟	中山大学附属肿瘤医院胃胰科	主任
	詹建军	广东省律师协会医疗法律专业委员会	委员
	魏　巍	广州市中级人民法院民一庭	法官
总评人:	卫洪波	广东省医师协会微创外科分会	主任委员
		广东省抗癌协会胃癌专业委员会	副主任
		中山大学附属第三医院大外科	主任
	兰　平	中华医学会外科学分会结直肠外科学组	委员兼秘书
		广东省医学会结直肠外科分会	副主任委员

续表

		中山大学附属第六医院	院长
10:10 - 10:20	中场休息		
10:20 - 11:10	议题四:器官移植前沿问题探讨 ——以器官移植供体来源为例		
主持人:	杨　扬	广东省医学会医事法学分会	副主任委员
		中山大学附属第三医院	党委书记
发言人:	赵　明	南方医科大学珠江医院器官移植科	主任
	范秀玲	广东省律师协会医疗法律专业委员会	副主任
	潘光辉	广州医科大学附属第二医院肾移植科	主任
	严　凡	广东省律师协会医疗法律专业委员会	副主任
总评人:	肖国宏	广东省科教管理委员会	副主任委员
		广州市医学会妇产科学分会	常务委员
		广州医科大学附属第三医院	副院长
11:10 - 12:00	议题五:医疗机构告知说明义务的难点		
主持人:	官　健	广东省医学会医事法学分会	常务委员
		广州市中级人民法院民一庭	审判长
发言人:	黄东健	广东省医师协会人文医学工作委员会	常务委员兼秘书
		广州医科大学附属第三医院医务科	科长
	涂孝明	广东省法学会卫生法学研究会	常务理事
	葛志坚	广东省律师协会医疗法律专业委员会	副主任
	韦建瑞	广东省医师协会人文医学工作委员会	副主任委员
		广州市红十字会医院	党委书记
	年　亚	广州市中级人民法院民一庭	法官
总评人:	王则楚	广东省人民政府	参事
	邓娟闰	广州市中级人民法院民一庭	副庭长

续表

2013年12月15日下午			
13:10－14:00	议题六:医疗行业商业贿赂法律风险防范——以葛兰素史克事件为例		
主持人:	亓玉台	广东省食品安全学会	会长
		广东省卫生系统政研会	常务副会长
		原广东省卫生厅	党组副书记
发言人:	程东海	广东省医学会医事法学分会	委员
		广州医科大学附属第三医院	党委副书记
	施鹏程	广东省医学会医事法学分会	委员
		惠州市医学会医疗事故技术鉴定办公室	主任
	黄宝浩	广东省律师协会医疗法律专业委员会	委员
	杨金顺	广东省医学会医事法学分会	常务委员
		广东省检察院公诉三处	调研员
	洪嘉忠	广东省医学会医事法学分会	委员
		广东省高级人民法院刑庭审判第四庭	副庭长
总评人:	耿仁文	中国医院协会医疗法制专业委员会	副主任
		广东省医院协会	副会长
		广东省医师协会	副会长
		广东省医学会循证医学专业委员会	主任委员
14:00－16:30	专业培训(医事法学继续教育学习班)		
主持人:	陈　虹	广东省医学会医事法学分会	副主任委员
		中山大学附属第一医院医务处	处长
14:00－14:30	如何避免医患纠纷		
讲者:	梁　栋	广东省医学会医事法学分会	委员
		南方电视台	主持
14:30－15:00	关于医疗纠纷解决的思考 ——《广东省医疗纠纷预防与处理办法》介绍		

续表

讲者:	袁伟伟	广东省医学会医事法学分会	副主任委员
		广东省人民医院医务处	处长
15:00-15:10	课程互动答问		
15:10-15:40	医疗损害司法鉴定的风险与防范		
讲者:	王慧君	广东省医学会医事法学分会	常务委员
		南方医科大学司法鉴定中心	主任
15:40-16:10	伤医案应对处置急需法治思维和方式指引 ——以广医二院 ICU 医生被殴事件为例		
讲者:	宋儒亮	法治广东研究中心	主任
		广东省医学会医事法学分会	主任委员
		广东省律师协会医疗法律专业委员会	主任
16:10-16:25	课程互动答问		
16:25-16:30	第二届南方医事法学高峰论坛总结		

论坛综述

（录音整理　未经本人核对）

2013 年 12 月 14 日至 15 日，由广东省医学会、法治广东研究中心、广东省法学会、广东省律师协会、广东省医师协会和广州市法官协会等联合主办，广东省医学会医事法学分会、广东省法学会卫生法学研究会、广东省律师协会医疗法律专业委员会、广东省医师协会人文医学工作委员会共同承办的第二届南方医事法学高峰论坛暨广东省医学会第三次医事法学学术会议在广州东山宾馆顺利召开。

论坛主题为“拒绝暴力，依法维权，运用法治思维和法制方法化解医患冲突”。

中国工程院院士钟南山、广东省委党校/广东行政学院常务副校(院)长谭泽中、广东省依法治省工作领导小组办公室常务副主任张宇航、广东省司法厅副厅长梁震、广州中级人民法院副院长向金华、广东省医学会副会长兼秘书长朱宏、广东省律师协会会长欧永良等领导、嘉宾出席会议并作论坛主旨讲话。广东省医学会医事法学分会主任委员宋儒亮、副主任委员王绍强、赖永洪、杨扬、陈虹、袁伟伟、田柯、秘书沈利频、陈伟以及其他分会委员参加,来自省内的200多名医事相关领域的领导、政府参事、政协委员、专家、学者、律师、医师、协会领导、电视台主持、媒体记者等参与了高峰论坛。

与会领导嘉宾与部分代表合影

论坛开幕式由论坛执行主席之一、广东省医学会医事法学分会主任宋儒亮教授主持。

论坛执行主席之一、广东省法学会卫生法学研究会会长、南方医科大学党委副书记姜虹首先代表承办单位发表了热情洋溢的欢迎词。指出本次论坛是围绕着大会主题而展开,针对医学法学领域的理论和实务内容展开探讨,希望各位与会代表有所收获。当前,医疗行业执业环境严峻,杀医、伤医的恶性事件不断发生。重塑医疗行业的人文职业环境,让无私付出的白衣天使重拾当时的职业理想是论坛的一大追求。今天我们肩负着重要使命和期望,要为如何改善医疗执业环境提出宝贵的意见;要为和谐医患关系的建立,提出真知灼见。祝愿论坛圆满成功。

姜虹副书记在致辞

“主题报告”环节由论坛执行主席之一、广州市中级人民法院民一庭副庭长邓娟闰主持。

邓娟闰副庭长在主持主题报告

广东省医事法学分会委员、广东省高级人民法院民一庭副庭长佘琼圣作了“医疗纠纷诉讼的现状与前瞻”的报告。在报告中，佘琼圣庭长指出，从地域分布来看，医疗纠纷主要分布在医疗资源比较集中的大城市，其中广州法院受理医疗纠纷的案件达293件，占了全省的32%；深圳198件，占21%；而粤东四市地区只有10件，其中汕尾一件都没有。而在专科分布上，医疗纠纷主要是分布在妇产科、骨科、普通外科、神经外科、呼吸内科。

佘琼圣副庭长在作主题报告

“学术沙龙”由广东省医学会副秘书长、广东省医学会医事法学分会副主任王绍强主持，共有六个议题，分别为“医疗暴力的理性应对——以广医二院ICU医生被殴事件为例”、“伦理、人文、法律与医师权益保护”、“肿瘤诊疗规范的法律效力——以胃癌诊疗规范为例”、“器官移植前沿问题探讨——以器官移植供体来源为例”、“医疗机构告知说明义务的难点”以及“医疗行业商业贿赂法律风险防范——以葛兰素史克事件为例”。围绕这六个议题。论坛邀请42位来自不同行业的专家学者进行了广泛而深入的探讨，引发了深刻的思考。

结合大会主题，论坛执行主席之一、广东省医师协会副会长、广东省医师协会人文医学工作委员会主任委员、广州医科大学附属第三医院党委书记赖永洪在谈及医师权益保护时，呼吁当法和理相违背的时候，多一点从人文的角度尊重医生、关心医生、爱护医生，去对医生进行评判，给冷冰冰的法律加入人文的温度。如果没有对医生的人文关怀，那么很难对患者有人文关怀。

学术沙龙：医疗暴力的理性应对——以广医二院 ICU 医生被殴事件为例

左至右：文卫平、程宇星、沈利频、庹明生、胡学军、韩志鹏、杨毅、周继华、陈伟

学术沙龙：伦理、人文、法律与医师权益保护

左至右：翁开源、刘俊荣、严金海、赖永洪、曾其毅、雷娟、杨会林

学术沙龙:肿瘤诊疗规范的法律效力——以胃癌诊疗规范为例

左至右:何斌、詹建军、周志伟、卫洪波、魏巍、兰平

学术沙龙:器官移植前沿问题探讨——以器官移植供体来源为例

左至右:杨扬、严凡、潘光辉、肖国宏、赵明、范秀玲

学术沙龙：医疗机构告知说明义务的难点

左至右：官健、王则楚、韦建瑞、葛志坚、黄东健、年亚、邓娟闰、涂孝明

学术沙龙：医疗行业商业贿赂法律风险防范——以葛兰素史克事件为例

左至右：亓玉台、黄宝浩、施鹏程、耿仁文、程东海、杨金顺、洪嘉忠

广东省医学会医事法学分会副主任委员、中山大学附属第一医院医务处处长陈虹主持了专业培训环节。

广东省医学会医事法学分会委员、南方电视台主持梁栋从记者角度讲述了“如何避免医患纠纷”的报告，认为医患沟通应该从看病开始，不是从发生纠纷的时候才开始。医生应该“以此为生，精于此道”。在专业上“仁术”，沟通上“仁心”。同时医院面对媒体，要主动出击，坦诚相对。广东省医学会医事法学分会副主任委员、广东省人民医院医务处处长袁伟伟作了“关于医疗纠纷解决的思考——《广东省医疗纠纷预防与处理方法》介绍”的专题演讲，在探讨了我国医患关系状况、分析造成当前医患矛盾突出的原因的同时提出了解决之道。广东省医学会医事法学分会常务委员、南方医科大学司法鉴定中心主任王慧君作了“医疗损害司法鉴定的风险与规避”的专题演讲，在介绍了医疗损害司法鉴定的现状及背景、说明了医疗损害司法鉴定的法律依据、主要任务、基本原则以及关注的要点的同时，阐述医疗损害司法鉴定存在的风险以及应该如何规避的问题。广东省医学会医事法学分会主任宋儒亮律师在“专业培训”环节带来了“伤医案应对处置急需法律思路和指引—以广医二院ICU医生被殴事件为例”的专题演讲，结合各类型医患纠纷案件，实例分析指出法治对于医师维权的重要性，在呼吁社会各界尤其是医学界要维权必须先明确医患之间的法律关系定位的同时，还通过“刑法”、“行政法”、“民法”以及媒体舆论等角度论证了当前医师通过法治维权的可行性；此外，宋儒亮律师还提醒与会代表，当前的医疗纠纷预防并不缺少法，医师应该勇敢地拿起法律武器维护自己的合法权益；最后用“医术高明、医德高尚、医方懂法”作为结语，引起了与会代表的共鸣。

陈虹副主任

通过为期一天半的论坛取得了圆满成功！宋儒亮律师最后代表大会作总结发言，认为本次论坛具有以下四个特点：一是“量大”：六家主办单位、六位领导嘉宾作主旨讲话、二个主题报告、六场学术沙龙、四场专业培训，至少十四个小时。二是“域广”，至少包括九大领域专业人士参与，包括公务员、法官、检察官、律师、医生、专家、学者、媒体人员、医院管理人员、行业协会人员等。三是“思多”，思考、见解等众多，比如钟院士提出“法学进医院、医学进法院”、政协委员韩志鹏针对医疗暴力多发的状况提出考虑设立“公安医疗分局”、政府参事王则楚提出知情告知是底线，政府应当加强医疗的基础建设，要从大国情来看待医患纠纷的问题，要建立医疗信任。四是“求多”，与会人员普遍希望下届论坛增加“行业官员、论坛内容、沙龙时间”等。

大家认为，“医事法律进医院　医疗知识进法院”工作依旧任重道远，需要不断努力；我们要继续高举法律大旗，努力提升运用法治思维和法律方式化解医疗纠纷。相信通过大家的努力，论坛会越办越好，为建设法治医疗、法治社会、法治政府和法治中国贡献力量。

第三届南方医事法学高峰论坛

大会主题

共建医事法治　共享法治医疗

论坛组织机构

主办单位：

广东省医学会　广东省律师协会　法治广东研究中心

广东省医师协会　广州市法官协会　广州市司法鉴定协会

承办单位：广东省医学会医事法学分会

广东省律师协会医疗法律专业委员会

法治广东研究中心

论坛顾问：

姚志彬　向金华　李国营　欧永良　叶　港

林曙光　吴少林　王慧君

论坛主席：宋儒亮　赖永洪　邓娟闰　姚自斌

论坛副主席：（按姓氏笔画顺序）

王绍强　田　柯　杨　扬　陈　虹　严　凡　袁伟伟　赖永洪

葛志坚　范秀玲

论坛秘书长（按姓氏笔画顺序）

王文倩　陈　伟　程　虎　梁　栋

论坛主持：（按姓氏笔画顺序）

王绍强　邓娟闰　田柯李文源　郑　懿　陈合新　姚自斌

袁伟伟　梁　栋　程东海　覃铁和　赖永洪

论坛总评：（按姓氏笔画顺序）

王慧君　亓玉台　杨　毅　范秀玲　郭柏林　葛志坚

论坛时间:2014 年 12 月 19 日下午 -20 日

论坛地点:广州金鹰酒店五楼会议厅

论 坛 日 程

2014 年 12 月 19 日下午			
14:15-14:30	广东省医学会医事法学分会全委会		
14:30-15:30	第二届南方医事法学高峰论坛开幕式		
主持人	宋儒亮	广东省医学会医事法学分会	主任委员
		法治广东研究中心	主任
		广东省律师协会医疗法律专业委员会	主任
14:35-15:30	大会主旨讲话		
15:30-15:50	合 影		
15:50-16:50	主题报告		
主持人	邓娟闰	广州市中级人民法院民一庭	副庭长
主题报告一	树法治权威 促医患和谐		
主讲人	陈国翔	广东省律师协会	副会长
		广东省医学会医事法学分会	委员
		广东腾翔律师事务所	主任
主题报告二	医事法学在医院管理中的实践与探讨		
主讲人	杨扬	广东省医学会医事法学分会	副主任委员
		中山大学附属第三医院	党委书记
16:50-17:30	模拟电视访谈(一)		
主持人	赖永洪	广东省医师协会	副会长
		广东省医学会医事法学分会	副主任委员
		广东省医师协会人文医学工作委员会	主任委员
		广州医科大学附属第三医院	党委书记

续表

16:50 - 17:30	话题一:媒体与医院的恩与怨		
主持人	梁栋	广东省医学会医事法学分会	委员
		广东省医学会医事法学分会媒体信息学组	组长
		南方电视台	主持人
发言人	姚麟	广东省医学会医事法学分会	委员
		广东省医学会医事法学分会医疗纠纷处理实践学组	组长
		中山大学附属第三医院医务科	科长
	杨文	中山大学附属第二医院医务科	副科长
	苏少鑫	资深媒体人	评论员
	陈敏	中山大学传播与设计学院	博士、讲师
2014 年 12 月 20 日上午			
8:30 - 12:30	学术沙龙　电视模拟访谈		
上半场主持人(前三场)	袁伟伟	广东省医学会医事法学分会	副主任委员
		广东省人民医院医务处	处长
8:30 - 9:10	议题一:不同角色看医疗损害鉴定的问题及解决之道		
主持人	姚自斌	广州市司法鉴定协会	秘书长
		广州市司法鉴定管理处	副处长
发言人	罗斌	广东省医学会医事法学分会	常务委员
		广东省医学会医事法学分会医疗损害鉴定学组	组长
		中山大学法医鉴定中心	副主任、教授
	官健	广东省医学会医事法学分会	常务委员
		广州市中级人民法院民一庭	审判长
	杨会林	广东省律师协会医疗法律专业委员会	委员

续表

	李永丰	广东省医学会医鉴办	副主任
总评人	王慧君	广州市司法鉴定协会	会长
		广东省医学会医事法学分会	常务委员
		南方医科大学司法鉴定中心	主任
9:10－9:50	议题二:医事法学在临床运用中的实践及肿瘤诊疗领域的法律热点问题探讨		
主持人	覃铁和	广东省老年医学研究所	所长
		广东省人民医院重症医学科	主任
发言人	叶长生	南方医科大学附属南方医院乳腺中心	主任
	蒋剑宵	肇庆市第二人民医院肿瘤综合科	主任
	李力人	中山大学附属肿瘤医院结直肠科	主任
总评人	葛志坚	广东省律师协会医疗法律专业委员会	副主任
9:50－10:30	议题三:移动医疗发展及相关法律问题		
主持人	田柯	广东省医学会医事法学分会	副主任委员
		广东省卫生和计划生育委员会	副处长
发言人	余欣茵	金域检验中心法律事务部	主任
	余怀生	广东法圣律师事务所	律师
	张胜明	广东省网络医院	主任
	刘玉莹	广东省第二人民医院医务科	科员
	陈伟	广东省医学会医事法学分会	秘书
		广东省医学会医事法学分会医疗风险防控学组	副组长
		广东省第二人民医院医务科	科长
总评人	杨毅	广州医科大学附属第四医院	院长
下半场主持人(后三场)	程东海	广东省医学会医事法学分会	委员

续表

		广州医科大学附属第三医院	党委副书记
10:30－11:10	议题四:政策法规下的抗生素现状与发展		
主持人	陈合新	中山大学附属第一医院耳鼻喉科	主任
发言人	邓子德	中山大学附属第三医院感染科	主任
	孙树梅	南方医科大学附属南方医院感染科	主任
	许蔓春	广州军区医院总院儿科	教授
总评人	范秀玲	广东省律师协会医疗法律专业委员会	副主任
		广东广和律师事务所	律师
11:10－11:50	议题五:临床专家参与医疗纠纷诉讼的必要性与可能性		
主持人	邓娟闰	广州市中级人民法院民一庭	副庭长
发言人	魏巍	广东省医学会医事法学分会医疗损害鉴定组	组员
		广州市中级人民法院民一庭	法官
	李立凯	广东永航律师事务所	律师
	罗义	广州市第一人民医院心内科	主任
	李永丰	广东省医学会医鉴办	副主任
总评人	郭柏林	广东省医学会医事法学分会	常务委员
		广东省高级人民法院司法委托管理办公室	副主任
11:50－12:30	模拟电视访谈(二):埃博拉、登革热疫情防控的情与法		
主持人	梁栋	广东省医学会医事法学分会	委员
		广东省医学会医事法学分会媒体信息学组	组长
		南方电视台	主持人
发言人	俞守义	南方医科大学公共卫生与热带医学学院	教授
		广东省流行病学会	终身荣誉会长
		广东省热带医学会	终身荣誉会长

续表

	陈清	南方医科大学公共卫生与热带医学学院流行病学	教授、系主任
	高璐璐	广州军区空军后勤部卫生防疫队	队长、副主任
	左斌	广东广播电视台	记者
	饶原生	广州市作家协会	理事、资深媒体人
	王煌	广东金桥百信律师事务所	高级合伙人
2014年12月20日下午			
14:00－18:00	学术沙龙　专题培训		
主持人	郑懿	广东省律师协会医疗法律专业委员会	委员
		广东君厚律师事务所	高级合伙人
14:00－14:40	议题六:医事纠纷第三方调解的利与弊		
主持人	程虎	广东省律师协会医疗法律专业委员会	秘书
		广东岭南律师事务所	律师
发言人	严凡	广东省律师协会医疗法律专业委员会	副主任
	庹明生	广东省律师协会医疗法律专业委员会	委员
	欧阳荣超	广东省医学会医事法学分会	委员
		佛山顺德区医学会医鉴办	主任
总评人	亓玉台	广东省卫计委党组	原副书记、巡视员
		广东省卫生系统思想政治研究会	常务副会长
14:40－17:00	专业培训(医事法学继续教育学习班)		
主持人	王绍强	广东省医学会	副秘书长
		广东省医学会医事法学分会	副主任委员
14:40－15:00	医疗风险和防控对策		
讲者	刘秋生	广东省医学会医事法学分会	常务委员
		广东省医学会医事法学分会医疗风险防控学组	组长

续表

		中山大学附属第一医院质量管理评价处	处长
15:00－15:20	司法鉴定的现状和发展趋势		
讲者	罗斌	广东省医学会医事法学分会	常务委员
		广东省医学会医事法学分会医疗损害鉴定学组	组长
		中山大学法医鉴定中心	副主任、教授
15:20－15:40	医疗服务中的相关法律法规及其应用		
讲者	李林	广东省医学会医事法学分会	委员
		广州医科大学附属第二医院	副主任
15:40－16:00	依法处理医患纠纷　保障医患双方权益		
讲者	程宇星	广东省医学会医事法学分会	委员
		广州中医药大学属第一附医院医务处	处长
16:00－16:20	从客观事实到法律事实——医疗行为的法律证明		
讲者	汪锦宏	广东省医学会医事法学分会	常务委员
		广州市第一人民医院投诉管理科	科长
16:20－16:40	院前急救关键技术与医疗风险的平衡兼顾		
讲者	黄伟青	广东省医学会医事法学分会	常务委员
		广州医科大学附属第一医院医务部	科长
16:40－17:00	医疗欠费管理的思考		
讲者	于宏	广东省医学会医事法学分会	委员
		南方医科大学南方医院医务处	主任科员
17:00－17:20	互动与答问		
主持人	宋儒亮	广东省医学会医事法学分会	主任委员
		法治广东研究中心	主任
		广东省律师协会医疗法律专业委员会	主任
17:20－17:30	第二届南方医事法学高峰论坛总结		

论坛综述

（录音整理 未经本人核对）

第三届南方医事法学高峰论坛暨2014年广东省医学会医事法学学术会议暨广东省医学会医事法学继续教育学习班于2014年12月19日在广州金鹰酒店顺利召开。

活动由广东省医学会、广东省律师协会、法治广东研究中心、广州市法官协会、广东省医师协会、广州市司法鉴定协会等单位联合主办，由广东省医学会医事法学分会、广东省律师协会医疗法律专业委员会、法治广东研究中心共同承办。广东省医学会医事法学分会主任、法治广东研究中心、广东省律师协会医疗法律专业委员会主任宋儒亮主持会议。会议分为开幕式致辞、主题报告、模拟电视访谈、学术沙龙、专题培训五个阶段。

会议开幕式阶段，宋儒亮主任作开幕式主持发言，他对本次到会的领导、嘉宾、对筹备本次会议的各协会等表示由衷的感谢。接着对医事法学分会的过去一年的收获进行了回顾与总结，并对即将开展的工作做了简单介绍，同时对接下来的致辞嘉宾进行了一一介绍。会议主旨讲话阶段，广东省委党校/广东行政学院副（校）院长苟志效、广东省依法治省工作领导小组办公室副主任周四龙、广州中级人民法院副院长向金华、广东省食品药品监督管理局纪检组组长、监察专员、党组成员陈鲁峰、广州市司法局副局长谭祥平、广东省司法厅律师工作管理处处长陈建、广东省医学会秘书长李国营、广东省医师协会常务副会长兼秘书长吴少林、广州市司法鉴定协会会长王慧君分别致辞并预祝本次会议圆满召开，预祝广东省医学会医事法学分会取得更好的成绩，并在医事法学领域做出更大的贡献。广东省依法治省工作领导小组办公室处长吴小洪亦参加了本次会议。会上，省依法治省办周四龙副主任讲到：党的十八届四中全会将依法治国作为会议主题，体现了党的决心。本次会议，作为法治医疗的探讨平台，正是学习和贯彻落实十八届四中全会的一次具体行动，把法律引入到医学，让医法同学，法与医同在，有着特别的意义。他指出当前我国正处于小康社会决定性的阶段，我省也处于全面深化改革发展关键时期，面对战略及改革攻坚期，矛盾的凸显期，交集在一起。在改革发展稳定的任务同时各种矛盾纠纷也日益增多，利用法治手段解决社会，平衡社会利益，规范社会行为比任何时候都显得更加迫切需要。医疗系统也进入改革的深入时期，难度加大，另外人类对医疗保健的期望值也不断增高，医事纠纷和矛盾也很多，有体制上的客观原因，也有内部上管理问题，群众法治意识也比较薄弱，如何妥善解决这些困难是医疗行政部门管理的一大难题，经过多年努力和时间有关部门已经探索出一些有效的途径，如中山市建立无医闹城市，把医事纠纷真正纳入法治社会，也得到省的肯定，并且也在全面推进这方面。这次论坛希望在座的各位嘉宾畅想欲言，多提出医疗行业涉及法律问题，特别是当前医患纠纷有效的途径，让我们共同走进依法行医，为法治广东作出一份力量，最后祝会议取得圆满成功。最后宋儒亮主任对各位嘉宾的致辞进行总结："(1)如果规则没有权威，专业也是没用，专业再强没有规则来支持你也是没有用，所以规则是法律，专业是各行业的医学。(2)大家要相互沟通，医学知识要进入法院，反过来法律也要进入医院。(3)鉴定最后应该在法庭上决胜负，如何在法庭上对鉴定的东西谈出正确有效。最后一个我们是高端论坛，审判医疗法官说医疗案是最复杂、标的最少，律师也说医疗案是花最长时间，赚钱最少，但没有办法我们深入其中，也乐在其中，我想说的是如果要赚钱要去房地产、去证券，但如果要赚人心、赚人对人的尊重就要来医事法学。"

会议主题报告阶段由广州市中级人民法院民一庭副庭长邓娟闰主持。广东省律师协会副会长陈国翔、广东省医学会医事法学分会副主任委员、中山大学附属第三医院党委书记杨扬分别作了《树法治权威　促医患和谐》、《医事法学在医院管理中的实践与探讨》的主题报告。杨书记讲到，要在依法治国的大背景下，实现依法治院，用法律的手段管理医院，对医院的管理实现科学化。

模拟电视访谈环节由广东省医师协会副会长、广东省医学会医事法学分会副主任委员、广州医科大学附属第三医院党委书记赖永洪主持。广东省医学会医事法学分会委员、广东省医学会医事法学分会媒体信息学组组长、南方电视台主持人梁栋、广东省医学会医事法学分会委员、广东省医学会医事法学分会医疗纠纷处理实践学组组长、中山大学附属第三医院医务科科长姚麟、中山大学附属第二医院医务科副科长杨文、资深媒体人苏少鑫、中山大学传播与设计学院博士陈敏分别就《媒体与医院的恩与怨》进行了探讨,梁主持精彩的主持、姚麟科长的真实案例、媒体人士真言吐露将媒体与医院的恩与怨一一道来,现场亮点频频,高潮迭起,掌声不绝。梁栋、南方医科大学公共卫生与热带医学学院教授、广东省流行病学会、广东省热带医学会终身荣誉会长俞守义、南方医科大学公共卫生与热带医学学院流行病学系主任陈清、广州军区空军后勤部卫生防疫队队长高璐璐、广东广播电视台记者袁建彰、广州市作家协会理事、资深媒体人饶原生、广东金桥百信律师事务所高级合伙人王煌共同就《埃博拉、登革热疫情防控的情与法》在访谈中发表人个人观点,话题紧扣埃博拉疫情区人员过境管控、生鲜鸡变冰鲜鸡的群众态度等热点时事,节目贴近生活、引发学员共鸣和思考。电视模拟访谈环节以案说法、观点激辩交锋、紧追时事、亮点突出,现场反响热烈。

学术沙龙环节由广东省医学会医事法学分会副主任委员、广东省人民医院医务处处长袁伟伟、广东省医学会医事法学分会委员广州医科大学附属第三医院党委副书记程东海、广东君厚律师事务所高级合伙人郑懿分别主持。本次会议共六个沙龙,分别为《不同角色看医疗损害鉴定的问题及解决之道》,参与讨论的嘉宾有广州市司法鉴定管理处副处长姚自斌、广东省医学会医事法学分会常务委员、南方医科大学司法鉴定中心主任王慧君、广东省医学会医事法学分会常务委员、广东省医学会医事法学分会医疗损害鉴定学组组长、中山大学法医鉴定中心教授罗斌、广东省医学会医事法学分会常务委员、广州市中级人民法院民一庭审判长官健、广东省律师协会医疗法律专业委员会委员杨会林律师、广东省医学会医鉴办副主任李永丰，各位嘉宾重点围绕医疗损害鉴定不规范经营、选择性鉴定及鉴定时间长、难度大等话题展开探讨，希望随着法治的进步，不断地完善医学体制、建立完善的医疗鉴定体制；《医事法学的临床运用实践及肿瘤诊疗领域法律热点探讨》，参与嘉宾有广东省人民医院重症医学科主任、广东省老年医学研究所所长覃铁和、肇庆市第二人民医院肿瘤综合科主任蒋剑宵、中山大学附属肿瘤医院结直肠科主任李力人、广东省律师协会医疗法律专业委员会副主任葛志坚；《移动医疗发展及相关法律问题》，参与嘉宾有广州医科大学附属第四医院院长杨毅、广东省医学会医事法学分会副主任委员、广东省卫生和计划生育委员会副处长田柯、广东省医学会医事法学分会、医事法学分会医疗风险防控小组副组长、广东省第二人民医院医务科科长陈伟、金域检验中心法律事务部主任余欣茵、广东法圣律师事务所律师余怀生、广东省网络医院主任张胜明、广东省第二人民医院医务科科员刘玉莹。田柯副主任提出移动医疗作为较为前沿的话题，深受市场青睐，但存在怎样的问题值得思考。余欣茵通过国内外网络医疗的经验介绍，认为移动医疗大有前景。余怀生律师则提出移动医疗随之而来的很多法律问题。杨毅院长总结发言：无论移动医疗的影响大小、利弊好坏，都需要相应的法律、行规加以规范，发展移动医疗，是应市场需求，有需要才发展，但要监管，保障安全，为患者提供更好的服务。《政策法规下的抗生素现状与发展》，参与嘉宾有中山大学附属第一医院耳鼻喉科主任陈合新、中山大学附属第三医院感染科主任邓子德、南方医科大学附属南方医院感染科主任孙树梅、广州军区医院总院儿科教授许蔓春、广东省律师协会医疗法律专业委员会副主任范秀玲律师；《临床专家参与医疗纠纷诉讼的必要性与可能性》，参与嘉宾有广州市中级人民法院民一庭副庭长邓娟闰、广州市中级人民法院民一庭法官魏巍、广东永航律师事务所律师李立凯、广州市第一人民医院心内科主任罗义、广东省医学会医鉴办副主任李永丰、广东省医学会医事法学分会常务委员、广东省高级人民法院司法委托管理办公室副主任郭柏林。邓庭长提出了本次议题的意义及想要探讨的问题：医患关系如果产生矛盾，就会产生医疗纠纷。要公正高效地解决医疗纠纷，就必须对争议的医疗行为作出法律上的评判！这种评判需要运用法律的方法，但也必须尊重医学的规律和特点，尊重医学的专业判断。如果违背医学的规律，不仅当事医生不服，最终也将损害所有患者的利益！那谁对医学判断最有发言权？当然是天天行医的临床专家。因此，医疗纠纷的解决机制必须保障医学临床专业知识的参与。法院诉讼是医疗纠纷解决的最后一道关，也是终局权威的纠纷解决方式，自然也离不开对医学专业知识的依赖！除了医疗损害鉴定外，还有哪些途径可以让临床专家参与到诉讼中来，弥补法官在医学知识上的不足？应该如何操作，才能做到既能反映科学合理的医疗诊断标准，又能防范医医相护，从而保障医疗纠纷诉讼解决机制的效率和公信力？魏巍法官讲到各国实践中立法层面的两种参与方式：即专家证人和鉴定人身份。而我国在医疗纠纷的诉讼实践中，临床专家参与诉讼的途径主要有以下三种：一是鉴定人；二是专家辅助人；三是诉讼代理人，诉讼代理人这种形式实际上是在打专家辅助人制度的擦边球。这三种途径，是否足以满足医患双方和主审法官的需要，或者说对于构建公正、权威的医疗纠纷诉讼解决机制是否足够？就其个人体会而言，感觉还是有所欠缺，进而提出设立咨询程序的设想，在咨询程序中，法官会隐去案件当事人信息，仅作纯医学的咨询，完全可以保障咨询程序的中立性。有了这个程序，法官就有了专业智库，方便加深对涉案医学问题的理解，将有利于增强法官审理医疗纠纷案件的信心，有利于法官遵从医学科学及临床规律，勇敢的作出客观公正的判决。郭柏林委员对探讨中的问题进行了简要回应，认为医学允许某些技术进步有自我修正的过程。鉴定制度的完善需要科学有序的逐步推进。《医事纠纷第三方调解的利与弊》，参与的嘉宾有广东省卫计委党组原副书记兼巡视员、广东省卫生系统思想政治研究会常务副会长亓玉台、广东岭南律师事务所律师程虎、广东省律师协会医疗法律专业委员会副主任严凡、广东省律师协会医疗法律专业委员会委员庹明生、佛山顺德区医学会医鉴办主任欧阳荣超。程虎律师提出医疗纠纷或许已经成为医生行业当中不可回避的话题,第三方调解现在也是解决医疗纠纷非常重要的途径,但利弊之争由来已久,莫衷一是。严凡律师讲到第三方调解机制有双方自愿、没有固定程序、调解书不具有强制执行的效力的特征。关于第三方调解机制之间的利与弊,第一,关于成本问题,是患者关注的环节。第二,专业性方面的问题,例如法官是否懂医学。第三,这个机构或者组织是否公正。第四,调解后,文书是否具有法律效力和执行力。庹明生律师介绍了深圳医疗纠纷仲裁院的经验,认为调解中的调解员培养问题得到解决,调解员在调解过程中运用法律思维、医学知识相结合的话对患者来说还是比较有利的。最后亓玉台书记总结道:(1)调解机构的设置,离不开调解对象的准确把握,调解对象太特殊,我们设置调解机构时应该要充分考虑对象的特殊性。(2)调解的素质决定调解的效果,利弊有很多,总结来说就是人才问题,按照社会需要最好是有医学、法律、保险背景的复合人才。(3)提高执行效力是急需要解决的问题,调解协议是民间具有合同性的,不具有法律上的强制力,因此需要怎么去解决这个问题很重要。

专题培训阶段由广东省医学会副秘书长王绍强主持,中山大学附属第一医院质量管理评价处处长刘秋生、中山大学法医鉴定中心教授罗斌、广州医科大学附属第二医院副主任李林、广州中医药大学属第一附医院医务处处长程宇星、广州市第一人民医院投诉管理科科长汪锦宏、广州医科大学附属第一医院医务部科长黄伟青、南方医科大学南方医院医务处主任科员于宏分别作了《医疗风险和防控对策》、《司法鉴定的现状和发展趋势》、《医疗服务中的相关法律法规及其应用》、《依法处理医患纠纷　保障医患双方权益》、《从客观事实到法律事实——医疗行为的法律证明》、《院前急救关键技术与医疗风险的平衡兼顾》、《医疗欠费管理的思考》的专题培训。

会议的最后,宋儒亮主任主持了互动与答问环节并对本次会议的各个环节进行了简要的总结。他讲到今天会议的每个环节、每个话题都很有价值、很有意义,医事法学作为医学和法学的交叉学科,应该互帮互助,共建共享,医法结合,医疗法治,最后对参加本次的全体专家、学者、学员表示感谢,希望医事法学的平台越办越好。本次会议圆满结束。

本次高峰论坛会议内容丰富多彩、各界专家云集、话题紧联当下、思想激辩争鸣、理论与实践并举,亮点精彩纷呈,是医事法学界的一次空前的饕餮盛宴,会议中的涉及的很多论点和经验对医院管理、医疗鉴定、医事纠纷的审判等方面都有重要的借鉴和指导意义。本次会议将医事法学在医事法治领域又推向了一个新的高度,相信在各界有识之士的共同努力下,医事法学分会将在依法治国的推进之路上发挥更大的作用!

(王文倩　曹翔　姚文佩　供稿)

第三届南方医事法学分会高峰论坛综述

(录音整理　未经本人核对)

2014年12月19日至20日,第三届南方医事法学分会高峰论坛暨2014年广东省医学会医事法学学术会议和广东省医学会医事法学继续教育学习班在金鹰酒店五楼会议室顺利召开。本次论坛由广东省医学会、广东省律师协会、法治广东研究中心、广东省医师协会、广州市法官协会、广州市司法鉴定协会主办,由广东省医学会医事法学分会、广东省律师协会医疗法律专业委员会、法治广东研究中心共同承办。

论坛主题为:共建医事法治,共享法治医疗。

根据议程,本次高峰论坛主要分为开幕式致辞、主题报告、模拟电视访谈、学术沙龙、专题培训、论坛总结六个阶段。广东省委党校/广东行政学院副(校)院长苟志效、广东省依法治省工作领导小组办公室副主任周四龙、广州中级人民法院副院长向金华、广东省食品药品监督管理局纪检组组长、监察专员、党组成员陈鲁峰、广州市司法局副局长谭祥平、广东省司法厅律师工作管理处处长陈建、广东省医学会秘书长李国营、广东省医师协会常务副会长兼秘书长吴少林、广州市司法鉴定协会会长王慧君等领导嘉宾，来自广东各地的医护人员、专家学者、律师、媒体人士等近两百人参加了本次论坛。

开幕式：由论坛主席宋儒亮主任担任主持。

主题报告：由论坛主席广州市中级人民法院民一庭副庭长邓娟闰担任主持。

宋儒亮主任担任主持人

主题报告，由论坛主席，邓娟闰副庭长担任主体报告环节主持人

广东省律师协会副会长作主题报告：树法治权威　促医患和谐

指出，从法律层面来讲，医患关系属于民事法律关系；从社会层面来讲，也是人与人之间的关系，是社会关系的一种具体形式。在医患关系是不是属于消费关系的问题上，原来有的地方人大将其纳入消费者权益保护法调整范围，但卫生部的有关负责人人发表声明，医患关系属于特殊的民事关系，公立机构不具有盈利性，而且医疗行为也受到科学的限制和患者个体差异的影响，认为《消费者权益保护法》不适用于医患纠纷。指出，医患关系是否属于消费关系是值得探讨的，要辩证看待。陈会长认为，医疗机构是救死扶伤，看病治病，为公民服务的，医疗体制改革要真真正正具备公立性，应该取消以药养医制度的。

陈国翔副会长作主题报告

对于医患关系的现状，用八个字概括：关系紧张，矛盾突出。指出，近几年来，医患关系矛盾的突出已经成为社会最焦点的问题，如何化解医患纠纷是当前最迫切需要解决的一个问题。指出，医患关系紧张的原因主要有四个方面：患方的原因、医方的原因、社会的原因、法律的原因。(1)患者原因，主要是指患方的期望值过高，没有认识到医疗行为本身就是一个高风险的行为，更没有没有考虑到自身疾病严重性以及病理的变化发展，一旦出现问题就认为是医院的责任，而且患方法律意识不高存在“大闹大赔、小闹小赔、不闹不赔”的想法。(2)院方原因：有的医务人员没有很好遵守职业道德，态度不好，有的责任心不强，没有履行告知义务，与患者沟通不足，有的夸大病情，有的延误抢救时机；医院在管理问题上存在缺失，追求经济利益。(3)社会原因：职业医闹的推波助澜；医疗鉴定存在黑洞，以前由医学会选定本地专家进行鉴定，而专家大多都是熟人，就存在熟人鉴定熟人的情况，甚至有互相鉴定的情况，因此当事人对鉴定制度不相信。另外，医闹发生后公安机关到现场处置的力度不够，给患方造成警察也拿我没办法的错觉。卫生行政部门、律师协会、医师协会发生事情出面的都比较少。(4)法律原因，我国处理医闹的法律体系不够完善，原来只有民法通则，但民法通则管得比较少。原来另外就是依照《医疗事故处理条例》，但其本身就存在重大问题。后来出台了《侵权责任法》，相对来说对处理医闹方面比较好一点，但还有好多问题没有处理到，医疗法律体系还是不够完善。之前《医疗事故处理条例》、《执业医师法》虽然都有规定医闹承担的责任，但真正追究起来的很少。

对于如何促进医患和谐，认为应该树立法律权威，并指出这是促进医患关系和谐的关键。指出，没有法律权威，就没有正常的经济秩序，更谈不上社会的和谐。现在党中央在十八大提出了新的方针:法治中国建设,科学立法、严格执法、公正司法、全民守法。(十一届三中全会提出的方针是:有法可依、有法必依、执法必严、违法必究)。指出,树立法律的权威要多管齐下:首先树立法律信仰是树立法律权威的内在条件,要培养尊崇宪法、法律的精神,要把立法执法监督实现当中,要深入公民心里。坚持科学立法是实现法律权威的前提,尽量减少政府部门的立法,过去很多法律都由部门来制定,行政部门制定往往存在部门保护主义,如《医疗事故处理条例》,人都死了连死亡赔偿金都没有这些法规说不过去。现在扩大立法范围,提高社会参与度,立法要让第三方来公平起草。要规范依法行政,我国有 80% 以上的法律法规都由行政机关来贯彻实施,还要对行政权力进行监督和制约。司法公正是社会公平正义的最后一道防线。指出,具体在法律层面的操作必须建立完善的医事法律体系,目前的法律是不够的(目前只有民法通则、侵权责任法和一些行政法规),很多法律关系没有涉及,对很多的难点都没有涉及,也无法找到法律依据,有些规定比较笼统缺乏依据性。救不救是道德问题,能否救是科学问题,构建和谐医患关系既要考虑患方的利益也要照顾医方的合法权益。

广东省医学会医事法学分会副主任委员、中山大学附属第三医院党委书记杨扬作主题报告:医事法学在医院管理中的实践与探讨

杨扬书记作主题报告

指出,十八届四中全会再次重申依法治国;在医疗上,要逐步建立起与基本医疗相关的法律体系。医院也是一个小社会,非常复杂,需要管理的问题很多。而从医院内部外部需求出发,依法治院,用法律的手段管理医院,实现对医院管理的科学化是非常有必要的。指出,医院很多管理制度都是局限于每个管理架构里独立产生,近年来随着法律的健全，不同的医院的管理制度基本都一致的。在司法上建立更公正更健全的医疗体系对于医院管理是非常有好处的。提到，法学给医院管理提供框架，医事法学分会是我们讨论依法治院的很好的平台。

对于如何在医院实现法治，杨书记提到，鉴于医护管理人员都是专业人员，医院管理人员应重用法律专业人员。在整个医疗管理体系上，需要有法律背景的医护人员。管理者在制定每一条规定上都应当考虑是否符合规定。在医院里，法律的问题体现在依法执业、依法维权上，包括人事制度、招标制度、采购制度，都要依法进行。在管理过程中，必须具有法律意识，在处理每一件事上都征求专业的意见，这样做更合理、合法。同时指出，依法执业是依法治院的核心问题，其重点主要涉及三方面的内容：医疗技术准入管理，患者安全管理，医疗侵权行为。如何保护医院的权益、患者的权益，杨院长提到，一定要善用法律的武器。

依法治院的困境，要从内部、外部、社会的环境来看。其中民营资本进入医院是一大难题。公立医院具有公立性、非营利性，是政府没有解决的难题，没有解决这个难题，民营资本就无法进医院，也无法发展。假如允许民营资本进入医院，股份如何分是很困难的；新技术应用是另一难题，对此国家没有实质性的规定，卫生行政主管部门没有任何指引。新技术如何做？放开就会乱，一抓就会死。例如干细胞，目前很火，中国干细胞起步很快，有很多高质量研究项目，但没有转成很好的生产力，但韩国、美国都发展得很好；医疗纠纷处理机制也是面临的困难，对于强制责任险，众说纷纭；此外，医疗鉴定也是面临的难题。

杨书记认为，社会思想是进步的，医疗与法律是一家，如何完善法律，同时利用法律对完善医疗管理是需要大家共同努力的。医事法学分会是全国第一家，在宋主委带领下，医事法学分会给医生和法律工作者带来了新的气象。

模拟电视访谈　由广东省医学会医事法学分会副主任赖永洪担任总主持

模拟电视访谈　访谈主题一由广东省医学会医事法学分会媒体信息学组组长、南方电视台主持人梁栋担任主持。访谈主题一：媒体与医院的恩与怨

赖永洪书记担任模拟电视访谈环节主持

中山大学附属第三医院医务科科长姚麟、中山大学附属第二医院医务科副科长杨文作为正方代表，资深媒体人评论员苏少鑫、中山大学传播与设计学院博士陈敏作为反方代表共谈医患纠纷。内容如下：

南方电视台主持人梁栋提到，医患纠纷在很多国家都很严重，但中国尤其突出。很多人认为媒体在医患矛盾激化过程中起到了负面的效应，但实际情况是怎样的呢？

中山大学附属第三医院医务科姚麟科长提到，现在的医疗改革，需要让医院和媒体加强沟通，使彼此的诉求都得到回应。患者的要求通常都很高，但医学是科学，很多超越科学的要求是注定没办法得到满足的。

资深媒体人评论员苏少鑫指出，当前的医患关系中，患者对医生的期待过高了，有点把医生给神化了。认为，从医学来看误诊是无法避免的正常范畴，但患者可能就无法理解了。指出，现在医患之间存在很大的不信任感，这是当前医患关系最大问题。而媒体在这过程中既有正面作用，也有负面作用，但并非医患矛盾的根源所在。指出，媒体报道不专业会受到市场机制的惩罚。

中山大学附属第二医院医务科副科长杨文指出，最近几年，医院尝试与媒体沟通，医院有专门的部门，长期与媒体保持良好的关系，通过媒体客观、中立表现出来。但在个别的时间,医院也会根据实际情况不接受媒体的采访。同时,还出现了媒体记者为了挖料而采取了一些不光明的行为。

姚麟科长进一步指出,媒体记者为了点击率,追求及时性,常常会出现一些忽略事情真相,进行片面报道的情况。

苏少鑫指出,医院有时候抵触媒体,在于医院害怕说实话出去不知道有什么影响,这需要提高医院的媒体素养;而至于标题党问题,新闻是中立的,但标题出来之后一定有立场。在正常的市场形态下,不专业的标题党最后是会被淘汰的。认为,广州媒体的竞争是比较激烈的,做了假新闻,圈内的惩罚机制是非常严厉的,最严格的总监也要被免职的。

中山大学传播与设计学院博士陈敏提到,在医患报道当中,媒体肯定有不专业的案例,如缝肛门等。指出,在新媒体时代,需要注意的是医院如何做好自身传播工作。普遍大众中对医生都是有信任的,如果不信任还看什么病,在这个基础信任之上,医院是否可以通过传播把专业知识传播出去,来加强群众对医院的理解。提出,加强医院的传播,可能比面对不专业的媒体更重要。

姚麟科长提到,他本人已经接受了好几次电视采访。他比较注重对于专业问题的把关。认为,对于发表专业医学的意见,应该由医院把关。指出,媒体不懂医学,记者不能拍了就发,提高媒体的专业性,是医学和媒体自身的要求。

杨文科长指出,她工作的医院与媒体沟通比较好,及时安排进行采访。在纠纷上细节问题,医学是发展中的科学,如果从结果推原因,属于比较科学的。如果就某个问题,让教授做一个答复,也是不科学的。认为由第三方对细节问题作出鉴定或答复会更好。

苏少鑫指出,广州媒体的质素还有提高的空间。这要求医院应该学会如何应用新媒体。指出,媒体与医院是可以相互合作的。医院需要新闻媒体给自己澄清一些问题及原因,媒体需要医院提供新闻素材。

姚麟科长还提到,对于医保和欠费等一些问题,医院是不方便接受采访的。

苏少鑫提到，当发生事情时，医院拒绝媒体采访是不可取的。指出，考虑医院和媒体的关系，是长期的，要建立起可以互相信任的关系。

杨文科长指出，媒体和医院都需要从对方的角度考虑问题：新闻有新闻的需求，报道也是职业要求，只有合法情况下医院才会对社会公布。但媒体也要考虑一下医院，毕竟医学是社会学科。

陈敏博士指出，医护人员应该加强自己传播，但医护人员一般都很忙。这需要医护管理人员的背景有些是医学和法学背景融合，同时有一些可以有医疗和媒体背景相融合做好传播。

梁栋指出，对于医患矛盾，最重要的不是调和矛盾，而是每个人掌握基础医疗知识。

姚麟科长指出，媒体的影响力很大。因此，要更加负责任，要不会使医患关系雪上加霜，给包括患者在内的医院、社会造成很大麻烦。

在电视模拟访谈的最后，嘉宾们针对医患纠纷都发表了一句话的感言。

梁栋主持认为，医患问题在某种程度上是沟通问题，希望医生能有多一些空间，让医生可以与媒体更好沟通。

陈敏博士提出，媒体传播并非让每个医护工作者都去学，而是医院如何做好传播。

苏少鑫指出，医生应该提高自身的媒体素养，增强舆论能力。

姚麟科长指出，媒体在挽救社会灵魂，教人们如何去看待社会方面有很大的作用。媒体有更大的权利和责任去发挥自己的作用。

杨文科长希望，整个社会都回归到公序良俗，希望媒体发出正能量，让社会更加和谐。

主持人赖永洪书记指出，医院和媒体都有维护健康的使命，记者有维护社会健康的责任。应加强医院与媒体的沟通，医生要提高自己的整体素养，媒体应提高自己的专业精神和职业能力，以此实现和谐。

访谈主题二：埃博拉、登革热疫情的情与法

参与本模拟访谈嘉宾有：南方医科大学公共卫生与热带医学学院教授、

广东省流行病学会、广东省热带医学会终身荣誉会长俞守义、南方医科大学公共卫生与热带医学学院流行病学系主任陈清、广州军区空军后勤部卫生防疫队队长高璐璐、南方都市报专栏作家、资深记者袁建彰、广州市作家协会理事、资深媒体人饶原生、广东金桥百信律师事务所高级合伙人王煌。嘉宾们首先针对埃博拉进行了讨论。

模拟电视访谈(一)环节现场

模拟电视访谈(二)

南方医科大学公共卫生与热带医学学院俞守义教授指出,不管是一类传染病,还是二类传染病,只要措施得当,都是可以防治的。20 世纪 60 年代,中国的条件很差,但是由于思想上高度重视,并且采用了较为科学的方法,最终战胜了鼠疫。今天对于埃博拉,同样也是要重视,并采取恰当措施。而对于防控埃博拉是否要限制出入境,俞教授认为要综合考虑政治、经济、法律等各方面的因素,权衡得失再做出结论。但俞教授指出,我们自己的医学技术要足够发达,能够对付埃博拉,才是应对的最好办法。

南方医科大学公共卫生与热带医学学院流行病学系陈清主任认为,当前国内对于埃博拉是非常重视的,采取的措施也是相当严密的:对来自非洲的人员也进行了相关的检验和跟踪措施,并且有专门的部门跟进。对于埃博拉病毒进入国内会影响政权的说法,陈主任认为是一种夸张的说法,不足为信。

广州军区空军后勤部卫生防疫队高璐璐队长指出，军队的防疫从2003年就纳入了整个防疫体系。埃博拉病毒易感染，美国的疾控系统在全球是顶尖的，也出现了利比亚的旅行者把病毒传到美国的情况。在中国，尤其是广州，有大量的非洲务工者，很容易出现埃博拉病毒携带者，但当前对于埃博拉的防疫还是非常严格的，因而不容易出现失控的状况。

广东金桥百信律师事务所高级合伙人王煌律师指出，他不赞成让埃博拉疫情区的客商进入广州。因为根据传染法以及应急法、刑法等对危害公共卫生安全的规定，埃博拉病人很可能对整个公共卫生安全造成极大的安全隐患，政府是有权对其采取相关措施，使其不影响其他民众的生命健康安全的。如果疫情达到一定程度，我们应该采取一定措施限制入境。

南方都市报记者袁建彰表示，当前我国的防控体系是比较完善的，是值得信赖的。但是，对于埃博拉病毒，要完全切断进入中国的途径还是比较麻烦的，我们应该进一步发展医学，找到医治埃博拉的方法，闭关锁国始终不是一个最好的办法。

广州市作家协会理事、资深媒体人饶原生也指出，把国门完全锁死是最万不得已的方法，对于广州这个充满商机的城市来说也是很大的打击。

在讨论完埃博拉问题之后，嘉宾们还针对禽流感问题进行了交流。

俞守义教授指出，H7N9是通过空气传播，埃博拉是通过接触，防范H7N9比埃博拉麻烦得多。

陈清教授指出，目前H7N9传播速度并不是很快，主要是人传人要近距离接触，包括接触带病的活禽才能感染，所以禽流感的感染还是比较少见的。

但对于为了防控禽流感，广州将禁止活鸡交易，采用冰鲜鸡的做法，饶原生提出了异议，他指出，禽流感病毒不仅是有可能存在鸡上，也有可能存在其他禽类上，单纯禁止活鸡没有科学依据，同时也会使广州少了许多美食。这只是单纯为了政府方便管理的做法，并不能够方便市民。

王煌律师指出，采用冰鲜鸡，对美食有影响，但对于人的生命安全是有保障；如果采取这个措施可以抑制疾病发展，那么这种短暂的损失是可以接受的。同时,冰鲜鸡也不是长久手段,只是暂时手段,将来可能有更好方式来解决这个问题。王律师认为政府采用冰鲜鸡的方法不是从味道的角度来考虑的,而是从控制疾病的角度来考虑的。

陈清教授指出,禽流感不仅存在鸡上,凡是禽类都可能携带禽流感病毒。杀鸡不可能从源头上切断禽流感。

袁建彰记者则进一步指出,当前市场有很多防控措施来应对禽流感,只是无人落实。单纯靠杀鸡是不科学的方法。

俞守义教授在总结这个问题时指出,杀鸡是笨办法,是一种不科学的做法;从成本效益来看,也伤害了老百姓的感情。最合理的方法应该是要放在禽流感的预防治疗研究上面。

学术沙龙环节

袁伟伟处长担任学术沙龙环节上半场主持人

学术沙龙环节一

学术沙龙环节二

学术沙龙环节三

程东海副书记担任下半场学术沙龙环节主持人

学术沙龙环节四

学术沙龙环节五

学术沙龙环节六

学术沙龙

第一场学术沙龙：不同角色看医疗损害鉴定的问题及解决之道

参与讨论的嘉宾有广州市司法鉴定管理处副处长姚自斌、广东省医学会医事法学分会常务委员、南方医科大学司法鉴定中心主任王慧君、广东省医学会医事法学分会常务委员、广东省医学会医事法学分会医疗损害鉴定学组组长、中山大学法医鉴定中心教授罗斌、广东省医学会医事法学分会常务委员、广州市中级人民法院民一庭审判长官健、广东省律师协会医疗法律专业委员会委员杨会林、广东省医学会医鉴办副主任李永丰。

广州市司法鉴定管理处姚自斌副处长是这场沙龙的主持。他简单介绍了当前广州市医疗损害鉴定的一些情况。2014年，广州市三大医疗损害鉴定机构——中山大学法医鉴定中心、南方医科大学法医鉴定中心和恒鑫鉴定所——一共收到医疗损害鉴定案822件，受理了296件，未处理111件，退案435件，发出报告270件。姚处长摘引了11月广东纪检信息中发表的《反映基层司法鉴定机构不规范经营有损司法权威》一文，指出当前医疗损害鉴定机构存在选择医疗案件的情况，并且鉴定时间超长，至少半年以上，很多案件都超过一年；与此同时，佛山中院和基层法院还出现了因为中山大学法医鉴定中心收案已经饱和，暂停该鉴定中心6个月参与法院摇珠的权利。

广东省医学会医事法学分会常务委员、南方医科大学司法鉴定中心王慧君主任指出，当前存在医疗鉴定案件多，鉴定机构不能满足鉴定需求的问题。她分析了导致这个问题的三点主要原因：一是与国家政策有关，之前医疗体制改革有市场化倾向，医疗保险并非全民保险，医疗服务被当成一种商品来看待，这很大程度上造成了医疗投诉问题居高不下，而医疗投诉问题的增多也带动了医疗鉴定案件的增多；二是与当前的社会风气有关，随着社会的发展，人们的权利意识高了，维护自身权益的挂念也得到很大的增强，同时还有另外一部分人道德败坏，为了利益无所不用其极；三是与医疗鉴定本身有关，医疗鉴定是高强度的技术活，要得出高品质的鉴定报告需要花很多时间，同时为了保证质量，每次医疗损害鉴定需要邀请5位到7位专家来鉴定，而要凑齐临床专家也是一个很耗费时间的事情。王主任还指出，医疗鉴定需要临床专家的参与。当前《侵权责任法》存在对医方过度要求的情况，这也不利于整个医患关系的和谐发展的。

中山大学法医鉴定中心主任罗斌从鉴定中心的角度出发，分析了当前医疗鉴定存在的困难：一是鉴定难，这主要是因为医疗鉴定的案件在这几年急剧增多，而相关的配套措施却没有跟进。如中山大学鉴定中心这么多年来，一直都只有8个工作人员。同时，医疗鉴定是很复杂的工作，一个流程需要耗费大量的人力物力，这也造成了鉴定时间长。二是鉴定需要非常小心谨慎，为医患双方负责，而鉴定有时候会因为资料的局限性而造成一系列后续问题，这同样需要时间来进行鉴别，但鉴定又有一定的时间期限，在速度和准确性之间，需要一个更好的平衡。三是当前社会普遍存在的信任问题。

广州市中级人民法院民一庭审判长官健主要从法官的角色出发，他指出三个方面的问题：一是广州医学会虽然是今年10月才重新参与医疗鉴定，但之前有着丰富的经验，应该积极发挥起作用，减轻其他鉴定机构的鉴定压力；二是医疗鉴定机构在退单时要书面写明具体原因，不能因为怕承担责任而退单；三是医疗鉴定需要专业的鉴定专家，但法医应该参与到医疗鉴定过程中。

广东省律师协会医疗法律专业委员会委员杨会林从律师的角度出发，他指出医疗损害鉴定的发展是向前的，卓有成效的，但可以从下面三个方面着手改善：一是要打断垄断，保持公平性；二是要突破自己人给自己人做鉴定的怪圈，这样可以提高医疗损害鉴定的权威性和可信度；三是医疗损害鉴定在程序上要更加规范。

广东省医学会医鉴办副主任李永丰指出，广东省医学会开展鉴定时间不长，但是业务量却有大量增长的趋势；同时，法院对医疗鉴定的要求过高，总希望在极短时间内取得结果，但很多鉴定专家都是医生，主要工作在医院上，时间协调是个大问题。李主任还指出了当前医患沟通不顺畅是导致大量医疗纠纷的一个重要原因；同时，他还提议法院对于不太复杂的案件，可以邀请专家陪审团来审理。

姚处长在总结各位嘉宾对这个沙龙主题的发言时提出了五个观点：(1)医学会要参与到医疗鉴定中来，一方面可以发挥医学会的作用，让医学会承担更多社会责任；另一方面也可以减轻当前鉴定压力；(2)法院对于当前积压过多的医疗鉴定案件有一定的关系，因为法院认可的医疗鉴定机构只有三家，这远远满足不了鉴定需求；(3)加强医疗损害鉴定的系统研究，加强完善相关规则规范；当前医疗损害司法鉴定一般是两个鉴定人，相对来说太少了;(4)对司法鉴定,争议性问题,投诉问题,鉴定机构作出鉴定意见,由法院通知鉴定人出庭,解决问题;(5)打击医闹,也要打击鉴闹。在这方面可以借鉴上海的做法。

王慧君主任在这个沙龙的最后还提出,针对当前的情况,可以适当增加鉴定机构,消化一些比较容易鉴定的案件,缓解鉴定机构少的问题,同时她希望建立完善的医学体制、完善的医疗鉴定体制。

第二场学术沙龙:医事法学在临床运用中的实践及肿瘤诊疗领域的法律热点问题探讨

参与嘉宾有广东省人民医院重症医学科主任、广东省老年医学研究所所长覃铁和、肇庆市第二人民医院肿瘤综合科主任蒋剑宵、中山大学附属肿瘤医院结直肠科主任李力人、广东省律师协会医疗法律专业委员会副主任葛志坚。

广东省人民医院重症医学科主任、广东省老年医学研究所所长覃铁和担任本场沙龙的主持人。

中山大学附属肿瘤医院结直肠科主任李力人针对这场沙龙的主题指出,在广东病人对医生相对比较尊重,并且,肿瘤问题的医疗事故案件也相对也比较少;但如果出现问题,要进行举证倒置是非常困难的。他认为要进行举证倒置就是当前医事法学在临床运用中的实践及肿瘤诊疗领域的一个大问题。针对这个问题,他提出,作为一个临床医生,在给病人治疗方案的时候一定要做病理检查,同时遵循医疗规程,这是当前医生应对举证倒置的一个非常必要的措施。此外,李主任还提到,由于医学存在太多的未知因素和不确定性,确诊一个病症是非常容易,但要排除原因则是非常难的。实行举证倒置在某种程度上会造成医生过分保护自己而最终损害病人的利益,因而,医患双方必须尽快建立互信才能实现双赢。

广东省律师协会医疗法律专业委员会副主任葛志坚指出,医事法学的研究发展,对于有效预防医疗纠纷有很好的作用。他认为,由于患者在接受治疗的时候会涉及知情权、选择权的问题,因而医生应当把手术的风险告知患者,同时还要告知患者相关的替代方案,由患者作出选择;在一定的情况下,由于患者医疗专业知识的不足,医生还具有一定的裁量权,这是受法律保护的。同时,由于涉及举证倒置问题,葛律师指出,临床医生一定要给病人做病理检查,这是医生的义务,也是医生维护自己权益所要遵循的。葛律师还进一步指出,在紧急情况下,医生采取相关必要的医疗措施在法律上是免责的;而在非紧急情况下,如果尽到了告知的义务,那么也是免责的。

广东省人民医院重症医学科主任覃铁力指出,医疗纠纷是非常麻烦的事情,解决好对医患双方都有好处。在肿瘤诊治领域,举证倒置在某种程度上会带来副作用,导致病人得不到及时的救治,这是我们需要思考及改进的。

肇庆市第二人民医院肿瘤综合科主任蒋剑宵指出,临床医生要非常遵守医疗规程。因为如果进行举证,有没有按照医疗规程是非常重要的一个评判标准。他强调,对病人进行病理分析从医学上来讲也是非常必要的。

袁伟伟处长在总结这个沙龙也指出,非常赞同在现行环境下严格遵守医疗规则,只有这样子才能立于不败之地。如果有可能拿到病理的情况下,那么要等到拿到病理再做进一步的治疗;但如果很困难获得病理而情况有很紧急,才考虑选择直接治疗。

第三场学术沙龙:移动医疗发展及相关法律问题

参与嘉宾有广州医科大学附属第四医院院长杨毅、广东省医学会医事法学分会副主任委员、广东省卫生和计划生育委员会副处长田柯、广东省医学会医事法学分会医疗风险防控学组副组长、广东省第二人民医院医务科科长陈伟、金域检验中心法律事务部主任余欣茵、广东法圣律师事务所律师余怀生、广东省网络医院主任张胜明、广东省第二人民医院医务科科员刘玉莹。

广东省卫生和计划生育委员会副处长田柯是这场沙龙的主持人。他提出移动医疗作为较为前沿的话题，深受市场的青睐，但它存在的问题同样值得思考。

金域检验中心法律事务部主任余欣茵首先介绍了移动医疗的背景、互联网医疗以及远程医疗的相关概念。她指出移动医疗有很好前景的三个主要原因：(1)人口老龄化；(2)互联网技术快速发展；(3)医疗资源配置不合理。在中国，医疗资源集中在东部和城市，中国西部和农村医疗资源是非常贫乏的。她提到，由于移动医疗的广泛发展前景，全球性的移动医疗投资热潮正在兴起。这会对原有的法律关系产生冲击，并形成新的法律关系，因此有关法律制度应该跟上。同时，余主任还建议中国移动医疗的发展可以借鉴外国的先进经验，以完善移动医疗的管理。

广东省网络医院主任张胜明提到，目前主要是通过把设备投放到品牌连锁药店，群众自己把检测到的血糖、血压等数据传送给医生，然后医生通过网络开药，群众直接去药店拿药的方法来实践网络医院。而在将来，各级医生都可以通过网络来给群众看病；并且，这个平台也将可以为医生提供继续教育。张主任指出，由于广东省网络医院是全国第一家网络医院，相关的法律制度并不完善，有些要求标准存在模糊的地方，存在不小的法律风险，这是发展网络医院急需解决的问题。

广东法圣律师事务所余怀生律师主要指出当前移动医疗的发展存在的一些问题隐患：首先，涉及网络主体的问题，由于非医疗机构不能开展远程医疗服务，远程医疗服务的主体只能是医疗机构；其次，远程医疗还要考虑到在实践中优质资源应该如何调配才更加合理；再次，远程医疗对于电子病历的管理如何才能实现规范化，因为这也涉及出现医疗纠纷如何认定证据的问题；最后，移动医疗还涉及医生职业自由化问题。这些都需要相关的法律规定来完善，这也是移动医疗进一步发展的必然要求。

广东省第二人民医院医务科科员刘玉莹指出确保移动医疗发展的两个关键措施：一是加强相关人员的培训，进行定期比对，提高相关人员的质量。由于络医疗与实体医疗不一样，需要明确诊疗范围，人员准入制度、人员培训制度等都需要更加严格把关,对医护人员要求更高。二是从信息公开的角度保护患者信息权、隐私权;要通过加强规范管理,保障医患双方的沟通,保护相关的电子病历的信息的准确性和不被随意泄露。同时,对于服务合同的问题,实体医院是服务合同,网络医疗则应该考虑是否要有两个服务合同?

广东省第二人民医院医务科科长陈伟指出,由于法律没有明确规定,移动医疗的发展在一定程度上受到了限制。但是,移动医疗是未来发展的一个趋势,其前景是非常光明的。

广州医科大学附属第四医院杨毅院长指出,一方面,移动医疗会给患者,尤其是一些偏远地区的患者带来极大的好处;另一方面,当前的移动医疗还不成熟,许多相关问题如监管问题,发生纠纷后的证据问题都没有很好的解决,会有隐患。但是,移动医疗的发展应该是一个大的趋势,是应市场需求出现并逐步发展的,我们应该努力通过相关法律、行规加以规范,为患者提供更好的服务。

第四场学术沙龙:政策法规下的抗生素现状与发展

参与嘉宾有:中山大学附属第一医院耳鼻喉科主任陈合新、中山大学附属第三医院感染科主任邓子德、南方医科大学附属南方医院感染科主任孙树梅、广州军区医院总院儿科主任许蔓春、广东省律师协会医疗法律专业委员会副主任范秀玲。

中山大学附属第一医院耳鼻喉科主任陈合新是这场沙龙的主持人。他指出,当前我国滥用抗生素主要表现在两个方面:一是营销额比较大;二是使用范围比较广。

中山大学附属第三医院感染科主任邓子德指出,由于门诊接待患者的量大,比较容易出现感染,尤其是上呼吸道感染。而当出现上呼吸道感染时一般会使用抗生素进行消炎,把抗生素等同消炎药广泛使用是抗生素被滥用的一个重要因素。但邓主任指出,不必要地情况下过早使用抗生素不仅没有疗效,浪费药物,让病人承担副作用,还有可能由于呼吸道的细菌不断接触抗生素而有耐药性。与此同时,邓主任还分析了 ICU 病房的抗生素使用。他认为,这是一把“双刃剑”。一方面,使用得好,那么可能对病人有很好的作用;另一方面,使用的不好,又可能在加重病人的各种负担。但由于 ICU 病人经历了多种治疗,在病房感染比较复杂,所以很容易就会出现差错,当然,这是科学允许的范围之内的。

南方医科大学附属南方医院感染科主任孙树梅指出,关于门诊抗生素滥用的问题应该分成两个方面来分析:在大医院,抗生素的使用是比较严格的;在小医院,则确实存在滥用抗生素的现象。同时,孙主任认为,当前抗生素被滥用的一个重要原因还在于抗生素的混乱管理,药店随便就可以卖抗生素。不仅如此,农业大学研究查出动物的基因存在抗生素与人类是一样的,所以动物滥用抗生素也会导致人类摄入抗生素。孙主任还指出,当前儿童的专用药非常少,很容易出现超规范用药的现象,因此要更加慎重。在外科手术中,国家规定抗生素的使用要控制在 30% ,但一旦发生了感染,抗生素的使用量将会非常大,这是目前实践中所遇到的困难,对整个行业的发展也会有一定的限制。

广州军区医院总院儿科主任许蔓春也指出,获得抗生素比较容易是导致抗生素滥用的一个重要原因,政府管理层面应该通过综合治理,限制抗生素用药。他还指出,由于医院在评定过程中,抗生素是一个重要的指标,因而这方面在大医院做得比较好。同时,随着人们医学常识的提高,对于抗生素的使用也越来越趋向于理性。许主任还指出,当前儿童用成人药的现象比较普遍,但对此法律并没有相关的规定,这是需要进一步明确的。

广东省律师协会医疗法律专业委员会副主任范秀玲指出,当前抗生素的使用问题在三甲医院比较好,但在基层医院则普遍存在滥用的问题。抗生素要通过科学管理来实现科学使用,这不仅需要国家政府,同时也需要医生、药品生产、管理、养殖业管理等多方面的共同努力。

第五场学术沙龙:临床专家参与医疗纠纷诉讼必要性与可能性

参与本议题讨论的嘉宾有:广州市中级人民法院民一庭副庭长邓娟闰、

广州市中级人民法院民一庭法官魏巍、广东永航律师事务所律师李立凯、广州市第一人民医院心内科主任罗义、广东省医学会医鉴办副主任李永丰、广东省医学会医事法学分会常务委员、广东省高级人民法院司法委托管理办公室副主任郭柏林。

广州市中级人民法院民一庭副庭长邓娟闰是这场沙龙的主持。她指出,要公正高效地解决医疗纠纷,就必须对争议的医疗行为作出法律上的评判。这种评判需要运用法律的方法,但也必须尊重医学的规律和特点,尊重医学的专业判断。临床专家就是医学上最好的专业判断。陪审团则以非专业行业参与,我国有陪审制度,医生完全可以参与诉讼。但是医生参与诉讼,与法官地位一样。至于咨询途径,属于非正式途径,我国暂时还没有这一程序。

广州市中级人民法院民一庭魏巍法官认为,在医疗纠纷审判的时候,法官非常需要临床专家所提供的医学上的知识。对于临床专家参与诉讼的途径,当前世界主要有两种形式:一是在英美法系国家以专家证人的身份参与诉讼;二是在大陆法系国家以鉴定人的身份参与诉讼。但这两种制度在运行中或多或少存在一些自身无法克服的弊端。我国医疗纠纷的诉讼实践中,临床专家参与诉讼的途径主要有以下三种:一是鉴定人;二是专家辅助人;三是诉讼代理人,诉讼代理人这种形式实际上是在打专家辅助人制度的擦边球。这三种途径,也并不能完全满足医患双方和主审法官的需要。魏法官指出,可以通过设立咨询程序的办法。在咨询程序中,法官会隐去案件当事人信息,仅作纯医学的咨询,完全可以保障咨询程序的中立性。有了这个程序,法官就有了专业智库,方便加深对涉案医学问题的理解,也有利于增强法官审理医疗纠纷案件的信心,有利于法官遵从医学科学及临床规律并作出客观公正的判决。当然,这种程序的设立,还需要解决于临床专家参与热情的问题。

广州市第一人民医院心内科主任罗义主要谈了三个方面的内容:(1)临床专家参与诉讼是必需的,因为医疗事故本来就是临床专家的专业领域之内;(2)建立医疗事故陪审团投票制度,由法官来评判,这样可以更加公平、合理。这个陪审团应该由临床专家分四级学科来谈;(3)可以建立一个临床专家库。在这个专家库里面,主力应该是60岁以上退休的医生,因为他们有大量临床经验,也有时间,比一般年轻医生都有大量阅历。同时,应该给年轻的医生更多机会,不要因为有小的错误而一棒子打死。

广东永航律师事务所李立凯律师指出,现在医疗损害鉴定是非常规范的,主要有两种形式:一是开会形式;二是收集资料,鉴定人不出庭不开会,直接发出鉴定结论的形式。相对而言,开会的形式更加规范。此外,李律师呼吁更多临床专家参与到医疗损害鉴定中。

广东省医学会医鉴办的李永丰副主任指出,临床专家参与医疗纠纷诉讼有三个好处:(1)临床专家参与诉讼符合同行评价原则;(2)同行专家作出评价,无论是对于当事人还是社会更加有公信力;(3)对鉴定机构而言,一些不复杂的案件专家通过参与诉讼可以减轻鉴定的压力。关于专家参与医疗诉讼的途径,李主任提出可以建立一个专家库,但这要首先解决专家参与诉讼的人身和费用等方面的保障。李主任还赞同临床专家以陪审员方式参与诉讼的方式。

广东省高级人民法院司法委托管理办公室郭柏林副主任认为,医学有一个发展的过程,是特殊行业。而医疗鉴定制度的完善也需要科学有序的逐步推进。譬如,如何推动医学专家担任陪审员就涉及很多有技术含量的问题,要鼓励临床专家进法院、医疗损害鉴定机构。

第六场学术沙龙:医事纠纷第三方调解的利与弊

参与本议题讨论的嘉宾有:广东省卫计委党组原副书记兼巡视员、广东省卫生系统思想政治研究会常务副会长亓玉台、广东省律师协会医疗法律专业委员会秘书、广东岭南律师事务所律师程虎、广东省律师协会医疗法律专业委员会副主任严凡、广东省律师协会医疗法律专业委员会委员庹明生、佛山顺德区医学会医鉴办主任欧阳荣超。

广东岭南律师事务所律师程虎主持了这个沙龙。他提出医疗纠纷已经成为医生行业当中不可回避的话题，第三方调解现在也是解决医疗纠纷非常重要的途径，但利弊之争由来已久，莫衷一是。

广东省律师协会医疗法律专业委员会副主任严凡介绍到，第三方调解机制指的是医疗纠纷发生后在第三方调解下，签署调解协议。第三方调解机制由双方自愿、没有固定程序、调解书不具有强制执行效力等特征，它主要有人民调解、行政、诉讼三种模式。诉讼模式，需要支付诉讼费、鉴定费、律师费等费用，成本比较高，但比较受到大家认可，公正性强；同时由于是司法机关，有强制性，能够得到较好的执行，但由于法官不一定具备相应的医学知识，在专业方面会有所欠缺；行政模式基本没有成本，专业性也毋庸置疑，但公正性不足。人民调解模式是当前比较流行的调解方式，这些调解机构有的是营利性的，有些是非营利性的。医调委是人民调解方式的一种，它一般会建立医学专家和律师两个专家库，其专业性是有保障的。但医调委并不具备法律强制力。严主任指出，可以像深圳一样成立医疗仲裁机构来解决医疗纠纷。同时，他对于医疗纠纷的第三方机制还提出了四点注意的内容：(1)关于成本问题，是患者关注的环节；(2)专业性方面的问题，例如法官是否懂医学；(3)这个机构或者组织是否公正；(4)调解后，文书是否具有法律效力和执行力。

广东省律师协会医疗法律专业委员会委员庹明生律师指出，成立医调委，通过政府出钱聘请律师来进行调解医疗纠纷的做法受到许多医院的支持。深圳的医疗仲裁院发展也很好，它主要好处是不收费，同时患者可以在专家库里面挑选仲裁员。但是仲裁员，尤其是首席仲裁员基本上都是法律专家，这会出现医学专业知识不足的情况。因此，庹律师提出要加强对仲裁员的培养，提高仲裁员的素质，依法仲裁。同时，他还提出民间组织要在调解机构组织方面发挥更大的力量的建议。

佛山顺德区医学会医鉴办欧阳荣超主任指出，对比三种调解方式，行政调解还是比较好的，而诉讼调解则由于其成本问题比较少人选择。人民调解尤其是医调委的出现，对于处理医疗纠纷有很多好处：(1)有第三方的介入，对医患双方的冲突进行缓冲，有积极作用；（2）调解处理过程、时效性比较及时，比起诉讼效率更高；（3）目前医疗事故处理条例主要是三种解决方法，增加一个办法，具有积极作用；（4）目前医调委的组成主要是司法、维稳办等组成，对医患双方有一定震慑力。同时，欧阳主任还指出了医调委面临的五个难题：（1）医调委的定位不太明晰，各个地方都不同。医调委独立于医院，独立于行政管理部门，现在又牵涉政府部门主导的，与初衷不一样，值得商榷；（2）《医疗事故处理条例》规定了三种途径，增加第四种途径，对于医院来讲，是否增加医院不按照医疗事故处理条例处理；（3）医调委在有些地方是有机构的、编制的，但在有些地方则是随便拼凑的，这样能否长期运行；（4）这个医调委能否真正具有独立性和权威性。医调委的专家库都是当地的专家，很容易被质疑公正性；（5）医调委的赔付标准要如何计算也是值得思考的问题；按照目前1万元以上就要经过医调委调解的标准来看，案例会很多，医调委人手是否应付过来。并且，现在很多医院购买责任险，医调委的调解结果是否会被保险公司认可。

广东省卫计委党组原副书记兼巡视员、广东省卫生系统思想政治研究会常务副会长亓玉台书记主要指出了医疗纠纷第三方调解需要注意的三点内容：（1）调解机构的设置，离不开调解对象的准确把握，调解对象太特殊，我们设置调解机构时应该要充分考虑对象的特殊性；（2）调解的素质决定调解的效果，利弊有很多，总结来说就是人才问题，按照社会需要最好是有医学、法律、保险背景的复合人才；（3）提高执行效力是急需要解决的问题，调解协议是民间具有合同性的，不具有法律上的强制力，因此需要怎么去解决这个问题很重要。

专题培训　省医学会医事法学分会副主任委员王绍强主持，专家们分别作了主题报告：

专题培训

王绍强副秘书长担任主持

刘秋生处长作专题培训

罗斌教授作专题培训

李林主任作专题培训

程宇星处长作专题培训

汪锦宏科长作专题培训

黄伟青科长作专题培训

于宏主任科员作专题培训

会议合影

中山大学附属第一医院质量管理评价处处长刘秋生：医疗风险和防控对策，专题报告包括“医疗风险概论”与“医疗风险管理与防控”两大部分。

在“医疗风险概论”部分，首先给“风险”作了一个定义：“在特定环境下、特定时段内，人们所期望达到的目标与实际出现的结果之间产生的差距称之为风险。”它包括“自然属性”、“社会属性”和“经济属性”三种不同属性。而“医疗风险”，则是“由医疗行为造成的医疗目的之外的风险事件，是医患双方都不愿意发生的不良事件”。它主要包括医疗意外、并发症、医疗事故、医疗差错等以及由上述因素导致的医疗纠纷、诉讼等。医疗风险具有普遍性、客观性、损失性、不确定性和社会性，其形成因素既有自然因素，也有社会因素；自然因素一般难以控制，而社会因素则可控或创造条件可控。

接着，刘处长介绍可以导致医疗风险的四个主要原因：医疗技术、社会、心理、法律。医疗技术风险主要是患者的病情特殊、个体差异、过敏、药物毒副作用、医疗意外、操作损害、并发症、误诊误治、医疗过失等导致的。由于卫生保健是一个复杂系统，这也增加了医疗出错的机会。医疗的法律风险大致上都体现在我国现行法律的相关规定中：（一）《刑法》第335条（医疗事故罪）、第336条（非法行医罪）；（二）《民法通则》第106条、第119条等相关人身损害民事责任条款；（三）《侵权责任法》第58条患者有损害，因下列情形之一的，推定医疗机构有过错：1. 违反法律、行政法规、规章以及其他有关诊疗规范的规定；2. 隐匿或者拒绝提供与纠纷有关的病历资料；3. 伪造、篡改或者销毁病历资料。在医疗领域实行过错推定原则——只要患者受到损害，医疗机构就可能承担责任——可直接推定医疗机构有过错。医疗的社会风险是多方面的，主要包括人口老龄化和社会疾病谱改变、社会对医疗保障的投入、社会对卫生服务的期望以及社会舆论对医疗的导向等。对于人口老龄化和社会疾病谱改变，刘处长主要列举了肺癌的例子，指出肺癌已成为我国首位恶性肿瘤死亡原因，且发病率和死亡率仍在继续迅速上升。过去30年内，我国肺癌和乳腺癌死亡率分别分别上升了465%和96%。预计到2025年，我国肺癌病人将达到100万例，成为世界第一肺癌大国。而对于社会对医疗保障的投入，刘处长指出，我国用世界卫生资源的2%，医治世界22%的人口，投入是极其不够的。但与此同时，社会对卫生服务的期望却是极其高的，这在无形中加重了医护人员的压力，使医疗纠纷也处于急剧增长的状态。刘处长指出，这是一种正常的现象，但认识医疗风险、及时防范风险、正确处理风险、有效化解危机，是医院管理者和医务人员必备的能力。

第二部分是“医疗风险管理与防控”。所谓的“风险管理”，指的是“面临风险进行风险识别、风险估测、风险评价、风险控制并妥善处理风险所致损失，期望达到以最小的成本获得最大安全保障的一项管理活动”。在我国，风险管理的发展比较晚，对于现代风险管理的研究则始于20世纪80年代。2006年6月6日，国务院国有资产监督管理委员会发布的《中央企业全面风险管理指引》是中国第一个全面风险管理指导性文件，标志着中国掀开了风险管理历史上新的一页。中国医院对风险管理的研究和实践更晚。1996年，同济医科大学卢祖洵教授和湖北省医学科学院程峰研究员在国内首先发表了《风险管理方法及其在医院管理工作中的应用》论文。2007年在北京举行了一次国际医院交流与合作论坛，认识到医疗不良事件频发已成为世界性的问题进行探讨，各国为此付出巨额代价。中国医院协会原会长曹荣桂建议“我国的医院要不断强化风险管理，切实保障患者安全。”2012年2月，卫生部制定了《突发事件公共卫生风险评估管理办法》，要求各级卫生行政部门建立健全突发事件公共卫生风险评估工作制度和风险评估机制，其他医疗机构依据职责开展相应的风险评估，包括日常风险评估和专题风险评估，并根据风险评估结果，做好风险沟通、预警发布、风险控制等风险管理工作。

目前，国内医院风险管理的能力与发达国家相比差距较大，大多数医院管理者忽视医院风险管理，主要表现在：在日常管理工作中，只重视效率和效益，缺乏风险意识；在医院经营过程中，只强调发展，盲目追求规模和效益，不注重和考虑增长的风险；组织结构不健全，医院未成立风险管理组织，也没有建立风险预案；当风险来临时，医院反应缓慢，应急措施不当。对此，刘处长指出,医院风险管控关键环节是在辨识风险的基础上,建立解决问题的系统模型,对风险因素的影响进行定量分析,并估算各种风险的发生概率及其可能导致的损失大小,从而找到该项目的关键风险,为重点处置这些风险提供科学依据。这主要可以分为五个阶段:(1)风险识别:医疗风险的识别是医疗风险管理的首要环节,只有在全面了解各种风险的基础上,才能够预测风险可能造成的危害,从而选择防范和处理风险的有效手段。风险识别是确定何种风险可能会对组织产生影响,最重要的是要量化不确定性的程度和每个风险可能造成损失的程度。医院风险识别的过程实际上是将不确定性转变为明确的风险陈述。(2)风险分析:风险分析是将风险陈述转变为按风险影响来评价各种风险要素的过程,包括确定风险的驱动因素、分析风险来源、预测风险影响等。对风险按照风险影响进行排序,对级别高的风险优先处理。(3)风险计划:风险计划是将可能发生的影响较大、级别较高的风险转变为影响较小、级别较低的风险的应对计划。包括制定风险应对策略、风险处理步骤等。(4)风险跟踪:风险跟踪包括跟踪风险状态,以及发出通知、启动风险应对行动。(5)风险应对:风险应对是执行风险行动计划,以求将风险降至可接受程度的过程。常用的医院风险的处理方法有规避风险、预防风险、自留风险和转移风险等。刘处长还借鉴了国外的先进经验,指出医疗防控要有三要素,组织架构、防控方案、实施评价;医疗风险有技术风险,法律风险,舆论风险。医院管理需要有三部曲培训:普通准入培训;特殊准入培训从医德、理论、思维、技能操作等方面自律:所有医疗活动中的自律;关于医德方面的自律包括思想、责任、言语、行为等。最后,刘处长认为,医务人员防控医疗风险的要点在于强烈的责任心、丰富的医学知识、过硬的基本功以及良好的沟通。

中山大学法医鉴定中心教授罗斌:司法鉴定的现状和发展趋势

报告分成"法医领域司法鉴定工作现状"以及"法医领域司法鉴定发展趋势"两部分。

在法医领域司法鉴定工作现状部分,罗主任指出:近年来,随着国民经济实力快速增长,人们法律维权意识逐渐提高,对司法鉴定的技术及服务水平也提出更高要求,司法鉴定逐渐成为社会关注的热点。对于法医领域司法鉴定工作现状,罗主任分为:司法鉴定统一管理体制、司法鉴定管理组织机构队伍建设、司法鉴定工作规范化法制化、司法鉴定事业不断发展四个部分进行介绍。在司法鉴定统一管理体制部分,罗主任指出,自2004年年底中共中央转发的《中央司法体制改革领导小组关于司法体制和工作机制改革的初步意见》以及2005年2月28日全国人民代表大会常务委员会审议通过《关于司法鉴定管理问题的决定》以来,司法鉴定管理工作全面加强,体制改革稳步推进,制度规范不断完善,司法鉴定统一管理体制基本形成,司法鉴定工作逐步纳入规范化、法制化、科学化的发展轨道。罗主任认为,当前司法鉴定统一管理体制基本形成主要体现在以下三点:一是法医、物证、声像资料三大类司法鉴定管理体制已经建立;二是侦查机关和军队所属司法鉴定机构纳入了统一管理体制;三是组织实施了国家级司法鉴定机构的遴选和建设工作。在司法鉴定管理组织机构队伍建设部分,罗主任指出,2006年,司法部经中编办批准成立了司法鉴定管理局,落实了人员编制,明确了监督管理司法鉴定的工作职能。全国31个省、自治区和直辖市的司法厅(局)都建立了司法鉴定管理局(处),237个地(市)的司法局相继设立司法鉴定管理科室,配备了司法鉴定专职管理干部1124人。如今,已有28个省、自治区和直辖市成立了省级司法鉴定行业协会,120多个地(市)成立了地方司法鉴定行业协会。对于司法鉴定工作逐步纳入规范化、法制化、科学化,罗主任认为主要体现在以下三方面:一是加强《决定》配套规章制度建设;二是建立健全司法鉴定工作机制;三是加强司法鉴定立法工作。而司法鉴定事业不断取得发展部分,罗主任认为主要体现在:一是司法鉴定行业已初具规模;二是司法鉴定队伍结构日趋合理;三是司法鉴定能力水平明显提升。

罗主任介绍了法医领域司法鉴定发展趋势。他指出,必须站在新的历史起点上,进一步统一思想认识,切实把司法鉴定工作放在党和国家全局中,放在司法行政工作大局中去,深入思考、科学谋划,扎实推进。对于如何推进司法鉴定工作的改革发展，罗主任提出了以下建议：(1)依法履行司法鉴定管理职能；(2)厘清关系，保障鉴定人依法独立执业；(3)坚持服务大局，稳步拓宽应用领域。对于如何健全司法鉴定统一管理的工作机制，罗主任也给出了自己的看法：(1)规范和激励鉴定人出庭质证；(2)加强司法鉴定队伍建设；(3)提高司法鉴定工作规范化水平。同时，罗主任还提出了加强司法鉴定质量管理质量的对策：(1)全面推进司法鉴定机构认证认可和能力验证以建立并有效运行质量管理体系为重点，督促司法鉴定机构持续改进，切实加强质量建设；(2)大力推进标准化工作，健全完善国家标准、行业标准和技术性文件相衔接的司法鉴定技术标准体系搭建全行业的标准化工作平台，加强司法鉴定国家标准和行业标准的制定工作，尽快颁布实施《人体损伤致残程度鉴定标准》；有条件的地方要积极组织制定地方标准，为国家标准和行业标准做好技术储备；(3)大力加强科技建设。随着司法活动日益复杂化，司法鉴定行业科技基础薄弱、支撑不足的问题日益突出。罗主任还指出，要加强司法鉴定投诉处理工作。他分析了司法鉴定投诉的新特点：(1)重复投诉、缠访闹访、越级上访问题突出，有的甚至出于个人目的串联组织集体访、联名访；(2)无效投诉比例大。2013年，超过1/3的投诉属于无效投诉；(3)投诉内容、诉求日趋复杂，实体问题与程序问题、鉴定问题与诉讼问题相交织，处理难度大同时，涉及司法鉴定工作的行政复议、行政应诉案件也增长迅速。同时，罗主任提出了应对的三点建议：(1)提高工作质量，严格工作程序，严格时限规定，不断提投诉处理工作规范化水平；(2)加强执业监管，规范执业活动，实现源头治理；(3)注意总结经验、吸取教训。通过剖析投诉案件，深入分析存在的问题和产生的原因，要吃一堑长一智，针对普遍存在的问题，及时完善相关制度，堵塞管理漏洞。

广州医科大学附属第二医院医务处处长李林：医疗服务中的相关法律法规及其应用。报告主要包括医患关系现状和医疗纠纷反思两部分。

医患关系现状。她指出，当前医患关系极为紧张，医疗纠纷非常多。但医疗纠纷并不等于医闹，所谓医疗纠纷，是指医患双方当事人之间因医疗机构及其医务人员在医疗过程中实施的医疗、预防、保健等执业行为而引发的争议;而医闹以医疗纠纷为借口,通过干扰医院的正常工作秩序,贬损医院的声誉等非法手段迫使医院答应其不合理要求的行为。

在"医疗纠纷及反思"部分,分析了造成医疗纠纷日益严重的原因:患方维权意识和维权技能的增强,国家立法对医疗执业规范性要求的提高,国家立法对医疗民事责任的增加,国家公权机关对医疗机构权益保护措施的不利,医疗机构和从业人员维权意识与技能的缺乏,医疗执业活动本身过错的易发特点。同时,李主任还分析了医疗过失行为的原因:医务人员业务能力欠佳;医务人员不认真执行规章制度;医院管理缺失;医务人员的工作心态不佳;医院内部团队合作意识差;医务人员的法制观念淡漠等。据此,提出了三点建议:(1)加强内部监管:完善制度,狠抓落实;(2)健全外部监管长效机制:同行评价、医院排名、行业协会、媒体和社会监督;管理一旦松懈,医疗隐患难免;(3)学法懂法坚决依法行医,杜绝无证行医行为;严守各级法律、法令、法规;严格执行诊疗和护理常规;认真落实医疗管理的核心制度。

广州中医药大学属第一附医院医务处处长程宇星:依法处理医患纠纷,保障医患双方权益

报告分成"什么是医患纠纷""医患纠纷频发产生缘由""我们应该怎么做"三部分。

介绍了医患纠纷的定义。所谓的医患纠纷,是指医方(医疗机构)与患方(患者或者患者近亲属)之间产生的纠纷;它包括基于医疗过错争议产生的医疗纠纷,也包括与医疗过错无关的其他医患纠纷(如欠付医疗费的纠纷、对疗效不满等)。

对于医患纠纷频发的状况,首先分析了背景:(一)人们维权意识增强、价值观念改变及失实的媒体声音;(二)医疗市场格局改变、国家财政对医院扶持减少及现行医疗保障体制的影响。而对于医疗纠纷产生的原因,程处长认为有:(1)患者对医疗的期望值过高;(2)对医疗行业的特殊性和高风险性缺乏了解;(3)社会的诚信度下降,患者对医生不相信、不认可;(4)新闻媒体的过多宣传炒作;(5)少数患者为逃避医疗费用或索取赔偿而无理取闹;(6)医务人员法律意识淡薄,缺乏自我保护意识;(7)医患沟通不够,对患者心理需求关注不够;(8)业务质量问题:责任心不强、违反临床医疗规范、医技业务不过硬;(9)医院管理问题:核心制度落实不到位,医疗单位、医生、医护之间协调不够。

在报告的第三部分,重点分析了近半年医患纠纷有所缓解的原因:(1)社会大环境的改变,媒体、网络更加理性地看待医患纠纷;(2)相关行政部门依法行事更加明确,医疗纠纷调解委员会作出了很大贡献,法院对医闹摄的处罚力度加大;(3)患方以认识到采用激进、暴力的方式并不能达到个人需求,反致更大的损失。医患关系作为一种特殊的社会人际关系,其表现形式及内涵必然随着社会环境的变化而不断发生着新的变化。同时,程处长还分析医患纠纷中,医方存在的不足:(1)沟通不足、态度生硬;(2)漠视医疗安全,违规操作,甚至超范围、超能力进行医疗工作;(3)医疗文书记载混乱,随意修改;(4)出现纠纷后处理方式不规范。当然,程处长认为这些只是表面现象,其深层次的原因可归纳为:国家医方投入不足(医护床位比);医疗资源分布不均(过度医疗和医疗资源的绝对不足);医生人文教育极度欠缺和法律意识的淡漠。在分析了医患纠纷存在的原因之后,程处长总结了医患纠纷处理经验:(1)处理途径明确、畅顺;(2)处理投诉认真倾听、换位思考,时间可以让患者平静下来;(3)对待媒体坦诚、热情,不卑不亢;(4)走法制化治理道路是唯一的一条途径。而要使这些经验发挥作用,认为还需要从多方面进一步细化:

一、政府和医院方面:(1)合理提高医务人员的收入,避免其追求不合理的收入引发医疗纠纷。(2)加大对卫生医疗事业的投入,避免公立医院的公益性发生质变,引发医疗纠纷。(3)强制性要求医务人员参加医疗责任保险。(4)健全医疗保障制度,扩大基本医疗保险的覆盖面。(5)加强对医疗安全、医疗制度和医务人员的监控力度,依法惩处违法、违规行为,提高社会对法律的公信力。(6)作为对法院判决的一个补充形式,建立并完善第三方医疗纠纷调解机制。(7)把握宣传医疗尺度,呼吁全社会增加对医务人员的理解与尊重。

二、医院管理方面:(1)全面提高医疗资源的投入,特别是医疗人员的配置,加强医护人员的业务培训和人文主义教育,全面提高医护人员的专业技术水平和人文主义精神。(2)加强医疗文书管理,增强服务意识,提高病历书写质量。(3)尊重患者的知情同意权,认真履行知情告知义务。(4)加强医患沟通,增加患者对医院和医务人员的理解度与信任度,做到大家互敬互谅。(5)明确、公开医疗收费项目,减少因诊疗费用分歧而引发的纠纷。(6)加强医护人员的医德医风教育。(7)加强医院后勤质量管理。

三、确立第三方医疗调解机构的地位和职责。医调委以第三方中立的身份介入医患纠纷,同时赔偿与责任判定,都是通过第三方来执行,为解决纠纷、防止医闹,提供了一条很好的途径。在医院和患方双方自愿的前提下,医调委可以调解医疗纠纷,并在责任厘清、金额赔偿上面给患方提供建议。但医调委不能、也不应该取代法院的地位;医调委采集的不同医院的医患纠纷的客观数据可以有偿的提供给保险机构,对保险公司为医院在的投保金额提供依据;医调委采集的不同医院的医患纠纷的客观数据可以有偿的提供给相关评级部门,对医院的评级工作提供依据。医调委的经济来源来自保险机构和评级部门;医调委不接受医院方面的任何经济资助;医调委的工作应该有相关部门的监督。

最后,提出要给法律一个机会,因为法院是最后一道救济。

广州市第一人民医院投诉管理科科长汪锦宏:从客观事实到法律事实——医疗行为的法律证明

报告指出,这个报告的目的是通过个案了解法院审判活动的规律,以法律逻辑的思维指导我们的执业活动,规避法律风险。提出,在医疗机构中让医生和护士有法律意识是非常必要的。法院裁判有三段论逻辑:(1)查明案件事实(当事人提供证据+法庭质证);(2)选择适用法律(律师主张+法官选择);(3)做出判决(法官裁决)。法律永远只认可有证据证明的事实——

法律事实。打赢民事诉讼案件依靠的是证据优势，证据就是诉讼过程中的核心内容。根据《侵权责任法》第55条规定：医务人员在诊疗活动中应当向患者说明病情和医疗措施。需要实施手术、特殊检查、特殊治疗的，医务人员应当及时向患者说明医疗风险、替代医疗方案等情况，并取得其书面同意；不宜向患者说明的，应当向患者的近亲属说明，并取得其书面同意；《广东省医疗纠纷预防和处理办法》第16条第1款第4项规定：需要实施手术、特殊检查、特殊治疗、实验性临床医疗的，应当及时向患者说明医疗风险、替代医疗方案等情况，并取得患者的书面同意；无法或者不宜向患者说明的，应当向患者的近亲属说明，并取得其书面同意；因抢救生命垂危的患者等紧急情况，无法取得患者或者其近亲属书面同意的，经医疗机构负责人或者授权的负责人批准，可以立即实施相应的医疗措施。汪科长通过了四个个案介绍，并结合这两个法律条文的规定，建议医生在给病人治疗时，应当同时给出多种治疗方案/药物供病人选择，并应恰当、客观地将相关治疗方案/药物进行介绍；同时医生可以帮助病人分析何种方案/药物对病人较为有利，但切不可替代病人作出选择，更不可不告知相关替代治疗方案/药物。

广州医科大学附属第一医院医务部科长黄伟青：院前急救关键技术与医疗风险防范的平衡兼顾

指出院前急救特点主客观两个方面。在客观方面，主要有四点：一是设备基本，简单；二是药物是抢救药物为主；三是医护人员年轻；四是抢救环境；主观方面是院前急救的风险所在，同样包括四点：一是医护人员的技术水平；二是诊疗规范；三是沟通能力；四是患者及家属的认知、理解力。黄主任指出，当前院前急救存在很多隐患，具体来讲包括以下四个方面：一是医护人员工作繁重，面对众多急危重病患者、病人要求高，难以满足、心理承受力；二是病人的病史；三是体检不规范；四是用药是否存在禁忌。

医疗技术、医疗风险如何才能平衡兼顾呢？黄主任介绍到：我国院前急救(120)起源于1986年，卫生部1986年卫医字1号和邮电部1986年的18号文件，急救电话号码统一规定为“120”，广州市急救医疗指挥中心则成立于1989年12月31日;院前急救的模式主要有两种:一种是中、法和德国等少数国家为代表的中法德模式摂或称为执业医师模式;另一种是以美国、英国和我国港澳台地区的美英模式摂或称为非执业医师模式。我国不同地区的“120”院前急救建制模式也不尽相同,大致可分为四种:独立型(沈阳)、依托型(重庆)、指挥型(广州)、院前型(大多数)。

指出,院前急救医生必须具备以下的基本素养:(1)高尚的道德情操:慈悲和善良,常心怀恻隐之心,常常给患者以安慰,这在院前急救来说尤其重要;(2)出色的心理素质:临危不惧、坚决果断、该出手时就出手;(3)严谨的工作作风:在诊疗工作时要严密、细致、全面、仔细、小心和谨慎;(4)精湛的专业技术:一个好的医生要能治、能研、能写、能教。一个好的医生双手要稳、双腿要快、头脑要冷、眼睛要毒、心灵要静、屁股要沉;(5)良好的沟通能力。

认为,院前急救医生必须具备以下的关键技术:维持呼吸技术、维持循环技术、危重情况的判断技术。而院前急救医生需要评估的病情五要素包括:(1)O2/IV/monitor/fluid;(2)Bp/RR/PR/T/SaO2;(3)rate/volume/pump/resistance;(4)初步评估A、B、C、D;(5)再次评估A、B、C、D。院前急救抢救的关键点包括操作规范、医护配合、吸氧、补液、沟通。黄主任还提出了加强培训,提高院前急救水平的建议:(1)加强业务素质培训;(2)加强心理素质培训,提高不同环境下的心理承受能力;(3)加强应对行为训练,提高处置水平;(4)做好急救药品,设备的准备;(5)加强业务技术培训,熟练掌握心中图机、除颤仪、呼吸机和监护仪等仪器的操作;(6)加强责任心以达到“慎独”的境界。同时,也提出了对于院前急救细节与医疗风险防范:(1)注意自己的形象和仪表、举止;(2)调整自己的心情;(3)了解患者的基本需求:急人所急,想人所想。在待命时,接到命令立即出发,尽快赶到事发现场;而在途中事宜:(1)医生要进一步了解、核实及确认发病地点、提前启动现场抢救思维、做好现场急救的自我防护准备、指导现场人员实施自救;(2)驾驶员要选择最佳行车路线事件现场在哪里;(3)提供高质量的现场急救服务:根据安全避险原则实施自我防护、根据传染病的防护原则实施预防、根据情况评估和危险分级原则确认患者病情轻重、根据院前急救时的检查原则做出现场判断、根据重症现场治疗原则提供现场急救,遇到难点时及时汇报;(4)途中的注意事项:履行告知义务,做好沟通工作,实施全程医疗监护根据病情采用不同的行车方法。不仅如此,黄主任还对不同病患者的不同情况给出了不同的具体对策:(1)外籍患者。(2)死亡患者。他介绍了不同死亡情况的具体对策:①正常死亡者:终末期的病人家属相对平静。一是患者发生生物学死亡,二是患者属于自然死亡即因自身疾病死亡而不是溺水、触电、自缢、中毒、低温、外伤等,猝死:较难接受(发生时间的不可预料性,猝死从发病到死亡时间的具体量化时间世卫标准是6小时)。公共场所:尽快处理相关事宜,恢复秩序。除积极抢救外还要联系警察、确认患者身份、联系家属、保管遗物。死在家中或工作地点:除外非正常死亡,如有疑问应通知警察;寻找主事人;按规定开死亡证明。②非正常死亡者:两不一必要原则:不能开死亡证明(因病而死的由医生开、意外死亡的由警察开),不能随便把人拉走;必须向公安部门报告。③死因不明者:车到现场人已经死亡,但其原因不明或无法用疾病解释,也可能是意外事件造成的。(3)三无人员:无钱、无法证明身份、无陪同人员:急救人员应端正态度,病情较重的积极处理并运送回院。(4)精神或行为异常的患者:尽量不要直接违背患者的意愿、换多人帮忙、应用镇静药物。(5)意识丧失的患者:启动诊疗程序、确认患者身份及寻找联系人(与其他人共同检查患者随身物品)、联系警察、妥善保管患者物品。

还介绍了院前急救中发生法律诉讼的最常见、最主要的问题:(1)违背了现场急救时的检查原则和情况评估原则;(2)违背了现场救治时的治疗原则:对必须救治的不救治,现场盲目治疗耽误了抢救时机,治疗中存在各种问题;(3)对特殊情况的患者处理不当:如外国人、三无人员、意识丧失人员及死亡人员;(4)转院过程中出现瑕疵:如违背患方意愿、违背转运检查与治疗原则、途中监护不力、未能完整交接班;(5)使用救护车警灯和警笛不当;

(6)不合理收费;(7)未能及时、如实、详细记录院前急救时的诊疗行为;(8)无资质者行医;(9)医德医风问题。

指出了强化重要职业意识敏感性的重要性。按照《侵权责任法》第55条规定:医务人员在诊疗活动中应当向患者说明病情和医疗措施。需要实施手术、特殊检查、特殊治疗的,医务人员应当及时向患者说明医疗风险、替代医疗方案等情况,并取得其书面同意;不宜向患者说明的,应当向患者的近亲属说明,并取得其书面同意。医务人员未尽到前款义务,造成患者损害的,医疗机构应承担赔偿义务。关于说明告知的关键:一是告知,有告还要有知;二是告知的对象,如患者本人及近亲属;三是告知要全面详尽;四是要有这些意识:要有证据意识:证据收集:书面记录、电子记录医疗证据:医疗文书、检查结果、电话录音。要有签字意识:签字前要让患方真正了解伤病的真实情况,尽可能使双方达成一致。比如患方是否已经了解了病情、是否了解了治疗的意义和必要性、是否了解治疗的费用、是否同意治疗以及其他相关行动、是否清楚表达了患者去向的意愿等。签字是反映当事人的真实意愿,必须亲自书写,不能代签院前急救的安全防范。

针对突发群体事故现场防护安全防护策略,重点提出:第一步根据发病或致伤原因和地点初步确认急救环境的安全级别;第二步是实施环境危险评估,检查现场是否存在伤害因素;第三步是审视自己的救助和防护能力。安全级别:相对安全(在生活区发生的普通急救);可能存在危险(野外、特殊工作场所如矿区、坑道);可能存在高度危险(大型自然灾害、事故、重大公共卫生事件、重大安全事件和刑事案件)。

南方医科大学南方医院医务处主任于宏:医院欠费管理的思考——以公立医院欠费现状调研数据为例

于宏认为,公立医院欠费是我国医疗体制改革不容忽视的问题。过分强调公立医院公益性和政府财政拨款不足,药品降价以及诸如“SARS”、奶粉、H7N9等突发事件的具体规定,使医院欠费数目巨大,严重影响了公立医院正常医疗工作的开展。于研究员作了一个背景资料的调查研究,发现

1980 年以前,医院欠费问题很少——浙江省一家综合医院 1991 年欠费 2.75 万元,到 1996 年欠费 42.95 万元。而 1999 年 1 月至 2004 年 5 月,东莞市卫生系统各医疗单位被拖欠医疗费用总额高达 7650 多万元。而从 2004 年 5 月至今,该数字更是超过了 1.5 亿元。华西医科大学附一医院 1997 年欠费为 185 万元、1998 年为 201 万元、1999 年为 256 万元,到 2000 年年底累计欠费已达 1000 多万元。据南宁市卫生局统计数据显示,近年来,市局属 13 家医疗机构医疗欠费累计达 1660.87 万元,2007 年欠费额达到 235.33 万元。据 2007 年 4 月《医药经济报》统计,在 2006 年,仅仅广东省江门市中心医院、江门市人民医院、五邑中医院 3 所医院中,欠费病人就多达 608 人,欠费数额高达 4,067,823 元,比 2005 年上升 1317%;而江门市中心医院上升更快,高达 34%,其中,急救欠费占欠费总额的近 20%。据 2005 年全国卫生财务年报资料显示,全国卫生部门医疗机构应收医疗款摂高达 278 亿元。于宏指出,1996 版《广州市社会急救医疗管理条例》规定,承担院前急救任务的医疗机构不得以任何借口拒绝抢救和收治急、危、重伤病员,否则可最高罚款 2 万元;广西南宁《社会急救医疗管理条例》,对于急救阶段那些见死不救的医疗机构要予以处罚,最高可以罚到 5 万元;2004 年《深圳经济特区急救医疗条例》规定,医疗机构及其相关人员如果拒绝收治急危重伤病员,可视情节对单位处以 3000 元以上,30,000 元以下的罚款,对个人的罚款则在 1000 ~ 10,000元之间;2007 年在全国医政工作会议上,卫生部副部长马晓伟也再次提出,对需急诊抢救的患者,要坚持先抢救,后缴费的原则,坚决杜绝见死不救等违规违法行为;2009 年卫生部下发的《急诊科建设与管理指南(试行)》中明确,对危重急诊患者,急诊科应按照先及时救治,后补交费用的原则救治,确保急诊救治及时有效;2013 年卫计委发布《院前医疗急救管理办法》,要求急救中心(站)和急救网络医院按照国家有关规定收取院前医疗急救服务费用,不得因费用问题拒绝或者延误院前医疗急救服务。对于公立医院被大量欠费的原因,于宏概括了几个原因:三无人员、急诊绿色通道开通、恶意欠费、医疗纠纷、医保未支付(拒付);而现在医院对待欠费的办法则有:打官司、成立催费小组、提高住院押金、实行奖惩制度。

对于公立医院欠费现状问题，于宏还进行了一个调查研究。研究对象为全国101家公立医院。其中包括三级医院68家，二级医院33家；东部医院51家，中部医院25家，西部医院25家。调查方法为：对医院医疗欠费问题进行调查，收集统计相关数据，主要分析和比较不同级别、不同地区公立医院的医疗欠费基本情况、欠费形成的主要原因等，对我国目前公立医院医疗欠费总体情况进行总结，提出初步的改善措施。通关相关的数据分析，可以发现，我国公立医院医疗欠费的总体情况可以概括为：(1)医院医疗欠费总体呈持续上升趋势；(2)欠费趋势分析医疗欠费金额呈逐年快速增长趋势，欠费的递增幅度显著加大。此外，于宏进一步分析了造成这种状况的原因：4%的医疗欠费都是由于经济困难因素引起，医疗纠纷则占了13%。原来重点聚焦的医疗纠纷问题并非当前医院产生医疗欠费的最主要原因。恶意逃费也是一个较为严重的社会问题，呈上升趋势，不仅仅在医疗卫生领域，社会大环境中亦然，特殊情况下也有经济困难的被动延伸。三无患者(三无指既无身份，又无亲属朋友，更无交纳医疗费用能力)的存在使医疗单位比较苦恼，左右为难。因患者个人经济原因欠费占55%(经济困难、恶意欠费、三无、急诊)；医保未支付的部分也超过了医疗纠纷所占比例，引人深思。还有一个针对是否要对欠费患者进行起诉的调查，52%的人给出了否定答案。否定者认为，由于经济困难所限患方仍然不能给予欠费支付，面对拿不回欠款还要再付诉讼费，耗费人力、物力、时间，再度增加了医院的经营成本，这种得不偿失的事情谁也不愿去做。支持诉讼者认为，通过诉讼手段可以有效惩治甚至消除恶意欠费的现象，同时引起社会对于医院医疗欠费问题的关注和重视。

调研还对不同级别医院医疗欠费情况进行了比较，发现，三甲和三乙医院医疗欠费发生的比例是靠前的。这与三甲和三乙医院在我国各地区的分布有一定关系。三甲多为国家级的大型医院或承担各省、直辖市主要医疗任务的大医院，而二甲多为承担地级市、县一级的医疗工作的中心医院，相对工作比较繁重,急危重病例集中。就产生欠费原因方面看来,交通事故多集中于二甲医院,这与医疗资源的分配有一定联系,而三甲医院多医疗纠纷,因为三甲医院集中治疗疑难危重病例,这部分病人存在一定的医疗风险,引发纠纷的可能性随之增加。

调研对不同地区医院医疗欠费情况进行了比较,发现不同地区医院最主要欠费科室没有明显的差异,均为普外科。医保的问题对沿海发达省份部分城市低收入群调查发现,城市低收入群体的生活状况不容乐观,他们生活在社会的最底层,生活窘迫,仅有的收入只能维持温饱,他们常常为看不起病而犯愁。导致这一现象的原因有:一是住院押金高和报销标准低。二是医保报销的门槛费过高。三是医保存在较大政策空白点。近年来,因病致困的人群呈现复杂化,许多患大病的真正困难人群无法纳入政府保障,成为医保盲区。更有个别地区的医保部门存在医保资金挪用的情况,实施所谓的保值或增值行为。由于西部医院主要的医疗来源仍然是医保支付,但是其医保拒付的比例又占到了21%,造成了当地医疗单位很大困扰。政府在普及的重要性,认识的正确性,推行基本医疗保险保障制度等方面,任重而道远。针对医保欠费比重较大,需要探讨医保的支付问题,制定政策,确保实施,重视细节问题的完善,这些将最终影响到患者本身的利益。另一方面医保拒付,也可能是医疗费用超标所致。医保设置的目的,并不是医保拒付的比例越高越好,目的不明确,着重点不清,是导致医保拒付的又一原因。尤其是2008年的医保统筹基金(不含个人账户)结余率竟然高达34.6%(统筹基金收入为1758亿元,支出仅为1149亿元)。结余的医保基金总额2008年累计为3432亿元。更不可思议的是,筹资水平很低的农村合作医疗和城镇居民医保,也出现了大量结余。根据2009年《中国卫生统计提要》公布的数据计算,2004年至2008年,新农合摄的结余率最高为34.5%,最低也有18%,最近两年分别为19%和20.8%。2007年城镇居民医保基金收入为43.0亿元,而当年支出仅为10.1亿元,不足1/4。所以,无论是城镇职工和居民医保的节余率,还是农村合作医疗的结余率,都大大高于世界各国医保

10%的结余率和商业医保10%左右的风险提留金的惯例。

调研对于某相对发达地区一三甲医院医疗欠费具体情况分析发现，该院2008年共发生76笔医疗欠费，欠费金额总计4,479,788元，占实际76笔欠费应交住院费用的45%，平均每笔欠费金额为58,945元，欠费金额较高，对于医院的正常运行和良性发展有一定程度的影响。(1)欠费栏中小儿ICU和心外科病房笔数最多，其中，小儿ICU17笔，占全院22%；心外科则为32笔，占全院42%。此两科室相加所占笔数已超过全院的60%。(2)因欠费笔数多而引起小儿ICU和心外科病房欠费金额也最多，其中小儿ICU达994,182元，占全院22%；心外科则为1,654,166元，占全院37%。(3)急诊ICU病房虽然欠费笔数只有2笔，但由于欠费占住院费用比例高达92%，致使欠费金额也较高，占全院比例15%。此一医院医疗欠费情况小结小儿ICU、心外科和急诊ICU三个科室欠费金额占全院总笔数的74%。由于该医院属于三级甲等医院，大多数情况下是急危重病人的最终就诊场所，被寄予较高期望。相形之下这些科室手术费用较高，手术风险较大，术后维持生命状态的自费项目多，后期转归情况变化快，由于死亡原因导致的欠费未结占到了全院的21%。由此看出急危重病人欠费情况严重，问题突出，应作为今后医疗欠费重点管理科室。院务审批通过引起欠费金额占全院高达30%，同时7笔医疗纠纷引起医疗欠费金额占全院20%，医疗纠纷所欠费占其住院总费用高达81%，医院应从源头上加强这两方面欠费的监督与管理，适当限制审批权限，加强危机管理。

于研究员得出这样的结论：目前我国医院医疗欠费情况不容乐观，欠费金额每年呈大幅度增长趋势，其中三甲医院、西部医院医疗欠费增长速度较快。欠费产生主要因素依次是经济困难、恶意逃费（也多为经济困难所致）、医保未支付、医疗纠纷。三甲医院医疗纠纷以及二甲医院医保未支付的因素所占比率明显高于其他级别医院；二乙医院恶意逃费占55%，明显高于其他欠费因素；西部医院的医保收入占总收入比例较高，所以，医保拒付又是其医疗欠费形成的最主要因素。针对医院医疗欠费问题，部分医院采取了一定行动:实行住院预交金制度,提高住院押金标准;设置专职催款员岗位;增设医院信息系统设置封顶线限制欠费金额;采取住院病人门诊缴费制保证有钱看病;医疗欠费金额与科室奖金直接挂钩,请医务人员协助催款;更有人提议,通过网络共享,建立医疗欠费黑名单等。而这都不是我们应该追捧的好方法。用上述的消极被动手段应对欠费问题,只会严重影响到医务人员的积极性,进而拖累对病人的救治。于宏提出的应对措施是:(1)加强管理,细化各种措施;(2)充分利用政府政策;(3)医院成立医保处,加强对医保病人的费用控制和政策研究;(4)对欠费病人原则上实行欠费不摆药制度,给予维持生命的基本治疗。如因抢救或其他特殊情况确需使用《欠费病人基本用药目录》和《欠费病人基本诊疗目录》以外的药物与诊疗项目,应严格按规定办理审批手续;(5)急诊欠费病人原则上在急诊科治疗,需手术治疗的,做完手术后转回急诊科;(6)对于能在近期筹到经费的急诊病人,到经济管理科办理财产担保、人保或还款承诺手续后,可暂收到科室治疗;如到期仍不能还款,则转回急诊科治疗。平诊病人在住院押金不足的情况下,原则上不得申请和施行贵重诊疗项目。如果提供财产或人身担保者,经医务处审批后,方可予以施行;(7)对于欠费病人,原则上不予复印病历和出具出院通知书、疾病诊断证明书和死亡证明等医学证明文件。

论坛总结　广东省医学会医事法学分会主任委员、法治广东研究中心主任、广东省律师协会医疗法律专业委员会主任宋儒亮作论坛总结

他对出席本次论坛的各位专家、主持人表示了谢意。宋主任指出,医学界和法学界应该互相互帮,共建共享;目前,存在医学界的同志认为法学界的同志不懂医,法学界的同志认为医学的同志不按规则,这是个基本性的矛盾,需要我们彼此熟悉,彼此了解。这次高峰论坛就是提供给医学界和法学界的同志互相交流互相沟通的平台。

医事法学是一个交叉学科,研究的是一个相对崭新的领域,也是一个大有可为的学科。可以作为一个事业,一个职业生涯来发展的。医事法学它主要探讨如何用法律方法解决医疗问题,某种程度上,它和用医疗解决患者的生命安全问题有相通之处。当然,两者也有相悖的地方:医学界是解决生命的问题,是要向前的;法学界是解决秩序的问题,是保守的。所以一个往前冲的群体和一个保守的群体融在一起很有意思。但如何融合,方式是什么?于宏研究员和程星宇主任的观点比较好,他们讲的就是工作的情感。罗斌主任发言也很有特点,鉴定是其生活的全部,但有时候接和不接都是一个难题。黄伟青讲的院前急救以及汪锦宏的发言,直白的讲就是法官的看法和医生的看法产生冲突时,你应该听谁的?你不听法官的你就倒霉了,就这么简单。还有一点关于解决方式,第三方调解,作为医学会的同志和律师没有很清晰的发表观点。中国依法治国的大背景下,我们却一不小心成为了世界最大的调解国家,这是不可取的。调解当然有其好处,只是这不是我们解决医学界和法学界之间融合问题的终极途径。它只是一个方法,而不是一个理念。我觉得我们医事法学分会要在医事法学领域结合理念、创造理念。没有理念指导医事法学分会,没有理念指导医事法律很可惜。医事法学是大家交流的平台,我们才第三届,我希望平台越做越好,希望人们只要讲医学肯定想医院,只要讲法律肯定想律所,但是只要一讲医事法律就想到我们大家。最后,宋主任再一次对参会的嘉宾、学员表示由衷的感谢。

本次论坛在大家热烈的掌声中圆满闭幕!

第四届南方医事法学高峰论坛

暨2016年广东省医学会第四次医事法学学术会议
暨广东省医学会医事法学继续教育学习班
主题：医事发展　法治保障

活动概况

主办单位

广东省医学会　　广东省律师协会　　法治广东研究中心

广东省医师协会　广州市法官协会　　广州市司法鉴定协会

广东省医学会医事法学分会

承办单位

广州医科大学附属第一医院

会议地点

广州·广州医科大学附属第一医院新大楼30楼多功能学术会议厅

会议时间

广州·2016年1月8～10日

论坛顾问

姚志彬　李国营　向金华　欧永良　叶　港　林曙光

吴少林　王慧君

论坛主席

宋儒亮　赖永洪　邓娟闰　姚自斌

论坛副主席

王绍强　杨　扬　袁伟伟　陈　虹　田　柯　范秀玲

葛志坚　严　凡

沙龙主持

王慧君　刘秋生　孙海峰　罗　斌　姚　麟

沙龙主持人(召集人)

黄伟青　邱亿滕　佘琼圣　孙海峰　程　虎

沙龙总评

杨　扬　汪锦宏　田　柯　姚自斌　杨金顺

论坛秘书长

黄伟青　许玲玲　陈　伟　程　虎

会议时间:2016 年 1 月 8 ~10 日

会议地点:广州 · 广州医科大学附属第一医院新大楼 30 楼多功能学术会议厅

活动日程

1 月 9 日 8:30 广州医科大学附属第一医院新大楼 30 楼多功能学术会议厅

07:30 - 08:30	现场报到		
08:30 - 09:15	开幕式		
主持	梁　栋	广东省医学会医事法学分会 广东广播电视台　主持人	媒体信息学组组长
08:30 - 09:15	领导嘉宾致辞、主旨讲话		
	Session 1　主题报告		
主持	邓娟闰	广州市中级人民法院民一庭	副庭长
09:15 - 09:45	构建多院区垂直管理体系　引导优质医疗资源下沉		
主讲人	戎利民	中山大学附属第三医院	院长　博导
09:45 - 10:10	医疗纠纷的举证责任分配规则		

续表

主讲人	年　亚	广州市中级人民法院民一庭	审判长
	Session 2　医事法学学术沙龙		
1. 定位:主持,沙龙开场、衔接与结束,1 小时内完成;沙龙主持人,45 分内完成沙龙。 2. 沙龙:由召集人组织。角色、内容、观点等也由召集人自主安排、分工与掌控。 3. 沙龙总评:由论坛安排。定位、角色等不限于评议人。观看沙龙,效果点评,期待出彩。			
主持	王慧君	广州市司法鉴定协会	会长
10:10 - 11:10	沙龙一:从辅助生育的角度看"二孩"的伦理问题		
沙龙主持人	邱亿滕	广东省妇幼保健院	主任医师
发言人	刘见桥	广州医科大学附属第三医院	主任医师
	王　琼	中山大学附属第一医院	主任医师
	尹爱华	广东省妇幼保健院	教授
评议人	余怀生	广东法圣律师事务所	律师
沙龙总评	杨　扬	广东省医学会医事法学分会	副主任委员
主持	刘秋生	广东省医学会医事法学分会 省医学会医事法学分会医疗风险防控学组	常委 组长
11:10 - 12:10	沙龙二:超说明书用药的合理用药管理		
沙龙主持人	陈吉生	广东省医学会医事法学分会医疗与企业事务学组(主任药师)	成员
发言人	吕良忠	浙江省人民医院药学部	主任
	印根权	广东省医学会医事法学分会医疗与企业事务学组(医生)	副组长
	李　立	广东省医学会医事法学分会医疗与企业事务学组(律师)	成员
评议人	王　捷	中山大学孙逸仙纪念医院	院长、教授
沙龙总评	汪锦宏	广东省医学会医事法学分会	常委
12:15 - 13:30	午餐		

续表

2016年1月9日下午			
	Session 3 医事学术沙龙(二)		
主持	黄彬	广东省医学会医事法学分会 医疗与企业事务学组 主任医师	成员
13:30－14:30	沙龙三:精准医疗面临的法律问题		
沙龙主持人	黄伟青	广东省医学会医事法学分会	常委
发言人	孙宝清	广东省医学会医事法学分会	委员
	郑泽广	广州医科大学附属第一医院	教授
	谢高峰	网络部门	主任
评议人	梁文华	广州医科大学附属第一医院	博士
沙龙总评	田 柯	广东省医学会医事法学分会	副主任委员
主持	罗 斌	广东省医学会医事法学分会 医事法学分会医疗损害鉴定组	常委 组长
14:30－15:30	沙龙四:医事仲裁之我见		
沙龙主持人	佘琼圣	广东省医学会医事法学分会	委员
发言人	王慧君	广东省医学会医事法学分会	常委
	程东海	广东省医学会医事法学分会	常委
	钟晓东	广州仲裁委员会	部长
评议人	范秀玲	广东省医学会医事法学分会 广东律师协会医疗法律专业委员会	委员 副主任
沙龙总评	姚自斌	广州市司法鉴定协会	秘书长
主持	姚 麟	广东省医学会医事法学分会 医事法学分会医疗纠纷处理实践学组	委员 组长
15:30－16:30	沙龙五:医疗纠纷处理当中的行政诉讼		
沙龙主持人	程虎	广东省律师协会医疗法律专业委员会	秘书长
发言人	葛志坚	广东省律师协会医疗法律专业委员会	副主任

续表

	谢孝义	广东省律师协会医疗法律专业委员会	委员
	匡腊光	广东省律师协会医疗法律专业委员会	委员
评议人	付洪林	广东省医学会医事法学分会	委员
沙龙总评	杨金顺	广东省医学会医事法学分会	常委
	Session 4　医事法学继续教育学习班		
主持	程东海	广东省医学会医事法学分会	委员
16:30－16:50	从医疗损害来看临床应注意的医法问题		
讲者	左芷津	中山大学法医鉴定中心	主任
16:50－17:20	广东省网络医院运行风险与防控		
讲者	陈　伟	广东省医学会医事法学分会 省医学会医事法学分会医疗风险防控学组	秘书长 副组长
总评	袁伟伟	广东省医学会医事法学分会	副主任委员
17:20－17:30	Session 5　互动、交流与答问		
主持	陈　虹	广东省医学会医事法学分会	副主任委员
	关于论坛、沙龙与继教的讨论		
17:30－17:50	Session 6　省医事法学分会全委会		
	王绍强	广东省医学会医事法学分会	副主任委员
活动总结	宋儒亮	广东省医学会医事法学分会 广东省律师协会医疗法律专业委员会 法治广东研究中心	主任委员 主任 主任
	闭幕式		

论坛综述

（录音整理　未经本人核对）

2016年1月8日至10日，由广东省医学会、广东省律师协会、法治广东研究中心、广东省医师协会、广州市法官协会和广州市司法鉴定协会联合举办的、主题为“医事发展，法治保障”的第四届南方医事法学高峰论坛在广州医科大学附属第一医院新大楼30楼多功能学术报告厅隆重举行。

中国工程院院士钟南山、广东省委党校/广东行政学院副校院长苟志效、广东省卫生与计划生育委员会党组成员、干部保健局局长朱宏、广东省医学会秘书长李国营、广州市中级人民法院副院长向金华、法制日报广东记者站站长邓新建、广州市仲裁委员会副主任李非清、广东省律师协会副会长陈国翔、广东省医学会学术部部长陈华虹、广东省医学会医事法学分会主任宋儒亮以及来自国内各地的法官检察官、医院管理者、医师药师、医事法律学专家学者、仲裁员和媒体人士等250多人，共同参与了论坛活动。

开幕欢迎辞：

论坛由广州医科大学附属第一医院与广东省医学会医事法学分会联合承办。广东省医学会医事法学分会媒体信息学组组长、广东广播电视台主持人梁栋主持了第四届南方医事法学高峰论坛。

代表主办单位，省医学会医事法学分会宋儒亮主任致开幕辞，表示：医学解决的是人的问题，强调平衡；法律解决的也是人的问题，强调衡平。医学的平衡与法律的衡平之间紧密结合，彼此不能分离。医学离开了法学或者法学离开了医学，对医生来讲，就只知道疾病，看不到人存在；对法律人来讲，没有了生命健康，都是物的权利，不再是人的权利。针对纠纷处理，认为医学与法学乃当代称为专业的行业，纠纷化解不能单纯认为是麻烦，纠纷本身化解也是一种推动医学进展和法律进步的途径，民众和医生都需要有答案的结果，在这方面，需要调解，但调解并不是纠纷唯一方式，要在多元化纠纷化解方式中选择更多具有性价比高的、给予后续指引的方式。所以，医学和法学须融合共同推进。医学和法学分离，导致左右为难；医学和法学统一，形成左右逢源。实现医法的有机统一，远离左右为难进入左右逢源，就是倡导的那样：医事发展要在法治轨道上推进，医事进展要在法治保障中前行，这也就是第四届南方医事法学高峰论坛的主题、主旨和主导。期待共同努力，实现法治医疗，实现人类健康。

宋儒亮主任代表主办单位致开幕欢迎辞

代表承办单位，广州医科大学附属第一医院陈晓辉书记致欢迎辞。首先对大家的莅临指导表示热烈欢迎。指出，医学事业的发展需要法律的帮助，医学进展需要法律的保护。大会的召开，将对推进广东医事法治建设具有很好的推动作用。广州医科大学附属第一医院愿意在这方面提供更多的帮助和服务，共同推动医疗法治的不断进步。最后，祝贺本次论坛取得完满成功。

广州医科大学附属第一医院陈晓辉书记代表承办单位致开幕欢迎辞

高端主旨讲话

中国工程院院士钟南山做了精彩而富有启迪的主旨发言。总结了广东省的医患纠纷面临的情况,提出了医院要重视法律风险评估与预防。高度肯定了法学界、医学界对解决医患纠纷所做出的努力;肯定了社会各种力量举办的关于医患纠纷的学术研讨会的贡献。对分会与《中国医事论坛报》成功合作、共同开办医学法学专栏,钟院士表示赞许,认为利于医患纠纷化解,推进医疗事业发展。认为广东医务人员法律素质在不断提高,律师、法官和检察官等的医学知识也不断提高,这良好互动的结果,广东医学会医事法学分会等起了非常重要的作用。指出,医疗不仅是一门技术活,更重要的是学会与病人交流。爱心与疗效是医生根本,只有解决好了疗效,又对病人有爱心,医患纠纷自然减少。认为本次论坛在医事法学理论研究上又飞跃了一个高度。在新形势下,创新是医疗发展的一个方向,我们应从更高视野考察医学与法学关系。我国现在还没有医疗法,导致医事行政具有很大的随意性,也让医患纠纷多产生,所以,最根本原因要认识和解决医疗体制问题。

现在,医生只有多工作,才能多收入,多看病人,分配到每个病人的时间就少。我国公立医院医务人员收入,80%是靠自己赚取的,如果没有保障医生收入,会产生一系列意想不到的后果。所以,医事法学分会要关心国家基本医疗卫生法的制定,这才是根本。政府要正确定位医院在社会中的地位。认为,虽然国务院很早就提出政府在医院改革中起主导作用,也提出医务人员是医院改革的主力军,但还没有体会到主力军落实。希望法学界共同努力实现主力军构想,积极参与基本医疗卫生法的创制。同时,就当前干细胞医疗混乱、二孩生育医事难题、互联网医疗、医疗隐私、超说明书用药问题进行了论述。指出,医疗科技快速发展的今天,创新就存在违反常规的风险,法律目前跟不上这个速度。希望法学界和医学界共同努力,开创医疗事业新局面。

代表承办单位,广州医科大学附属第一医院陈晓辉书记致欢迎辞。首先对大家的莅临指导表示热烈欢迎。指出,医学事业的发展需要法律的帮助,医学进展需要法律的保护。大会的召开,将对推进广东医事法治建设具有很好的推动作用。广州医科大学附属第一医院愿意在这方面提供更多的帮助和服务,共同推动医疗法治的不断进步。最后,祝贺本次论坛取得完满成功。

广东省委党校/广东行政学院副校院长苟志效:作了热情、睿智而富有深度和高度的主旨讲话,表示受杨汉卿常务副校院长安排参加本次论坛,在对论坛召开表示祝贺同时,也就法治广东研究中心情况进行了介绍,对中心工作表示肯定。指出,医疗问题是重大民生问题,党和政府一直非常重视。面对民众需求、社会需要和政府关注的医事事业,如何能妥善在法治轨道上推进,更好实现医事事业的健康发展,让老百姓看得起病、看得好病,当前的任务非常光荣和艰巨。第四届南方医事法学高峰论坛选题很好,以“医事发展　法治保障”为主题,既切合十三五规划所确定和关注的发展大业,又通过医事发展的主题研究,更好地推进生命健康事业有序发展。这些工作的开展和推动,彰显慈悲善事之价值,需要很强社会责任感,需要非常有责任

感的人予以支撑。表示非常欢迎下届论坛能到党校召开,集思广益,群策群力,更好实现服务民众,推进健康中国建设之目的。

荀志效副校长在作主旨讲话

广东省卫生与计划生育委员会党组成员、干部保健局局长朱宏:作为广东省医学会副会长朱宏,非常开心来参加第四届南方医事法学高峰论坛。回想之前省医学会医事法学分会的成立,仍倍感亲切。这些年省医学会医事法学分会做了许多创新性工作,工作成绩很显著,社会效果很好。希望继续努力,共同实现医患和谐。

朱宏副会长作主旨讲话

广州市中级人民法院副院长向金华：指出，建立和谐的医患关系非常重要，如果医患关系和谐了、社会和谐了、家庭和谐了，一切都会向好的方面发展，一切医患纠纷都好解决。各方在理解医患纠纷的角度是不一样的，所以医院、患方、律师、法院要多互相理解。如果各方只从自己一方利益出发，问题很难处理。法院在审理医疗纠纷当中，处理的是法律事实，而不是医事事实。有些医患纠纷被法院判决后，医院和患者双方都不满意，都对法院不满，但法院是依法律和证据判案的，解决的是法律公平，而不是专业的医学问题。需要多方交流，互相促进，互相学习，共同推进医事法治建设现代化建设。

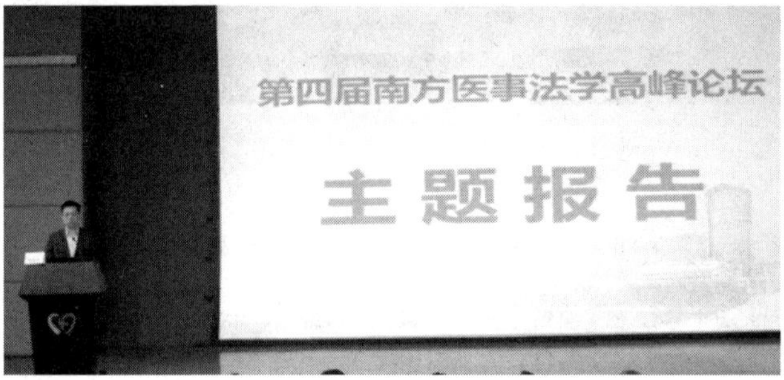

向金华副院长在发表主旨讲话

广东省医学会秘书长李国营：指出，专业人作专业之事，专业性表达专业之观点。第四届南方医事法学高峰论坛，会让专门从事医事法律研讨和交流的专门人士有充分的研讨交流，相信他们的努力，会让大家更好享受学术盛宴。作为专业性的学术团体，广东省医学会一直致力于推动健康广东建设，作为下属的广东省医学会医事法学分会主任，近年来作了许多富有成效的开拓性工作，共同举办南方医事法学高峰论坛就是成果之一，她业已成为广东医生了解医事法律的专门性、专业性平台。省医学会希望通过论坛的成功举办，提高医生对医疗法律的了解、学习和掌握，提高自防范法律风险的能力，推进医患和谐，推动健康广东建设。

省医学会李国营秘书长在作主旨讲话

中国广州仲裁委员会李非淆副主任：指出，医疗纠纷的产生，与医患纠纷机制不畅有极大的关系。尽管有医事仲裁的探索，但还没有形成系统的解决机制。认为，引入仲裁机制是解决医患纠纷非常有效的方法，希望共同能力，推进医疗法治事业健康有序发展。

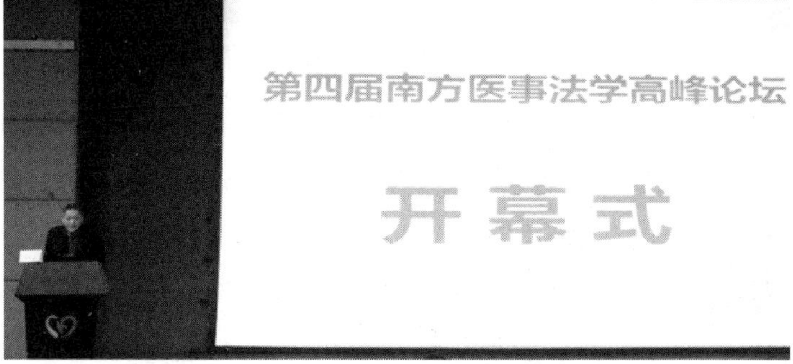

李非淆副主任致辞

法制日报广东记者站站长邓新建：指出，媒体的力量，媒体的参与，在医务工作中，在医患纠纷中，媒体扮演了重要角色，希望医院多多支持媒体的工作。邓新建先生认为医院与媒体不应该是敌对的关系，而应该是互相理解，互相支持工作的关系。

邓新建站长在作主旨讲话

广东省律师协会副会长陈国翔：指出，广东省律师协会作为广东律师之家，一直致力于推动法治广东建设。作为下属的广东省律师协会医疗法律专业委员会，近年来作了许多富有成效的开拓性工作，南方医事法学高峰论坛就是成果之一，她业已成为广东律师了解医事法律的专门性、专业性平台。作为代表，省律师会希望通过论坛的成功举办，加强与医学界的交流，提高自身涉医方面的法律能力，推动我省律师积极研究医事法学，提升推动医事法律业务办理水平,促进我省医学和法学事业取得更大的发展。

陈国翔副会长代表省律师协会作主旨讲话

主题报告:

由论坛主席之一,广州市中级人民法院民一庭副庭长邓娟闰主持。

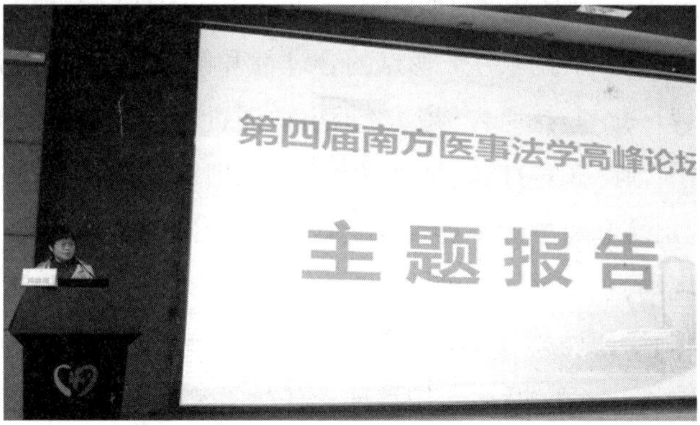

论坛主席邓娟闰副庭长主持主题报告

第一个主题报告由中山大学附属第三医院院长戎利民主讲,报告的题目为“构建多院区垂直管理体系　引导优质医疗资源下沉”。重点介绍了中山大学附属第三医院与建立其粤东医院过程中遇面临的机遇与挑战。表示要因地制宜,结合实际,拓展视野,强化管理,有效且合理配置资源。在多院区垂直管理体系下，懂用社会效益和经济效益形成角度中查找原因和形成对策，引导优质医疗资源下沉，实现双赢。

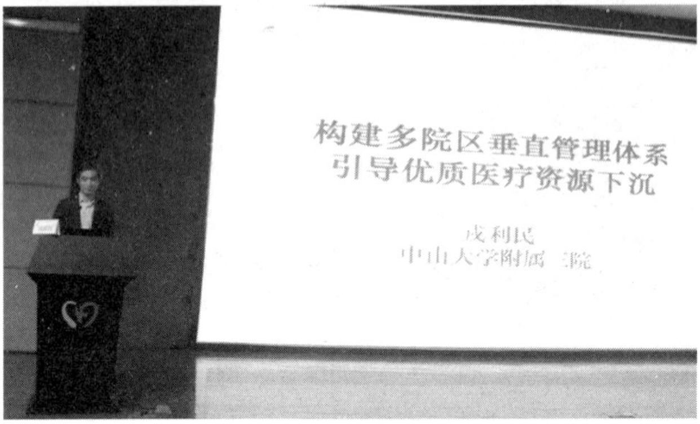

戎利民院长在作主题报告

第二个主题报告由广州市中级人民法院民一庭审判长年亚主讲，主题为：医疗过错、因果关系的举证责任分配规则。第一，介绍了关于医疗过错、因果关系举证责任分配规则的两种观点，即“举证责任倒置说”和“谁主张、谁举证”，并分别分析了这两个观点的合理性和缺点。第二，提出自己对举证责任的见解——坚持原告（患方）承担举证责任的前提下，通过“公平原则、诚实信用原则、事实自证、举证妨碍”等规则缓和和患方的举证责任负担。第三，提出缓和患方的举证责任负担的方法。第四，提出缓和患方举证责任分担的规则，包括公平原则、诚实信用原则、举证责任与鉴定费用的预交与负担原则、举证妨碍与推定过错原则、事实自证规则等。第五，分析了《侵权责任法》关于医疗损害责任举证责任的类型分析。第六，分析了举证责任与医疗鉴定损害鉴定的启动规则。

年亚审判长在作主题报告

学术沙龙：

沙龙一：从辅助生育的角度看"二孩"的伦理问题

主持人：**王慧君** 广州市司法鉴定协会会长

沙龙主持人：**邱亿腾** 广东省妇幼保健院主任医师

发言人：**刘见桥** 广州医科大学附属第三医院主任医师

王 琼 中山大学附属第一医院主任医师

尹爱华 广东省妇幼保健院主任医师

评议人：**佘怀生** 广东法圣律师事务所律师

总 评：**杨 扬** 广东省医学会医事法学分会副主任委员

围绕着高龄妇女生育能力、二孩的养育、夫妻亲情、年龄差距大的兄弟姐妹亲情、离婚关系、胚胎的法律属性、胚胎与卵子的法律属性差异、胚胎在法律上归属性等展开精彩讨论。其中，重要的观点如下。第一，加强60后、70后人群的生育力医学研究，和关于此类妇人的身体健康研究。第二，加强胚胎的法律属性研究。第三，在二胎问题上，要加强医学、法律、伦理和社会影响相互协调。第四，加强生育选择与妇人权益保障工作。第五，加强胚胎与离婚的法律问题研究。第六，加强胚胎与代孕问题的立法研究。第七，加强胚胎的赠送问题的法律研究。

沙龙二：超说书用药的合法、合理和合情问题研讨

主持人：**汪锦宏** 广东省医学会医事法学分会常委

沙龙主持人：**陈吉生** 广东省医学会医事法学分会医疗与企业事务学组成员、主任药师

发言人：**吕良忠** 浙江省人民医院药学部主任

印根权 广东省医学会医事法学分会医疗与企业事务学副组长、主任医师

李　立 广东省医学会医事法学分会医疗与企业事务学组成员、律师

评议人：**王　捷** 中山大学孙逸仙纪念医院院长、教授

总　评：**魏　巍** 广东省医学会医事法学分会委员、广州中级人民法院法官

围绕医院之所以超说明书用药的原因、疗效及用药失败后的法律责任进行展开论述。其中，重要观点如下。第一，超说明书用药，表明医疗科学发展的有了新的积极成果。第二，医生超说明书用药是从疗效上对患者负责任而主动采取的结果。第三，医生恶意超说明书用药的法律责任问题。第四，医院超说明书用药在疗效失败后该如何面对法律责任。第五，超说明

书用药与试验性医疗的关系。第六,超说明书用药与患者知情权的问题。第七,超说明书用药的决定权是医生还是医院的问题。第八,具有超说明书用药是医院权力,医生权力还是卫计委部门的权力?是否需要行政许可?第九,药学会等学会有权同意进行超说明书用药吗?

沙龙三:精准医疗面临的法律问题

主持人:**黄　彬**　广东省医学会医事法学分会医疗与企业事务学组成员

沙龙主持人:**黄伟青**　广东省医学会医事法学分会常委

发言人:**孙宝清**　广东省医学会医事法学分会委员

郑泽广　广州医科大学附属第一医院教授

谢高峰　广州天予信息技术有限公司总经理

评议人:**梁文华**　广州医科大学附属第一医院博士

总　评:**田　柯**　广东省医学会医事法学分会副主任委员

围绕精准医疗的国外的发展情况、国内发展情况、其涉及的法律问题、伦理问题、医院管理等展开论述。其中,重要观点如下。第一,精准医疗自身面临的法律问题。第二,如何与大数据、遗传基因、医学检测、家族疾病、癌症等之间如何实现医学保护和法律保障的协调统一。第三,精准医疗实施与患者、患者家族人员的隐私保护问题。第四,医生如何履行告知义务。第五,精准医疗方案的选择权是归医院、归患者还是第三方。第六,精准医疗推进中有关精准用药、用量药、临床观察等法律问题。第七,精准医疗的专利权保护问题。第八,精准医疗与循证医学的关系问题。第九,精准医疗与法医检测的关系。

沙龙四:医事仲裁之我见

主持人:**罗　斌**　广东省医学会医事法学分会常委、省医学会医事法学分会医疗损害鉴定组组长

沙龙主持人:**佘琼胜**　广东省医学会医事法学分会委员

发言人:**王慧君**　广东省医学会医事法学分会常委

程东海　广东省医学会医事法学分会常委

钟晓东　广州仲裁委员会部长

评议人:**范秀玲**　广东省医学会医事法学分会委员、广东省律师协会医疗法律专业委员会副主任

总　评:**姚自斌**　广州市司法鉴定协会秘书长

围绕医患纠纷与仲裁的互补关系展开论述。其中重要观点如下。第一,多元化纠纷解决机制的优缺点分析。第二,仲裁机制与医疗活动的适合程度分析。第三,在医患纠纷中涉及的人身纠纷、财产纠纷、物权纠纷是否也在仲裁中一起解决。第四,仲裁解决纠纷是否真的具有优势。第五,如何保障仲裁在医患纠纷中的专业性。第六,探讨仲裁员的准入制度。第七,为什么医院、患者不了解以仲裁方式解决医患纠纷。推进医疗仲裁的难点在哪?第八,如何在医方和患方中促成书面仲裁协议。第九,如何推广医事仲裁。

沙龙五:医疗纠纷处理中的行政诉讼

主持人:**姚　麟**　广东省医学会医事法学分会委员、广东省医学会医事法学分会医疗纠纷处理实践学组组长

沙龙主持人:**程　虎**　广东省律师协会医疗法律专业委员会秘书长

发言人:**葛志坚**　广东省律师协会医疗法律专业委员会委员

谢孝义　广东省律师协会医疗法律专业委员会委员

匡腊光 广东省律师协会医疗法律专业委员会委员

评议人:**付洪林** 广东省医学会医事法学分会委员

总 评:**杨金顺** 广东省医学会医事法学分会常委

围绕新的行政诉讼法、医疗纠纷、医院、权利主张等角度开展论述。其中重要观点如下。第一,对医疗不作为行为、乱作为行为是否以及如何提起行政诉讼。第二,新的行政诉讼法如何在医疗活动中的落实和指引问题。第三,修改病历是否能提起行政诉讼。第四,在医疗纠纷处理中的行政诉讼中,医院难在哪?

医事法学继续教育学习班

主持人:**程东海** 广东省医学会医事法学分会委员

总评人:**袁伟伟** 广东省医学会医事法学分会副主任委员

主题报告人:**左芷津** 中山大学法医鉴定中心主任

主题报告:从医疗损害来看临床应注意的医法问题

左芷津在报告中首先说明自己的观点。他认为"医疗行为本身是为治病救人的,医疗中病人与医生的目标和利益是一致的,任何医疗行为都会对人体造成损害的,医疗损害应属无心之错,医疗损害是医疗行为的附带损害,医疗损害且超过诊疗规范所允许的范围。"左芷津认为医损纠纷由三个因素构成,分别是社会因素、病患因素和医护因素。社会因素是:医疗体制的定价和补偿机制欠缺,病患负担过重,而且保障机制缺失或不到位,病患缺乏安全感。病患因素是:自我保护意识增强,法律意识增强,过度追责意识,而且有律师的引导,再加上医师的妄议。医护因素是:医疗行为错误,如技能低下、操作粗糙等,而且在医疗程序上,重诊治,轻程序,该注意和告知的未执行等,某些医生法律意识低下,自我认识不明,甚至存在个别医生故意犯错误。最后,左芷津提出解决方案:(一)医院设立专门与病患沟通的岗位和人员;(二)医院、行政主管、学会设立研究和处理医疗损害的专门法律机构;(三)医院、行政主管、学会、鉴定机构、律师建立定期会晤机制,通报情况,交流信息;(四)研发和推广不容修改或保持修改记录的病历信息系统,诚信病历;(五)对于事关人身安全的医疗器材、制品等建立政府监管下的专卖制度,确保优质安全。

围绕与论坛的安排,与会专家们随后又共同进行了高水平阐述和高质量的论辩,点评专家也进行了富有见解的总评。

主题报告人:**陈　伟**　广东省医学会医事法学分会秘书长、省医学会医事法学分会医疗风险防控学组副组长

主题报告:广东省网络医院运行风险与防控

在报告中,首先介绍了广东省第二人民医院在网络医院中做出的贡献。他指出,现在"看病难","看病贵","关系差"是医改失败最直接的体现。破解这一难题,有效的方法是实行网络医疗。国家也重视网络医疗,发布了《互联网医疗保健信息服务管理办法》和《关于推进医疗机构远程医疗服务意见》。在此背景下,广东网络医院成立了,网络医院就是互联网加上大众医疗。广东省网络医院是符合医改方向的,因为医改就是要把患者留在社区,把优质医疗资源下沉基层,公共卫生服务均等化,医药分家,资源的再分配。但是网络医院是存在风险的,如国家立法滞后,没有成熟的行业规范和标准,互联网高度依赖虚拟网络,又新增不确定性,增加了新的法律风险及诊疗风险。面对风险,建议有针对性地进行法律风险防控、诊疗风险防控和电子签名,从而进一步规范网络医院。总之,网络医院是传统医院服务方式的补充,但不能代替传统医院诊疗。

论坛总结与闭幕:

宋儒亮:第一,对这次会议承办单位广州医科大学附属第一医院和有关工作人员表示衷心感谢。第二,向发表主旨讲话的领导表示敬佩。他们的主旨讲话非常有见解,而且个个到点、到位。极富真知灼见,讲话内容出自对医事法学工作的实践感悟,都是自己原创,组委会没有为任何人准备讲话稿。他们工作态度认真,他们的讲话富有远见,我们表示衷心敬佩。是我们

学习的榜样。衷心感谢钟南山院士。作为国内著名大家,每次参加论坛活动,都事先调查了解、提取汇报、查看资料,没有即兴发言的,有准备而敢担当是他显著的风格。第三,针对沙龙,总结并提醒注意的是:认为生育二胎,会给社会和家庭带来很多喜怒哀乐的同时,也给高龄产妇带来了各种各样的风险,也给医院和律师带来了新的业务。后续要继续关注“胎”是不是人、卵子归属等前沿问题。面对超说明书用药的合法、合理和合情问题研讨,要注意这样一个事实:这到底是创新导致之需要还是行政之不作为造成?需要多角度思考。关于精准医疗,明确的概念和可操作的判断标准非常重要也非常迫切。要认真对待医疗纠纷处理的行政诉讼问题。面对医学与法学的专业性纠纷处理时,更要注重纠纷处理方式的合理选择,要通过民事、行政、刑事、仲裁、司法等处理方式的优化选择,让化解纠纷的代价能转为引导后续工作的指引。调解有用、有效,但大量、大都的医疗纠纷均由民事调解单一方式予以解决,过高、过度推动调解方式,应当依法采取的行政、刑事方式却不跟进、不配套、不行动,纠纷问题最终就是成为经济问题,并不科学,也容易延误医事法律问题的整体改进和提升。要从法治中国高度,更好谋划、关注和推动医疗纠纷的化解。

第四届南方医事法学高峰论坛暨第四次广东省医学会医事法学学术会议暨广东省医学会医事法学继续教育学习班在在大家共同努力、全力投入和热烈掌声中,圆满结束!

医疗法律专业专委会承担之沙龙，主题：医疗纠纷处理中的行政诉讼

参与人员（左至右）谢孝义律师、匡腊光律师、程虎律师、付洪林法官和葛志坚律师

第四届南方医事法学高峰论坛部分领导嘉宾合影

根据录音整理　未经本人核对

第4章 医事法学

辅助检查预约及时还是延迟 既显管理水平 更属归责事由

广东省医学会医事法学分会

黄伟青 欧阳斌 宋儒亮 赵凯 曾文铤 甘翌晓 李建蓉 赖嘉敏

病历简介

2007年3月28日，患者因不适到B医院求治。2007年3月31日10：40，患者因腹胀、腹痛转院到A医院消化内科进一步治疗。

入院查体：体温36℃、脉率88次/分、呼吸频率20次/分、血压161/81mmHg；腹部膨胀，腹肌紧张，全腹无明显压痛及反跳痛，肝肋下4cm可触及、质硬、边界清、无压痛，脾肋下未及。肝区无叩痛，Murphy征阴性，移动性浊音阳性，肠鸣音活跃。结合外院的检验报告，入院诊断为：①2型糖尿病（糖尿病酮症酸中毒、糖尿病肾病4期）；②酒精性肝硬化；③高血压病（2级，高危组）。予护肝、抑酸、补液等对症支持治疗。

经内分泌科医生会诊，考虑患者为“糖尿病酮症酸中毒”，于当日18：50转入内分泌科予胰岛素、抗感染等进一步治疗。4月1日9：40，患者因胸廓饱满、腹部隆起较前加重而出现休克，经抢救，症状好转。当月12：00，患者病情恶化,出现呼吸、心跳停止,经抢救无效,于13∶38死亡。

鉴定意见

表1　某市医学会医疗事故技术鉴定意见

① A医院在对患者的诊疗行为中,未发现违反医疗卫生管理行政法规和诊疗护理规范、常规。2007年4月1日,在对患者行腹部穿刺术时,未见相关检查同意书,违反《病历书写基本规范(试行)》第十条的规定;

②医方对患者诊断正确,用药基本合理,根据患者病情转入内分泌科治疗符合诊疗常规,对患者的抢救措施得力。但存在如下不足:对肝功能严重受损的患者应慎用塞来昔布;病案记录不完整。以上不足与患者死亡无因果关系;

③患者死亡原因可能与其酒精性肝硬化(失代偿期)并合并自发性腹膜炎、Ⅱ型糖尿病酮症酸中毒、感染性休克有关。

结论本病例不构成医疗事故。

表2　某省医学会医疗事故技术鉴定意见

① 未发现A医院在对患者的诊疗过程中存在违反医疗卫生管理法律、行政法规、部门规章和诊疗、护理规范、常规的医疗行为。但存在病程记录及血糖、血压等病情观察记录不规范的过失行为;

② 患者本身有糖尿病、酒精性肝硬化等基础疾病,患者的死亡原因是多方面的,包括糖尿病酮症酸中毒、自发性腹膜炎、休克(混合性)等因素,患者的死亡是其本身多种严重疾病发展的结果。医方的上述过失行为与患者的死亡无因果关系。

结论本病例不属于医疗事故。

各方主张

原告(患方)

患者的死亡是由于被告的过失造成的,要求A医院承担赔偿责任。核心诉请如下:A医院延误治疗时机,没有根据医嘱及时完善相关检查,并存在销毁病历的行为。患者入院后,A医院开具医嘱为患者行腹部B超、胸片检查,但是在A医院提供的病历资料中没有上述检查的报告单。为了明确诊断病因,根据医方的要求,患者家属签署了《特殊检查/治疗同意书》,同意为患者行腹腔穿刺,但是签署同意书后一直没有医生为患者行穿刺术。事后,A医院为规避责任,擅自将患者家属已签署的《特殊检查/治疗同意书》从患者的病历中取出销毁。A医院医务人员存在诊疗护理失当行为。4月1日8:00左右,患者腹部肿胀、全身冰冷并出现休克的症状,医生会诊后决定行腹平片检查,然而在等待两个多小时后,医生才将机器推到病房,在拍片过程中,患者的管床医生、责任护士、甚至科室的其他医护人员均不在场。在用药上,A医院也存在多处违反用药监护之处。对患者不明原因的腹痛没有得到确诊时就使用塞昔布等强镇痛药,延误治疗时机致患者病情加重死亡。原告据此要求A医院赔偿医疗费、住院伙食补助费、陪护费、死亡赔偿金、丧葬费、交通费、精神抚慰金、鉴定费,以及到某市鉴定的交通费、食宿费,共计458,793.32元。

被告(A医院)

二审判决:A医院承担30%的赔偿责任结合鉴定意见,庭审之最后陈述时,被告认为:患者有长期的酒精性肝硬化病史,入院时已经是失代偿期,有腹水。另外,肝硬化失代偿期合并自发性腹膜炎感染很难控制,甚至可危及生命。而且,患者有长期糖尿病病史,免疫功能低下,加上突然出现糖尿病病情加重,导致感染恶化,引起感染性休克死亡。

我院医务人员对患者的治疗过程符合诊疗规范、常规,患者的死亡是其本身多种严重疾病发展的结果。本案经省、市两级医学会鉴定不构成医学事故(表1、表2),医方无责任。患者的死亡与我院的医疗行为没有因果关系,我院的医疗行为没有过错。请求法院依法驳回原告的诉讼请求。

二审判决:A医院承担30%的赔偿责任

原审法院判决,被告A医院应在本判决发生法律效力之日起10日内赔偿原告患方各项损失共107,718.7元;回原告患方的其他诉讼请求。A医院不服原审判决,提起上诉。

二审审理后,二审法院认为:

患者生前患有多种疾病,因病情的恶化才转入上诉人(即原审被告,A医院)处就诊,而上诉人也将患者作为危重患者收入诊治,对患者采取相应的诊疗措施,在前后两天的诊疗过程中,上诉人虽然开具B超、胸片检查医嘱单,但没有当即进行检查,而相隔1天之后在患者病情进一步恶化时才作出相应的检查,对此,被上诉人(即原审原告,患方)认患者当时已经病情危重,上诉人未及时检查病因,延误了对患者的诊疗时机,而上诉人在原审陈述时称检查需要预约及时间准备,二审陈述认为因预约执行、机器不能移动,检查只是辅助检查,不是过错。

由于患者进入上诉人处治疗时,已经属于危重患者,在短短两天的治疗过程中,上诉人开具检查医嘱,又没有及时执行,表明上诉人在明知患者病情危急的情况下,没有及时为患者采取相关的检查措施以确定病因,对病情发展的严重性认识不足,病情观察记录不规范,在客观上可能使患者的病情加速恶化。另外,肝功能严重受损的患者应慎用塞来昔布,而患者肝功能严重受损,上诉人仍使用塞来昔布进行镇痛,说明上诉人在使用药物过程中未尽必要、谨慎的注意义务,客观上可能加重患者的肝功能损害。

上诉人在对患者作腹部穿刺术时,也未见相关检查同意书,导致被上诉人对该腹部穿刺的检查时间也持有异议。因此,虽然医疗事故技术鉴定意见认为上诉人的医疗行为与患者的死亡没有直接因果关系,但上诉人医疗行为的过错客观上可能加速了患者病情的恶化,以致相对减少了患者延长生命的可能性,与最终发生的死亡结果存在法律上的相当因果关系。换言之,上诉人提出的证据未能证明其医疗行为与患者的损害结果之间不存在因果关系以及不存在医疗过错。虽然本医案经两次鉴定均认为不构成医疗事故,但是否构成医疗事故不是认定医疗过失损害赔偿责任的必要条件,鉴定结论亦不是当然的定案依据,对于鉴定机构认为不构成事故,但经审理能认定医疗机构确实存在民事过错、符合民事侵权构成要件,应依法确定医疗机构应承担民事责任。从责任范围来看,患者属于危重患者,其自身疾病的自然转归是其死亡的主要因素,上诉人的医疗过失是患者死亡的次要因素。考虑到医疗过失与损害后果的相关程度,原审判决由上诉人承担被上诉人损失的30%的赔偿责任并无不当,本院予以维持。

综上所述,二审法院确认被上诉人因本医案造成的损失为325,729元,上诉人应承担被上诉人损失30%的赔偿责任,应赔偿97,718.7元给被上诉人。驳回患方的其他诉讼请求。

各方意见

律师代表

李建蓉　依照《侵权行为法》第54条、《民法通则》第106条第2款的规定,即使医疗机构的诊疗行为经鉴定不属于医疗事故,但根据该鉴定结果不能绝对地认为医疗机构没有任何医疗过错。结合案件的证据材料,医疗机构的诊疗行为有符合民事侵权构成要件的,仍会认定有民事过错行为,按过错程度向患者承担民事赔偿责任。

在医患双方发生医疗损害纠纷后,医疗机构履行义务的重要证据就体现在患者的病历材料记载。因此,如何规范、全面、及时地书写病历材料,是医疗机构应当予以重视的法律问题。

在以上两种原因产生同一损害结果的情况下,法院根据医疗机构的过错大小、医疗过错行为对损害后果的原因力以及损害后果确定医疗机构的赔偿责任。原因力的大小是判定承担责任多少的关键。

依据本案案例,医院机构应当清晰地知道,在与患者建立医疗服务合同关系后,在诊疗过程中,应当履行哪些应尽的义务,如何更好地将履行的义务在患者的病历材料中全面客观地体现出来,以免在医疗损害纠纷案件中被动。

法官代表

官健　本案经两级医学会鉴定,分别指出医方存在以下问题:腹部穿刺术未见相关检查同意书;对肝功能严重受损的患者应慎用塞来昔布;病程记录及血糖、血压等病情观察记录不规范。

从法律意义上看,这些问题均已构成了过失,但是否侵犯了患者的生命权,或者说医方是否应对患者的死亡后果承担民事赔偿责任,则必须具备因果关系之要件。具体来看,医方进行腹腔穿刺术未签署书面同意书,违反了告知说明义务,但从患者的病情发展来看,腹腔穿刺有助于诊断,却并非致死因素;塞来昔布的使用的确有可能加重肝功能损害,但患者死亡亦非肝损害加重所导致;关于病历记录的不规范,影响的是医方的举证,本案中并未影响过错及死因的判断。从两级医学会的鉴定意见来看,上述三点均与患者死亡之间不构成因果关系。

至于入院当天开具 B 超、胸片而未能及时检查的问题，患者由外院转入，应已经做过相关的检查，这两项检查是否必须入院当日紧急进行，医学会并未给出直接的意见，并无定论。从患者的死因来看，这两项检查当日进行与否似乎并无影响。因此，医方虽然过错不少，欠缺规范，但这些与患者死亡之间并不存在因果关系，两级法院认定医方对患者死亡的损失承担 30% 的赔偿责任，依据并不充分。

当然，法律上的因果关系同时也是一种价值判断，由于医方存在诸多过失，从否定性评价的角度判医方承担一定的责任，有利于规范医方的行为，亦非不可。但 30% 的责任似乎偏重，10% 可能更符合本案的实际情况以及医患双方利益的平衡。

本案启示

掌握防范检查预约风险三要素

广东行政学院法学教研部　广东省医学会医事法学分会　宋儒亮

检查预约是及时还是延时，既是一个在临床仍多发争议的问题，也是司法实践常引发诉讼纠纷的问题。

专门对检查预约问题进行医法研讨和分析，不仅因它的常见、普遍，更基于揭示这样一个问题：检查预约的结果本身具有指标意义：既可在临床上用于判断患者病情状态和医院当下的管理水平，也可用于法律上判断是否履行紧急救治义务和判决医院是否存在归责事由。

懂得临床检验危急值价值是作好检查预约风险防范的首要目标

临床检验危急值报告制度是一项较新的医院管理制度。《医院工作制度与人员岗位职责》二十、临床检验危急值报告制度之一规定:危急值是指当这种检验结果出现时,表明患者可能止处于有生命危险的边缘状态,临床医生需要及时得到检验信息,迅速给予患者有效的干预措施或治疗,就可挽救患者生命,否则就有可能出现严重后果,失去最佳抢救机会。也就是说,根据危急值而形成的危急值报告,价值深远,作用巨大,从医法结合角度,至少存在四方面医法价值:在临床上,危急值可作为患者可能正处于生命危险边缘状态的判断指标;在管理上,临床检验的危急值报告可作为对医院进行管理评价的重要依据;在法律上,可作为判断医方是否履行对患者及时实施紧急救治的标志;在问责上,可作为判断医方是否存在法定的免责事由之依据。

因此,懂得从医法角度对临床检验危急值报告价值进行解读和运用,是作好检查预约风险防范的首要目标。

明白检查预约注意要点是作好检查预约风险防范的基本之功

在临床活动中,患者须预约各种检查。从管理角度,完成各种检查预约工作,共同要点包括:进行各种特殊造影检查,应事先预约;急诊患者随到随检即时报告;要按规定的时限,报告要密切结合临床等。

之所以要懂得这些种类和注意要点，是因为在检查预约问题上，常表现为医疗活动实践同医疗法律规定之间的不一致性。一方面，众所周知的是，从管理上、法律上，对诸如进修等工作的要求是非常明确和严格的；另一方面，医院尤其三甲医院，患者做检查时无医护人员等陪护十分常见。

从现状上看，这些不一致问题是容易被医方以种种理由、主张、观点进行解释和接受的，其结果就是被迷惑、遮盖或者忽略，以致这类问题常年在但难解，纠纷多发但难免，成为管理顽疾和风险难点。在目前医疗环境下，这是医院普遍存在的现象，大医院更明显、更多见。

虽然明知医院存在上述问题而难以防范，除经费、管理、法律等问题之外，最突出原因是认识还不到位，要认识到：这类问题已是一个法律的强制性问题，不是医患沟通的柔性问题，比如医生要明确知道，检查预约要医护人员陪同和把握检查要点等，这是不可以变通的。这是基本要求，是配合法律适用的基本功，不履行好这些基本要求，医方就存在过错的可能，而这有法律可援引并可能被问责。

满足外出检查预约的医法条件是做好检查预约风险防范的关键之处

临床医生每天都要面对这样的问题：病情较重的患者可以去做检查吗？若不去检查诊断不清，但去检查途中发生意外如何处理？就如本例患者在检查过程中死亡而被法院认为“在腹胀原因不明、病情危急的情形下，没有及时为患者采取必要的检查措施以查明腹胀原因”，结论是医方存在过错而要承担法律责任。

法院判决正确吗？就如何看待这个问题，有医生认为：一方面，国内没有哪家医院能做到所有检查即开即做；另一方面，有些检查是需要一定的条件才能做；在没有B超、CT等影像学检查前，有些疾病也是可作出临床诊断的。该医生观点具有一定代表性，但这能够用于回答法院的质疑吗？法律支持这样的主张吗？更进一步说，如何防范患者外出预约检查的法律风险？

此时应当懂得外出检查预约的条件存在与否，是能否和是否外出进行检查的前提和基础。在众多“条件”准备、限制和要求中，更应当从医学和法律角度进行防范，比如懂得危急值运用和懂得检查预约注意要点，在此基础上做好外出检查患者的紧急救治工作，如此主张是具有医学和司法价值，并且受法律保护的。

总之，把危急值医法价值、预约检查注意要点和紧急救治条件当作防范检查预约工作三大风险点防范，就能避免许多不必要的医疗纠纷和法律风险。

疑诊隐匿性冠心病患者接受心包穿刺术诱发急性心梗死亡存疑患者的诊疗得失

广东省医学会医事法学分会

程东海　吴洋　宋儒亮　吴晓东　陈明　赖嘉敏　林晓军

病历简介

患者男,55岁,因反复全身水肿10余年,加重伴气促10余天于2010年4月9日入住A医院肾内科诊治,入院诊断为"全身水肿查因:肾病综合征?慢性心功能不全?"。

肾内科住院期间行胸片、甲功五项、24小时尿蛋白定量、甲状腺显像等检查,A医院考虑患者为甲状腺功能减退症(甲减),予激素替代治疗、利尿等治疗并于19日将其转入内分泌科。

22日心脏彩超显示:双房扩大;左室肥大;主动脉增宽并中度主动脉瓣关闭不全;重度二尖瓣关闭不全;大量心包积液;左室收缩功能正常;中度左室舒张功能不全。5月3日患者心肌三项显示肌红蛋白(Myo)64.2 ng/ml,心肌肌钙蛋白Ⅰ(cTnI)0.23 ng/ml,肌酸激酶同工酶(CK－MB)20.8ng/ml。经治疗,患者浮肿渐好转,促甲状腺素(TSH)有所降低,心包积液未见减少。遂于6日将患者转至心内科重症监护室(CCU)。

当日,经患者及家属同意并签字,在心电监护下行心包穿刺术。患者心率迅速减至停止,呼吸停止,即给予静注阿托品和肾上腺素、心肺复苏及气管插管等抢救,心率、呼吸及血压恢复并暂时稳定,意识呈浅—中昏迷状态,予亚低温、脱水等脑复苏治疗。8日心电图显示Ⅱ、Ⅲ、aVF见病理性Q波,V1～V3R波进展不良,各导联ST段无异常压低抬高。患者反复气促伴血氧、血压及心率进行性下降,经抽出心包积液等处理心率及血压可恢复,呼吸平顺。11 日 11 时 30 分,心电监护显示室速发作,予同步电复律、人工心脏按压、静推肾上腺素等抢救,12 时 50 分宣告患者临床死亡。

鉴定意见

表 1　某法医鉴定中心出具的司法鉴定意见书

① 根据法医系统解剖检验,患者身体未见明显机械性损失征象,故可排除机械性暴力作用所致;

② 尸体解剖及组织学检验证实死者患左、右冠状动脉粥样硬化Ⅳ级(管腔狭 90%),心肌梗死(急性 + 陈旧性);右肾积水;脑及肺淤血、水肿;其余脏器淤血。

鉴定意见 患者符合因患冠心病导致急性心肌梗死而死亡。

表 2　某市医学会《医疗事故技术鉴定书》意见

① 医方根据患者的甲功五项、心脏彩超、心肌酶、心电图等检查结果及其临床症状、体征,组织肾内科、内分泌科、心内科 CCU 等专科相继会诊、协助珍治,患者在行心包穿刺术时出现迷走神经反射,经抢救无效于 2010 年 5 月 11 日 12:50 死亡。未发现医方对患者上述处置过程违反临床诊疗规范、常规之情形;

② 关于患方认为医方“对于患者病情未能全面的把握和治疗,未有对患者可能出现的冠心病作出诊断和治疗”的问题,鉴定专家组认为,医方对患者的病情判断,遵循临床循证医学原则,随着患者病情的进展,医方已疑诊患者存在隐匿性冠心病,在客观上亦采取了相关的治疗措施;

③关于患方认为医方“对患者诊断不明确,实施心包穿刺术前未履行知情告知义务,且在患者出现心跳、呼吸减慢时,未实施有效的抢救措施,最终造成其死亡”的问题,鉴定专家组认为:A. 患者大量心包积液的诊断明确,有心包穿刺术指征,无禁忌证;B. 医方在 ICU 监护及具备抢救条件下行心包穿刺术,术前准备充分并履行知情告知义务;C. 医方对患者的术

前诊断、术中处理及抢救措施符合诊疗规范、常规；D. 根据患者的救治经过结合尸解结果，考虑患者是在多支冠脉高度狭窄的基础上，在心包穿刺术时发生迷走神经反射，诱发急性心肌缺血缺氧，因急性心肌梗死死亡，属医疗意外；

④医方的医疗文书欠完善，与患方的沟通不够充分，为其不足之处。

结论　未发现医方的医疗行为违反医疗卫生管理法律、行政法规、部门规章和诊疗护理规范、常规；无医疗过失行为，存在医疗不足；患者行心包穿刺术是其疾病诊疗所需，患者在心包穿刺术时发生迷走神经反射，诱发急性心肌缺血缺氧，因急性心肌梗死死亡，属医疗意外，与医方的医疗行为及医疗不足之间不存在因果关系。因此，本医案不构成医疗事故。

一审双方主张及判决

家属委托某法医鉴定中心对患者死因进行法医鉴定（表1），A 医院对该鉴定意见书无异议。

原告（患方）主张

请判 A 医院赔偿死亡赔偿金、丧葬费、法医鉴定费、精神损害抚慰金共625,044.7元。诉请如下：

医方对于患者存在漏　诊患者入院时已说明有高血压和心脏病史，也提到慢性心功能不全，医方没有行冠心病检查和诊断。

医方对患者诊断不明确，实施心包穿刺术前未履行知情告知义务　在患者出现心跳、呼吸减慢时亦未实施有效抢救措施。

医方抢救方向存在问题　在患者是多支冠脉高度狭窄的状况下，医方对其行心包穿刺术应考虑有无禁忌。在抢救过程中被告关于患者死亡原因的判断与心肌梗死（心梗）无关，因为医方没有预计到患者可能发生心梗。

医方的医疗文书欠完善　与患方沟通不充分。

被告(A 医院)主张

患方不能推翻鉴定　书经 A 医院申请,一审法院在双方均同意的情形下,依法委托某市医学会进行医疗事故技术鉴定。医方对《医疗事故技术鉴定书》(表2)无异议,认为鉴定书在程序上、结论和结论的依据等方面均符合要求。

一审判决

《医疗事故技术鉴定书》合法有效　该鉴定由医患双方及某市医学会各一人共同随机抽取专家组成鉴定组,组织医患双方听证,通过对医患双方提交的证据材料进行分析及合议而形成意见,双方对于某市医学会的鉴定资质、鉴定程序均无异议,故此鉴定合法,结论依法有效。

医方对患者死亡存在一定医疗过失　入院后相关检查均显示心影重度增大,心功能不全、左室肥大、主动脉增宽并中度主动脉瓣关闭不全、重度二尖瓣关闭不全等,医方虽将其转至 CCU,但未尽到应尽的谨慎注意义务,未对其心脏方面原有疾病及可能出现的病情予以足够重视,导致治疗时没有全面考虑,行穿刺术时未能预料其因患有冠心病而出现急性心梗。

认定医方履行了知情告知义务　A 医院在心包穿刺术前向患者及家属交代病情并告知风险等,患者及家属在穿刺知情同意书上签字。

不予认定医方抢救方向是否有问题　患者心包穿刺过程中出现迷走神经反射时,A 医院对患者及时采取心肺复苏及气管插管等抢救,患者家属认为 A 医院抢救的方向存在问题,未能提供充分证据证实。

综上　结合本案具体情况,酌情确定 A 医院承担 20% 赔偿责任。

二审双方主张及判决

患方提起上诉

医方仅需承担20%责任的判决不公 医方过错是导致患者死亡直接原因,仅承担20%的赔偿责任不公。而且,由于对冠心病没有预计,势必影响抢救措施的采取,因为不可能按心梗的方向去抢救。

医疗事故鉴定书中的医方两项过错,一审法院无处理 “医疗文件欠完善”和“与患方沟通不充分”,仅前者一项,医方就应承担不少于20%的责任。患方查阅了大量案例,即使医方在诊疗过程中没有任何过错,只要医疗文件不完备,均应承当责任。

医方责任不应少于60% 医方存在多个过错:诊疗不全面直接导致患者死亡;医疗文件不完善;与患方沟通不充分。故请求二审撤销原审判决,改判支持患方一审诉讼请求。

A医院答辩

《医疗事故技术鉴定书》证明缺少诊断出冠心病的依据 医方已考虑患者患隐匿性冠心病的情况。其住院时间较长,本身存在原发性甲减,心包积液一直增多,心包手术针对其甲减导致的心包积液。而且经相关检查也不存在冠心病病情,因而主要针对甲减治疗,不可能大范围检查。CT等需用碘,但患者有甲减而未能进行。冠心病患者可能猝死,也有很多是猝死后才发现存在冠心病。

穿刺术前医方已充分与患者及家属沟通,且有签字同意 急救处理医方采取心脏复苏以及脑复苏等抢救手段,不能认为医方没有合法进行抢救。

本次手术属医疗意外医方不应承担赔偿责任。

二审判决

原审判决合法合理。二审期间,上诉方无新的事实与理由,也未提交新证据,故二审判决驳回上诉,维持原判。

各方意见

医方代表

陈晞明　患者存在大量心包积液,有心包穿刺指征。患者是在心包穿刺时并发迷走神经反射,诱发冠状动脉粥样斑块破裂导致急性心肌梗死(心梗)致死,属医疗意外。

医方不应负主要医疗责任,但有需改进之处:1.患者入住肾内科时胸片就提示有心包积液可能,故应在肾内科排除肾脏疾病后马上请心内科会诊,不应再转内分泌科而延误早期诊疗;2.心包穿刺中诱发迷走神经反射多见于血容量不足,故术前心包膜的正硬性麻醉应更充分。

吴晓东　医方对疾病诊断及处理顺序合理。受限于目前医学实践水平及疾病的复杂性,未能在心包穿刺前确诊严重冠心病不属漏诊。但医方采取心包穿刺前应充分考虑严重冠心病诊断成立,并告知家属风险,此为医方欠缺。一审判决医方承担20%民事责任较为合理。

患者浮肿十年才来就诊,甲减、冠心病及心包积液均较严重,大大增加治疗难度,某些症状也会被其他更严重的症状掩盖。家属在指责医方同时也应承担延误诊治的责任。

律师代表

赖嘉敏、林晓军　本案鉴定意见所言"医疗文书欠完善,与患方沟通不充分，为其不足之处”，但是，此不足之处与患者死亡之间不存在因果关系。

过去有法院不判决医院承担任何赔偿责任之先例，但不可否认的是，由于患者住院时间较长且早于4月12日就检查出主动脉硬化等病情，医院完全有时间和条件进行各种检查。基于此，面对患方有损害又不具备相应医学专业知识和法律知识，法官常酌情判决医方承担一定比例的赔偿责任予以法律救济。这虽对患方有一定抚慰作用，但仍未能从法规层面有效且有针对性地揭示和解决存在的法律难题，如沟通不足本身就是违法。

具体到本案，如果主动脉硬化，提示全身也有动脉硬化，所以应及早治疗以防心脑血管病发生。

法官代表

官健　本案争议焦点在于冠心病的诊断。在临床实践中，误诊、漏诊并非少见，由此引发的医患纠纷不在少数。并非所有的诊断错误都可认定为医方过失。医疗行为具有未知性、特异性、专业性，不能仅凭“事后被证明为错误”这一点来认定医方存在过错。

根据《侵权责任法》规定，判断医方在诊断过程中是否存在过失的标准主要有两个。一是绝对标准，即限于当时医疗水平难以诊断。若某种疾病在事发当时还不被人们所认识，医方没能做出正确诊断谈不上过失。二是相对标准，即是否已尽到与当时医疗水平相应的诊断义务。本案中，虽然患者死亡后尸检确诊为冠心病、心梗，但其入院时缺乏冠心病病史和症状，大量心包积液也掩盖了冠心病的临床表现，医方的医疗行为符合诊疗规范常规和临床诊疗规律，发生迷走神经反射并复苏成功后亦怀疑到可能存在隐匿性冠心病，且客观上兼顾了冠心病的治疗。因此，本案不支持患方主张，医方诊断不存在过失。一审判定医方承担20%的责任，医方没有上诉，二审维持正确。

本案启示
合理治疗方案需循证医学和法律学的双结合和双肯定

广东行政学院法学教研部　广东省医学会医事法学分会　宋儒亮

谁来选择合理治疗方案?

这是医疗问题也是法律问题。《执业医师法》第二十一条第一项规定:“医师在执业活动中享有下列权利:在注册的执业范围内,进行医学诊查、疾病调查、医学处置、出具相应的医学证明文件,选择合理的医疗、预防、保健方案。”

从法律角度,选择合理治疗方案权是医生执业法定权利,主体并非患者。这是讨论诊疗护理方案是否妥当、选择是否合理的基本判断标准,也是判断损害存在的情况下各方对错的前提。

如何“选择”? 怎样“合理”?

要合理,“选择”有法定条件予以限定　根据《侵权责任法》第五十五条规定，满足患者知情同意的合理前提就是医方的说明应当符合法定要求。

方案是否“合理”有判断原则限定 能获循证医学肯定和法律认可是判断医疗方案“合理”的最优体现，细分为四个判断原则：此前之最好证据、医方资格资质水平档次、患方价值诉求和法规的基本要求。

此前之最好证据以具备法律和医学证据双属性为最好 例如，美国食品与药物管理局（FDA）于2012年8月8日发布声明，宣布批准对Wingspan支架系统标签的修改。该声明就是一种此前之最好证据，具有两种含义：一是其本身就是一种政府文件，属于法律证据范畴；二是其科学性源于医学依据，具有医学证据属性。

医方的资格资质水平档次以融合医学和法学双特征为最好 以2011年11月1日《南方都市报》发表的《小涵病因仍不明医院称尽全力救》一文为例，不但从医学角度阐述了会诊、诊断等问题，反映了医方资格资质水平档次；同时，针对过度治疗问题，医方从法律角度进行了解释说明，反映了患方对会诊、诊断和治疗等权益得失的不同认识。在医疗活动中，要实现方案“合理”，既要重医学，也不能轻法学。

关注患方的价值诉求以承认各方诉求有所不同但医学和法学都不缺失为最佳 以2012年4月23日《医师在线》发表的《治疗方案选择差异说明了什么》为例，方案A死亡率低，副作用风险高，选择它可能获得较长的生命时间，却牺牲了生命质量；方案B尽管死亡率高，但副作用少，以生命长度为代价来获取生命质量。医生很容易将患者价值观理解为仅仅延长生命的长度而生命质量放在其次。但同样事件降临到自己身上时，更多的医生看重的是生命质量。正如该文所言，医生对患者价值观的理解与自己价值观迥然不同或许是上述结果的另一种解释。

这个问题在中国还纠缠着经济利益、意识形态（中西医主体文化）等因素。但无论这样，一个不可回避的问题是：同一病情多个治疗方案选择时，对己对人该如何选择才算“合理”？在医疗活动中，既要重医学（表现为存在多种治疗方案），但也不能轻法学，（在面临不同治疗选择时，面对不同的价值诉求,尊重患者的权利);若违反了这样的判断,方案就存在不"合理"性。

医方和患方各自责任是法定的,非双方约定就能修改　针对录音是否是对医生不信任的问题,需指出:1. 录音证据早就是种法定证据形式;2. 医疗信息公开是法定义务,公开完全可采用录音等视听证据形式;3. 对治疗活动中的录音证据虽存在争议,但只要不违反法律、行政法规就允许。不要怕患者拿起法律,要有把患者录音录像当作医嘱的心态,这也是结合循证医学和法学看此问题所应有态度。

总结

本案中,患方认为医方"对于患者病情未能全面的把握和治疗,未对患者可能出现的冠心病作出诊断和治疗"是核心问题,而鉴定专家组认为"医方对患者的病情判断,遵循临床循证医学原则,随着患者病情的进展,医方已疑诊患者存在隐匿性冠心病,在客观上亦采取了相关的治疗措施。"

但治疗真是"遵循临床循证医学原则"了吗?显然,鉴定书中并没有写出支持此观点的证据具体是什么。鉴定中所谓"遵循临床循证医学原则"还只是个概念,虽有进步但仍停留在观点、观念层面。若在鉴定中能严格遵循临床循证医学原则,比如能够提交在治疗前医方"已提供了此前之最好证据、指出医方资格资质同治疗之间的关系、对患方价值诉求有具体尊重"等证据,医学审查肯定通过。鉴定意见若再能明确指出医方没有违反的具体是何医疗卫生管理法律、行政法规、部门规章和诊疗护理规范、常规,就会具有很强的法律性。

一份好的鉴定意见既要满足科学和法律学要求,也要让医学和法学有机融合,才称得上是"循证医学和法律学"双结合和双肯定。

接受双肾ECT检查的患者突发急性心力衰竭进而死亡 患者原因还是操作不当?

广东省医学会医事法学分会
陈伟 宋儒亮 官健 傅晓英 余怀生 刘玉莹 范海媚 赖嘉敏

病历简介

患者女,70岁,2008年4月16日因"口干、多饮、多尿"2月入院A医院内分泌病区,诊断为"1. 口干、多饮、多尿查因:2型糖尿病? 2. 高血压3级(极高危),高血压性心脏病,心功能Ⅲ级;3. 尿路感染;4. 高脂血症"。医方予降糖、降压并减轻心肌耗氧、降脂、护心扩冠、抗凝及抗感染等治疗。经治疗,患者血糖控制良好;血压(BP)(126~150)(/60~86)mmHg。18日,因患者曾有肾结核、高血压病史,BP一直控制不佳,医方拟行双肾ECT(放射性核素肾图)了解肾损害程度指导治疗,告知检查目的及须知,患者同意并签字确认。

21日患者行双肾ECT检查,15:25床边静脉注射99mTc-DTPA开始肾影像数据动态采集。15:45患者躁动,诉"胸闷痛、头痛",随即终止检查并通知核医学科医生赶到现场。生命体征正常,送患者回病房。16:20患者突然心前区闷痛加剧,不能平卧,呼吸困难,口吐泡沫和粉红色泡沫痰,心跳呼吸骤停,随后送急诊抢救室抢救。患者全身散在红斑、四肢冰冷,予多巴胺、甲泼尼龙琥珀酸钠等静注。16:30患者在人工机械辅助呼吸下心跳恢复,转入重症监护室,转入时呈昏迷状。23日,床旁胸片提示双肺渗出明显好转。心肺复苏术后患者出现缺血缺氧性脑病,持续予呼吸机辅助呼吸、维持电解质平衡、保护脑组织等治疗。24日6:54患者病情恶化,脉搏72次/分,BP65/34mmHg,深昏迷,立即抢救。抢救无效,8:23宣告临床死亡。医方建议行尸体解剖以明确死因，因患方提出异议而未进行。

鉴定意见

某市医学会于2011年8月5日出具的《医疗事故技术鉴定书》

①A医院对患者诊断明确，相关治疗恰当。医方在患者入院后在完善相关检查的同时采取糖尿病饮食，每天监测血糖、血压等措施，给予降糖、降压并减轻心肌耗氧、降脂、护心扩冠、抗凝及抗感染等治疗是恰当的。经治疗后患者血糖控制良好，但血压一直控制不佳。结合患者既往有肾结核、高血压病病史，医方考虑有肾损害可能。为了解其肾损害程度及指导进一步治疗，医方建议行双肾ECT检查是合理的，符合糖尿病慢性并发症和高血压并发症的检查规范。

②行ECT检查前，A医院向患者告知检查目的及检查须知，经患者同意并签字确认后安排双肾ECT检查。未发现医方在接诊检查、检查过程中对突发情况处理和组织抢救过程中存在违反医疗操作规范与诊疗常规的医疗过失行为。

③关于激素（甲泼尼龙琥珀酸钠）的应用问题。患者在行ECT检查当天到达检查科室时神志清楚，静脉注射示踪剂后突发不适，心跳呼吸骤停，其后成功心肺复苏。鉴定专家组认为，紧急情况下无法完全排除过敏性休克以及考虑为心肺复苏术后需保护患者的脑部和其他脏器的功能、减少渗出等不良后果，短期使用激素（甲泼尼龙琥珀酸钠）是恰当和适宜的；患者心肺复苏成功后转入重症监护室治疗期间，并未因使用激素而出现血糖过高或急性糖尿病并发症如高渗状态或酮症酸中毒等，因此，激素使用对患者病情并无不利影响。临床上，在糖尿病患者诊治过程中，患者因需要治疗其他疾病而应用激素的情况并不少见。

④肾脏ECT动态检查是目前临床上常用的核医学检查项目，安全准确，无明显禁忌证，是公认的肾功能和肾血管疾病早期诊断的重要方法，使用的

放射性药物99mTc－DTPA［锝(99mTc)喷替酸盐］是《中华人民共和国药典》中列录的放射性诊断药物，该药典禁忌证中无该药致敏条款。至今为止，国内相关专业资料、专著等均无99mTc－DTPA药物不良反应记载。且使用同一批次示踪剂的数例患者中除该患者外，并无不适症状。鉴定专家组认为，ECT检查属无创性常规检查，注射的示踪剂为99mTc－DTPA并非患方所理解的CT检查中的"造影剂"；药典及相关《指南》所列之禁忌证中均无该药致敏条款，患方推测药物过敏导致患者死亡的结论不成立。

⑤关于患方提出医方未能及时封存ECT检查相关物证资料的问题。99mTc－DTPA为放射性示踪剂，与一般药物和造影剂不同。核素检查是利用放射性药物通过患者的器官时对该种示踪剂摄取、分布和排泄过程的情况来分析、诊断疾病。示踪剂经过一定的时间后，将完全衰变为无放射性活性的普通物质从而失去示踪的药物能力，转变成为没有放射性活性的、无示踪效能的物质。在鉴定会上医方陈述，检查当天下午，使用同一批次99mTc－DTPA作为示踪剂的数例患者中，除患者1人感到不适外，其余患者均无异常。故无必要对当天使用的99mTc－DTPA进行封存。

⑥2008年4月24日患者死亡后，医方建议行尸检以明确死因。4月25日患方表示"暂未决定"；4月26日患方提出"尸检与否应由院方做出必要性和能显示对引至心跳骤停的必然结果的具体详尽报告给我方后研究决定"意见。鉴定专家组认为，为了解患者死亡确切原因，医方建议行尸体解剖是遵循相关法规规定的。患方要求医方在没有尸体解剖之前作出"具体详尽报告"是不现实的；医方不存在拒绝尸检的情形。

⑦鉴定专家组根据现有的鉴定资料从临床的角度分析判断，考虑患者主要的死亡原因是急性左心功能衰竭导致心跳骤停，心肺复苏术后出现缺血缺氧性脑病以及多器官功能衰竭，该死因与其行ECT检查无因果关系。

⑧医疗文书记录欠详尽和欠及时，病程记录缺乏对病情变化的分析为医方的医疗不足之处。综上所述未发现A医院的医疗行为违反医疗卫生管理法律、行政法规和诊疗护理规范、常规；无医疗过失行为，存在医疗不足；

患者的死亡考虑与其急性左心功能衰竭导致心跳骤停，心肺复苏术后出现缺血缺氧性脑病以及多器官功能衰竭有关，与A医院的医疗行为及医疗不足之间不存在因果关系。

结论　本医案不构成医疗事故。

一审双方主张及判决

原告（患方）核心诉请

患者与A医院建立医疗服务合同关系，A医院未能提供安全、优质的医疗服务应属违约，要求A医院承担赔偿责任。

患者存在ECT检查6种慎用情形中的5种，该检查对患者是高风险和不安全的　A医院提供的检查同意书内容严重缺失、实为未告知；患者选择同意项及签名日期空白且无任何患者签名同意的旁证。

鉴定专家假设药物过敏存在而认同A医院在此情况下使用甲泼尼龙琥珀酸钠，但未对当时是否存在药物过敏作实质性分析　ECT检查需静脉注射药物，存在侵入性和药物过敏可能。

患方未要求A医院在尸体解剖前提供死亡确凿证据和详尽报告，患方对尸检陌生，A医院应多加解释使之予以配合　尸检是A医院的法定合同义务，因A医院未尽合同义务导致本案不具备科学分析医学上因果关系的基本条件。

A医院违反了《医疗事故处理条例》中至少4项规定，专家组仅以“不足”二字轻描淡写，是办事不公鉴定　机构未采纳患方对专家组提出的设置意见，导致鉴定意见书水平不高。

被告（A医院）答辩

认可《医疗事故技术鉴定书》，医疗费应按患者家属个人缴费金额确定其损失,患方其余要求支付的费用无法律依据。

一审判决

A 医院承担赔偿的前提是提供的医疗服务中存在违约行为、该行为与患者的损害结果存在因果关系。法院委托某市医学会进行鉴定(表),患方未提交相应证据推翻该意见,因此法院采信该鉴定意见和结论。A 医院存在“医疗文书记录欠详尽和欠及时,病程记录缺乏对病情变化的分析”的医疗不足不造成患者的损害后果。据此,原审法院认为原告请求不符合《中华人民共和国民法通则》第一百零六条的规定,判决如下:驳回原告全部诉讼请求。

二审双方主张及判决

上诉人(即原审原告)

请求撤销原判,改判支持其原审诉讼请求。

一审主要事实不清、审理过程不当、判决书失实。提请二审法院认定法律事实:1. ECT 检查配套急救设施不完善导致患者抢救不及时;2. 医方 ECT 检查过程相关记录事实不清;3. ECT 检查中患者出现呼吸心跳骤停,有关人员工作懈怠、抢救不及时,存在违约;4. ECT 检查对患者而言不安全,医方未尽安全注意义务存在违约;5. 医方未能及时封存 ECT 检查物证资料,存在违约;6.《核医学检查通知同意单》对患者实为未告知,为无效合同;7. 医方借故拖延尸检,存在违约行为;8. 医方隐匿病历资料属违约行为。

被上诉人(A 医院)答辩

不同意患方上诉请求。

二审判决

双方医疗服务合同成立。患方虽上诉认为A医院存在多种违约行为，但未提交相关证据予以证明。据此，二审判决如下：驳回上诉，维持原判。

各方意见

医方代表

杜作义（心血管内科）尽管没有尸检，但患者在行放射性核素肾图（ECT）检查期间突然出现呼吸困难、有粉红色泡沫痰、胸片初示肺水肿但复查示肺部渗出短期内明显吸收，均支持患者主要病情变化原因是急性左心衰，从而导致心跳骤停、心肺复苏术后出现缺血缺氧性脑病以及多器官功能衰竭，该死因与其行ECT检查无因果关系。

傅晓英（内分泌科）患者在院内是否发生“不可预测”事件取决于各种确定和不确定因素。确定因素主要指年龄、病史、病种及其程度。尽管本案家属不能接受患者在一次“安全”检查中突然死亡这一残酷事实，但在医生看来，高龄、高血压病史46年、20天前刚经历心衰、现又合并重度糖代谢紊乱的糖尿病患者，任何时间、任何地点突发心血管事件都非常符合医学预测。医生能否恰如其分地把这种医学不可预测风险事先告知家属，使其对不可预测事件的发生时间和地点有所接受，这考量医生的临床经验和沟通技巧。不确定因素包括个体体质特征、个体性格特征、药代学个体差异、治疗效果差异等。医生是否观察了诸多变化细节（情绪、睡眠、心率等）对评估患者能否接受外出检查大有裨益；深谙患者预期生命风险对评估住院时做大型检查的必要性非常重要。如果掌握更多不确定因素，可能会避免一些“不可避免”事件的过早发生。

陈伟、刘玉莹（医务科）在本医案，患者出现心跳、呼吸骤停，核医学科医务人员立即予吸氧、胸外按压并通知相关人员到场行心肺复苏抢救，复苏成功后将患者转入重症医学科进一步救治，并不存在ECT检查配套急救设施不完善、抢救不及时之说。对于尸检，医院仅有告知义务，最终是否进行尸检的决定权在患方。若拒绝尸检，应当由患方承担相应举证不能责任。

律师代表

李立、余怀生　检查项目用药虽在临床上很普遍，但检查项目用药作为诉讼原因的案例并不多。本案虽因患者病情恶化而有争议，但也不容易想到这方面，这在司法和医疗工作中值得注意。另外，患方拒绝进行尸检，此时判定医院诊疗行为是否存在过错，主要考虑检查指征、是否明确诊断并积极治疗、情况预见和防范措施、注意义务等，若已尽到其应有诊疗注意义务，则认定医院诊疗行为不存在过错。

法官代表

官健　看病离不开检查，检查通常在病房外的检查科室进行。在患者接受检查以及往返过程中，可能隐藏着意外和风险。如果医方在此过程中疏于注意及防范，则可能引发不良后果并承担相应责任。

本案患者在接受ECT检查过程中发生急性左心衰并不治身亡而引发纠纷，争议焦点在于医方是否尽到了谨慎的注意义务。具体主要体现在以下三个方面：一、特殊患者的陪护义务和安全保障义务；二、检查过程中出现异常情况时及时作出正确处理的义务；三、突发危急情况时及时作出合理救治的义务。从本案患者前往核医学科进行ECT检查到病情突然加重、医务人员抢救的整个过程来看，医方已经尽到了以上三个方面的注意义务，不存在过错，无须对患者在检查过程中出现的意外承担责任。

本案启示
提高运用法律思维和方式化解药品缺陷引发医疗损害赔偿的风险防范能力

广东行政学院法学教研部　广东省医学会医事法学分会　宋儒亮

因药品、消毒药剂、医疗器械缺陷，或者输入不合格血液造成医疗损害纠纷案例不断增多，比如本案患者检查时因使用放射性药物 99mTc－DTPA［锝(99mTc)喷替酸盐］等问题而引发此医疗损害赔偿纠纷就是一例。如何更好地提高运用法律思维和方式解决此类纠纷成为迫切的问题，各方尤其是医方要及时跟进、尽快加强。

立法制定

包括药品缺陷引发的损害赔偿责任已是一种法定损害类型，这是深刻认识医疗损害赔偿责任严重性的法律要点。

在《侵权责任法》中，医疗损害责任同产品责任、机动车交通事故责任、环境污染责任、高度危险责任、饲养动物损害责任、物件损害责任并称为七大法定责任，表明医疗损害责任成为一种危及公民人身、财产权益的损害类型,到了须进行专章立法的程度。立法上如此规定是与现实纠纷处理现状相吻合的,最直接的表现为医疗单位接到投诉增多、学会统计争议增多和法院审理案件增多。

案由规定

因药品缺陷引发医疗损害赔偿之案由规定是明确、清楚的,这是认识药品缺陷引发医疗损害赔偿纠纷依法处理的逻辑起点。

最高人民法院关于印发修改后《民事案件案由规定》的通知规定:民事案件案由是民事案件名称的重要组成部分,反映案件所涉及民事法律关系的性质,是将诉讼争议所包含法律关系进行的概括,是人民法院进行民事案件管理的重要手段。在《民事案件案由规定》中,医疗纠纷案由包括两类:服务合同纠纷中的医疗服务合同纠纷;医疗损害责任纠纷中的侵害患者知情同意权责任纠纷和医疗产品责任纠纷。

结合以上规定可知,在医疗活动中,上述案由中的纠纷是纳入司法视野并须法律审查的风险,认识这点,既可更清楚地懂得法院审理医疗纠纷的法律要点,也可更主动地把握防范医疗活动中纠纷之逻辑起点。

归责原则

因药品缺陷引发医疗损害赔偿的归责原则是明确、清楚和严格的,这是认真对待药品损害赔偿责任有无的法律节点。

《侵权责任法》第五十九条规定:“因药品、消毒药剂、医疗器械的缺陷,或者输入不合格的血液造成患者损害的,患者可以向生产者或者血液提供机构请求赔偿,也可以向医疗机构请求赔偿。患者向医疗机构请求赔偿的,医疗机构赔偿后,有权向负有责任的生产者或者血液提供机构追偿。”

据此,立法已有明确的法律规定,并在此基础上确定了法律上最严格的归责原则,即无过错责任原则。该原则表明,无过错并不意味着不承担法律责任。

执业认定

药品引发医疗损害赔偿是导致医方更易赔偿的风险之一，这要求医方认真对待医疗损害赔偿的热点问题。要防范和处理因药物导致赔偿的争议，应提高运用法律思维和方式的能力。

第一，清楚药品归责原则的确定对医方执业提出了更高法律要求。《侵权责任法》第五十九条规定说明：对因药品引发医疗损害赔偿已开始适用严格责任。在药害赔偿问题上，一旦患者使用了医方提供存在缺陷的药品、消毒药剂、医疗器械或者不合格血液，而又有损害，那么，患方就有依据要求医方承担法律责任。至于药物采购、药物调配和药品说明等问题存在与否并不能成为医方免责之抗辩事由。

第二，针对检查项目进行说明，并在此情形下为患者解答检查之惑。ECT 检查时使用的 99mTc－DTPA 是《中华人民共和国药典》（以下简称《药典》）列录的放射性诊断药物，虽然《药典》中并没有该药致敏的条款，并且迄今为止，国内相关专业杂志、教科书、指南和专著中均无以 99mTc－DTPA 作显像检查时出现药物不良反应的记载，但该药依然是引发本案纠纷的重要原因之一。

第三，及时针对检查药物本身和使用情况，为患者解答药物之惑。《药典》及相关指南所列禁忌证中均无 99mTc－DTPA 的致敏条款，不存在药物过敏问题。

第四，及时掌握同一批次检查药物使用情况，以防止危害扩大。就本案而言，在当天同时行 ECT 检查的数例患者中，均使用同一批次示踪剂，除本案患者感到不适外，其余患者在检查时和检查后均未出现不适症状。

第五，及时判断是否须封存 ECT 检查相关物证资料，并视情况向患者说明。在掌握整体使用情况及知晓其余患者均无异常情况后，医方不需要向行政部门汇报，也没必要对当天使用的 99mTc－DTPA 进行封存，但可视情况等不同,再向患者说明。

总结

综上所述,医方应加强用药的法律意识、提高运用法律思维和方式的能力、修正以往因以药养医而形成的用药习惯,回归科学本原,更好地防范风险。

头晕、胸闷急诊入院患者未确诊急性心肌梗死依据不足还是误诊?

广东省医学会医事法学分会

黄伟青　赵凯　宋儒亮　罗碧辉　李立凯　程虎

病历简介

患者男,58岁,入院前2小时站立时突然出现头晕、站立不稳、呼之不应10余分钟,口吐白沫,无抽搐,伴胸闷,以剑突下为主,于2011年2月21日15:45到A医院急诊科就诊。

急诊拟诊晕厥查因:急性脑血管病?低血糖?心脏病?急查心肌肌钙蛋白为阴性;心电图示心肌缺血。予吸氧、滴注磷酸肌酸钠,患者血压逐渐下降,伴恶心、呕吐、狂躁、嗜睡。16:15,告病重。16:22,头颅CT示:左侧内囊后肢可疑腔隙性脑梗塞。

17:33,患者转入神经内科。查体:体温36℃,脉率60次/分,呼吸率20次/分,血压70/30 mmHg。四肢末端冰凉,嗜睡、烦躁、语晰、欠合作;高级智能活动未见异常;双侧瞳孔等圆等大,直径3mm,对光反射灵敏,双眼各向运动到位,鼻唇沟对称,伸舌居中;颈软;四肢肌张力5-级,腱反射(++)对称;生理反射存在,病理征(-),克氏征(-);双肺呼吸音清;心率60次/分,律欠齐,无杂音;腹软,无压痛及反跳痛,肝脾未满意扪及;双下肢不肿;周围血管征(-)。初步诊断:1.休克查因:心源性休克;2.急性心肌梗死;3.肺栓塞?4.肝癌?

19:44,心内科医师进行会诊,会诊意见:1.休克查因:心源性休克(急性右室心梗?);2.肺动脉栓塞?3.心包填塞?医方就地对患者进行抢救,血压稳定后转心内科治疗。医师向患者家属交代患者病情危重,家属表示理解并签字。患者血压继续下降,同时血氧饱和度开始下降,医方予尼可刹米改善患者呼吸,但效果不佳。20:30,患者转入重症监护病房(ICU)进一步救治。医方采取心肺复苏、气管插管、呼吸机辅助呼吸,予多巴胺、去甲肾上腺素升压及开通静脉通道行右颈内静脉置管术等抢救措施,并动态复查心电图、心肌酶、心肌肌钙蛋白等。经抢救,患者症状有所缓解。ICU诊断为:1. 冠心病,急性冠脉综合征,心功能Ⅳ级;2. 急性左心衰;3. 心源性休克;4. 高血压病Ⅲ级(极高危);5. 乙型肝炎?

2月22日22:30,患者心率30次/分,血压测不出,医方实施心肺复苏,但患者症状无改善。22:50,患者死亡,未进行尸检。

医方诊断死亡原因为:1. 心功能衰竭;2. 冠心病,急性冠脉综合征,心功能Ⅳ级;3. 心源性休克;4. 高血压病Ⅲ级(极高危)。

鉴定意见

某市医学会医疗事故技术鉴定意见

①医方对患者的处置过程未违反临床医疗诊疗规范。

②关于患方认为医方将患者急性心肌梗死诊断为急性脑血管病,存在误诊,且实施的治疗措施不当、延误抢救时机,最终造成其死亡的问题。患者以“头晕、胸闷”为主要症状入医方急诊科,当时查体患者无心前区疼痛、出冷汗、气促、言语不清;双肺未闻及干湿性音。心肌肌钙蛋白检查为阴性,心电图示心肌缺血,头颅CT示:左侧内囊后肢可疑腔隙性脑梗塞。急诊拟“急性脑血管病? 低血糖? 心脏病?”收患者入院。接诊医生已考虑到患者有心血管疾病的可能性,但由于急性心肌梗死心肌损伤反应的心肌肌钙蛋白为阴性,到出现阳性反应有一定窗口期,加之患者心电图表现为非典型急性心肌梗死的图形,在短时间内确诊“急性心肌梗死”依据不足。当医方诊断患者为“心源性休克”后,各种抢救处理措施是及时和正确的。医方不存在误诊,未发现医方存在治疗措施不当和延误抢救时机的情形。由于患者

病情凶险、危重,多脏器功能受损衰竭,致使死亡概率较高。

③医方在医疗过程过程中存在不足之处:急诊医师在首诊时,已考虑到患者心脏病的可能性,并予以相应的辅助检查,但接诊经验不足,未进一步请心内科会诊,协助诊断。综上所述,未发现A医院的医疗行为违反医疗卫生管理法律、行政法规、部门规章和诊疗护理规范、常规;无医疗过失,但存在医疗不足;患者因病情凶险、危重,多脏器功能衰竭经抢救无效死亡,与医方的医疗行为及上述医疗不足之间不存在因果关系。

结论　本医案不构成医疗事故。

一审双方主张及判决

原告(患方)核心诉请

患者因突发头晕、胸闷到A医院急诊科就诊。被告接收患者后,没有对患者实施紧急会诊,在长达2小时的时间里,被告没有确定患者的病因,只做了脑部CT检查,并误诊患者为急性脑血管病,转入神经内科。

在神经内科延误2个多小时后,患者因被误诊且没有得到及时抢救和治疗,导致病情加重。后又转入ICU,但是被告仍未确定患者的病因,更未采取任何得力的抢救和诊治措施。急性心肌梗死虽然凶险,如及时抢救和治疗,如行溶栓和介入治疗,患者死亡率是比较低的。

综上所述,原告认为正是由于被告严重不负责任和误诊行为,才造成了患者死亡,被告在治疗过程中存在严重过错,应承担30%的赔偿责任。原告据此要求A医院赔偿医疗费、丧葬费和死亡赔偿金等共计188,845元以及精神损害抚慰金5万元。

被告(A医院)答辩

医方对患者的诊断明确,实施的治疗措施符合医疗常规、规范,且整个诊疗过程中履行知情告知义务,患者最终死亡是其自身疾病进展所致,与医方的医疗行为无因果关系。

一审判决

某市医学会医疗事故技术鉴定的结论为“不构成医疗事故”且双方均无异议,故本案属于医疗损害责任赔偿纠纷,依法适用《侵权责任法》和最高人民法院的相关司法解释。

医疗事故技术鉴定认定 A 医院无医疗行为违反医疗卫生管理法律、行政法规、部门规章和诊疗护理规范、常规,亦无医疗过失。但是《侵权责任法》第五十七条规定,医务人员应尽到与当时医疗水平相应的诊疗义务。本案医方的医疗不足之处与患者损害后果之间存在一定程度的关联。

然而,本案例患者死亡是多脏器功能衰竭导致,且医学是一门在探索中不断发展的学科,对任何一种疾病的诊断、治疗都没有固定模式可以一成不变地套用,医师仍须根据每例患者的实际情况作出决定,而医生对患者病情的诊断需要长时间积累亦属于科学而客观的存在。

据此,原审法院主要判决如下:被告 A 医院赔偿医药费、丧葬费和死亡赔偿金共计 92,563.73 元,支付精神损害抚慰金 1 万元。

二审双方主张及判决

上诉人(A 医院)

请求撤销原判,改判驳回原告的所有诉讼请求,由原告承担本案的诉讼费用。理由如下:

第一,我院对患者的医疗行为符合临床医学循序渐进的诊疗原则,符合诊疗护理常规、规范,医方尽到了与当时的医疗水平相应的诊疗义务,符合当今医疗界整体诊治水平。患者病情凶险、危重,多脏器功能衰竭,经抢救无效死亡,与我院医疗行为无因果关系。

第二,一审法院判决我院承担20%的责任及高额精神损害抚慰金,与目前司法判决实际不符,缺乏事实依据和科学依据。关于鉴定专家认为医方医疗行为存在不足的问题,是所有鉴定书中必备的内容,是为了总结临床经验而给予医方的医学建议,不能等同于医疗过失行为。患方未申请再次鉴定和司法过错鉴定,一审法官也未以书面形式请求鉴定机构回复意见或根据权威教科书作为依据,以医疗不足为由认定我院存在医疗过失、确定我院承担20%的责任对医疗机构不公平。

被上诉人(患方)答辩

同意原审判决。

二审判决

原审法院根据双方当事人的诉辩、提交的证据对本案事实进行了认定,并在此基础上依法作出原审判决,合法合理,且理由阐述充分,本院予以确认。

本院审理期间,A医院既未有新的事实和理由,也未提交新的证据予以佐证自己的主张,故本院认可原审法院对事实的分析认定,即对A医院的上诉请求,不予支持。

据此,二审法院认为,原审判决认定事实清楚、适用法律正确,应予维持;上诉人的上诉理由均不成立,应予驳回。二审法院依法判决如下:驳回上诉,维持原判。

各方意见

医方代表

罗碧辉(心内科)急诊科诊断体现了接诊医师的鉴别诊断意识。从心内

科角度来看,恶心和呕吐是急性下壁心肌梗死常见的临床症状,若合并血压下降,提示梗死面积大,存在急性右室心梗的可能性。

急诊科医师及时对患者家属进行告病重,并及时对患者进行了CT检查,医疗行为上完成较好。在未完全排除急性心梗的前提下,如果CT未见脑出血,急诊科医师不应忽略急性心梗的可能性及请心内科会诊,毕竟患者已出现的症状不能完全用头颅CT结果来解释。

从整个事件过程来看,各科医师在鉴别诊断方面的考虑均较为全面,根据鉴别诊断思路实施的检查也较为全面。但目前临床医师存在的最大问题是如何抉择于多个矛盾中。医师的技术应体现在对疾病全面而深刻的认识以及在多个矛盾中识别和驾驭主要矛盾的能力,包括运用药物措施和器械措施诊治的能力。

黄伟青、赵凯(医务科)患者入院后处于抢救状态,急诊科主诊医师很难有时间和患者家属充分沟通。在临床工作中,医师和患方沟通患者所患疾病时,往往说明了诊断,但未对病因作充分解释。大型综合医院的急诊科均承担着院前急救及院内急危患者的救治。与专科医师相比,急诊科医师对于疾病的认知可能存在差异,对疾病的处理、所采取的措施、专业角度也可能略有不同。急诊科医师应当认识到这点,从自身保护的角度出发,多请专业会诊,才能最大限度地避免此类纠纷。

律师代表

李立凯、程虎　对涉及多个临床科室的患者,首诊医师应当按照先急后缓、主次分明的原则收入相应科室。本案例从症状、体征及心电图检查均提示急性心脏病可能性大,患者神经系统表现不典型,收入神经内科对患者的紧急救治造成延误。

本案患者有心脏病因素和脑血管病因素,心脏病的危险程度比脑血管病大、变化快且突然。但是医方未及时请相关科室会诊,在一定程度对疾病救治造成影响。

另外,法院对医学会鉴定结论中存在医疗不足缺乏更进一步的医学和法学结合性分析。由于医学分析不到位,法律解读不全面而易导致法官自由裁量权制约不足的风险。

法官代表

官健　法律的核心内容是权利和义务。若医务人员在医疗过程中没有尽到相应的诊疗义务,侵犯了患者的健康权和生命权,医疗机构需要承担相应民事赔偿责任。本案例所涉及的是会诊义务。从本案患者症状、体征及辅助检查的结果来看,需要在心、脑血管疾病间进行鉴别诊断。在涉及具体专科问题,尤其是在无法明确诊断的情况下,急诊科医师应请相关专科医师会诊、协助诊治。

本案急诊科首诊医师未尽会诊义务,仅凭头颅 CT 的结果就将患者收入神经内科,医学会鉴定意见虽只认定为医疗不足,但从法律层面来看,医方已经构成过错。患者为急性心肌梗死,早期诊断和早期治疗对于疾病的预后非常重要。若患者在急诊阶段即请心内科医师会诊,能得到更专业的诊疗服务,即便病情危重,亦难言没有获救的转机。本案至少延误了 2 个小时的宝贵时间,这对于急性心梗患者可能是致命的。因此,两级法院均认定医疗行为与患者死亡后果之间存在因果关系,判令医方承担 20% 的责任,合理合法。医方上诉无理,应予驳回。

本案启示

合理、谨慎、注意的法律义务应溶入医疗活动中

广东行政学院法学教研部　广东省医学会医事法学分会　宋儒亮

本案有一点可以明确:A 医院将患者直接转入神经内科在医学上是有失

误的，在法律上是存在过错的。因此，关键问题是：医方过错主要是什么？是否具有可抗辩免责的事由？

会诊是医疗活动中必不可少的部分

对法院判决的该案评析

法院判决认定医方不承担全部法律责任。本案二审法院认可了一审法院判决，也即认可一审判决阐述的理由。

《侵权责任法》第六十条规定："患者有损害，因下列情形之一的，医疗机构不承担赔偿责任：(一)患者或者其近亲属不配合医疗机构进行符合诊疗规范的诊疗；(二)医务人员在抢救生命垂危的患者等紧急情况下已经尽到合理诊疗义务；(三)限于当时的医疗水平难以诊疗。前款第一项情形中，医疗机构及其医务人员也有过错的，应当承担相应的赔偿责任。"本案医方是否符合该规定呢？

从程序角度，医疗损害赔偿纠纷案仍然适用举证倒置规则，这是符合规定的；从治疗角度，医师对三个疑似诊断——"低血糖？"、"心脏病？"和"急性脑血管病?"的风险排除存在明显过错;从判决角度,虽判决适用法律规定是正确的,但在适用理由阐述上明显存在值得商榷之处,也即医学和法学结合性分析仍有可争辩和提升之处,在其背后的医法理念指引就是在医疗活动中,医方如何才能更好地体现出法律所要求的选择合理诊疗方案和谨慎、注意之法律义务,以及让我们感悟到它们正把法律义务融入现实的医疗活动中。

合理、谨慎、注意的法律义务

《侵权责任法》第五十七条规定:"医务人员在诊疗活动中未尽到与当时的医疗水平相应的诊疗义务,造成患者损害的,医疗机构应当承担赔偿责任。"作为三甲医院医师,在急诊、疑诊排除、确诊和转科事宜上,是否符合"与当时的医疗水平相应的诊疗义务"之要求?这可从以下角度进行回答,其他同类案件基本也应如此。

第一,该急诊医师的基本情况,包括但不限于该医师资格资历、执业经历和执业年限等,特别要关注其有无与此疾病诊疗相关的专业、专科教育和培训背景。显然,本案审查并没有反映这点。而这方面有无问题,既可反映接诊医师是否具备选择合理诊疗方案的资格资质,又可反映医院急诊科室人员安排管理的水平,这从法律上就是审查和评价医师是否尽到合理、谨慎和注意之法律义务。

第二,该急诊医师诊疗、病历记录等执业水平情况如何。从病历记录情况可直接反映该医师的执业水平和能力,而这又可进一步反映出其是否正确履行了及时治疗、按时完成病历记录、有无请上级医师查看和是否应当提出会诊申请等注意义务。

第三,在转出问题上,本案患者因胸闷、晕厥到医方急诊科就诊,约2小时后转入神经内科,在这期间医师并没有通过有效方法方式排除心脏病和低血糖。显然,医方在这方面明显存在过错。在转入问题上,接诊的神经内科医师应当知道患者有可能更适合在其他科室治疗,为什么收入神经内科?

综上所述,本案医方并没有充分履行其应有的选择合理诊疗方案和履行谨慎、注意之法律义务,在患者死亡的风险发生上存在明显过错,并且过错与患者死亡之间存在一定因果关系。

被告应承担更大比例的法律责任

之所以要审查患者在急诊、疑诊排除、确诊和转科上的问题,目的是判断医师是否选择合理诊疗方案以及履行谨慎、注意之法律义务。审查核心是看医师在三个疑似诊断——“低血糖?”、“心脏病?”和“急性脑血管病?”——问题上,是否充分考虑了风险,并在此基础上进行了防范,而这直接关系患者生命健康权保障问题。

结合上述分析认为,被告并没有履行好法律义务,应当承担更大责任,主要理由如下:

第一,在这三个疾病疑似诊断可能同时存在情况下,医方在诊断和治疗上存在明显过错,并且此过错在法律上直接反映了其对生命权和健康权之把握的失衡和误判。从医学上,风险由高到低的顺序是心脏病、急性脑血管病和低血糖。因此,医师最关注的应是如何确诊或者排除最危险的心脏病。从法律上,生命权高于健康权。急性脑血管病诊断成立的最大风险是健康权受损;而心脏病诊断成立的最大风险是生命权受损。两害权衡取其轻。故应当先考虑因心脏病而引发的生命权争议,其次再考虑因急性脑血管病和低血糖而引发的健康权争议。显然,这个问题上,医方是存在明显过错的。

第二,从过错认定上,该案判决对医方过错程度认定存在认识不足、明显偏轻的问题。

第三,在责任分担上,医方在医疗损害赔偿责任比例分担上也是明显偏少。

一审判决 A 医院只需承担 20% 的责任，但显然这是不妥当的：鉴于医方存在明显和多种过错，并且这些过错不符合该院和该院医师所应当具有的“与当时的医疗水平相应的诊疗义务”。因此，针对患者死亡，医方至少承担 80% 的责任为妥。

置入心脏起搏器后患者反复感染但不配合治疗 不利后果由谁埋单?

广东省医学会医事法学分会
陈伟　刘玉莹　宋儒亮　黄亚杰　喻桂秋　赖嘉敏　董丽霞

病历简介

患者男,68岁,因“反复胸闷3年,再发伴气促1月”于2010年8月10日入住A医院心血管内科。

入院查体:体温36.4℃,脉率84次/分,呼吸率24次/分,血压140/85mmHg。神清,查体合作;双肺叩诊清音,听诊呼吸音粗,未闻及干、湿性音;心前区无隆起,未触及震颤和心包摩擦感,心脏相对浊音界向左扩大,心率84次/分,律齐,各瓣膜听诊区未闻及杂音;腹部无异常;双下肢浮肿;神经系统检查未见异常。既往史:高血压病史3年,糖尿病史3年,平时口服药物治疗。

初步诊断:1.冠心病:稳定性心绞痛,心功能Ⅲ级;2.高血压病2级(极高危);3.2型糖尿病。

入院后三大常规检查未见异常。心电图示:窦性心律,电轴左偏,T波改变。心脏磁共振成像(MRI)示:左房、左室大,左室流出道增宽,左室舒张功能减低,左室射血分数(LVEF)36%,二尖瓣反流。冠状动脉造影示:冠状动脉前降支无狭窄,回旋支中段狭窄30%,右冠脉中段狭窄20%,远端血流TIMI 3级,心影增大,心脏收缩乏力,考虑诊断:冠状动脉回旋支及右冠脉轻度狭窄。心脏超声心动图示:主动脉内径增宽,主动脉弹性减低,二尖瓣反流并左房、左室大,左室舒张末内径66 mm,左室流出道增宽,左室舒张功能减低,LVEF 36%,二尖瓣反流面积6.5 cm^2。入院诊断:扩张型心肌病,心功能不全(心功能Ⅲ级)。

8月12日,经向患者家属交代病情,并告知术中及术后可能发生的意外和并发症等情况、患者及其家属表示理解并签署相关同意书后,医师予患者行心脏再同步化治疗(CRT),术程顺利。术后予控制血压、利尿、抗心衰、降糖等治疗;术后复查心电图示:窦性心律,起搏器心电图(心房感知、心室起搏、起搏器感知、起搏功能良好),T波改变。患者胸闷缓解,一般活动无气促,无夜间阵发性呼吸困难;血压130/70 mmHg,心率90次/分,律齐;双下肢无浮肿;创口愈合良好。

2011年1~8月患者因起搏器囊袋感染,多次到医院就诊。A医院多次强烈建议患者行起搏器囊袋切开引流、起搏器深埋手术治疗。患者及其家属一直不同意手术治疗。8月23日行起搏器扩置取出+起搏器囊袋清创、引流术,术后患者病情平稳。

鉴于治疗效果不好,患者近亲属以A医院对患者的诊疗行为存在过错为由,向原审法院提起医疗损害责任纠纷,要求A医院承担赔偿责任。

鉴定意见

某市医学会《医疗事故技术鉴定书》

①被告对原告的整个处置过程和实施的诊治措施符合临床诊疗规范。

②关于原告认为"被告没有根据原告病情为其选择最佳治疗方案,术前也没有将手术风险详细说明,存在过错"的问题,原告有行抗心衰及CRT治疗的必要性,术前检查未发现手术禁忌证,术前被告已履行手术风险告知义务,并经原告签字同意,未发现被告存在违反诊疗常规及医疗过错之情形。

③被告在原告术后并发感染的处理是积极的,已履行医疗告知义务并经患方签字确认,患方未予积极配合,在一定程度影响了患者疾病的进一步治疗。

④原告为近70岁老年人，既往有糖尿病史3年，术后并发创口多次感染及引发身体多个部位发生病变的损害后果，考虑与其自身体质及长期慢性疾病等因素有关，未发现被告存在用药不当之情形。

⑤原告入住被告心血管内科后，被告按诊疗常规执行三级查房制度并作查房记录，手术医师具备手术资质，符合临床诊疗常规要求，未发现医方的医疗行为存在患方所诉不足之情形。

⑥被告在对原告的诊治过程中存在与患方沟通不足，尤其在患者术后反复出现感染后、患方多次拒绝手术治疗时，医方应详细向患方解释不及时行手术治疗的不良预后等情况。

综上所述，未发现A医院的医疗行为违反医疗卫生管理法律、行政法规、部门规章和诊疗护理规范、常规；无医疗过失行为，存在医疗不足；患者创口多次感染及引发身体多个部位发生病变的损害后果与原告自身体质及长期慢性疾病等因素有关，与A医院的医疗行为及上述医疗不足之间不存在因果关系。

结论　本医案不构成医疗事故。

一审双方主张及判决

原告(患方)核心诉请

1. A医院置入患者体内的心脏起搏器为假冒伪劣产品。A医院医师承诺术后起搏器可在人体内保持4～8年的寿命，可是在术后不到一年又取出起搏器，造成患者左胸部局部反复感染，有脓液从破溃口流出，甚至造成患者身体多个部位发生病变。

2. A医院未根据患者病情选择最佳治疗方案，术前未充分告知风险，且术中操作违规，存在过错。患者因劳力性气促和胸闷前往A医院诊治，A医院医师草率诊断后建议安装心脏起搏器。术前医师未告知患者及其家属起搏器可用可不用，医师在没有十足把握的情况下，违规做了安装起搏器手术。

3. 术后患者出现感染并发症时，A 医院未予有效治疗措施、延误病情，且用药不当，造成患者创口多次感染及引发身体多个部位发生病变的损害后果。

4. 医方责任心不强，科室主任和技术骨干不重视患者病情，未查房及指导和主持手术过程。

原告据此要求 A 医院赔偿医疗费 303,288.06 元、住院伙食补助费 7500 元、护理费 8 万元、误工费 45,687 元、营养费 1.5 万元、交通费 3000 元、残疾赔偿金 238,978 元、后续治疗费 20 万元、精神损害抚慰金 35 万元。

被告(A 医院)答辩

原告的诉讼请求缺乏依据，请求法院驳回原告全部诉讼请求。理由如下：

1. 医方所有医疗器材和用品全部正规招标，选用材质全部合格。

2. 患者诊断明确，术前医师已充分告知患者及家属手术风险，且患者签字同意。

3. 医方严格按指征进行手术治疗，术后患者心功能及心脏结构持续好转，证明医疗行为规范有效。

4. 患者术后出现心脏起搏器囊袋感染与其自身疾病状况及拒绝配合治疗等因素有关，与医方的医疗行为之间无因果关系。

一审判决

A 医院提供了在患者体内取出的心脏起搏器及相关证明材料，与患者手术记录中反映的心脏起搏器信息相符。患者认为 A 医院置入其体内的心脏起搏器为假冒伪劣产品，但并未举证予以证明，不予采纳。

经被告申请、原告同意,本院于诉讼过程中委托某市医学会进行医疗事故鉴定,该学会作出《医疗事故技术鉴定书》,被告对鉴定结论没有异议,原告虽提出异议,但没有充分举证予以推翻,故本院对原告所提出的异议不予采纳,对鉴定书的鉴定意见予以采纳。

鉴于医疗行业属于高风险、试验性行业,在目前的医疗条件及医疗技术水平下,医院在临床上尚无法完全防止、控制手术感染风险及相关并发症的发生,被告在术前已履行相关告知义务,且在原告同意的情况下进行手术治疗。术后并发感染及引发身体多个部位发生病变的损害后果与原告自身体质及长期慢性疾病等因素有关,且原告多次拒绝行手术治疗,非因被告违反技术操作常规或过失造成,与被告的医疗行为及《医疗事故技术鉴定书》中所述医疗不足之间不存在因果关系,故认定被告在为原告治疗过程中不存在过错。

综上所述,原告的诉讼请求缺乏事实和法律依据,本院不予支持,依法判决:驳回原告全部诉讼请求。

二审双方主张及判决

上诉人(患方)

患方认为原审认定事实不清,判决错误;医方对起搏器的质量没有完成举证义务;医疗事故鉴定认定医院存在医疗不足,原审未就此依法判决是不公平的。患方据此请求撤销原判,改判支持其原审诉讼请求。

被上诉人(A医院)

同意一审判决。

二审判决

二审审理过程中，二审法院补充查明事实：2010 年 8 月 12 日，原告与其妻子签署了《心血管疾病介入检查治疗同意书》，该同意书显示医方术前已告知患者可能出现的起搏器囊袋感染、出血坏死等手术风险。原告妻子在二审庭询时表示，术前医师告知起搏器的费用为 6 万多元，患者不肯装，是她为原告在《使用医疗器械、医用耗材知情同意书》上签字的。

二审法院认定原审判决认定事实清楚、适用法律正确，予以支持。患方上诉理由均不成立，对其上诉请求不予支持，依法判决：驳回上诉，维持原判。

各方意见

医方代表

陈伟（医务科）一审中患方质疑起搏器质量问题导致感染，因此取出的起搏器成为本案的重要物证。但本医案起搏器没有征得患者书面同意即由科室消毒后自行保管，不仅侵犯患者知情权，且此保管方法存在丢失、被不法人员重复利用的隐患。取出的起搏器属于感染性医疗废物，应按照医疗废物处置，并做好相关记录。由于起搏器价格较昂贵，如患方执意要求自我保管，可考虑由患者签订注明起搏器产品标示信息的书面知情同意书，经消毒后可取走起搏器。

刘玉莹（医务科）本医案形式上医方在整个治疗过程中向患者建议了最佳治疗方案，给予了积极治疗，也征得了患者的知情同意。看似医方医疗权及患者自主权都得以体现，但此两者权利最终目的却没有实现。患者术后反复感染住院，最终取出起搏器，固然与患者自身体质及遵医依从性差有很大关系，但其引起长达两年的诉讼和高额诉讼成本却是医患沟通缺乏的体现。对于临床实践中较难进行的沟通,医方可以通过引入医务管理人员、公安等第三方形式提高与患者间的沟通效果以及沟通效力。

律师代表

喻桂秋、赖嘉敏　在医疗器械损害赔偿纠纷中,医疗器械质量争议往往是审查焦点。医方按照《医疗器械监督管理条例》第二十六条规定,提供了生产起搏器厂家的《医疗器械生产企业许可证》、合法经营企业证明及验明产品合格证明。同时医方按照《医疗器械临床使用管理规范(试行)》规定,将置入类医疗器械起搏器名称、关键性技术参数及唯一性标识信息记录到病历中,完全履行了法规规定,让患方提出进行产品质量鉴定的要求难以被法院采纳。

法官代表

官健　医患沟通是指医患双方为治疗患者疾病、满足患者健康需求,在诊治疾病过程中进行的一种交流。《侵权责任法》第五十五条中明确规定,告知说明义务是医务人员的一种法定义务,对应患者知情权和选择权,医务人员未尽该义务而造成患者损害,则医疗机构须承担相应赔偿责任。两者之间既有区别又联系密切,沟通涵盖了告知说明的内容,告知说明需要借助沟通的方法和技巧。

本案中,医学会鉴定意见指出医方存在沟通不足,这在医疗纠纷诉讼中十分常见,反映出医务人员对于沟通不够重视和沟通技巧欠缺这一问题的普遍性。审判实践中,沟通不足是否需要承担责任,素有争议。本人认为,医方承担责任的基础在于违反了法定义务,故应当仔细甄别所谓“沟通不足”仅仅是沟通方法和技巧欠缺而导致的“沟而未通”,还是未尽告知说明义务而侵犯了患者的知情选择权。若仅为前者,医方虽须改进,但无须承担民事责任;若为后者,则已构成侵权,须承担相应的责任。本案中,医方已尽到告知说明义务，但由于沟通不足，未能取得患者充分的理解和信任，导致患者不配合治疗而扩大了损失。出于患者利益至上的考虑，医方虽无须承担责任，但确有改进的空间和必要。

本案启示

说明清楚、平时留意和审理专业是本案医方胜诉的三大原因

广东行政学院法学教研部　广东省医学会医事法学分会　宋儒亮

不遵从医嘱可能导致的不利后果只能由患者自身承担

一个警示：应清楚说明患者须遵从医嘱

患者住院次数多但不听医嘱是本案的一个显著特点。原告在被告处多次住院，被告多次向原告提出医嘱要求，有充分证据证明其已履行了法定说明义务，但原告不配合治疗并拒绝签字，这会产生医学和法律上的双重后果。

就医学而言，针对个案，正如本案患者，疾病向不利方向的发生发展最终只会累及患方自己。

就法律而言，因患者不听从医嘱，导致不利风险向其转移，不仅自己承担不良后果，在行业也难获得支持。《医疗事故处理条例》第三十三条第五项规定："有下列情形之一的，不属于医疗事故：(五)因患方原因延误诊疗导致不良后果的；"在法律上医方也免责：《侵权责任法》第六十条第一项规定："患者有损害，因下列情形之一的，医疗机构不承担赔偿责任：(一)患者或其近亲属不配合医疗机构进行符合诊疗规范的诊疗……"

简言之，医方有责任向患者清楚说明住院治疗期间要配合诊疗。所谓"配合"的判断标准为：符合诊疗规范的诊疗和不能延误诊疗。本案中，医方有充分说明，但患方没做到是其完全承担不利后果的根本原因。

一个经验：诊疗正确并保证记录完整

感染虽是患者住院原因，但案件纠纷主因仍是安装永久性心脏起搏器引发医疗侵权诉讼，因此本案属于医疗器械引发的医疗侵权纠纷案。《侵权责任法》第五十九条规定："因药品、消毒药剂、医疗器械的缺陷，或者输入不合格的血液造成患者损害的，患者可以向生产者或者血液提供机构请求赔偿，也可以向医疗机构请求赔偿。患者向医疗机构请求赔偿的，医疗机构赔偿后，有权向负有责任的生产者或者血液提供机构追偿。"

虽然在法律上，因医疗器械缺陷引发的侵权诉讼已适用无过错原则(或称严格原则)，使医方防范风险难度增大，但本案却并没有导致医方举证不能，其根源体现在医方诊断治疗正确且医疗器械采购使用等原始资料保存记录完整。这是本案得以顺利通过司法审查的关键点，对医方避免以后同类案件具有借鉴意义，其经验主要体现在以下几个方面：

第一，管理人员应有综合安全管理意识，包括对医疗服务中涉及的医疗器械产品安全、人员、制度、技术规范、设施、环境的安全管理。

第二，器械招标采购部门应确保原始资料可查，并按国家分类编码要求，对医疗器械进行唯一性标识，妥善保存高风险医疗器械购入时的包装标识、标签、说明书、合格证明等原始资料，以确保信息可追溯。

第三，器械临床使用者应严格遵照产品使用说明书、技术操作规范和规程使用器械，对产品禁忌证及注意事项严格遵守，须向患者说明的事项应如实告知，不得虚假宣传，误导患者。

第四，诊疗护理人员应在病历中清楚记录临床使用的大型医用设备、置入和介入类医疗器械名称、关键性技术参数及唯一性标识信息。

简言之，虽然医疗器械引发的医疗侵权纠纷案对医方防范难度大、风险高，但只要平时留意保存资料并做好病历记录，纠纷即便发生也完全可应对。

一大进步：法院对案件界定清晰、审判专业

一审、二审法院判决虽均认可医疗事故技术鉴定结论中的医疗不足，但均又完全驳回原告诉请而结案，且在判决中并没有存在类似案件中拖泥带水的陈述、告了就赔的认识和给钱就了的认定，而是就医疗不足中“感染与损害问题”认定给了有针对性、精确性和严格性的界定，这从二审判决的一段文字中可以体现：“关于医学会鉴定指出医方存在与患者沟通不足，尤其患者在术后反复出现感染、多次拒绝行手术治疗时，应详细向患者解释不及时行手术治疗的不良预后等情况的问题，原告术后出现感染属于手术风险，根据鉴定意见，医方对原告术后出现感染不存在过错。医方在发现原告术后感染后给予对症治疗，但患者及其家属多次拒绝配合治疗，其行为属于不配合医疗机构进行符合治疗规范的诊疗，医方对此不应承担责任。上述不足与原告主张的损害之间不构成因果关系。”

该法院阐述表明：感染是手术风险，但手术后感染风险不是沟通不足而是患者拒绝治疗引起，医方对原告术后出现感染不存在过错。

这样的分析和判断是说理、专业和难得的，不仅让医方赢得漂亮、患方输得明白，更主要的是通过纠纷诉讼审判，展现了法官的职业、审理的专业和司法的权威。

复杂型先心病患儿术后肺动脉吻合口狭窄并发症还是医疗损害？

广东省医学会医事法学分会
程东海 吴晓东 宋儒亮 陈次滨 李立 林晓军

病历简介

患儿男，2009年10月生，出生后发现先天性心脏病：大动脉转位、室间隔缺损、房间隔缺损、动脉导管未闭、主动脉狭窄、肺动脉高压等，于2009年10月28日在A医院行体外循环下大动脉调转、主动脉缩窄矫治、室间隔缺损修补、房间隔缺损修补、动脉导管切断缝闭术，11月16日出院。

2009年11月21～30日，患儿因肺炎等在A医院住院治疗，症状好转后出院。

2010年3月30日，患儿在某省B医院复查心脏超声心动图，提示肺动脉吻合口狭窄（重度）、肺动脉主干细小。为进一步诊治，于2010年4月19日入住A医院。

入院查体：体温37℃，脉率128次/分，血压99/52mmHg，体重8 kg，身长68cm。发育正常，营养中等。双侧颈动脉搏动正常，颈静脉无怒张，肝颈静脉回流征阴性。气管居中，呼吸节律规则，三凹征阴性，双侧呼吸音清，可闻及少量湿音，未闻及胸膜摩擦音；心率154次/分，心音正常，主动脉瓣区第二心音（A2）＞肺动脉瓣区第二心音（P2），胸骨左缘2～4肋间可闻及3/6级收缩期杂音。腹软，肝脾未触及。胸部X线正位片示：双肺纹理清、肺野未见实变、心影大、先心术后改变。血常规和血生化等检查结果无明显异常。

2010年4月22日，患儿出现发热、腹泻，水样便，每日十余次，无咳嗽和咳痰。查体:双肺呼吸音清,无明显干、湿音。

2010年4月23日,胸部CT检查示:先天性心脏病术后改变、新肺动脉吻合口狭窄、右肺动脉起始处狭窄;考虑双上肺少量感染。给予对症处理(蒙脱石散、物理降温等),患儿症状无好转,随后予抗感染(利巴韦林、头孢克洛和头孢呋辛等)、胃肠黏膜保护剂、肠道微生态调节剂及补充血容量等处理。

2010年4月25日,患儿病情进一步加重,两肺出现少许湿音,心率154次/分。经心儿科会诊,考虑先心术后、腹泻伴轻中度脱水、心功能Ⅲ~Ⅳ级和低氧血症而转入该科治疗,予头孢唑肟抗感染、补液、保护胃肠黏膜等处理。

2010年4月26日8时,患儿精神差,颜面青灰、浮肿,持续烦躁、哭闹。查体:心率160次/分,双肺底可闻及细湿音,呼吸促,四肢末端冰凉,四肢及面部花斑明显,肝大,脐平。考虑右心功能差、心源性休克,病情危重,遂转入重症病房抢救,给予吸氧、多巴胺和多巴酚丁胺强心、呋塞米利尿、硝酸甘油、地塞米松、白蛋白等处理。

2010年4月26日17时,患儿出现呼吸、心率减慢,予面罩加压给氧气管插管呼吸机辅助通气、胸外心脏按压、肾上腺素、阿托品、异丙肾上腺素、甲基泼尼松龙、碳酸氢钠等抢救措施。

2010年4月26日18时,患儿因抢救无效,宣告临床死亡。家属对患儿死亡原因有异议,委托某大学法医鉴定中心对患儿死因进行了法医鉴定。法医鉴定意见:患儿符合在先天性心脏病术后、肺动脉狭窄病理基础上,因患间质性肺炎、部分肺不张、细小支气管痉挛,导致急性呼吸、循环功能障碍而死亡。

鉴定意见

某市医学会《医疗事故技术鉴定书》

①患儿出生后即发现患有复杂型先天性心脏病,A 医院对此诊断明确,手术及时有效。术后患儿逐渐出现肺动脉吻合口狭窄,这是手术难以避免的并发症之一,再次住院行手术治疗十分必要。

②患儿第三次住院时出现发热、腹泻,胸部 CT 检查示双上肺少量感染,医方即予止泻、降温、抗感染、保护胃肠黏膜及补充血容量等处理;当患儿病情出现变化时,及时请心儿科医师会诊并转科治疗;当出现休克、呼吸衰竭时,及时将患儿转入重症病房救治。医方在抢救时的用药及心肺复苏过程,无违反医疗护理常规;另外,婴幼儿肺炎是儿科常见病,是否须请专科会诊,并不影响诊治过程。

③间质性肺炎、部分肺不张均为肺炎的病理学诊断名称,与临床上所言的“肺炎”意义相同。婴幼儿以及复杂型先心病患儿极易合并肺炎。该患儿在出现发热、腹泻、胸部 CT 提示双上肺少量感染时,医方已作出肺部感染诊断,并针对感染进行了相应处理。因此,医方不存在漏诊漏治的情形。

④医方在患儿的诊疗过程中,与患方的沟通在方式上和效果上有所欠缺:对于复杂型先心病,尤其是完全性大动脉转位合并多种畸形且心功能不全的患儿,手术风险极大,术后不可避免并发症较多;治疗不仅包括手术本身,还应包括术前、术后处理,尤其是在出现肺部感染情况下的治疗,其过程存在复杂性和多变性,医方更应与患方进行充分沟通,以得到患方的理解。综上,未发现医方医疗行为违反医疗卫生管理法律、行政法规、部门规章和诊疗护理规范、常规;无医疗过失行为,存在医疗不足。患儿死亡与医方医疗行为及上述医疗不足之间不存在因果关系。

结论　本医案不构成医疗事故。

一审双方主张及判决

原告(患方)核心诉请

患方认为患儿死亡是由于被告的诊疗行为存在过错造成,遂向原审法院提起医疗损害赔偿纠纷,要求 A 医院承担医疗费、住院伙食费、护理费、交通住宿费、丧葬费、其他损失、精神抚慰金、死亡赔偿金等赔偿责任。

患方对一审期间某市医学会出具的《医疗事故技术鉴定书》存在异议,异议如下。

第一,鉴定组专家的分析意见避重就轻,为 A 医院推卸责任。分析意见认为,医院采取了相应的抗感染处理,没有过错。但是患儿有发热、腹泻症状,用药 4.5 天无缓解,医方仍未进行专科会诊。第二,分析意见认为间质性肺炎是肺炎,这是混淆概念。间质性肺炎既不是病毒引起,也不是炎症引起,其用药和发病机制与普通肺炎不同,使用抗生素没有效果,如不及时处理很容易死亡。间质性肺炎是在尸检时才发现的,因为医方漏诊而没有及时诊断和治疗。

被告(A 医院)答辩

对一审期间某市医学会出具的《医疗事故技术鉴定书》没有异议。患儿死亡与我院的医疗行为没有因果关系,我院的医疗行为没有过错。请求法院依法驳回原告的诉讼请求。

一审判决

原审法院经审理认为:

1. A 医院对患儿所实施的医疗行为,经某市医学会组织专家进行了医疗事故技术鉴定,未发现违反医疗卫生管理体制法律、行政法规、部门规章和诊疗护理规范、常规,无医疗过失行为。鉴定专家组分析认为患儿在先天性心脏病术后、肺动脉狭窄病理基础上,因患间质性肺炎、部分肺不张、细小支气管痉挛,导致急性呼吸、循环功能障碍而死亡,其死亡与医方的医疗行为及上述医疗不足不存在因果关系。

2. 针对患儿家属主张的 A 医院未进行专科会诊以及漏诊间质性肺炎的过错,鉴定专家组已逐一作了分析和认定。目前,患儿家属没有进一步证据推翻鉴定专家组的认定意见,因此,对患儿家属的相关主张不予确认。

3. 虽然鉴定专家组认为医方在就患儿的病情与患方沟通、解释方面存有不足,但经审查,该不足并不构成对患儿家属的损害,亦不足以作为要求 A 医院赔偿之依据。对患儿家属要求 A 医院赔偿医疗费、住院伙食费、护理费、交通住宿费、丧葬费、其他损失、精神抚慰金、死亡赔偿金的请求,不予支持。据此,原审法院依据《最高人民法院关于民事诉讼证据的若干规定》第七十一条规定,判决驳回患儿家属的全部诉讼请求。

二审双方主张及判决

上诉人(患方)

患方提起上诉称,原审判决以医鉴代替审判、不委托医疗过错鉴定不合理;A 医院存在医疗过错(未及时会诊、延误治疗、漏诊漏治间质性肺炎);原审法院对医方是否存在过错认定事实错误。患方申请做医疗过错司法鉴定,并据此请求:撤销原审判决,改判 A 医院支付人身损害赔偿金 400,251 元。

被上诉人(A 医院)

同意原审判决。

二审判决

二审法院审理后认为：

1. 某市医学会的鉴定意见分析充分、依据科学、程序合法，予以采信。

2. A医院虽在与患方沟通方面存在不足，但这与患儿的死亡后果之间不存在因果关系。

3. 患方在医疗事故技术鉴定后申请医疗过错鉴定属于重新鉴定的范畴，申请不符合《最高人民法院关于民事诉讼证据的若干规定》第二十七条所规定应予准许重新鉴定的四种情形之一，故原审法院未予准许并无不当，二审法院予以确认。

综上，患儿家属的上诉理由不成立，对其上诉请求，二审法院不予支持，原审判决并无不当，驳回上诉，维持原判。

各方意见

医方代表

吴晓东（医务科）第一，该案审判程序合法，经质证、鉴定、质证、辩论、合议庭审查，适用法律程序正当。第二，该案不存在医疗过错。首先，患儿复杂型先心病诊断成立；其次，对患儿采取的手术方式恰当，术后肺动脉吻合口狭窄属于手术并发症；再次，从尸检结果来看，患儿符合先心病术后、肺动脉狭窄病理基础上，因患间质性肺炎，部分肺不张、细小支气管痉挛，导致急性呼吸、循环功能障碍而死亡，符合新生儿疾病自然进展规律；最后，间质性肺炎的诊断与当时患儿病情危重、呼吸循环衰竭难以严格区分，属于医学的局限。综上，法院判决依据充分，证据符合医学规律，医方不应当承担过错责任。

陈次滨主任医师　患儿复杂型先心病诊断明确。目前，国内外该病的手术死亡率都很高，术中和术后并发症也很多。国外有人分次完成这类复杂型先心病手术,例如先纠正部分缺损,孩子长大后再行根治术。这样可减少死亡率,但总体上,本病手术与非手术的死亡率都极高。本案还是存在医方与患方家属的沟通问题,以及对并发症的详细解释问题。

律师代表

李立　林晓军　医疗侵权案件的鉴定委托问题一直是一个诉讼难题。之前各基层法院在审理医疗案时做法不统一,有些法院只委托医学会进行鉴定,有些法院则既委托医学会鉴定,同时也委托司法鉴定机构鉴定,然后再综合考虑采信哪份鉴定。

2011 年 11 月 17 日,广东省高级人民法院颁发了《广东省高级人民法院关于人民法院委托医疗损害鉴定若干问题的意见(试行)》,试图解决这样的难题,最直接的改变有两处:一是名称上统一,统称医疗损害鉴定;二是明确省内只要符合法院入选条件的机构——医学会或者司法鉴定机构——都可以进行医疗损害鉴定。鉴定结论分为六项,包括全部、主要、同等、次要、轻微和无因果关系。这样的改变虽有积极价值,但在缺乏公认的诊疗规范、鉴定专家学术背景不同、出庭接受质询仍然面临困境等情况下,改变仍是形式意义大于实质意义,仍值得继续关注。

法官代表

官健　医学会鉴定指出了医方在沟通上的不足。这里的"沟通"并非指法律规定必须以书面形式作出的告知说明,如最常见的手术知情同意书,而是对于患者病情、医疗措施、医疗风险、疾病预后等情况,医患之间能够及时交流、医师能为患方耐心解释。

现实中,由于医疗体制的原因以及高端医疗资源的稀缺,大医院往往人满为患。对一般人来讲,求医之路已经布满艰辛,更难以奢求与专家有充分交流的机会和时间;对专家而言,繁忙的工作和习惯性漠视使他们失去了解释的耐心。于是,医患沟通桥梁的不畅使患方难以及时调整心理预期,在发生不愿意看到的结果时,种种不理解、不信任、不接受爆发,此时再解释的效果已经大打折扣。

因此,重视医患沟通,学会沟通的方法和技巧,对每位医师都非常重要,对于防范和减少不必要的纠纷意义重大。

本案启示

认定"并发症"还是"医疗损害"要注重科学性、关联性和合法性审查

广东行政学院法学教研部　广东省医学会医事法学分会　宋儒亮

并发症是一个跨越医学、法律学两个学科的用词,对它的解释很多,但缺乏统一认定。在实践中,既存在诸如"合并症"和"继发症"等与"并发症"高度相似的概念,也存在像"医疗意外"和"不可抗力"、"已经尽到合理诊疗义务"以及"当时的医疗水平难以诊疗"等相关概念。一般认为,并发症与相关概念之间存在相异、相交之处,在鉴定和诉讼审理中是否最终成立,主要在于过错的认定等。

并发症在医学界、法律界的不同解读

全国高等医学诊断学指导委员会委员汤美安教授认为,医方是从对疾病诊断和诊疗操作两方面界定“并发症”。从疾病诊断来讲,“并发症”是指原发疾病的发展导致机体、脏器进一步损害,关键词为损害;从诊疗操作而言,“并发症”是指在进行某项操作过程中出现的继发损害,关键词也是损害。“并发症”引起不良后果是否应当免责,要根据医疗机构及医务人员在诊疗过程中是否作出合理预见及履行告知义务、操作或用药是否进行合理权衡等方面综合考虑。

在司法实务中,“并发症”常常同“医疗意外”难以区别。李立律师认为:第一,两者指向不同,“医疗意外”强调“不能防范”,而“并发症”强调“难以避免”;第二,认识不同,比如法官与鉴定专家之间,不同地区、医院、医师之间就存在认识差异;第三,定性不同,对于是否是“并发症”,在司法实践中常有三方面参考标准,即医学教科书中对并发症的界定、司法鉴定中对并发症内容的描述、医疗事故技术鉴定结论书中对并发症的描述,至于最终是“并发症”还是“医疗意外”,由法院法官通过判决确定;第四,定责不同,卫生行政监管中,明确“医疗意外”不构成医疗事故,是免责的,但在司法审判中“并发症”是否免责的问题,由法官裁判。

法官也有自己的判断。刘治家法官认为:“并发症”属于法律的上位概念,可将“并发症”区分为“难以避免的、可以避免的、无法避免的”;“医疗意外”应为“并发症”的下位概念,在法律上“医疗意外”是我们现有医疗水平下“无法避免”的情形。

正确、全面认识并发症和医疗损害应注重三方面的审查

究竟认定为并发症还是医疗损害,首先关乎认定是否科学,即科学性问题;其次关乎证据认定是否有关联,即“关联性问题”;最后要看是否有法律

支持,即合法性问题。

合法性主要体现在一部行政法规、一部法律和一部司法解释之适用。

一部行政法规是指《医疗事故处理条例》,其中第三十三条规定,"有下列情形之一的,不属于医疗事故:(一)在紧急情况下为抢救垂危患者生命而采取紧急医学措施造成不良后果的;(二)在医疗活动中由于患者病情异常或者患者体质特殊而发生医疗意外的;(三)在现有医学科学技术条件下,发生无法预料或者不能防范的不良后果的;(四)无过错输血感染造成不良后果的;(五)因患方原因延误诊疗导致不良后果的;(六)因不可抗力造成不良后果的。"这表明,对"并发症"认同和接纳是由医疗行业背景和政府支持的。因此,在认定"并发症"的有无、范围的宽窄、认定的松严问题上,并发症有无并不是一件小事,"并发症"问题与当前医疗大环境和土壤直接正相关。加强行政监管利于控制"并发症"的发生和发展。

一部法律是指《侵权责任法》,其中第六十条规定:"患者有损害,因下列情形之一的,医疗机构不承担赔偿责任:(一)患者或者其近亲属不配合医疗机构进行符合诊疗规范的诊疗;(二)医务人员在抢救生命垂危的患者等紧急情况下已经尽到合理诊疗义务;(三)限于当时的医疗水平难以诊疗。前款第一项情形中,医疗机构及其医务人员也有过错的,应当承担相应的赔偿责任。"这表明,"并发症"并不一定是一个筐,不是什么都可装、都能装,并且还可免责。该条规定的实施,可在很大程度上改变和结束这样一个历史:只要装进了"并发症"这个筐,无论什么损害都不是事故、就不用承担赔偿责任。

一部司法解释是指《最高人民法院关于民事诉讼证据的若干规定》,其中第四条规定:"下列侵权诉讼按照以下规定承担举证责任:……(八)因医疗行为引起的侵权诉讼,由医疗机构就医疗行为与损害结果之间不存在因果关系及不存在医疗过错承担举证责任。有关法律对侵权诉讼的举证责任有特殊规定,从其规定。"这表明,在侵权诉讼中,医方希望认定是"并发症"并实现免责,要通过并完成诉讼程序意义之举证责任证明才能实现,举证不能则要承担法律责任。

综上,“并发症”认定虽是一个医学和法律难题,但在实践中并非一筹莫展和无能为力。可通过加强对行政机关的监管、审查是否已进行符合诊疗规范的诊疗、是否已经尽到合理诊疗义务、限于当时的医疗水平难以诊疗以及是否医方在程序意义上实现了举证责任予以查明,最终实现“并发症”和“医疗损害”合理界定,保护双方合法权益,实现正常医疗秩序。

颅内动脉瘤行介入栓塞术后继发脑出血及脑疝形成 保守治疗还是外科手术？

广东省医学会医事法学分会

陈伟 宋儒亮 孙晓辉 李立凯 范海媚 夏菁 赵凯 赖嘉敏 南俊

病历简介

患者女，23 岁，2007 年 10 月 12 日因“突发剧烈头痛伴呕吐 6 小时”到 A 医院就诊，拟诊“蛛网膜下腔出血”收入神经内科。

入院查体：生命体征在正常范围，心、肺、腹及神经专科检查均未见明显异常。头颅 CT 检查示：前纵裂池、鞍上池周围、四叠体池蛛网膜下腔出血。头颅磁共振成像（MRI）增强 + 磁共振血管造影（MRA）证实了 CT 诊断。医师予卧床、止血、降颅压、通便等处理，告病重，并完善相关检查。入院诊断为头痛查因：蛛网膜下腔出血？（先天性动脉瘤？）

为明确颅内血管病变情况，医方于 10 月 19 日予患者行脑血管造影术，术中见前交通动脉有一大小约 0.7cm × 0.5cm 的动脉瘤。医方拟行颅内动脉瘤介入栓塞术，并向患方交待介入手术治疗方案和潜在风险，患者家属签署了《介入神经放射检查手术同意书》。医方邀请 B 医院教授前来指导、协助手术。10 月 23 日 15:40，患者行前交通动脉瘤介入栓塞术，术程顺利。21:00，患者突发意识障碍，血压 110/56 mmHg，双侧瞳孔等圆等大，直径 2.5mm，左侧肢体活动较多，右侧肢体未见明显活动，右侧下肢巴氏征（ + ）。头颅 CT 检查示：右侧脑实质出血破入脑室。医师予脱水降颅压及止血等处理。

10 月 24 日 7:00 左右，患者出现癫痫大发作，给予苯巴比妥 0.1g 肌注抗癫痫等处理后症状逐渐缓解。对于患者颅内新发出血灶，医师考虑为术后并发蛛网膜下腔出血,治疗上加强脱水降颅压、止血,预防脑血管痉挛。9:40,患者又出现肢体抽搐,考虑与癫痫发作有关,予丙戊酸钠静脉滴注并转入监护室观察。

10月25日3:10,患者出现双侧瞳孔不等大,左侧直径3mm,右侧直径5mm,光反应迟钝。医师考虑脑疝形成,予甘露醇脱水降颅压,头颅CT检查示:中线结构右移,左额叶脑出血较前略减少,蛛网膜下腔出血同前,脑水肿。神经外科会诊认为,“如果家属坚决要求手术,可以考虑去骨瓣减压术,但效果并不确定”。4:45,患者双侧瞳孔等圆等大,对光反射存在,病情相对平稳。9:00和12:00,患者两次出现双侧瞳孔不等大,光反应迟钝,经甘露醇脱水降颅压等处理后病情稍有缓解。医师对患者最近的头颅CT进行对比,认为患者出血未进一步增加,但脑水肿较前明显。

10月28日,因患者反复癫痫发作,意识障碍加重呈昏迷状态,转呼吸科重症监护病房行气管插管、机械通气辅助呼吸等监护治疗。患者病情逐渐恶化,相继出现高热、消化道出血、肺部感染、真菌感染、肾功能不全等并发症,先后邀请呼吸科、消化科、神经内科等科室会诊,协助治疗。

11月6~10日,患者仍处于昏迷状态,双侧瞳孔散大呈固定状,直径约4mm,光反应消失,脑干反射引不出,肢体生理及病理反射均引不出。神经内科会诊考虑“脑死亡”,但患者家属不放弃积极诊疗。

11月18日20:40,患者心跳骤停,经医方抢救无效,于21:18宣告临床死亡。最后诊断:1. 多脏器衰竭;2. 蛛网膜下腔出血;3. 大脑前交通动脉瘤破裂并介入术;4. 脑疝;5. 大脑—内脏综合征;6. 肺部感染。医方建议进行尸体解剖以明确死因,但患方家属不同意。

鉴定意见

某市医学会《医疗事故技术鉴定书》

①医方的诊断正确,患者有颅内动脉瘤介入栓塞术的手术适应证,术前

检查未发现手术禁忌证,医方对患者的处置过程符合诊疗规范。

②颅内动脉瘤是蛛网膜下腔出血的主要原因,死亡率高达25%～60%,介入栓塞术是目前治疗颅内动脉瘤的有效方法之一。患者术后出现了再出血及脑血管痉挛等并发症,脑疝形成,虽经医方积极保守治疗,终因出现多脏器功能衰竭等损害而死亡;未发现医方对患者用药不当和抢救过程中存在延误诊疗的行为。

③医方在诊疗过程中存在以下医疗不足:a. 在患者术后出现并发症后,对其病情变化向患方所做的解释工作不够,包括没有及时告知患方患者病重、病危;b. 与患方沟通不足,如邀请B医院教授前来指导、协助手术,患方却以为是请该教授来主刀;c. 当患者病情恶化、CT检查提示中线结构移位、脑疝形成,而内科保守治疗效果有一定受限时,在请神经外科会诊行手术减压(如去骨瓣减压术)等的处理措施上可更积极些。

综上所述,未发现医方的医疗行为违反医疗卫生管理法律、行政法规、部门规章和诊疗护理规范、常规;无医疗过失行为,存在医疗不足;患者术后出现再出血及脑血管痉挛为颅内动脉瘤介入栓塞术的并发症,是现有医学科学技术条件下可以预见但无法完全防范的不良后果:患方所诉之损害后果与医方的医疗行为及上述医疗不足之间不存在因果关系。

结论　本医案不构成医疗事故。

一审双方主张及判决

原告(患方)核心诉请

1. A医院对患者观察病情不仔细、抢救不及时。患者行前交通动脉瘤介入栓塞术,手术记录“很顺利”。但当日21:00,患者出现病危症状,右侧肢体肌张力为0,被告未采取有效措施抢救。

2. 通知病危不及时,没有尽知情告知义务。10月24日18:00,被告才通知家属患者病危，此时CT提示患者严重颅内出血、脑疝形成，被告才转入抢救阶段。

3. 被告方医师资质不全，病历记录不实，无法反映真实的诊疗过程。故请求判令被告赔偿原告医药费等共计558,641元及承担全部诉讼费用。

被告（A医院）答辩

不同意原告的所有诉讼请求。理由如下。

1. 医院在对患者的整个诊疗过程中，未违反医疗卫生管理法律、行政法规、部门规章和诊疗护理常规、规范，无医疗过失行为。

2. 患者死亡是疾病自然发展所致，是现有医学技术条件下无法完全避免的医疗风险，与被告的医疗行为无因果关系。

一审判决

对于患者术后出现再出血等并发症及脑疝形成时，被告一直采取保守治疗，其措施是否得当的问题，从患者首次出现术后出血到神经外科会诊建议"如果家属坚决要求手术，可以考虑去骨瓣减压术"，在患者家属同意手术的情况下，被告一直没有为患者进行手术。期间患者病情反复，出现浅昏迷、昏迷、四肢强直、双侧瞳孔不等大、对光反射迟钝，被告仍没有为患者行手术治疗，而坚持保守治疗。虽然颅内动脉瘤是蛛网膜下腔出血的主要原因，死亡率高达25%～60%，且患者颅内出血并破入脑室，手术风险较大，而效果并不确定，但患者持续颅内高压无疑增大了脑疝形成的可能性。鉴于被告为患者制定治疗方案是在邀请多个科室会诊后作出的，故对原告的赔偿要求，可以酌情考虑。

对于原告认为被告医师存在资质不全的问题，对此原告并没有提交充分证据证实。故原告的该项主张，本院不予采纳。

一审法院据此判决：被告A医院赔偿原告3万元，驳回原告其他诉讼请求。

二审判决

一审判决后,原被告双方都不服一审判决,均提起上诉。二审法院经审理,意见如下。

一、关于应否手术减压的问题。患者术后出血、脑疝形成后,A 医院神经外科会诊认为若患者家属同意,可考虑手术处理。但 A 医院一直采取保守治疗,效果并不理想。某市医学会的鉴定意见也认为,当患者病情恶化、CT 检查提示中线结构移位、脑疝形成,而内科保守治疗效果有一定受限时,在请神经外科会诊行手术减压等处理措施上可更积极些。因此,本院认定 A 医院存在一定程度的医疗过失,并相应地降低了患者可能获得救治的机会,与患者的死亡后果之间存在一定的因果关系,应承担相应的责任。

二、关于介入治疗资质的问题。患者家属主张手术医师为内科医师,不具备介入手术的资质,但未能提供相关依据,故本院对此不予采纳。

综上分析,A 医院应对患者的死亡承担民事赔偿责任,其责任程度可根据医方的过错程度、患者的原发病因素以及医疗风险的大小来确定。虽然 A 医院没有为患者进行手术减压存在一定的过失,但必须看到,手术减压本身也有一定风险,且手术效果并不确定。正基于此,A 医院最终选择保守治疗,也并非没有任何合理之处,故其过错程度比较小。

综上所述,患者家属的上诉请求部分有理,对其有理部分,本院予以支持。A 医院的上诉理由不成立,对其上诉请求,本院不予支持。审查原审判决部分有误,本院予以改判。判决:A 医院赔偿 55,008.1 元给患者家属。

各方意见

医方代表

孙晓辉(神经外科)本案医方的诊断、治疗过程总体上没有大问题,不构成医疗事故,但细节上存在一些不足。首先,医方要向患方交代该疾病的两种治疗方式;其次,采用哪种治疗方式更合适,绝不是仅由神经内科医师讨论就能决定,至少要在神经外科医师会诊后共同制定治疗计划。若介入栓塞不成功或术中出血,外科医师可根据情况行开颅手术夹闭动脉瘤并清除血肿。总结本案教训至少有两点:①因手术方式介绍不全、患者知情权没有落实留下隐患;②如果医方在落实治疗计划、脑疝发生处理、外科执行力度、评估病情转归等方面充分做到位,结局可能会好些。

陈伟(医务科)并发症的归责及免责需要具体情况具体分析。本案医方在术后并发症的处理方面被认为不够积极导致承担责任,提醒临床工作中并发症处理方法选择比较困难时,及时请相应科室会诊往往可以避免这种风险。此外,高风险手术一定要加强沟通,务必使患者及家属充分知情同意,避免不必要的纠纷。

律师代表

夏菁　医疗诉讼案件中,患方及其律师较难在诊疗护理规范、常规中查找问题,常常从卫生管理法律、行政法规及部门规章入手,抓住医院工作中或管理上的疏忽和漏洞,达到过错推定医院承担责任的目的,如本案中患方指责医师资质和会诊存在问题。这就要求医院加强管理、医师严格遵守各项规章制度,避免因为小的疏忽承担本可避免的责任或输掉官司。

李立凯　本案中患者有手术适应证、无手术禁忌证,医方术前履行了风险告知义务,手术操作规范。当患者出现术后并发症时,医方进行相应检查发现患者已经形成危及生命的脑疝。专科医师建议可考虑手术处理,家属也同意手术,但医方未明确、详细告知病情,也未积极手术减压,减少了患者可能获得救治的机会。

法官代表

官健　在临床实践中,患者的知情选择权并未得到足够重视和体现。

在医患矛盾愈演愈烈、患者权利被提到空前高度的今天，医院更应对医务人员加强这方面的宣讲和教育。

本案患者术后继发脑出血并形成脑疝。患者的主治医师为神经内科医师，先后邀请外院教授及本院神经外科医师进行多次会诊。由于内、外科的专业差别，通常内科医师比较保守，而外科医师对于手术更为积极。患方面临两难选择：内科保守治疗还是外科手术治疗？也许两种选择结果都不好，但由于本案的内科医师选择了保守治疗，丧失了外科手术的机会。

此时，医师的正确做法是向患方如实告知两种治疗方式的利弊和风险，由患方作出选择。医师可以给出倾向性建议，但绝不等于可以代替患方作出选择。事实上，本案医师确实与患方进行了沟通，患方也同意并要求手术，但医师并未尊重患方的选择，忽视了患方的权利，并为此付出了代价，应引以为戒。

本案启示

鉴定不能再以所谓“医疗不足”等替代“违规违法”

广东行政学院法学教研部　广东省医学会医事法学分会　宋儒亮

内科疾病进展为外科急症须紧急救治，救治不当易引发医法风险。面对纠纷应当积极通过鉴定等方式查找源头，并进行法律防范。但遗憾的是，现实并非如此，最常见、最值得行业引起重视的是有关鉴定之表述常常以所谓“医疗不足”、“医疗瑕疵”和“医疗缺陷”等替代已存在的违规违法，本案《医疗事故技术鉴定书》（以下简称鉴定书）所言之“医疗不足”就是其中一例。

析鉴定书所言医疗不足之一

鉴定认为“1.在患者术后出现并发症后，对其病情变化向患方所做的解释工作不够，包括没有及时告知患方患者病重、病危”为医疗不足。但这不是医疗不足，而是典型的医疗违法，属于医疗告知说明不及时、不全面的违法。《医疗事故处理条例》第十一条规定：“在医疗活动中，医疗机构及其医务人员应当将患者的病情、医疗措施、医疗风险等如实告知患者，及时解答其咨询；但是，应当避免对患者产生不利后果。”

析鉴定书所言医疗不足之二

鉴定认为“2.与患方沟通不足，如邀请B医院教授前来指导、协助手术，患方却以为是请该教授来做主刀”为医疗不足。

但这不是“沟通不足”，而是一种明显违反《医师外出会诊管理暂行规定》的行为。该规定第四条指出：“医疗机构在诊疗过程中，根据患者的病情需要或者患者要求等原因，需要邀请其他医疗机构的医师会诊时，经治科室应当向患者说明会诊、费用等情况，征得患者同意后，报本单位医务管理部门批准；当患者不具备完全民事行为能力时，应征得其近亲属或者监护人同意。”

析鉴定书所言医疗不足之三

鉴定书中“3. 当患者病情恶化、CT 检查提示中线结构移位有脑疝形成，而内科保守治疗效果有一定受限时，在请神经外科会诊行手术减压（如去骨瓣减压）等处理措施上可更积极些”表述是否正确，首先要弄清楚 3 个问题。

会诊意见采纳与否的问题　会诊医师负责提供本专业知识技能协助，但是会诊意见是否被采纳决定权在对方科室或单位。本案并没采纳会诊意见选择手术治疗，是当值医生的权利，并不违法。

紧急治疗并不一定需要患方签字同意　在紧急情况下，患方签字同意并不是一定必须的，医方有权依法实施紧急救治。这更让社会、患方和媒体等认识医疗高风险之所在——不救患者生命有危险，救治医生执业有风险。结合本案，并不存在紧急治疗签字不能的问题。

选择合理医疗方案的问题　对于鉴定书所言医疗不足第 3 点，从含义上可以判断“医方在患者病情恶化、CT 检查提示中线结构移位有脑疝形成时仍选择内科保守治疗而不行手术减压等处理措施”存在失误之处。这是否是医方之过错？《执业医师法》第二十一条规定：“医师在执业活动中享有下列权利：（一）在注册的执业范围内，进行医学诊查、疾病调查、医学处置、出具相应的医学证明文件，选择合理的医疗、预防、保健方案……”显然，本案存在违反《执业医师法》规定行为，即没有为患方依法选择合理的医疗方案。

综上，鉴定书中所言此条医疗不足存在问题，有些行为属于违法行为。

析鉴定书所言医疗不足之四

鉴定书中“手术减压等处理措施上可更积极些”，此中“等”表明还有“除上述 3 个之外的其他医疗不足”，只是鉴定书中没有写出来而已。

若是这样，看似帮助或放过了医方，实质是害了医方，不仅让医方承担不利的法律后果，而且也增加了患方的不信任感，让鉴定书的可信度存在问题。

总结

应该如何改进医疗鉴定值得思考。无论如何,有一点共识需要尊重:鉴定事关案件输赢,各方都很关注;事关诉讼信誉,各方都应谨慎。希望有一天,鉴定能在避免出现上述问题的同时,明确指出医疗活动中医方违反或未违反具体哪一部、哪一条、哪一款法律法规。那么,我们就有信心说该鉴定是依法、依规的,各方应认真尊重鉴定意见。医方是否为依法行医就可被鉴定环节所查证,而鉴定本身在查清事实、分清责任之上,具有实质性意义、关键性突破、决定性作用和不可否认之价值。

先心病患儿:A 院治疗,B 院死亡 两家医院都有错?

广东省医学会医事法学分会

黄伟青　赖永洪　宋儒亮　赵凯　罗碧辉　赖嘉敏　程虎

病历简介

甲省 A 医院诊治过程

患儿男,3 月龄。2009 年 10 月 5 日,因“发现心脏杂音 3 个月,咳嗽、喘息 10 余天”入住甲省 A 医院心儿科。心脏 CT 检查示:先天性心脏病;法洛四联症;卵圆孔未闭或房间隔缺损;动脉导管未闭;主动脉弓下左无名静脉。经患儿家长签署手术知情同意书,10 月 12 日心外科医师对患儿行法洛四联症根治术、卵圆孔缝闭术、动脉导管结扎术,术程顺利。

2009 年 12 月 4 日,患儿回甲省 A 医院复诊,心脏 B 超检查示:法洛四联症根治、卵圆孔缝闭、动脉导管结扎术后 1 月余;双肺动脉血流速度增快;肺动脉反流(轻度)。

乙省 B 医院诊治过程

2010 年 2 月 4 日,患儿因“反复咳嗽 1 月,加重 3 天”入住乙省 B 医院儿科。入院查体:生命体征正常,神清,剧烈哭时颜面、口周微绀,无鼻翼扇动,咽部充血,双肺闻及少许干音,心率 120 次/分,未闻及心脏杂音。腹部无异常。初步诊断:急性支气管炎[2 月 5 日补充诊断:先天性心脏病(法洛四联症)术后;2 月 6 日修正诊断:吸入性肺炎]。医师给予患儿二级护理以及止咳、化痰等对症治疗。2 月 6 日约 6:00,患儿出现烦躁不安、呼吸急促、口周紫绀、双肺可闻及少许湿音，予静脉地塞米松、肌注异丙嗪（7mg）、沙丁胺醇雾化吸入，但患儿病情无明显改善；14:12，医师下病危通知，改一级护理、行心电监护、予多巴胺＋多巴酚丁胺静脉输注；15:15，患儿突然吐奶，呼吸频率30次/分，心率减至40次/分，医师立即进行抢救；15:20，患儿呼吸、心跳停止，医师予心肺复苏、人工气囊呼吸、气管插管，予静注肾上腺素、纳洛酮等药物抢救；15:58，患儿恢复自主心跳，心率140次/分，血氧饱和度约为70%，但仍无意识，无自主呼吸，双侧瞳孔散大。心胸外科会诊后建议转该科治疗。转至心胸外科后，继续予抗炎、营养脑细胞、静注多巴胺等血管活性药物治疗，但患儿一直处于深昏迷状态，无自主呼吸。2月23日，行脑电图检查，基本确诊患儿处于脑死亡状态。4月18日11:00，患儿血压下降、心率减慢；13:20，患儿心率为零，心电监测为直线，电除颤无法恢复心跳，宣布临床死亡。临床死亡诊断：多器官功能衰竭；肺部感染；法洛四联症术后。

患儿家属对患儿死亡原因有异议，委托乙省乙市司法鉴定中心对患儿进行尸体解剖和死因鉴定。该中心的病理学诊断为：①慢性脑膜炎；②支气管炎；③心包膜炎。鉴定意见：患儿死亡符合脑坏死、液化导致呼吸、循环及多器官功能衰竭而死亡。

鉴定意见

医学会鉴定意见

本案诉讼过程中，原审法院委托甲市医学会对本医案作医疗事故技术鉴定。

针对A医院医疗行为的《医疗事故技术鉴定书》分析意见为："未发现医方的医疗行为违反医疗卫生管理法律、行政法规、部门规章和诊疗护理规范、常规；无医疗过失行为，患儿死亡与医方医疗行为之间不存在因果关系。

结论:本医案不构成医疗事故。”

针对B医院医疗行为的《医疗事故技术鉴定书》分析意见如下。

甲市医学会针对B医院医疗行为的《医疗事故技术鉴定书》

1. 根据患儿病史、临床表现及相关辅助检查结果,其“支气管炎”、“法洛四联症根治术后”诊断明确,医方在患儿入院后的初步诊断和初步治疗中没有违反医疗规程。

2. 关于医方因患儿出现烦躁不安而肌注异丙嗪镇静的问题,医方在该7月龄患儿(体重7kg)的治疗过程中对异丙嗪注射液(7mg)的使用不违反用药原则。

3. 医方在对患儿的诊疗过程中,存在以下过失行为。①对患儿的病情未予足够重视,当患儿发生病情变化时,采取的相关措施不足;②在心肺复苏抢救过程中,抢救人员技术经验不足,措施不得力;③医方在患儿病情发生变化及抢救过程中,与患方缺乏有效沟通。患儿在2月6日15:15出现心跳、呼吸减弱,医方开始抢救。医方开出《病危通知书》的时间是2月6日14:30,而家属签字的时间是当天17:47。结合患儿的临床诊断,鉴定专家组认为,医方的过失行为与患儿因脑部病变时间长,引起脑坏死、液化导致呼吸、循环及多器官功能衰竭而死亡有因果关系。

综上所述,医方在对患儿诊疗过程中存在过失行为,并与患儿死亡有因果关系,本医案构成一级甲等医疗事故。鉴于患儿原有先天性心脏病并为法洛四联症根治、卵圆孔缝闭、动脉导管未闭结扎术后,自身情况较差,救治有一定难度,故医方承担次要责任。

结论　本医案构成一级甲等医疗事故,医方承担次要责任。

一审各方主张及判决

原告(患方)核心诉请

患儿死亡与A、B医院的医疗行为均有关,要求A、B医院承担医疗费等赔偿责任。对甲市医学会针对A医院医疗行为的《医疗事故技术鉴定书》没有异议,但是对针对B医院医疗行为的《医疗事故技术鉴定书》有异议,要求再次鉴定。

被告(A医院)答辩

对甲市医学会针对我院医疗行为的《医疗事故技术鉴定书》无异议。

被告(B医院)答辩

1. 患儿死亡原因应为:在先天性心脏病术后心功能未改善合并下呼吸道感染基础上,因吐奶后窒息,最后引起缺氧性脑死亡。

2. 乙省乙市司法鉴定中心的鉴定结论违反法医医学常识,脑坏死、液化是脑死亡的必然结局,但引起脑死亡的原因才是患儿死亡原因。

3. 甲市医学会医疗事故技术鉴定得出的结论不符合事实。人一旦窒息超过6分钟,大脑即发生不可逆性死亡。患儿出现病症后,我院医护人员及时进行抢救,无任何延误,所以我院在救治方面不存在过失。

4. 原告把A医院与我院作为共同被告,才出现我院在甲市进行跨省诉讼的情形,要求再次进行医疗事故技术鉴定。

一审判决

原审法院经审理,意见如下。

1. 采信甲市医学会针对B医院医疗行为的《医疗事故技术鉴定书》中患儿死亡与该院医疗行为构成因果关系的结论。对甲市医学会针对A医院医疗行为的《医疗事故技术鉴定书》中的结论亦予以确认。对于患儿家属要求A医院承担连带责任,不予采纳。

2. 对患儿家属和B医院要求对本医案再次进行医疗事故技术鉴定,不予采纳。

3. 根据甲市医学会认定B医院在本医案中存在多处不足、构成一级甲等医疗事故的事实,再结合患儿为法洛四联症根治、卵圆孔缝闭、动脉导管未闭结扎术后,自身情况较差,以及患儿年龄较小,在救治上确有一定难度,确定B医院承担患儿死亡70%的赔偿责任。

据此,原审法院判决B医院赔偿患儿家属医疗费等共计459,306.66元,驳回患儿家属其他诉讼请求。

二审判决

一审判决后,B医院不服,提起上诉。二审法院经审理,意见如下。

1. 本案争议焦点是B医院对患儿所实施的医疗行为是否存在过错以及该医疗行为与患儿死亡后果之间是否存在因果关系。根据甲市医学会作出的医疗事故技术鉴定,B医院医疗行为与患儿死亡后果之间存在因果关系。据此,B医院应对患儿家属的损失承担相应民事赔偿责任。

2. B医院虽对上述鉴定意见有异议并提出再次鉴定,但是经审查,本案甲市医学会的鉴定意见并不存在《最高人民法院关于民事诉讼证据的若干规定》第二十七条中应予准许重新鉴定的4种情形之一。故对于B医院的再次鉴定申请,原审法院未予准许,符合法律规定,本院予以确认。

3. 关于B医院所应承担的责任比例。虽然甲市医学会的鉴定结论认定B医院承担次要责任,但该结论仅为法院判案的重要参考,具体责任比例仍应根据患儿原发病及医疗风险与医方过错行为对患儿死亡后果的原因力大小之比较由法院酌情确定，同时还要考虑医方的过错程度以及是否存在减轻医方责任的情节（如患方过错）等。因此，原审酌情认定B医院承担70%的责任并无不当，本院予以确认。

综上，B医院的上诉理由不成立，对其上诉请求，本院不予支持。审查原审判决并无不当，二审法院予以维持。依法判决如下：驳回上诉，维持原判。

各方意见

医方代表

罗碧辉（心内科）本案例患儿入住B医院后，医师完善了病原学检查，但忽视了对肺功能的检查（如血气分析等）。

此外，患儿入院后，医师在实施辅助检查时未能继续贯彻鉴别诊断思路，未能尽早明确患儿出现紫绀的原因。临床医师在工作中应主动加强学习以主诉为中心的鉴别诊断思路，避免贻误治疗时机。

黄伟青（医务科）1. 婴幼儿患病，通常采集病史困难，因为患儿无法表达主诉，需要主诊医师严密认真地观察病情，尽早发现病情变化，加强疾病鉴别诊断，采取处理措施，避免发生严重后果。2. 加强培训，提高临床医师对诊疗指南的熟悉程度。要求医师应当严格按照上级部门制定的诊疗指南或临床路径进行规范诊疗，避免遗漏重要检查，耽误对病情的判断。3. 加强医患沟通，做好病情告知，对于重大病情变化，养成书面告知的习惯。一方面，可合理地降低患者家属的期望值；另一方面，让患者家属清楚医方在抢救过程中所付出的努力。保护患方的知情权在很大程度上能减少医患纠纷，避免恶性事件的发生。

律师代表

赖嘉敏　再次鉴定在本质上属于重新鉴定，而启动重新鉴定是有要求

的。根据《最高人民法院关于民事诉讼证据的若干规定》第二十七条,“当事人对人民法院委托的鉴定部门作出的鉴定结论有异议申请重新鉴定,提出证据证明存在下列情形之一的,人民法院应予准许:(一)鉴定机构或者鉴定人员不具备相关的鉴定资格的;(二)鉴定程序严重违法的;(三)鉴定结论明显依据不足的;(四)经过质证认定不能作为证据使用的其他情形。对有缺陷的鉴定结论,可以通过补充鉴定、重新质证或者补充质证等方法解决的,不予重新鉴定。”在本案例,面对患方申请再次鉴定,法院并不支持,究其根源,异议人思路是行政思路,而法院却是司法思路,二者并不一致,在法院当然按司法解释确定。

从上述规定可看出,要申请重新鉴定在举证方面有一定难度。因此,要实现重新鉴定需要走法律之路,例如将申请再次鉴定调整为要求鉴定人出庭就不失为一种方法。

法官代表

官健　在医疗侵权案件中,患方通常并无过错但医方承担全部责任的案例极为少见。究其原因,需要考虑原发病及医疗风险因素,这正是医疗损害责任不同于一般侵权的特殊之处。在医学会作出的医疗事故技术鉴定中,对于结论构成医疗事故的,同时会认定医方的责任程度,分为完全、主要、次要、轻微责任。在法医类医疗过错鉴定中,通常表述为建议参与度。但应当指出,无论是医学会鉴定认定的责任程度还是法医类鉴定的建议参与度,均只作为法院判案的重要参考,具体责任比例仍应根据患者的原发病及医疗风险与医方过错行为对损害后果的原因力大小之比较由法院酌情确定,同时还要考虑医方的过错程度以及是否存在减轻医方责任的情节(如患方过错等)。因此,本案原审法院酌情认定医方承担70%的责任并无不当。

本案启示

医疗服务市场化视野下医疗损害赔偿纠纷面临的新风险和新对策

法治广东研究中心　广东省医学会医事法学分会　宋儒亮主任

在医疗服务领域，医疗服务市场化在改进技术、加强交流和提升水平的同时，也引发了新的医疗风险，特别在医疗损害赔偿诉讼领域有了新变化，这应当引起各方尤其是医院的重视、关注和警觉。其中最值得关注的是疑难病症异地诊疗引发的法律风险。概括而言存在三大新风险，相应地也存在三大新对策。

三大新风险

治疗水平存在"当地的"和"当时的"不一致风险　这意味着患方可充分利用异地诉讼方式，在诉讼中获得先机。患方可以自由选择异地就诊加上有法律支持，提醒凡有转诊患者的医院要明白的是，当治疗地与鉴定地和诉讼地不一致时，治疗地医疗水平往往不由本地专家确定，而是通常由鉴定地和诉讼地专家确定。治疗地医疗水平的"当地性"与"鉴定地和诉讼地"医疗水平的"当时性"之间如果存在差距，其结果就是治疗地医院存在风险。差距越大,医院风险越大,患方胜诉可能性也越大。

出现治疗地和鉴定地不一致风险 这是由患方在多地诊治医院进行利弊权衡后选择所造成的。根据规定,医疗事故技术鉴定地是由医疗机构所在地负责。患方可自由选择异地鉴定加上有规章支持,提醒凡有转诊患者的医院留心的是,一旦形成诉讼,往往鉴定地并不一定在医疗机构所在地。因此,患者治疗地越多,患者可自由选择的鉴定地就越多,被鉴定医院所面临的鉴定不利风险往往也越大。

出现治疗地和诉讼地不一致风险 这是由原告方(一般是患方)的选择所造成的。患方异地诉讼的自由选择加上有法律支持,提醒凡有转诊患者的医院留心的是,一旦形成诉讼,诉讼地往往并不在医疗机构所在地。理论上,患者治疗地越多,患者可自由选择的诉讼地就越多,医方败诉风险往往越大,即医方面临较大败诉风险的异地恰恰是患方可选择的利于胜诉之地。

三大新对策

医疗服务大市场乃大势所趋 医疗服务新风险防范需要有新对策。面对上述新风险,基于胜诉和维权之需要,从司法角度,以治疗地、鉴定地和诉讼地问题都要面临的“鉴定意见”为核心和应对焦点,医方需快速适应如此的应对之策:即“用对、用好和用足”鉴定意见的异议程序。

所谓“用对”,主要指在鉴定的法律称谓上“要对路” 即选择依据应先看法律,再看行政法规,最后再看部门规章。鉴定的规定很多,效力最高的是法律规定,最直接的法律规定是《全国人大常委会关于司法鉴定管理问题的决定》,其规定:“司法鉴定是指在诉讼活动中鉴定人运用科学技术或者专门知识对诉讼涉及的专门性问题进行鉴别和判断并提供鉴定意见的活动。”只要诉讼是根据上述规定来鉴定就是司法鉴定。这也是实践中,高水平法院并不再刻意区别鉴定是“司法鉴定”或者“医疗损害鉴定”或“医疗事故技术鉴定”的根本原因。同时,这也意味着诉讼中有关“初次鉴定”和“再次鉴

定”的认识并不再是分析问题要害了。

所谓“用好”，主要指在鉴定意见异议上“要对人” 即要动员专门知识人和要求鉴定人出庭。动员专门知识人出庭是很重要的。《民事诉讼法》第七十九条规定：“当事人可以申请人民法院通知有专门知识的人出庭，就鉴定人作出的鉴定意见或者专业问题提出意见。”要求鉴定人出庭也非常必要。《民事诉讼法》第七十八条规定：“当事人对鉴定意见有异议或者人民法院认为鉴定人有必要出庭的，鉴定人应当出庭作证。经人民法院通知，鉴定人拒不出庭作证的，鉴定意见不得作为认定事实的根据；支付鉴定费用的当事人可以要求返还鉴定费用。”这意味着对“鉴定意见”持有异议的思路、重点和场所是在诉讼地而非鉴定地。

所谓“用足”，主要指在启动重新鉴定问题上“要对症” 即最大限度找到《最高人民法院关于民事诉讼证据的若干规定》第二十七条规定的四种情形（见律师代表意见）。有这四种情形之一，就可以重新鉴定，否则就难以挽回。

总结

总之，服务市场的全国化，也意味医疗服务市场的国内化。医疗服务市场的国内化势必要求医方在法律风险的防范能力、思维和方式上随之提升、提高。面对市场化扩展而引发的法律新风险，在认识、承认并接受越来越多的治疗地、鉴定地和诉讼地不一致之前提下，医方更应当在实体上加快制定《侵权责任法》所确定的“诊疗规范”、在程序上事先约定医疗纠纷司法管辖地、在纠纷处理思路优先采用法治思维和方式而非其他（如习武等）思维和方式，只有这样才能最大限度地防范医疗风险，而这恰恰就是本案医疗服务市场化所给予我们的一个最新、最大的法律启示。

高龄患者半夜跌倒后死亡
意外还是护理过失？

广东省医学会医事法学分会

赵凯　宋儒亮　黄伟青　罗碧辉　李立凯　董丽霞　陈利

病历简介

患者男，83岁，2008年10月1日20:00时以"发热查因"入住A医院内一科。患者入院后，医师考虑呼吸道感染，予一级护理、清热解毒、抗感染、退热、降血压等处理。患者体温波动在36.1～38.9℃，血压控制在150～130/100～60mmHg。

10月3日患者仍发热。15:00测体温39℃，17:00测体温38.9℃，予补液、嘱多饮水等处理。

10月4日凌晨1:30，患者神志清楚，体温波动于37.6～38.7℃，解水样便3次，量少。凌晨2:50，护士发现患者跌倒在地，当即报告值班医师，测血压150/90mmHg。患者气促，呼吸率28次/分，心率增快，波动在122～145次/分，神志清楚，可对答，闻及喉内痰鸣，双肺呼吸音粗，满肺闻及干音，双侧瞳孔等大等圆，直径3mm，对光反射灵敏，四肢肌力、肌张力正常。结合当时病情，医师判断患者存在肺部感染和支气管痉挛，予甲基泼尼松龙40mg静注、2.5%葡萄糖注射液250ml＋维生素C＋维生素B6静滴、生理盐水100ml＋法莫替丁10mg静滴。当天7:00，患者反应迟钝，不能对答，考虑可能因跌倒导致颅内出血。8:00，行CT检查示侧额颞顶硬膜下血肿，脑疝形成。9:20，转神经外科手术治疗。术中清除左侧额颞顶硬膜下血肿量约70ml，大脑表面有两处桥静脉破裂（此为颅内出血发生的原因），予以电凝止血，手术进行顺利。术后第1天，患者神志恢复，呼之可点头，双侧瞳孔等大等圆,对光反射灵敏。

10月5日和10月7日两次复查CT示左侧额颞顶硬膜下血肿基本清除,脑受压解除。

患者从10月8日开始出现发热,呼吸困难,医师予对症处理。10月10日,患者呼吸急促,呼吸节律不规则,双肺呼吸音减弱,胸部X线片示左肺下叶感染,双侧胸膜肥厚。心电图示频发房性早搏,心肌劳损。10月11日,患者出现昏迷,复查头颅CT示:侧额叶脑梗塞。10月12日,患者病情继续恶化,张口呼吸,血压下降(66/42mmHg),无尿,经抢救血压上升后,转B医院治疗。

患者在B医院被诊断为:1. 重症肺炎,Ⅰ型呼吸衰竭;2. 感染性休克;3. 慢性肾衰竭(尿毒症期);4. 左额颞顶急性硬膜下血肿清除术后。抢救期间,患者处于昏迷状态,一直予呼吸机通气治疗。11月29日,患者因多器官功能衰竭而死亡。

鉴定意见

某市医学会出具的《医疗事故技术鉴定书》

1. 本例高龄患者以"发热查因"被收入院诊治,既往有高血压病和冠心病多年,且存在肾功能受损。医方根据其病史和体征,采用清热解毒、抗感染、退热、降血压、保护肾功能等治疗手段对症治疗,符合临床诊疗常规。

2. 医方在实施上述诊疗过程中,发生了患者"跌倒事件",并直接导致其颅内出血(左侧额颞顶硬膜下血肿),医方进行了开颅手术清除血肿,使病情一度得到控制。由于"跌倒事件"前患者已存在呼吸道感染,颅内出血后呼吸抑制和高龄患者肺功能潜在衰退等因素,导致呼吸道感染发展为重症肺炎,病情再度恶化,并诱发了多器官功能衰竭,最终导致患者死亡。患者的直接死亡原因为重症肺炎和多器官功能衰竭。

3. 患方质疑医方在患者跌倒后处理不当、延误病情和手术不及时等主张，鉴定专家组对诊疗过程进行认真分析后认为：①在发生“跌倒事件”当晚，护士执行一级护理制度，每隔半小时巡视患者生命体征，针对病情采取相关医疗护理措施，并填写护理记录；②患者跌倒后，头部无破损或伤痕，当时神志清醒，无头痛、呕吐等神经科相关症状和体征，医方给予观察生命体征、静脉输液等处理是符合临床处置原则的；③在患者出现反应迟钝、不能对答等变化后，医方予以头颅 CT 检查，明确颅内发生血肿，并转神经外科进行手术治疗，术后复查 CT 显示血肿基本清除，脑受压解除，整个过程符合颅脑手术相关流程。

4. 鉴定专家组同时认为，医方在诊疗过程中因医疗安全和防范意识不强而发生患者“跌倒事件”，存在以下医疗不足：①患者高龄体弱，且发热数天，体质消耗较大，应注意到发生坠床或跌倒的可能性；②高危患者的陪护管理制度不健全；③当患者跌倒后，医方应及时地通知家属，告知可能潜在的风险；④值班医师应向科室负责人汇报，请相关科室会诊和及时做好病程记录。

综上，某市医学会认为医方的医疗行为未违反医疗卫生管理法律、行政法规、部门规章和诊疗护理规范、常规；医疗安全和风险防范意识不足，致患者在诊疗过程中发生“跌倒事件”；对患者跌倒后发生颅内出血的处置过程符合诊疗规范；患者困重症肺炎、多器官功能衰竭经抢救无效死亡，与医方的医疗行为及上述医疗不足之间不存在直接的因果关系。

结论　本医案不构成医疗事故。

一审各方主张及判决

原告（患方）核心诉请

医院管理不善，遗失病历资料　患者入住被告 A 医院后，在护士安排下聘请了被告家政公司的护工，患者家属在护工提供的“患者生活陪护服务知情同意书”等文件上签名。然而，原告复印住院病历资料时却发现没有“患者生活陪护服务知情同意书”。

护理不当，延误治疗 A医院护士和家政公司护工护理不当，致患者跌倒。在确诊患者为脑出血后，A医院聘请C医院神经外科专家协助进行开颅手术，此时距患者跌倒已经过去整整10个小时，错过了抢救和治疗的最佳时机。

医疗条件有限，未能及时转院 10月12日患者病情急转直下，须用呼吸机抢救，但A医院未能解决用机问题，直至当晚10:20才将患者转至B医院抢救。原告据此要求，被告A医院赔偿原告医疗费等共计416,788.79元，被告家政公司承担连带赔偿责任。

被告（A医院）答辩

在整个诊疗过程中，A医院无医疗过失行为。患者的直接死亡原因为重症肺炎和多脏器功能衰竭，是其疾病的自然转归，与A医院的诊疗行为无因果关系。关于《医疗事故技术鉴定书》分析意见中提及医方存在医疗不足，A医院认为，医学是一门临床实践性科学，医学会的专家是经过层层挑选出来的高水平专家，是为了总结临床经验而给予医方的医学建议，不能等同于医疗过失行为。

被告（家政公司）答辩

在2008年10月5日之前，患方家属与被告家政公司未建立生活陪护服务合同关系。患者跌倒是其未按规定使用床边呼叫提示铃、未要求医护人员协助所致，患者的直接死亡原因是重症肺炎和多脏器功能衰竭，是其疾病的自然转归，与被告家政公司无因果关系。

一审判决

本案鉴定是众多医学专家经过分析后作出的,本院予以采信。但鉴定专家组同时指出,被告A医院医疗安全和防范意识不强,以致发生患者在凌晨跌倒事件。至于原告要求被告家政公司承担连带赔偿责任问题,根据原告提供的现有证据,不能充分有效证明在患者入住A医院至发生跌倒期间,原告已聘请被告家政公司的护工进行陪护,故原告要求被告家政公司承担连带赔偿缺乏事实依据,本院不予支持。

据此,原审法院判决A医院赔偿5万元给原告,驳回原告其他诉讼请求。

二审判决

一审判决后,原审被告(即患方)不服,提起上诉。二审法院经审理,意见如下。

关于被告家政公司的护工陪护问题。患方提供的证据不足以证实其关于2008年10月1~4日已聘请被告家政公司护工对患者进行陪护的主张,其要求被告家政公司承担连带赔偿责任缺乏事实依据,本院不予支持。

关于A医院的过失及责任问题。患者高龄体弱,且发热多日加大了其体质消耗,医方应当注意到其可能发生坠床或跌倒事件,但A医院对此类高危患者的陪护管理制度不健全,未安排专人陪护,导致患者跌倒,继而发生颅内出血。同时应注意到,患者发生颅内血肿后,医方及时进行了开颅手术清除血肿,使病情一度得到控制。“跌倒事件”虽非导致患者死亡的直接原因和主要原因,但却在客观上加重了患者本已存在的呼吸道感染,令患者的病情复杂、恶化并促进了患者死亡,故A医院的医疗过失行为与患者的死亡后果之间存在一定的因果关系。经比较医方的过失因素与患者的自身状况以及原发病因素对患者死亡后果的原因力大小,本院酌定A医院对患方的损失承担10%的责任为宜。

综上,患方的上诉理由不成立,对其上诉请求,本院不予支持。审查原审判决并无不当,本院予以维持。依法判决如下:驳回上诉,维持原判。

各方意见

医方代表

罗碧辉(心内科)感染性发热在临床上属常见多发病,但本案患者特点为高龄、既往病史复杂。从病程发展来看,治疗期间患者体温一直未得到有效控制。主管医师应该对治疗方案进行回顾,采取更积极的治疗方案。患者发生跌倒后,医方应当给予充分重视,积极进行处理,包括行相关检查、专科会诊等,避免出现严重后果。

黄伟青　赵凯(医务科)本案高龄患者反复发热,入院5天未得到有效控制。主管医师应就治疗情况与患者家属交换意见,考虑更积极的治疗方案。跌倒是住院患者常发生的事件,更是老年患者常见的问题。严重的身体损伤和自信心受挫,是75岁以上老年人受损伤后的主要死亡原因。由跌倒引起的医疗纠纷会影响医院的声誉。因此,预防患者跌倒已成为目前应该重视的大问题。

为防范和减少患者“跌倒事件”发生,医方应当针对有跌倒、坠床风险的高危患者进行评估,并主动告知患者有跌倒、坠床危险,采取措施防止意外事件的发生。医院后勤社会化常常会出现一些问题,比较典型的正是陪护问题,应当引起高度重视。

律师代表

李立凯　医方对此类患者应当建立完善的陪护管理和防范制度,防范意外事件的发生。

在患者跌倒后，医方应当设法及时通知家属，尤其是对于风险大的患者。一方面，能让家属及时处理有关问题(如检查、手术签字等)，避免造成误解；另一方面，患者跌倒后，医方要密切观察患者的病情变化，对表现不典型患者更要如此，必要时还要请会诊、做检查、及时手术，从而增加挽救患者生命的机会。

法官代表

官健　根据《侵权责任法》等相关法律，医疗机构的法定义务主要包括：诊疗义务、告知说明义务、保密义务、适度诊疗义务、安全保障义务。本案主要涉及安全保障义务的问题。实践中，患者在医院就诊或住院期间滑倒、坠床、跳楼、走失、伤人或被伤害等，都属于医院的安全保障义务范畴。本案纠纷就是由患者住院期间跌倒所引发的。当然，并非所有患者在医院发生意外伤害，医院均须承担责任，关键在于医院对于患者的损害后果有无过错。判断医院有无过错，应考察医院是否尽到以下四项具体义务：(1)结果预见义务：如本案患者年老体弱，且发热多日，容易发生跌倒等意外，医方应当预见；(2)结果避免义务：对于本案患者应加强护理、设专人陪护、增加保护设施等，以尽量避免可能发生的意外；(3)告知说明义务：向患者及家属交代病情并强调防范意外的发生；(4)意外发生后及时救治或采取相应措施的义务：包括及时通知家属、有时需要报警等。本案中，没有证据显示医方已经尽到前三项义务，医方的过错主要体现在陪护管理制度不健全，没有给患者安排专人陪护，安全防范方面存在不足，法院判赔5万元基本上是合理的。

本案启示
从住院患者“跌倒事件”处置回看医方救治、鉴定意见和法院判决之得失

法治广东研究中心　广东省医学会医事法学分会　宋儒亮主任

本案患者在住院期间跌倒后颅内出血，术后救治近2个月无效死亡。患方认为跌倒导致患者最终死亡，医方认为疾病导致死亡，医疗事故技术鉴定支持医方观点，而法院判决也基本支持医方观点，但同时提出“跌倒事件”在客观上加重了患者本已存在的呼吸道感染，令患者的病情复杂、恶化并促进了患者的死亡。对此怎么解读？又有什么启示？值得从医法角度回看，更须进行利弊分析。

从医法结合角度评价本案医域三环节

患者跌倒　在此环节，医方在护理上是有过错的。一级护理患者在“跌倒后才被发现”而不是在“其他情形被发现”直接说明了护理不到位。

手术实施　未发现医方在此环节存在过错。术后复查CT示“左侧额颞

顶硬膜下血肿基本清除”，且双方对此不存在异议就是证据。

患者死亡　患者死亡的原因存在争议。责任在哪方只是最终结果，如何确定担责人才是问题的关键和核心，也即患者跌倒究竟是“不可抗力”还是“医疗过错”？若属于“不可抗力”就应当免责；若属“医疗过错”就要承担法律责任。

法域的进展和评论：鉴定意见、法院判决

先看鉴定意见。在医师医疗层面，神经外科手术的实施不存在过错。该鉴定书的鉴定专家认为，整个过程符合神经外科手术相关流程。在护士护理层面，在诊疗过程中因医疗安全和防范意识不强而发生患者“跌倒事件”，存在医疗过错。

再看法院判决，有三方面分析。第一，认定存在过失。法院认定 A 医院对患者住院期间跌倒致颅内血肿存在过失，应承担相应的责任。第二，认定存在因果关系。法院认定 A 医院的医疗过失行为与患者的死亡后果之间存在一定的因果关系。第三，认定了责任比例。经比较医方的过失因素与患者的自身状况以及原发病因素对患者死亡后果的原因力大小，法院酌定 A 医院对患方的损失承担 10% 的责任为宜。

从医法结合角度，针对法域上述两个环节，存在三个基本评价。第一，鉴定意见。鉴定意见认定“手术不存在过错，但护理存在过错”是可接纳的。第二，法院判决。判决书认定“医方存在过失和此过失与患者死亡之间存在一定的因果关系”是妥当的。第三，责任比例划分。判决书关于“经比较医方的过失因素与患者的自身状况以及原发病因素对患者死亡后果的原因力大小，本院酌定 A 医院对患方的损失承担 10% 的责任为宜”的原因力大小分析存在阐明不清且因素之间有重叠的问题，故此“酌定”应受到质疑。

医法之分析

“患者的自身状况”并不是死亡发生的主因　医学上，“本案患者的病

史、当时的病情和医院的条件”表明，该患者（或者该类患者）住院期间死亡应当是小概率事件；道理上，本案“患者的自身状况”若作为一种独立因素，其在“死亡原因力”中所占比例应当是很小的：也即如果不跌倒，患者基本不会在医院死亡。

“医方的过失因素”应当是进行手术的唯一理由 综观本案，判决书所言“‘跌倒事件’虽非导致患者死亡的直接原因和主要原因，但却在客观上加重了患者本已存在的呼吸道感染，令患者的病情复杂、恶化并促进了患者的死亡”的观点是有问题的。之所以有问题是因为：住院期间的跌倒就是医方的过失因素，而手术就是因患者跌倒后才需要的。就原因力而言，若医方的过失因素不存在，患者100%不需要进行手术；手术若不会进行，不会加重和令患者病情复杂、恶化，患者就不会死亡。患者死亡的唯一理由就是因“医方的过失因素”直接导致而非“其他因素”所致。

“原发病因素”不适合作为独立因素 不结合案情而采用患者“原发病因素”是存在争议的。根据医学知识，结合本案，法院所言的“原发病因素”或者与“患者的自身状况”存在重叠，或者“患者的自身状况”包括了“原发病因素”，此“原发病因素”不适合或不完全适合作为原因力分析的一个独立因素。

总结

综上，医域的环节、法域的进展和医法的分析表明，判决书关于“责任比例划分”的原因力分析要受质疑：“原因力大小”的阐明理由不周密、周全，法院“酌定”不周到，而这恰也是本案之启示：法官、法院在审理医事纠纷案时，也要像医方治疗患者一样，必须认真履行好“依法义务、阐明义务、谨慎义务、注意义务”。这是因为二者有共同的本质、相通的基础和一致的追求：法院的判决和医方的治疗都是在治“病”和救“人”。

抢救急性心肌梗死患者
事后补签病历是否违法？

广东省医学会医事法学分会

赖永洪　宋儒亮　李立　周汉建　赖嘉敏　董丽霞　陈利　曹翔

病历简介

患者女,63 岁,2008 年 12 月 2 日 0:45 因“胸闷、憋气、心前区疼痛 3 小时”到 A 医院门诊就诊。查体:血压 90/70 mmHg,左肺闻及湿音,心率 90 次/分,律齐。急查血常规示白细胞计数 9.7×109/L;血糖 14.3mmol/L,心电图检查示前壁心肌梗死。门诊诊断:急性心肌梗死;2 型糖尿病。予硝酸甘油静脉滴注、哌替啶、阿司匹林、含服复方丹参滴丸、吸氧及心电监护等治疗,告知病危。

2:15,门诊拟“急性心肌梗死”将患者收住院。入院查体:体温 36.5℃,脉率 84 次/分,呼吸率 25 次/分,血压 118/80mmHg;神志清,精神差,急性痛苦面容;呼吸急促,颈软无抵抗;双肺呼吸音粗,双肺底可闻湿音;心率 84 次/分,律齐,无病理性杂音;腹平软,肝脾未触及,肠鸣音正常;双下肢轻度浮肿,四肢肌力、肌张力正常,生理反射存在,病理反射未引出。

入院诊断:急性心肌梗死;高血压病Ⅱ级(极高危组);2 型糖尿病。

入院后,A 医院予患者抢救治疗、中流量持续吸氧、心电监护、镇痛、镇静,抗凝、硝酸甘油及丹红静脉点滴、改善微循环等治疗。当值医师告知患者家属“患者目前病情比较危重,在住院期间有可能会出现以下合并症:1.心律失常;2.心源性休克;3.心力衰竭;4.心源性猝死等,特告知家属。”原告在《患者知情同意书》上以家属身份签名确认。

当日 10:30,患者出现胸闷、憋气,气喘明显。10:50,患者症状加重,出现烦躁、大汗,查体示血压144/105mmHg,半卧位,口唇发绀,双肺呼吸音粗,心率146次/分,律齐。医师给予强心、利尿、减轻心脏负荷、减少心脏做功等治疗。11:00,患者呼吸、心率减慢,医师予呼吸兴奋剂和兴奋心脏药物、纠酸及胸外按压等抢救治疗,患者呼吸停止,出现心室颤动。医师在11:20及11:25分别予以电击除颤,继续胸外按压。

11:50,患者心跳、呼吸停止,双侧瞳孔散大,对光反射消失,心电图呈直线,医师宣告临床死亡。死亡诊断:急性前间壁心肌梗死;冠心病;2型糖尿病;高血压病Ⅱ级(高危组)。患者家属没有要求进行尸检。

鉴定意见

某市医学会医疗事故技术鉴定意见

1. 患者因胸闷伴心前区疼痛到A医院门诊就诊,接诊医师根据患者的病史、临床表现以及实验室检查结果,作出“急性心肌梗死”的初步诊断,并予患者硝酸甘油静脉滴注、哌替啶、阿司匹林、含服复方丹参滴丸、吸氧及心电监护等治疗,告知病危。当日2:15收入住院进一步抢救治疗。入院后医方针对患者的病情进行抢救,患者病情一度稳定。在其病情出现恶化时,医方给予强心、利尿、纠酸、胸外按压及电击除颤等救治,终因抢救无效患者死亡。A医院对患者的诊断正确,处置过程符合临床诊疗常规。

2. 从临床角度分析判断,患者死亡的直接原因是心源性休克,引起心源性休克的原因是急性心肌梗死,患者最终死亡是其疾病凶险、进展迅猛所致。

3. 医院在医疗过程中存在以下不足:①与患方沟通不足,特别是对患者病情的严重性解释不够充分;②病历书写欠规范。

某市医学会据此认为,未发现A医院的医疗行为违反医疗卫生管理法律、行政法规和诊疗护理规范、常规;无医疗过失行为,存在医疗不足。患者最终死亡是其急性心肌梗死病情进展凶猛的自然转归，与 A 医院的医疗行为及医疗不足之间不存在因果关系。

结论　本医案不构成医疗事故。

一审各方主张及判决

原告（患方）核心诉请

A 医院医疗水平、技术设备不足，延误患者救治　患者到 A 医院就诊，值班医师诊断为急性心肌梗死，但没有及时告知患者病情的严重性。A 医院在明知该院医疗技术和设备不足的情况下，没有建议患者转院治疗，仅予简单治疗后将其留在门诊观察 2 小时。入院后，当值医师景某未意识到患者病情严重性，只予一般治疗。凌晨 4 点多，患者出现呼吸不正常，患者家属数次要求采取有效措施，但是没有医师到场抢救。

A 医院医护人员不具备相应资质　A 医院值班医师景某不具备执业资格；患者在卧床休息时由保安搬抬造成其病情加剧。

A 医院的病案材料存在伪造及虚假情况　景某交给患者的《患者知情同意书》上并无“张某”医师的签名，事后才补签了张某的签名。在危重患者护理记录第 3 页中，“11 月 2 日”的日期是错误的，实际发生时间是 12 月 2 日。此外，患者并无高血压病史，但病历记录她有 3 年病史。

鉴定结论错误　《医疗事故技术鉴定书》对于患者就诊经过的叙述是根据医院提交的虚假病案材料归纳的，与事实不符。患者就诊时并不知道自己患有心血管病，也没有高血压病史，故鉴定结论是错误的。原告据此要求被告赔偿死亡赔偿金和精神损害抚慰金等共计 456,797.2 元。

被告（A 医院）答辩

1. 我院的救治及诊疗及时得当，作为二级医院，我院有医疗资格及资质进行救治。患者死亡是因其自身患有心肌梗死及糖尿病、高血压导致,相关病历资料显示我院医师已告知患者家属病情。

2. 患者体型较胖,护士抬不动她,才由医院的保安帮忙抬担架。

3. 景某医师是来我院进修的医师,虽然持有的不是本地执业证,但办理了进修手续且到卫生部门进行了备案,具有行医资格。

4.《患者知情同意书》上张某的签名是在抢救患者结束后6小时内补签的,根据医疗事故处理条例的规定,因抢救患者未能及时书写病历的,可以在6小时内补记。患者的高血压病史是由医护人员根据其口述记录在门诊病历的。危重患者护理记录第3页的日期是笔误,但不能以小的笔误否认整份病历的真实性。

一审判决

一审意见如下。

1. 原告对某市医学会所作出的《医疗事故技术鉴定书》存在异议,但该鉴定书是某市医学会依照程序规定经过医学专家论证、鉴定所作出的专业分析,可以作为本案的分析参考意见。

2. A医院在第一时间明确急性心肌梗死诊断,告知病危,并给予患者抗凝、营养心肌、改善微循环、止痛及吸氧等抢救治疗,结合A医院对患者实施的抢救措施,表明A医院具备抢救该类疾病患者的能力,且实施的救治措施是合理、及时的,未发现A医院存在延误抢救治疗的情形,亦无证据证实A医院的医疗技术及设备水平不能诊治患者。而且,原告已在《患者知情同意书》上签名,表明当时A医院已告知患者家属其诊治情况、风险性及治疗措施,患者家属当时并未提出异议,表明其当时是确认A医院对患者的初步诊断及应对治疗措施的。

3. 某省卫生厅已确认A医院可开展心肌梗死患者抢救有关的诊疗活动,且当时接诊的景某医生于2008年12月2日在A医院执业的行为符合规定。另外,A 医院承认患者从门诊入院时,由于体型较胖,护士抬不动她,才由医院的保安帮忙抬担架,就此原告无法证实 A 医院保安抬担架的行为对患者造成何种具体的损害行为,故不能就此认为 A 医院存在过失。

4. A 医院提交的《危重患者护理记录》第 3 页中记录日期为“2008 年 11 月 2 日”,实际日期应为“2008 年 12 月 2 日”。病程记录中关于当日的查房、诊疗情况、《患者知情同意书》上张某的签名为事后补签,存在病历书写不规范的行为。原告无证据证实 A 医院的病历记录存在其他伪造、篡改及不实之处。

综上,没有证据证实 A 医院存在延误抢救治疗的情形,以及其由于医疗技术及设备水平所限、医护人员资质、病案材料存在伪造或篡改等过错行为,从而导致患者死亡,患者死亡的直接原因是急性心肌梗死所引发的心源性休克。但是 A 医院存在病历书写不规范的行为,此医疗不足行为虽然与患者的死亡后果不具有因果关系,但在一定程度上造成原告精神上承受了困扰及顾虑,故本院从实际角度出发,认定 A 医院须支付原告精神损害抚慰金 10,000 元作为适当的补偿。

综上,一审判决,A 医院支付原告精神损害抚慰金 10,000 元。

一审判决后,医患双方均没有在限期内提起上诉,一审判决为生效判决。

各方意见

医方代表

周汉建(心内科)结合患者临床表现和心电图结果,急性前壁心肌梗死(心梗)诊断明确,同时患者有高血压和高血糖史,应考虑可能有心源性休克的合并症。急性心梗尤其合并心源性休克时死亡率极高,急诊介入或溶栓治疗是减少死亡的重要手段。在没有上述治疗条件的二甲医院应考虑转诊治疗,但转运过程风险很高,应与家属充分沟通。患者住院后,A医院给予的治疗符合心梗的治疗规范或常规。心梗后出现气促或呼吸困难是由于心功能衰竭所致,一般无须进行机械通气治疗。A医院对患者死亡不应负有医疗责任,但可能存在与患者或家属沟通不足,应加强对医护人员风险意识的培养。

律师代表

李立　从本案判决书中双方的陈述来看,本案在诉讼过程中花费了大量精力在病历的书写瑕疵、医院和医生的资格及沟通问题上,而这些问题更多是停留在医疗服务质量层面,还未能深入到损害赔偿的实质内容中。过于执著在病历和资格的问题上会使案件的审理停滞不前,更加无法就案件的核心问题展开调查。该案中对于可能导致不良后果的医疗行为,原告方并没有提出具体、有意义的意见。

法官代表

官健　医疗纠纷进入诉讼阶段,病历成为认定案件事实的主要证据,病历的真实性往往成为医患双方争执不下的焦点问题。患方通常会在诉讼中对病历提出质疑,主张医方伪造、篡改病历,以期不通过医疗损害鉴定而直接推定医方的过错。

笔者就常见的病历问题总结如下。①笔误,一般不影响对事实的认定。②化验单粘贴错误,该化验单应排除在证据之外。③检查报告或影像资料丢失,这种情况下,补充打印的化验单仅能为案件审理提供参考。④修改、涂改与篡改,修改应保持原记录清晰可辨,不得掩盖或去除原来的字迹,否则为涂改,可能影响事实的认定。若改动的内容经证实不客观,则为篡改,可直接推定过错。⑤漏记或记录过于简单,此问题较为多见,可能会影响对重要事实的认定,导致对医方不利的局面。⑥事后补签、补记、添加。事后补签包括医生补签和患方补签。医生补签如本案,一般不影响对事实的认定。患方补签如某案中手术同意书为术中出现并发症后医方与患方补签的,该补签行为不能免除医方术前的告知说明义务,医方仍需承担相应责任。

综上,病历不规范的情形众多,只有伪造、篡改的病历才被认定为不真实,并导致直接推定过错的法律后果。但不规范的病历可能影响对案件事实的认定,对医方产生不利的诉讼后果。即便如本案中并未影响事实认定,也会引起分歧和争议,引发患方的误解,给法官留下不良印象,成为判赔的理由。

本案启示

由病历资料证据的过去、现在和未来谈“病”与“人”之医法的有机统一

广东省医学会医事法学分会　法治广东研究中心　宋儒亮主任

当前有一个、一类属于医院治理不当引发的问题,特别容易激发医患矛盾而产生医患失信、形成多种鉴定意见而造成庭审僵局、不信任判决而形成信访难题、四处主张权利而吸引媒体介入,这就是病案问题,具体是个案的病历书写质量问题,整体是病历治理的理念问题。

病历资料的过去：仅作为一种医疗活动的文书，也是一种法律活动的书证

在以往医疗活动、司法实践中，常常把病历单纯认定是一种书证，然后按照书证进行管理、质证、证据采纳。对病历资料的认识不到位、不全面，让医患之间在病历资料书写、管理、法院审理、社会评价等过程中形成种种隐患，以致“医疗活动时不给患方看”、“争议时不给患方全部复印”、“鉴定时各自提交证据资料”等成为常见现象，种种现象之总和，让患方等对病历真实与否形成一种自然的警觉、不信甚至是敌意。

病历资料的现在：既应是一种医疗活动的资料，又应是一类法律活动的证据

对病历资料可做以下三方面的法律解读：

一是笼统说病历资料就是一种书证是不全面的。病历是医疗活动过程中形成的文字、符号、图表、影像、切片等资料的总和，这意味着病历资料不只是纸面的，还有实物的。解读病历资料证据，要根据病历含义和证据分类相结合原则进行。

二是病历的存在形式。《民事诉讼法》现把电子病历当作一种法定证据类型——电子数据予以认定。《病历书写基本规范》中“由相应医务人员手写签名”、“已完成录入打印并签名的病历不得修改”的规定要特别留意并予以遵守，否则易存在争议和风险。

三是病历的书写、保存、质证已与医疗机构在法律上有无过错之间进行了直接挂钩。如果不按相关规定书写、保存和质证，那么，不需鉴定就可由法院直接推定医疗机构存在过错。

病历资料的未来：要按照病历含义细分，且应将“病程记录”修改为“病人记录”

医事活动中要注意区分“实物”、“资料”和“材料”之不同　相比较而言“材料”外延最大、“资料”居中，“实物”最小。“资料”常用于医疗活动形成病历的场合。“实物”常用于疑似输液、输血、注射等引起不良后果的场合。

“材料”常用于提交鉴定的场合。此外，只能补记病历资料中的书证材料，不能补加实物材料。

根据“实物”、“资料”和“材料”之不同须再认识病历资料　首先，重新认识病历内容。病历不只是文字、符号、图表等资料，也包括影像、切片等实物。在司法活动中，不能只从书证角度认识病历资料的价值。

其次，丰富和细化病历资料的证据类型。要通过利用文字、符号、影像、切片的不同，具体分析争议之要害和实质。根据对应的证据类型，分别在病历资料之书写、保管、管理和诉讼等环节具体分析，分别质证，分别评述。

最后，建议把“病程记录”修改为“病人记录”，更好体现医学和法律有机统一之价值。病程记录本应是病历中病和人之治疗最全面的记录形式，但实践并非如此，存在以下问题。

第一，现有的病程记录是单向的，缺乏患方对医方之回应，也没有体现他们之间的沟通互动效果。

第二，现有病程记录绝大部分是关于“病”的记录，但“病”之主体“人”的记录往往只有几句话。

第三，现有病程记录难以在诉讼中体现病历应有的证据价值。住院患者签署的知情同意书基本不随住院长短、病情变化等有所调整。而面对变化的病情，病程记录应当是既存的最好、最可靠、最及时的沟通证据。遗憾的是，在诉讼中，从医院律师角度，病程记录少有可证明医方针对性、具体性、具时性的说明告知记录。一旦患者在诉讼中就某事有具体时间、病情等详细陈述，再配合对其有利的录音、人证等证据，那么，“攻对医方之一点，改动医方之全部”之效果就容易产生。庭审中类似情况很常见，本案就是如此。

怎么办？最好防范就是把“病程记录”修改为“病人记录”。认清并接受病程记录具有事先防范风险的证据特点，改变“见医”不“见法”、去除只记“病”不记或少记“人”之缺陷。这正是彻底回归、实现和发挥病历证据价值之始。

总结

对病历资料证据的过去、现在和未来之医法分析表明,解决病历问题需要规定,需要管理,更需要治理理念、方式上的再认识、再思考和再出发。要从医法结合角度,针对病历内容之不同形式,从“实物”、“资料”和“材料”之差异入手,找到病历资料中所内含不同的证据类型,有针对性地细化和深化对病历具体内容的研究和分析,在此基础上,医方应懂得可依法“补记”病历材料,但不能“补加”病历材料。通过重新审查病程记录之本意,把“病程记录”修改为“病人记录”,最大限度体现医患之间医疗活动的全貌,让病人记录成为反映治疗进程、体现医患沟通和展示诊疗效果之证据,实现医学上肯定、法律上支持、社会上认可之愿景。

患者因主动脉夹层动脉瘤破裂出血死亡 医疗过失还是难以预料风险所致?

广东省医学会医事法学分会

程东海 宋儒亮 严凡 吴洋 赖永洪 赖嘉敏 王炎 陈利

病历简介

患者男,2011 年 4 月 4 日 18 时 50 分因“胸腹痛半小时”到 A 医院急诊科就诊。患者诉无明显诱因出现胸后痛,伴胸闷,无呕吐、心悸、呼吸困难。查体:患者血压 175/98 mmHg(最高 217/107 mmHg),表情痛苦;双肺未见异常;心律齐,未闻及杂音;腹软,无压痛、反跳痛,肝区、肾区无叩击痛。心电图示:①窦性心律;②左室高电压;③ST-T 改变。胸腹透视示:①主动脉弓稍增宽;②腹部未见异常。胸腹部 CT 示:①左肾结石;②胸部平扫未见明显异常。初步诊断:①胸腹痛查因;②高血压病 2 级。普外科及心内科会诊后给予止痛、硝酸甘油、口服美托洛尔及磷酸铝凝胶等治疗。

4 月 4 日 23 时 19 分,患者转入内一科进一步治疗。查体:体温 37.1℃,呼吸率 20 次/分,脉率 90 次/分,血压 180/101 mmHg;患者神志清楚,双肺未见异常,心率 90 次/分,律齐,未闻及心脏杂音,无心包摩擦音;腹平,中上腹稍硬,中上腹压痛,轻度反跳痛,Murphy 征(+),肝、脾肋下未扪及,移动性浊音阴性,肠鸣音正常。入院初步诊断:①胸腹痛查因:急性冠脉综合征?主动脉夹层?胆囊炎?急性胃炎?②高血压病 3 级,极高危组;③低钾血症;④左肾结石;⑤高尿酸血症。告病重,暂禁食,予硝酸甘油控制血压、改善冠脉循环、减轻心脏负荷、抑酸、护胃、镇静、止痛等对症支持治疗。患者经治疗后上腹痛有所缓解,消化内科会诊后考虑胆囊炎、胆绞痛可能,予抗感染、消炎等对症支持治疗。

4月5日12时许,患者在接受进一步检查过程中出现呕吐、发绀、呼之不应、小便失禁,立即被送回内一科抢救。查体:患者意识丧失,血压158/59 mmHg,呼吸率16次/分,心率65次/分,血氧饱和度83%。予吸氧、开放气道、吸出呕吐物,经处理后患者较为躁动,仍有颜面、口唇及肢端发绀。心电监护显示:血压94/63mmHg,心率120次/分,律齐,窦性心律,血氧饱和度升至93%,患者仍烦躁,口唇、肢端发绀,考虑病情危重,4月5日12时50分转重症监护病房(ICU)治疗。ICU查体:体温<35℃,呼吸率6次/分,心率123次/分,血压测不到;神志模糊,谵妄,颜面、口唇及全身皮肤紫绀,以颜面、口唇为甚;双瞳孔等圆等大,直径6 mm,对光反射消失;双胸廓呼吸运动小,双肺呼吸音微弱,未闻及音;心率123次/分,律齐,心音低钝、遥远,未闻及心脏杂音,心包摩擦音(±);腹软,肠鸣音减弱;双下肢无水肿。予气管插管,呼吸机辅助呼吸,但患者心率仍减慢至42次/分,心前区听不到心音,颈动脉无搏动。予胸外心脏按压,静脉推注肾上腺素、阿托品、纳洛酮,静脉滴注碳酸氢钠、异丙肾上腺素,以及补液等抢救措施。急行床边B超示:心包积液(中量以上)。抢救至4月5日13时50分,患者心跳、自主呼吸未能恢复,宣告死亡。最后诊断:①心源性猝死:主动脉夹层破裂?心脏破裂?②高血压病3级,极高危组;③低钾血症;④高尿酸血症;⑤左肾结石。

患者死亡后,患者家属对患者死因有异议,申请委托某医科大学司法鉴定中心进行死因鉴定。某医科大学司法鉴定中心对患者的死因鉴定意见为:患者因主动脉夹层动脉瘤破裂出血导致心包压塞而死亡。

鉴定意见

某市医学会作出的《医疗事故技术鉴定书》

1. A医院在对患者的诊疗过程中存在以下医疗过失行为:①急诊胸腹透视已提示"主动脉弓稍增宽,请结合临床",A医院仅行胸部CT平扫而未发现主动脉病变,没有立即作进一步胸部 CT 增强扫描或磁共振成像(MRI)检查,对主动脉夹层病变的检查不够充分;②没有按会诊要求使用硝普钠控制血压;③未对疑似主动脉夹层患者制动及尽量避免来回搬动。

2. 根据某医科大学司法鉴定中心法医病理鉴定结论,患者本身患有较严重的主动脉粥样硬化及冠状动脉粥样硬化,因主动脉夹层动脉瘤破裂出血导致心包压塞而死亡。在较短的时间内,A 医院对患者进行了一系列辅助检查以明确诊断,采取了静脉滴注硝酸甘油降压、改善冠脉循环、控制心率、止痛等对症治疗,患者病情一度有所好转。虽然诊断未明确,但其诊疗措施符合“胸腹痛查因”的治疗常规。患者自身因主动脉夹层动脉瘤意外破裂出血导致心包压塞并迅速引起呼吸、循环衰竭,是直接导致其死亡的原因。临床上主动脉夹层死亡率很高,24 小时死亡率高达 33%,加之临床表现复杂多样,要明确诊断具有一定困难,也需要有一个过程。患者在短时间内病情发展迅速,主动脉夹层动脉瘤发生破裂出血而死亡是难以预料的。

据此,A 医院上述医疗过失行为并不是造成患者死亡的原因,与患者的死亡无因果关系。

结论　本医案不构成医疗事故。

一审各方主张及判决

原告(患方)意见

被告的医疗过错行为最终导致患者死亡,被告应就其过错行为承担责任。请求法院判令被告向原告支付死亡赔偿金、丧葬费、被抚养人生活费、精神损害抚慰金、住宿费、伙食费、鉴定费、医疗费等共计 326,185.6 元。

被告(A 医院)答辩

请求依法驳回原告的全部诉讼请求。结合鉴定意见,被告认为,A 医院在对患者的整个诊疗过程中,未违反医疗卫生管理法律、行政法规、部门规章和诊疗护理常规、规范,医院的医疗行为与患者死亡之间无因果关系。

一审判决

原审法院经公开开庭审理,意见如下。

某市医学会对被告的诊疗行为进行医疗事故技术鉴定,该鉴定程序合法,相关鉴定机构的人员具有相应的鉴定资质,鉴定结论依据充分,法院对上述鉴定的结论予以采信。被告虽存在上述医疗过失行为,但患者自身因主动脉夹层动脉瘤意外破裂出血导致心包压塞并迅速引起呼吸、循环衰竭,是直接导致其死亡的原因。患者在短时间内病情发展迅速,主动脉夹层动脉瘤发生破裂出血而死亡是难以预料的。因此,被告的医疗行为与患者死亡之间无因果关系,即被告的医疗行为并未造成患者死亡,原告起诉要求被告赔偿损失没有事实和法律依据,法院依法不予支持。

原审法院依照《中华人民共和国民事诉讼法》第六十四条第一款、第一百二十八条的规定,判决如下:驳回原告的诉讼请求。

二审各方主张及判决

上诉人(即原审原告,患方)

原告不服原审判决,提起上诉时称:①一审过程中,医疗事故鉴定结论送达后,上诉人向原审法院申请医疗过错鉴定,原审法院未予准许该鉴定,程序违法;②被上诉人的医疗过错行为最终导致患者死亡,被上诉人应就其过错行为承担责任。请求法院撤销原审判决,改判支持其原审诉讼请求。

被上诉人(即原审被告,A 医院)

未在法律规定的期限内向法院提交书面答辩意见。

二审判决

二审审理后,二审法院意见如下。某市医学会所进行的案涉医疗事故技术鉴定程序合法,依据充分,应予采信。该鉴定报告中已对被上诉人在案涉诊疗行为中的过错进行了分析,但同时,报告亦指出被上诉人的案涉医疗过失行为并不是造成患者死亡的原因,与患者的死亡无因果关系,因此,本案无须另行进行医疗过错鉴定。原审法院据此驳回上诉人对被上诉人的诉讼请求并无不当,法院依法予以维持。

综上所述,上诉人的上诉理由不成立,法院不予支持。原审判决认定事实清楚、适用法律正确,法院依法予以维持。依据《中华人民共和国民事诉讼法》第一百七十条第一款第(一)项的规定,判决:驳回上诉,维持原判。

各方意见

医方代表

陈明(心血管内科主任医师)　A 医院在诊治患者过程中存在以下严重失误。

1. 对一例胸痛高危患者,未依照诊疗规范做好鉴别诊断。患者胸痛、血压明显升高、胸部透视示主动脉弓稍增宽,均提示主动脉夹层撕裂的可能性,应及时行 CT 增强扫描以迅速明确诊断。遗憾的是,A 医院只重视腹部情况而忽略胸痛,错过早期诊断时机。

2. A 医院虽然对患者采取了降压及减慢心率的措施,但根据《2013 中国高血压防治指南》的要求:"对高血压危象合并主动脉夹层撕裂患者,血压应在 1 小时内降至 100/60mmHg,心率减至 60 次/分",显然 A 医院对该患者血压及心率的控制没有达标,导致患者病情进一步恶化,失去介入或外科干预时机。

3. 现代医学发展到如今还有很多局限性，即使 A 医院对患者在早期就作出正确诊断，也可能无法避免患者因主动脉夹层动脉瘤破裂而死亡的结局。但对一例症状及体征极为典型的高血压危象合并主动脉夹层患者误诊，其原因值得深思。提高临床医师责任心、培养缜密的临床思维以及提高基本诊疗技术水平刻不容缓。

律师代表

程虎　本案《医疗事故技术鉴定书》中已明确指出："A 医院在医疗行为中，存在对主动脉夹层病变的检查不够充分、没有按会诊要求使用硝普钠控制血压及没有对疑似主动脉夹层患者制动的过失"，这符合医疗过错鉴定的条件，法院依法应支持患者请求进行医疗损害鉴定。

在医疗行为经鉴定不构成医疗事故的情况下，允许患者申请对医疗过错进行鉴定，既是对患者权利的保护，使患者能最大限度上享受公平的待遇；也是对医方监督式的爱护，使医院能按照诊疗规范实施医疗行为的同时，降低医疗损害概率，通过依法行医维护双方的合法权益。

法官代表

官健　本案经医学会鉴定，明确医方存在三点过失：①急诊胸、腹透已提示"主动脉弓稍增宽，请结合临床"，医方仅行胸部 CT 平扫而未发现主动脉病变，没有立即进一步行胸部 CT 增强扫描或磁共振成像（MRI）检查，对主动脉夹层病变的检查不够充分；②没有按会诊要求使用硝普钠控制血压；③没有对疑似主动脉夹层患者制动及尽量避免来回搬动。医方是否需要承担赔偿责任，还应具体考查上述过错行为与患者的损害后果之间是否存在因果关系。

法学界关于因果关系的理论学说众多，复杂晦涩。对于医疗损害则更为复杂，往往表现为多因一果。具体到本案，若无第一点过失，可能更早得以确诊并采取针对性治疗措施，损害后果可能得以避免；若无第二点过失，患者血压可能得到更好的控制，主动脉夹层动脉瘤破裂风险可能会有所降低；若无第三点过失，对该患者更为谨慎同样可能降低主动脉夹层动脉瘤破裂风险。因此，医方的过失行为与患者死亡之间显然存在因果关系。在医方存在诸多过失且过失可能对疾病诊治和预后产生实质影响的情况下，若否定其因果关系而判医方无须承责，其法律效果和社会效果均不佳，也不利于提高医疗水平和保障人民健康。特别要指出，因果关系认定既是一种可能性判断，更是一种法律价值指向判断。

本案启示

鉴定意见的恰当采纳与适用更须提升法院的医事审判力

广东省医学会医事法学分会　法治广东研究中心　宋儒亮主任

虽然都属于依法处理，但在医疗损害赔偿纠纷处置上，与《医疗事故处理条例》的思维相比，《侵权责任法》的思维已发生实质改变。改变不仅要贯彻在诊疗护理活动中，还要落实于法院医事审判活动之上。

即使患者存在损害，只要不构成医疗事故（是否构成医疗事故只能由医学会进行鉴定），医方不用进行任何赔偿，这是《医疗事故处理条例》的核心理念和观点。但随着以人为本理念的确定、尊重人权和保障宪法意识的增强以及司法为民导向的强化，《医疗事故处理条例》调整下的医患冲突化解模式难以为继：难被法治理念所认可，难被公正司法所接受，难被公平正义诉求所肯定。

改变直接且集中地体现在《侵权责任法》之规定中：并不要求患者一定存在医疗事故，只要患者有损害和医方存在过错，医方就要承担赔偿责任，这是《侵权责任法》的核心理念和观点。正因此理念导向和法律保证，我们有理由相信冲突中的医患关系会在《侵权责任法》调整下不断走向相处正常、纠纷依法和秩序有序，但事实并非如此。就本案而言，虽有《侵权责任法》调整和鉴定意见，但若法院审理本身不到位、不到点，还是难以引导医患关系走向和谐。

人们常常有这样一种固化的认识：遇到不满意的医疗损害赔偿诉讼，总认为医学会鉴定有问题、总说是“老子鉴定儿子”、总觉得偏袒医方等，需要导入司法鉴定。但就本案而言，阻碍不在于医学会鉴定意见，也不缺司法鉴定，问题主要在于法院对鉴定意见的采纳和适用不到位，本应展现审理专业、能力和水平的判决，却因审判水平欠缺和不足，既使案件痛失公平正义的审判机会，也使判决本具有的指引价值难在本案获得体现。具体而言，法院审判不当体现在以下三方面。

医疗事故技术鉴定意见认为医方有医疗过失，但判决不理

该案中，某市医学会作出的《医疗事故技术鉴定书》明确指出A医院在对患者诊疗过程中存在以下医疗过失行为。①急诊胸、腹透已提示“主动脉弓稍增宽，请结合临床”；A医院仅行胸部CT平扫而未发现主动脉病变，没有立即作进一步的胸部CT增强扫描或MRI检查，对主动脉夹层病变的检查不够充分；②没有按会诊要求使用硝普钠控制血压；③没有对疑似主动脉夹层患者制动及尽量避免来回搬动。

客观地说，虽然鉴定意见认为本案不构成医疗事故，但认为“A医院在对患者的诊疗过程中存在医疗过失行为”，即存在医疗过错。《侵权责任法》第五十四条规定：“患者在诊疗活动中受到损害，医疗机构及其医务人员有过错的,由医疗机构承担赔偿责任。”在此情况下,鉴定认为“存在医疗过错”,再加上患者已在医疗活动中死亡,又没有免责事由,故依法完全可判决医院应对患者死亡承担相应民事赔偿责任。这表明与应具有的审判力相比,该审判法院的法律知识储备与更新、审理能力与水平等存在明显不足。

司法鉴定意见认为“死亡是难以预料的”,但判决不管

该案中,某医科大学司法鉴定中心法医病理鉴定意见指出:“患者在短时间内病情发展迅速,主动脉夹层动脉瘤发生破裂出血而死亡是难以预料的”,即司法鉴定意见认为“死亡是难以预料的”,这可归属于《医疗事故处理条例》第三十三条之“在医疗活动中由于患者病情异常或者患者体质特殊而发生医疗意外的”或者“在现有医学科学技术条件下,发生无法预料或者不能防范的不良后果的”;也可归属于《侵权责任法》第六十条“医务人员在抢救生命垂危的患者等紧急情况下已经尽到合理诊疗义务”之不赔偿情形,但这并非意味医方不承担补偿责任。《民法通则》第一百三十二条规定:“当事人对造成损害都没有过错的,可以根据实际情况,由当事人分担民事责任。”

在此情况下,可根据《民法通则》公平责任原则,依法要求医方给予一定补偿,但在判决中并没有体现。

同一案件鉴定意见却有冲突,但判决不顾

二审法院判决认为:“该鉴定报告中已对被上诉人在案涉诊疗行为中的过错进行了分析,但同时报告亦指出被上诉人案涉医疗过失行为并不是造成患者死亡的原因,与患者的死亡无因果关系,因此,本案无须另行进行医疗过错鉴定。”

面对如此分析,表明本案存在的问题很明显而直接:该法院审理理念、思维仍停留在《医疗事故处理条例》层面,审理的专业水平和业务能力仍徘徊在医法结合之外,以致难以对鉴定意见进行针对性及适用性的解读、分析

与采纳。只要不属于医疗事故都不赔偿，这种所谓尊重“鉴定意见”之判决并不少，这正是让《侵权责任法》这样理念正当、设置恰当和调整有力之良法在司法实践中难以发挥作用的根源之一。

总结

本案提醒我们，若法院、法官的医事法律理念不对、专业不精、能力不高，即便医患再信法、用法和守法，即便医疗活动和鉴定再依法，想以审判这种看得见的方式实现医事案公平正义的追求就仍在路上。

患者猝死引发诉讼
医方是否充分“告知”的疑云

广东省医学会医事法学分会
宋儒亮 赖永洪 李立 王焱 杨扬 姚麟 赖嘉敏

病历简介

患者男,20岁,2011年1月16日因胸骨后疼痛伴发热3天入A医院。3天前,患者于宿舍沐浴时自感缺氧、头部胀痛,随即出现咽喉部疼痛,呕吐胃内容物4~5次后出现胸骨后疼痛,伴发热、咳嗽、鼻塞、流涕,于B医院就诊,予护胃、止痛等处理后无明显好转。患者10余年前于C医院接受动脉导管未闭封堵术,1个多月前因志愿者活动较劳累反复感冒。

患者入A医院时,体温:37.9℃,血压:130/59mmHg,心率:122次/分。神清,颈静脉轻度充盈,双肺未闻及干湿音,心界无扩大,未闻及明显病理性杂音。入院心电图示窦性心动过速,除aVR、aVL外其余导联ST段抬高,提示心包炎可能,多个导联可见J波。辅助检查:1月16日急诊查肌钙蛋白及其他心肌酶均正常。1月17日腹部彩超示右肝内多发小的高回声团,考虑肝血管瘤可能性大,胆囊多发结石。心脏彩超考虑心包炎可能,升主动脉增宽,未见明显异常血流,左室收缩功能正常,心包积液(少量)。胸部正侧位片示动脉导管未闭封堵术后,心肺未见异常。1月18日C反应蛋白68.25mg/L。1月19日查多种心肌酶均升高。初步诊断为:①胸痛、发热原因待查:急性心包炎?②动脉导管未闭封堵术后。

医嘱单记载患者入院后医方给予抗炎、参芪扶正注射液、曲美他嗪片、辅酶Q10、美托洛尔缓释片等药物治疗。

1月17日患者仍诉深吸气后胸骨后疼痛、发热,体温最高38.6℃。1月

18 日患者体温 37.2℃，胸骨后疼痛、咳嗽症状有好转。1 月 19 日 11:01，患者无发热，胸骨后疼痛、咳嗽症状较前好转。患者于 11:30 在病房外公厕入厕 10 余分钟未归，家属紧急向医方呼救，医方协助破门后发现患者昏倒在地，呼之不应，大动脉不可触及，听诊心音消失。立即对患者行心脏按压，并予肾上腺素静推，吸氧条件下车床转入心脏监护室，予心脏按压、阿托品、肾上腺素等治疗后未闻及自主心律，血压测不出，予多巴胺升压治疗，12:05 安装临时起搏器，患者仍无自主心律。床旁 B 超提示心包积液较前无明显变化。经抢救 4 小时后无改善，患者于 15:30 临床死亡。《死亡医学证明书》记载患者的死亡原因为心脏猝死。

鉴定意见

某省某司法鉴定中心作出的《法医学鉴定意见书》

关于医疗行为：医方对患者的诊疗过程中，入院初步疑诊急性心包炎并给予抗炎等治疗未违反诊疗原则，但医方针对患者升主动脉增宽等影像表现，缺乏进一步的临床分析和鉴别诊断，提示医方对患者病情诊断思维局限，故医方存在医疗过失。对于医方是否对患者进行了卧床休息、陪护等告知，医患双方存在明显争议，尚须法庭进一步审理确定。

关于因果关系和参与度：依据现有病历材料，不能排除被告的医疗过失与患者突发循环衰竭、死亡的因果关系，但确切、直接的死因证据仍须依靠病理学检验。本次鉴定认为：①若经法庭质证明确医院已对患方告知卧床、陪护，则医疗过失参与度拟为 C 级；②若法庭质证明确医院未对患方告知卧床、陪护，则医疗过失参与度拟为 D 级。（C 级理论系数值 25%，参与度参考范围 20% ~400%；D 级理论系数值 50%，参与度参考范围 40% ~600%）。

一审各方主张及判决

原告(患方)意见

1. 被告未完善相关检查,对患者病情未予以重视,不符合三甲医院治疗水平。

2. A 医院存在伪造病历的行为,且侵害原告对患者病情的知情权。

患方据此要求 A 医院赔偿:死亡赔偿金、丧葬费、医疗费、误工费、护理费、精神损害抚慰金共计 512,135.61 元,本案诉讼费由被告承担。

鉴定意见

笔迹鉴定　原告对《A 医院患者授权委托书》中患者及其代理人的签名提出异议,申请笔迹鉴定。《司法鉴定意见书》的鉴定意见为,患者及其代理人的签名不是患者及其家属所写。

医疗过错鉴定　原告向法院申请进行司法过错鉴定,鉴定意见如表所示。

被告(A 医院)答辩

1. 医方的诊疗行为没有违反诊疗护理规范,患者死亡与医方的诊疗没有因果关系,医方不应该承担侵权赔偿的责任。

2. 医方认为《患者授权委托书》与整个医疗护理行为没有关系,且医务人员没有义务保障每份病历文件都是患者本人或直系亲属所签而不是其他亲属签署,故不能证明其提交的病历资料存在篡改。

3. 医方按照患者病情实施了相应的医护、医嘱行为,并充分告知了家属。

被告虽对《法医学鉴定意见书》的鉴定意见不服,但未向法院申请重新鉴定。

一审判决

《法医学鉴定意见书》的结论表明,被告对患者的诊疗行为存在医疗过失,且不能排除被告的医疗过失与患者突发循环衰竭、死亡的因果关系。同时,被告虽提交了病程记录、临时医嘱等证据主张其已口头告知患者在诊疗期间需要卧床和陪护,但上述证据均为被告单方制作且原告对此不予确认,被告对此又未能提交书面告知文件予以证明,故本院确认被告未告知患者及其家属在诊疗期间需要卧床和陪护。结合鉴定意见,确认本案医疗过失参与度为D级。综合全案,酌情确定被告应对患者的死亡后果承担50%的赔偿责任。对于原告变更诉讼请求的申请,由于其未能在本案辩论终结前向本院提出变更申请,本院对此不予受理。

对于原告提出的医疗费、护理费、丧葬费、死亡赔偿金、精神损害抚慰金等予以支持,但对关于误工费的诉讼请求不予支持。

据此判决:①被告A医院赔偿原告患者家属296,817.81元,②驳回原告患者家属的其他诉讼请求。本案受理费由原告患者家属负担3169元,被告A医院负担5752元。

二审各方主张及判决

一审判决后,原被告双方均不服一审判决,提起上诉。

上诉人(患方)

一审未查明医方伪造病历的事实,依照《侵权责任法》的有关规定,可推定医方对患者死亡后果承担全部责任。本案一审法庭辩论终结于2013年而非2011年,一审以我方未在一审法庭辩论终结前提出变更诉讼请求未予支持，违反了法定程序。医方既未对心包积液做针对性的检查确诊，也没有告知患者病情严重程度、采取正确措施，上述过错均构成违法，一审未对医方种种违法行为进行认定，盲目参照鉴定结论意见认定医方的赔偿责任，混淆了医学上因果关系与法律上因果关系。

上诉人（A 医院）

一审关于病历资料真实性问题的结论不清楚、不明确，应依法重新查明。一审因病历真实性认定不清，直接导致选择了错误的鉴定程序。原审判决在尸检问题上存在认定遗漏，导致法律责任分担不公。我方提交的病历资料表明我方不存在鉴定意见所称的告知过失。原审判决适用法律错误。我方申请鉴定人出庭接受质询，同时申请专家辅助人出庭，就专门知识进行说明。

二审判决

A 医院申请两位专家辅助人就专门知识进行说明，本院认为：第一，对于能否排除升主动脉夹层破裂导致突发循环衰竭、死亡的可能性问题，专家辅助人的意见是建立在病历资料记载全部为真的基础上。但就抢救时是否使用了床旁 B 超而言，医患双方存在争议，且在《临时医嘱单》、《护理记录》没有相关记录的情形下，本院无法确认医方使用了床旁 B 超。第二，关于医方是否存在诊疗思维局限，结合鉴定意见及专家辅助人的说明意见，本院采纳《法医学鉴定意见书》的意见，认定医方在诊疗过程中存在医疗过失。

本院认定医方未能向患方充分告知说明病情严重性及护理要点，存在未能与患方进行有效、及时沟通的不足。

根据现有证据，足以认定医方过失及不足。综合本案具体情形，考虑到患者疾病转归也是导致死亡的重要因素，原审认定医方应当承担 50% 的责任合理、合法，本院予以维持。

综上,双方上诉请求均不成立,本院均不予支持。依法判决:驳回上诉,维持原判。

各方意见

医方代表

王焱(心血管内科主任医师)患者初步诊断胸痛、发热原因待查,疑诊急性心包炎,具有一定医学依据。入院后完善检查、一级护理、心电监护,表明医生注意到患者病情危重,须严格卧床。给予抗炎、营养心肌、减轻心脏负荷等治疗,符合诊疗原则。患者发生循环衰竭后医生实施的抢救治疗未违反抢救原则。

依据患者胸片、心脏彩超,结合脉压差多次 >60mmHg,既往曾行动脉导管未闭封堵术,腹部彩超提示肝血管瘤等,不排除可能存在主动脉发育异常,如主动脉瘤、主动脉夹层。医生针对升主动脉增宽影像表现,缺乏进一步的分析和鉴别诊断,存在对病情诊断思维局限。另外,医生应将病情、诊疗措施以及可能存在的医疗风险告知患者及家属,但病历资料中缺少医患沟通签字的书面告知文件,是医疗行为中又一个缺陷。

律师代表

李立　本案例通过医疗过错司法鉴定来界定医疗行为的过错和过错参与度,一审法院根据鉴定结论与参与度参考值做出一审判决。特别值得肯定的是,二审法院尽管没有改变判决金额,但其在经过鉴定人和专家辅助人出庭就专门问题进行说明后,综合其他证据做出二审判断,判决书中的说理有清晰的证据条理。民事诉讼法修改后,将鉴定人出庭接受质询做为对鉴定有异议时的必经程序,显然这增加了证据的说明力,让医学知识能在法庭上有交锋的机会,在一定程度上改善医疗损害责任赔偿案件以鉴代判的弊端。

就案情本身而言，医方在本案中所承担的责任集中体现在病历材料这一关键证据中的关键内容没有相应记录，特别是客观病历未能全面记录。例如，最后抢救时是否使用床旁B超在客观病历中没有记载；而医方是否有告知的问题，既没有由患者及家属签字确认的告知书，也没有在客观病历中进行说明。

本案例中患者自身疾病一定是死亡的主要原因，让医院承担50%的责任，足以让医方对足够的注意义务和加强病历记录两方面引起重视。

法官代表

官健　本案的主要争议焦点之一是医方对于严格卧床和专人陪护有无尽到告知说明义务。根据《侵权责任法》的规定，书面告知仅限于需要实施手术、特殊检查、特殊治疗的情况，对于一般的病情、措施、注意事项等告知内容，没有书面形式的要求，医方可以采取口头告知的形式。本案中，患者因心脏病入院，需要严格卧床并有专人陪护，医方对此有告知说明义务，以防范可能的突发风险。从本案的证据来看，病程记录、护理记录均有记载医护人员已向患方告知了相关内容，且事实上事发当时患者家属也确实在病房陪护，在患方没有证据证明上述病历系医方伪造的情况下，应可以认定医方已经尽到了告知说明义务。一审以医方的病历为单方制作而无书面告知为由不予采信，缺乏法律依据，也不符合证据规则和生活经验。

二审没有采纳一审的表述，而是从医方与患方沟通不充分的角度，在告知说明义务方面对医方提出了较高要求，有其积极意义。在医方责任比例方面，基于以上分析，并考虑患者原发疾病的风险，个人认为医方承担次要责任比较合适。

本案启示

法官内心确认是影响判决证据采纳的一项独立因素

广东省医学会医事法学分会　法治广东研究中心　宋儒亮主任

本案判决医方要承担一定赔偿责任并不存在异议，但“被告应对患者死亡后果承担50%赔偿责任”的认定却存在质疑。医方在考虑申请再审之余，研讨本案经办法官为什么如此判决，对提升医方以后的庭审水平具有借鉴意义。

庭审中尽可能避免存在或者出现影响法官内心确认之证据

医方开庭时就存在影响法官内心确认之不利证据。面临授权委托书签名真实性争议，笔迹鉴定认定医方存在冒签、代签，这就容易在法官内心先形成负面内心确认。

不仅如此，针对笔迹鉴定意见，医方关于“委托书与医疗护理行为没有关系，且医务人员没有义务保障每份病历文件都是患者本人或直系亲属所签”的表述显然也与病历书写法规规定存在出入，不具有建设性。虽说这些并不必然导致不利判决，但对法官而言，这些问题会被放大、重复显现，进而直接影响法官对被告后续证据之采纳信心。

这可以用自由心证制度来解释。自由心证是指法官依据法律规定，通过内心的良知、理性等对证据的取舍和证明力进行判断,并最终形成确信的制度,即要求法官利用法律思维、知识和审判经验,合理判断证据的价值。目前自由心证制度已成为大多数国家采取的普遍证据原则。这在中国也并非空穴来风,有司法解释可佐证。《最高人民法院关于民事诉讼证据的若干规定》第六十四条规定:“审判人员应当依照法定程序,全面、客观地审核证据,依据法律的规定,遵循法官职业道德,运用逻辑推理和日常生活经验,对证据有无证明力和证明力大小独立进行判断,并公开判断的理由和结果”。第六十六条规定:“审判人员对案件的全部证据,应当从各证据与案件事实的关联程度、各证据之间的联系等方面进行综合审查判断。”

庭审中在面对关键证据有异议时,一定要有后续举证行动

有异议但不提出申请,往往让法院对医方异议是否真实存在及其证明力表示怀疑容易产生医方为反对而反对之负面看法。事实上,本案《法医学鉴定意见书》已认定医方存有实质的不利风险,医方有异议应申请行使重新鉴定的权利。

这是有法可依的。《最高人民法院关于民事诉讼证据的若干规定》第二十七条规定:“当事人对人民法院委托的鉴定部门作出的鉴定结论有异议申请重新鉴定,提出证据证明存在下列情形之一的,人民法院应予准许:(一)鉴定机构或者鉴定人员不具备相关的鉴定资格的;(二)鉴定程序严重违法的;(三)鉴定结论明显依据不足的;(四)经过质证认定不能作为证据使用的其他情形。对有缺陷的鉴定结论,可以通过补充鉴定、重新质证或者补充质证等方法解决的,不予重新鉴定。”但遗憾的是,虽对关键的不利证据有异议,但医方并没有后续举证行动。

经验表明,庭审出言要谨慎、表态要慎重、行动要果断;庭审仅有口说但无行动、虽有反对但无对策以及表示不认可但又无证据支持是庭审不当之举。虽说无规定表明这样就一定会败诉,但一个直接的后果却是让法官形

成对该方证据认定之负面内心确认。

本属有利的直接证据却未能在判决中展现出应有的证明力

本案医方有两个直接证据可证明责任在患方。

一是病历书写规定。根据《病历书写基本规范》,病程记录、临时医嘱等证据只能由医方单方制作,并非需要患方认定或者需要与患方协商一致才能制作,这点要让法官清楚和接受。显然,本案法医的鉴定意见和法官的判决说明都存在问题。这点如说明清楚则直接表明判决如下认定错误:"被告虽提交了病程记录、临时医嘱等证据主张其已口头告知患者在诊疗期间需要卧床和陪护,但上述证据均为被告单方制作且原告对此不予确认,被告对此又未能提交书面告知文件予以证明,故本院对被告该主张不予支持。"

二是患者家属拒绝尸检。家属拒绝尸检而不能获得死因病理学鉴定意见的责任完全在患方,其后果是严重的、结果是不利的。无病理学鉴定意见支持的死因解释只能是主观分析而非客观认定的,无论怎样分析,都无法找回、替代和弥补死亡的客观事实。这也可以说明判决如下认定存在错误:"因患者家属拒绝尸检,未能最终确认导致患者死亡的病理学原因。尽管如此,根据现有的证据材料足以认定医方过失及不足。"

两个本应对医方有利的证据却没在判决中完全体现,固有法官不听医方的强势与霸道之原因。但面对非医学专业人士、需要依靠鉴定意见进行案件判定的法官时,在指出法官存在不熟悉病历书写规定以及对尸检的医学和法律意义认识不清的同时,也要知道导致不利结果的实质可能是法官内心确认已失衡,前述委托书虚假、医方对关键证据有异议但未举证等应是直接且独立影响法官内心确认形成的因素。我们在事后总结本案得失经验时,虽可认为在病历书写和说明告知问题上,医方和庭审律师充分表达了观点,法官仍然这样判决是司法权对行政权的不当干预,但不可否认的是判决已经生效。虽有可导致胜诉的证据,却未对法官判决产生应有影响力,实在遗憾。

总结

本案提醒,法官内心确认是影响判决之证据采纳的一项独立因素。庭审中不能因证据不能定输赢就忽视其重要性,鉴定中不能以委托书等真假不关乎实质结果而听任之,举证中有异议但又放弃举证权利,类似的问题虽不直接导致必然败诉,但影响法官关于证据的内心确认和后续采纳,值得特别关注。

修改、涂改还是篡改?

由病历问题谈医方责任认定

广东省医学会医事法学分会

黄伟青 宋儒亮 赵凯 罗碧辉 严凡 年亚 赖永洪 赖嘉敏 王炎

病历简介

患者男,70 岁,既往有高血压、糖尿病史。2009 年 6 月 5 日,患者经检查发现患有糖尿病后在 A 医院住院治疗,6 月 10 日出院,后于同年 10 月 26 日及 11 月 7 日在 A 医院接受门诊治疗。

2009 年 12 月 24 日晚,患者因皮肤瘙痒自行到 A 医院就诊,门诊记录显示接诊医生给予静脉滴注 0.9% 生理盐水 250 ml(有涂改痕迹,原为 5% 葡萄糖 250 ml) + 奥美拉唑 80 mg,0.9% 生理盐水 100 ml(有涂改痕迹,原为 5% 葡萄糖 250 ml) + 10% 葡萄糖酸钙 20 ml 等处理。输液完毕,患者自行回家。

当晚 22:15,患者突发气促半小时,心悸、大汗淋漓,再次到 A 医院门诊就诊。查体:神清;双肺呼吸音粗,可闻及湿音及哮鸣音;心脏听诊心房颤动(房颤)心律,心率 120 次/分,律不齐;肝脾肋下未及,未扪及包块,肠鸣音存在;全身浮肿。血生化检查示:肌酐 118 μmol/L,尿酸 562 μmol/L,血糖 16.95 μmol/L。初步诊断:突发左心衰竭,房颤,糖尿病,糖尿病酮症酸中毒? 立即给予 5% 葡萄糖 250 ml + 二羟丙茶碱 0.5 g + 地塞米松 10 ml,0.9% 生理盐水 20 ml + 去乙酰毛花苷 0.4 mg,静脉推注呋塞米 20 mg,地塞米松 10 ml。

患者病情危重,推送急救室,予心电监护、气管插管及呼吸机辅助呼吸,并多次静脉推注阿托品及肾上腺素。请某区中心医院急诊科医生会诊。会诊医生于 23:10 到达现场时,患者已呼吸停止,双侧瞳孔等圆散大,对光反射消失,外周未及大动脉搏动,心脏听诊未闻及心音。先后予静脉滴注0.9%生理盐水500 ml+多巴胺20 mg+碳酸氢钠125 ml,0.9%生理盐水500 ml+异丙肾上腺素2 mg,碳酸氢钠125 ml,静脉推注肾上腺素3 mg,同时予胸外按压。25日00:25,经抢救无效,医生宣布患者死亡。

家属对患者死亡存疑与医方产生纠纷,12月25日上午,患者家属报警。事发甚至报警后,医方及有关部门均未依法依规对现场任何与患者治疗有关的实物进行封存。在医患纠纷尚存且协商赔偿未果的情况下,医患双方均同意不做尸检,由死者家属自行对遗体火化处理。

鉴定意见

某市医学会的《医疗事故技术鉴定书》

1. 医方对患者的处置过程基本符合临床诊疗常规。

2. 患者糖尿病的诊断明确,医方仍使用葡萄糖静脉滴注,存在药物使用指征不规范的医疗缺陷,但使用的葡萄糖总量不至于导致血糖水平明显升高、酮症酸中毒、高渗性昏迷等严重并发症;患者病情变化后的血糖升高与应激状态有关。尽管无病理解剖资料,鉴定专家组根据患者病史和诊治经过综合分析认为,患者存在高血压、糖尿病、吸烟等冠心病高危因素,且直系亲属中有心脏性猝死病史(鉴定会上了解到),患者病情加重并导致死亡的原因考虑与心脏疾病有关,其中急性心肌梗死并泵衰竭可能性最大,同时不排除急性肺动脉栓塞的可能,属难以预料和防范的不良后果。

3. 医方在诊疗过程中存在以下医疗缺陷:①药物使用指征不准确;②询问病史不够详细;③病历书写欠规范。

综上,医方无医疗过失行为,但存在医疗缺陷;患者死亡与医疗行为及医疗缺陷之间不存在因果关系。结论:本案不构成医疗事故。

一审各方主张及判决

法院依据 A 医院的申请,委托某市医学会进行医疗事故技术鉴定。

原告(患方)意见

被告明知患者有糖尿病,却为其注射葡萄糖,从患者此次就诊到死亡前后不足 5 个小时,可见注射葡萄糖是导致死亡的直接原因,被告应为其过错承担完全法律责任。

请求判令:①被告赔偿丧葬费、死亡赔偿金、精神抚慰金、交通费、误工费等合计 536,239.86 元;②本案诉讼费由被告承担。

原告对鉴定结果提出异议:①医方共为患者滴注三瓶葡萄糖,医方承认二瓶,某市医学会只认定一瓶,存在认定事实错误;②滴注一瓶葡萄糖与三瓶引起的后果完全不同,故医学会认定"医方使用的葡萄糖总量不至于导致血糖水平明显升高、酮症酸中毒等并发症"错误。原告书面申请司法鉴定,但不申请再次鉴定。

被告(A 医院)答辩

结合鉴定意见,被告认为,虽然患者有糖尿病,但并不一定禁用葡萄糖,患者只用了一瓶 5% 葡萄糖,而后出现的急性左心衰竭和循环衰竭与使用葡萄糖无因果关系。患者去皮肤科看病时未提交既往病历,皮肤科医生不知其有糖尿病史。鉴定结论客观公正,但被告不承认存在医疗缺陷及药物使用指征不准确,承认存在医疗不足。

一审判决

1. 被告在诊疗过程中违反了相关的诊疗护理规范及操作规程,主要表现在:①被告在患者的普通门(急)诊病历中有多处涂改的痕迹,违反了病历书写的相关规定;②初诊医生未询问病史、未进行体格检查,违反了诊疗规范,以致未尽注意义务为患者滴注葡萄糖。在抢救时,被告再次为患者滴注葡萄糖;③被告应明知封存实物及做尸体解剖是确定医疗行为是否存在过错、是否与患者死亡存在因果关系的重要手段及规范,而患方家属碍于文化水平及对相关法律法规的无知,又因对医院及公安机关公正处理予以期望及信任等诱因,被动放弃了尸检请求权利,故对不做尸检以致无法认定正确死因的后果应由被告承担全部责任。

2. 本院确认《医疗事故技术鉴定书》合法有效并予以采信。但分析意见中对死因的考虑是以无尸体解剖资料为前提,未能完全排除被告存在医疗过错,本院据此依法认定被告实施的医疗行为存在一定的医疗过错,且医疗过错与患者死亡之间存在一定因果关系,被告应承担一定的责任。综合考虑,本院确定被告对患者死亡损害承担40%的赔偿责任。

3. 原告不服鉴定结论又不申请上级医学会再次鉴定,而另外申请司法鉴定,其请求无充分理由及法律依据,不予支持。

4. 依照法律规定并结合诉讼请求核定原告的损失合计311,365.50元,按上述确定的40%比例赔偿。

据此,一审法院判决如下:①被告向原告赔偿124,546.20元;②驳回原告的其余诉讼请求。

二审各方主张及判决

一审判决后,原审被告不服原审判决,提起上诉。

上诉人(A医院)

维持原审判决第二项,撤销第一项,改判驳回患者家属诉讼请求。

被上诉人(患者家属)

我方无钱上诉,但仍认为应由 A 医院承担全部责任。A 医院明知患者有糖尿病仍为其注射葡萄糖,违反诊疗规范。医方涂改病历,依法可推定医方有过错。医方在治疗时未询问患者既往史,在事发后没有封存现场实物。患者此次就诊后 5 小时内就死亡了,被上诉人认为未做尸检也不影响本案责任认定。

二审判决

1. 依照《中华人民共和国侵权责任法》第五十八条的规定,患者有损害,因下列情形之一的,推定医疗机构有过错:(三)伪造、篡改或者销毁病历资料。A 医院篡改门诊病历、处方单,本院依法推定其对患者死亡的损害后果有过错。

2. 原审判决已考虑综合因素,平衡了双方利益,本院对 A 医院关于其不应承担赔偿责任的上诉理由不予采纳。

综上,A 医院的上诉请求不能成立,原审认定事实清楚,判决无不当,本院予以维持。依法判决:驳回上诉,维持原判。

各方意见

医方代表

罗碧辉(心内科主任医师)本案患者再次入院且血糖水平较高时,医生仍为其输注葡萄糖,违反了用药审慎原则。使用的葡萄糖总量虽不至于导致血糖水平明显升高、酮症酸中毒等严重并发症,但也无法排除可能对病情加重产生一定影响。

黄伟青主任医师(医务科)、赵凯医师(医务科) 医生在采集病史时,不仅要采集现病史,还应采集既往史、个人史等,尤其应注意询问过敏史。门、急诊医生接诊时间有限,往往容易对此疏忽。

病历及处方是医疗诉讼中最原始、直接的证据。涂改病历会导致病历无法真实还原抢救治疗的场景,从而被判定为缺乏完整性,甚至失去作为证据的法律效力。

大部分医务人员对治疗中的实物证据并未给予足够重视。实物封存应按照"可疑必封"的原则进行。在夜间值班或节假日时,实物封存显得尤为重要。医院应出台相应的指引和规范的流程等。

尸检是鉴定死亡原因的"金标准"。即使面对风俗习惯的压力,对于死亡原因有争议的病例,仍应主动争取患方进行死因鉴定。在患方经劝说仍拒绝尸检时,必须做好相应的记录,保存好患方书面签署的意见。

律师代表

严凡、赖嘉敏 医方在医患纠纷尚存且协商未果的情况下,仍然同意不做尸检,并由家属自行火化遗体,存在很大风险。对医方而言,明知尸检是查明死因的关键,但仍然放任不管,在缺乏可抗辩的法定事由时,医方过错难以完全避免。当然,死者家属在这个问题上也存在一定过失。本案虽经鉴定不构成医疗事故,但一审法院仍以医方过错而直接进行过错比例认定,缺乏科学依据,应当依司法鉴定,就医方的过错行为造成死者损害的后果进行责任比例认定。

法官代表

官健 本案属于典型的篡改病历,可直接推定医方存在过错。当然,若医方有充分的证据,该推定并非不可推翻。而且,过错也并不必然意味着责任,仍应考察因果关系这个侵权责任构成要件是否存在。

本案中,接诊医生在未了解患者病史的情况下使用葡萄糖,违反了用药规范,医方的过错是明确的。关键在于该过错是否是患者的死亡原因。从医学会专家的分析来看,患者的死因很大可能是心源性的,应可排除高糖直接致死的可能性。但同时应注意到,对于本案这种存在冠心病高危因素的高龄糖尿病患者而言,输注葡糖糖诱发或加重心脏问题的可能性是客观存在的,从而可构成法律上的因果关系之相当性。从医学角度分析,医方责任比例一般不会超过20%。但由于本案医方存在篡改病历的恶劣情节,法院对其处以比较重的40%责任,有其合理性和现实考虑,属于法院的自由裁量权范围。

本案启示

由生效判决回查医方、患方和法院方行为选择与后续风险

广东省医学会医事法学分会　法治广东研究中心　宋儒亮主任

回查70岁男性糖尿病患者死亡引发的诉讼案,利弊分析时透露出这样的信息:一旦再存在类似的情形,如果仍缺乏有法律意义的指导,还会引发后续之法律风险。期望通过医事解析,讲明形成法律风险缘由的同时,举一反三,防微杜渐,防范和避免今后工作中再出现类似风险。

“皮肤科医生不知道患者有糖尿病病史的主张”易引发的最大法律风险:忘了皮肤科医生也是医方的一员。

本案医方包括医院和医务人员,皮肤科医生也是医方的一员。在实践中,

因科室划分,虽皮肤科医生有不知道患者罹患糖尿病之可能,但法律上,皮肤科医生应当知道曾在该院住院的患者有糖尿病。一是法律上医方是被告;二是询问患者既往史是接诊必须的环节之一。因此,答辩陈述“皮肤科医生并不知道患者有糖尿病病史”的主张,让医方在未正式开庭之前就先失了一局。

“应当明知是糖尿病患者但又注射5%葡萄糖”所引发的最大法律风险:掩盖或修饰更易推定和判断医方存在过错。

鉴定意见主张“该糖尿病患者使用葡萄糖静脉滴注并非绝对禁忌,其死亡与其他问题有关”,这样的表述容易引发“掩盖或修饰错误”的疑问,而这是引发后续法律风险的诱因之一。

一是鉴定机构在鉴定意见中,不愿使用《侵权责任法》中可直接明确医方有无过错的法律用语,总爱使用《侵权责任法》之外的法定用词。该案鉴定意见中的“医疗缺陷”就是一例。在《侵权责任法》中,“缺陷”专指药品、消毒药剂、医疗器械的“缺陷”,而不是指诊疗护理行为的“缺陷”。

二是法律有其自身逻辑和规则,并非按医学意思、医生认识和医学鉴定人喜好而对过错有无进行认定。鉴定意见中“存在药物使用指征不规范的医疗缺陷”的表述,在法律上就表明该医疗行为存在违法,而这就是过错的要素之一。尽管鉴定人使用了这些看似不那么刺眼、留有余地的用词,表现出对同行应有的“客气”和“余地”,却并不能过法律审查这关。

三是法律人士会根据“糖尿病患者”、“使用5%葡萄糖静脉滴注”,再结合“存在药物使用指征不规范的医疗缺陷”之情形,推断出这就是医疗过错。鉴定意见中,除非迫不得已的模糊表述,否则应直接使用法律语言表述。要承认一个现实,无论是对患方、律师或者司法机关而言,这么多年建立的医案处理经验是客观存在的。医方以专业知识作为天然屏障的时代已经过去了,再抱有这样的想法已不现实了。

“患者家属对其不治死亡存疑产生纠纷而报警”所引发最大可能的法律风险:因患方行为难以预测和控制而让问题更复杂化。

在纠纷处理中,面对“可把大事当作小事、也可把小事看作大事”的患方时,应谨慎、留神。这样的患方往往具有以下特点:多属于首次经历医疗纠纷之人;常常关注并相信医疗纠纷中医方有种种不是;基本不信赖医方;一旦存在不良事件,常往最坏处想。对这样的患者进行法律防范,主要是做好告知说明。

“医患纠纷协商赔偿未果但医患双方均同意不做尸检,由死者家属自行对遗体火化处理”引发最大可能的法律风险:法院方或存在角色偏移并偏向一方之可能。

一审判决中有关“家属碍于文化水平及对相关法律法规的无知”和“对医院及公安机关公正处理予以期望及信任”并不属于法定抗辩事由。任由此成立,在面对“文化水平高及对相关法律法规熟知”和“对医院及公安机关公正处理无期望及信任”之人时,又该如何判决呢?

如此判决值得商榷,且恰恰也引出被告常有的体会:虽明是医患间在诉讼,却常表现为被告同法官在辩论、同法院在诉讼。要思考的是:法官可与当事人换位思考,但法官不能替代当事人做当时的判断和思考。当事人不是法官,法官不能把自己当作某一方当事人而又组织诉讼。这说起来容易但控制起来难。除需可操作的制度制衡外,还需当事人及利益相关人的社会评价、行业信誉和品行德行等支持。

产前脐血染色体检查未见异常却产下先天愚型男婴 谁侵犯了她的优生优育选择权？

广东省医学会医事法学分会

程东海 宋儒亮 刘治家 吴洋 陈敏 赖永洪 黄庆晖 赖嘉敏

案情简介

2004年11月23日	产妇怀孕。
2005年5月25日	产妇到A医院行产前检查。A医院考虑到其孕25周余，有多次流产史及“先天愚型儿”生育史（产妇曾于2002年9月2日生育一先天愚型男婴），建议行脐血管穿刺术以及脐血鉴定+染色体检查。
2005年5月30日	A医院告知产妇脐血染色体培养成功率及诊断准确率为98%。产妇表示理解并签署《胎血染色体产前诊断知情同意书》，于A医院接受脐血管穿刺术和染色体检查。A医院出具的相关检查报告单显示，产妇穿刺取得纯胎血，染色体核型分析未见其数目异常。
2005年8月26日	产妇产下一男婴。2005年10月15日B医院细胞遗传学检查显示该新生儿为唐氏综合征（先天愚型）。产妇遂与A医院就之前检查结果进行交涉。
2005年10月22日	A医院委托某临检中心对新生儿、产妇及黄某（后查明为患儿父亲）进行染色体检查，结论与B医院一致。
2005年10月21日至12月2日、2005年12月18日至2006年5月26日	新生儿先后两次于A医院住院治疗，医疗费合计48,820.22元，产妇仅交纳300元。

一审各方主张及判决

原告(患方)诉求

被告违反国家法规、检查马虎,造成产妇再次产下先天愚型儿,要求A医院承担如下赔偿。

1. 赔偿各种费用合计4,524,540元。

2. 为婴儿转院支付医疗费和进行积极治疗。

3. 承担本案诉讼费用。

被告(A医院)答辩

1. 新生儿与黄某不具备本案诉讼主体资格。

2. 被告未检查出胎儿染色体异常,只影响产妇优生优育选择权的行使,而非侵犯产妇优生优育选择权。

3. 新生儿染色体异常是遗传因素导致,并且在被告对产妇实施检查前已客观存在,既非被告造成,也非目前的医疗技术所能改变,与被告的医疗行为无因果关系。

4. 产妇产前检查未查出胎儿染色体异常是系统风险,是现有医疗技术条件下,能够预见但无法完全避免的医疗风险。被告对产妇的产前染色体检查过程中无医疗过失。产妇知情染色体产前检查的局限性并签字同意检查。

5. 产妇孕前未接受医学检查、孕后未定期产检是导致先天性疾病患儿最终出生的重要原因。

6. 原告请求的损害赔偿项目和数额明显缺乏事实和法律依据。

一审判决

诉讼过程中,原审法院同意患方转到其他医院治疗,并于 2006 年 5 月 15 日裁定 A 医院先行支付医疗费 5 万元,A 医院已自动履行。

1. 关于过错因果关系问题。在明确告知 A 医院应当进行医疗事故鉴定的情况下,A 医院仍拒绝提出医疗事故鉴定申请,亦未提供其他证据以证实其不存在医疗过错,因此 A 医院存在医疗过错。并因其过错使产妇、黄某丧失优生优育选择权,导致产下先天愚型儿,故此 A 医院应承担相应赔偿责任。

2. 关于诉讼主体问题。A 医院对优生优育权的侵害主体不仅是孩子的母亲,也包括孩子的父亲,而且也包括侵害的结果小孩本身,故黄某与新生儿也应是本案原告。

3. 关于责任比例问题。产妇未建立孕产妇保健手册、定期接受产前检查,丧失了避免先天愚型儿出生的有利条件,因此自负 10% 的责任,A 医院对产妇三人的损害后果承担 90% 的赔偿责任。

4. 关于赔偿项目和数额问题。①医疗费:300 元;②护理费:酌定护理期限为 10 年,按 30 元/天标准计算,共 108,000 元;③住院伙食补助费:新生儿在 A 医院处共住院治疗 203 天,每天补助 30 元,共 6090 元;④精神损害抚慰金:10 万元;⑤残疾赔偿金:新生儿申请伤残等级鉴定后可另案起诉请求赔偿。

一审法院判决:A 医院赔偿原告各种费用合计 152,951 元;驳回原告其余诉讼请求。一审诉讼费 4569 元,由 A 医院负担。

一审判决后,原审被告不服原审判决,提起上诉。

二审各方主张及判决

上诉人(A 医院)诉求

1. 本案仅产妇具备诉讼主体资格,新生儿及黄某不具备诉讼主体资格。

2. A医院的产前检查结果未侵犯产妇、新生儿、黄某的生命、健康、身体权利。一审法院依据《最高人民法院关于人身损害赔偿案件使用法律若干问题的解释》进行实体判决属适用法律不当。

3. 一审法院未充分考虑医学的局限性和风险的复杂性,责任认定明显加重A医院的赔偿责任。

4. 本案应以产妇与A医院存在契约关系,按契约原则参照已有的相关规定公平处理,一审法院判处的赔偿数额明显畸高。据此,A医院上诉请求:①依法驳回新生儿和黄某的起诉;②依法撤销原审判决第一、二项;③依法改判支持其上诉请求;④依法判令产妇、新生儿、黄某负担相应的诉讼费用。

被上诉人(患方)答辩

1. 黄某是新生儿的父亲,须承担抚养义务,是本案的利害关系人,是合格原告;新生儿现为中华人民共和国公民,有权向医院追讨医疗费。

2. 本案属医疗侵权纠纷,因为医院的误诊使不应出生的新生儿出生,其出生及唐氏综合征引发的疾病产生相关损失,是医院过错造成,故A医院应承担所有费用。

二审判决

二审过程中,根据被上诉人(患方)的先予执行申请,法院于2007年1月16日裁定A医院先行支付医疗费2万元,该裁定已执行。

1. 新生儿、黄某的诉讼主体资格问题。产妇与A医院发生法律关系时新生儿尚未出生,没有民事权利能力,亦不具备民事诉讼主体资格;认定黄某是新生儿法律意义上的近亲属(二审法院补充查明),黄某与产妇同为被侵犯优生优育选择权的赔偿权利人。

2. A医院是否存在医疗过错,存在何种医疗过错问题。A医院拒绝提出医疗事故鉴定申请,也未提供其他证据以证实其不存在医疗过错。在产妇对A医院检查过程中是否错误调换被检查血液标本持有怀疑而申请证据保全时,A医院也未申请对血液标本与新生儿血液作同一认定(二审法院补充查明)。故原审法院推定A医院对产妇实施的医疗行为存在医疗过错并无不当。但原审法院关于认定A医院的医疗过错导致产妇、黄某丧失优生优育选择权的论述有失妥当,应予纠正。

3.A医院承担责任范围问题。维持原判。

4.赔偿项目及数额问题。①医疗费:二审不作处理。②护理费:酌定护理期限为5年,标准计算同前,共54,000元。③精神损害抚慰金:5万元。④残疾赔偿金:此项损失不应由A医院承担赔偿责任,原判支持产妇日后可另案起诉的认定不当,予以纠正。⑤住院伙食补助费:维持原判。

据上,判决如下:①撤销原审民事判决;②扣除一、二审先予执行的7万元,A医院赔偿患方各项费用共34351元;③驳回患方其余诉讼请求;④驳回新生儿的起诉。一、二审诉讼费各4569元,A医院各负担2769元,产妇、黄某共同各负担1800元。

各方意见

医方代表

陈敏　A医院在该案中有三点处理不当。

1.产妇核型诊断为45.xx,t(21;21),生育唐氏综合征患儿的概率为100%,应对胎儿父母双方行染色体核型分析,但被告医院未能做到。

2.A医院虽告知产妇脐血染色体培养成功率及诊断准确率为98%,出具的相应报告亦显示产妇穿刺取得纯胎血且核型检查未见染色体数目异常,但“46.xy,-21+rob(21;21)”是不平衡的21/21罗伯逊易位,该医院的细胞遗传实验室可能因技术缺陷而漏诊。

3.在产妇对其检查过程中是否被错误调换血液标本持有怀疑而申请证

据保全时，作为负有举证责任的一方，A 医院未申请对被检血液标本与新生儿血液作同一认定。

律师代表

赖嘉敏　A 医院举证上存在三处不足。

1. 在原审法院向其明确释明举证责任的情况下，A 医院拒绝提出医疗事故技术鉴定申请，从而直接导致相应程序无法进行。

2. 在产妇对 A 医院检查过程中是否错误调换血液标本持有怀疑而申请证据保全时，其未申请对血液标本与新生儿血液作同一认定，即 A 医院未提供证据以证实其不存在医疗过错。

3. 医疗机构对患者的诊疗负有谨慎注意义务，该产妇有多次流产史及“先天愚型儿”生育史，A 医院在对其进行产前诊断时应负有更高的谨慎注意义务，鉴于脐血染色体培养成功率及诊断准确率为 98%，应考虑是否进行复查或完善其他检查进一步更为准确地排除染色体异常可能，但 A 医院并未这样做，也未提出证据证明其已充分履行相应义务。

法官代表

刘治家　本案审理存在三个关键问题。

首先是诉讼主体资格问题。就民事权利能力而言，产妇与 A 医院发生法律关系时新生儿尚未出生，不具备民事诉讼主体资格；从侵权角度来说，新生儿是先天性残疾，A 医院的医疗行为与新生儿的残疾事实间无因果关系，不构成侵权；从新生儿角度而言，不能以生理缺陷为由否定生命存在的意义和价值。以孩子名义起诉不但缺乏法律依据，还严重违反道德伦理。

其次是医院是否存在医疗过错以及何种医疗过错问题。A 医院负有举证责任但未提供证据证实其不存在医疗过错，且该院医务科科长还曾提出血液标本存在搞错的可能性。故原审法院推定 A 医院存在医疗过错并无不当。

最后是医院承担责任范围,即损害赔偿范围的确定问题。A医院对新生儿父母的损害,从经济角度衡量,致使其要承担比抚育健康孩子更多的精神与物质压力,根据侵权的“填平损失”原则,两者之差即为损害结果。赔偿款本质上是对父母尽抚育义务时所付出额外精力的赔偿,而非对生命价值优劣的评价。这是处理该类案件时尤须注意的伦理道德底线。各国通常予以承认的赔偿费用包括:母亲及缺陷儿医疗费用、对缺陷儿的人力照顾费用和特殊教育费用。

本案启示

以民事诉讼规定为依据依法审视病历记录、鉴定名称变更和举证责任倒置适用

广东省医学会医事法学分会　法治广东研究中心　宋儒亮主任

根据民事诉讼的要求,以法治思维和法治方式认真对待医疗活动、记录病历和保存证据,是保护医患双方合法权益的法治之道。

以起诉条件为标准,防范侵害患方权利可能

《民事诉讼法》规定,“起诉必须符合下列条件:①原告是与本案有直接

利害关系的公民、法人和其他组织;②有明确的被告;③有具体的诉讼请求和事实、理由;④属于人民法院受理民事诉讼的范围和受诉人民法院管辖。”

这意味着在医疗纠纷中,患者要成为原告也是有条件的:例如本案中胎儿在法律上不是合格的诉讼主体,只能以产妇等人为原告;此外,患者若无挂号单及任何治疗护理记录等证据,亦不能通过诉讼渠道起诉医院而获得司法救济。

一旦患者满足起诉要求,即表明患者(原告)是与本案有直接利害关系的公民,医院(被告)与原告有法律关系,医方存在有侵犯患方权利之可能。

因此,要避免成为被告,医方对凡是与患方可能存有联系或关系的任何医疗记录或者行为,均要认真对待。

医方应当明白,诊疗护理资料不仅在医学上非常重要,在法律上也非常关键,记录内容等是直接关系到患者的法律救济能否成立的大问题。

以诉状要求事项为标准,认真记录病历资料

《民事诉讼法》规定,“起诉状应当记明下列事项:①原告的姓名、性别、年龄、民族、职业、工作单位、住所、联系方式,法人或者其他组织的名称、住所和法定代表人或者主要负责人的姓名、职务、联系方式;②被告的姓名、性别、工作单位、住所等信息,法人或者其他组织的名称、住所等信息;③诉讼请求和所根据的事实与理由;④证据和证据来源,证人姓名和住所。”

这意味着发生医疗纠纷时,患者想要起诉医院,须满足上述条件。

在司法实践中,常常遇到患者(即原告)所提供的上述信息与院方病历记载内容存在冲突等问题,例如患者就医时使用的是他人的姓名、医保卡或身份证件等情况。

没有纠纷时医患双方相安无事,一旦产生医疗纠纷,不合规等问题纷纷显现。要求医生(尤其是急门诊医生)应以诉讼要求事项为标准认真履行职责,切实记录好病历资料。

以鉴定由结论变意见为起点,从法律角度看待医学

民事诉讼证据包括当事人陈述、书证、物证、视听资料、电子数据、证人证言、鉴定意见、勘验笔录8类。对于医疗诉讼而言,最显著改变是“鉴定结论”统一改为“鉴定意见”,鉴定结果在法律上不再是一种结论而只是一种意见,其不必然成为必须采纳、能直接决定判决的证据,须法庭查证属实后才能作为认定事实根据。

以法治思维和方式看待举证,理性对待举证责任倒置适用

医疗损害诉讼中,因医疗活动、过程和知识等不对称,医患也难以平等举证,为查明真相,2002年4月1日起施行的《最高人民法院关于民事诉讼证据的若干规定》确定了举证责任倒置原则,医方应以法治思维和方式对待。

法院适用举证责任倒置原则找到医方过错并确认因果关系,医方不应抱怨而应正确看待其价值和意义。“谁(包括现在的医生)都会成为患者”是最有力的理由和主张。让患者多做检查等规避举证责任倒置原则风险的做法并不可取、也不管用,《侵权责任法》确定“诊疗规范”恰是解决该问题的法制之道。

八旬老人住院期间突发死亡，申请医疗损害鉴定遭拒
死因不明的法律后果由谁承担？

广东省医学会医事法学分会
陈伟 宋儒亮 魏巍 余怀生 杜作义 刘玉莹 毛莉颖 黄亚杰 黄庆晖 赖嘉敏

案例介绍

诊治经过

患者男，80岁，2011年7月25日到某市中心医院就诊，入院诊断为：1. 左眼滑车神经、外展神经麻痹；2. 高血压。入院后完善相关检查，头颅CT未见异常。脑血管彩色多普勒超声示：脑动脉硬化症。予扩血管、营养神经对症治疗，患者眼部症状好转。

2011年8月9日10:10，患者突然出现胸痛、胸闷不适，无呼吸困难，无头痛、头晕，未诉其他不适。血压160/110mmHg，脉率80次/分，呼吸率22次/分。神志不清，双肺呼吸音清，无明显干湿音；心律齐，未闻及病理性杂音。立即予吸氧，请内二科会诊，考虑胸痛查因，不排除冠心病（心绞痛）。予硝酸甘油0.5mg舌下含服，并予吸氧，监测血压等生命体征，严密观察病情变化，立即通知心电图室行床边心电图检查。

10:15，患者胸痛、胸闷不适症状加重，并突然出现心脏、呼吸骤停。患者神志不清、呼之不应，血压测不到，呼吸停止，颈动脉、股动脉搏动消失，心跳停止，心电图呈心室颤动（室颤）。立即行胸外心脏按压、气管插管等心肺复苏抢救治疗，同时请重症监护病房（ICU）、麻醉科会诊参加抢救。插管成功后持续予人工呼吸、胸外心脏按压，并予肾上腺素针1mg静脉注射、肾上腺素针3mg静脉注射，肾上腺素针2mg静脉注射、尼可刹米针0.375g静脉注

射、洛贝林针3mg静脉注射。心电图示仍为室颤,血压仍测不到,患者双侧瞳孔散大固定,直径4mm,对光反射消失。

11:33,医院宣布患者死亡,死亡原因为心脏、呼吸骤停,考虑心源性猝死。死亡诊断:(1)左眼滑车神经、外展神经麻痹;(2)高血压。患者死亡后未进行尸检。

纠纷焦点

患者于2011年7月25日入院,8月9日死亡。病程记录中,7月28日、7月29日、8月1日、8月3日、8月4日、8月6日无病程记录,也无说明。护理记录中,7月26日的体温、脉率、呼吸、血压、意识、瞳孔、视力、眼压、泪道无记录;7月28日、7月29日、7月31日、8月4日患者外出,但在特殊情况记录中为空白,未说明外出原因;7月28日、7月30日以及8月1日至8月7日的记录中,除血压项外,其余均无任何记录;根据死亡记录中的诊疗经过,医嘱硝酸甘油0.5mg舌下含服,但护理记录单上没有相应记录;患者住院期间注射药物血栓通(冻干),护理记录单上也无记录。死亡病例讨论的发言记录中,有周某、吴某、姚某、徐某、罗某、欧阳某,但发言记录签名只有罗某、吴某,其余发言人均无签名。

一审各方主张及判决

关于鉴定

本案在审理过程中,患者家属等申请医疗过错司法鉴定,某市医学会医疗事故技术鉴定工作办公室接受原审法院委托后,经查阅相关材料,认为该医疗案件患者死亡后未进行尸检,其死亡原因不明,无法作出鉴定结论,因此不予受理。原审法院于2013年4月23日收到该函后,又咨询了其他入围的鉴定机构,这些鉴定机构均以此为由,不予受理。

原告(患方)意见

患者死亡是由于被告的过失造成的,遂向原审法院提起医疗损害责任纠纷诉讼,要求某市中心医院承担赔偿责任。诉请判决:(1)某市中心医院赔偿丧葬费27,842元、死亡赔偿金134,487.40元、交通费1000元、精神损害抚慰金20,000元,合183,329.40元;(2)本案受理费由某市中心医院承担。

被告(某市中心医院)答辩

被告在此案例中的诊疗行为没有违反卫生行政法规规章及相关诊疗护理规范的规定,本案不存在过失和过错,患者死亡的结果与被告诊疗结果没有因果关系,请求法院依法驳回原告所有的诉讼请求。

一审判决

1. 关于本案的责任认定问题。某市中心医院在治疗、护理过程中存在如下医疗缺陷:①对病情记录重视不够,住院期间部分时间无记载;②部分护理记录项目无记载;③参与死亡病例讨论的部分人员无签名;④患者住院期间注射药物血栓通、抢救过程中医嘱硝酸甘油0.5mg舌下含服,在护理记录中无相应记载。据此,应认定医方在治疗、护理过程中存在瑕疵,依据过错程度,医方应对患方因患者死亡造成的损失承担20%的赔偿责任。

2. 关于赔偿项目及赔偿金额的认定问题。针对患方对医院提出的各项损失补偿要求,结合庭审当中双方当事人的诉讼和答辩情况及相关证据,根据《最高人民法院关于审理人身损害赔偿案件适用法律若干问题的解释》的有关规定和《某省2012年度人身损害赔偿计算标准》,本院认定,此次医疗过错给患方造成的损失分别为死亡赔偿金134,487.40元、丧葬费25,352.50元、交通费500元,合计160,339.90元,某市中心医院承担过错责任20%,故应赔偿损失32,067.98元;另加精神损害抚慰金10,000元,总合计为42,067.98元。

二审各方主张及判决

一审判决后,被告不服原审判决,提起上诉。

上诉人(某市中心医院)

1. 患者高龄,因突发病情加重,经抢救无效死亡。医方在救治过程中并无诊疗行为不当之处,不存在过错。一审没有任何证据证明医方的医疗行为存在过错。

2. 医方对患者的病历书写及病情记录、护理记录、死亡讨论记录等符合法定的病历书写规范和临床护理文书规范的要求,不存在《侵权责任法》过错推定的情形。

3. 患方应对拒绝尸检而造成无法鉴定死亡原因承担举证不能的法律后果。

综上,上诉人请求:撤销原审判决,改判驳回患者家属等的诉讼请求。

被上诉人(患方)

患者在输液期间出现异常情况时,家属呼叫医生,15 ~ 30 分钟后医护人员都没有来病床边抢救,医方存在抢救不及时、抢救设施和药物准备不足、医护流程存在严重错误等过错,依法应承担赔偿责任。

二审判决

1. 患者因眼部疾病存在复视入住某市中心医院,虽患者已是高龄,但其本次入院并未表现出危及生命的其他重大疾病。患者突然出现严重病情,医治无效死亡,家属主张医方存在一定过错,对患者死亡原因产生怀疑有其合理之处。

2. 本案医患双方争议的焦点在于医方是否因抢救不及时、抢救设施和药物准备不足、医护流程不当等过错造成患者死亡。然而,本案未进行尸检无法对死因作出判定,这也导致本案无法进行医疗损害鉴定,无法对医方诊疗行为的合理性进行科学判断。本案没有进行尸检的原因,医患双方意见不一,但均未能提供证据证实,某市中心医院对此应负相应责任。

3. 在患者突发严重病情之前的相关查房记录中,医方确实存在瑕疵。

二审法院据此认为,原审法院判决某市中心医院为患者死亡承担20%的赔偿责任,在损失和风险的分担与分配上,并未显失公正,应予以维持。最后,二审法院依法判决:驳回上诉,维持原判。

各方意见

医方代表

杜作义(心血管科主任)患者突发胸闷、胸痛后病情发展迅速,心电监护提示心室颤动,抢救后未能复苏。起病至死亡不足2小时,符合心源性猝死,因无法提供发病时心电图及尸检结果,病因未明,但考虑急性心肌梗死可能性大。心室颤动应尽早行电除颤,市级中心医院应具备除颤条件,医方未使用除颤器,存在一定责任。高龄患者合并高血压时,如能常规进行心电图、心脏彩超检查,可帮助识别高危人群。

陈伟(医疗科长)在临床中,医生会常规告知家属是否同意尸检,本案医方没有证据证明已履行告知义务,造成举证不能,应承担相应责任。

毛莉颖(质量控制科长)、刘玉莹(医疗科助理)该案法官认定病历瑕疵值得商榷。第一,《病历书写基本规范(2010年版)》(以下简称《规范》)中规定,对病情稳定的患者,至少3天记录1次病程记录。患者入院后病情没有特殊变化,不用每天记录。第二,《规范》规定,死亡病例讨论记录只需记录者的签名,未要求参与人员签名。以上两条不存在病历瑕疵问题。第三,护理记录部分项目部分空白,医嘱硝酸甘油舌下含服,护理记录对此无记载,此为记录不详细,存在瑕疵,但是不能以此推定医嘱没有执行。抢救过程争分夺秒,护士执行口头医嘱,事后补记医嘱客观上存在疏漏的可能,但没有执行医嘱可能性不大,可根据硝酸甘油有无收费等其他资料辅证。

律师代表

余怀生、赖嘉敏　病历真实性争议是医疗诉讼争议中最常见的问题,是让当事人双方最容易产生不信任的焦点问题,是法官审理案件中最感麻烦之难点。

本案并不存在伪造、篡改等引起"直接推定过错"之情形。面对病历瑕疵,法官在专业客观判定基础上,依瑕疵程度,通过行使自由裁量权确定医院责任。这提示医生不宜将困难留给法院,否则,后果往往对医方不利。

法官意见

官健　本案存在病历与尸检两个问题。就病历来说,医方确实存在诸多不符合规范之处,但这些并不代表医方的诊疗行为存在过错。但显然,由于病历书写不规范,医方在诉讼中陷入不利局面,使得法官对医方的诊疗水平产生了合理的怀疑。病历作为书证,是法官认定事实和鉴定人做出鉴定意见的主要依据,若因此而导致重要事实无法认定或无法做出鉴定意见,医方将承担相应的不利后果。当然,本案无法进行鉴定的原因并非病历问题,而是没有进行尸检。本案死因并不明确,属于应当尸检的情形。对于未能进行尸检的原因,双方各执一词,在这种情况下,法官通常会加大医方的举证责任,由医方证明其当时曾向患方建议尸检但患方拒绝。本案医方不能完成上述证明过程,成为最终二审维持一审判决的主要原因。

本案启示
临床和医技共同解除医学问题实体与程序共同化解法律问题

广东省医学会医事法学分会法治广东研究中心　宋儒亮主任

犹如只有临床科室与医技科室相结合,医生才能解除医学问题;在医疗诉讼中,只有实体法与程序法相结合,法官才能最终化解法律问题。同样作为专业人士,在医生和法官之间,许多知识可被互相借鉴、互相启迪。

1. 本案医方存在的临床问题,在法律表现上就是医方不遵守实体法规。

医方风险预测　医方存在的临床问题如判决所言:“患者已属高龄,但其本次入院并未表现出有其他重大疾病危及生命。患者突然病情加重,医治无效死亡,家属主张医方存在一定过错,对患者死因产生怀疑有合理之处。”这些问题,从《执业医师法》角度就表现为医方缺乏应有的谨慎注意义务,即对“高龄患者就是医学高风险患者”事实,缺乏应有谨慎注意义务。

医方病历记录　医方还存在如一审判决提出的4点问题："部分住院日期无记载内容"；"护理记录项目部分空白"；"死亡病例讨论记录，部分参与讨论人员无签名"；"医嘱硝酸甘油0.5mg舌下含服，但护理记录无记载"。这些临床问题，从《病历书写基本规范》、《医疗事故处理条例》、《侵权责任法》角度，就表现为医方病历记录不守法，不遵守应有的证据记录义务。

2. 本案医方存在的尸检问题，在法律表现上就是医方不遵守程序法规。

医方举证问题　如二审判决所言："本案缺乏尸检，这也导致本案无法进行医疗损害鉴定，就医方诊疗行为的合理性进行科学判断。关于没有进行尸检的原因，医患双方意见不一，双方均未能提供证据证实，医方对此应负相应责任。"在尸检不能问题上，从《最高人民法院关于民事诉讼证据的若干规定》（以下简称《规定》）角度，就表现为医方不遵守程序法规，缺乏纠纷处理的举证意识。导致无法进行医疗损害鉴定的责任由谁承担，需要证据支持；一旦缺乏证据，医方将面临最大的不利后果。

《规定》第四条第（八）项显示，"下列侵权诉讼，按照以下规定承担举证责任：（八）因医疗行为引起的侵权诉讼，由医疗机构就医疗行为与损害结果之间不存在因果关系及不存在医疗过错承担举证责任。"除非有证据证明属于患方责任，否则，现有支持法院判决医方承担不利后果的法律依据，即程序性的规定。作为一种程序性的规定，《规定》不直接确定医方责任有无，但可通过程序性规定，如举证责任倒置，实现对责任的最终认定。

3. 学会实体法和程序法相结合，领会医学和法律学相融合的思维与方式。

要懂情、理、法角度之不同和顺序选择　在医学上，进行尸检是查明死因的金标准；在感情上，患方常常不愿意尸检；在鉴定上，缺乏尸检，难以认定真实死因，难以认定各方对死亡之责任；在诉讼上，医方对尸检承担举证责任，举证不能将导致不利后果。对于同一问题，医学、感情、鉴定人和诉讼有不同角度，平衡它们是艰难甚至无法实现的，但纠纷又必须处理，怎么办？唯一公平的选择就是按"法—理—情而非情—理—法"之原则和顺序，通过法律为先、道理次之和情感为后之顺序，最终化解纠纷。

要有医学和法律学之同理、互通的思维 在医学上，就医生执业而言，除非能根据已有症状直接诊断疾病，否则，须通过进一步检查做出诊断；在诉讼上，就法官审判而言，除非依靠查明的事实直接确定各方责任，否则，只能通过程序举证责任的分担，最终确定责任及大小。在没有证据，又无法确定当事人责任时，法官不能把案件置之不理，也不能胡乱裁判，只能通过确定或加重某一方在程序等方面的举证责任，实现案件的司法判决。正如即便没有任何有效药物和疗法，医生也不能把患者晾在一边，也不能胡乱治疗，只能通过试验性医疗、临床试验等方式，进行治疗。

此种情形下，法官的判决、医生的治疗都是无奈中的选择。法律不是万能的，但没有不能判的案件，虽然最终判决或许不都是公平的。医生也不是全能的，但没有医生不能治的病，虽然最终患者或许不都能治好。尽全力，遵守程序，守住底线，追求美好，但求无愧，这就是医学、医生和法学、法官所能做的。

要会采取实体法和程序法结合的方式 理解并懂得区别实体法和程序法，对医生执业、维权和守法都非常有用。法律上所言的“实体法”，如《侵权责任法》，就如同医学上所说的“临床科室”，如内科、外科等；法律上所言的“程序法”如《规定》，就如同医学上所说的“医技科室”，如放射科、检验科等。“实体法”直接确定当事人法律上的权利和义务，犹如“临床科室”直接对患者进行诊疗护理。“程序法”是正确实施实体法的保障，直接用于维护、维持当事人法律权利和义务之方法、程序。当事人有无实体权利和义务并不由“程序法”所确定，犹如“医技科室”就是通过检验、检查结果帮助“临床科室”进行诊疗护理，患者有病、没病并不由“医技科室”所确定，“医技科室”（犹如上述所言程序性）只能是发现疾病。

同一骨病三家医院
影像学检查报告不同,原因何在?

广东省医学会医事法学分会

黄伟青　宋儒亮　严凡　赵凯　卢伟杰　赖永洪　王文倩　赖嘉敏

案例介绍

患者因外伤于2011年2月1日下午到某市A医院检查,放射影像检查部分诊断意见为:右侧第6至8肋骨骨折,右侧第9、10及左侧第11肋骨可疑骨折。

2月1日晚,患者到某市B医院做数字X线摄影(DR)及计算机体层摄影(CT)检查。B医院出具的DR检查报告部分诊断为:右侧第8肋骨骨折,右侧第5后肋,第7、9侧肋,左侧第11后肋可疑骨折。CT检查报告部分诊断意见为:右侧第8肋骨骨折,肋骨骨折情况请参阅DR。

2月7日,患者到B医院再做DR检查,DR检查报告部分诊断意见为:右侧第6至8肋骨骨折。

2月16日,患者到某市人民医院检查,DR检查报告部分诊断意见为:右侧第6至8肋骨腋段骨折。

2月7日和2月12日,患者在A医院接受治疗,每次支付医药费为94.91元。此后,患者相继到某市其他医院进行相关治疗。

同一病症,三家医院却有3份不同的影像学报告。患方认为报告有假,受到了侵害,依法提起民事诉讼。

一审各方主张及判决

原告(患方)核心诉请

原告受伤致肋骨骨折,前后到多家医院就诊。被告其中一次影像学检查结果与其他几次检查结果有差异。原告认为相关医生给患者检查时故意造假,存在医疗过错。由于被告只拍到患者1根肋骨骨折(第8肋骨),导致原告延误治疗1个月,增加了医疗费用,给原告造成了精神损害,应该赔偿精神损害抚慰金等。据此请求法院判令:①被告赔偿因耽误治疗而增加的医药费3000元和精神损害费3000元;②因配合鉴定而产生的误工费8400元;③本案诉讼费由被告承担。

被告(B医院)答辩

医方给患者进行诊疗活动的医疗行为不存在过错。医生是完全依照医学影像资料所见出具检查报告书的,不存在弄虚作假行为,不存在过错,不同意赔偿。

鉴定意见

本案在审理过程中,由于双方均不申请医疗事故技术鉴定,一审法院遂依职权委托某大学法医鉴定中心对被告B医院在2011年2月1日晚对患者的医疗行为进行医疗过错鉴定。

2012年9月25日,某大学法医鉴定中心出具不予受理函给一审法院,认为本案缺乏下列关键鉴定材料:①2011年2月7日患者在B医院就诊的门诊病历;②2011年2月16日患者在某市人民医院就诊的门诊病历及影像学检查照片。意见是不能受理本案的鉴定。

原告称上述材料放在某市公安局某分局某派出所，一审法院根据患者的申请到某市公安局某分局某派出所调取证据，但没有上述材料。

一审判决

1. 本案审理过程中，由于缺乏关键鉴定材料，某大学法医鉴定中心决定不予受理鉴定。按照常理，这些鉴定材料是由原告持有。虽然因原告未能提交这些材料导致本案不能进行医疗过错鉴定，但是这并不必然就可以认定被告没有过错。从本案的情况来看，患方在 2011 年 2 月 1 日下午、2 月 7 日和 16 日分别到某市 A 医院、B 医院、某市人民医院检查，检查结果均明确确定患方右侧第 6 至 8 肋骨骨折，而 2 月 1 日晚在被告处检查的结果只是明确确定第 8 肋骨骨折。很显然，被告 2 月 1 日晚的检查结果与其 2 月 7 日的检查结果及其他医院的检查结果有差异，但被告没有提供合法有效的证据证明检查结果存在差异的合理性，故依法认定被告在 2011 年 2 月 1 日晚对患方的检查存在过错。

2. 被告虽有过错，但在检查报告里也指出了患方右侧第 8 肋骨骨折及其他肋骨骨折的可能性，结合患方 2 月 1 日下午在某市 A 医院的检查结果，原告在 2 月 1 日应当知道其已受伤。即使如原告所称由于 B 医院过错，导致某市公安局某分局某派出所拒不付钱给患方治疗，患方也应先自行到医院治疗，而不是对其身体受到的伤害放任不理。事实上，原告在 2 月 7 日和 12 日已自行到医院进行治疗。因此，即使原告是因延迟治疗而增加了医药费，被告过错与之也没有因果关系。此外，原告也没有提供合法有效的证据证明其因延迟治疗而增加了医药费。综上，原告起诉要求被告赔偿因耽误治疗而增加的医药费 3000 元没有事实和法律依据，法院依法不予支持。

3. 被告虽有过错，但未给原告造成严重后果，故原告起诉要求被告赔偿精神损害抚慰金没有事实和法律依据，原审法院依法不予支持。

4. 由于原告未能提交本应由其持有的鉴定资料而导致本案不能进行医

疗过错鉴定,故原告起诉要求A医院赔偿因配合鉴定而产生的误工费8400元没有事实和法律依据,法院依法不予支持。

综上所述,一审法院依法判决:驳回原告诉讼请求。

二审判决

一审判决后,被告不服原审判决,提起上诉。

二审法院观点如下。

1. 本案的争议焦点:被上诉人(B医院)的医疗过错与上诉人(患方)所诉损失是否存在因果关系。法院认为,被上诉人的相关医生为上诉人拍片检查是职务行为,其行为后果归属于被上诉人,相关两名医生无须作为本案被告参与诉讼;同时,这两名医生均已经取得医师执业资格并在允许范围内从事医疗活动,并不存在无证上岗的问题。

2. 被上诉人于2011年2月1日晚对上诉人的检查与同期其他医院的检查结果及其自身在6天后对上诉人的检查结果不一致,在被上诉人未提供合法有效的证据证明检查结果存在差异的合理性的情况下,原审认定被上诉人在2011年2月1日晚对上诉人的检查中存在医疗过错,同时,被上诉人也未提起上诉,本院就原审的上述认定予以维持。

3. 本案并无证据显示被上诉人的上述过错导致上诉人所称的"派出所赔偿款"落空。即便存在这样的情况,在2011年2月1日至16日这半个月内,上诉人先后在某市A医院、被上诉人、市人民医院进行4次检查,其中有3次的检查结果均为右侧第6至第8根肋骨骨折,经过多次检查,上诉人应对自己的伤情有了全面了解,不论是否获得赔偿款,其亦应及时治疗,而不是放任伤情延续。

综上,本案并无证据显示被上诉人的医疗过错与上诉人诉请的延误治疗引起的损失有因果关系,对上诉人的诉请的因延误治疗而增加医药费和精神损害抚慰金应予驳回。至于上诉人诉请的配合鉴定支出的费用,即使该费用真实存在，亦系上诉人的诉讼成本，上诉人要求被上诉人赔偿该费用没有法律依据，法院不予支持。

据此，二审法院认为，上诉人的上诉理由不成立，法院不予支持。原审判决认定事实清楚，适用法律正确，法院依法予以维持。

判决如下：驳回上诉，维持原判。

各方意见

医方代表

卢伟杰（骨科）B医院于2011年2月1日晚的数字X线摄影（DR）诊断右侧第8肋骨骨折、没有发现右侧第6肋骨骨折是可以接受的，因为在骨折移位不明显、DR分辨率不高的情况下，有可能发现不了早期骨折。如果高度怀疑骨折，一般建议行计算机体层摄影（CT）检查，也可在10～14天后拍片复查，由于骨折修复时先吸收骨折端坏死骨组织，吸收后骨折间隙增大，第2次拍片时容易发现骨折。

该案例的问题是B医院CT检查报告书的部分诊断为：右侧第8肋骨骨折，肋骨骨折情况请参阅DR片。由于CT的分辨率大大高于DR，CT未诊断右侧第9、10肋骨骨折说明CT诊断医生的责任心不够，医院存在漏诊。

从治疗上看，第8肋骨骨折和第6～8肋骨骨折治疗方式是一样的，因此漏诊对医疗结果不会产生不良影响，法院判决合理。

黄伟青、赵凯（医务科）本案体会有如下几点。①医技检查部门应建立病例回顾制度，对于同一患者多次在院内进行拍片的，必须对既往检查片及检查报告进行比对。②经法院审理认为，B医院的相关医生为患者拍片检查系职务行为。通过此案例，更加督促医疗机构及医务人员务必严格依法行医。③临床医生向患方解释病情时，应尽可能详尽。④在处理医疗纠纷过程中，如医疗机构存在不足，必须充分评估存在的不足与患者损害结果间的因果关系。

律师代表

赖嘉敏　侵权责任的构成要件包括违法行为、损害事实、因果关系、主观过错。只有同时满足以上4个要件，侵权责任才能成立，侵权人需要承担侵权赔偿责任。在本案中至少有2个要件不成立。①患者因受伤至医院检查、治疗，其骨折的损害结果客观存在且发生于B医院医疗服务合同关系之前，患者也在外院做了相关检查，明确了骨折事实。B医院的诊断除了明确患者第8肋骨骨折，还提出了对其他部位存在骨折的合理怀疑，并建议进一步复查CT，符合诊疗规范。患者提出的因诊断差异造成其延误治疗、扩大损害的事实和依据均不成立。②因B医院所造成的损害不存在，B医院的诊疗行为与患者损害结果之间的因果关系更是无从说起。因此，认定B医院侵权责任的事实和依据均不足，驳回患者的诉请合法合理。

法官意见

官健　本案中，由于患者不能提供相关门诊病历资料，导致鉴定不能进行，依照证据规则，应由患者承担相应不利后果。一审法院认为患者在2011年2月1日下午、2月7日、2月16日分别到某市A医院、B医院、某市人民医院检查，检查结果均明确确定右侧第6至8肋骨骨折，2月1日晚在B医院检查的结果只是明确确定第8肋骨骨折，并以此为由认定B医院检查存在过错。这实质上是借鉴了英美等国的事实本身说明过失原则。

本案医方本可通过鉴定举证，但由于患者的原因无法完成鉴定，一审却以医方没有提供合法有效的证据证明检查结果存在差异的合理性为由，认定医方有过错，这显然有失公平。实际上，本案并不需要对医方检查有无过错作出明确判断，也无须进行医疗损害鉴定，只须认定医方的诊疗行为与患者所诉损失之间没有因果关系即可驳回患者的诉请。

本案启示
懂执业多留意慎选择有法律分析和支持的行医更安全

广东省医学会医事法学分会法治广东研究中心　宋儒亮主任

医务人员正常的医疗活动是职务行为而非个人行为

正如法院判决所言:“被上诉人的相关医生为上诉人拍片检查系职务行为,其行为后果归属于被上诉人,该两名医生无须作为本案被告参与诉讼。”判断背后就是医学思维和法学思维之不同。分析某医疗损害赔偿纠纷案时,医学角度认为医疗活动当事人就是患者/近亲属和具体当值的医务人员;法律角度认为医疗活动当事人却是患者/近亲属和具体当值医务人员的医疗机构。之所以如此,在于从法律角度,医务人员行医是根据医疗机构职责依法执业的一种执业行为、职务行为,即便存在民事诉讼,当事合格医方只能是医疗机构,而不是当值医务人员。受聘于医疗机构的医务人员是单位的医生,不是具有独立法律地位的自由执业者。当值医务人员在医疗损害诉讼(一种民事诉讼)中并不具备合法诉讼资格,也即不能被当作被告。医务人员因职务行为引发民事诉讼后果依法应当由聘请其的医疗机构承担,根据诉讼结果,医疗机构可根据双方确定的约定(劳动合同)或者法定依据(医疗卫生管理法规规定),对当值的医务人员进行处理。

面对已在多个医疗机构检查的患者，医方更应提高谨慎注意的级别

本案患者有在多家医院检查的经历。医生在面对这些患者时，如何防范可能的风险？

诊疗门诊患者要小心 司法实践表明，门诊病历是医务人员病历记录的软肋，最主要的原因是患者保存门诊病历，是否要以此为证据举证，由患者确定。司法实践中，如果门诊病历记录全面，即便患者举证，对医患双方都有好处；如果纪录不全或者对患者存在不利，一旦存在纠纷，患者仍可以身体损害为据，不一定要提供门诊病历，此时，医方面临的可能风险要大于患方。因此，一定要记录好门诊病历。

应依法全面询问病史并如实记录 询问病史能发现患者疾病的来龙去脉，如何询问和询问什么，已属常规。在实践中，遇到多次、多家医院、多地检查或治疗、护理的病患，询问中应有的谨慎和注意级别要相应提高。即便难以问清、问全和问对，起码也要有基本的交代和记录，比如“患者表示记不清”、“患者忘带检查报告，但已要求下次带来”、“患者表示找不到以前的病历记录了”等。这些记录既是对复杂、遇难患者的真实诊疗记录，也形成了可归于患方责任的证据。这并不表明医方在推卸责任，而是在合法地转移风险。依法行医不只是口号，它的落实既对疾病负责，也对人负责。

谨慎注意义务已有法可依 《执业医师法》（医师层面）、《医疗事故处理条例》（处理层面）、《侵权责任法》（责任层面）已制定了明确、清楚、全面的谨慎注意义务事项。比如《医疗事故处理条例》要求“医生及时解答其咨询，但是应当避免对患者产生不利后果”；《侵权责任法》规定“对不宜向患者说明的，应当向患者的近亲属说明，并取得其书面同意”。在没有遇到具体案件时，这些规定似乎让医方感到模糊、不清和难以适用，但是一旦遇到具体案件，特别是面对患方的损害诉求时，往往以前认为模糊、不清和不适用的条文，一下就清晰、具体和明确了。司法实践中，法官正是根据这些规定，通

过自由裁量权依法认定医方有无责任。

不符合普遍共识的选择往往易引发不利的法律风险

现实中,医疗机构不应反对进行医疗事故技术鉴定,这已形成基本的共识。但本案在审理过程中,双方均不申请医疗事故技术鉴定。医方为什么不同意申请鉴定?经验表明:某一选择一旦与普遍共识不同,往往存在某些不愿意让人知的秘密。从诉讼角度,本案文字材料中虽没有这样的表述,但患方知道医方不愿意进行医疗事故技术鉴定后,会推测医方存在某些问题。一旦有这样的认识,患方或许会选择如下诉讼策略:以主张推定医疗机构有过错为法律突破口,最终赢得诉讼。比如本案中,患者就通过列举同一骨病、多份检查报告却存在不同为由,推定医方存在"弄虚作假,出具不同的检查报告书"或者"拍片时故意作假"等问题,而这是有法律依据的。《侵权责任法》第五十八条规定:"患者有损害,因下列情形之一的,推定医疗机构有过错。①违反法律、行政法规、规章以及其他有关诊疗规范的规定;②隐匿或者拒绝提供与纠纷有关的病历资料;③伪造、篡改或者销毁病历资料。"如此的诉讼策略,一方面,让医疗损害赔偿案责任认定和审理裁判难度降低和简单了,容易获得法律支持;另一方面,这样的策略更容易在法院审理水平高、医疗专业水平高的地方获得成功。但在审理水平和能力不高的法院,却容易被忽略或者放过。之所以如此,核心在于侵权诉讼中,医方仍要对不构成医疗过错和不存在因果关系的情形承担举证责任。

三甲医院或处于医事审判水平较高地方的医方管理者要特别注意不同意进行医疗事故技术鉴定可能引发的后续法律风险。如果对可能风险缺乏有力的防范,极易演变为确定的危险,比如一旦患者转而强烈要求进行医疗事故技术鉴定,扰乱医方诉讼策略就大有希望了。

患者死后未行尸检
能否成为司法鉴定不能的理由?

广东省医学会医事法学分会

陈伟　宋儒亮　杜作义　黄庆辉　余怀生　王文倩　曹翔

案例介绍

2011年6月9日	患者男,70岁,因"扭伤致右大腿疼痛畸形及活动受限18小时"到A医院就诊。当地医院行X线检查提示右股骨干骨折,予以夹板固定等处理后转至A医院进一步治疗。入院初步诊断:①右股骨中下段骨折;②脑梗死后遗症;③高血压病Ⅲ级(极高危);④冠状动脉粥样硬化性心脏病(冠心病)。
6月10日	A医院对患者拟行"右股骨干骨折切开复位内固定+左髋骨取骨"手术。患方在了解病情以及手术、术后医疗风险等相关事宜后在《手术知情同意书》上签名确认。术程顺利。
6月23日	患者诉"胸闷不适",行心电监护,心肌酶等检查未见明显异常,予硝酸甘油片及盐酸曲美他嗪等药物治疗。
6月26日	患者诉"胸闷、偶有心前区痛",心血管内科会诊后考虑冠心病:陈旧性心肌梗死(心梗)、不稳定性心绞痛? 予对症治疗。
6月27日	患者转入心血管内科拟行冠脉造影检查。A医院向患方告知相关风险,在征得患方同意后于当天12:00予患者行冠脉造影术。术中患者血压降至65/40mmHg,经静注阿拉明等处理后血压升至90/55mmHg。术后患者心率维持在130~150次/分,呼吸急促、精神较差,血气分析提示Ⅱ型呼吸衰竭(呼衰),予以吸氧、补充血容量及应用血管活性药物等治疗后血压尚可,心率偏快。考虑患者呼吸急促与慢性支气管炎急性发作有关,急查胸片,并请呼吸科会诊后转入该科诊治,予无创呼吸机通气、抗感染、祛痰、控制血压和心率等对症治疗。22:00,患者突然出现心率、呼吸减慢,即予肾上腺素、呼吸气囊辅助通气等抢救治疗,并急请重症监护病房(ICU)、麻醉科会诊协助治疗。22:20,行气管插管,患者生命体征有所平稳。22:40,转入ICU救治。转科诊断:慢性阻塞性肺疾病(COPD)急性发作;Ⅱ型呼衰;肺源性心脏病?冠心病;高血压病Ⅲ级(极高危);右股骨骨折(中下段)。

6月28日	1:10,患者转入ICU时呈浅—中昏迷,随后出现双侧瞳孔大小不对称,经呼吸机辅助通气、升压、纠正水电解质失衡等支持对症治疗,效果不显著。2:40,患者心率减慢,血压、血氧测不出,经抢救治疗无效于4:05临床死亡。死亡诊断:多器官功能衰竭;COPD急性发作;Ⅱ型呼衰;冠心病;高血压病Ⅲ级(极高危);右股骨骨折(中下段)。患者死亡后,患方家属代表在《尸检同意书》上签名确认不同意尸检,并承担可能由此引发的责任。但最终因责任认定问题,双方在法庭相见。

鉴定意见

某市医学会作出的医疗事故技术鉴定意见

①医方对患者的初步诊断正确;患者有右股骨干骨折切开复位内固定术的手术适应证,术前检查未发现明显的手术禁忌证,且术前已履行知情告知义务;术中按常规操作进行;医方对患者的整个处置过程和实施的诊治措施符合临床诊疗规范。

②医方在患者出现心力衰竭表现时,救治及时,并请相关专科会诊协同诊治,未发现医方存在延误患者治疗时机之情形。

③医方予患者抢救过程中采取的救治措施符合临床诊疗规范,未发现存在输液量过大、加重患者心脏负荷之情形。

④患者高龄,高血压病史10余年,既往血压曾大于180/110mmHg,有脑梗死、冠心病等严重的基础疾病,属于临床高危患者。医方作出"高血压病Ⅲ级(极高危)"的诊断合理,不存在错误诊断之情形。

⑤患者死亡后未进行尸检,其确切的死亡原因未明。鉴定专家组就现有的鉴定资料从临床角度分析认为,患者高龄、病情复杂,考虑其因右股骨骨折、COPD、Ⅱ型呼衰、冠心病、高血压病、脑梗死后遗症等多种因素共同作用,致多器官功能衰竭而死亡,其死亡是现有医学科学技术条件下难以完全防范的不良后果,与医方的医疗行为无因果关系。

⑥医方在对患者的医疗过程中存在以下医疗缺陷:患者高龄、存在多种严重的基础性疾病、病情复杂,属于临床高危患者,医方对其病情的风险性及复杂性评估与告知不足;医疗文书书写不规范。

结论:本医案不构成医疗事故。

一审各方主张及判决

原告(患方)意见

A 医院的医疗行为有过错导致患者死亡,请求判令 A 医院支付医疗过错损害赔偿金共计 45,935 元。

被告(A 医院)意见

A 医院向原审法院申请进行医疗事故技术鉴定,患方表示同意。A 医院对鉴定结论无异议。医疗过错司法鉴定患方因对该鉴定结论存在异议,向原审法院申请对本案进行医疗过错司法鉴定,A 医院表示同意。某司法鉴定中心根据《司法鉴定程序通则(司法部令第 107 号)》第十六条之规定,出具《不予受理函》。

一审判决

本案中确认 A 医院是否承担责任的关键在于确认其诊疗行为是否符合法律法规、规章制度所规定的具体医疗行为操作规程、是否符合医学界的诊疗规范及当时当地的医疗水准,以及在对患者的诊疗过程中是否存在过错。由于医疗行为具有较强的专业性,因此主要判断依据来自医学专家的鉴定结论。根据某市医学会的鉴定结论,本案不构成医疗事故。另外,虽然鉴定书中指出 A 医院存在医疗缺陷,但该医疗缺陷与患者的损害结果之间并不存在因果关系。

本案中，患方虽对某市医学会作出的鉴定结论存在异议，但未能提交充分有效的证据证明A医院的诊疗行为与患者的损害后果之间存在因果关系及A医院的医务人员存在过错，故应承担举证不能的不利后果。另外，本案无法进行司法过错鉴定的原因在于患方不同意进行尸检，对此患方亦应承担相应的不利后果。因此，对患方的诉讼请求，不予支持。

据此，原审法院判决：驳回患方的全部诉讼请求。

二审判决

一审判决后，原审原告不服一审判决，提起上诉。二审法院意见如下。

1.本案的争议焦点是A医院对患者所实施的医疗行为是否存在过错以及该医疗行为与患者死亡后果之间是否存在因果关系。经审查，某市医学会作出的医疗事故技术鉴定意见与本院查明的事实相符，分析意见科学、合理，并针对患方提出的问题作出了充分的分析、回应，鉴定程序合法，故予以采信。

2.患方虽对该鉴定结论有异议并申请重新鉴定，但本案并不存在《最高人民法院关于民事诉讼证据的若干规定》第二十七条所规定的应当重新鉴定的四种情形之一，不予再次鉴定。并且原审法院经征得医方同意后曾委托某司法鉴定中心进行医疗损害鉴定，但该鉴定中心以本案未行尸检为由不予受理，可见未能重新鉴定的责任不在医方。

3.原审法院根据双方当事人的诉辩、提交的证据对本案事实进行了认定，并在此基础上依法作出原审判决，合法合理，且理由阐述充分，故予以确认。二审审理期间，患方既未有新的事实与理由，也未提交新的证据予以佐证自己的主张，故二审法院认可原审法院对事实的分析认定，即对患方的上诉请求不予支持。

据此，二审法院认为原审认定事实清楚，判决并无不当，应予维持。依法判决:驳回上诉,维持原判。

各方意见

医方代表

陈伟(医疗科)本例患者高龄、存在多种严重的基础疾病、病情复杂,属于手术高危患者,A 医院对其病情的风险性及复杂性评估不足。患者术后病情突然加重,逐渐恶化死亡,家属一般不能接受,医院往往面临官司风险。医院预防的方法:一是进行更充分的术前准备,尽可能控制各种基础疾病,降低手术风险。应对影响生命的重要脏器、特别是心肺功能作更详尽的评估,术前要与麻醉科医师共同讨论制定必要的预防措施。二是充分告知,医生应详细告知风险,建议患者或家属仔细考虑,本例患者及其家属同意当天进行手术,显得较为仓促。

杜作义(心血管科)本例患者的手术并非必须立即要做的急诊手术,医方应该在风险得到控制、在相关科室严密会诊和监控下联合进行手术,这样将会大大降低术中出现意外的风险。对于其他内科情况,A 医院治疗措施得当,没有耽误患者的诊治。

律师代表

余怀生、王文倩　本案某司法鉴定中心以没有进行尸检、无法明确死亡原因为由,不予受理医疗过错司法鉴定。案件发展至此,建议以后还可作以下选择:患方可向法院申请另一家司法鉴定中心进行鉴定,或者针对原医疗事故技术鉴定中已明确的医疗缺陷进行深入阐述,进一步说明该医疗缺陷的过错严重性及存在的因果关系等。

本案中患方既没有寻求另外的鉴定机构,也未能就过错和因果关系争取得到一审法院认可。即使在一审判决驳回患方全部诉讼请求的不利情况下,上诉理由仍集中在司法鉴定中心不受理鉴定的违法性上,诉讼策略上出现偏差,没有根据已有证据推断出有利于己的结果。

法官意见

官健 《侵权责任法》实施后,最高人民法院发通知称,将于医疗纠纷诉讼中进行医疗损害鉴定。然而,对于什么是医疗损害鉴定、哪些机构有资格鉴定、鉴定人的资质如何认定、医疗损害鉴定的程序如何等关键问题,至今尚无明确的法律规定。无论是医疗事故鉴定、医疗过错鉴定还是医疗损害鉴定,虽然名称不同,但本质上是一致的,都是为了解决医疗纠纷诉讼中医学专门性问题,以帮助法官理清责任、公正判决。现在名称统一为医疗损害鉴定,实质上仍是由医学会或者法医鉴定机构进行,各行其是。

当前存在的最大问题是,由于鉴定人签名、鉴定人出庭、鉴定收费标准以及行政审批等原因,尚有很多医学会未能加入到医疗损害鉴定的队伍中来。这导致法医鉴定机构难以承担骤然增加的鉴定任务、排队鉴定现象令鉴定时间无限期延长、鉴定机构找各种理由不受理鉴定(如本案法医鉴定机构因未做尸检而不予受理,其理由并不充分),给医疗纠纷审判工作带来了巨大困难。而且,由于法医鉴定机构良莠不齐,有些机构缺乏临床专家的技术支撑,导致“外行鉴定内行”,鉴定质量和水平难以保证。此外,医学会专家库中大量鉴定专家闲置,无法参与到鉴定工作中来。解决医疗纠纷、促进医患和谐,绝不仅仅是法院、法官的职责,卫生部门、医学会、各临床学科专家更是责无旁贷。

本案启示

立法体制机制不健全是导致医疗损害鉴定难题更多样、更复杂和更难解的总根源

广东省医学会医事法学分会　法治广东研究中心　宋儒亮主任

本案中,为什么同样是未进行尸检,可进行医疗事故技术鉴定却不能进行司法鉴定?这本不应如此,无论是医学会的医疗事故技术鉴定还是司法鉴定中心的司法鉴定,只要在诉讼中是由法院委托的,从法律上都属于司法鉴定,而这是有法可依的。《全国人民代表大会常务委员会关于司法鉴定管理问题的决定》规定:"司法鉴定是指在诉讼活动中鉴定人运用科学技术或者专门知识对诉讼涉及的专门性问题进行鉴别和判断并提供鉴定意见的活动。"

遗憾的是,虽然都属于司法鉴定,也有依据的法律,但在诉讼过程中在鉴定问题上出现了上述问题。如何从源头——鉴定之立法体制和机制——上,从健全人大主导立法工作的体制机制角度防范和规范乱像,无论是对本案还是其他医疗损害赔偿诉讼案之鉴定困局,都具有普遍性,也具有紧迫性。

以鉴定意见为例,至少存在三大鉴定系统。

医学系统　按照医疗事故角度进行监管,由行政法规《医疗事故处理条例》所调整。鉴定分为首次鉴定和再次鉴定,不服首次鉴定可以申请进行再次鉴定。此时进行再次鉴定是不需要依据的,只要当事人不服,就能申请鉴定。

司法行政系统　按照损害角度进行监管,由部门规章《司法鉴定程序通则》所调整。司法鉴定有重新鉴定。司法鉴定经第一次鉴定,若不服从,符合条件的可以申请重新鉴定。此时进行重新鉴定需要有依据,只是不服并不能申请新的鉴定。

司法系统　按照民事损害角度进行审查，由司法解释《最高人民法院关于民事诉讼证据的若干规定》所调整。对鉴定结论有异议，可申请重新鉴定。此时进行重新鉴定也需要有依据，只是不服并不能申请重新鉴定。

实践：鉴定意见差异明显、难言公平

在鉴定依据上，虽然存在三类不同鉴定系统，它们各有侧重，但从理论上，依据宪法法律的位阶效力、权力来源理论而言，即便其在《全国人民代表大会常务委员会关于司法鉴定管理问题的决定》之前已制定，但是一旦其存在，这三类鉴定均须符合和不违反《全国人民代表大会常务委员会关于司法鉴定管理问题的决定》，否则面临废除或者修改。但在实践中，由于违宪违法审查体制机制不健全，比如《立法法》等的贯彻落实不到位，让鉴定意见与鉴定部门利益之间有了很大联系，也存在很大随意性。比如，面对当事人申请，这三个系统都应坚持相同的标准接受鉴定或者拒绝鉴定，但在实践中却并非如此，与司法行政系统、司法系统鉴定的可及性比较，若希望进行第二次鉴定，只要当事人不服并申请医学系统的医疗事故技术鉴定就能获得再次鉴定的机会，也即再次鉴定并未设定任何特定限制和前置条件。类似这些立法时就存在的先天性问题，让鉴定申请、过程和结果充满了变数，严重影响到当事人的合法权益和医疗损害赔偿案的处理。

显然，在立法体制没有理顺情况下，专业问题最终会因立法体制不同而被不同地强化、固化，最后形成立法问题。比如医学会与司法鉴定机构均有权进行医疗损害鉴定、鉴定也不应有先后顺序、鉴定地位和效力也平等、鉴定效力不存在高低差异，但在立法管理体制未调整的情况下，一旦申请鉴定，因鉴定主体、鉴定依据不同会导致鉴定意见存在众多实质性差异，不仅这些差异难以解决，而且差异引发的种种后果还会被各自、个别地解读，比如以所谓“老子给儿子鉴定”或者“兄弟之间进行鉴定”进行判断，就直接得出医学会鉴定结果一定是不公平的主张；或者对司法鉴定予以无条件信赖，认为司法鉴定结果就一定是公正的而倍加推崇。

对策：须从根源上解决问题

同一案情存在不同鉴定回复，根源在于立法体制机制不健全、有立法但却没有及时建立起有效的违宪违法审查机制。在当前医疗损害赔偿纠纷众多、缺乏有效措施、难以有效化解的情况下，若这个问题没有理顺，仍简单以医学会鉴定就是“老子给儿子鉴定”或“兄弟鉴定”，认为司法鉴定机构不懂医学而无权进行鉴定，认为把鉴定名称统一为医疗损害鉴定就能解决问题，认为鉴定只要统一由法院委托就能解决鉴定、医疗损害、医患关系问题，显然不仅把鉴定难题片面化了，而且也把重要、重大判断表面化、简单化了。

以法理情相结合的角度剖析上述问题，它们是否合情可先不说，它们是否合理也暂不谈，但它们不合法就不能视而不见。比如当前鉴定的管理、鉴定体制机制并未完全符合《全国人民代表大会常务委员会关于司法鉴定管理问题的决定》，它们只是从单位或部门角度进行的立规，面对这些不合法的行为，合法性审查问题就不能回避了。建设法治国家首先要落实宪法的实施和监督，落实鉴定法治也同样需要落实宪法法律的实施和监督。

要解决问题，关键要从立法体制、机制和管理救济上找根源、要答案，并加快行动。若不改变这样的认识（完全否认或抹黑医学会鉴定、以司法鉴定人员没有临床经验而否定或抹黑如司法鉴定、选择以没有尸检就不进行鉴定为由拒绝鉴定），鉴定争议仍会陷于纠结或者停滞阶段，以致难以实质依法推进鉴定问题的改革。

健全统一司法鉴定管理体制，完善证人、鉴定人出庭制度，保证庭审在查明事实、认定证据、保护诉权、公正裁判中发挥决定性作用，这才是我们审查并解决鉴定面临问题的关键。

17年前胸椎间盘切除术定位错误
条件所限还是医方过失?

广东省医学会医事法学分会

程东海　宋儒亮　杨波　李立　吴洋　王文倩　刘芳

案例介绍

1992年4月1日起,患者出现腰背部疼痛、双下肢乏力,症状逐渐加剧至行走、大小便困难,最终双下肢完全丧失感觉、运动功能。当地医院拟诊为"多发性神经炎",予以抗炎治疗,效果不佳。16日,患者入住A医院神经内科,入院查体结果为被动体位,神志清晰,生命体征平稳;腰背部压痛不明显,四肢肌肉无萎缩,双侧上肢正常、下肢肌张力稍高且肌力0级,T11平面以下深浅感觉消失,上中腹壁反射存在,下腹壁反射消失,提睾反射消失,膝腱和跟腱反射消失,Babinski征(+),肛周反射消失。右侧臀部和骶尾部分别见2cm×2cm和2cm×2.5cm大小皮肤破损,渗液。

初步诊断为:①T11脊髓横贯性损害查因:急性横贯性脊髓炎?脊髓压迫症待排;②右臀部、骶尾部褥疮(Ⅱ期)。

入院后行腰椎穿刺脑脊液检查排除急性脊髓炎,CT检查证实T9/T10水平骨性椎管狭窄,磁共振成像(MRI)检查证实T9/T10椎间盘向后压迫脊髓且骨性椎管狭窄,脊髓造影检查示T10椎体骨性压迫。予以激素、血管扩张药物和神经营养药物等治疗。病情无改善。

同年5月4日,患者转入A医院骨科拟行手术治疗。11日,A医院向患方告知术前诊断(T9平面截瘫)及手术相关风险,在征得患方同意后,在高位硬膜外麻醉下从左侧后方入路行T9/T10椎间盘切除术。术中切除T10横突、第10后肋、T10左侧椎弓根,摘除T9/T10椎间盘髓核。术后切除物病理报告显示:送检物为软骨样组织(软骨板)及髓核,均发生部分退行性病变及水分脱失。术后双下肢瘫痪恢复不明显。27日,患者出院。医嘱:①继续康复治疗;②神经营养;③治疗褥疮、防治感染等合并症。患者出院后坚持康复治疗,但术后10余年未再到A医院就医。

2009年5月13日,患者得知干细胞移植术可治疗截瘫,遂到B医院就诊。31日,B医院对患者行MRI检查提示:腰椎骨质增生;T9椎体后上缘局部信号不均;T9~T12各椎间盘向后突出,T9/T10平面椎管狭窄,相应胸段脊髓受压。患者方得知A医院手术切除了正常T8/9椎间盘,保留了病变T9/10椎间盘。

6月16日,C医院对患者行胸椎CT检查提示:腰椎骨质增生;T8/T9间盘左侧椎板术后改变;T9/T10间盘向后脱出并椎管狭窄、脊髓受压;T10/T11、T11/T12间盘膨出并右、后突出。患者认为受到侵害,遂诉至法院。

鉴定意见

某市医学会作出的医疗事故技术鉴定意见

1. A医院对患者的诊断准确,患者有明显手术指征;医方手术方案和术式选择符合该病治疗原则;医方术前向患方履行了手术风险告知义务;医方对患者的处置过程符合诊疗规范。

2. 医方在术中存在过失行为:术中节段定位错误。但在临床上,术中胸椎节段定位确实存在一定难度,17年前医疗条件有限、医疗设施不完备等客观因素加大了术中定位错误的可能性。

3. 医方在诊疗过程中存在其他医疗缺陷:术后未拍X线片复查了解手术部位情况;医疗文书书写欠规范等。

4. 入院前症状与入院检查结果提示,患者入院前已因T9/T10椎间盘突出压迫脊髓造成了完全性截瘫,且脊髓损伤程度应定为ASIA分级A级。临床经验显示此类截瘫预后不理想、恢复率极低。手术本身并未加重患者截瘫损害,与患者损害后果无因果关系。

鉴定结论:本案不构成医疗事故。

一审各方主张及判决

原告(患方)意见

A 医院手术错误,致原本可完全康复患者因病情延误,导致终生瘫痪,这已构成医疗事故。请求法院判令被告赔偿原告各项费用共计 1,245,945.04 元,由被告负担本案受理费。

鉴定意见

法院委托医学会进行医疗事故技术鉴定。

被告(A 医院)答辩

1. 患者因胸髓受压需手术减压,医方在完善相关检查、向患者及家属告知病情和手术风险后,对此做出充分处理,治疗符合医疗规范。

2. 术后患者截瘫未见明显恢复为当时医疗技术所限,与医疗行为无因果关系。

3. 患者术后仍处于截瘫状态且出院时自知双下肢感觉、运动功能并未恢复,但 2009 年才提起诉讼,且无相关证据证明出院至提起诉讼期间有诉讼时效中止、中断情形,已超过民法通则所规定的一年诉讼时效。医方请求法院驳回原告诉请。

一审判决

诉讼时效

术后A医院未复查了解患者手术部位情况，致患者对手术错误毫不知情，直至到B医院就诊检查。诉讼时效应从此日起计算，未超过1年。

医方过失

1. 手术前。A医院对患者诊断准确，术前操作符合诊疗规范。

2. 手术中、后。A医院存在明显术中定位错误。A医院称T8/T9椎间盘存在病变却未能提供充分证据，过失明显。术后，A医院对患者复查缺失，致手术错误未被及时发现。原拟行手术可能达到的治疗效果因术中定位错误无法实现，反而损害了患者正常椎间盘组织，医疗行为与患者损害后果间有一定因果关系。但患者病症产生与恶化主要与自身体质和症状相关，应减轻A医院赔偿责任至损失的40%。

据此判决：①被告向原告赔偿各项费用共计58,804元；②驳回原告患者其他诉讼请求；③本案受理费由原告患者负担15,258元，被告负担756元，医疗事故鉴定费由被告A医院承担。

二审各方主张及判决

一审判决后，双方均不服，提起上诉。

上诉人（患方）

一审判决对各赔偿项目及其额度的酌定不准确。一审判决酌定A医院只承担损失40%的赔偿责任明显不当。

据此患方上诉请求：①撤销原审判决；②改判A医院赔偿患者各项费用共计1,245,945.04元；③本案一、二审诉讼费由A医院承担。

上诉人(A 医院)

1. A 医院对患者病情诊断准确,治疗全过程均符合医疗原理。T8/T9 椎间盘髓核病理结果显示确实存在病变。

2. 患者最迟在出院当天就已明确手术未解除截瘫的事实,应从此日起计算诉讼时效。

3. 一审法院判决医院承担损失 40% 赔偿责任过重。患者损害后果为自身疾病所致,与医疗行为无因果关系。手术本身未造成新损害,仅因当时医疗技术原因无法解决其截瘫,且已在术前明确告知。另外,多项损失赔偿项目和数额计算缺乏法律和事实依据。

据此医方上诉请求:撤销原审判决第一项,并依法改判;患者承担相关诉讼费、鉴定费。

二审判决

本案的争议焦点是 A 医院是否存在医疗过错以及是否与患者损害后果间存在因果关系。据医疗鉴定,本院认定 A 医院有医疗行为过错,致患者丧失可能获得一定程度恢复的机会,故与患者损害后果间存在一定因果关系。但临床经验显示,即使手术正确患者恢复的可能性依然很小。因此患者的原发病应为导致其目前状况的主要因素,医疗过失为次要因素。原审法院认定 A 医院对患者的损失承担 40% 的赔偿责任基本合理,二审法院予以确认。诉讼时效问题原审判决已作详细、准确论述。

二审对以下赔偿项目做出调整并提供准确论述:住院伙食补助费、护理费、残疾赔偿金、后续医疗费、精神损害抚慰金。其他赔偿项目(医疗费、交通费、住宿费、伙食费、残疾用具费、被扶养人生活费)支持一审判决。

二审判决:①维持原判第 2 项;②原判第 1 项变更为 A 医院赔偿患者各项损失费用共计 350,813 元;③一审案件受理费 16,014 元,由患者负担

11,505元,由 A 医院负担 4509 元。二审案件受理费 6330 元,由患者负担 4548 元,由 A 医院负担 1782 元。

各方意见

医方代表

杨波(骨科主任医师、教授)1992 年国内脊柱外科水平较低,无术中 C 型臂 X 线机定位等条件,以致胸椎手术节段定位错误。手术医生过于自信,在术后未将患者送至放射科确认手术节段。时隔 18 年,D 医院对患者行后路 T9/T10 椎间盘切除、椎管减压、椎间植骨融合内固定术,使其病情从 AISAA 级好转为 B 级,表明 A 医院过错使患者错过截瘫好转或恢复的较好治疗时机。该案件警示手术医生们:医学存在诸多未知性、局限性,在曲折中发展,受制于科学技术、医疗设备的发展程度;医生需千锤百炼、与时俱进。

患者在 A 医院接受手术后,不一定严格遵循了医嘱行康复治疗:患者有无去医院行正规治疗?康复住院医院常规未拍摄 X 线片?截瘫未好转为何不常规回 A 医院随访复查?患者 17 年间难道从未到医院拍摄 X 线片?患者较好的依从性非常关键。

律师意见

李立　在本案判决中,法官对审判思路进行了详细说明,不完全被鉴定结论左右,更好地体现了法律在医法领域的评价作用。本案一、二审判决差异主要体现在赔偿数额方面,责任比例未作变更。

医疗案件的损害原因和后果不一,很多案例都表现出因果关系的复杂性,不同医疗过错相对不同损害后果可考虑细分责任比例。就本案中医疗费这一后果而言,医方手术严重错误,如仅承担少部分医疗费就有违公平;

就瘫痪这一后果而言，医方过错不是其直接原因，因此医方仅应承担少部分责任。

法官意见

官健　过错、因果关系、损害后果和不存在免责事由为侵权责任认定的四大要件。医疗侵权纠纷中的损害后果较特殊，可分为3种情况：治疗前无损害，治疗后出现损害；治疗前已有损害，治疗后损害明显加重；治疗前已有损害，治疗后损害依旧。前2种为显性损害，第3种为隐性损害。隐性损害是否应列入赔偿范围，实践中素有分歧，关键在于因果判断。

本案医方过错明显，患者损害后果属于典型隐性损害。诚然，患者术前因椎间盘压迫脊髓已全瘫，即便手术正确，患者也可能无法恢复。但医方决定手术切除压迫脊髓的椎间盘正是为了给易损伤脊髓一个利于恢复功能的局部环境，而医方过错导致局部压迫未解除，患者丧失了可能获得一定程度恢复的机会，且破坏了相对正常的脊柱结构，加剧脊柱不稳定性，为患者增加了不合理的风险。由此可认定，医方过错与患者截瘫损害间存在因果关系，且无免责事由，医方应为患者损失承担民事赔偿责任。

本案启示
医疗损害的认识、认定和认可在曲折中前行

广东省医学会医事法学分会　法治广东研究中心　宋儒亮主任

落实人身损害、医疗损害赔偿法律救济，经历了相当曲折的立法历程。

开头很好:因过错侵害他人人身的,法律规定要承担赔偿责任

1987年1月1日起施行的《民法通则》从法律的高度,通盘明确了因过错与赔偿责任之间的关系,主要规定如下。

一是确定了“公民享有生命健康权。”

二是确定了承担民事责任的3种情形,其中包括“公民、法人由于过错侵害国家、集体的财产,侵害他人财产、人身的,应当承担民事责任。”这能在20世纪80年代予以确定,实属珍贵。

三是确定了承担赔偿的项目。“侵害公民身体造成伤害的,应当赔偿医疗费、因误工减少的收入、残废者生活补助费等费用;造成死亡的,并应当支付丧葬费、死者生前扶养人的必要生活费等费用。”

在人身、生命健康权保护问题上,《民法通则》所确定的理念、予以的规定,仍符合现代法治精神。但《民法通则》实施后很长时间里,并未实现其应有的价值和作用,尤其在医事立法和医疗活动执法中。

推进曲折:行政法规规定是"补偿"非"赔偿","不构成医疗事故不承担赔偿"

《医疗事故处理办法》自1987年6月29日起施行,至2002年9月1日终止长达15年。该办法突出强调的是:在定性上,即便构成了医疗事故也只能给予"经济补偿"而不是"赔偿",说明即便构成医疗事故也不存在民事赔偿责任;"一次性经济补偿费标准由省、自治区、直辖市人民政府规定",这不仅导致不同地方补偿不一样,更是让"同命不同价"成为一种无奈的现实,明显违反《民法通则》,更是立法理念上的一大退步。

《医疗事故处理条例》自2002年9月1日起实施,迄今13年仍在施行。该条例突出强调的是:只有构成了医疗事故,医疗机构才承担赔偿责任;否则,不赔偿。虽有进步,但问题之根还在,后果之一就是让"医疗事故"在范围上独立于"人身损害"之外,在法律上远离《民法通则》。

《医疗事故处理办法》和《医疗事故处理条例》并没有将《民法通则》确定的理念、原则和规定予以落实和体现。并且,由于法治建设滞后、行政机关的强势地位、强大的医院管理,《民法通则》在司法实践中难以实现。

距今前后已累计实施至少28年之久的《医疗事故处理办法》、《医疗事故处理条例》更已在医学界造成了深远影响,在医务人员心中形成了固化认识,在实际操作中生成了常规,在后续类似事件处理中造成了路径依赖。期间的不断重复、演变和融合,致医疗领域人身损害在界定、归责、举证、鉴定、赔偿等问题上,至今仍处于艰难而曲折的推进之中,其中,医患间长久存在的某些对立和偏见等乃是例证。

显现光明:责任承担与否又回归至只由法律才能规定

2010年7月1日起施行的《侵权责任法》延续了《民法通则》的理念:"患者在诊疗活动中受到损害,医疗机构及其医务人员有过错的,由医疗机构承担赔偿责任。"未止于此,在归责问题上,《侵权责任法》较《民法通则》从法律角度向前、往细地推进了一步,如确定推定过错责任原则、无过错责任原则等之情形。

但不可否认,医疗活动存在风险和危险,患者诉求很难完全满足,医患双方认识不同也属正常。减轻或者免责并不意味着双方同意就可以,法规是有鲜明态度和规定的。例如,行政法规层面有规定,《医疗事故处理办法》第3条和《医疗事故处理条例》第33条分别界定了4种和6种不属于医疗事故的情况。法律层面也有规定,《民法通则》指出:"因不可抗力不能履行合同或者造成他人损害的,不承担民事责任,法律另有规定的除外。"《侵权责任法》指出,"患者有损害,因下列情形之一的,医疗机构不承担赔偿责任:①患者或其近亲属不配合医疗机构进行符合诊疗规范的诊疗;②医务人员在抢救生命垂危的患者等紧急情况下已经尽到合理诊疗义务;③限于当时的医疗水平难以诊疗。前款第一项情形中,医疗机构及其医务人员也有过错的,应当承担相应的赔偿责任。"这些规定表明这样一个事实,法规上已认同了医疗活动的风险和危险具有不可避免性、已认定患方有损害但不一定医方都要赔偿、已认可面对损害责任承担要在医方和患方利益之间取得平衡。

总结

法治中国建设正向纵深推进,法律在位阶上、效力上都高于行政法规。有理由相信,随着宪法实施、监督和解释机制的建立,《侵权责任法》的施行不仅能摆脱《民法通则》困境,还能与之共同发力,让人身损害、医疗损害赔偿的法律救济保证更为完善、制度实施更为有力、责任追究更为到位。

新生命来去匆匆 犹豫不决还是沟通不足？

广东省医学会医事法学分会

黄伟青 宋儒亮 胡淑君 赵凯 李立 刘芳 王文倩 曹翔

病例简介

2011年7月8日，产妇甲因“38+3周，阴道少量流水1小时”入A院产科。初步诊断：①G3P0孕38+3周枕前位（L0A）先兆临产；②妊娠期糖尿病；③胎膜早破？入院后A院根据病史、体查及辅助检查，排除胎膜早破，予以甲完善相关检查、监测血糖及胎心监护。考虑甲虽有妊娠期糖尿病，但血糖控制正常，轮廓试验正常，现妊娠38+3周，估计胎儿体重（3250±250）g，头盆评分8分，已有产兆，有阴道试产条件。

7月12日22:10，自然破膜，羊水清。

7月13日6:00，自然临产，宫缩逐渐加强，胎心监护报告正常[宫缩负荷试验（CST）阴性，评分12分]。

8:50，宫口开大3cm，羊膜囊存在，于宫缩间歇期行人工破膜，羊水清。活跃期后实施硬膜外分娩镇痛，建立静脉通道，持续吸氧、胎心监护及心电监护，产程进展顺利，胎心监护报告正常（CST阴性，评分12分）。

12:35，宫口开全，羊水清，指导产妇用腹压。

13:55，阴道检查发现胎位为枕后位（L0P），宫缩40秒/2~3分钟，羊水Ⅲ度，s+3，有产瘤形成，胎心音136次/分。

14:25，胎心突然下降，波动在90~100次/分之间，再次向患方交代病情并建议行产钳助产，经产妇家属同意并签字后，于当天14:28行会阴左侧切开术+低位产钳助产术。

14:31，以 L0P 顺利产钳助产一活女婴（体重 3600g，身长 53cm）。脐带长 60cm，绕颈 2 周（其中 1 周较紧），羊水量 800ml，胎盘、胎膜娩出完整，产时出血 150ml。新生儿出生 1 分钟阿普伽（Apgar）评分 1 分，予保暖，经儿科医生清理呼吸道、气管插管、吸痰、气囊正压给氧、脐静脉注射肾上腺素及纳洛酮等复苏处理。5. 10 分钟 Apgar 评分均为 6 分。

15:14，转入新生儿监护病房（NICU）进一步抢救。初步诊断：新生儿重度窒息；胎粪吸入综合征；新生儿缺血缺氧性脑病。转入后予呼吸机辅助通气、多功能心电监护、抗感染、营养心肌、护肝及补液等对症支持治疗。

16:00，患儿始偶有抽泣样呼吸伴四肢频繁抽动，予镇静、止惊等处理。血气分析示 pH6. 673，血液检查提示肝功能及心肌酶明显升高，凝血时间延长。A 院考虑患儿存在代谢性酸中毒、心功能损害、肝功能损害和不排除颅内出血，予纠酸、营养心肌及输注血浆补充凝血因子等处理，血气分析示酸碱度恢复至 pH7. 145。

7 月 14 日 13:04，考虑患儿病情危重、预后差，患方要求放弃治疗并签字，患儿于当天 15:00 停止呼吸机辅助通气后死亡，死亡后未行尸检。

产后 A 院予甲预防感染、促进子宫收缩等处理。甲恢复情况一般良好。

2011 年 7 月 18 日，甲出院。出院诊断：孕 1；产 0。孕 39 周 LOP 产钳助产；单胎活产；妊娠期糖尿病；胎膜早破；持续性枕后位；胎儿宫内窘迫；脐带绕颈二周；新生儿重度窒息。后甲及其丈夫乙为共同原告基于胎儿死亡、甲为单独原告基于诊疗过错，以 A 院为被告，向法院提起两起诉讼。

鉴定意见

表一　医学会鉴定意见（医疗事故技术鉴定意见）

①医方对孕妇的处理符合产科诊疗常规，但医患沟通不足，直至胎心下降后患方才同意行助产术，错过最佳手术时机。医方对新生儿重度窒息的

救治措施符合新生儿窒息复苏处理规范，已尽最大努力。

②通过超声检查观察宫内胎儿形态学并非100%准确。从发现羊水Ⅲ度到胎儿娩出的过程分析，医方反应和处理是及时的。

③患儿病情严重，其死亡与家属放弃治疗有一定关系。患儿死亡后未接受尸检，无法确定是否有其他致死性因素。

④医方在胎儿出现危急情况须紧急处理的情况下，未能与患方全面、深入地沟通，为医方之过。

综上所述，未发现被告医疗行为违反医疗卫生管理法律、行政法规、部门规章和诊疗护理规范、常规等；无医疗过失行为，存在医疗不足；患儿最终死亡与脐带绕颈、急性胎儿窘迫致重度窒息、孕期糖尿病婴儿对缺氧的耐受差等多方面因素相关，由于未行尸检，不排除其他致死性因素。患儿死亡与医方医疗行为及前述医疗不足之间不存在因果关系。

结论：本医案不构成医疗事故。

表二 司法鉴定中心意见（医疗过错鉴定意见）

1. 胎儿死亡：由于未行尸检且尸体已不存在，胎儿确切死因难以明确。结合病史分析，造成胎儿窘迫的原因与胎儿脐带绕颈有关。

2. 医疗过错：

①胎儿窘迫。产程结束延误构成过错且与死亡后果间存在因果关系。考虑到胎儿脐带绕颈、头枕位等自身因素，建议医疗过错参与度为40%～50%。该参与度的评定仅为学术性意见，非法定依据。关于产程结束延误是否为医方责任的问题，医患双方各执一词，事实情节的认定已超出法医学鉴定范围，故对该过错责任方的判断需法官在本案审理过程中予以甄别。

②甲在入院前多次行超声检查未见胎儿脐带绕颈报告。由于检查结果受检出率、胎儿体位、羊水量等多因素影响，且胎儿脐带位置可能发生变化，因此不能认定超声检查过程存在过错。

③结合甲入A院前后整体情况和各项检查结果分析,医方为其选择阴道分娩未见明显不妥。

④据产程记录,在分娩过程中自6:00至14:31间患儿均有规律的血压、胎心率、胎方位、阵缩持续/间歇等完整记录,符合相关规范,故难以认定医方在胎儿窘迫发生前的观察存在过错。

⑤胎儿娩出后即呈昏迷状态、无自主呼吸,审阅病史未见医方在抢救措施中存在明显不妥。

鉴定结论:甲在分娩过程中出现胎儿窘迫;胎儿重度窒息引起缺血缺氧性脑病,终因呼吸、循环衰竭死亡。分娩过程中,产程结束延误与患儿死亡间存在因果关系,建议参与度为40% ~50%。本次法医学鉴定无法认定产程结束延误为医患哪方责任,需法官在本案审理过程中予以甄别。

一审各方主张及判决

原告(患方)意见

在甲的分娩过程中,A院对其产程观察与处理严重违反了医疗常规。

具体包括:①出院诊断中确诊甲为胎膜早破,但在6天的待产与分娩过程中,未给予抗生素预防胎膜早破可能导致的感染;②1次分娩过程却有2次破膜记录,产程图和分娩记录上记载的人工破膜和出院记录写明的胎膜早破,这违背了医疗常规,自相矛盾;③未及时告知患方胎儿宫内窘迫情况、未及时进行积极对症处理与抢救;④未进行持续胎儿监护与及时吸氧,导致分娩过程延长,胎儿重度窒息,最终死亡;⑤儿科医生未及时参与抢救;⑥妊娠期糖尿病无诊断依据。

据此要求A院:①基于胎儿死亡承担死亡赔偿金、精神损害抚慰金、医疗费等各项赔偿;②基于对甲诊疗过错承担精神损害抚慰金、医疗费等各项赔偿;③承担全部诉讼费用。

鉴定意见

医疗事故技术鉴定(见表一)。患方对此鉴定意见提出异议,要求进行医疗过错鉴定(见表二)。

被告(A医院)答辩

1. 患方拒绝签字做剖宫产,耽误了抢救最佳时机。

2. 被告已经对患儿做出积极抢救,即使在原告签署放弃抢救申请之后。

3. 产前B超检查未发现脐带绕颈乃影像学诊断局限。

4. 宫口开全后被告严格按照第二产程处理常规进行观察和处理。

5. 羊水Ⅲ度时,医生在病程记录上明确记录了羊水性状,并立即与甲及其家属沟通,同时开产包等候甲家属签字同意,但患方犹豫不决。直到胎儿出现胎心减速,医生强烈要求,家属才签署手术同意书。此为耽误抢救时机的关键原因,责任应由患方自行承担。

请求法院驳回原告诉讼请求。

一审判决

关于甲的损害赔偿问题。被告对甲的产程观察和分娩处理符合产科诊疗常规。本案经审理无法证实被告医疗行为存在过错,故对甲要求被告赔偿的请求不予支持。

关于新生儿损害赔偿问题。经鉴定,产程结束延误与患儿死亡后果之间存在因果关系。由于原、被告均未能提供充分证据证明上述过错为哪方责任,根据公平合理的民法基本原则,本院酌定原、被告各承担50%民事责任。综合考虑导致新生儿死亡的原因力大小,认为被告应赔偿原告损失的22.5%(50%的民事责任×45%医疗过错参与度),其余损失由原告自行负担。

据此判决:①被告 A 院在本判决生效之日起 3 日内赔偿原告甲、乙损失共 120,888.72 元;②驳回原告甲、乙的其他诉讼请求;③驳回原告甲的全部诉讼请求。

各方意见

医方代表

胡淑君(妇产科主任医师)、黄伟青(广附一医务科科长)、赵凯(广附一医务科主管)鉴定分析详细,充分考虑事实经过、临床医生决策过程。临床过程中,第一产程医生处置符合医疗常规。第二产程中,最佳救治时机延误导致不良后果,主要原因出在医患沟通。

临床中沟通时机的选择尤为重要,如能提前准备,将促进沟通,增加医患信任。半小时的沟通虽不长,但在产程异常时进行则延误了最佳抢救时机。本案中,产妇从入院到自然临产这段时间,足够医生或护士对其进行健康教育,就分娩过程中可能出现的情况及应对方案进行详细解释,以便在出现特殊情况时,患方能够根据医生指引及时做出正确选择。目前大部分产科均设孕妇学校,具有有效宣讲的条件。医务人员难免由于医患信任缺失而出现保守心态,但在关键时刻,医务人员应当按照诊疗常规,果断决策、积极引导。即使出现不良后果,也能避免承担主要责任风险。

律师意见

李立　判决综合分析医疗事故技术鉴定意见和司法过错鉴定意见,给出了最终责任比例。鉴定和判决虽都指出医患沟通存在问题,但准确性还不够。实质是如何依法处理紧急救治问题。面对这样的问题,患方签署知情同意书并不是必需的。《侵权责任法》规定医生对此情形下的医患沟通有严格、法定的义务。胎儿生命危急时刻才与患者沟通,片面强调等待签字,医学上耽误了抢救最佳时机,法律上又存在做法不当问题。

医院如果在第一产程开始前就与患者全面、充分地沟通,或者遇到紧急情况时有合适的处理方式,就不会耽误救治时间和时机。医院对病情发展预测不准、对说明告知义务的理解不足,没有全面尽到法定义务,需要后续不断提升,值得同辈借鉴。

法官意见

官健 “手术必要性”包括手术目的、手术指征、手术时机以及不接受手术可能面临的不良后果。这些内容都是患者在决定是否接受手术前须掌握的重要信息,属于医方告知说明的主要内容之一。

临床实践中,医患双方术前谈话时可能会遇到三种情况:①患方在了解相关情况后签字同意手术;②患方明确不接受手术;③患方犹豫不决,不明确表态。第一种情况最常见,此时医方应重点告知手术风险。对于后两种情况,告知内容应重点强调手术必要性。医方须向患方明确说明“不接受手术或不及时手术的后果”,让患方基于充分、准确的预判做出更理智的决定。

本案中,医方除告知患方手术风险外,应着重说明不及时手术尽快终止妊娠可能出现的不良后果。但医方说明告知不足,加上患方犹豫不决,双方的因素延误了阴道助产术的进行。

两级法院根据两次鉴定的意见,判决医方承担22.5%的责任,比例适当,结果合理。

本案启示
以医法结合的思维和方式进行沟通是临床活动新常态

广东省医学会医事法学分会　法治广东研究中心　宋儒亮主任

法治医事环境下，医生执业要注重医法的有机结合。针对人的“病”，要按照医学规律、原理、原则和规范行事，这基于客观的医学专业知识和经验；针对病的“人”，要依据法律规律、原理、原则和规则活动，对此最具可操作性指引、最常用的就是《侵权责任法》所称的“诊疗规范”、《执业医师法》所称的“技术操作规范”和《医疗事故处理条例》所称的“诊疗护理法规、常规”等。以上两方面有机统一，以医法结合的思维进行沟通，以医事活动能够获得肯定、医事法律能够通过审查的方式进行活动，是法治中国建设中临床活动的新常态。以妇产科为例，沟通好下列问题，能有效防范风险、防止危险。

懂得区别三种不同法律属性的手术

根据《执业医师法》、《医疗机构管理条例》等规定，手术有三类：常规类，手术选择可快可慢，须签署知情同意书；紧急类，耽误时间则危及患者生命，可签可不签;实验性手术,虽有理论,但究竟科学、正确与否最终要依靠实验判断,须“真签”。区别三类不同手术特点是审查告知说明是否正当、合法的关键,但非全部。手术定性之后、实施前还须满足《医疗技术临床应用管理办法》有关手术分级规定。

明白患方在知情同意上的差异

对于常规类手术,最能体现医方已履行说明告知义务的是患方签署知情同意书;对于紧急类手术,患方签署知情同意书与否并非关键,医患双方在“签”与“不签”上存在博弈,判断关键在于最终诊疗效果。对于实验性手术,最体现医方已履行说明告知义务的是在患方签订的知情同意书注明了“实验性临床医疗”,且不能用“新技术”、“新疗法”等偷换概念。

三种手术性质迥异,履行说明告知难度不等,法律后果和意义更是不同。

清楚风险与危险之利弊权衡

《侵权责任法》第56条规定:“因抢救生命垂危的患者等紧急情况,不能取得患者或者其近亲属意见的,经医疗机构负责人或者授权的负责人批准,可以立即实施相应的医疗措施。”这其中,“可以立即实施相应的医疗措施”就是风险点,处理好,医术展现、法律认可,化解风险;处理不好,医术难行,违反法律,凸显风险。

把握风险需采取医法结合的思维和方式。首先,生命权高于健康权,为了救命,允许器官损伤等。其次,生命健康权高于财产权。再次,患方意见不是处理“紧急情况”的先决条件。医学上,救治与否最主要取决于诊疗科学性;法律上,救治与否最主要取决于“医疗机构负责人或者授权负责人”的判断。验证能否免责要同时考虑“医”(如医疗措施实施、疗效等)与“法”(如履行告知说明、知情同意表述等)。最后,在救治与否的权衡中,如决定不救治,医方只会面临“风险”,此时患者面临“危险”。如决定救治,医方将面临额外的“危险”,如抗辩不利后果、承担举证责任、败诉等。从这个角度,宽容看待医方、依法审查医案,是各界对医事损害赔偿纠纷处置应抱有的科学心态。

降压过度是否为高血压患者死亡原因：两份鉴定意见，听谁的？

广东省医学会医事法学分会

陈伟　宋儒亮　范海媚　朱日魁　刘玉莹　黄焰　杜作义　余怀生　刘芳　王文倩

病例简介

2011年1月26日21:50，患者因“咳嗽、咽痒3天”入A院急诊，查血常规示：白细胞（WBC）11.6×109/L；中性粒细胞（N）94%。诊断上感，予头孢匹胺抗感染治疗。

2011年1月27日，患者因心悸气短再次入急诊，查心电图示：窦性心动过速；左室肥大伴继发性ST－T改变。转至心内科门诊，查体：心率120次/分；心律齐；主动脉瓣区第二心音增强；血压220/150mmHg。诊断：高血压；高血压急症。建议住院进一步诊治，患者拒绝，予口服降压药治疗，转至急诊，予静滴硝酸甘油治疗。13:50，患者血压210/140mmHg，改用盐酸乌拉地尔治疗。17:09，患者血压179/129mmHg。18:08，血压170/110mmHg，予苯磺酸氨氯地平片口服。21:00，查头颅CT示多发性脑梗塞。

2011年1月28日3:35，患者血压133/96mmHg，继予盐酸乌拉地尔治疗。9:22，患者住入心血管内科，初步诊断：高血压病因待查；肺部感染？多发性脑梗塞。急查WBC8.3×109/L，N91.1%，肌酐（Cr）288.8umol/L，入院后予降压、补钾、抗感染等治疗。22:00，患者神志模糊、胡言乱语、多汗、血压106/78mmHg、血氧饱和度91%、双侧瞳孔等大等圆且对光反射灵敏、两肺呼吸音稍粗、右肺可闻及少许低调干音、测血糖示14 mmol/L。神经内科会诊，予抗凝、醒脑等治疗和心率、血压、呼吸及血氧饱和度监测。

2011年1月29日晨，患者呼之不应，心电监护示：心率80次/分、呼吸

30次/分、血氧饱和度约80%、血压80～100/50～70mmHg、血气分析示氧分压59mmHg，请呼吸内科、神经内科、重症监护病房（ICU）会诊，行气管插管、呼吸机辅助呼吸及升压、扩容、抗感染等治疗。当日血生化报告示：谷丙转氨酶2989.8U/L；谷草转氨酶5343.6U/L；Cr479.3umol/L。患者仍昏迷，转入老年科ICU病区继续诊治。

2011年2月13日19:47，患者多脏器功能衰竭，经治无效，死亡，未行尸检。患者死亡后，甲（患者之子）、乙（父）、丙（母）向人民法院提起医疗损害责任赔偿诉讼。

鉴定意见

表一　某市医学会鉴定意见

患者血压显著升高，医方降压药物使用符合治疗原则，但收住入院后对患者综合病情认识不足、降压控制标准偏低，在患者出现意识障碍、血氧饱和度低后的处理措施欠积极，病情观察不全面，存在医疗过错。

患者昏迷系脑缺氧缺血及代谢因素所致，与低氧血症、肝肾功能损伤、脑灌注不足等有关。患者入院前存在高血压病、肺部感染、多发性脑梗塞、肝肾功能损伤等疾病，自身病情复杂、进展迅速，是导致其最终多脏器功能衰竭、死亡的根本因素。

综上所述，医方存在医疗过错行为，医疗过错行为是患者死亡后果的轻微因素。

表二　某省医学会鉴定意见

医方诊疗过程中存在过错行为：①在26日、27日两次急诊中未对“上感”患者检查记录生命体征；②根据血常规结果诊断“上感”，一次性应用抗生素，无延续性处理，不符合规范；③患者高血压急症入院，据《内科学》第七版(2008年,人民卫生出版社)第262页,“高血压急症短时间内血压急剧下降,有可能使重要器官的血流灌注明显减少,应采取逐步控制性降压,即开始24小时内将血压降低20%～25%,48小时内血压不低于160/100mmHg”,医方降压过快可能导致多脏器损害;④收住院后患者病情急转直下,医方未及时报病重(病危);⑤护理记录与监测记录有出入,如同一时间点,记载不同血压值;⑥医方对病情危重性认识不足,会诊内容空洞,未提出得力措施;⑦对于死因不明病例,没有书面建议尸检。

该病例仍存较多疑难复杂之处:①快速降压,脑动脉供血不足,由于近心端和远心端供血差异,会导致分水岭梗塞,但该患者头颅计算机断层扫描(CT)未发现典型分水岭样梗塞,且复查CT结果显梗塞病情并未进展;②患者既往病史不详,入院时心电图提示左室肥大继发ST－T改变,28日Cr 288umol/L(27日生化检查资料缺失)说明患者原有靶器官损害,但随后肝功能损害如此迅速,不可单纯用降压导致灌注不足来解释;③因缺少更详细资料,基于当时当地医疗水平,无法确定是否存在其他未知感染源。

综上,医方在治疗过程中疏于观察,血压调整过快引起重要器官损害;早期对感染重视不足,未能及时调整治疗方案。医方过错行为与患者死亡存在一定因果关系,其原因力大小为同等因素。

一审各方主张及判决

原告(患方)意见

请求判决:A院赔偿总损失(包括医疗费、死亡赔偿金和精神损害抚慰金等)的70%并承担本案诉讼费用。

鉴定意见

经原告申请,一审法院委托某市医学会对本案进行医疗损害鉴定

（见表一）。

原告不服，申请重新鉴定。一审法院委托某省医学会进行医疗损害鉴定（见表二）。

后双方就某省医学会的医疗损害鉴定书提出疑问，要求鉴定人书面答复。某省医学会复函：鉴定确认医方降压过快引起重要器官损害；降压过快导致重要器官损害与患者死亡有关；本病例属于疑难复杂病例，加上患者原有肝肾功能损害，专家酌定原因力大小为同等因素。

被告（A院）答辩

医院不应当完全承担赔偿责任。患者基础疾病属重要因素，医方原因力比例不超过50%。甲、乙、丙主张的精神损害抚慰金10万元过高。

一审判决

一审法院认为，本案为医疗损害责任纠纷，医疗损害赔偿责任的构成要件为医疗过失、损害后果和两者的因果关系。A院诊疗过程存在过错，与损害后果之间存在因果关系，但该病例属于疑难复杂病例。本案的侵权责任比例应综合过错与原因力因素加以考量，酌定医方对患者的损害后果应承担50%的赔偿责任。

考虑到医方的过失性质和程度以及患方的精神痛苦，酌定精神抚慰金为25,000元。对于患方的其他诉讼请求，不予支持。

依据《中华人民共和国侵权责任法》第五十四条、《最高人民法院关于审理人身损害赔偿案件适用法律若干问题的解释》第二十七条至第二十九条规定，《最高人民法院关于确定民事侵权精神损害赔偿责任若干问题的解释》第十条之规定，一审法院判决如下：①A医院自本判决生效之日起十日内赔偿甲、乙、丙399,428.58元；②驳回甲、乙、丙的其他诉讼请求。

二审各方主张及判决

一审判决后，A 院不服，提起上诉。

上诉人

请求撤销原审判决，依法改判，并由被上诉人承担本案诉讼费用。

1. 一审法院判决所依据的鉴定结论不具有合法性：①一审法院在被上诉人未提供合理理由情况下，在某市医学会依法鉴定、出具医疗损害鉴定书之后又委托某省医学会进行鉴定，不符合法律规定；②某省医学会出具医疗损害鉴定书后，上诉人质询，某省医学会未经合议，直接作出“三句话”的草率意见；③某省医学会鉴定人未能出庭接受质询，侵犯上诉人的诉讼权利；④一审法院采信某省医学会医疗损害鉴定结论、否定某市医学会医疗损害鉴定结论，但未就此作出评价。本案应采信某市医学会鉴定意见。

2. 一审法院未能查明案件事实：①针对某省医学会医疗损害鉴定结论，上诉人提出 10 项质询意见，某省医学会未能作出合理解释；②1 月 28 日病程记录患者血压为 105/70mmHg，内科护理记录血压为 106/78mmHg，两份记录是医护人员分别测量的即时血压，并作出合理解释，一审法院直接推定上诉人存在过错没有事实依据；③该案发生在 2011 年，某省医学会的鉴定依据是《内科学》第七版（2008 年），而本案应当适用《中国高血压防治指南 2010》的规定；④某省医学会未就因果关系详细说明，而直接作出“存在一定因果关系”、“原因力大小为同等因素”的结论，既相互矛盾又缺乏依据。

被上诉人

1. 某省高级人民法院规定，一审法院如果认为确须重新鉴定，可委托某省医学会鉴定。如果鉴定专家确实无法到庭接受质询，可出具书面意见。某省医学会书面答复内容清楚。一审法院采纳某省医学会鉴定结论，是综合所有证据材料以及两级医学会鉴定报告依法作出判断，符合规定。

2. 医院病历明显造假，导致相关事实至今无法查明，依据侵权法规定，应直接认定医疗机构存在医疗过错，并承担赔偿责任。

3. 省医学会鉴定依据的是《内科学》第七版教科书，本案发生时各大医院正在使用此版，按照证据规则，教科书可以直接作为证据认定。请求二审法院依法驳回上诉，维持原判。

二审判决

二审中，鉴定专家出庭接受了详细质询。

二审的争议焦点是某省医学会的鉴定意见是否应当予以采信，原审法院对赔偿责任比例的认定是否准确。医疗机构承担侵权赔偿责任的要件是其医疗行为存在过失且过失医疗行为与患者的损害后果之间有因果关系。在确认医方的医疗过失与患方的损害后果之间存在因果关系的情况下，再依据医疗过失原因力的大小来确定医方承担赔偿责任的比例。

某市及某省两级医学会均指出患者死亡与其自身存在多脏器功能损伤有关。同时医方对患者综合病情认识不足，未能及时调整治疗方案，与患者死亡有一定因果关系。两级医学会均认为医方降压控制存在过错，某省医学会认为根据《内科学》认定医方存在降压过快的过错，上诉人认为适用的是《中国高血压防治指南2010》并据此要求重新鉴定，本院认为《内科学》、《中国高血压防治指南2010》本身在高血压防治上并不矛盾。两级医学会均认为医方降压控制过错与患者死亡有因果关系，一审法院判决并无不当。上诉人主张按某市医学会鉴定意见承担相应责任同时要求重新鉴定依据不足，本院不予采信。

综上，原审判决认定事实清楚，适用法律正确，应予维持。上诉人A院的上诉请求不能成立，本院不予支持。依照《中华人民共和国民事诉讼法》第一百七十条第一款第（一）项之规定，判决如下：驳回上诉，维持原判；二审案件受理费3502.8元，由上诉人A医院负担。

各方意见

医方代表

黄焰（神经内科主任医师）在不了解患者基础血压、不清楚患者是否存在颅内外大动脉有无重度狭窄的情况下，降压措施欠合理。例如，即使使用静滴硝酸甘油快速降压，应进行心电监测。在脑血管储备能力低、侧支循环开放程度较差情况下过度、快速降压必定会导致脑低灌注，并可能引发低灌注性脑梗死。之后该患者出现意识障碍，考虑与脑低灌注有关。患者相关基础疾病为主要原因，医方承担次要责任较为合适。

杜作义（心血管内科主任医师）死亡的直接原因和诱发因素与治疗方案的关系是本案关键。CT发现多发性脑梗死24小时后、血压降至正常范围内18小时后，患者出现神志障碍，复查CT脑梗死未见明显进展，提示患者降压治疗至正常范围未加剧脑梗死，降压治疗速度或许不是神志障碍的直接原因。某省医学会“降压过快引起重要器官损伤”的结论有待商榷。医方承担次要责任较为合适。

刘玉莹（医教部）病历显示短时间超幅度降压，且在患者头晕、提示已不能耐受当前低血压时，医生视而不见，更未严密监测血压血氧；直到患者命悬一线，依然“会诊内容空洞”。医方没有履行尸检告知义务，造成举证不能，也应承担相应责任。由此可见，本案中医务人员要承担较大责任比例。

律师意见

余怀生、刘芳　医疗纠纷案件几乎“逢判必鉴”。如何使用两次不同鉴定意见乃司法选择。一审让鉴定人就质疑出具书面答复，二审让鉴定人出庭接受质询，方式法定，效果可取。要提高鉴定人出庭比例，强化庭审质证，通过质询鉴定人化解疑点鉴定意见；要提升法院的审判能力，增大医事纠纷专业人员在人民陪审员中的分量，建议法院设立医事专家库，依靠但不依赖鉴定意见，从而实现公平正义。

法官意见

官健　医疗损害鉴定是医疗纠纷案件审理中最关键的证据。鉴定最终能否被接受取决于“专业”和“公正”两点。鉴定又被称为“科学证据”，唯有“专业”才是“科学”的保证。高水平临床专家是无可争议的“专业”鉴定人。法医不从事临床工作，不符合“专业”要求。临床专家间接鉴定，法医组织归纳，不符合“专业”鉴定人直接鉴定要求。由于目前医疗损害鉴定顶层立法未出台，对于鉴定机构资格、鉴定人资格、鉴定程序要求缺少法律规制，医疗损害鉴定的实践可谓乱象纷呈：医学会大量优秀鉴定专家资源闲置；法医鉴定水平低、工作量大，严重影响审判公正与效率。笔者呼吁医学会鉴定机构和鉴定专家们尽快担负起鉴定职责，同时打破行业保护与地方保护，保证鉴定意见的公正、客观。也希望法院能多采取质询、鉴定人出庭、专家辅助人等方式，提高鉴定审查质量，树立起专业鉴定的权威。正如本案中省医学会意见，医疗过错依据充分，疑难复杂之处分析详尽，责任评价客观中肯，鉴定人出庭接受质询并认真解答当事人的疑问，因此获得法院采信。

本案启示

加快建立以诊疗规范为核心的医事法律规范依据体系

广东省医学会医事法学分会　法治广东研究中心　宋儒亮主任

医方再次上诉的核心观点之一就是该省医学会医疗事故技术鉴定依据《内科学》第七版（2008 年）而不是《中国高血压防治指南 2010》。究竟二者统一还是矛盾，本案并没有展开论述，但却由此提出了长期普遍存在却未被认真对待的问题：在医疗实践中面临规范、常规、指南、原则、共识等法律规范依据体系的差异和冲突时，医疗实践中应如何取舍、司法上应如何适用、社会应如何评价。

为此，当前应给予至少三方面的考虑。

定性、定位上要有明确的态度和导向

“学术的归学术，纠纷的归纠纷”。学术可以有争论，纠纷处理必须要有依据。

就目前法律体系而言，“诊疗规范”因由《侵权责任法》明确，法律位阶最高，其他如指南、原则、共识等规范依据来源于行政法规、规章，或出自规范性文件。因此，当前应以《侵权责任法》为导向，加快制定以“诊疗规范”为中心，以指南、原则、共识等为有机组成部分的法律依据体系，建立起相互间定性定位、位序排列、适用选择、冲突调整化解的机制和途径，实现医事法制。这主要基于以下考虑。

首先，法律已赋予了“诊疗规范”三大作用：①判断医方有无过错；②判断医方能否免责；③判断检查有无必要。

同时，法规规章也早已就医师开具处方、医疗事故认定等赋予了常规规范以法律效力。

需要说明的是,《侵权责任法》并未就“诊疗规范”如何制定给出诸如制定主体、标准和路径等的立法规定。但已有的立法资源、条件和需求充分表明:建立起以“诊疗规范”为中心、能体现有序有位的医事规矩体系的条件已经成熟。出台“诊疗规范”也意味着医事活动纳入法制化治理进程之中。“诊疗规范”应成为依法行医的依据而不只是学术交流的凭据。不应再出现诸如“不是判断依据”、“仅供参考”、“结合各地实践选择适用”等用语。不仅如此,面对易与“诊疗规范”混淆冲突的诸如路径、指南、共识等文件,也应当通过立法从源头上明确界定、区分和排序。

使用、适用已有的法律调整机制

制定以“诊疗规范”为中心的医事法律规范体系需要一定时间。当“诊疗规范”与国内外指南、原则、共识存在冲突,由此出现医事风险时,可先引导行业从“先”、“中”、“后”三个方面积极应对。

1.“先”:接受法律已认定不承担赔偿责任之情形。《侵权责任法》第60条规定了3种法定免责事由,属于国家认可。

2.“中”:懂得用行政法规规定事由进行法定抗辩。《医事事故处理条例》第33条明确规定了6种抗辩事由,属于同行评价。

3.“后”:能过诉讼层面之举证责任倒置关。《最高人民法院关于民事诉讼证据的若干规定》第4条第1款第8项规定:“因医事行为引起的侵权诉讼,由医事机构就医事行为与损害结果之间不存在因果关系及不存在医事过错承担举证责任。”司法解释此规定属于程序性规定。

一旦存在诊疗护理争议,要学会从以上情形中找到应对之策,防范医事安全事件发生。

多行法治思维和法治思考,通过修、改、立与废,依法推进

然而至今为止,“诊疗规范”制定仍存在主体不明确、适用范围不明、内

容语焉不详等问题，也常陷入与其他规范依据体系的冲突，且实践中也难成化解争议的依据。

如本案《内科学》第七版(2008 年)与《中国高血压防治指南 2010》之鉴定依据之争就提出这样的疑问：它们是“诊疗规范”吗？谁有权及如何判断？冲突分歧能行法律救济渠道吗？

显然，面对困惑，二审并未直接回答，也难以直接回答。

为此，需要特别注意两类问题：

1. 不同规范依据之间的体系冲突问题。围绕规范、常规、指南、原则、共识等内容也已经存在不同依据体系，它们彼此之间一旦调控、规制不好，无疑为医疗滥用提供了便利，究其根源是混淆了医学和法学的差异，以学术观点替代法律观点。

2. 避免单纯以医学思维和方式看待以“诊疗规范”为中心的规矩依据体系的倾向。须明确和接受诊疗规范具有医学和法律的双重意义的导向。

占位病变手术引发诉讼之争：患方误解还是医方误治？

广东省医学会医事法学分会

黄伟青　宋儒亮　岑钧华　赵凯　赖永洪　李强　王文倩　刘芳

病例简介

2001年7月起，患者餐后出现腹痛、呕吐、持续性胀痛、高热、全身皮肤发黄、眼黄、尿黄等症状。

2002年1月22日，患者急诊入A医院治疗。

2002年2月5日，患者行肠镜检查，病理诊断：腺瘤性息肉伴轻度不典型性增生。经治疗好转后出院。

2002年2月26日，患者入B医院，磁共振（MR）检查报告显示：胆总管出口结石（1.5cm），并肝内外胆道扩张；胆囊颈小结石。

2002年3月4日，患者再次入A医院。经超声波、计算机体层摄影（CT）等检查后考虑为胆管癌。

2002年3月9日、11日，患者家属签署《麻醉同意书》和《手术同意书》。手术同意书中，术前诊断中无"胰头占位性病变"；拟行手术方式为"胆囊切除、胆总管探查、胆肠吻合术，备胰十二指肠切除术"；可能的并发症及危险告知包括"若术中诊断为胰十二指肠占位，需行胰十二指肠切除术"。手术顺利取出胆总管结石，切除胰十二指肠等。手术记录记载：胆总管胰腺段触及一(1×1)cm大小占位性病变，质硬，胰头呈浸润性炎症改变；探查胆总管胰腺段见管腔呈增生性闭塞，决定行胰十二指肠切除术。病理检查报告单记载：胆总管壁纤维增生；黏膜上皮增生；慢性炎细胞浸润；胰腺间质有灶性炎细胞浸润；未见肿瘤。

2002年4月6日，患者出院。出院诊断为：梗阻性黄疸；继发性胆总管结石；慢性胰腺炎并胆总管胰腺段纤维增生；慢性胃炎；直肠癌术后。

最终患者以A医院误诊构成医疗事故为由向一审法院提起了诉讼。

鉴定意见

医疗事故技术鉴定

某市医学会医疗事故鉴定书的分析意见认为：患者反复腹痛、眼黄、尿黄10个月，行各种检查后怀疑为胆总管下段阻塞、胆管癌待排除，故具有手术明确指征；术中发现胆总管下段闭塞，不排除癌症可能，行胰十二指肠切除术理由充分；手术操作符合常规，围手术期处理得当，无违规操作；术后患者康复顺利，未出现并发症，创口Ⅰ期愈合。

经讨论合议认为：医方与患者家属在术前、术中存在沟通不足问题，但本案例不属于医疗事故。

一审各方主张及判决

原告(患者)意见

认为A医院误诊构成医疗事故，提请进行医疗事故技术鉴定，并要求被告承担相应的赔偿责任。

一审法院判决

据病历记录，A医院基于患者症状以及各项检查结果，认为患者胆总管下段阻塞，怀疑而非确定患者罹患胆管癌。A医院在患者具有合乎医疗规范的手术指征情况下决定实施手术，而非如患者所述，是因为认定患者罹患胆管癌而决定实施手术。

患者首次入A医院治疗的病理检查显示患者结肠息肉为轻度不典型性增生,加上患者具有直肠癌病史,因此A医院考虑患者可能患胆管癌并非轻率观点。

手术记录显示胰头部硬结位置较深,是否恶性须经病理检验。如该结节为恶性,穿刺会造成扩散,这具备相关医学理论支持,因此A医院当时决定实施胰十二指肠切除术是负责任的医疗行为。故对某市医学会作出的《医疗事故技术鉴定书》予以采信。患者诉讼请求不符合《中华人民共和国民法通则》第一百零六条第二款之规定。

一审法院判决:驳回患者诉讼请求;患者负担本案3500元鉴定费与100元受理费。

二审各方主张及判决

一审判决后,原告不服,向二审法院提起上诉。

上诉人(患者)

A医院在术前诊断患者为胰头占位性病变缺乏依据,患者在B医院的MR检查中诊断为胆总管结石,并无胰头病变。

手术同意书中,术前诊断中亦无胰头占位性病变,A医院并未向患者讲明要做胰十二指肠切除术,其配偶签署手术同意书时亦无该项,故A医院侵犯了患方知情权。

术后病理检查结果证实,患者无胰头部癌变、胰腺炎或胰腺纤维增生。故A医院误诊导致手术错误,将患者部分器官切除,对患者身体造成严重损害。据《医疗事故处理条例》有关规定,A医院应承担损害赔偿责任。

据此请求:撤销原审判决;依法改判。

被上诉人(A 医院)

不同意患者上诉请求,同意原审判决。

A 医院对患者的诊治符合医疗常规,为患者做胰十二指肠切除术正确,是对患者负责任的医疗行为。请求二审法院驳回患者上诉请求。

二审法院判决

本案争议焦点在于 A 医院诊疗护理是否存在过失及是否已尽到告知说明义务。

诊断方面

患者举出 B 医院 MR 检查结果,以证明其术前并无占位性病变,但未证明在治疗期间曾向 A 医院出示此检查结果,使 A 医院在术前知晓这一结果。

A 医院诊断患者为胆总管胰头占位性病变,符合医学规范、常规。虽术后病理结果未见肿瘤,但并不能据此认为 A 医院诊断存在过失,因为“占位”并非专指恶性肿瘤,也可以是良性病变,包括良性增生及炎性包块。

治疗方面

文献记载,胰头占位的性质有时在术前、术中均难以确定。

其他部位的肿物通常可先取少量组织采用术中快速冰冻切片确定其性质,再决定手术方式。胰头部比较特殊,若行术中快速冰冻切片,结果不一定准确且可能带来较严重副损伤,故 A 医院直接选择胰十二指肠切除术不违反诊疗常规,亦不能以术后病理未发现恶性肿瘤为由认为 A 医院决策错误。

医学具有很强未知性、探索性和经验性,所采用的诊疗方法难免具有一定程度侵入性和损害性。

A 医院根据患者病史、症状、体征和影像学检查结果,在高度怀疑患者胰头部位占位结节为恶性病变情况下,为最大限度地避免肿瘤遗漏和解除症状而实施手术，指征明确、依据充分，虽造成患者器官损伤，但“两害相权取其轻，两利相权取其重”是面临两难问题时的理智选择。

告知说明义务方面

虽A医院在手术同意书中已说明“若术中诊断为胰十二指肠占位，需行胰十二指肠切除术”，但术前诊断中未列出胰头占位性病变一项，亦未向患方说明“占位”的复杂含义——并非专指恶性肿瘤，也包括良性肿瘤、炎性包块等，导致患方误以为术中确诊为癌变而行胰十二指肠切除术。胰十二指肠切除术手术范围广、切除器官多、手术风险大，A医院应向患者重点说明备胰十二指肠切除术的理由、术中可能影响手术决定的不同情况以及该手术风险和影响，包括即使术前及术中均高度怀疑癌变，但术后病理结果却为良性病变的可能性。

然而，手术同意书内容显然未达“充分告知”的要求。A医院亦未举证证明在术中及时将探查情况告知患者家属，以便家属作出知情决定，故认为A医院未尽告知说明义务，侵犯了患者的知情权和选择权。

某市医学会医疗事故鉴定程序合法，分析意见与本院所查明的事实相符，本院予以采信。患者在二审程序中要求重新鉴定，但在一审程序中，其明确表示不申请重新鉴定，故对其在二审程序中申请重新鉴定，本院不予准许。

由于A医院在告知说明方面的过失，使患者失去了做出知情决定的机会，降低了避免进行胰十二指肠切除术的可能性，增加了患者经济负担与精神痛苦。

但A医院在诊疗方面并无过失，患者术后恢复良好，术中切除部分器官对患者日常生活实际影响不大，且术后病理结果也为其明确了诊断，排除了肿瘤。

若将医疗风险所致后果过多归咎于医疗机构，会打击医方积极性，让医生在面对医疗风险时选择保护自身利益而非对疾病最适当的治疗策略，也会限制新技术、新疗法在临床医学中的运用。

综上所述,患者上诉请求部分成立,本院予以支持。A 医院于本判决生效之日起五日内,一次性赔偿患者 15,000 元。一、二审案件受理费各 100 元,均由 A 医院负担。医疗事故鉴定费由患者负担。

各方意见

医方代表

岑钧华(肝胆外科主任医师)、黄伟青(医务科)、赵凯(医务科)

从事外科临床须严格把握手术适应证。要从搜集病史、体格检查、血生化和特殊检查(尤其是影像检查)中,得到尽可能明确的诊断,具备手术适应证再制定手术方案。本案例中术前诊断不够严谨:胆总管胰头段占位性病变的诊断只是根据超声和计算机体层摄影(CT),且与外院的磁共振(MR)结果有出入。该情况下更须慎重判断是否存在肿瘤,因为这牵涉到手术的复杂程度、患者的创伤大小以及是否过度医疗。可再行磁共振胰胆管造影(MRCP)查看胆管阻塞程度;也可再行超声内镜,甚至通过内镜作胰头占位的穿刺活检;还可行正电子发射 CT(PET/CT)确认胰头占位是否存在及其性质。这些可为术前诊断提供更充分证据,从而帮助制定更完善的手术方案。

手术同意书显示患方未达充分告知说明的要求,使患者家属在没有充分了解病情的情况下作出选择。

律师代表

李强、刘芳　医疗机构与医务人员无一不知告知说明义务,但是由此引发的纠纷却不止。医方须注意调整的包括:①医学临床学习中,法律风险教育仍有缺失,统编教材、自编教材、临床诊疗规范、专业论著等均少见系统论述,这在今后的教材改版中必须补上;②告知说明过于简单和程式化,目前不少医疗机构都只是提供格式化的术前谈话/风险告知说明签字同意书,忽略了个体差异;③告知说明是双向的行为和活动,仅医方向患方告知是不够的,需医患双向的交流沟通;④医方对不可预见性因素的防范处置水平有待提高,例如就术中突发的情况与患方的沟通。

法官代表

官健　患者术前诊断为肝内外胆管结石、胰头占位性病变,可疑胆管癌。"占位"是临床上较为常用的诊断术语,往往指在人体内脏中发现的异常存在、原因不明、性质不清、占据一定空间的物体,有待进一步查明原因、明确性质。"占位"的性质通常要通过病理检查而最终得到明确。有些"占位"可以通过术前穿刺取活检做病理明确诊断,有些需要在术中取活检做快速冰冻切片明确性质。但胰头部位比较特殊,即便在术中取活检做冰冻切片,其结果也可能不够准确,而且副损伤较大,往往得不偿失。故临床上比较通行的做法是,在术中探查明确胰头占位、不能排除恶性肿瘤的情况下,直接做胰十二指肠根治手术。本案中,医方采用的正是这一做法,经医学会鉴定,手术本身并不存在过失。但医方在术前应将这一情况向患者充分说明。然而,在手术同意书中,医院在术前诊断一项中并未写明"胰头占位性病变、可疑胆管癌",仅在手术方式一栏中写了"备胰十二指肠切除术"及手术风险一栏中写了"若术中诊断为胰十二指肠占位,需行胰十二指肠切除术",并且未向患方解释说明"占位"这一专业术语,让患方误解为确诊为癌症,从而同意手术。医方还应向患方说明胰十二指肠切除术的手术风险,切除范围,对住院时间、治疗费用、日后生活的影响,以及切除后病理检查未发现癌的可能性。显然,医方是否告知上述内容将决定患者是否能在充分知情的基础上行使选择权。故医方侵犯了患者的知情同意权。

本案启示
医学上做得对、法律上守得对，才算依法行医

广东省医学会医事法学分会　法治广东研究中心　宋儒亮主任

医方为何要对患者进行说明告知？

这个问题的答案既清楚简单，又模糊复杂。一方面，该问题已得到伦理、人文、法律等各方面的清楚解释和成文规定，临床上只管执行即可。另一方面，医务工作者却又时常困惑：全面、深入地说明告知究竟对患者治疗本身有何益处？

困惑常常通过具有争议性的案件来体现，其引导可通过多角度进行，而最一针见血的就是：若未事先进行说明告知，而诊疗中出现问题，又当如何处理？显然，之所以要求医方依法行医，就是承认了以下这一无奈的事实：专业性很强的医学活动也会遇到情况不明、无法保证治疗效果的疾病，与其事后难以给患方一个合理的解释和交代，不如事先全面、如实地说明告知。以医方事先的“说明”回应患方事后可能的“说法”，医学上无法确定的却先从法律上确定，就是面对无奈状况的无奈选择。权衡利弊、维护医患双方权

益的最大公约数就是法律,最大共识就是法治之道。遵守法律、以法说事,是无奈选择的底线。若疾病情况清晰、可保证治疗效果,说明告知就不见得如此实际而重要了。

因此,说明告知不只是医方的义务,也是对医方的保护。面对疾病,医方须追问自己:能否理清该疾病的来龙去脉,处理能否有效恰当?答案若是存疑的、否定的,就要事先进行如实、清楚、全面、深入的说明告知。若患方对此能够理解和认同,之后的沟通就能愉快、顺利、有序的进行。

医方为何要按法对患者进行说明告知?

疾病诊疗护理活动涉及各项复杂事宜、内容和环节等。说明告知并不是治疗方法,说明告知之后,疾病既不会自然好转,责任也不一定能免。在现实中,未说明告知也不一定承担了责任。

那么该如何分辨、拿捏说明告知的内容与程度?回答这个问题有三类不同的标准:情、理和法。正确的做法必须守住最明确直接的底线,即“法”。除了依法进行之外,没有万全之策。

医生按法进行说明告知的边界在哪儿?

当医方行为正确,但患方不接受、不满意时,就须从第三方角度,找到共同的底线,才具有评价和指导意义。

按法说明告知就是这个底线,就是医患双方沟通的边界。按法进行说明告知也是最有情、有理之举。患者千差万别,理与情的接受能力往往大相径庭,对诊疗的评价也五花八门。诚然,法之上、之外还有情、理,依情行医、依理行医或许在某些方面优于依法行医,却定有一难解之问:讲情讲理,难免挂一漏万、难让人人认可、难为第三方把握。

除了“法、法制、法治”之外,再无让各方满意的共同、共识方式。依法行医并不完美,也并不为人人所理解、认可、接受和遵守,但却是平衡行医之底线。

法律上的“正确”有别于医学上的“正确”。从法律角度,医方对患者的说明告知事项大致可分为三大类。第一类是法律法规明确规定的“有名事项类”,包括但不限于:①病情;②医疗措施;③实施手术、特殊检查和特殊治疗;④医疗风险;⑤替代医疗方案;⑥实验性临床医疗。第二类是法律法规明确的“谨慎注意事项类”,包括但不限于:①及时解答患者咨询;②不宜向患者说明的,应当向患者的近亲属说明并取得书面同意;③注意避免对患者产生不利后果。第三类是法律法规明确规定的“开放事项类”:随着新法规出现,又存在新增说明告知事项的可能,也就是说,在沟通问题上,服务好患者并没有终点。综上所述,只要医方能充分告知说明以上事项,就是依法沟通、依法行医了。

总之,医学与法律各有领域、各有主张,彼此各自实现、有机结合、完全统一,才算是依法行医。就本案而言,医学方面医方并无过错,但患方并不认可,且通过行使法律赋予的权利,让其主张得到了法律肯定。这揭示了如下道理:医学方面行为正确,但法律上防护不恰当,并不是成功的诊疗护理。

第5章 医法新探

浅析现代医学学术交流中的困境与对策研究

陈华红　田武汉　饶　璐*

摘　要：本文通过分析医学学术交流活动的现状，指出目前医学学术交流活动中存在的无序竞争、学术发展不平衡、追求学术交流“繁荣”而出现的学术浮躁、区域学术发展不均等问题。提出：政府与学会联手加强医学学术交流的统筹安排刻不容缓；重视和促进各学科学术水平的平衡发展，科学管理，杜绝学术虚假“繁荣”现象；加强和促进城乡、区域学术交流均衡发展等措施，举办更多有创新性、实用性强的学术活动，从而促进医学学术交流活动健康发展。

关键词：医学　学术交流　困境　对策

一、现状与困境

（一）学术交流活动呈无序竞争状态

改革开放后，经济的快速发展伴随着医学学术的快速发展，为促进医疗

---

* 广东省医学会。

卫生事业的健康发展,为加快医学学术交流与国际接轨步伐,在政府倡导下,各类学会、协会纷纷成立,据统计仅广东省医疗卫生行业性质的学会、协会就有30个之多,学(协)会的过多存在已是无序,加之在有限的医疗资源范围内、因各学(协)会之间的职能无法明确而导致各学(协)会在促进学术繁荣的幌子下炒着同样的"一锅菜",又因学(协)会的发展需要导致的对社会资源的竞争,对医学学术活动盲目追求举办数量的多少来衡量学(协)会的活跃程度,从而导致学术活动的无序竞争、学术浮躁的日渐呈现。

缺乏有效的监督和管理,学术交流活动内容缺乏创新性。各类学会、协会不管成立的目的和职能,为了效益都集中搞学术。内容相同、模式相仿的同专业学术会议使整个学术交流活动出现杂乱无序现象。由于缺乏相应的学术质量监督管理机制,还常常出现同一讲者在主题类似的甚至跨年度的学术交流活动中重复使用同一讲稿,内容毫无创新性。

(二)学科发展不平衡导致学术发展不对等

政府和学术机构对不同学科的管理力度不同是导致学科发展不对等的主要原因之一。再加上社会需求及各学科自身的特点决定了学科间不同的发展方向,因专业的不同,学科间的学术交流势必不对等。以广东省医学会为例,广东省医学会现有的近百个专科分会中,如呼吸学分会、内分泌学分会、骨科学分会等,由于自身特点,发展比较快,其举办学术交流活动时无论是会议规模和档次、参会人数、邀请著名专家容易度、争取企业经费支持力度等方面大都明显优于相对薄弱的分会。医学遗传、卫生、运动等分会很难开展学术交流活动,除了专科分会牵头人的热心和奉献、组织能力外,社会的支持力度和经费的来源是否理想,也是决定其学术活跃程度的关键。

过去的很长一段时间里,医学会的一些公益性较强的学术活动,得到各级政府有关部门的支持,如医学会自身的建设项目、周三学术活动、基层讲学、基础学科的学术会议等。但近几年,由于相关政策和政府决策的调整,政府撤消或减少了上述活动相关的经费和政策支持。许多活动要靠组织者自己筹集经费,这无疑对一些发展相对薄弱学科的活动开展造成了很大影响。有的相对发达的分会学术活动的举办较为频繁,每年可举办1至2次大型的学术交流活动,而一些基础较差的分会几年也难举办一次大型的学术活动。

学科发展的不平衡,学术交流的不对等严重影响了医学学术的整体水平的提高。

(三)当前医学学术交流中的"浮躁"

医学学术交流浮躁问题的原因是多方面的:利益和效益的追求,学术管理机制部健全,学会对学术质量的把关不到位等,都导致了目前医学会的学术交流中的"浮躁"现象的产生。其在实践中主要体现在以下三个方面:一是医学专家对医学学术交流的认识不明确,目的不纯正,为追求完成任务,为追求在学术界的影响力采取的只求数量,不求质量的参与手段;二是学(协)会在管理学术交流中的认识不到位,主要表现在硬性对专科分会学术交流的任务性质,例如我会对专科分会要求每年一会一班的规定,这种规定本身为学术交流的质量打了折扣;三是学(协)会之间在学术交流中的无序竞争,你办你的会,我办我的班,数量越多越好,规模越大越好,外请专家数量越多越排场,由此而来,各学(协)会整天忙着策划会议,医院医务人员整天忙着应付会议,学(协)会在学术交流中不断从学术创新角度出新招,医院医务人员也忙应付新招。这样的学术状态严重影响医学学术交流的健康发展,也违背学术交流的本来目的。

(四)城乡、区域学术发展不平衡问题

在学术交流中,虽然学会较为重视将科学技术的普及与提高相结合,注重学术交流活动的覆盖面。但由于不同的地区,政府对学术交流的支持力度不同,人们对学术交流活动的目的和重要性认识不足,这就导致了城乡、区域间医学学术发展水平不平衡。就目前医学会的学术交流现状而言,中心城市的科技资源比较集中,医务工作者较之更加注重自身诊疗水平,更易接受到新知识和信息的传递。而许多基层医生特别是一些偏远地区的医务工作者由于受到的竞争压力相对较小,对学术交流活动的认识不足,加之地域方面的影响,信息获取及医院经费支持困难等因素。他们无法经常参与到学术交流活动中来。

以广东省为例,广东省可分为粤北、粤中、粤西、粤东、粤南几个地区。粤北包括韶关和清远,属于山地;粤东地区包括广东省的汕头、潮州、揭阳、汕尾、梅州五市;粤西地区包括广东省的湛江、茂名、阳江、肇庆、云浮等地级市;粤中地区包括广州地区,佛山地区,肇庆地区等;粤南地区包括惠州、东莞、深圳特区等。从上述城市分布不难看出,粤中、粤南、地区有着相对较高的经济水平,中心城市也多集中在此。广州市集中了广东省实力最强、全国有较大影响力的中山大学、南方医科大学、暨南大学医学院、广州中医药大学、广州医学院,仅各附属医院近 20 家有知识密集、学术氛围浓厚的优势。粤中、粤南两个地区举行的医学学术活动,医务工作者参与学术活动中的参与程度和积极性要远高于其他地区。广东省医学会的学术会议这种状况十分明显,据不完全统计,学术会议中广州市各大医院的代表占参会代表 50% 左右,粤中和粤南地区代表占 20% 左右,其余 30% 为粤东、粤西、粤北的代表。分析原因:近年学术会议的重心在创新、高端等方向的内容,而实用性不够强,也是导致基层医务人员参会较少的重要因素。

二、对策思考

(一)医学学术交流统筹、科学管理刻不容缓

医学学术交流是推动医务工作者进行经验交流、新知识、新技术传播的重要手段,学术水平问题关系到诊疗水平的高低,诊疗水平的高低关系到医疗卫生事业的发展和生存,长期以来,行业之间的学术交流基本处于无政府状态,政府在繁忙的行政工作中单纯追求疾病的预防和防治,关注药品价格的虚高,强调医疗卫生基层的发展等,但这些发展和进步首先取决于医学学术为基础,为先导,没有基础理论武装,没有医学科技工作者推崇的医学学术交流医学快速健康发展是不可能的,所以,政府应提高对医学学术家交流

的重视程度,加大对医学学术的投入。

学(协)会的职能必须依法明确(目前没有对应的法律条款),学会之间、协会间、学(协)会之间的职能相同、相似是造成医学学术交流不良竞争的另一根源,目前要规范学(协)会之间的职能虽然困难,但需要有人去呼吁。同时政府还应建立医学学术统筹、科学安排的机制,确保医学学术有序发展。学(协)会间加强自身建设,加强对医学学术的科学管理、真正把医学学术交流作为促进卫生事业发展的重要手段来管理。

(二)注重和促进各学科学术水平的平衡发展

在学术交流中,医学会应重视各学科的均衡发展,只有这样才能实现医学会提高医学学术交流的目的。广东省医学会的现有98个专科分会中,1/3的分会活跃、1/3的分会有活动、1/3的分会动不起来。我们要最大努力地争取各级政府的支持对医学会自身建设的支持,也增加对公益性较强的、相对薄弱的分会的经费支持,使98个专科分会在宽松的环境下健康地发展。

此外,学会"自救"也是一个行之有效的方式,即活跃的分会联合相关的分会联合举办学术会议,既交流了观点又达到"双赢"的目的。我会在过去的尝试中有成功的案例:呼吸病学分会与学科发展相对薄弱的结核病学分会每两年一次联合举办了学术会议,连续了5次,效果明显。会议不但从专科的角度探讨了呼吸病学的学术发展状况,也就结核病与呼吸疾病的内在联系及诊断认识进行了学术上各观点的交流和碰撞,给与会代表以深刻的印象,并学到了新的知识,提高了自己的学术和诊疗水平,其结果使两个分会在社会效益和经济效益两个方面都取得了收获。我们还可以尝试更多的相关分会强弱结合,相互交流、相互扶持,共同进步,使医学会整体术交流水平不断攀升,为广大医学科技工作者提供一流的学术交流平台。

(三)加强学科建设,杜绝学术假"繁荣"现象

医学学术交流活动应适应目前的政策要求,进行符合现实要求的学术改革,提升会议含金量即新的有争论的学术观点、新的诊疗经验、医务工作者要求的学到的知识等。

学会要对学术会议的选题、专题内容、邀请专家、讲课老师、会议规模等因素的科学评估和策划有效控制，避免为影响、为效益、为面子而仓促组织学术会议。要在保证质量的前提下有效地保障其所组织的每一次会议都有较高的学术价值，避免安排“大”文章、重复和毫无创意的“照顾性”专题发言。所以，现在首要的任务就是狠抓学术——从策划、创新、规范的几个角度入手，在专科分会中成立强有力的学术策划团队，邀请资深专家介入把关，由本届正副主任委员和上届的正副主任委员组成学术评审小组，通过学术策划组或者学术评审小组的合议，不仅可以在会前就对会议的定位、策划、选题、邀请专家、议程组合等内容进行严格的把关，更能有效地避免会议的学术组织工作流于形式的现象，杜绝毫无新意的“垃圾会”。也发挥了老专家的作用，使医学会的学术可持续地健康发展。同样，会议纪要的整理也是加强会议学术性的一个重要环节。通过对会议的总结，找出优势与不足，对会议进行有效评估，为下次会议的召开做好铺垫。

在服务中体现管理，通过协调把管理渗透到服务中，是我们工作要把握的原则。鉴于学会的性质，团结医学科技工作者，发扬学术民主，促进医学科学技术得到繁荣和发展，倡导“献身、创新、求实、协作”的科学精神是我们学会人时刻肩负的责任。在学术活动的管理和服务的过程中以学会的《章程》和各项管理规定为指导，坚持原则、尊重专家、公平公正、谦虚谨慎去协调、完成每个工作环节，就一定会得到专科分会更多的肯定和支持，学会的发展一定离不开团结、奋进的团队。

（四）促进城乡、区域间学术交流水平均衡发展

医学学术交流是传递医学信息和交流医学科学思想的重要手段，它启发学术思考，促进学科建设与发展。从医学科学发展的角度来看，一方面，知识更新，医技人员需要不断提高自己的业务素质，需要接受新信息、新知识。另一方面，从科研与临床的医学科技工作者角度来看，是一个展示自己科研成果最好的交流平台，这些都是医学学术交流的良好基础，也是医学会学术交流能长盛不衰的原因。

政府应加强对经济欠发到地区的学术交流支持力度。对一些基层医院，医学科技成果相对较少，医学学术交流活动的目的认识不足，信息传达不及时的发到地区进行扶植。为了学术交流的平衡、健康地发展，医学会学术交流必须要从“创新 + 实用”两方面去设计交流内容，比如准备一些简单、常见的临床工诊疗工作中易犯的差错、事故其处理的难点、教训、方法经验等内容，可以吸引更多的基层医务人员参会并有所收获，也会是学术交流中的一大亮点。医学会除继续进行现有的固定动作的学术宣传外，还要从信息、媒体、网络等方面加大宣传力度，转变人们对医学学术交流活动认识的观念。

可以分地区轮流办会的方法，将学术送下去，加强地区要学会与省医学会的联系，并给当地优惠政策，争取多人参会学习。

近年广东省医学会蓬勃开展的医学学术直通车的活动也是一个很好的学术交流手段，将新知识免费送到基层，让让更多的医务科技工作者受益，即维护了学会的形象又完成了学术整体发展的愿望，这个学术直通车活动得到广东省政府、省卫计委、省科协的肯定。

以上方法都围绕着“促进城乡、区域间学术交流水平均衡发展”为目的，力争缩短城乡、区域间的学术差距，使各级医学会的学术水平在本地域平衡地发展。

三、讨论

1. 医学学术交流的困境是时代的烙印，我们不会回避，只有积极面对，认真做好医学会的学术，才能更好地维护学会形象，才能让各级政府、同行们认可，才能更好地为广大医务工作者服务，才能造福于人类健康。

呼吁政府建立医学学术管理机构，应从：先有一流的医学学术→一流的医学专家→一流医院→一流的医疗卫生事业的高度来认识医学学术的重要性，如能从管理角度指定最具权威的学（协）会出面规划举办医学学术活动，同时尝试对医学学术进行分级管理，学术健康发展的步伐才能越走越宽阔。

2. 正确认识对医学学术交流统筹安排是为了尽可能促进医学学术的有序发展，这里所强调的统筹、科学是管理问题，不违背学术百家争鸣、百花齐放的思想，百家争鸣、百花齐放是指学术观点的不同问题。

3. 医学会历史悠久，专科分会齐全，管理规范，是推动医学学术发展的“领头羊”。目前各学(协)会为生存在利益的驱使下举办繁多、重复的学术活动难以避免出现浮躁之风，难以确保医学学术的质量，违背了举办医学学术活动的基本目的和要求。因此，加强学术交流的管理、严把学术质量关是医学会现时要做的重要工作。

4. 学术交流区域的不平衡问题原因很多，政府的投入过少，基层人才相对缺少，管理不到位，省级学(协)会应加大对基层学术的支持力度，结合实际，采取从不同形式的学术交流方法，以促进学术交流不但在学术发达地区健康发展，在基层边远地区也得到快速发展。

医疗纠纷刑事案例

——被告人罗某某殴打某院医务人员案

广州市中级人民法院

一、要点提示

(一)被告人罗某某行为的定性

寻衅滋事罪一般是指行为人出于逞强争霸、显示威风、寻求精神刺激而无事生非,无故、无理随意殴打、追逐、辱骂他人,或强拿硬要、随意损毁财物,或在公共场所起哄闹事,情节恶劣或情节严重的行为。本案被告人为泄愤而殴打医务人员,为何以寻衅滋事罪追究刑事责任而未定性为故意伤害罪,主要理由是:(1)被告人罗某某的行为侵犯的是复合客体,以故意伤害罪定性无法全面评价被告人及其亲属的行为。与故意伤害罪仅侵犯公民的人身权利的单一客体不同,本案被告人的行为除造成两名被害人人身伤害外,还造成医院这一公共场所秩序严重混乱。正如广医二院出具的报告所反映:事件发生后,20 多名家属和闹事者聚集在中心 ICU 门口,态度嚣张、恶劣,语言粗鄙、恶毒,甚至不肯将患者尸体运走,导致患者死亡后尸体仍占用床位长达 7 小时之久,对中心 ICU 其他 14 位患者的治疗造成不同程度影响,同时影响了病人正常的转入和转出工作。患者家属的大量聚集也严重影响了同楼层的超声诊断科、风湿科、内分泌科的正常工作。其他 14 位患者的多名家属当天到 ICU 探视病人也因为场面混乱、环境嘈杂、气氛紧张而无法正常进行。(2)被告人罗某某侵犯的对象是不特定人员,其行为具有随意性。本案被害人熊某某、谢某某并非死者的主治医生,被告人与被害人本素不相识,被告人供认系对被害人熊某某的解释不满而动手殴打被害人,而谢某某是因在场劝架而被殴打。(3)同一行为触犯刑律在出现法条竞合情况下，应按“择一重罪”原则处理。被告人罗某某的行为，符合寻衅滋事罪和故意伤害罪的构成要件，但故意伤害罪（致人轻伤）的量刑为“三年以下有期徒刑、拘役或管制”，寻衅滋事罪的最低一档量刑标准为“五年以下有期徒刑、拘役或管制”，故应按处罚较重的寻衅滋事罪定罪处罚。

（二）被害人及其所在单位是否有过错

被害人对事件的发生和矛盾的激化是否有过错，是对被告人裁量刑罚时应考虑的因素。具体到本案类似的医患矛盾中，被害人所在医院的医疗、处置行为是否失当，也是评价被告人主观恶性及对其科刑时的考量情节。相关证据证实，被害人所在医院在患者住 ICU 病房时已告知家属不能陪护，且患者在抢救过程中随时可能发生猝死等突发现象；在患者病情危急时，主治医生于当天上午 8 时许已告知患者家属情况并通知其赶到医院；在患者家属到达病房后，已告知患者没有心跳，医生还在做心肺复苏；到 9 时 35 分，主治医生向患者家属告知病人已死亡；在家属不理解，并要求将患者遗体运出医院情况下，科室主任熊某某出面解释、劝阻并做抚慰工作，言行并无不当；在随后发生的肢体冲突中，也没有证据证实医务人员有殴打患者家属行为。综上，患者死亡系因其病情所致，死亡准确时间具有不可预测性，被告人及其家属希望在死者生前见面的意愿可以理解，但不能因其意愿未能满足就此苛责被害人及所在医院。医务人员按规定不同意患者家属将其亲属遗体运离医院，也并无不当。据此，不能认定被害人或其所在医院有过错。另据涉案医院出具的材料，另一名被打受伤的医师谢某某，头一天 24 小时值班，密切关注患者龚月欢病情并持续抢救治疗，彻夜和护士在床边密切监护，一夜未眠。被告人一方殴打医务人员的行为在医院保安和派出所民警到场后才被阻止。事后，患者家属仍阻止医院将死者遗体运至太平间，直至当天下午三点半之后，患者家属才让医生把尸体送往太平间。

（三）应否追究其他人的刑事责任

除被告人罗某某外，患者家属有多人参与围殴、推搡、辱骂医务人员，造成人员受伤及公共场所秩序严重混乱，但是，由于被害人未能指证除罗某某外,还有具体何人对医务人员实施了人身伤害;被告人一方人员除被告人供认其有殴打行为外,也无人承认或指证他人实施了具体伤害行为;现场(医生休息室)缺乏监控录像,其他医务人员不在肢体冲突第一现场。因此,既无法认定除被告人之外具体何人实施随意殴打他人行为,也无法认定在公共场所起哄闹事的具体带头、组织人员或行为最为积极者。况且,依人民法院和人民检察院的职权分工,提出刑事追诉是检察机关的职能,按不诉不理原则,人民法院无法主动追究其他涉案人员的刑事责任。因此,被害人的诉讼代理人要求人民法院追究其他人的刑事责任,法院不予支持。

二、基本案情

(一)公诉机关和诉讼参与人

公诉机关:某检察院。

附带民事诉讼原告人:熊某某、谢某某。

被告人:罗某某。

(二)基本事实

2013 年 10 月 21 日上午 8 时许,在涉案医院住院部 6 楼的重症病房 ICU 救治的被告人罗某某的祖母病情恶化、随时可能死亡,主治医生立即电话通知被告人罗某某的亲属,后被告人罗某某及其亲属经通知陆续到达并按 ICU 管理规定在 ICU 门外等待。当日上午 9 时 34 分,被告人罗某某祖母因抢救无效死亡后,主治医生于 9 时 35 分将病人死亡信息告知家属。被告人罗某某及其家属(均另案处理)为发泄情绪以主治医生告知太晚致其未能见死者最后一面为由,集体涌入 ICU 病房旁的医生休息室,将出面解释的重症医学科主任熊某某围逼到墙角进行谩骂,后被告人罗某某带头用拳头殴打被害人熊某某,致熊某某肾外伤、脾出血、左眼球钝挫伤、左侧鼻骨凹陷骨折(经法医鉴定,属轻伤)。双方冲突过程中,另一医生被害人谢某某被殴打致脑震荡及多处软组织损伤(经法医鉴定,均属轻微伤)。事后,被告人家属仍聚集在重症病房 ICU 处吵闹扰乱 ICU 正常工作秩序，以致死者遗体直至下午 16 时 20 分才被医院工作人员按规定运至太平间处理。

（三）诉辩要点

公诉机关认为：被告人罗某某为发泄情绪，借故生非，随意殴打他人，致 1 人轻伤、1 人轻微伤，其行为触犯了《刑法》第 293 条第 1 款第 1 项之规定，应当以寻衅滋事罪追究其刑事责任。

附带民事诉讼原告人（被害人）熊某某、谢某某的诉讼代理人均认为：被害人一方没有过错，医院已经尽到及时通知的义务，被告人严重扰乱公共场所秩序，除建议对被告人罗某某从重处罚外，还要求法庭追究其同案家属的刑事责任。

被告人罗某某对指控的事实及罪名供认不讳，表示愿意赔偿被害人的经济损失。其辩护人认为被告人认罪态度较好，被害人对本案发生有过错，对矛盾激化负有责任，建议对被告人从轻处罚。

三、审理情况

一审法院判决认为：被告人罗某某无视国家法律，为发泄情绪，借故生非，随意殴打他人，情节恶劣，其行为已构成寻衅滋事罪，应予惩处。对诉讼代理人建议追究被告人家属刑事责任的意见，根据人民法院、人民检察院在刑事诉讼中分工负责的原则，提起公诉不属于人民法院的诉讼职能，故二诉讼代理人的该项意见不予采纳。被害人所在医院已事先通知被告人家属，在争执过程中系被告人首先动手殴打被害人，被害人的行为并无不当，故不能认定被害人在本案中有过错。依照相关法律规定，以寻衅滋事罪判处被告人罗某某有期徒刑二年，另应分别赔偿附带民事诉讼原告人熊某某、谢某某的经济损失 7 万余元和 7000 余元。

一审法院宣判后，公诉机关没有提出抗诉，附带民事诉讼原告人和被告人均未提出上诉，判决已发生法律效力。

医方未适当履行医疗注意义务之认定依据

——杨某诉某医院案

广州市中级人民法院

一、要点提示

生命健康权是公民最大的利益，因此，法律赋予医务人员比其他行业的工作人员更高的注意义务。医务人员的注意义务是指医务人员在医疗活动中应具有高度的注意，对患者尽到最善良的谨慎和关心，以避免患者遭受不应有的危险或损害的责任。医务人员在诊疗前必须对一切可能发生的损害有所认识，在诊疗过程中应密切关注患者病情的变化，及时采取积极、谨慎的医疗措施以防止损害的发生。

产妇的产程不顺利，医方如未能及时发现并采取积极、合适的医疗措施，很容易导致产妇及胎儿的损害。本案中，通过胎监记录可见，在产程中胎心率多次降低，胎儿心率变化高度提示宫内窘迫可能的情况下，医护人员应采取积极有效的助产方式以减轻缺氧对胎儿的损害，比如可以阴道助产以尽快结束分娩，但医方对胎儿心率变化处理上仅对产妇肌注阿托品提高心率、静注葡萄糖酸钙及静滴碳酸氢钠纠酸处理，在效果不明显后，没有及时调整催产素用法，也没有进行阴道助产，处理方式积极程度不够，未尽到积极的医疗注意义务，存在过失。此外，从胎儿娩出后右顶部有一约 7cm × 6cm 包块来看，分娩过程中极有可能存在腹压操作不当的情况，医方亦未履行谨慎的医疗注意义务。医方未履行积极、谨慎的医疗注意义务，应承担相应的医疗损害赔偿责任。

二、基本案情

(一)当事人

上诉人(原审原告):杨某。

上诉人(原审被告):某医院。

(二)基本事实

患者,杨某,男,2008年2月12日出生。杨某母亲何某孕期定期在涉案医院进行产前检查,未发现明显异常,孕39周时入住该院待产。医方认为孕妇无剖宫产指征,向孕妇及家属交代分娩方式,孕妇和家属要求阴道试产并签署知情同意书。入院当晚21:45产妇宫口开大3cm,医方予行人工破膜,羊水清,并予持续胎儿监护及心电监护,因产程1小时无进展,检查子宫收缩偏弱,即予5% GS500ml+2.5U缩宫素静脉调速点滴以加强宫缩,经点滴缩宫素后,产程进展良好;次日3:15突然出现宫缩后胎心减速,总值医生检查产妇宫口近开全,S+2,予吸氧、阿托品、碳酸氢钠等常规处理,胎心好转但反复,二值医生上台检查产妇,让产妇试用力,宫缩时产妇用力先露下降理想,帮助产妇扩张阴道会阴,指导产妇用力,第二产程20分钟,于3:50经会阴侧切顺产一足月成熟活男婴,脐带绕颈一周,羊水清,阿氏评分:1分钟7分(肤色,呼吸,肌张力各扣1分),经吸痰清理呼吸道后予面罩正压给氧等处理,5分钟评分8分(呼吸,肌张力各扣1分),10分钟评分10分。新生儿科主任参与抢救全程,新生儿经抢救后转儿科进一步诊治。出生后第三天行头颅CT检查示:(1)考虑右侧颞枕叶脑出血,局部硬膜下少量出血,左侧脑室后角、大脑镰后部、小脑幕缘少量积血;(2)右侧顶、枕部皮下血肿。予胞二磷胆碱营养神经治疗,于2008年2月26日病情稳定出院。出院诊断:(1)新生儿轻度窒息;(2)新生儿颅内出血;(3)头皮下血肿;(4)新生儿暂时性心肌损害;(5)低钙血症。杨某后在某儿童医院就诊,诊断为新生儿缺血缺氧性脑病恢复期。

（三）诉辩要点

患方诉称：医方违规使用催产素，包括使用时机不当及随意加大剂量，在发生胎心严重异常时未对催产素予以调整，且在胎儿出现严重胎心下降（宫内窘迫）的情况下，医护人员处置出现延误，在胎儿娩出之前的过程中，违规予以腹压操作，医方应承担全部赔偿责任。为此请求判令医方赔偿其医疗费27,160.98元、护理费113,191.4元、住院伙食补助费750元、交通费5000元、住宿费450元、残疾辅助器具费880元、残疾赔偿金394,657.2元、后续护理费432,000元和精神损害抚慰金200,000元，合计1,174,089.58元，并负担其今后因缺血缺氧性脑病造成感觉运动神经功能障碍及发育迟缓的后续治疗费用。

医方辩称：医方对产妇行缩宫素催产过程的处理及对新生儿窒息的复苏，无医疗过失行为，患儿出现的不良后果属于现有医学科学技术条件下不能完全避免的医疗风险，与医方的医疗行为不存在因果关系，医方不应承担赔偿责任。请求驳回杨某的诉讼请求。

（四）鉴定意见

一审法院委托某医学会做出医疗事故技术鉴定。其分析意见认为：（1）杨某母亲何某入院后无剖宫产指征，医方予阴道试产处理符合产科诊疗常规。（2）关于人工破膜和缩宫素的应用问题。医方于21:45在产妇宫口开大3cm时行人工破膜，时机适当；但产妇破膜后1小时产程无进展，宫口仍为3cm，子宫收缩从间隔3～4分钟到5分钟，强度从30～35秒到30秒，提示子宫收缩已经变弱。在临床工作中，一般在人工破膜后半小时至一小时，若子宫收缩不理想时应用缩宫素。该产妇无明显头盆不称，无胎位不正，在人工破膜后1小时子宫收缩没有加强反而减弱，医方应用缩宫素催产没有违反产科诊治常规。（3）关于产妇分娩和新生儿的抢救问题。产妇经静滴缩宫素后，产程进展良好，于3:15宫口开张近全，突然出现宫缩后胎心减速，医方给予吸氧、阿托品、碳酸氢钠等常规处理，并让产妇试用力，宫缩时产妇用力先露下降理想，第二产程20分钟，于3:50顺产一足月成熟活男婴，脐带绕颈一周，羊水清，阿氏评分：1分钟7分，经吸痰清理呼吸道后予面罩正压给氧等处理，5分钟评分8分，10分钟评分10分。新生儿科主任参与抢救全过程，经抢救后，新生儿转儿科进一步诊治。从上述过程及医疗文书记录来看，未发现产妇出现强直性子宫收缩的表现，医方对产妇在应用缩宫素催产过程中出现胎心减速情况的处理符合常规；对胎儿娩出后出现轻度窒息的抢救是及时的，符合新生儿窒息复苏原则并取得了疗效。综上所述，未发现医方的医疗行为违反医疗卫生管理法律、行政法规、部门规章和诊疗护理规范、常规；医方对产妇行缩宫素催产过程的处理及对新生儿窒息复苏的抢救符合产科处理常规和新生儿窒息复苏原则，无医疗过失行为；杨某出现的不良后果，属于现有医学科学技术条件下不能完全避免的医疗风险，与医方的医疗行为不存在因果关系。鉴定结论：本医案不构成医疗事故。

因杨某对上述鉴定有异议，经其申请，一审法院委托某科学技术鉴定研究所对本病案进行过错鉴定，该所鉴定意见分析认为：医方在何某宫口开大3公分的时候行人工破膜术，处置得当；在破膜1小时后，何某的宫缩未见增强，宫口开口未见改变，产程无进展，行催产素点滴是符合产程需要的，并不存在过失。从胎心监护上看，在3:11出现较大晚期减速，直至3:50胎儿娩出，胎心率多次降低，低至60～90次/分，胎儿心率变化高度提示宫内窘迫的可能，积极有效的助产方式可减轻缺氧对胎儿的损害，产科可予以阴道助产以尽快结束分娩，但医方对何某胎儿心率变化处理上仅肌注阿托品提高心率、静注葡萄糖酸钙及静滴碳酸氢钠纠酸处理，在效果不明显后，未见有调整催产素用法的记录，未进行阴道助产，处理方式积极程度不够，存在过失。此外，从胎儿娩出后右顶部有一约7cm×6cm包块来看，不排除分娩过程中有腹压操作的可能。医方未能尽快终止妊娠改善胎儿宫内窘迫，存在过失，与杨某轻度窒息有关，虽杨某运动发育迟缓、多动综合征、听力下降具体病因难以准确判断，但不排除医院的医疗过失与杨某目前不良后果之间存在一定的因果关系。另外，医方的过失仅在于未能采取积极有效的措施减轻胎儿宫内窘迫的程度，从胎心下降至胎儿娩出40分钟，时间较短，临床上允许有短暂的观察时间,故医方的过失行为在杨某轻度窒息发生的参与程度有限。鉴定结论:医方在对何某实施的医疗行为中存在对胎心下降处理不够积极的过失,不排除医方的医疗过失与杨某目前运动发育迟缓、多动综合征、左耳听力下降等不良后果有关,医方的医疗过失行为在杨某目前不良后果中的参与度考虑为C级(次要责任,理论系数值25%)。

三、审理情况

一审判决认为:本病案先后经过医疗事故鉴定和医疗过错鉴定,最终认定涉案医院的医疗行为不构成医疗事故,但在医疗过错鉴定中鉴定机构认为医方存在医疗过失,且与杨某目前不良后果存在因果关系。某科学技术鉴定研究所出具的《法医学鉴定意见书》是专门针对医方是否存在医疗过失及医疗过失与杨某目前后果是否存在因果关系而作出,比某医学会出具的《医疗事故鉴定书》更具针对性。《法医学鉴定意见书》指出涉案医院在胎心下降时处理不积极的过失,根据鉴定意见及本案实际情况,法院酌情认定涉案医院对杨某的损失承担25%的赔偿责任。据此判决医方赔偿损失杨某45,436.75元给患方。

患方上诉称:一审判决医方仅承担25%的赔偿责任偏低,请求改判医方承担全部赔偿责任,支持患方的诉讼请求。

医方上诉称:一审判决片面采信某科学技术鉴定研究所作出的鉴定意见不当,请求改判驳回患方的全部诉讼请求。

二审法院判决为:双方当事人虽对某科学技术鉴定研究所作出的鉴定意见有异议,但均未能举出相反证据予以推翻,亦未能举证证实该鉴定意见存在需要重新鉴定的情形,且根据查明的事实,在上述鉴定的过程中,双方对鉴定人均没有申请回避,对原审法院移交的用于鉴定的病历资料亦进行了确认,鉴定过程中鉴定机构组织了双方当事人听证,已充分听取了双方当事人的意见。原审法院采信该鉴定研究所的鉴定意见,酌定医方对患方的经济损失承担25%的赔偿责任,并无不当。判决:驳回上诉,维持原判。

当事人拒绝司法鉴定的法律后果
——琳某诉某医院案

广州市中级人民法院

一、要点提示

本案涉及医疗损害纠纷中负有举证责任的当事人不申请司法鉴定的法律后果问题。

患方主张不需鉴定,认为凭其医学知识和现有证据资料即可认定医方过错。对此,首先,患方虽指出医方存在种种过错,但这仅属于其单方陈述,且医方不予认可,并针对患方指责分别做出了相应解释,而该解释的合理性,无证据可以否定。其次,患方代理人是患者配偶,曾接受过几年的医学专业教育,自认可以判定医方确实存在过错。可是,且不论其凭几年的医学专业教育背景能否对涉案医疗行为的合法合规合理性做出客观判断,即便可以,其作为当事人一方,除非对方自认,其陈述无法对外取得公信力,无法当然成为认定事实的依据,其主张需要相应证据予以佐证,只有具有公信力的相关机构给出的专业性意见,才可以有力对抗医方的抗辩(当然,如果作为仲裁者的法官,在具有一定医学专业知识和临床经验情况下,能否不经专业机构的鉴定,而径行根据证据资料作出裁决,笔者认为,唯有根据案件资料的表面特征即可认定医方有无过错或者该法官的医学专业水平已达到在该领域无争议的最高水准这两种情形下,才可以如此行事)。故在此情况下,一审法院在充分释明不鉴定的有关法律后果后,根据当事人的决定而作出认定,处理并无不当。

二、基本案情

（一）当事人情况

上诉人（原审原告）：琳某。

被上诉人（原审被告）：某医院。

（二）诉辩要点

原告琳某在原审诉请：被告赔偿原告精神损害抚慰金30,000元、医疗费22,114.84元、后续治疗费20,487.38元、误工费71,632元、住院伙食补助费800元、康复费2000元、护理费1000元、营养费3000元、适当整容费15,000元、陪护费3360元、交通费3720元、住宿费910元、诉讼费1500元，共计175,524.22元。

被告某医院在原审辩称：（1）我院对原告的诊疗行为符合医疗规范、常规。患者手术指征明确，经说明病情并征求患者和家属意见后取得书面同意，术后预防感染等对症处理，出院时已告知患者不能排除出现持续性异位妊娠可能。患者未遵医嘱，术后第11天自行于外院行二次手术。（2）患者有腹腔镜手术适应证，我院手术规范，术后出现持续性异位妊娠，且患者持续性异位妊娠源于保守治疗方案有一定发生概率的医疗风险，属于疾病本身的不良转归，与医疗行为无因果关系。恳请法院依法驳回原告诉求。

（三）基本事实

原审法院经审理查明：原告因“停经44天，阴道流血1周”于2013年6月26日到被告处住院治疗，入院诊断为异位妊娠，当日检查血HCG：23218miu/ml。2013年6月27日原告在被告提供的《手术知情同意书》上签名确认了解情况，同意手术；当日被告为原告行腹腔镜下右侧输卵管切开取胚术，术后予抗炎补液治疗，并予米非司酮口服，术后第4天复查血HCG：3099miu/ml。2013年7月2日原告要求出院，医生告知血HCG下降不理想，不排除持续性异位妊娠可能，建议继续住院观察，原告仍坚持出院，并于当天办理出院手续，出院诊断：右侧输卵管妊娠。2013 年 7 月 4 日至 2013 年 7 月 11 日原告到其他医院住院治疗，诊断为：(1)右侧输卵管持续妊娠；(2)盆腔粘连；住院期间行“腹腔镜输卵管切开取胚及修补术”，术后恢复良好；病理活体组织诊断报告书显示镜下：坏变的绒毛组织、蜕膜及少许输卵管粘膜。

被告在本案中提供了为原告治疗及实施手术相关医务人员的医师执业资格证，原告认为其中麻醉师宋某某的执业范围是外科专业，不是麻醉专业，对其他医师执业资格证无异议。被告对此解释麻醉专业现均注册为外科专业。

原告主张从其需要到其他医院进行第二次手术的情况可以认定被告有医疗过错，在对原告的诊疗过程中主要存在以下过错：(1)术前强迫其录音，对其心理造成极大伤害；(2)原告手术过程中没有见到郭某某，当时看到的手术记录也没有郭某某的名字，但现在提供的手术记录却显示有郭某某的名字，故被告伪造手术记录病历；(3)被告提供的麻醉记录日期有篡改痕迹，证明该记录不是原始记录，而是原告投诉后被告把原始记录销毁，重新添加手术医师郭某某的麻醉记录；(4)被告林某医生未按医疗规范为原告拆线换药；(5)手术记录显示“完整取出绒毛组织”，实际上没有完整切除；(6)出院记录显示左侧输卵管有病灶，最后确实对右侧输卵管实施手术，记录存在矛盾；(7)术后药物治疗失败后再手术治疗。

被告主张持续性异位妊娠是输卵管保守手术术后常见的并发症，对原告主张的上述过错辩解如下：(1)按照常规医院进行手术不会录音，是否录音也与本案无关，因为相关告知已在术前进行了；(2)现在提供病历资料（包括手术记录、麻醉记录等）均显示为原告主刀的医生是郭某某，因主刀医生是在助手做好准备工作后才进入手术室，手术做完后会先离开手术台，由助手完成余下工作，故原告在进入手术室时没看到郭某某是有可能的，但郭某某有参与原告的手术；(3)现在提供的麻醉记录就是原始记录，若原告认为还有一张麻醉记录应由原告举证；(4)被告医生为原告拆线具体操作步骤有所简化,但原告手术伤口愈合良好,说明伤口拆线与原告主张的损害没有因果关系;(5)手术记录"完整取出"是手术医生在手术时认为已将绒毛组织完整取出,否则不会结束手术,但术后可能有残留的病灶,具体原因见答辩意见;(6)出院记录对左侧输卵管的描述并非指原告宫外孕问题,而是医生在进行右侧输卵管病灶切除术时对左侧输卵管检查情况的描述,不存在矛盾之处;(7)持续性异位妊娠是输卵管保守手术术后常见的并发症,对此的处理包括药物治疗及手术治疗,根据被告术后情况先行给予药物治疗是最合适的治疗方式。

另查明,被告取得广东省卫生厅颁发的《医疗机构执业许可证》,诊疗科目包括妇产科等。

(四)鉴定情况

原告在本案审理过程中表示不进行医疗过错鉴定,原审法院向原告释明《侵权责任法》有关医疗损害责任举证责任的规定,并告知原告不进行医疗过错鉴定可能导致的不利后果,原告仍坚持不进行医疗过错鉴定。

三、审理情况

原审法院认为:首先,原告在本案主张的损害事实发生在《侵权责任法》实施以后,应适用《侵权责任法》关于医疗损害责任的有关规定,根据该法第54条的规定,患者应举证证明医疗机构及其义务人员有过错,医疗机构才承担赔偿责任。

其次,本案被告是具有合法经营资格的医疗机构,其对原告实施的诊疗行为未超诊疗科目,为原告治疗及实施手术的医务人员均具有相应医师执业资格,原告也在被告提供的《手术知情同意书》上签名确认同意手术。

再次,医疗纠纷涉及医学专业问题,在没有进行相关医疗过错鉴定的情况下,原告在其他医院进行二次手术不能必然推出被告对原告的诊疗行为存在过错的唯一性结论。

最后，从本案审理情况来看，原告有关被告术前强迫录音，伪造、篡改、销毁病历资料的主张并无充分证据予以证明，被告也不予确认并做出相应解释。即使被告存在为原告拆线操作不规范、病历记录日期有修改等问题，仅凭本案现有证据也不足以证明与原告主张的损害结果存在因果关系。

综上，原告对被告诊疗行为存在过错负有举证责任，但经原审法院释明有关法律规定及不进行医疗过错鉴定可能导致的不利后果后，原告仍坚持不进行医疗过错鉴定，而就本案现有证据不足以证明被告对原告的诊疗行为存在过错，故原告依法应承担举证不能的不利后果，故判决驳回原告琳某的诉讼请求。

判后，上诉人患方不服，提起上诉。

二审法院认为：医疗行为存在较强的专业性，判断涉案医疗行为是否违规、违法，被上诉人是否存在医疗过错及该过错与上诉人所遭受的损失之间是否存在因果关系，需要专门的鉴定机构给出专业性意见作为认定有关事实的参考或依据。而本案中，上诉人在一审法院明确释明若不进行司法鉴定其将承担举证不能的不利法律后果情况下，仍然拒绝鉴定，故应视为放弃该举证权利。上诉人认为根据现有证据即可确认被上诉人伪造、篡改或者销毁了病历，以及被上诉人存在违反医疗常规操作治疗的过错行为，二审法院认为其理由和事实依据尚不充分，故不予采信，二审维持原判。

医方篡改病历推定存在过错

——何某等诉某医院案

广州市中级人民法院

医疗机构伪造、篡改或者销毁病历资料的，依照《侵权责任法》第 58 条第 3 项之规定，推定医疗机构有过错。

一、要点提示

本案要点有二。一是本条推定过错与侵权责任成立的关系。在推定过错的情况下，不意味着医疗机构要承担赔偿责任。从侵权责任构成要件角度来看，还需要考察因果关系、损害等责任构成要件，如果仅仅有过错，而没有因果关系或者没有损害，那么医疗机构也无须承担责任。

二是要区分“伪造、篡改、销毁病历资料”与病历资料存在瑕疵、不规范的不同。实践中，本条规定对于诉讼利益影响较大，而病历资料又或多或少存在书写、格式等瑕疵，故医患双方往往对病历资料存在较大争议，甚至会导致审判的僵持。我们认为：病历存在书写、格式的瑕疵，比如说护理记录遗漏护士签名，长期医嘱单遗漏部分签名；病历中非关键部分的涂改不符合《病历管理规范》的要求。这些虽属瑕疵，但不影响对病历资料真实性的判断，不能以存在篡改、伪造、销毁病历论。在医患双方对病历资料存在争议时，人民法院应当根据证据规则的要求对争议的病历资料予以认证。但本案医方篡改病历的事实清楚，且根据医方陈述，医生在用药之前没有询问患者病史，亦属于重大过错。

二、基本案情

（一）当事人

上诉人（原审被告）：某医院。

被上诉人（原审原告）：何某等。

（二）基本事实

患者黎某因糖尿病、高血压分别于2009年6月、10月及11月在某医院治疗。同年12月24日晚，黎某因皮肤瘙痒自行到该医院看病，门诊给予输液处理，输液完毕，患者自行回家。当晚22:15时患者因突发气促半小时，心悸、大汗淋漓再次来院就诊。初步诊断：突发左心衰；房纤快速；糖尿病；糖尿酸酮酸中毒？立即给予静脉滴注5%葡萄糖250ml+喘定0.5+地塞米松10ml，0.9%生理盐水20ml+西地兰0.4mg，静脉推注速尿20mg，地塞米松10ml。患者病情危重，推送急救室，请外院医生会诊。会诊医生到达现场时患者危重状态，先后予静脉滴注0.9%生理盐水500ml+多巴胺200ml+碳酸氢钠125ml，0.9%生理盐水500ml+异丙肾上腺素2mg，碳酸氢钠125ml，静脉推注肾上腺素3mg，同时予胸外按压。次日00:25分宣告临床死亡。黎某家属报警，公安部门分别对患者家属、当班医生做了询问笔录。纠纷处理过程中，医方及患者家属未对现场与黎某治疗期间有关的实物封存。事发后，医患双方均同意不做尸体解剖，由患者家属对遗体火化处理。

另查明：患者门诊病历处方笺内文第一行，医方把原先是5%GS250ml改为0.9%NS250ml；第三行，医方把5%GS250ml改为0.9%NS100ml，实际上注射了葡萄糖，改成生理盐水（病历本正文的第一页第四行有涂改的痕迹，左边改过的地方把原先是5%GS250ml，后来改为0.9%NS250ml，右边把5%GS250ml，后来改为0.9%NS100ml）。

（三）诉辩意见

患方诉称：患者黎某因糖尿病多次在医方就诊。2009年12月24日，黎某因皮肤瘙痒前往医方就诊。医方明知黎某患有糖尿病、违反糖尿病禁用葡萄糖的医疗常规，为其注射高能含糖达 10% 的葡萄糖。黎某注射完毕回家后约 10 分钟突发大汗淋漓、气喘，立即送院抢救无效于 12 月 25 日凌晨死亡。

医方辩称：黎某虽是糖尿病人，但未必禁用葡萄糖。医方只用了一支 5% 的糖，与患者出现的急性左心衰与循环衰竭没有因果关系。黎某家族有心脏猝死病例，其是因原发病死亡。黎某当日到皮肤科治疗皮肤瘙痒，没有提交之前的病历，皮肤科的医生也不知道患者有糖尿病。

（四）司法鉴定意见

《医疗事故技术鉴定》认为：医方在诊疗过程中存在以下医疗缺陷：（1）药物使用指征不准确；（2）询问病史不够详细；（3）病历书写欠规范。患者具备高血压、糖尿病、吸烟等冠心病高危因素，且直系亲属中有心脏性猝死病史，患者病情加重并导致死亡的原因考虑与心脏疾病有关，其中急性心肌梗死并泵衰竭可能性最大，同时不排除急性肺动脉栓塞的可能，属难以预料和防范的不良后果。结论：本医案不构成医疗事故。

三、审理情况

一审法院认为：医方在对患者的诊疗过程当中违反了相关的诊疗护理规范及操作规程。主要表现在：（1）根据病历管理规范，病历书写过程中出现错字时，应用双划在错字上，不得采用刮、粘、涂等方法掩盖或去除原来的字迹；《处方管理办法》规定，处方应字迹清楚，不得涂改，如需修改，应当在修改处签名并注明修改日期。医方在患者的《普通门（急）诊病历》有多处涂改的痕迹均未按此规范执行，违反了病历书写的相关规定。（2）2009 年 12 月 24 日患者自行到涉案医院看病，初诊医生在接诊时并未询问患者的病史、既往史及为患者进行体格体征检查，违反了诊疗护理规范及操作规程，以至于未能针对患者的实际症状、体征的情况来确定最佳的用药治疗方案，患者早已于2009年6月因患糖尿病曾在涉案医院住院治疗，又于同年10月及11月在医方接受门诊治疗，既往有高血压、糖尿病史，故初诊医生作为同一医疗机构的医务人员应该知道患者症状、体征的情况及用药禁忌，但由于疏忽而未尽注意义务为患者滴注葡萄糖；门诊输液完毕患者回家后即突发气促伴心悸及大汗淋漓即由家人急送到医方抢救，医方又违反诊疗规范再次为患者滴注葡萄糖。(3)患者于2009年12月25日零时许即不治死亡，随即发生医患纠纷及报警，医方及有关部门均未依法依规对现场任何与黎某治疗期间有关的实物进行封存，在医患纠纷协商赔偿未果的情况下，医患双方均同意不做尸体解剖后，由死者家属自行对遗体火化处理，医方应明知封存实物及做尸体解剖查明死因是对其所实施的医疗行为是否存在过错，该医疗行为与黎某死亡是否存在因果关系的重要手段及规范，而患方家属碍于文化水平及对相关法律法规的无知，又因已报警及正在协商赔偿，对医院及公安机关公正处理予以期望及信任等诱因，患方家属被动放弃了尸检请求权利并对遗体火化处理，故对不做尸体解剖以致无病理解剖资料，使医学会因资料缺失不全而无法认定正确死因的后果应由医方承担全部责任。据此，综合患者原发病、鉴定意见等因素，确定医方对患方所受损害承担40%的赔偿责任。

一审判决后，医方不服，上诉称：医方诊疗行为没有过错，不应当承担责任。

二审法院认为：综合本案病历书写情形，可认定医方篡改门诊病历、处方单，依据《侵权责任法》第58条第3款之规定，推定医方诊疗行为有过错。本案医疗事故技术鉴定意见关于患者死因的分析属于推测性意见，没有排除患者死亡是因医方违规使用药物造成的。据此，驳回医方上诉，维持原判。

书面鉴定意见与鉴定人当庭陈述意见相矛盾时书面鉴定意见能否采信
——梁某等诉某医院案

广州市中级人民法院

鉴定人出庭发表的质证意见与书面鉴定意见有明显矛盾的，应认定属于《最高人民法院关于民事诉讼证据的若干规定》第 27 条第 1 款第 3 项规定的“鉴定结论明显依据不足的情形”。对于鉴定结论明显依据不足的鉴定意见，人民法院应当根据当事人的申请，予以重新鉴定。

一、要点提示

医学是复杂而专业的学科，但这不意味着不懂医学的人就不能对诊疗行为的妥当性进行判断。实际上，就像很多其他学科一样，医学中的绝大多数问题不仅能够说得清楚，有其科学依据和深刻的逻辑经验基础，而且通过解说，也能够使外行听得懂。这是鉴定意见能够作为法庭证据的前提。

本案鉴定意见被认定为“明显不能成立”主要是基于对比书面鉴定意见与鉴定人当庭陈述明显矛盾而得出的结论。本案中，鉴定人当庭陈述的意见对比书面鉴定意见，存在许多矛盾的地方，有的甚至直接推翻了原书面鉴定意见。因医方在一审即以鉴定意见不成立为由申请重新鉴定，故二审裁定撤销原判，发回重审。

从这个案例中可见鉴定人出庭质证对于人民法院判断鉴定意见科学性具有重要意义。鉴定人出庭发表的质证意见不应仅仅被看作是对书面鉴定意见的重复，而更应当是对书面鉴定意见的补充、解释、完善。具体而言，鉴定人出庭时应当对于书面鉴定意见中分析不足的部分应提供更充分的说明;对于没有讲清楚依据的部分应当提供明确的依据;对于法庭和当事人对鉴定意见的质疑予以解释。如果鉴定人的当庭陈述不能够解释书面鉴定意见,甚至与书面鉴定意见相矛盾,不能够对当事人和法庭的质询进行有说服力的回应,那么书面鉴定意见的科学性显然会受到有力质疑。

二、基本案情

(一)当事人

上诉人(原审被告):某医院。

被上诉人(原审原告):梁某等。

(二)基本事实

患者因右下肺中央型鳞癌(T3NOMO Ⅱ b 期)入院治疗,拟行手术治疗。术前医方完善告知,向患方强调如术中见右肺肿瘤侵犯右肺中叶、下叶,将行全肺切除术,患方表示同意。患者于 2010 年 11 月 23 日在双腔气管插管静吸复合全麻下行胸腔镜辅助下右下肺癌根治、右全肺切除、肋间神经冷冻术。术中见患者右肺肿瘤侵犯右肺中叶、下叶。后患者因术后感染经救治无效死亡。

(三)诉辩要点

患方诉称:(1)医方选择手术方式不当。漠视患者左肺存在危及生命健康的肺大疱问题,选择实施了右全肺切除。(2)患者所行的手术本应是个择期手术,但是医方在手术前一天的晚上由一名见习助理医生进行术前谈话,刻意隐瞒风险,误导家属接受手术治疗方案。(3)患者术后醒来多次反映称呼吸困难及胸内疼痛,但是医方均没有进行检查,只是说是正常反应,导致患者在 48 小时内连续接受两次开胸手术。(4)患者术后,医方没有采取任何有效的输液方法,导致患者在重症监护下,仍发生急性肺水肿并生命垂危。(5)患者死亡后,家属要求封存病历,医方以没有编写为由拒绝,存在篡改病历的行为。

医方辩称:(1)患者有手术指征,无明显手术禁忌证,经全科讨论后制订了手术方案。术前告知根据肿瘤情况,可能切除右全肺。术中见患者肿瘤巨大,直径约10cm,位于右下肺叶近肺门处,并侵犯右中、上肺叶,肿瘤距离右主支气管切缘仅2cm。在此情况下,仅仅行右下肺叶切除术不可能达到根治目的。医方行右全肺切除的手术方式符合诊疗常规。(2)患者CT描述中的肺疱直径均小于1cm,不属于肺大疱的诊断范畴,故CT报告结论中未予下肺大疱的诊断。而且此类肺疱的存在与否对手术及预后不产生直接的影响,不应因此放弃手术。(3)患者术后出现血胸并非医方在行右全肺切除术中止血不彻底所致。患者术后第二天早上抽血化验血常规提示血色素119g/L,说明直到术后第二天上午验血时,右侧胸腔是没有活动性出血的,可以排除第一次手术时止血不彻底导致的活动性出血。我们考虑患者胸腔内广泛粘连,具有渗血的病理基础,可能是术后第二天患者胸膜腔粘连处血痂脱落引起的迟发性出血。这在医学上是不可预料、难以避免的,医方的医疗行为本身并无差错,并且在患者发生活动性血胸时通过细致的查体做到了及时诊治。(4)患者在呼吸科入院当天即进行了肺功能检查提示肺通气功能正常,病历中有相应记载,也予以收费。封存病历时肺功能检查纸质报告单的遗失与患者的死亡不存在因果关系。(5)患者术后24~48小时摄入量的控制问题。医方在患者行全肺切除术后严格控制了患者的晶体输入量,没有输入过多的现象。总摄入量最多的是11月24日,当天患者出现迟发性血胸、失血性休克这一特殊情况,如果不输血,将会导致生命危险。在全肺切除术后早期,医方每日均有给予西地兰及速尿以预防急性肺水肿的发生,可见,医方对全肺切除术后患者摄入量的控制及急性肺水肿的预防是高度重视的。(6)医方对患者抗感染治疗的措施是正确和恰当的。患者术后早期的抗感染治疗为经验性治疗,医方在抗感染治疗上积极主动,措施有效、得力。

(四)司法鉴定意见

《司法鉴定意见书》认为:(1)医方未尽到与当时的医疗水平相应的诊疗

义务。首先,关于医方责任心问题。医方会诊本拟邀请胸外科主任 Y 医生会诊,但后来来的是 Z 主治医生。其次,关于手术范式问题,“肺癌外科治疗的两条基本准则,其一是尽可能切净肿瘤,其二是要最大限度保存健康的有功能的肺组织”。医方采取全肺切除术不妥,如果首选右下肺叶切除,将会减少术后并发症的发生率或死亡率。再次,在封存的病案中未见肺功能检查的报告,转至心胸外科后亦未复查肺功能。最后,术前对左肺是否存在其他疾患(如肺大疱等)没有确诊,且对肺大疱存在与否是否影响手术预后的认识存在不足。(2)医方在胸腔镜辅助下右下肺癌根治、右全肺切除、肋间神经冷冻术中止血不彻底,出现血胸,导致再次行右侧血胸清除术。(3)医方在术后 24 ~48 小时内对患者的摄入量控制不严(包括输血、补液、饮水等),增加了急性肺水肿的发生率。不能排除其急性肺水肿的发生与摄入量控制不严有关。

鉴定意见结论:患者患右下肺中央型鳞癌(T3NOMO Ⅱb 期),已属肺癌晚期,有手术指征,手术方式选择肺叶切除为妥,因行右全肺切除术后并发症多。结合本案,患者术后发生血气胸、急性肺水肿、右侧支气管胸膜瘘等并发症,但这些并发症是可以预防、控制和避免的。如果医务人员在诊疗活动中尽到了与当时的医疗水平相应的诊疗义务、注意和谨慎义务,就可以减少上述并发症的发生率。医方过错和患者疾病(肺癌晚期)为同等因素,其过失的参与度为41% ~60%。鉴定意见为:医方存在医疗过失,过错的参与度为41% ~60%。

三、审理情况

一审法院认为:医方诊疗行为经鉴定认为存在医疗过失,医方对鉴定意见虽有异议,但未提交充分证据予以反驳,故对鉴定所指医疗过失予以确认。根据鉴定意见,可知医方过错与和患方原发病(肺癌晚期)是导致患者死亡的同等因素,据此,一审法院认定医方承担50%的赔偿责任。

二审中，根据涉案医院的申请，鉴定人到庭做出如下陈述：

1. 医方未尽与当时医疗水平相应的诊疗义务的理由：患者行右全肺切除术、肺癌根治术，属于三级手术，根据卫生部及涉案医院于2012年制定实施的《手术分级规范》，主刀医生应当是副主任医师以上。而本案主刀医生只是主治医师。据此认定医方未尽到与医疗水平相适应的诊疗义务。

2. 肺功能检测问题，如果经法庭质证，认定医方做了肺功能检查，只是遗失了肺功能检查报告单，那就另当别论。鉴定也考虑了医方对患者进行了肺功能检测。

3. 鉴定时，鉴定人反复阅读了CT片及CT报告单，也咨询了权威的临床专家，据其意见：患者右肺中央型肺癌、左肺少许肺大疱。但在鉴定意见中没有把肺大疱的漏诊作为很大过错，只是说认识存在不足。肺大疱大于1公分即可诊断，但对于本案患者肺疱直径鉴定人没有测量，是由咨询的临床专家测量的。

4. 对于手术不能切除的肿瘤组织，可以采取其他方法治疗，比如化疗、放疗、生物治疗、中医药治疗、综合治疗等。从患者术后情况来看，全肺切除增加并发症的发生概率，患者难以承受全肺切除术。

5. 关于患者血胸的问题，鉴定人也组织专家会诊，会诊专家认为手术过程止血不彻底。但本案患者究竟是什么原因导致血胸，是因为止血不彻底还是血痂脱落等其他原因只能通过尸检确认，但本案未进行尸检。

6. 从全肺切除术后到第二次开胸手术期间，根据病历，未见患者出现急性肺水肿。对于第二次开胸手术后到26日期间，患者有无出现急性肺水肿需要查阅病历。庭后书面答复法庭。

7. 关于患者术后摄入量问题，在分析患者术后摄入量时，考虑到了患者血胸的问题，但无论什么原因摄入量都不能超过2000ml。但如果患者失血危及生命时，对摄入量的控制应以抢救生命为主，可以突破上述限制。

二审法院认为：(1)关于主刀医生资质的问题，主刀医生不具有开展三级手术的资质这一意见是鉴定人在出庭接受质询时提出的分析意见，在书面的鉴定意见书中没有记载。主刀医生是否违反卫生部及涉案医院制定的手术分级规范开展三级手术这一问题属于事实问题,人民法院应当予以查明并作出认定。(2)关于涉案医院对患者采取的手术范式是否违反诊疗规范及医疗常规问题。医、患双方及鉴定人对肺癌外科治疗的两个原则不持异议,患者右肺肿瘤已侵犯患者右肺中叶、上叶,那么根据上述两个原则,在此情况下,医方取第一原则即最大限度地切除肿瘤组织而选择切除患者右全肺是否符合诊疗规范及医疗常规?鉴定意见未针对这个问题给出明确、有说服力的分析意见。鉴定意见指医方为患者选择手术范式未尽与当时医疗水平相应的诊疗义务这一过失有待重新鉴定予以明确。(3)关于患者左肺肺大疱的问题。鉴定人称自己没有测量过,是咨询专家做出的分析,鉴定人没有具体表明肺大疱对本案手术的影响,是否禁忌证等,故对患者是否存在左肺肺大疱及左肺肺大疱对患者行右全肺切除术的影响等具体情形有待重新鉴定予以明确。(4)关于医方术前有无为患者进行肺通气功能检查问题,医方虽然未提供原始的肺通气功能检查报告单,但该项检查在病历中有记载,医方也予以了收费,故原审应当对"医方未能提供肺通气检测报告单"是属于遗失报告单还是医方没有为患者做这一检查作出认定。(5)关于患者术后出现血胸问题。对于患者出现血胸的原因,鉴定意见记载是因为术中止血不彻底。鉴定人出庭时称对于出现血胸的原因有待尸检确认,可能是止血不彻底,也可能是因为血痂脱落,但本案没有尸检。患者出现血胸后,医患双方及鉴定人对再次行右侧血胸清除术没有异议,那么对于术后摄入量问题,鉴定意见指医方未注意控制患者术后摄入量,导致患者摄入量高度超标,这一鉴定意见与医方辩称为抢救患者生命输血2000毫升应予以综合考虑。因鉴定人也承认如果患者出血过多,为抢救患者生命,可以放宽摄入量。可见,对于医方对患者术后摄入量的控制是否存在过失的问题,也应有待重新鉴定予以明确。

综上,二审法院认为本案一审鉴定意见属于鉴定结论明显缺乏依据的情形,裁定:撤销原判,发回重审。

医方误诊、漏诊是否一定承担责任

——徐某诉某医院案

广州市中级人民法院

一、要点提示

误诊是临床上比较普遍的一种现象。这种误诊现象属于“广义误诊”的范畴,而“狭义误诊”可定义为因医方主观上的过失而导致的误诊。医方是否需要对误诊而导致的损害后果承担责任,关键看医方对误诊有无过失。对于无过失误诊,医方无须对误诊所导致的损害后果承担责任。

导致误诊的客观上非医方过失因素包括:(1)限于当时的医疗水平难以诊断的。(2)尚处疾病早期、症状未能充分显示的。(3)由于体质特殊或个体差异而导致的病情异常或不典型。(4)紧急性因素。(5)地域性因素。(6)患方自身因素。因上述因素而导致的误诊属于“无过失误诊”,医方无须对误诊所导致的损害后果承担责任;但同时存在医方主观上过失因素的,医方仍需承担相应的责任。

二、基本案情

(一)当事人

上诉人(原审原告):徐某。

被上诉人(原审被告):某医院。

(二)基本事实

患者徐某,男,1972 年生。2008 年 10 月 15 日 4 时 30 分,患者因被刀刺伤左下腹及左腰部、左肘部由 120 急诊送到某医院救治。入院后急送手术室,在全麻下行剖腹探查术。术中证实左侧腹壁刀刺伤对应处腹膜破裂、肌肉断裂，可见活动性出血，距屈氏韧带约 50 ~ 100cm 处的空肠破裂伤，左侧腹膜后可见一约 8cm × 6cm 的血肿。在行空肠破裂孔修补过程中，发现腹膜后血肿进行性增大。腹膜破裂处有明显的出血。患者休克未能改善，即请示院领导，并组织了医务科、麻醉科、泌尿外科、普通外科等台下会诊，考虑腰部刀刺伤可能损伤到腹膜后血管或肾脏造成持续性出血，决定紧急行腹膜后血肿清除及止血、左肾探查术。术中发现肾静脉属支有一 2mm 裂口，可见活动性出血，予以缝合。探查至第五腰椎由外向内至近脊柱和腹主动脉，明确无血管破裂。对腹膜后组织弥漫性渗血以止血材料进行物理压迫止血，相应部位留置引流管后关腹。手术历时约 10 小时。患者术后转入 ICU 监护治疗。手术后 4 小时发现引流管引出约 2000ml 血红色血性液体。急请介入科会诊并做介入治疗。术中见左侧腰 1 动脉主干远端截断，造影剂外溢形成血肿，遂做栓塞止血，栓塞后造影示：左侧腰 1 动脉远端闭塞，造影剂外溢征象消失。术后病情持续危重及不稳定，包括出现双肺肺水肿、胆红素增高、白细胞升高、外伤性脑肿胀及蛛网膜下腔出血等。经抗体克、止血、抗炎、输注红细胞、血浆、纠正酸中毒及对症支持等处理，但患者于 2008 年 10 月 25 日经抢救无效死亡。

（三）诉辩要点

患方诉称：医方对患者的救治存在过失，漏诊腰一动脉破裂，因未能及时修补导致腹膜后巨大血肿，进而引发一系列并发症，其过失与患者的死亡有因果关系，医方需承担相应责任。据此要求医方赔偿医疗人身损害赔偿金合计 276, 624.71 元。

医方辩称：医方已经尽到最大能力去挽救患者生命，最终不治是伤势太重、病情凶险所致。腰一动脉破裂漏诊的说法与事实不符。本案参加手术人员均是普外科、泌尿外科职称最高、手术经验最丰富的医师，先后有 7 名副主任医师以上职称的人参加抢救，不存在手术失误的问题。当时腹膜后广泛渗血，手术视野一片血泊，但腰一动脉本身又细又短，破裂后立即回缩到腰大肌中，继续出血表现为腹膜后的广泛渗血，常规手术不可能找到并结扎。医方对患者的医疗行为无过错,请求驳回患方诉讼请求。

(四)鉴定情况

患者死亡后,经某法医鉴定中心尸检,鉴定意见:徐某符合锐器刺切左侧背腰部导致第一腰动脉破裂,腹膜后大出血;左腹部刺创导致空肠多处破裂并发腹膜炎;后继发肺部感染、多脏器功能衰竭死亡。

一审法院委托某医学会做出医疗事故技术鉴定。其分析意见认为:(1)医方的诊断正确,处理及时,做剖腹探查术是唯一可行的紧急处理手段。(2)在剖腹探查过程中,发现空肠破裂伤并做修补;在腹膜后巨大血肿进行性增大,失血性休克不能纠正的情况下,打开血肿、清理积血;积极对伤道和邻近组织及部位做探查是完全正确的处理措施。必须强调的是,在腹膜后血肿巨大、活动性出血迅速的情况下,寻找出血部位和损伤的血管难度是相当大的,尤其是患者已经处于失血性休克、低血压、低灌注的情况下更是如此。医方已将能探查到的肾血管破裂出血之属支做修补,足以证实其做了细致而有效地探查。至于手术未能寻找到左侧第一腰椎动脉断裂端,那是因为该动脉位于腹主动脉内后方,血肿巨大时往往致视野不清,尤其是在低血流灌注下,出血不一定明显,术中未能发现并不奇怪。血肿清除后,对腹膜后组织弥漫性渗血采取以止血材料经行物理性压迫止血的措施是正确的。当术后发现引流管引流出大量血性液体时,即进行会诊并做介入治疗,处置果断,诊治措施及时得当,不存在延误治疗时机。(3)患者腹、腰部的多发刀刺伤引起大出血是其直接的死亡原因,与诊治措施的实施无关联。手术中未能发现左侧第一腰椎动脉断裂伤是现有的医疗技术条件下,无法预料和及时判断的现象及造成的不良后果,且医方及时做了介入闭塞治疗,与患者其后因休克继发多脏器功能衰竭死亡没有因果关系。(4)医方对多发刀刺伤已合并失血性休克患者的术后高危状况评估不够充分,没有将患者术后仍病情危重、可能出现并发症等风险向患方强调,为其不足之处。综上所述,未发现医方的医疗行为违反医疗卫生管理法律、行政法规、部门规章和诊疗护理规范、常规;无医疗过失行为,存在医疗不足;患者的死亡与医方的医疗行为及上述医疗不足之间不存在因果关系。鉴定结论:不构成医疗事故。

三、审理情况

一审法院认为:根据某医学会的鉴定意见,手术中未能发现左侧第一腰椎动脉断裂伤是现有的医疗技术条件下,无法预料和及时判断的现象及造成的不良后果,且医方及时做了介入闭塞治疗,与患者其后因休克继发多脏器功能衰竭死亡没有因果关系。综上,患者的死亡与医疗行为之间没有因果关系,医方不需对患方承担赔偿责任。据此判决驳回患方的全部诉讼请求。

患方上诉称:腰一动脉漏诊并非现有医技局限性,而是医方的疏忽大意过失所致。腰一动脉断裂漏诊与患者失血性休克、多器官衰竭有直接因果关系。据此请求改判医方赔偿医疗人身损害金计200,000元。

二审法院认为:某医学会的鉴定意见分析透彻,论证充分,鉴定程序合法,予以采信。因此,可认定患者的死亡是其原发伤情所致,医方对此并无过错。虽然该鉴定意见也指出医方存在一定的不足,但这与患者的死亡后果之间并无因果关系。据此判决驳回上诉,维持原判。

替代医疗方案未告知是否担责

——周某诉某医院案

广州市中级人民法院

一、要点提示

医方需要实施手术、特殊检查、特殊治疗时，除了应向患者告知病情、医疗措施、医疗风险外，对于存在替代医疗方案的，应一并告知说明。若医方违反该义务，并由此给患者造成损害，医方应承担相应的赔偿责任。

医务人员在向患者告知替代医疗方案时，应把握以下标准或原则：(1)医方所选择告知的替代方案对于具体的患者而言，应有适应症，而没有禁忌证。(2)医方所选择告知的替代方案应为当时在临床上比较成熟、接受广泛、疗效确切的方法。(3)该替代方案应为以一名合理医师即符合当时的医疗水平的理性医师所能并应当知晓的方法。该方法不限于该医师、该科室、该医院所能开展的范围。同时，应考虑地域性、专门性、紧急性等因素的影响。(4)若某方案的告知与否有足以导致一个理性患者作出不同决定之可能性，则该方案属于应当告知的替代医疗方案。同时，还应适当考虑具体患者的特殊性。总之，应以充分尊重患者的知情选择权为基本原则和最终目的。

二、基本案情

(一)当事人

上诉人(原审原告)：周某。

被上诉人(原审被告)：某医院。

（二）基本事实

患者周某，男，1991 年出生。2009 年 3 月 25 日 4:50 因交通事故经多家医院手术治疗，术后仍呈睁眼昏迷。2009 年 10 月 20 日，患者以主诉“车祸后昏迷 6 月余”入住涉案医院（以下简称医方）康复科诊治。入院查体：左右颞部分别见大小约 8cm × 10cm 及 6cm × 8cm 去骨瓣凹陷。专科情况：醒状昏迷，呈去大脑皮层状态。初步诊断：创伤性脑损伤（双侧去骨瓣降压术后）；外伤后脑积水（右侧 VP 分流术后）。因患者双侧颅骨缺损面积大，头皮明显凹陷，于 11 月 3 日转神经外科。经家属同意并签字后，于 11 月 11 日在全麻下行双侧颞部颅骨成形术（修补术）。11 月 28 日转回康复科继续康复治疗。后因脑室—腹腔分流管阻塞，历经多次手术。2010 年 6 月 20 日，患者以主诉“脑室—腹腔分流术后发热 10 天”入住“医院一”诊治。经检查发现颅内感染，于 7 月 5 日转“医院二”继续治疗。因首次颅骨修补塑形欠佳，部分钛钉松动，7 月 28 日行左侧额颞部颅骨缺损修补术，于 2010 年 9 月 13 日出院。

（三）诉辩要点

患者诉称，由于医方颅骨修补术的技术问题，导致多次手术，病情加重，发热、感染等症状，不但给患者增加了人身损害痛苦，还给患方造成重大的直接经济损失。据此请求法院判令医方赔偿其医疗损失费 338,494.49 元、护理费 43,840 元、医疗过错人身损害费 100,000 元。

医方辩称：患者的损害为交通事故造成，我院的医疗行为与其损害后果之间没有因果关系，我院也没有任何过错，请求驳回患者的诉讼请求。

（四）鉴定情况

一审法院委托某医学会作出医疗事故技术鉴定。其专家分析意见认为：(1)医方对患者的诊断明确，选择颅骨修补术时机恰当，手术效果可；术后发现脑积水加重，考虑脑室—腹腔分流管堵塞，随后对脑室—腹腔分流管进行探查并将腹腔端放置在腹腔内多个位置仍无效的情况下，行脑室—心房分流术；整个临床处置过程中所采取的各项措施，符合神经外科诊疗常规。(2)关于患方认为“医方颅骨修补术不当导致患者脑室—腹腔分流管堵塞”的问题。鉴于:(1)颅骨修补术的手术切口不在脑室—腹腔分流管的手术视野内,不会引起脑室端分流管移位,不会造成其堵塞;(2)颅骨修补术造成脑室—腹腔分流管堵塞的情形有下列可能:第一,在手术分离头皮与颞肌或硬脑膜时,引起皮层或脑内血管破裂,出血流入脑室时可引起脑室端堵塞。从患者术后复查CT显示,脑室内无出血,且后来腹腔探查发现为腹腔端堵塞,都证明分流管的堵塞与颅骨修补术无关。第二,术后颅内感染也可引起分流管堵塞。从患者术后多次脑脊液检查并无颅内感染的证据。因此,鉴定专家组认为,患者脑室—腹腔分流管堵塞与颅骨修补术无关,分流管的堵塞是脑室—腹腔分流术常见的并发症,可发生在术后长短不一的任何时间内。(3)关于患方认为“医方2009年12月23日、2010年1月8日、1月13日先后3次手术都未成功,后经外院重新做颅骨修补术后,发热、感染痊愈,证明医方对患者的全部手术都是失败的”问题。鉴定专家组认为,患者在医方前3次手术都未成功,主要原因是患者当时的身体状况较差,刚做完双侧颅骨修补术1个月余,又在间隔1周左右的时间内连续做4次手术;另外,由于患者长期处于植物生存状态,又存在肺部感染、腹腔感染,并且长期发热,全身抵抗力下降,整个身体内环境特别是腹腔内环境差,致使感染难以控制。“医院二”予患者重新做颅骨修补术,主要是进一步完善整形问题。因医方首次行颅骨修补术使用的颅骨修补钛板是术中现场人工塑形的,其修补后的外观和完整性不够完美,但不会引起引流管堵塞。“医院二”予患者重新做颅骨修补术使用的修补物为计算机塑形颅骨修补钛板,其修补的外观和完整性会更加完美。尽管两家医院使用的修补物不同,而两个手术术后可能出现的感染等手术并发症的发生率是没有区别的。(4)医方对患者的病情与患方沟通欠缺,尤其是对患者颅骨修补术及脑室—腹腔(心房)分流术的疗效及术后可能出现的各种并发症等情况向患方解释得不够全面,没有得到患方的理解。此为医方的医疗不足。综上所述,未发现医方的医疗行为违反医疗卫生管理法律、行政法规、部门规章和诊疗护理规范、常规;无医疗过失行为,存在医疗不足;患者行颅骨修补术及脑室—腹腔(心房)分流术是治疗所需,术后出现持续感染、发热等情况与其原有疾病和长期处于植物生存状态、全身抵抗力下降及手术并发症等因素有关,与医方的医疗行为及上述医疗不足之间不存在因果关系。

三、审理情况

一审法院认为:针对患者的主张,某医学会鉴定专家组逐一做了分析和认定。目前,患者没有进一步的证据推翻鉴定专家组的认定意见,因此,对患者的相关主张不予确认。虽然鉴定专家组认为医方对患者的病情与患方沟通解释不够等存有不足,但经审查,该不足并不构成对患者的损害,亦不足以作为要求医方赔偿之依据。据此判决驳回患者的全部诉讼请求。

患者上诉称:患者在医方接受颅骨修补手术后仍存在部分缺损状态,钛钉松动,钛板松动,导致钛板将患者的头皮刺穿出现再次感染,再次入院治疗。颅骨修补一段时间后脑室腹腔分流管出现轻微堵塞,然后在处理分流管的问题上医院存在诊治不当,经多次脑室腹腔分流管腹腔端重置手术中反复出现堵塞和感染,明知分流管已经被感染还不将其从患者体内拔出。患者不得不转去其他医院进行再次手术治疗,医方为患者做的手术存在过错行为。据此请求改判支持其一审的诉讼请求。

二审法院认为,本案主要争议三个问题:(1)医方为患者实施颅骨修补术中是否存在过失;(2)医方施行的颅骨修补术是否造成分流管的堵塞;(3)医方针对分流管的堵塞所做出的处理是否存在过失。关于第二、三个问题,某医学会的鉴定专家给出了明确的鉴定意见,原审判决据此进行了分析认定,依据充分,予以确认。患者在医方实施颅骨修补术后出现分流管的堵塞以及持续感染、发热等情况与其原有疾病和长期处于植物状态、全身抵抗力下降及手术并发症等因素有关,医方对此并无过失。患者要求医方对该部分损失承担责任,缺乏事实和法律依据,不予支持。关于第一个问题,根据某医学会的鉴定意见,医方为患者进行颅骨修补术所使用的修补钛板是术中现场人工塑形的,其修补后的外观和完整性不够完美,而"医院二"为周某重新做颅骨修补术所使用的修补物为计算机塑形颅骨修补钛板,其修补的外观和完整性更加完美。也就是说,颅骨修补术在修补物方面是存在不同选择方案的,且两者在效果上存在差别。对此,医方应当在手术前向患方告知说明,以便患方知情并做出更有利于自身的选择。如果患方欲追求更加完美的修补效果,在医方不能提供相应的治疗条件时,可以选择其他具备相应条件的医疗机构接受治疗。由于医方在履行告知说明义务方面存在欠缺,影响了患方知情选择权的有效行使,医方的过失与患者前后两次进行颅骨修补术的损失之间存在一定的因果关系。某医学会的鉴定意见也特别指出医方对患者的病情与患方沟通欠缺,尤其是对患者颅骨修补术及脑室—腹腔(心房)分流术的疗效及术后可能出现的各种并发症等情况向患方解释得不够全面,没有得到患方的理解,存在医疗不足。因此,医方应当赔偿由此给患者所造成的损失。具体赔偿数额从患者在医方进行颅骨修补术住院期间所产生的费用、患方选择不在医方接受颅骨修补术的可能性大小、原有疾病本身的治疗需要及其风险以及精神损害抚慰等几个方面考虑,酌情确定为30,000元。据此改判医方赔偿30,000元给患者。

合理医疗水平的判断标准

——邓某诉某医院案

广州市中级人民法院

一、要点提示

“可尊重的少数”法则和“最佳判断”法则，是审判实践中判断合理医疗水平的标准，本案的问题是，如果案件同时涉及这两个法则，应如何取舍？

“可尊重的少数”法则，是指医疗领域中往往存在着多种医生同行所普遍接受的医疗实践或观点，某医生的行为符合其中一种医疗实践或医疗观点，往往是没有过失的强有力的证据。如果有一部分职业者认为某医生的行为是错误的，而另外有一部分职业者赞同该医生的行为，就不能证明构成医疗过错。

“最佳判断”法则强调的则是医方的最善注意义务。该法则要求，当医师的专业判断能力高于一般标准而该医师又明知一般标准所要求的医疗方法属于具有不合理的危险时，对该医师的注意义务的要求应高于一般标准，该医师必须依其能力做“最佳判断”方可免责。

本案，根据“可尊重的少数”法则，医方采普通缝合并不构成过错。然而，医方经全科病例讨论拟定的手术方案是加强缝合，该方案相对普通缝合是针对患者具体病情的最佳判断。医方放弃采用最佳判断给患者带来的风险不应由患者独自承担。“最佳判断法则”要求医方根据已经做出的最佳判断实施手术方案，这从诊疗注意义务的合理性、可行性及风险分担的角度，都更有利于保障患者的人身权益；这种要求客观上也不至于因为提出了不可能完成的技术要求而有损医院及医务人员的合法权益，体现了侵权法平衡当事人之间利益及与社会一般人之间利益的价值取向和功能。故二审法院认定医方在手术中没有采取本已拟定的谨慎防范措施违反了“最佳判断法则”，有失医疗水准，构成医疗侵权。

综上，医疗纠纷案件中，如果存在多种手术方案的选择，在医方已经作出最佳选择决定的情况下，实际手术过程中外科医生选择的术式虽符合“可尊重的少数”这一法则，但其放弃“最佳判断”引起的手术风险应由医方承担相应责任。

二、基本案情

（一）当事人

上诉人（原审原告）：邓某。

被上诉人（原审被告）：某医院。

（二）基本事实

邓某因“反复返酸6个月，伴腹胀、呕吐7天”于2008年6月2日入涉案医院胃肠胰外科住院治疗。经入院体查、专科检查、胃镜检查，医院初步诊断：胃潴留、幽门梗阻？Ⅱ型糖尿病？医方经讨论研究，认为邓某手术指征明显，遂将手术必要性和可能出现的危险、并发症和意外情况向邓某告知，邓某及家属表示理解并签署手术知情同意书。2008年6月17日，医方在全麻下为邓某行胃远端大部分切除、胃空肠毕Ⅱ式吻合术。2008年6月21日，邓某病情加重。考虑消化道瘘的可能性大，医方当天下午将邓某转入SICU继续治疗。2008年6月21日23时30分，医方为邓某行急诊剖腹探查，术中发现腹腔内约有2000ml黄绿色液体，十二指肠残端有一约1×1cm的瘘口，彻底冲洗腹腔后，行十二指肠造瘘、空肠近端造瘘、空肠远端留置营养管、腹腔引流术。术程顺利。2008年6月26日，邓某气管插管拔除，脱离呼吸机。2008年8月6日，邓某康复出院。

病历《术前总结》记载，“切除远端胃，切割闭合十二指肠残端，包埋加固”；《手术记录》记载，“使用强生吻合器行毕Ⅱ式胃空肠吻合，用丝线封闭十二指肠残端,加固缝合胃断端。”

(三)诉辩要点

患者起诉认为:医方在对患者的诊疗过程中存在未尽注意义务的重大过错,致使患者身体健康受到中毒性休克等方面的极大损害,医方应承担医疗损害赔偿责任,故请求判决医方向其赔偿:残疾生活补助费35,397元、医疗费70,071.05元、误工费48,424元、护理费3680元、营养费1380元、交通费200元及精神损害抚慰金30,000元。

医方答辩认为:(1)医方对邓某原发疾病诊断无误,手术指征明确,实施手术的方案符合诊疗规范。结合邓某病史、症状体征及影像学检查结果,提示邓某幽门梗阻、复合性溃疡,有手术指征。邓某有长期慢性贫血、糖尿病史,手术风险较大,可能出现吻合口、十二指肠残端瘘、伤口愈合欠佳等并发症。医方详细交代病情后,邓某及家属表示理解并同意手术。经术前准备,医方在全麻下为邓某行胃大部切除术,术程顺利,安返病房。术后第3天邓某出现十二指肠残端瘘,故再行急诊手术。术后邓某逐步好转,治愈出院。因此,医方对邓某采取的诊疗措施符合医疗规范,不存在过失过错。(2)由于邓某长期胃十二指肠溃疡、疤痕性幽门梗阻、慢性贫血、糖尿病,对邓某的手术方案医方医师于术前进行了讨论和总结。邓某十二指肠溃疡与胰腺头部疤痕性粘连,以及长期胃十二指肠溃疡等,这些都是术后出现十二指肠残端瘘的危险因素。医方在按医疗规范进行手术操作的情况下,邓某于术后第3天仍出现十二指肠残端瘘是目前医疗技术难以完全避免的。在邓某出现术后并发症后,医方积极采取对症处理措施。邓某病情趋于好转,逐步康复,最终治愈出院。医方对邓某的并发症抢救治疗是积极和成功的。综上,医方认为其对邓某采取的诊疗措施符合医疗常规和规范,邓某要求医方承担赔偿责任的法律基础不存在,请求法院依法驳回邓某的诉讼请求。

(四)鉴定情况

一审法院委托某医学会就本案是否构成医疗事故、医院在诊疗过程中是否存在过错过失等问题进行医疗事故技术鉴定。该医学会出具《医疗事故技术鉴定书》,“分析意见”记载:“(一)根据患者的病史,结合临床症状、体征及辅助检查结果,其胃十二指肠复合性溃疡、幽门梗阻的诊断成立,有胃大部分切除的手术指征。术前虽发现患者有轻度的贫血和血糖稍增高,但不构成手术禁忌,且术前已有一定的矫正。术前,医方进行了全科的病例讨论,已充分意识到手术的高风险性,并特别指出可能因糖尿病、贫血等原因会出现吻合口瘘或十二指肠瘘、伤口愈合欠佳等可能。在履行手术和麻醉风险告知义务、征得患者及家属同意并签署手术知情同意书后,予患者行手术治疗。据手术记录,术者依据术中所见进行了胃远端大部分切除和毕Ⅱ式胃空肠吻合术,十二指肠残端先用切割闭合器切闭后再作加强缝合等处理。鉴定专家组认为,医方选择的术式和手术操作过程符合胃十二指肠复合性溃疡、幽门梗阻的外科诊疗常规。(二)术后4天,患者出现十二指肠残端瘘。患方认为术后出现十二指肠残端瘘并非该手术的必然并发症,是因为医方麻痹大意、疏忽及未尽注意与合理预防义务,导致与胃肠吻合口瘘相对不容易出现的十二指肠残端瘘发生。鉴定专家组认为:不能认为胃肠吻合口瘘的发生率一定高于十二指肠残端瘘,实际情况正好相反,患者的十二指肠残端瘘属于手术并发症。该并发症的发生虽非必然,鉴于目前的医疗技术水平、患者的个体差异以及诊疗行为的偶然性,该并发症在此类手术中难以完全避免。出现该并发症有多种原因,就本患者而言,术前的贫血和糖尿病及幽门梗阻导致周围组织的水肿是出现该并发症的高危因素。当患者出现该手术并发症后,医方所采取的治疗措施是及时和有效的,挽救了患者的生命,使之康复出院。(三)鉴定专家组认为,医方在医疗过程中存在如下不足:虽然在第一次术前全科讨论时已考虑到手术有出现十二指肠残端瘘的可能,但在手术知情同意书上未明确列出。综上,医学会认定医方无医疗过失行为,存在医疗不足;患者在行胃远端大部分切除和毕Ⅱ式胃空肠吻合术术后出现十二指肠残端瘘是该手术的并发症之一,与医方更换手术者和对十二指肠残端瘘的处理方法等医疗行为之间不存在因果关系。”“结论”为“本医案不构成医疗事故。”

三、审理情况

一审法院判决认为:依据医学会的鉴定结论,未发现医方的诊疗行为违反医疗卫生管理法律、法规、部门规章和诊疗护理规范、常规,医方不存在诊疗过失行为,患者术后出现十二指肠残端瘘是该手术的并发症之一,与医方的诊疗行为之间不存在因果关系。患者主张医方承担损害赔偿责任,缺乏事实和法律依据。判决:驳回邓某的全部诉讼请求。

邓某上诉认为:为其行第一次手术的医师没有尽到必要的谨慎、注意义务。其在病情稳定、状态良好、病灶清晰、术界良好的状态下,接受第一次手术,出现危及性命的情况,与行手术医师的医术有关。为此,邓某上诉请求:撤销原审判决,改判支持其在一审的全部诉讼请求。

二审法院判决认为:据《黄家驷外科学》记载,BⅡ式胃切除术后十二指肠残端瘘的发生率在1% ~4%之间,该并发症并非必然,但也难以完全避免。然而,BⅡ式胃切除术后十二指肠残端瘘属于严重的并发症,如诊断不及时或处理不当常可危及生命。因此,十二指肠瘘重在预防。残端缝合不严密是发生十二指肠残端瘘的因素之一,为预防十二指肠残端瘘,往往需要残端缝合加强,如可应用大网膜逢盖于残端加强。本案医方《术前总结》已有"切除远端胃,切割闭合十二指肠残端,包埋加固"的预案,表明医方术前对此已有重视并制订了针对性的手术措施。然而手术记录显示,医方在手术中并没有严格按照术前预案对十二指肠残端进行"包埋加固"。医学会在鉴定书中称医方对十二指肠残端予以加强缝合的处理,与手术记录不符。医方在手术中没有采取本已拟定的谨慎防范措施,应认定医方在手术方面存在过错,医方应承担相应的赔偿责任。鉴于十二指肠残端供血不良(如因血管离断)、手术并发的局部感染及患者个体差异等因素均是诱发十二指肠残端瘘的因素,患者术前的贫血和糖尿病及幽门梗阻导致周围组织的水肿也是出现该并发症的高危因素,本案无确凿证据证实医方上述过错构成本医案的唯一原因,二审改判医方负担50%的赔偿责任。

医方对植入人体固定装置的质量是否承担责任
——郭某诉某医院案

广州市中级人民法院

一、要点提示

本案涉及植入人体固定装置质量的举证责任问题。本案中,虽然医方可以证实其产品来源合法性,但在无据证实患方在使用过程中有过错的情况下,医方应对其所使用产品的质量无瑕疵承担相应的举证责任。由于目前国内没有对涉案产品质量进行鉴定的机构,即无法通过专业机构给予专业意见,故医方仅能通过其他证据证实其使用产品的质量。在其这方面证据举证不足的情况下,则需承担举证不能法律责任,即向患方做出相应赔偿。

在本案情况下,将举证责任分配给医方并无不妥。至于在鉴定不能时,医方被推定为全责,是否存在不公平问题。首先,本案体现了对植入人体的医疗产品严格要求的精神和原则,符合社会进步潮流,是积极向上的,应予肯定;其次,患方就产品质量问题举证能力弱于医方,患方对该产品的使用是被动的,对产品信息的了解与医方相比是不对称的;最后,医方承担赔偿责任后,有一定的权利救济途径,既可通过医疗保险进行自救,也可通过与产品供应商所签订的相应合同进行追偿。所以,原审法院的处理合理恰当。

二、基本案情

(一)当事人情况

上诉人(原审被告):某医院。

被上诉人(原审原告):郭某。

(二)诉辩要点

郭某在原审诉请:(1)返还我已垫付的医疗费30,110元;(2)赔偿误工费18,000元、住院伙食补助1500元、陪护费3000元、交通费1500元、精神损害抚慰金71,693元。

医院在原审辩称:我方不同意原告的诉讼请求。钢材确实有国产和进口之分,但医生不会表态说国产需要取,进口不需要取,在和患者谈话的时候已经表明钢钉有断裂的可能,原告也已经签名。我方使用的钢钉都是通过正规途径招标,我方认为钢钉没有质量问题。至于钢钉断开的原因,内固定断裂是脊柱手术常见的并发症。对于钢钉的使用年限问题,目前国内没有明确的界定。除了原告的病情会导致钢钉断裂,原告正常的生活方式、习惯也会对断裂产生影响,即使是正常的弯腰等动作都可能导致断裂,特别是原告是学生需要长期坐着,对脊椎负担比较大,所以钢钉可能属于疲劳断裂的问题。关于医疗费,对于具体的数额没有异议,但应该扣除医保的部分。关于误工费,原告没有相关的证据证实,我方不同意赔偿。关于住院伙食补助费,我方在本案中不存在责任,不同意赔偿。关于护理费,原告不需要两人护理,也没有提交护理人员的误工证明,不同意支付。关于交通费,原告没有提交相应的票据,不认可。关于精神损害抚慰金,没有相关的法律依据,不同意支付。

(三)基本事实

原告于2007年9月10日因"先天性脊柱侧弯、第3腰椎半椎体畸形"在被告处入院治疗,并于2007年9月14日行"后路腰3半椎体截骨、脊柱侧弯全椎弓根钉矫形内固定术"。原告自称2010年7月5日晚突然听到"嘣"的声响,而后身子发麻伴剧烈疼痛,原告随后到被告处检查,其后又于2010年7月7日到被告处检查及咨询,检查结果均为无异常。2011年4月20日,原告的放射诊断报告单记载:"检查所见:腰3半椎体截骨、脊柱侧弯全椎弓根钉矫形内固定术(Depuy Moss miami)后,腰1、2及腰4.5椎体见椎弓根钉,左侧连接横杆中上段断裂,右侧连接横杆中下段成角,椎体大致弯曲度与2010-07-05片比较无明显改变。印象:腰椎侧弯内固定术后改变,左侧连接横杆中上段断裂,右侧连接横杆中下段可疑断裂”。后原告于2011年7月20日第二次入院,于2011年8月1日行“脊柱畸形内固定翻修术”,并于2011年8月18日出院。

被告主张原告手术中使用的医疗器材没有质量问题,并提供了《医疗器械注册证》[注册号为国食药监械(进)字(2006)第3460721号]、由美国DePuy Spine, Inc.生产的产品名称为MOSS MIAMI脊柱系统(MOSS MIAMI Spinal System)的《医疗器械产品注册登记表》及其附件以及强生(上海)医疗器材有限公司的营业执照、组织机构代码证、医疗器械经营企业许可证作为证据。原告在对植入其体内的钢钉上的编号进行核对后,表示钢钉器材中编号为BDBX38Y以及编号为BDBTISE的附件找不到对应出处,因此,原告对钢钉质量仍持异议。

在庭审中,原审法院询问被告关于与植入原告体内的钢钉器械的同类产品的使用年限是多久的问题,被告称没有相关的规范。

(四)鉴定情况

诉讼过程中,原告向原审法院申请对植入其体内的钢钉进行质量鉴定。原审法院拟委托某质量技术监督局以及某医疗器械质量监督检验中心等鉴定机构对钢钉进行质量鉴定,但上述鉴定机构均向原审法院表示不予受理。后双方当事人也均无法提供可以接受涉案质量鉴定的机构。

被告在原审答辩期内向原审法院提出做医疗损害鉴定的申请,原、被告双方均同意由某医学会医疗事故技术工作办公室对本案的医疗行为做鉴定。但经原审法院委托鉴定后,医鉴会答复称由于原告方对钢钉的质量存在异议,故需先进行质量鉴定后才可进行医疗损害的鉴定,因此对本医案不予受理。

三、审理情况

原审法院经审理认为,本案争议的焦点主要在于植入原告体内的钢钉器械是否存在质量缺陷。本案中,基于植入原告体内的钢钉器械目前尚无法进行科学的分析和鉴定,原审法院结合案情做如下分析:首先,虽然经手术植入的钢钉断裂时已有三年半时间,但对于植入人体内部的医疗器械,应尽最大可能地保障患者的人体健康和安全,相较于一般的产品,有着更严格的质量标准,以最大限度地保护患者的身体健康权。虽然我国目前尚没有关于钢钉使用年限的规范标准,但是,本案植入原告体内的钢钉在三年半的时间即断裂,明显没有达到一般同类产品的正常使用年限。其次,被告没有举证证明钢钉断裂的原因是由原告造成的,而且,对于植入自己身体内的钢钉,可以合理相信原告会珍惜和爱护自己的身体健康,在日常生活中尽谨慎的注意义务以保障自身安全。故此,原审法院推定被告植入原告体内的钢钉存在质量缺陷,对此造成原告的损失由被告承担全部赔偿责任。尽管被告提供了证据证明植入原告体内的钢钉的合法来源,但是该事实并不是被告可以免责的法定事由,故原审法院对被告的该辩称不予采纳。

对于原告的损失数额,原审法院依法核定如下:(略)鉴于此,上述赔偿款合计 44, 380 元应由被告赔偿给原告。原审法院判决如下:(1)被告某医院在本判决生效之日起 7 日内赔偿医疗费、住院伙食补助费、护理费、交通费、精神损害抚慰金合计 44, 380 元给原告郭某;(2)驳回原告郭某的其他诉讼请求。

判后,某医院不服,提出上诉请求撤销原审判决。

二审法院认可原审法院的分析和认定,维持原判。

医方是否对并发症一律不承担责任

——吴某诉某医院案

广州市中级人民法院

一、要点提示

并发症并非医方的免责事由，关键在于医方对于并发症的发生有无过失。对于手术并发症的归责，在《侵权责任法》实施之前适用“举证责任倒置”，在《侵权责任法》实施之后应有适用“事实本身说明过失”原则的余地，但应严格限制范围。一般情况下，应限于医方在手术操作中直接造成的副损伤。该副损伤应为依普通的常识经验若无医方过失则一般不会发生。在适用“事实本身说明过失”原则的情况下，并非要求医方举证达到可以证明“医方无过失”之程度，而只需令“医方有无过失”这一事实处于真伪不明之状态即可。如医方可以举证证明该副损伤因本身疾病的原因而难以避免或因患者体质特殊而容易发生，即可达此目的。

二、基本案情

（一）当事人

上诉人（原审原告）：吴某。

上诉人（原审被告）：某医院。

（二）基本事实

患者吴某，男，1959 年出生，因“无痛性血尿 3 天”于 2009 年 9 月 4 日入涉案医院泌尿外科诊治。入院诊断为左肾肿瘤——肾癌。入院后完善相关检查，经科内讨论认为，患者诊断明确，有左肾癌根治术指征，无明显手术禁忌证。2009 年 9 月 8 日，医方与患方签署手术同意书，其中的手术合并症及其危害有：术中可能血管损伤、出血、休克、肠管损伤、损伤胸膜、腹膜、胰腺、脾脏、肝脏、神经、淋巴管、肌肉等邻近组织器官，术中有行邻近器官切除的可能等。2009年9月9日，医方为吴某在全麻下按照常规行腹腔镜下左肾癌根治术（经腹腔），术程顺利。后经病理检查证实为左肾癌。术后当晚行血常规和血生化等检查，未见明显异常。2009年9月10日凌晨3时许，患者出现烦躁不安、心率增快，予以对症处理，经增加补液、输血和应用止血药物等治疗，患者病情一度改善。当天下午患者再次出现心率加快、血压及血色素下降，尿少，经组织会诊讨论，考虑术后腹腔内出血、休克，需行急诊剖腹探查止血术。向患者家属说明病情、手术的必要性和有切除脾脏等脏器的可能，患者家属表示理解并签字同意手术。当日18:20分在全麻下行剖腹探查术，术中见腹腔内大量凝血块及出血，共计约3000ml。检查发现脾脏和左膈肌脚处出血，因无法止血而行脾脏切除。术后送患者入ICU病房继续观察病情变化，术后4小时患者再次出现腹胀、心率加快和血压下降。医方讨论后考虑腹腔手术区域出血，经患方签字同意后于2009年9月11日再次行剖腹探查止血，术中见腹腔内大量凝血块及出血，清理腹腔出血和血块后发现左侧胸腔有血性液体，组织胸外科有关专家会诊，探查左侧胸腔无异常，考虑左侧胸腔积液为腹内积血压力过高所导致的反应性渗出，予以左侧胸腔闭式引流。经对渗血点进行缝扎止血，反复观察未见活动出血，患者血压和尿量恢复正常并稳定后结束手术。患者康复并于2009年11月19日出院。

（三）诉辩要点

患方诉称：医方手术操作不当伤及患者脾脏，导致其脾脏被切除及一系列并发症的发生，医方的医疗行为有重大过错，故请求法院判令医方向其赔偿医疗费、残疾赔偿金、精神损害抚慰金等合计321，148元。

医方辩称：医方术前已经告知风险，手术操作符合常规，出现脾损伤和腹腔内出血的并发症是腹腔镜肾癌根治术的并发症之一，目前医疗技术难以完全避免。请求驳回患方的诉讼请求。

（四）鉴定情况

一审法院委托某医学会做出医疗事故技术鉴定，其分析意见认为：(1)医方对患者的左肾癌、术后出血性休克及手术区域出血的诊断正确，根据前述诊断先后采取左肾癌根治术、脾切除术和剖腹探查止血及胸腔引流术的治疗及处置措施符合泌尿外科的诊疗规范。(2)关于患方认为医方手术操作失误损伤患者脾脏，导致脾脏切除的问题，腹腔镜下行肾癌根治术具有创伤小、恢复快等优点，但与开放手术一样也有一定的并发症，如血管损伤、肠管损伤、邻近组织器官的损伤等。术中损伤脾脏是腹腔镜下肾癌根治术并发症之一，发生率达8%～13%。本患者左肾肿瘤较大，手术易出现副损伤，在无法止血的情况下予以脾脏切除是恰当的处理方法。据国内外文献报导，左肾癌根治术中脾脏切除率为4.3%～13.2%。(3)医方在医疗过程中存在以下不足：①术前履行告知义务时，与患方沟通不够，如对第二次手术前已高度怀疑脾损伤出血，剖腹探查手术可能需行脾切除的情况与患方沟通不详。②病历记录较简单，缺乏对病情的详细分析，容易造成患方的误解。综上所述，未发现医方的医疗行为违反医疗卫生管理法律、行政法规、部门规章和诊疗护理规范、常规；无医疗过失行为，存在医疗不足；对患者所行左肾癌根治术是其疾病治疗所需，术后患者出现失血性休克是手术并发症（脾脏损伤）所致，医方及时发现并予以及时抢救处理，紧急情况下行脾切除术，成功挽救了患者的生命，临床治愈了其左肾癌，患者康复出院；患方所诉患者之损害后果与医方的医疗行为及上述医疗不足之间不存在因果关系。结论为：本医案不构成医疗事故。

一审法院另委托某鉴定中心进行伤残评定，鉴定患者为交通事故八级伤残。

三、审理情况

一审法院认为，患者脾脏于左肾癌根治术中被损伤，导致其于肾癌根治术后出现出血性休克以及脾脏被切除。医疗事故鉴定意见书称,患者脾脏于术中被损伤是腹腔镜下肾癌根治术并发症之一,但目前没有任何法律和医疗规范的规定对并发症的定义和范围做出明确解释,患者的损伤可否认定为手术并发症并无法律依据。并发症是一种损害后果,判断医院对并发症应否承担责任的关键,应当也只能是医疗行为有无过失以及医疗过失行为与并发症的发生之间有无因果关系。医方现并无证据证明其已对于患者脾脏被损伤的事实加以了充分的注意并采取了积极有效的防止措施。因医方的医疗行为给患者造成了出血性休克以及脾脏被切除等一系列的损害,且患者的损害后果与医生的医疗行为存在不能排除的直接因果关系,故医方承担相应的赔偿责任。根据医方的过错程度、原因力大小等因素,医疗过错仅起次要作用,故医方应承担30%的赔偿责任。据此,一审判决医方向患者赔偿71,744元。

患方上诉称:肾脏手术导致脾被切除,医方有重大过错,应承担全部责任。肾和脾是两个独立的器官,其因肾病到医院治疗,手术却伤及脾脏,应为医方的过错行为造成,医方应承担全部责任。据此请求改判支持一审的诉讼请求。

医方上诉称:医方对患者诊疗符合医疗常规和规范,不存在医疗过错。医方对患者术后并发症的处理是及时和规范的,患者顺利康复。一审法院判决医院承担30%的赔偿责任缺乏法律和事实依据。患者发生脾脏损伤导致脾脏切除是不可避免的并发症,与患者本身疾病(左肾肿瘤较大)、目前医疗技术发展水平等因素有关,并非医疗行为的过错造成。医院以病历资料(医嘱单、护理记录等)和申请合法鉴定机构进行鉴定证明了医院诊疗过程中进行了积极且符合常规的防范措施以避免并发症的发生。请求改判驳回患方诉请。

二审法院认为,对于并发症,从总体而言,的确不可能完全避免;但对于个案,医方应当预见并积极防范,尽量减少并发症的发生。也就是说,并发症并非医方得以完全免责的抗辩事由,而应视具体案情,考查医方对此是否尽到了谨慎之注意义务。本案中,虽然医方在手术同意书中向患方告知了术中有损伤脾脏的风险,说明医方对该并发症的发生有所预见,但在术前小结、讨论中,记录非常简单,没有对手术当中可能发生的副损伤等风险以及如何防范、应对的措施进行分析、讨论。在手术记录等病历中,也没有反映出患者存在左肾癌肿与脾脏粘连紧密等可能增加脾脏损伤风险的情形。因此,根据现有证据,医方不能证明其已经尽到谨慎的注意义务,可认定医方存在过失,在手术造成脾脏损伤,与患者脾切除的损害后果之间存在因果关系,医方应当承担侵权赔偿责任。至于医方的责任比例,应比较医方的过失和患者的原发病及医疗风险对损害后果的原因力大小而定。医方在手术中过失伤及脾脏是导致患者脾脏切除的直接原因,医疗过失应为主要因素,原发病及医疗风险相对来讲为次要因素,酌情确定医方承担 60% 的赔偿责任为宜。据此改判医方赔偿 113,488.8 元给患方。

跨界会诊“医患结” 五方共议“补心术”

人民法院报本报记者 马伟锋 本报通讯员 邓娟闰

广州法院医疗纠纷研讨会现场 罗伟雄 摄

近年来,医患关系一直处于紧张态势,不时发生的医患冲突更成为全社会的撕裂之痛。究其根源,信任缺失是医患纠纷难以化解的“心结”所在。亦因如此,医疗纠纷案件审理面临着“调解难”、“鉴定难”等问题,法院的裁判结果往往陷入“两头不讨好”的尴尬境地。

心病还需心药医。近日,广州法院以典型案例点评会的形式,组织法官、律师、医院、医疗行政部门、社会调解组织,对医疗纠纷进行“跨界会诊”,集各方之力共施“补心术”,拯救医生与患者间的信任危机,探寻化解医疗纠纷的最佳路径。

医者仁心:如何才算“适当履行”医疗注意义务?

何某孕期定期在甲医院进行产前检查,未发现明显异常,孕39周时入住该院待产。生产过程中,何某出现宫缩后胎心减速,总值医生施以常规处理，胎心好转但反复，二值医生上台检查产妇，指导产妇用力，第二产程20分钟，后经会阴侧切顺产一足月成熟活男婴，脐带绕颈一周。新生儿科主任参与抢救全程，新生儿经抢救后转儿科进一步诊治。出院诊断：(1)新生儿轻度窒息；(2)新生儿颅内出血；(3)头皮下血肿；(4)新生儿暂时性心肌损害；(5)低钙血症。

患方诉称：医方违规使用催产素，包括使用时机不当及随意加大剂量，且在胎儿出现严重胎心下降(宫内窘迫)的情况下，处置出现延误，在胎儿娩出之前的过程中，违规予以腹压操作，应承担全部赔偿责任。

医院方辩称：医方对产妇行缩宫素催产过程的处理及对新生儿窒息的复苏，无医疗过失行为，患儿出现的不良后果属于现有医学科学技术条件下不能完全避免的医疗风险，与医方的医疗行为不存在因果关系，不应承担赔偿责任。

法院认为，根据鉴定意见，本案不构成医疗事故。但是，医方在对何某实施的医疗行为中存在对胎心下降处理不够积极的过失，不排除医方的医疗过失与原告目前运动发育迟缓、多动综合征、左耳听力下降等不良后果有关，存在医疗过失行为。此外，从胎儿娩出后右顶部有一处约7cm×6cm包块来看，分娩过程中极有可能存在腹压操作不当的情况，医方亦未履行谨慎的医疗注意义务。医方未履行积极、谨慎的医疗注意义务，根据鉴定意见和本案实际情况，酌情认定涉案医院承担25%的赔偿责任。

各方观点

广州中院法官钟淑敏：医务人员的注意义务是指医务人员在医疗活动中应具有高度的注意，对患者尽到最善良的谨慎和关心，以避免患者遭受不应有的危险或损害的责任。我们常说“医者仁心”，就是这个意思。医务人员在诊疗前必须对一切可能发生的损害有所认识，在诊疗过程中应密切关注患者病情的变化，及时采取积极、谨慎的医疗措施以防止损害的发生。

广东省委党校医学博士、法学教授宋儒亮：解决医疗纠纷是一个痛苦的问题，但需要在痛苦中往前推。之所以痛苦，就因为医疗纠纷涉及人身基本权利。医者仁心四个字中，“仁”的含义讲的就是要亲爱人。符合常规操作，仅仅是作为医生应当具备的基本要求，但不是全部的要求。只有设身处地地为患者考虑，才能找到最佳的医疗方案，得到最佳的医疗效果。

广州市医学会医疗鉴定办公室主任陈杰：本案中，医院的常规处置虽没有造成严重的事故，但是在胎儿胎心数次下降的情况下，没有及时采取相应措施，也是的确有过失的。对于医疗机构而言，做到尽善尽美是最好的追求，但也是苛刻的要求。但是从患者的角度来看，给予我们白衣天使的称呼，这样的苛刻也是应该的。

工者匠心：合理医疗水平的判断标准

邓某因“反复反酸6个月，伴腹胀、呕吐7天”于2008年6月17日入院。医方在全麻下为邓某行胃远端大部分切除、胃空肠毕Ⅱ式吻合术。6月21日，邓某病情加重，医方将邓某转入SICU继续治疗。经急诊剖腹探查，术中发现腹腔内约有2000ml黄绿色液体，十二指肠残端有一约1cm×1cm的瘘口，彻底冲洗腹腔后，行十二指肠造瘘、空肠近端造瘘、空肠远端留置营养管、腹腔引流术。8月6日，邓某康复出院。病历《术前总结》记载，“切除远端胃，切割闭合十二指肠残端，包埋加固”；《手术记录》记载，“使用强生吻合器行毕式胃空肠吻合，用丝线封闭十二指肠残端，加固缝合胃断端”。

患方诉称：医方在对患者的诊疗过程中更改了术前的手术方案，没有对远端进行“包埋加固”，仅用丝线缝闭，才导致十二指肠残端瘘。医方存在未尽注意义务的重大过错，致使患者身体健康受到中毒性休克等方面的极大损害，医方应承担医疗损害赔偿责任。

医院方辩称：医方对邓某原发疾病诊断无误，手术指征明确，实施手术的方案符合诊疗规范。邓某十二指肠溃疡与胰腺头部疤痕性粘连及长期胃十二指肠溃疡等，这些都是术后出现十二指肠残端瘘的危险因素。医方在按医疗规范进行手术操作的情况下，邓某于术后第3天仍出现十二指肠残端瘘是目前医疗技术难以完全避免的。

法院认为,医方在手术中没有采取本已拟定的谨慎防范措施,违反了“最佳判断法则”,有失医疗水准,应认定其在手术方面存在过错,应承担相应的赔偿责任。鉴于十二指肠残端供血不良、手术并发的局部感染及患者个体差异等均是诱发十二指肠残端瘘的因素,患者手术前的贫血、糖尿病及组织水肿也是出现该并发症的高危因素,无确凿证据证实医方上述过错构成本医案的唯一原因,故判定医方负担50%的赔偿责任。

各方观点

广州中院医疗纠纷合议庭法官魏巍:根据“可尊重的少数”法则,医方采普通缝合并不构成过错。然而,医方经全科病例讨论拟订的手术方案是加强缝合,该方案相对普通缝合是针对患者具体病情的最佳判断。“最佳判断法则”要求医方根据已经做出的最佳判断实施手术方案,这从诊疗注意义务的合理性、可行性及风险分担的角度,都更有利于保障患者的人身权益;这种要求客观上也不至于因为提出了不可能完成的技术要求而有损医院及医务人员的合法权益,体现了侵权法平衡当事人之间利益及与社会一般人之间利益的价值取向和功能。

广州市律师协会律师邓华明:在医疗损害责任判断上,以“可尊重的少数法则”和“最佳判断法则”二原则正反两方面结合运用,这对于《侵权责任法》第57条“未尽到与当时的医疗水平相应的诊疗义务”,“合理医疗水平”的法律事实认定的法律逻辑判断上,进行了一个非常有意义的尝试。

最高人民法院审判长李明义:诊疗过程中,如果存在多种手术方案的选择,在医方已经作出最佳选择决定的情况下,实际手术过程中外科医生选择的术式虽符合“可尊重的少数”这一法则,但其放弃“最佳判断”引起的手术风险应由医方承担相应责任。

诚者恕心:误诊漏诊是否一定承担责任

患者徐某因被刀刺伤入院急救,术中发现肾静脉属支有一处2mm裂口,可见活动性出血,予以缝合。手术历时约10小时,患者术后转入ICU监护治疗。手术后4小时发现引流管引出约2000ml血红色血性液体。急请介入科会诊并做介入治疗。术中见左侧腰一动脉主干远端截断,造影剂外溢形成血肿,遂做栓塞止血,栓塞后造影示:左侧腰一动脉远端闭塞,造影剂外溢征象消失。术后病情持续危重及不稳定,最终经抢救无效死亡。

患方诉称:医方对患者的救治存在过失,漏诊腰一动脉破裂,因未能及时修补导致腹膜后巨大血肿,进而引发一系列并发症,其过失与患者的死亡有因果关系,医方需承担相应责任。

医院方辩称:医方已经尽到最大能力去挽救患者生命,参加手术人员均是普外科、泌尿外科职称最高、手术经验最丰富的医师,不存在手术失误的问题。当时腹膜后广泛渗血,手术视野一片血泊,但腰一动脉本身又细又短,破裂后立即回缩到腰大肌中,继续出血表现为腹膜后的广泛渗血,常规手术不可能找到并结扎。

法院认为,根据鉴定意见,手术中未能发现左侧第一腰椎动脉断裂伤是现有的医疗技术条件下,无法预料和及时判断的现象及造成的不良后果,且医方及时做了介入闭塞治疗,与患者其后因休克继发多脏器功能衰竭死亡没有因果关系,不构成医疗事故。因此,可认定患者的死亡是其原发伤情所致,医方对此并无过错。虽然鉴定意见也指出医方存在一定的不足,但这与患者的死亡后果并无因果关系。据此,驳回原告的诉讼请求。

各方观点

广州中院医疗纠纷合议庭审判长官健:医方是否需要对误诊而导致的损害后果承担责任,关键看医方对误诊有无过失。导致误诊客观上非医方过失因素包括:限于当时的医疗水平难以诊断的;尚处疾病早期、症状未能充分显示的;由于体质特殊或个体差异而导致的病情异常或不典型;紧急性、地域性以及患方自身因素等。因上述因素而导致的误诊属于“无过失误诊”,除存在主观上过失的,医方无须对误诊所导致的损害后果承担责任。

南方医院医务处处长张永:本案中,抢救时间也长达10天,因失血性休克导致衰竭死亡。可以说诊疗过程中,医院是尽了力的,也没有明显过错,但是患方却不能理解医生。这两年我在处理医疗纠纷一线,发现大多案件需经诉讼途径解决,如果医生、患者能够及时沟通,达成理解,可能会大大减少诉至法院的案件数量。

广州市萝岗区法院副院长刘治家:医疗行为的高风险性、高专业性和高度复杂性,应当在患者利益的合法保护与正当医疗行为的责任豁免间保持平衡。换言之,司法判决应当树立一个正确的价值导向。

法官建议

专业审判多元化解　广州市中级人民法院副院章长　向金华

建立公正高效的医疗纠纷解决机制,是推动医患关系和谐的重要一环。在此过程中,人民法院要破解医疗纠纷预防和调处的难题,专业审判和多元化解都起着关键性的作用,二者相辅相成,不可或缺。

以广州中院为例,自2010年起试行医疗纠纷专业化审判制度以来,医疗纠纷案件的平均审理时间从232天缩短为105天,审判效率提高明显。

为提升专业化程度,可探索设立专门的医疗纠纷审判庭,集中管辖医疗纠纷案件,并负责与相关单位的横向联系,参与医患矛盾的联动化解。

此外,还可以探索建立辅助法官进行专业判断的制度。设立医学技术调查官;建立专家咨询制度,建立人民法院自己的医疗专家咨询库,专家咨询库的成员可根据需要选任为人民陪审员,或在具体案件中担任专家辅助人或咨询专家。

同时,医疗纠纷的预防和解决,必须建立和完善多元化医患矛盾调处机制。

首先,应完善医患纠纷第三方调解机制。加强由政府主导的独立于卫生行政部门、医疗机构与保险公司的医疗纠纷专业调解组织建设,增强第三方调解机构的独立性和中立性。组建一支由医学专家、司法鉴定人员、律师、保险从业人员等人员组成的调解员队伍,充分运用人民调解、心理疏导、法律援助等各种手段,在医患双方自愿平等的基础上进行独立调解。

其次,应推广医疗纠纷仲裁解决。医疗纠纷仲裁既可以满足社会对纠纷高效处理的期望,又可以满足医疗纠纷处理的中立、专业权威的原则,具有法律正当性和现实必要性,且有利于纠纷以较低成本、较低对抗性的方式快速解决。

最后,应建立完善诉非衔接机制。加强法院与非诉纠纷解决机制之间的沟通与衔接,对第三方调解组织的调解工作给予业务指导,对当事人在医调委、人民调解委员会达成的协议及时进行司法确认。加强与第三方调解机构、仲裁机构及相关行政部门的沟通联络,保持信息互通共享,参与重大纠纷联合调处等。

司法观察

依法规制　预防在前　最好的化解是预防。

医患关系不只是单向的医师对患者的医疗技术及知识的应用,而是双向互动的社会关系。这种社会关系具有医疗的特殊性,但同样需要接受法律的调整和规制,最终回到权利义务的规范系统中来。应规范诊疗行为,减少诊疗失误。不仅要加强职业培训和医德医风教育,提高医务人员的诊疗水平和责任心,还要严格落实首诊负责制及值班制度、三级检诊、三级查房、重症监护及治疗跟踪等诊疗质量监控核心制度,为减少和预防误诊漏诊、手术失误的发生提供制度保障。应完善医患沟通告知机制,保障患者知情选择权。患者的知情权是患者的基本权利之一,只有充分尊重与保障患者的知情权,才能使患者积极地支持、配合诊疗工作,才能避免误解,真正构建起和谐的医患关系。应严格执行病历管理制度,保障病历制作公信力。严格执行病历制作规范和保管制度,确保医疗纠纷发生时能够查询到详细的诊疗过程。针对病历争议多、病历质证认证难的情况,可探索建立病历资料的第三方保存机制,提高医疗纠纷解决的效率。应坚持依法保护患者权益和严厉打击医闹并重,引导理性维权。医疗机构内部应建立医疗争议投诉解决机制,提高处理效率,避免矛盾激化升级。加大对医疗纠纷解决途径的公示与指引,指引患者依法维权。另外,要依法严厉打击"医闹",维护医疗秩序,依法保护医疗机构及其医务人员的合法权益。

刘某某、邓某某等诉某医科大学某附属医院医疗损害责任纠纷案

——诊疗规范出现冲突或空白情况下医疗过错的判断

广州市中级人民法院民一庭法官 魏 巍

关键词：诊疗规范 冲突 医疗过错 机会损失 风险分配

裁判要点

1. 诊疗规范或常规出现冲突或者空白，在没有可予以医师明确指引的标准或规范的情况下，医师依照既有诊疗规范或常规，根据患者的病情选择医疗方案，符合《执业医师法》关于医师在执业活动中享有“选择合理的医疗、预防、保健方案”权利的规定，不应认定为“有失医疗水准”的医疗过错。然而，上述规定的适用应以保障患者的知情同意权为前提。诊疗规范或常规存在冲突的情况下，医方应就相关医疗方案的风险向患方告知说明。

2. 医方未尽说明告知义务导致患者丧失选择不同医疗方案可能获得不同治疗效果的，在进行风险分配确定损害赔偿责任时，可选医疗方案存在的医疗风险，应成为限缩医方责任的参考因素。

相关法条

《执业医师法》第21条、《侵权责任法》第55条

案件索引

一审：广东省广州市荔湾区人民法院（2012）穗荔法少民初字第71号民

事判决(2013 年 10 月 18 日)。

二审:广东省广州市中级人民法院(2014)穗中法民一终字第 368 号民事判决(2014 年 10 月 10 日)。

基本案情

刘某某、邓某某等(以下简称患方)诉称:患者邓某宁入某医科大学某附属医院(以下简称广医某院)治疗,医方误诊误治,输注血小板不当,致患者死亡,广医某院应承担全部赔偿责任。请求判决广医某院赔偿各项损失共计 2,313,949.09 元。

广医某院辩称:(1)其为患者输注血小板符合血小板输注应用指征,不属于医疗过错;(2)在患者需紧急剖宫产的情况下,本案不具备血浆置换的条件;(3)患者妊娠晚期合并血栓性血小板减少,病情凶险,其死因与医方应用血小板没有因果关系。

法院经审理查明:患者邓某宁,停经 34 +6 周,预产期 2011 年 10 月 23 日,发现血小板减少 8 年,因加重 4 天,于 2011 年 9 月 17 日入住广医某院。广医某院住院病历记载:患者 2003 年曾有特发性血小板减少性紫癜病史,系统服"强的松"半年后血小板正常,停药至今。入院当日血常规检查示,WBC 14.73 ×109/L,HGB 61g/ L ,血小板 9 ×109/L 。以"妊娠合并血小板减少"收入院。初步诊断:(1)妊娠合并血小板减少查因:特发性血小板减少性紫癜? 系统性红斑狼疮;(2)妊娠合并中度贫血;(3)孕 1 产 0 孕 34 +6 周 LOA,单活胎。

经上级医生查看、血液内科会诊,取得家属同意签字后,医方于 9 月 18 日 20:38 分开始为患者输血小板。输完 1 个治疗量血小板后,患者突然出现烦躁,诉头晕、胸闷不适,对答不切题,查体不合作等症状。查体:重度贫血貌,神志不清,半卧位,呼吸稍促,BP 147/112mmHg,血氧 99%,心率 86 次/分,未及宫缩,胎心 136 次/分。请示上级医生,嘱急查头颅 CT:未见异常,化验示肝肾损害,神经内科嘱严密观察,告病危,再次与家属谈话告知病情。

9月19日3:10时医方病历讨论记录:患者出现低热,肾功能损害进行性加重,神经系统症状,溶血,血小板低五联征,目前考虑诊断血栓性血小板减少性紫癜,考虑病情进展迅速、凶险,尤其是合并妊娠,对于母亲及胎儿都是致命的,现在孕35周,考虑胎儿出生后存活率高,讨论决定可急诊行剖宫产终止妊娠,术中要确切止血,加强子宫收缩,预防产后出血,尽量减少出血,终止妊娠后转ICU进一步加强治疗。向患者及家属说明病情后,家属明白病情并签字同意手术。4:50时行子宫下段剖宫产术,术中失血300ml,术时输红细胞2u,血浆400ml,血小板1个治疗量。术后于6:41时转入ICU,后因抢救治疗无效,于14:45时死亡。死亡原因:呼吸衰竭,心力衰竭,肾功能衰竭,缺血缺氧性脑病,血栓性血小板减少性紫癜?系统性红斑狼疮?

经广医某院申请,一审法院委托广东恒鑫司法鉴定所就广医某院的医疗行为是否存在医疗过错,患者的死亡与医方的医疗行为是否存在因果关系做医疗损害鉴定。该鉴定所作出粤恒〔2013〕临鉴字第176号《司法鉴定意见书》,分析认为:邓某宁入院后,医方根据其临床表现,化验结果,结合既往病史,诊断妊娠合并血小板减少查因:首先考虑特发性血小板减少性紫癜合理,并予相应处理治疗,没有违反医疗常规和规范。对于不典型疑难病例,在确诊以前,医方积极请相关科室会诊,讨论病历,并给予对症处理是合理、恰当的。但在第一次输注血小板后,病人出现低热,神志改变,溶血,肾功能损害五联征,且请血液内科会诊,考虑诊断为血栓性血小板减少性紫癜后其治疗中存在不当。该疾病对输血小板相对禁忌,在血浆置换前输注血小板可使病情恶化,甚至造成死亡。医方在决定行剖宫产术前会诊讨论已考虑诊断血栓性血小板减少性紫癜,在术前CT检查颅内无异常、无出血,医方在没有发生脏器出血、没有危及生命之前,又应用1个治疗单位的血小板,加重了组织器官微血管的血栓形成,加重促进了病情的发展,使病情迅速恶化而死亡。医方没有尽到与其医疗水平相适应的诊疗义务,存在过错,且其过错与邓某宁死亡的损害后果之间存在因果关系。虽然血栓性血小板减少性紫癜是一种罕见的疾病，病情凶险，预后差，死亡高达95%以上，但在采用血浆置换术治疗后，80%以上患者可以长期存活。医疗过错行为在损害后果中的原因力为主要因素，参与度61%～80%。当事人双方收到《司法鉴定意见书》后，均未申请重新鉴定。

广医某院在二审申请鉴定人出庭作证，鉴定人黄法医出庭作证称：本案第一次输注血小板是相对禁忌，第二次输注血小板是绝对禁忌，因为患者没有危及生命的出血情况。患者当时应该进行紧急剖宫产，可以先行血浆置换，之后再行剖宫产最好，血浆置换可以降低死亡率。

裁判结果

荔湾区人民法院于2013年10月18日作出（2012）穗荔法少民初字第71号民事判决：（1）自判决发生法律效力之日起5日内，广医某院向患方赔偿667,914.46元。（2）自判决发生法律效力之日起5日内，广医某院向患方支付精神损害抚慰金80,000元。（3）驳回患方的其他诉讼请求。宣判后，广医某院不服，认为一审判决其承担80%的责任不当，提起上诉。广州市中级人民法院于2014年10月10日作出（2014）穗中法民一终字第368号民事判决，改判广医某院负担40%的赔偿责任：（1）维持广东省广州市荔湾区人民法院（2012）穗荔法少民初字第71号民事判决第二项、第三项。（2）变更广东省广州市荔湾区人民法院（2012）穗荔法少民初字第71号民事判决第一项为：广医某院向患方赔偿333,957.3元。

裁判理由

法院生效裁判认为，本案争议要点如下：

1. 医方第一次输注血小板是否构成医疗过错。疾病的诊断有一个发现、鉴别、排除、确诊的过程。血栓性血小板减少性紫癜是一种临床上罕见的严重急性血栓性微血管病（据《中华产科急救电子杂志》2013年第2卷第

3 期资料记载,其发病率为 3.7/100 万,死亡率高达 50% ~80%)。患者入院后,并无血栓性血小板减少性紫癜的排他性临床表现,医方根据其血小板数量水平(仅为 9 ×109/L)、贫血状况、肝肾功能损害等检查化验结果,结合既往病史(特发性血小板减少性紫癜),对症输注血小板,存在血小板应用指征,符合临床输血技术规范。涉案《鉴定意见书》并未认定该次血小板输注构成医疗过错,鉴定人出庭作证也仅指出第一次输注是相对禁忌。据此,医方第一次输注血小板并不构成法律意义上的误诊误治,不属于医疗过错。患方以事后的血栓性血小板减少诊断为由,主张医方第一次输注血小板属于误诊误治,与医疗行为逐步发现、诊断疾病的客观属性不符,属"事后之明",不予采纳。

2. 医方第二次输注血小板是否构成医疗过错。该问题的关键仍在于医方第二次输注血小板是否存在应用指征。涉案鉴定意见认为,血栓性血小板减少患者除非有威胁生命的出血,否则输注血小板属于违反禁忌。然而,如何判断是否构成威胁生命的出血并无排他的绝对标准(如仅仅限于已颅内出血或大出血)。本案患者因第一次输注血小板后病情急剧恶化,已出现严重贫血及肾功能损害进行加重,医方认为患者的出血状况(血红蛋白水平)及血小板数量下降已经危及母婴的生命,有客观检验结果佐证,应予采纳。鉴定人出庭作证也明确患者第二次输注血小板前应该进行紧急剖宫产,而剖宫产对血小板数量的常规要求是≥80 ×109/L,在急需为患者行剖宫产术的情况下,患者血小板含量远远低于这一数值,为防止手术不可控渗血危及生命,医方为患者第二次输注血小板符合临床输血技术规范的要求。在输注血小板可能违反血栓性血小板减少治疗的相对禁忌和不输注血小板则可能违反临床输血技术规范的情况下,医方面临两难的选择。本案中并未发现在此种情况下可予以医方明确指引的标准或规范,医方第二次输注血小板存在上述合理的理由,故不宜认定医方第二次输注血小板构成医疗过错。涉案鉴定意见认为,医方第二次为患者输注 1 个治疗单位的血小板构成过错。该认定未充分考虑血栓性血小板减少性紫癜病情的凶险性,也未能进一步考虑妊娠合并血栓性血小板减少病情的复杂性，其关于患者（妊娠晚期）应先行血浆置换的意见，并未提供充分的学术依据及临床规范或常规予以支持（需行紧急剖宫产的孕妇可否先行血浆置换，其可行性及风险性如何？鉴定意见并未给出依据）。一审依据该鉴定意见认定医方存在过错，理据不足，应予以纠正。

3. 医方是否存在未尽告知说明义务的过错。本医案中，虽然不存在输注血小板前必须排除患者是否属于血栓性血小板减少的诊疗规范或常规，但对于血栓性血小板减少患者而言，输注血小板具有极高的风险。对于这种特殊而明确的风险，医方在尚未能排除患者是否属于血栓性血小板减少的情况下，应对该风险向患者予以特别说明，从而保障患者的知情权，进而保障患者自主选择医疗方案的知情同意权。本案中，医方在第一次输注时未明确向患者告知如果患者是血栓性血小板减少将面临的风险；在第二次输注时也没有明确告知患者在当时的情形下（此时医方已诊断考虑患者属血栓性血小板减少性紫癜）输注血小板的高风险以及还可以选择先行血浆置换的替代方案。医方履行告知说明义务不足，第一次使患者丧失了先行保守治疗待确诊是否血栓性血小板减少后再做医疗方案选择的机会，第二次使患者丧失了选择先行血浆置换可能获得不同疗效的机会。《侵权责任法》第55条规定："医务人员在诊疗活动中应当向患者说明病情和医疗措施。需要实施手术、特殊检查、特殊治疗的，医务人员应当及时向患者说明医疗风险、替代医疗方案等情况，并取得其书面同意；不宜向患者说明的，应当向患者的近亲属说明，并取得其书面同意。医务人员未尽到前款义务，造成患者损害的，医疗机构应当承担赔偿责任。"据此，医方未尽告知说明义务，应向患方承担赔偿责任。

至于医方承责比例的认定问题。本案医方告知不足其直接损害后果表现为上述机会损失，该机会损失难以直接客观评估其价值，患者损害的认定或医方承责比例的认定应根据疾病本身的特点、病情发展状况及可选医疗方案的客观医疗风险等因素酌情考量。血栓性血小板减少性紫癜属罕见疾病,起病急,病程进展迅猛,有致命危险,当与妊娠合并存在时严重威胁母婴生命,母婴死亡率高(在中华产科急救电子杂志、中国实用医药等期刊中,均发现引用如下一组统计数据:Rozdzinski 等统计 1966 ~ 1992 年 70 例妊娠合并血栓性血小板减少性紫癜患者,38 例孕妇和 22 例婴儿存活,母婴同时存活者仅 14 例)。本案患者第一次输注血小板后,病情急剧恶化,本身已处于非常危险的状况。虽众多医学资料均提及血浆置换疗法的适用大大提高了血栓性血小板减少性紫癜患者的存活率,但对于急需终止妊娠患者(如本案患者)能否适用以及适用情况如何,本案尚未发现相关权威论述或有关统计数据。而血浆置换疗法本身也具有相应的医疗风险。血浆置换是一项涉及多学科、多系统的血液净化技术,费用高昂,应严格掌握适应症。血浆置换常见的并发症包括过敏反应、发热、低血压、体液失衡、感染等,主要与抗凝、操作、血管通路及置换液有关。且该疗法并非一次即可,一般均需一定疗程。本案患者二次输注血小板前,处于需尽快行剖宫产术终止妊娠的情况,其适用血浆置换疗法的高风险性应属于可合理预见的范围。综上,医方的过错虽使患者丧失了选择其他医疗方案可能获得治愈存活的机会,但综合上述因素认定该机会属于低概率事件是有充分依据的。因此,判决医方承担主要责任将导致医疗风险分配的显失公正,应认定医方负次要责任。综合以上分析,二审法院酌情判定医方负担 40% 的赔偿责任。

案例注解

本案病例,在应否为患者输注血小板的问题上,诊疗规范和常规存在冲突或者说空白。病案的特殊性决定了本案例在医疗损害责任纠纷中的典型指导意义:一是类似情况下应如何认定医方医疗过错;二是类似情况下医方违反告知说明义务应如何认定医疗机构的赔偿责任。

一、诊疗规范或常规存在冲突或者空白情形下医疗过错的认定

本案患者患有血栓性血小板减少性紫癜，入院后血常规检查示，血小板9×109/L，已经出现严重的活动性内脏出血，并不断加重，且其第二次输注血小板前需紧急进行剖宫产。依据《临床输血技术规范》及《血小板输注指南》，患者完全符合输注血小板的应用指征。然而，对于血栓性血小板减少性紫癜患者，输注血小板又是一种禁忌，只有在血小板严重减少致颅内出血或危及生命的出血症状时才考虑选用。① 本案患者术前CT检查颅内确实无异常、无出血也不存在明显危及生命的出血症状。这种情况下，医方就面临一种两难境地——输注血小板可能违反血栓性血小板减少治疗的相对禁忌，而不输注血小板则可能违反临床输血技术规范。

一审法院采纳涉案鉴定意见，认定医方第二次输注血小板构成医疗过错。一审判决认定的过错属于《侵权责任法》第57条规定的“未尽到与当时的医疗水平相应的诊疗义务”之过错，实践中又常称之为“有失医疗水准”过错。该认定以医方违反“输注血小板是血栓性血小板减少性紫癜患者的禁忌”为依据，具有片面性。鉴定人二审出庭作证称，正确医疗方案应为先行血浆置换再进行紧急剖宫产。然而，按照一审的裁判思路，医方如果选择先行血浆置换再行剖宫术，一旦出现不良预后还是会被认定为有失医疗水准。因为鉴定人提供的医学依据并未明确，血浆置换疗法能否适用于已出现严重贫血及肾功能损害进行性加重且需行紧急剖宫产的孕妇。亦即，在本案并无临床诊疗规范或临床惯例，甚至也没有医学学术探讨依据，支持可对类似本案的患者先行血浆置换再做剖宫术。②

---

① 黄晓军主编：《血液病血》，中国医师协会全国专科医师培训规划教材（供专科医师培训使用），人民卫生出版社2009年版，第246页；“血栓性血小板减少紫癜诊断和治疗中国专家共识”，载《中华血液学杂志》2012年第33期。

② 本案在患者需紧急剖宫产的情况下，能否进行血浆置换并无明确依据。一是因为血浆置换需要大量血浆。二是血浆置换需要的抗凝药物使血液不能凝结，在患者已经出现严重凝血功能障碍的情况下使用抗凝药物是非常慎重的。三是血浆置换并非一次即可，一般需要一定疗程，而本案患者当时病情又处于需尽快行剖宫术终止妊娠的情况。

面对诊疗规范或常规的冲突或空白,医师应不应该、能不能够根据患者的实际病情选择医疗方案?为了患者的健康,甚或为了挽救生命,医师不应借口诊疗规范存在冲突或空白就拒绝提供诊疗方案。[①]《执业医师法》第21条第1项则规定,医师在执业活动中享有选择合理的医疗、预防、保健方案的权利。然而,即使根据最朴素的正义直觉,法律也不应该一面要求医师作出选择,一面又认定医师无论怎么选都构成过错。诊疗规范或常规出现冲突或者空白,在没有可予以医师明确指引的标准或规范的情况下,医师依照既有诊疗规范或常规,根据患者具体病情选择医疗方案,是医师的执业权利,也是患者获得治疗的实际需要。诊疗规范或常规是判断《侵权责任法》第57条规定的"合理医疗水平"的基本标准,医师在上述两难境况下做出的选择,符合既有的诊疗规范或常规,在没有明显违反生活经验常识的情况下,不应认定构成"有失医疗水准"的医疗过错。

然而,《执业医师法》赋予医师在执业活动中选择合理医疗方案的权利与患者的知情同意权利并不矛盾。赋予医师选择医疗方案的权利,是由医疗行为高度专业性和探索性的客观属性决定的。正是因为普通人无法准确鉴别疾病和提供适当的治疗方案,才需要医师根据其专业能力、技能为患者提供医疗服务。如果医师没有选择医疗方案的权利,医疗活动也就无从开展。但是,医疗行为还具有侵袭性和损害性的客观属性,基于保护患者生命健康权益的考虑,只有取得患者的同意,才能使医疗行为正当化。1964年世界医师联盟总会要求医师将病情与医疗方法对患者具体地加以说明。其提出以下四个理由:(1)从患者一方来说,其强烈要求医生对自己病情及医疗手段进行说明,主张实现患者的权利。(2)作为医生来说,向患者说明并得到患者同意后,再实行医疗处置,将会取得较好的效果。(3)伴随着医疗技术发展的高度化,对同一种疾病,可能会有多种治疗方法。采用哪种方法,征求本人意见是必要的。(4)医生对患者说明的同时也对医疗知识进行了

---

① 医师若以此拒绝提供医疗方案,恐怕更容易引发医疗纠纷,激化医患矛盾。

普及。[①] 美国亚历山大·卡帕诺教授归纳医师说明义务至少有下列好处：①保护个人自主权；②维护病人之尊严；③避免病人受人欺诈、胁迫；④鼓励医生慎重考虑他们的决定；⑤促使病人作出合理的决定。[②] 伴随医学伦理和医事法学的进步发展，关于医师的说明同意义务亦即患者的知情同意权利，逐渐得到广泛认可，并最终成为法律上的概念，在不同法系国家的判例或立法中得到确认。

《侵权责任法》颁布实施之前，我国《执业医师法》、《医疗事故处理条例》、《医疗机构管理条例》及《医疗机构管理条例实施细则》对医师的告知说明义务早已有所涉及。审判实践中，可参照上述规定把握《侵权责任法》第55条的理解和适用。本案中，医方的过错并非在于对输注血小板没有说明，而主要在于第一次输注血小板就医疗风险说明不足，第二次输注血小板未就替代医疗方案进行说明。关于医疗风险的说明，具体要说明到什么程度，法律无法划定精确界限。本案中，医学界不存在输注血小板前必须排除患者是否属于血栓性血小板减少的诊疗规范。但如同青霉素过敏可能具有致命风险一样，对于血栓性血小板减少患者输注血小板可能导致生命危险这样一种明确的风险，显然是任何一个具有正常理智的患者都是会考虑是否接受的。另外，在医疗规范或常规存在冲突的情况下，医方选择的医疗方案违反了某种规范或常规，其医疗风险更是不言而喻的。此时如果医学上存在替代医疗方案，尽管替代医疗方案也可能因违反其他规范或常规而具有极高的风险，但由于任何人在事后均无法当然断定患者当初会做怎样的选择，所以医方还是应就替代医疗方案向患者进行告知说明。正因如此，二审法院改判确认医方构成未尽告知说明义务的过错，应承担医疗过错侵权责任。

① 李凌燕："科学的进步与人权"，载《外国法译评》1993年第4期。

② 黄丁全：《医事法》，中国政法大学出版社2003年版，第244～245页。

二、医方违反告知说明义务的情况下应如何认定医疗机构的赔偿责任

医方未尽到告知说明义务给患者造成的损害直接表现为自主选择机会的丧失，其最终仍体现为法律赋予个体的生命健康权益或财产权益。医方违反告知说明义务应承担何种法律后果，是一个极具争议的问题。除了对在没有现实损害的情况下医方应否承担赔偿责任及如何承担赔偿责任存在争议外，在发生现实损害的情况下，如何评估或判断“机会损失”或最终的生命健康权益损害也因缺乏客观依据而存在颇多争议。因为除了诸如因未告知替代医疗方案价格差异导致患者明显多支出医疗费用的案件，绝大多数涉及疾病治疗康复的案件，由于时空的不可逆及医疗行为的高风险性和不确定性，都不可能对患者作出不同选择会产生的治疗效果做出准确判断。当前审判实践亟须明确的是，此类案件应依据哪些标准或考虑哪些因素来判断医方的责任，从而尽量维护裁判尺度的统一。

本案二审判决在确定责任比例时，重点考量了患者疾病的特点及病情、可选医疗方案客观的医疗风险两个方面的因素。患者自身疾病限制医疗过错参与度的问题，学界已有较为一致的看法。国际上形成了通行的“事故参与度原则”。我国和欧美等国学者采用五等级分类标准对医疗过错行为的损伤参与度进行分级。[①] 在这一分级体系中，患者自身疾病与损害后果的因果关系（包括有无因果关系及原因力大小）是限制医疗过错参与度最常见也是最主要的因素。这在审判实践中已得到了广泛适用。

本案值得关注的是，本医案的特殊性凸显了在侵害患者知情同意权纠纷中，将可选医疗方案存在的客观医疗风险作为限缩医方责任的合理性。因为此类纠纷医方过错的直接损害首先表现为选择不同医疗方案机会的丧失，那么基于“损害填平”的原则，这个替代医疗方案到底会产生怎样的效果，就有必要予以评估。二审判决正是分别从血浆置换疗法的适应证、自身特点、并发症风险等多个方面结合患者病情就此做了分析评估。并在综合

① 余明永主编：《医疗损害赔偿纠纷》，法律出版社2010年版，第132～133页。

两方面因素的情况下，确认患者选择其他医疗方案可能获得治愈存活的机会属于低概率事件，最终从医疗风险分配的公正性出发，判决医方负担40%的赔偿责任。[①]

① 该案在二审审理过程中，患方家属情绪激动，案件尚未开庭审理，即已开始信访。后经开庭组织鉴定人出庭作证、专家辅助人到庭质证以及宣判前利用调解多次释明案件裁判思路，尽管二审判决改判减少了一半的赔偿责任，患方在宣判后仍致电法院表示服判，不再申请再审。

特异性体质能否限缩医疗过错参与度、患方能否向医方索赔基本医疗保险基金支付的医疗费

——杜某、谭某某等诉某医学院某附属医院医疗损害责任纠纷案

广州市中级人民法院

要点提示

1. 患者的特异性体质——对特定药物过敏，是医疗过敏损害的医学原因。案件审理应辨别这种医学上因果关系的可归责性。如果在假设的合法事实状态下过敏反应引发的损害结果可以避免，患者的特异性体质与损害之间并不构成侵权法上的因果关系，患者的过敏体质不应成为减轻医方医疗过错参与度的依据。

2. 损害赔偿应以存在损失为前提，社会保险机构基于基本医疗保险关系为患者支付的医疗费，不属于患者的损失，患者不享有向侵权人索赔该部分医疗费用的权利。医疗机构负有医疗侵权责任的，应根据其承责比例向社会保险机构退还已由基本医疗保险基金支付的医疗费。

案例索引

一审：广州市越秀区人民法院(2010)越法民一初字第2326号民事判决(2012年3月19日)。

二审：广州市中级人民法院(2012)穗中法民一终字第2847号民事判决(2012年8月3日)。

基本案情

2010年2月22日，患者梁某珍因发热、咳嗽、咳痰到某医学院某附属医院就诊，诊断为：支气管哮喘，慢性咽炎。2010年3月27日23:10，梁某珍再次到该院急诊。经诊断：上炎。处理：查血常规；予生理盐水100ml + 来比林0.9g静脉滴注等。患者静滴“来比林”期间出现气促加重，咳嗽，血氧饱和度90%，双肺可闻及呼气相干啰音。被告给予“可必特”雾化吸入，患者气促未缓解，予停用“来比林”，并予甲强龙40mg静脉注射，患者气促未见缓解，神志由清醒转为淡漠，即予经口气道插管术，并同时进行抢救，予静脉注射阿托品、肾上腺素。经上述抢救后，梁某珍转至ICU进一步治疗。梁某珍入院后一直处于深昏迷状态，病情无改善，逐渐出现肝、肾等多脏器功能衰竭，2010年4月21日6:30分死亡。梁某珍近亲属谭某某、谭某丽、杜某遂向法院申请诉讼。

越秀区人民法院依被告的申请，委托中山大学法医鉴定中心对本案医疗行为进行司法鉴定。该中心作出《司法鉴定意见书》，分析如下：(1)梁某珍符合药物所致过敏性休克、心肺复苏后继发缺血缺氧性脑病等多脏器功能衰竭死亡。临床上考虑患者死因为严重的药物不良反应，即“来比林”所致的过敏性休克可能性最大，同时不除外合并阿司匹林哮喘发作。(2)被鉴定人有支气管哮喘病史，被告考虑患者为上呼吸道感染，给予“来比林”静滴退热治疗，用药前理应充分了解对患有支气管哮喘的病人使用该药时的不良反应、注意事项。“来比林”成分主要为阿司匹林和赖氨酸复盐。“阿司匹林可以发生过敏反应，表现为哮喘、荨麻疹、血管神经性水肿或休克，易感者服药后可迅速出现呼吸困难，严重者可以致死，称为阿司匹林性哮喘。”因此该药的药品说明书及《中华人民共和国药典》均提示对有哮喘的患者使用阿司匹林时应慎用。因此，医方在为患者使用“来比林”静滴时应该考虑到可能导致患者过敏反应或诱发患者支气管哮喘发作，对此应有充分的准备。

首先应了解患者是否使用过阿司匹林,是否出现过不良反应,但根据病历医方并未记录患者用药史。医方需充分预见患者可能发生过敏反应或阿司匹林哮喘发作,甚至急性重症哮喘的情况,并能够及早做出判断。根据病历记录,提示被鉴定人当时已出现过敏反应,但被告并未引起足够重视,未能在第一时间停用“来比林”并给予“肾上腺素”。(3)病历记录说明被鉴定人当时已发生药物过敏反应,出现过敏性休克或伴有急性重症哮喘发作,过敏反应最积极有效的措施是给予“肾上腺素”抗过敏治疗,高浓度吸氧,开放气道等。虽然被告医院使用激素静脉推注并无不妥,但激素起效较缓慢,很难立刻缓解被鉴定人的支气管痉挛。在血氧饱和度低至34%,已存在严重通气障碍,气囊辅助呼吸并气管插管过程中心率、血压已明显下降时才给予肾上腺素,已经错过最佳治疗时机。在首次气管插管未成功,呼叫并等待麻醉科医师时,应争分夺秒采取其他有效措施尽快开放气道(如环甲膜穿刺等)。被鉴定人气管插管成功转入病房后已出现严重缺血缺氧性脑病,根据住院病历记录,被鉴定人始终未恢复自主呼吸,并出现超高热(不除外脑干损伤),提示被鉴定人从发生过敏反应引起严重气管痉挛到气管插管成功之前气道梗阻一直未得到有效缓解(开放气道不够及时),最后并发多脏器功能衰竭死亡。因此认为被告医院抢救过程不够规范,存在过失。(4)被鉴定人属于急诊留观病人,根据急诊抢救记录,病人“来比林”哮喘发作,从开始抢救至4:34转入ICU病房一个多小时内,被鉴定人何时出现意识障碍,血氧饱和度何时开始下降最低至34%,何时首次开始气管插管未成功,期间等待麻醉科前来要多久,等待过程中被鉴定人呼吸情况,麻醉科开放气道气管插管成功的时间,抢救用药情况和具体时间,自主呼吸情况,均未有详细记录,违反了《病历书写基本规范》第15条、第22条第8款的规定。因此不能证明被告医院对被鉴定人的过敏性休克实施了规范的抢救。综上所述,被告医院未考虑到被鉴定人有支气管哮喘史,使用“来比林”静滴不够慎重,对出现的严重药物不良反应处理欠规范,被告医院的医疗过失行为与被鉴定人的死亡后果之间存在因果关系,但考虑被鉴定人并非阿司匹林的绝对禁忌,且药物过敏反应发生急骤，很快即可出现过敏性休克，即使抢救措施及时得当，被鉴定人也可能死亡，且未做尸体解剖。根据《广东省高级人民法院关于人民法院委托医疗损害鉴定若干问题的意见（试行）》（粤高法发〔2011〕56号文件），医学会作出鉴定意见：某附属医院在对梁某珍的诊治过程中存在过错，与其损害后果中的原因力大小属次要因素，参与度拟为30%～40%。

当事人双方确认梁某珍住院期间由医疗保险机构支付的医疗费用为296,515元，由梁某珍一方支付的医疗费用为115,417元。

法院判决

广州市越秀区人民法院于2012年3月19日作出（2010）穗越法民一初字第2326号民事判决：（1）被告某医学院某附属医院在本判决发生法律效力之日起10日内赔偿损失680,425元给原告谭某某、谭某丽、杜某。（2）驳回原告谭某某、谭某丽、杜某的其余诉讼请求。宣判后，当事人双方均不服提起上诉。

广州市中级人民法院于2012年8月3日作出（2012）穗中法民一终字第2847号民事判决：（1）维持广州市越秀区人民法院（2010）越法民一初字第2326号民事判决第二项。（2）变更广州市越秀区人民法院（2010）越法民一初字第2326号民事判决第一项为：某医学院某附属医院在本判决发生法律效力之日起10日内赔偿损失472,864元给谭某某、谭某丽、杜某。

裁判理由

法院生效裁判认为：（1）关于涉案医疗过错行为应承担损害赔偿责任的比例。根据中山大学法医鉴定中心的鉴定结论，本案医方的医疗过错明确具体，表现为三个层次。一是在决定使用可能导致患者过敏反应或诱发患者支气管哮喘发作的“来比林”静滴阶段，疏于向患者了解用药史，存在疏忽大意的过失。二是在使用“来比林”静滴时，由于用药前对该药可能产生不良反应的疏忽，当患者出现过敏反应后医方处置不当，未能第一时间停用“来比林”并给予“肾上腺素”，有失合理诊疗行为应具有的医疗注意义务水准。三是患者过敏哮喘发作后，医方抢救过程不规范，错过最佳治疗时机，有违合理医疗水平要求的诊疗义务。上述过错行为与患者出现过敏性休克并最终发展至死亡，存在事前预防不足、事中及事后处置不当的因果关系。虽然患者本身属于特殊体质，但在本案，合理的诊疗行为本应该并且也能够采取合理措施避免因药物使用引发过敏反应的不良后果。因此，尽管本案患者的特殊体质是发生过敏性休克的医学上的原因，但其不应成为损害后果的法律上的原因，也不应成为减轻医方过错责任的因素。中山大学法医鉴定中心的鉴定结论认定医方过错在损害后果中原因力大小属次要因素，参与度拟定为30% ~40% 。据此，主要因素则来自于患者本身或其他因素。这一判断未能适当区分法律因果关系与纯粹医学上因果关系在侵权责任认定上的不同，若根据其认定的参与度确定医方的承责比例，有违日常生活关于侵权因果关系的一般认识，也明显与日常情理不符，判决结果不能符合一般公平正义的理念。原审法院认定某附属医院负主要责任并承担70%的赔偿责任，事实依据和法理依据充分，可予以维持。

(2)某附属医院应否向患方赔偿医疗保险机构支付的医疗费用296, 515元。基于以下三个方面的考虑，某附属医院无须向患方赔偿该笔医疗费用。一是损害赔偿应以存在人身损害或财产损失为前提。本案患者在医院产生的医疗费用，属于财产性损失。其中296, 515元并非由患方支付，该费用并未导致患方既有财产的减损，也未导致患方可得利益的丧失，法律上不属于患方的损失范围。二是根据《社会保险法》第30条的规定，应当由第三人负担的医疗费用不纳入基本医疗保险基金支付范围。医疗费用依法应当由第三人负担，第三人不支付或者无法确定第三人的，由基本医疗保险基金先行支付。基本医疗保险基金先行支付后，有权向第三人追偿。三是根据《广州市城镇职工基本医疗保险试行办法》第31条第3项的规定，参保人员因交通事故、医疗事故等明确由他人承担医疗费用赔偿责任的部分，医疗保险金不予支付。另根据《广州市城镇职工基本医疗保险试行办法》第64条的规定，定点医疗机构将不属于基本医疗保险支付的医疗费用转由医疗保险金支付的，由社会保险经办机构向其追回已支付的医疗费用。综上，无论是根据基本法律的规定还是地方政府规章的规定，本案由广州市社会医疗保险金支付的296,515元，广州市社会保险经办机构依法有权向应当承担医疗费用赔偿责任的某附属医院追回。亦即某附属医院收取广州市社会医疗保险金支付的296,515元这一事实，其法律效果是某附属医院因此负有向社会保险经办机构返还相关医疗费用的义务，而不是向未实际支付医疗费的患方赔偿该笔费用。

(3)如果判决医方向患方赔付患方实际并未支出的医疗费用，将赋予医方两次赔付同一医疗费用的法律义务，这既缺乏明确的法律依据，也缺乏日常生活一般公平理念上的理据，显失公平。据此，二审法院纠正原审法院将医疗保险机构支付的医疗费用296,515元计入患方损失的做法。扣除该笔费用后，患方的损失应计为618,377.47元(411,932.97元+960元+1200元+22,843.5元+477,956元-296,515元)。按照70%的责任比例，某附属医院应向患方赔偿损失合计为472,864元(618,377.47元×70%+精神损害抚慰金40,000元)。

评析

本案对责任分担比例的维持和医疗费损失的改判，涉及医疗侵权的专门性问题和侵权损害赔偿的一般性问题，具有一定代表性，试述如下：

一、因果关系理论在医疗过错参与度司法判断中的运用

药物不良反应是医疗纠纷案件审理中具有普遍意义的一类问题。在药物过敏引起的医疗损害赔偿纠纷中，特异性体质能否成为减轻医方医疗过错参与度的依据？关于这一问题的论述，有必要简要回顾梳理医疗过错参

与度的法学理论发展和药物不良反应及其监测的医学发展概况，以说明相关因果关系可归责的正当性和科学性。

（一）患者自身疾病限制医疗过错参与度的理论依据

医疗过错参与度，是指医疗过错行为在损害后果中的原因力大小及参与程度，即医师的医疗过失对引起患者死亡、残疾、功能障碍所起作用的程度。我国和欧美等国学者采用五等级分类标准对医疗过错行为的损伤参与度进行分级。① 在这一分级体系中，患者自身疾病与损害后果的因果关系（包括有无因果关系及原因力大小）是限制医疗过错参与度的最常见也是最主要的因素。如果损害是由医疗过错直接造成的，与患者自身疾病无关，医疗过错参与度为100%；如果损害完全是由患者自身疾病所致，与医疗过错无关，医疗过错参与度则为0%。处于两者之间的是过渡的三个等级划分。

关于患者自身疾病成为限制医疗过错参与度的法理依据，在侵权法上主要来源于合法性替代行为说、比例因果关系说和假设因果关系说等因果关系的理论。

合法性替代行为理论通常在不作为侵权的场合用于验证不法行为与损害后果之间是否存在因果关系，即用假设的合法行为来取代不法行为，如果损害结果依旧无法避免，便可认定不法行为与损害之间不存在因果关系。典型案例如医生未及时出现救治病人，病人发生了死亡，但即使医生进行及时救治，病人还是会死亡，因为病情已经到了无可挽救的地步。② 据此理论，在特定情况下可以完全排除医疗过错的参与度。

现代侵权法上，比例因果关系说常适用于机会损失案件，并因在医疗纠纷案件中的广泛适用发展出“机会丧失”理论。对该理论的追求往往出现在医生延误或错误诊断从而导致病情恶化的场合。比如癌症患者，如果得到

---

① 余明永主编：《医疗损害赔偿纠纷》，法律出版社2010年版，第132～133页。

② ［德］冯·巴尔：《欧洲比较侵权行为法》（下卷），焦美华译，法律出版社2005年版，第535页。

及时治疗将会有40%的治愈可能。医生因为过失未能诊断出该疾病,很长一段时间过去之后,另一位医生诊断出该疾病,但此时病人存活机会已变为了0%并随即死亡。病人亲属对此提起非正常死亡的诉讼,这就是关于机会损失的典型案例。根据比例因果关系说,在加害人的行为与最终的损害存在因果关系的可能性时,就认定具有因果关系,成立损害赔偿责任,但损害额须按照该因果关系的比例计算。[①] 该说首先承认机会损失案件中加害行为与损害之间的因果关系,但在确定损害额时要求考虑结果本身发生的概率,将其作为限缩赔偿范围的事由。据此,患者自身疾病的情况即可成为限缩医疗过错参与度的理由。

假设因果关系的问题古已有之,其直接涉及损害层面的问题。早在罗马法时期,法学家就探讨了这种特殊的因果关系问题:加害人的行为已经导致损害发生,但即使没有此行为,同样的损害结果也会因另一独立的原因事实而发生。那么,在此情形下,加害人的赔偿责任可否因另一独立的原因事实的存在得以限缩或免除? 依据这一学说,在假设原因是被侵害客体的自身状况时,在计算真正原因造成的损害时,它们在原则上应被考虑。例如,应予赔偿的房屋反正是该当拆除的,或一起事故中的死者本身就患有癌症而预期的存活时间不长。[②] 因为当假设原因是不可归责于第三人的事实时,损害的风险本就应当由受害人自己承担,如果将这种风险负担转嫁给他人,则受害人的现有状态与没有加害行为的应有状态相比反而得到了改善,受害人就事实上得到了一笔"横财"。[③] 医疗纠纷案件中,患者身患重大疾病或本身已处高龄而生命体征不稳的情况下,该学说在实践中往往得以适用,以患者自身疾病或身体状况限制医疗过错的参与度。

---

① 陈聪富:《因果关系与损害赔偿》,北京大学出版社2006年版,第54页。

② [德]迪特尔·梅迪库斯:《德国债法总论》,杜景林、卢谌译,法律出版社2004年版,第451页。

③ 黄文煌:"论侵权法上的假设因果关系",载《中外法学》2011年第3期。

（二）药物不良反应及其监测的医学发展概况

本案中，医方过错表现为不合理用药导致药物不良反应最终致患者死亡。药物不良反应（ADR）一般是指在常用量条件下，由于药物或药物相互作用而发生非所需的，与防治目的无关的不利或有害反应，包括副作用、毒性作用、过敏反应、继发反应和特异性遗传素质等。药物不良反应分为 A 型（量变型异常）和 B 型（质变型异常）两类。前者主要是由药物的药理作用过强所致，特点是可以预测，通常与剂量有关。其在人群中的发生率虽高，但死亡率低。后者是与正常药理作用完全无关的一种异常反应，一般很难预测，常规毒理学筛选难以发现。其发生率虽低，但死亡率高。B 型不良反应又包括药物异常性和患者异常性两种类型。患者异常性不良反应主要与患者的特异性遗传素质有关。大多数药物的过敏反应都可归类为 B 型药物不良反应。

医学上认识药物不良反应可追溯到 19 世纪中叶的氯仿事件。当时氯仿被广泛用于全身麻醉，虽偶有意外死亡发生，但总认为该药在许多方面优于乙醚。1887 年英国医学协会正式提出报告，认为氯仿是一种危险药物，大剂量时可抑制呼吸，即使小剂量也会产生心脏毒副作用，从此开拓了药物不良反应调查研究这一药理学领域。从氯仿的广泛使用到对它作出全面的结论，期间相隔了近 30 年。20 世纪 40 年代以前，临床用药以对症治疗和短程疗法为主，因此较少发生严重不良反应。自从青霉素问世后，药物治疗进入了一个新纪元，大量高效和治疗范围狭窄的药物不断涌现，合并用药和长程疗法不断增加，从而使药物不良反应的发生率和严重性日益突出，但并未引起人们重视。直到 20 世纪 60 年代初期发生了震惊世界的“反应停”事件，药物不良反应才开始受到医药界的重视。“反应停”事件是由于妇女在怀孕初期服用了当时认为是安全有效的反应停从而使海豹肢婴儿（四肢部分或全部长骨缺损）出生率大量增加。以当时西德最为严重，累及的婴儿达数千名。此后，许多国家纷纷加强了对药品上市前的安全性试验，相继开展全国性的药物不良反应监测工作，成立了药物不良反应监测中心或委员会。世界卫生组织在“反应停致畸药害”以后，于1986年开始进行国际药品监测计划的试点，当时仅有已建立国家ADR自发呈报制度的10个国家参加。我国ADR监测工作开展得较晚，自1984年5月开始，上海医科大学临床药理研究所和上海医科大学药学院才开始进行试点工作。目前，我国药品不良反应监测体系的基本框架已初见端倪，相关的法律法规体系、工作机制的建设也已初步建立，在确保人民群众用药的安全、有效方面发挥了重要作用。经过国际社会多年的努力及各国实践经验的积累，越来越多的药物不良反应已有足够的知识可以预防和避免。医疗实践中，虽说药物不良反应有时是不可避免的，但有相当一部分是由于临床不合理用药所引起。例如，医生开处方时不注意了解患者用药既往史；忽略询问用药对象是否系特异性体质；处方时不注意药物间相互作用；不注意患者原有疾病及肝、肾功能等。因此，如能合理用药，许多药物不良反应是可以避免的。①

（三）本案特异性体质不属于限缩医疗过错参与度的因素

本案属于医方忽略询问用药对象是否系特异性体质引起的药物不良反应的案例。如前所述，医学发展到今天，人类对越来越多的药物不良反应已有足够的知识可以预防和避免。关于特异性体质对“来比林”药物的不良反应，目前医学已有充分的认知，并且已经形成谨慎的用药规范。本案医方在客观上完全可以选用其他替代药物而不使用可能诱发患者支气管哮喘发作的“来比林”，从而避免药物不良反应的发生。根据合法性替代行为理论，假设的合法行为可以避免损害结果出现，则不应排除该诊疗过失与损害之间的因果关系，而应确认其是侵权法上的致害原因，从而确认该医疗过错的参与度。

从比例因果关系说来看，本案也不适用“机会丧失”理论。患者的特异性体质系对特定药物过敏，在没有过失诊疗行为参与的情况下，其特异性体

---

① 关于药物不良反应及监测，本文参考了复旦大学上海医学院《实用内科学》编委会编：陈灏珠、林果为主编：《实用内科学》（上册），人民卫生出版社2011年版，第141～147页。

质不会像有些癌症一样出现自然转归死亡的损害结果,这里不存在损害出现的概率问题。依据该因果关系的理论,本案患者的特异性体质并不构成限缩医疗过错参与度的理由。由于特异性体质并不会自发产生过敏损害,特异性体质也不属于过敏反应损害中的假设原因事实。因此,从假设因果关系理论来看,本案患者的特异性体质也不构成限缩医疗过错参与度的理由。

(四)参照适用本案例应注意的问题

从药物不良反应的医学认识及其监测发展进程来看,法律赋予医方谨慎的用药注意义务,并非做了不合理的、不科学的、不切实际的高标准要求;从侵权法因果关系理论来看,在医学对特异性体质患者使用特定药物会发生不良反应已有充分认知的情况下,患者的特异性体质并不构成限缩医疗过错参与度的理由。本案一审判决医方承担70%的赔偿责任,无论于医学还是法学的理论和实践,均有充分的依据,其判决结果符合一般的正义观念和道德感情。但应指出的是,一审法院将“梁某珍自身的体质存在个体差异,对造成本次事故也有一定的原因”作为限缩医方责任的判决理由之一,应属不当。二审在责任比例的分担上维持一审判决,一方面是从“梁某珍并非阿司匹林的绝对禁忌”考量了医方的过错程度,另一方面也考虑了患方在二审并未就责任分担提出上诉的程序因素。本案的启示意义之一在于,对医疗损害鉴定进行司法审查,应注意区分医学上原因与法律上原因的不同,以实现法律应有的价值判断功能。

二、患者能否索赔基本医疗保险基金支付的医疗费

实践中,受社会医疗保险制度受益人不应为侵权人的观念影响,案件审理中容易忽视对赔偿权利人损失范围的认定,陷入审判误区,导致判决结果加重侵权人的赔偿义务。对此,应予澄清引起注意。

(一)损害赔偿应以存在人身损害或财产损失为前提,无损失即无赔偿,基本医疗保险统筹基金支付的医疗费不属于患方的损失,医方无须向患方赔偿这里涉及我国社会医疗保险制度的具体内容。根据《国务院关于建立城镇职工基本医疗保险制度的决定》(国发〔1998〕44 号),基本医疗保险基金由统筹基金和个人账户构成。职工个人缴纳的基本医疗保险费,全部计入个人账户。用人单位缴纳的基本医疗保险费分为两部分,一部分用于建立统筹基金,一部分划入个人账户。统筹基金和个人账户各自的支付范围,分别核算,不得互相挤占。统筹基金存在起付标准和最高支付限额的要求。起付标准以下的医疗费用,从个人账户中支付或由个人自付。起付标准以上、最高支付限额以下的医疗费用,主要从统筹基金中支付,个人也要负担一定比例。超过最高支付限额的医疗费用,可以通过商业医疗保险等途径解决。统筹基金的具体起付标准、最高支付限额以及在起付标准以上和最高支付限额以下医疗费用的个人负担比例,由统筹地区根据以收定支、收支平衡的原则确定。根据国务院的规定,各级地方政府均建立了相应的基本医疗保险制度。在本案发生地广州市,《广州市城镇职工基本医疗保险试行办法》对个人医疗账户的使用及财产属性作了规定,即个人医疗账户的本金和利息用于支付基本医疗费用,可以结转使用,不得提取现金或者挪作他用。参保人员死亡后,个人医疗账户余额可划入其继承人的个人医疗账户;继承人未参加基本医疗保险的,个人医疗账户余额可以一次性支付给继承人;没有继承人的,个人医疗账户余额纳入基本医疗保险统筹基金。

本案广医附属医院上诉请求涉及的医疗费 296,515 元,即是由统筹基金支付(另有部分医疗费是由重大疾病医疗补助金支付,该补助金性质和基本医疗保险统筹基金一致),并不涉及患者个人医疗账户的余额,因此,不属于患方的财产损失。

(二)侵权案件中社保机构对由社保统筹基金支付的医疗费享有追偿权

基本医疗保险制度是《宪法》关于"中华人民共和国公民在年老、疾病或者丧失劳动能力的情况下,有从国家和社会获得物质帮助的权利。国家发展为公民享受这些权利所需要的社会保险、社会救济和医疗卫生事业"规定的落实,基本医疗保险不是责任保险,其要保障的是个人从国家和社会获得物质帮助的权利,而不是免除相关责任人依法负有的医疗费赔偿责任,为侵权人提供免除责任的庇护。但从运作机制来看,受害人接受医疗治疗是第一时间的需要,损害赔偿权利的救济往往滞后于伤病的救治和医疗费用的支出。因此,基本医疗保险基金先行支付侵权案件中受害人的医疗费用是一种常见现象。为此,《社会保险法》规定了基本医疗保险基金先行支付医疗费后向第三人追偿的权利。在本案,医方存在医疗过错,本身就是侵权人,根据《社会保险法》的规定,社会保险经办机构依法可向其追回已支付的医疗费用。根据《广州市城镇职工基本医疗保险试行办法》第 31 条第 3 项和第 64 条的规定,社会保险经办机构也有权向某附属医院追回已支付的医疗费用。本案如果支持患方关于该部分医疗费的诉讼请求,某附属医院将两次赔付同一医疗费。这有违一般的公平正义理念和情感,也与法意人情不合。二审法院因此改判扣除了该部分医疗费损失。

医疗侵权损害赔偿纠纷中,应注意区分已实际发生的医疗费的支付主体,辨明医疗费是否构成患者的财产性损失。在基本医疗保险基金支付部分医疗费的情形,该部分医疗费不属于患方的医疗费损失范围,不应判决医方向患方赔付该医疗费,以避免判决结果加重医方的赔偿责任。

合理医疗水平的判断——“可尊重的少数”法则与“最佳判断”法则的取舍适用

——邓某某诉中山大学某附属医院医疗损害责任纠纷案

广州市中级人民法院

要点提示

“可尊重的少数”法则和“最佳判断”法则都是合理医疗水平的判断标准，案件同时涉及这两个法则，应如何取舍以确认医方是否未尽合理医疗水平义务？医疗纠纷案件中，如果存在多种手术方案的选择，在医方已经作出最佳选择决定的情况下，实际手术过程中外科医生选择的术式虽符合“可尊重的少数”这一法则，但其放弃“最佳判断”引起的手术风险应由医方承担相应责任。

案例索引

一审：广州市越秀区人民法院（2009）越法民一初字第 1314 号民事判决。

二审：广州市中级人民法院（2011）穗中法民一终字第 4024 号民事判决。

基本案情

邓某某因“反复反酸 6 个月，伴腹胀、呕吐 7 天”于 2008 年 6 月 2 日入中山大学某附属医院胃肠胰外科住院治疗。入院诊断：胃潴留、幽门梗阻？Ⅱ型糖尿病？医院经讨论研究，认为邓某某手术指征明显，经邓某某及家属签署手术知情同意书后，医院在全麻下为邓某某行胃远端大部分切除、胃空肠毕Ⅱ式吻合术。术后，邓某某病情加重。医院为邓某某行急诊剖腹探查，术中发现十二指肠残端有一处约 1cm × 1cm 的瘘口，遂行十二指肠造瘘、空肠近端造瘘、空肠远端留置营养管、腹腔引流术。术程顺利，2008 年 8 月 6 日，邓某某康复出院。

经医方申请、邓某某同意，原审法院委托广州市医学会就本案是否构成医疗事故、医院在诊疗过程中是否存在过错过失等问题进行医疗事故技术鉴定。广州市医学会出具广州医鉴〔2009〕144 号《医疗事故技术鉴定书》，其中“分析意见”记载：“（一）根据患者的病史，结合临床症状、体征及辅助检查结果，其胃十二指肠复合性溃疡、幽门梗阻的诊断成立，有胃大部分切除的手术指征，术前虽发现患者有轻度的贫血和血糖稍增高，但不构成手术禁忌，且术前已有一定的矫正。术前，医方进行了全科的病例讨论，已充分意识到手术的高风险性，并特别指出可能因糖尿病、贫血等原因会出现吻合口瘘或十二指肠瘘、伤口愈合欠佳等可能。在履行手术和麻醉风险告知义务、征得患者及家属同意并签署手术知情同意书后，予患者行手术治疗。据手术记录，术者依据术中所见进行了胃远端大部分切除和毕Ⅱ式胃空肠吻合术，十二指肠残端先用切割闭合器切闭后再作加强缝合等处理。鉴定专家组认为，医方选择的术式和手术操作过程符合胃十二指肠复合性溃疡、幽门梗阻的外科诊疗常规。（二）术后 4 天，患者出现十二指肠残端瘘。患方认为术后出现十二指肠残端瘘并非该手术的必然并发症，是因为医方麻痹大意、疏忽及未尽注意与合理预防义务，导致与胃肠吻合口瘘相对不容易出现的十二指肠残端瘘发生。鉴定专家组认为：不能认为胃肠吻合口瘘的发生率一定高于十二指肠残端瘘，实际情况正好相反，患者的十二指肠残端瘘属于手术并发症，该并发症的发生虽非必然，鉴于目前的医疗技术水平、患者的个体差异以及诊疗行为的偶然性，该并发症在此类手术中难以完全避免。出现该并发症有多种原因，就本患者而言，术前的贫血和糖尿病及幽门梗阻导致周围组织的水肿是出现该并发症的高危因素。当患者出现该手术并发症后,医方所采取的治疗措施是及时和有效的,挽救了患者的生命,使之康复出院。(三)关于患方认为医方不遵守承诺,在第一次手术时随意变更手术者而未告知患方,侵犯其知情权的问题。经核实,在第一次手术中,医方所更换的手术者与原定的手术者为同一医疗小组成员,且为年资更高的正高级职称医师,具备施行该手术的资格,该医师参与患者的术前组内查房和全科讨论的整个过程,了解患者的疾病情况。鉴定专家组认为,医方对于术者的调整,不违反现有的卫生管理法律法规。(四)鉴定专家组认为,医方在医疗过程中存在如下不足:1. 第一次手术更换手术者,未与患方作解释及沟通;2. 虽然在第一次术前全科讨论时已考虑到手术有出现十二指肠残端瘘的可能,但在手术知情同意书上未明确列出。综上,医学会认定医方无医疗过失行为,存在医疗不足;患者在行胃远端大部分切除和毕Ⅱ式胃空肠吻合术术后出现十二指肠残端瘘是该手术的并发症之一,与医方更换手术者和对十二指肠残端瘘的处理方法等医疗行为之间不存在因果关系。”“结论”为“本医案不构成医疗事故。”

邓某某病例中《术前总结》记载:“切除远端胃,切割闭合十二指肠残端,包埋加固。”邓某某第一次手术的手术记录记载:“使用强生吻合器行毕Ⅱ式胃空肠吻合,用丝线封闭十二指肠残端,加固缝合胃断端。”

邓某某认为医方在诊疗过程中变更术式存在过错,诉请医疗损害赔偿。

法院判决

广州市越秀区人民法院认为,本案的争议焦点是医方在诊疗过程中是否存在过错过失及医方的诊疗行为与邓某某所受损害后果是否存在因果关系。广州市医学会就上述两个问题及本案是否构成医疗事故进行了医疗事故技术鉴定,认为未发现医方的诊疗行为违反医疗卫生管理法律、法规、部门规章和诊疗护理规范、常规,医方不存在诊疗过失行为,邓某某在行胃远端大部分切除和胃空肠毕Ⅱ式吻合术后出现十二指肠残端瘘是该手术的并发症之一,与医方更换医师及对十二指肠残端瘘的处理等诊疗行为之间不存在因果关系。广州市医学会的鉴定结论是在人民法院委托下,由相关医学专家召开专门听证会,在听取双方当事人意见后充分分析讨论的前提下得出的,经审查并无不当。邓某某对鉴定结论有异议,但未提交充分证据予以反驳,故对鉴定结论予以采信。综上,应认定医方在诊疗过程中不存在过错过失,邓某某所受损害后果与医方的诊疗行为没有因果关系,邓某某主张医方承担损害赔偿责任,缺乏事实和法律依据,应不予支持。原审依照《中华人民共和国民事诉讼法》第64条第1款的规定,判决:驳回邓某某的全部诉讼请求。

判后,邓某某不服,向广州市中级人民法院提起上诉。

广州市中级人民法院审理认为:据《黄家驷外科学》记载,BⅡ式胃切除术后十二指肠残端瘘的发生率在1%~4%,该并发症并非必然,但也难以完全避免。此点在本案一审的医疗鉴定结论中已有论述。然而,BⅡ式胃切除术后十二指肠残端瘘属于严重的并发症,如诊断不及时或处理不当常可危及生命,此点在本医案也已得到证实。因此,十二指肠瘘重在预防。残端缝合不严密是发生十二指肠残端瘘的因素之一,为预防十二指肠残端瘘,往往需要残端缝合加强,如可应用大网膜逢盖于残端加强。在本案,医方在《术前总结》中已有“切除远端胃,切割闭合十二指肠残端,包埋加固”的预案,表明医方在术前对此已有重视并制定了针对性的手术措施。然而,术后的手术记录显示:“使用强生吻合器行毕Ⅱ式胃空肠吻合,用丝线封闭十二指肠残端,加固缝合胃断端。”可见医方在手术中并没有严格按照术前预案实施十二指肠残端的缝合措施予以加固。一审医学会的鉴定书中诊疗概要部分称医方“对十二指肠残端的处理:以切割闭合器切闭后予以加强缝合”,此点与二审查明的手术记录不符,故不予采信。原审就该事实未予查清,应予以纠正。医方在手术中没有采取本已拟定的谨慎防范措施,应认定医方在本医案中存在手术方面的过错。虽本医案不构成医疗事故,医方依法仍应承担相应的赔偿责任。鉴于十二指肠残端供血不良(如因血管离断)、手术并发的局部感染及患者个体差异等因素也是诱发十二指肠残端瘘的因素；此外如一审医学会鉴定书中述及，邓某某术前的贫血和糖尿病及幽门梗阻导致周围组织的水肿也是出现该并发症的高危因素，本案尚无确凿证据证实医方上述过错构成本医案的唯一原因。综合医方在保障患者知情权方面的不足，广州市中级人民法院认定医方于本案应对邓某某的损害负担50%的赔偿责任。

评析

本案是否构成医疗侵权，争议焦点在于医方行BⅡ式（又称毕Ⅱ式）胃切除术时用丝线封闭十二指肠残端是否有失合理医疗水平。

一、判断合理医疗水平的标准

司法实践中，未尽合理医疗水平义务的过错标准是认定诊疗过错适用最多的标准。该标准要求医师在进行医疗行为时，其学识、注意程度、技术以及态度应符合具有一般医疗专业水准的医师于同一情况下所应遵循的标准。关于这项标准的理解适用，学理上总结了包括适中的注意水准、可尊重的少数、最佳判断法则、容许危险法则、医疗紧急性因素、地区性原则、医师差别原则等具体的判断标准。[①] 这些标准也是司法实践中判断诊疗行为是否达到合理医疗水平及医方是否违反注意义务的标准，亦即判断是否构成侵权法上过失的标准。本案关于合理医疗水平的判断，涉及“适中的注意水准”或“可尊重的少数”法则与“最佳判断”法则。

“适中的注意水准”是指，医生的此项注意义务标准应是该医生所在技术领域中一名普通医生所具有的一般的知识、技术和一般的注意水准，而不是该领域中最有经验、最有技术或最有资格的医生所具有的技术水准，也不

① 理论上判断“医疗水准”标准的综述，可参见中国政法大学许冰梅的博士学位论文“医疗过失损害赔偿制度研究”，载中国知网学位论文库。另可参考余明永主编：《医疗损害赔偿纠纷》（奚晓明总主编民商事裁判精要与规范指导丛书），法律出版社2010年版，第40～41页。

是该领域中最没有经验的医生所具有的技术水准。“可尊重的少数”是指，医疗领域中往往存在着多种医生同行所普遍接受的医疗实践或观点,某医生的行为符合其中一种医疗实践或医疗观点,往往是没有过失的强有力的证据;相反,如果某医生的行为不符合其中任何一种医疗实践或医疗观点，那么他就很可能被证明为具有过失。如果有一部分职业者认为某医生的行为是错误的,而另外有一部分职业者赞同该被告的行为,就不能证明被告具有过失。

最佳判断法则强调的则是医方的最善注意义务。美国某些法院要求，当医师的专业判断能力高于一般标准而该医师又明知一般标准所要求的医疗方法属于具有不合理的危险时,对该医师的注意义务的要求应高于一般标准。法院要求该医师必须依其能力做“最佳判断”方可免责。日本民法理论中的类似要求,称为“最善之注意义务或完全之注意”。

二、合理医疗水平判断标准的冲突与适用

“适中的注意水准”或“可尊重的少数”法则与“最佳判断”法则的具体运用在本案存在冲突,因此涉及取舍适用的问题。

BⅡ式胃切除术需对十二指肠残端进行缝合。BⅡ式胃切除术中十二指肠残端缝合分普通缝合和加强缝合。根据“适中的注意水准”或“可尊重的少数”法则,本案医方“用丝线封闭十二指肠残端”即采普通缝合并不构成诊疗过错。然而,BⅡ式胃切除术后十二指肠残端瘘属于严重的并发症,如诊断不及时或处理不当常可危及生命。因此,十二指肠残端瘘重在预防。残端缝合不严密是发生十二指肠残端瘘的因素之一,为预防十二指肠残端瘘，往往需要残端缝合加强。本案医方在经全科病例讨论作出的术前总结中拟定的加强缝合手术方案相对普通缝合属于针对患者具体病情的最佳判断。广州市医学会在鉴定过程中没有查明医方的客观医疗行为,误以为医方在术中做了“十二指肠残端先用切割闭合器切闭后再作加强缝合等处理”,故并没有对医方在术中改变术前总结已明确的手术方案采用普通缝合的行为是否构成过错及该行为与损害后果有无因果关系作出鉴定。在这种情况下，二审法院根据查明的事实，认定医方在手术中没有采取本已拟定的谨慎防范措施违反了“最佳判断”法则，构成医疗过错。虽然医方的行为符合“适中的注意水准”或“可尊重的少数”法则的要求，但医方放弃采用最佳判断给患者带来的风险不应由患者独自承担。这种情况下“最佳判断法则”要求医方根据已经做出的最佳判断实施手术方案，从诊疗注意义务的合理性、可行性及风险分担的角度，都更有利于保障患者的人身权益，也不至于因提出不可能完成的诊疗要求而有损医院及医务人员的合法权益，兼顾了医学科学的进步和医药卫生事业的发展需要，体现了侵权法平衡当事人之间利益及与社会一般人之间利益的本质。

本案中的因果关系问题。根据医学界权威资料《黄家驷外科学》记载，残端缝合不严密是发生十二指肠残端瘘的因素之一，预防十二指肠残端瘘，往往需要残端缝合加强，如可应用大网膜逢盖于残端加强。二审法院据此认定医方违反“最佳判断”法则的过错与患者最后出现十二指肠残端瘘的损害后果存在因果关系，既符合侵权法学相当因果关系的理论，也与法规保护目的说的侵权因果关系理论保持了一致，具有坚实的医学理论基础和法学理论基础。在没有确凿证据证实医方上述过错构成本医案的唯一致损原因的情况下，综合考虑诱发十二指肠残端瘘的因素还包括十二指肠残端供血不良（如因血管离断）、手术并发的局部感染及患者个体差异，而患者术前的贫血和糖尿病及幽门梗阻导致周围组织的水肿也是出现该并发症的高危因素，故二审法院根据医方过错内容及过错的原因力改判医方负担50%的赔偿责任。

三、医疗损害鉴定结论的真实性需要审查

医疗过错认定的过程，包括了客观医疗行为的认定、医疗行为标准的发现及医疗行为与标准对照三个环节。客观医疗行为的认定及医疗行为标准的发现均存在真实性的问题。鉴定结论认定的医疗行为应该是实际已发生的医疗行为，该认定属于事实认定，应保证其真实性。医疗行为标准的发现依赖专业鉴定人员的专业知识。鉴定人员在鉴定中适用的标准是否真实存在，是否是唯一的标准，仍然属于事实认定的范畴。由于专业水平的限制、工作责任心不强以及与案件存在利害关系等因素的影响，此类事实认定难免失真。本案医学会的鉴定结论在客观医疗行为的认定方面就存在失真现象。医学会认定医方在术中采取了“十二指肠残端先用切割闭合器切闭后再作加强缝合等处理”的措施，而客观的医疗行为在手术记录中显示为，“使用强生吻合器行毕Ⅱ式胃空肠吻合，用丝线封闭十二指肠残端，加固缝合胃断端”。即医方并没有采取加强缝合十二指肠残端的措施。可见，医疗损害鉴定结论的真实性需要司法审查。事实认定属于法官的基本技能，法官在医疗纠纷案件审理过程中，应敢于审查鉴定结论的真实性，并慢慢学会善于利用病例资料去发现医方的客观医疗行为，从而更好地去审查鉴定结论的真实性。

医疗损害司法鉴定的风险与规避

广东省医学会医事法学分会常务委员　王慧君

一、背景及现状

近年来医疗纠纷案件,甚至伤医、杀医案件频发,其表现形式有如下特点:

1. 医疗纠纷发生的数量逐年增加、范围逐渐扩大。全国各级人民法院医疗纠纷诉讼案件呈大幅度增加趋势,年增长率达10%～20%;有资料表明,自2008年起全国每年发生疑似医疗纠纷事件逾百万起,医疗投诉较以往明显增多,要求司法鉴定的比例增高,要求伤残等级评定的患者比例增高。

2. 患者对医疗效果期望值过高,对医疗服务质量不满意等诱发的医疗纠纷逐渐增多。

3. 公众对医疗工作的误解或缺乏正确认识成为引发医患纠纷的一大原因。特别是当治疗疾病过程中伴随出现并发症,身体不适、伤残或者医治无效死亡等后果时,他们不能理解"医疗的不确定性"、"个体差异"、"医疗的局限性"、"难以避免性",而是理所当然地认为"找医生看病就能治好病"、"花了钱就要医好"、"完全治愈患者是医生的责任"、"治疗和药物对每个人都有同样的效果"等,这种对医疗能力的错误理解,不仅容易引发纠纷,而且也成为暴力伤医的原因之一。这与我国长期以来普及和宣传医疗知识的不足相关。

4. 媒体不客观的报道,也是激发医疗纠纷案件增长的原因之一。

5. 过度医疗问题存在,特别是医疗保险不健全或不足以承担巨大医疗费用的情况下,因过度医疗还严重增加患者及家属的经济负担,不满所引起的纠纷亦大幅度增加。

6. 医疗纠纷中对经济补偿的要求更为突出。患方常有经济补偿的要求,而且对补偿金额要求越来越高。

二、医疗纠纷的鉴定途径

医疗纠纷发生以后,科学、客观、专业的技术鉴定是解决医患纠纷的关键问题。当前我国仍处于鉴定的“双轨制”,即医疗事故技术鉴定和医疗损害司法鉴定并存的局面。

(一)医疗事故技术鉴定

医疗事故鉴定是根据《医疗事故处理条例》(国务院第351号令,2002年9月1日起实施)由中华医学会负责组织的鉴定。当医疗事故发生后,患方、医方若就有关医疗技术争议不能达成协商一致的,可以单方或共同委托医学会组织鉴定,卫生管理部门接到医疗单位关于重大医疗过失行为的报告或者医疗事故争议当事人要求处理医疗事故争议的申请后,对需要就专业技术问题进行鉴定的,也可交由医学会组织鉴定。

(二)医疗损害司法鉴定

医疗损害鉴定是根据《侵权责任法》(人大常委会,2010年7月1日起实施)由司法行政部门负责管理的法医学司法鉴定机构组织的鉴定。主要接受法院的委托,少数情况也接受医患双方协商一致后的共同委托。《侵权责任法》的实施确定了一般过错赔偿原则,医疗事故鉴定程序虽未被废弃,但绝大多数案件的鉴定转而适用司法鉴定程序。因此,目前不少地域医疗损害司法鉴定已大大超过医疗事故鉴定。

(三)医疗纠纷的死因鉴定

除了上面这两个最主要的鉴定途径外,当涉及死亡的医疗纠纷争议进入以上鉴定程序以前,通常还需增加一个鉴定,即医疗纠纷的死因鉴定。通过尸检明确患者的疾病诊断并确定导致其死亡的原因。死因鉴定对于医疗过错与死亡后果的因果关系分析、判断具有重要的意义。《医疗事故处理条例》第18条对尸检制度作出了规定,临床医师在患者死亡后,若患者家属对死因存有异议或者对医疗行为持有争议的,应当告知其可以通过尸体解剖及病理学检验来确定死因。一般应采用书面的方式,取得家属签字表示其同意或者拒绝尸体解剖。患者家属同意尸体解剖的,医方应积极配合,包括协助寻求能够进行尸体解剖的机构,在尸体解剖前协助妥善保管尸体或者配合将尸体运送至有条件妥善保管的部门。医方未尽到上述责任的,视为医疗过错。但患者家属拒绝在书面告知单上签字表示同意或者拒绝的,医方应当及时向医疗行政管理部门报告,并在病历中记录。

三、医疗损害的法医学鉴定

《最高人民法院关于适用〈中华人民共和国侵权责任法〉若干问题的通知》规定,人民法院适用《侵权责任法》审理民事纠纷案件,根据当事人的申请或者依职权决定进行医疗损害鉴定的,按照《全国人民代表大会常务委员会关于司法鉴定管理问题的决定》、《人民法院对外委托司法鉴定管理规定》及国家有关部门的规定组织鉴定。根据《司法鉴定程序通则》、《司法鉴定执业分类规定(试行)》由司法行政部门负责管理的法医类司法鉴定机构组织鉴定。

医疗损害司法鉴定是指人民法院在受理医疗损害赔偿民事诉讼案件中,依职权或应医患任何一方当事人的请求,委托具有法定鉴定资质的机构对患方所诉医疗损害结果与医方过错有无因果关系等专门性问题进行分析、判断并提供鉴定结论的活动。由此可见,医疗过错司法鉴定的目的,是为医疗损害赔偿民事诉讼中遇到的专门性问题提供的一项技术服务。

医疗损害司法鉴定的主要任务是明确以下问题:(1)是否存在损害事实;(2)医疗行为是否存在过失;(3)损害事实与医疗过失行为之间是否存在因果关系;(4)医疗过失的参与度。

(一)医疗过错行为判定的基本原则

1. 关于注意义务

根据《侵权责任法》的规定,在法律框架下判定医疗行为是否存在过错的标准是医务人员是否尽到相应的注意义务或称诊疗义务,这是一个法律标准。我国目前尚无统一的鉴定标准出台,但根据国内外经验,对于注意义务的业内共识已逐步明晰。医方是否履行医疗风险注意义务(duty of care)是认定医疗过错行为的客观标准,相应的判断标准即为注意标准(Standard of care)。它分为具体标准和抽象标准。医疗法律、行政法规、部门规章、诊疗常规等规定的医方各个医疗行为的注意义务为具体标准。医方对患者进行的医疗活动,是否达到与其资质相应的医疗水准,是否尽到符合其相应专业要求的注意、学识及技能是抽象标准。

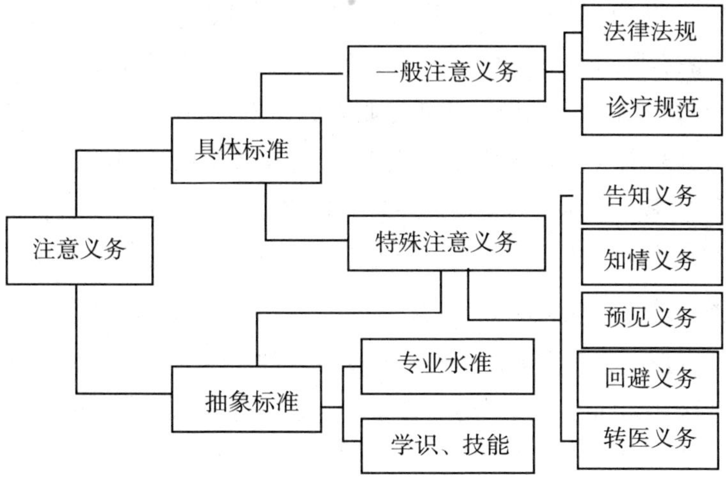

注意义务判断流程图

具体标准是判断某一具体医疗行为是否履行医疗风险注意义务(即是否存在过错)的依据,它在不同类型的医疗行为上略有不同,分为一般注意义务和特殊注意义务。一般注意义务是指在就诊整个过程中,如治疗、手术、注射、抽血、输血、放射线治疗、麻醉、调剂制药、护理过程等医疗过程中是否遵守法律法规和诊疗规范等注意义务。特殊注意义务除了告知义务、知情同意义务、回避义务、转医义务等外,还包括对是否尽到应尽的学识和技术方面的义务。

抽象标准是指在缺乏法律、规章或规范等明确规定具体标准的情况下,确定医疗行为所应具备的注意程度的标准,依该标准达不到注意程度的,认定行为存在过错。一般注意程度的标准就是日本松仓教授提出的"医疗水准",即以"一般临床医师应该知道,且已确立的医学常识"作为判断基准。在美国称之为医护人员职业行为标准,即医务人员于医疗之际,其学识、注意程度、技术以及态度,均应符合具有一般医疗专业水准的医务人员在同一情况下所应具备的标准,它是医疗界公知公认的诊疗标准。

在英美法系国家,对于一个普通的医师来说在为病人提供服务时应尽到下列注意义务:(1)有义务具备同一地区或相似地区,并在相同的条件下从业的知名医师通常所具有的学识和技术;(2)有义务使用同一地区或相似地区,并在相同条件下从业的知名专业人员在相同的病例中,通常使用的注意和技术;(3)有义务在实施技术或应用学识时,使用合理的智慧和最佳判断;(4)未能尽到上述任何一种义务就是过错。对于一个从事于特殊领域的专科医师来说其注意义务与普通医师的略有不同,作为专科医师在为病人提供服务的过程中应该尽到"专家义务"(Duty of Specialist),即在内科学、外科学或其他康复医学等特殊领域的专科医师须具有从事相同领域和相同或相似地区在相同的条件下的知名专家通常具有知识和技术并使用这些专家通常所使用的注意和技术。未能尽到上述义务就是过错。

对于医疗机构来说其应承担以注意义务:(1)雇用有能力的和合格的医务人员;(2)对其雇用的医务人员进行必要的培训和指导;(3)为医务人员提供合适的设备和仪器;(4)建立必要的安全和保障系统。

2."说明告知义务"与"知情同意权"

医生的医疗危险注意义务(医疗过错)对应于患者的权利(知情、同意权),并通过相应的医疗行为和告知说明行为体现。对于医方,应履行充分的"告知说明义务",对于患者,就是享有"知情同意权"。告知义务在医疗过错民事侵权损害赔偿案件中具有特殊的地位,它是获得病人知情同意的前提条件也是与病人能否充分享有知情权和选择权紧密相关的。知情同意,包括知情和同意两个要素。知情是建立在医师履行了充分告知义务的基础之上,同意是建立在知情的基础之上。病人在知情的基础上能够对拟采取的手术或治疗方法作出决定,同意才具有法律约束力。例如,需要实施手术、特殊检查、特殊治疗的,医务人员应当及时向患者说明医疗风险、替代医疗方案等情况,并取得其书面同意。

(二)《侵权责任法》中医疗过错行为判定的标准

1. 具体标准。第 58 条第 1 项明文规定:"患者有损害,因下列情形之一的,推定医疗机构有过错:(一)违反法律、行政法规、规章以及其他有关诊疗规范的规定……"这是判断医方是否履行医疗风险注意义务(即是否存在过错)的具体标准。

2. 抽象标准。第 57 条明文规定:"医务人员在诊疗活动中未尽到与当时的医疗水平相应的诊疗义务,造成患者损害的,医疗机构应当承担赔偿责任。"这是判断医方是否履行医疗风险注意义务的抽象标准。

3. 是否尽到"告知义务"及获得病人的"知情同意"。第 57 条明文规定:"医务人员在诊疗活动中应当向患者说明病情和医疗措施。需要实施手术、特殊检查、特殊治疗的,医务人员应当及时向患者说明医疗风险、替代医疗方案等情况,并取得其书面同意;不宜向患者说明的,应当向患者的近亲属说明,并取得其书面同意。医务人员未尽到前款义务,造成患者损害的,医疗机构应当承担赔偿责任。"

(三)医疗过错行为与损害后果因果关系的判定原则

医疗损害大多与侵袭性治疗、药物毒副作用以及患者自身疾病的恶化同时存在。在医疗损害侵权责任的法医学鉴定中,需要研究和鉴别医疗过错侵权损害与患者自身疾病的发展、恶化,以及正常的医疗行为对人身造成的医疗损害的关系。因此,医疗过错与损害后果之间的关系问题是医疗损害侵权责任法医学鉴定中最复杂的问题。可以是一因一果、多因一果，也可是一因多果、多因多果。可以表现为事实上的因果关系，也可以表现为法律上的因果关系。

事实上的因果关系是在抛开法律规定的前提下，确定加害行为是否构成损害结果发生的客观原因，即确认侵权事实与损害结果的客观联系。法律上的因果关系则强调在存在事实因果关系的前提下，是否依法承担法律责任，即使是法律上的因果关系，刑法上的因果关系与民法上的因果关系也是不完全相同的。刑法上的因果关系要求解决行为人刑事责任问题，一般查找的范围限定于单个的因果关系锁链环节，而且完全排斥各种偶然介入因素的作用，强调因果关系的“客观性”、“特定性”、“必然性”、“形态的复杂性”和“时间的顺序性”。民法上特别是侵权责任法上的因果关系是为了确定加害人的民事责任。

英美侵权行为法在检验事实因果关系方面采用“必要条件”理论、“实质要素”理论等。通过“如果没有”检验方法检验，“如果没有”被告的过错行为，原告的损害不会发生，是因果关系中的最低要求。对“多个充分原因”(multiple sufficient cause)案件，除通过“如果没有”检验方法外，还需要“实质性因素”检验方法(Material Element or Substantial Factor Rule)进行检验。“实质性因素”检验，即被告的行为在引起的损害中有这样的作用，导致一个合理的人认为它是一个原因。

在英美国家涉及中毒等民事侵权案件中法院较多采用盖然性学说即数理统计和流行病学的统计方法即概率权衡(balance of probability)。实际上是对于发生损害的“可能性”进行证明，如果发生损害的可能性超过50%，即“可能性大于不可能性”(more likely than not)，则认为存在因果关系，反之则认为不存在因果关系。“盖然性因果关系”已经得到越来越多承认，某些介入的偶然因素也可以成为损害后果发生的原因。丧失生存机会、丧失康复机会适用“盖然性因果关系”理论，克服了传统侵权行为对于受害人的专业知识、资料等要求过高的缺点，对于保护受害人特别是处于弱势地位的受害人的利益，实现真正的社会公平正义具有重要的意义。

（四）医疗过错行为与损害后果相关度（或参与度）判定

相关度（或参与度）是指医疗过错行为在损害后果中原因力的大小，是法庭判定医疗机构或医务人员责任程度的重要依据。在司法实践中，通常将参与度分为以下几个不同的等级。

1. 医疗行为直接导致不良后果。该种情形意味着医疗行为对造成患者的人身损害具有100%的原因力。比如，手术误切正常组织器官，造成机体功能障碍。误用有毒药物导致病人中毒或死亡等。其医疗行为与不良医疗后果的相关程度可判定为100%。

2. 主要由医疗过错行为导致的不良后果。这种情形意味着医疗过错行为对造成患者的人身损害具有60%～90%的原因力。无难产因素存在时出现的新生儿产伤，不论医务人员的作为或不作为，医疗行为与损害后果的相关度可判定为60%～90%。

3. 医疗过错行为与其他原因共同导致。该种情形意味着医疗过错行为与其他原因（如病人的伤情严重、病情复杂、对治疗的反应不佳等）共同导致患者损害的出现，而任何一个因素单独存在时都不会出现这种不良后果。在这种情况下可以判定医疗过错行为对造成患者的人身损害具有50%原因力。比如，骨关节损伤因复位不良而导致患者关节功能障碍等，其医疗行为与损害后果的相关度可判定为50%。

4. 不良后果主要由疾病本身病情危重所决定，医疗过失行为起次要作用。因医疗过失行为使患者丧失生存机会或者康复机会，对患者所丧失的“生存概率及生存期”或者“康复概率以及丧失康复机会给患者所造成的实际损害”进行评估。在这种情况下可以判定医疗过错行为对造成患者的人身损害具有20%～40%原因力。如恶性肿瘤、严重颅脑外伤的病人、大面积心肌梗死的病人，医疗过错行为虽对其死亡具有一定的因果关系（属于次要作用），使患者丧失的“生存概率及生存期”，但死亡的主要原因是其本身病情危重所致。再如椎间盘突出行椎间盘切除术后，病人的症状并未得到改善甚至有所加重，即使存在医疗过错行为，但造成病人残疾或肢体功能障碍的主要原因不在于医疗过错行为，而主要是病情难以恢复或继续发展所致，对患者所丧失的“康复概率以及丧失康复机会给患者所造成的实际损害”。可以判定医疗过错行为对造成患者的人身损害具有20% ~40%原因力。

5. 医疗行为属于诱发因素。这种情形意味着患者自身的疾病或其他原因是造成死亡或者功能障碍的主要因素，而医疗过错行为自身诱发因素或者促发因素，使患者丧失生存或康复机会，此时医疗过错中不良后果中的原因力为10% ~20%。比如，患有隐匿性心脏病的病人在接受经食道内窥镜检查时突发心律失常、心脏骤停抢救无效死亡。医师因为术前检查不仔细，未能及时发现患者患有严重心脏疾患因而存在过错。此时，造成患者死亡的主要原因是心脏病，而内窥镜检查只是诱发因素，医师的行为与患者死亡之间的相关度可判定为10% ~20%。

6. 不良后果与医疗过错行为没有关系。这意味着作为外因的医疗机构或医务人员的过错行为对于造成受害人损害没有任何原因力。如严重中毒患者、严重颅脑损伤的患者、晚期肿瘤病人，医务人员在抢救的过程中可能会出现一定的过错，但这些病情本来就属于不可救治的范围，患者的死亡是病情发展的自然转归。医务人员虽然存在过错行为，但这种过错行为与病人的死亡没有关系。医疗行为与损害后果相关度可判定为零。

结语

尊重生命，崇尚科学，把病人的安全置于首位，是医务人员的神圣使命！

医疗纠纷诉讼的现状与前瞻

广东省高级人民法院民一庭副庭长　佘琼圣

一、现状

(一)收结案数稳中有升

随着医疗卫生事业的发展和患者维权意识的提高,医患纠纷的总体数量逐年增加。2010 年 7 月 1 日《侵权责任法》实施以来,医疗损害的赔偿与其他人身损害的赔偿实行同一标准,医疗损害的赔偿数额大幅度上升,但人民法院受理医疗纠纷案件的数量并没有像预想的那样出现井喷式的增长,而是呈现有升有降、总体上缓慢增长的态势。从广东省近 4 年的情况来看,2010 年全省受理医疗纠纷一审案件 900 起,2011 年增加到 1014 起,2012 年回落到 910 起,2013 年 1 ~ 10 月又增长到 953 起。我们认为,主要原因是医疗纠纷的多元化解决机制建设已经初见成效。2013 年,广东省政府出台了《广东省医疗纠纷预防与处理办法》(以下简称《办法》)。《办法》的实施有效地预防和化解了大量医疗纠纷,根据《办法》成立的医调委作为第三方调解机构发挥了重要作用。

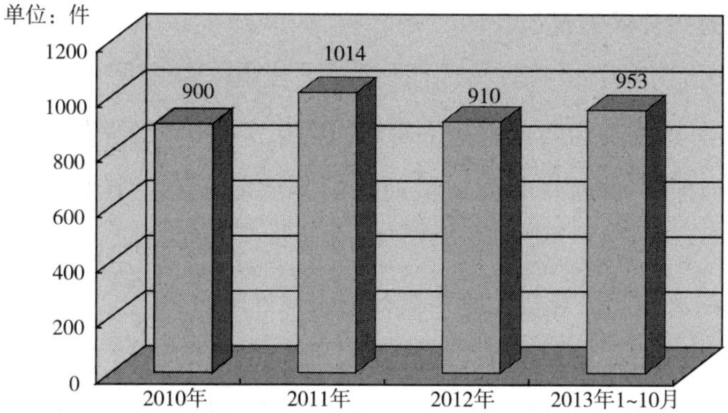

广东省医疗损害责任纠纷一审案件收案数

（二）地域和专科分布不均衡

在地域分布上，医疗纠纷主要集中在大城市。从2013年1～10月的统计数据来看，广州地区法院受理医疗纠纷一审案件293起，占全省的32%；深圳地区198起，占全省的21%。广州、深圳的数量占全省的53%。而整个粤东地区汕头、汕尾、潮州、揭阳4个城市只有10起。这与城市人口规模以及医疗资源集中在大城市密切相关。

在医疗专科的分布上，医疗纠纷主要集中在妇产科、骨科、普通外科、神经外科与呼吸内科等科室。可见上述领域的医疗行为风险相对较大。

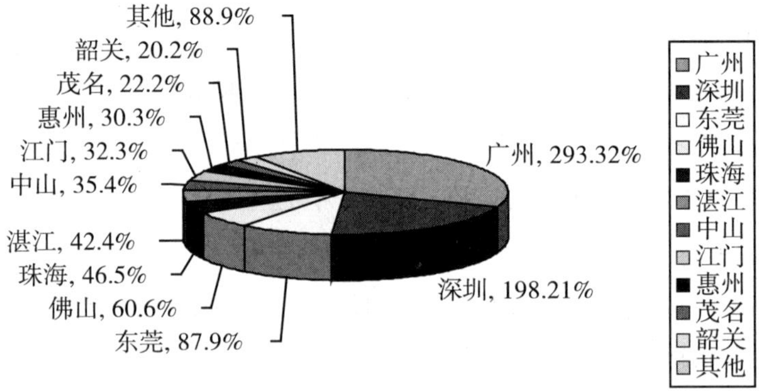

广东省2013年1～10月医疗损害责任纠纷一审案件区域分布

（三）鉴定依赖度高

由于医疗纠纷涉及医学专门问题，而法官非医学专业人才，对医疗行为是否有过错，过错行为与损害后果是否有因果关系以及原因力的大小等，难以单独做出准确判断，常常需要借助医学鉴定来认定。实践中90%以上的案件要进行医学鉴定。

（四）判决认定医疗机构承担责任的案件逐渐增多

《侵权责任法》实施以后，司法鉴定机构主导的医疗损害鉴定取代了过去医学会主导的医疗事故鉴定；医学会进行的鉴定也在向脱离行业保护的方向发展，越来越客观公正；法院在审理此类案件中也越来越重视保护患方的合法权益。多种原因导致法院判决医疗机构承担责任的案件逐渐增多。

（五）医疗过错类型比较集中

患者诉称的不当行为涉及医疗过程的各个环节，包括诊疗错误、延误治疗、手术错误、护理不当与药物损害等。而法院最终判决医疗机构承担赔偿责任的过错类型则比较集中。在外科领域，医疗过错一般涉及手术问题，包括：术前对手术风险和难度认识不足，未对患方进行充分的说明和告知，侵犯知情选择权；手术方式错误，手术经验不足，未尽高度注意义务预见和避免并发症；术后护理和监护不当，违反护理常规；而在内科领域，则主要为错误诊断和延误治疗，抢救不及时，用药不规范等。另外，认定医疗过错的案件中普遍存在病历记录不及时、不规范的情况。

病历往往是医疗纠纷的主要证据，病历是否真实、完整，又是医疗纠纷中最普遍的争议。其中的原因是，病历是医疗机构单方制作的，住院病历也由医疗机构单方保管。患方质疑病历的真实性和完整性具有天然合理性。这是医疗纠纷的诉讼证据与其他民事案件证据的显著区别。如何解决这一问题，医疗机构除了严格按照规范制作和管理病历外，可以考虑在诊疗过错中要求患方对重要的病历签字确认，以免事后发生争议。

（六）调撤率较高，但低于民事案件的平均调撤率且呈下降趋势

由于医疗纠纷裁判难度大，判决难以实现服判息诉、案件事了，法官在审理过程中都会尽力调解结案，全省医疗纠纷的调撤率并不算低，有的年份甚至会超过50%。但总体上仍低于民事案件的平均调撤率，而且似乎越来越难以调解，调撤率呈现下降的趋势。

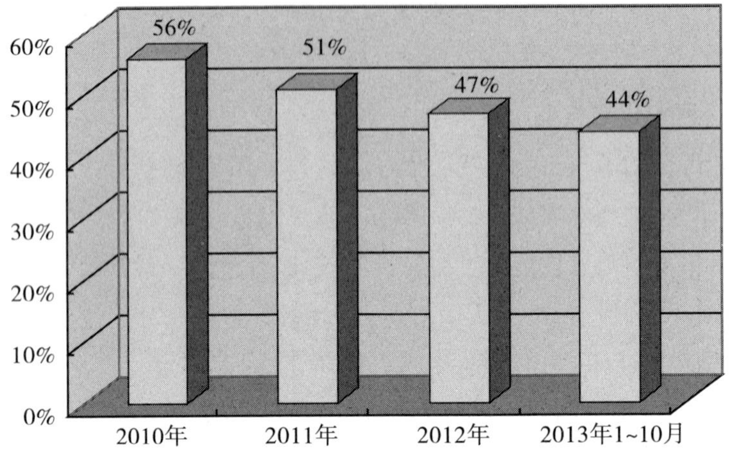

广东省医疗损害责任纠纷一审案件调撤率

(七)再审率较高

2015 年 1 ~9 月,广东省法院审结 208 起医疗纠纷再审审查案件,其中 19 起裁定再审,再审率为 9.13% ,而同期民事案件的平均再审率为 8.72% 。在案件数量较多的八大类民事案件中,医疗纠纷再审率排第 5 位。

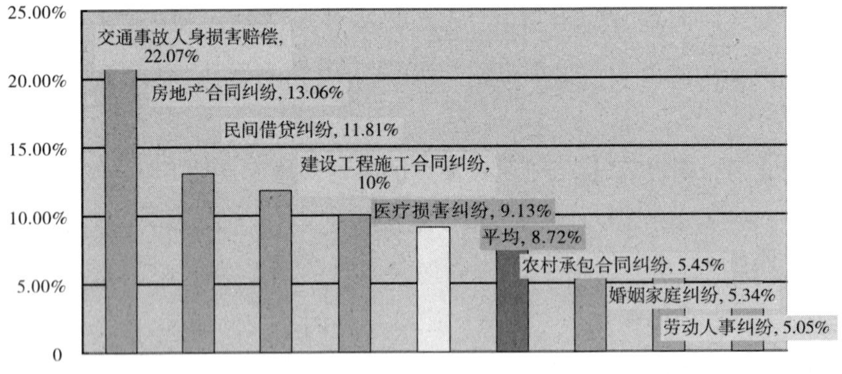

广东省法院 2013 年 1 ~9 月八大类民事申请再审案件再审率

(八)信访维稳压力大

主要由于体制的原因,医患矛盾有愈演愈烈的趋势,医疗纠纷诉讼案很容易转化为信访案。法官对医疗纠纷有畏难情绪,信访压力大是一个重要原因。信访压力导致法官不愿意长期或专门从事医疗纠纷的审理工作,无法培养专家型的审判人才,成为提升审判专业化水平的阻碍因素。

(九)法律适用一元化

《侵权责任法》实施以后,医疗纠纷的审理终结了医疗事故和医疗过错二元体制,实现了法律适用一元化。

二、困境

(一)鉴定二元模式难以突破

目前,广东省法院委托进行医疗损害鉴定,在机构的选择上实行"两条腿走路",医学会和司法鉴定机构均可接受委托进行医疗损害鉴定。两类鉴定机构形式上均按照《民事诉讼法》的要求进行鉴定,但在实际操作中,受历史上双轨制的影响,从业人员的观念根深蒂固,两类鉴定机构无论是在鉴定的程序上还是在认定过错、因果关系的实体标准上均有自己的特点和尺度。两类鉴定机构各有长短,医学会背后有庞大的专家库作为技术支撑,其鉴定意见具有无可比拟的专业优势。但医学专家没有鉴定人资质,无法以司法鉴定人身份参与鉴定,而且医学会鉴定具有浓厚的行业色彩,容易被打上行业保护的烙印。司法鉴定机构地位中立,其鉴定意见更具有公信力,但鉴定人多数并不是临床医学专家,对临床诊疗常规和技术规范的掌握受专业局限,鉴定时需要再借助于临床专家,鉴定意见的专业性常被质疑,另请专家也增加了鉴定成本。如何打破行业壁垒,将二者整合,扬其所长,避其所短,目前还没有纳入主管部门的议事日程。医疗损害鉴定实质上的二元模式还将继续存在。

(二)鉴定难

1. 多数医学会没有参与医疗损害鉴定,有实力的司法鉴定机构少,法院选择鉴定机构的余地不大。目前入选全省法院医疗损害鉴定名录的机构有20家,其中只有7家为医学会。但进入名册的医学会因为收费标准、收费依据的问题没有解决等原因，大部分并未实际开展医疗损害鉴定。

2. 鉴定时间长，拉长审理期限。鉴定机构往往因人手少、鉴定专家工作忙等原因，需要半年甚至一年的时间才能完成鉴定。近年来医患双方对鉴定的争议越来越多，特别是对鉴定所依据的病历材料争议甚多，鉴定前往往需要多次质证，鉴定程序进展缓慢。需要多次鉴定的案件，审理程序更加复杂。上述原因拉长了法院审理医疗纠纷案件的周期。医疗纠纷案件的审理期限一般是半年甚至一年以上，几乎为普通民事案件审理期限的 4 倍。

3. 鉴定机构随意不受理鉴定，终止鉴定。有的鉴定机构被摇珠选定为案件的鉴定单位后，看到案件疑难复杂，或者当事人矛盾尖锐，就找理由不接受委托或者终止鉴定，导致案件审理无法顺利进行。

4. 患方不配合鉴定。在实践中，患者及其家属往往因为质疑鉴定机构的中立性或者怀疑病历的真实性等种种原因拒绝进行医疗鉴定。常见的有拒绝对病历质证、拒绝做死因鉴定、在鉴定程序中不配合抽取专家、拖延移送病历资料等，导致无法进行鉴定，案件事实无法查清。

（三）审判专业化水平难以提高

现阶段，人民法院内部具有医学专业知识背景的复合型法官稀缺，法官在审理医疗纠纷案件中，习惯于依赖鉴定意见，对鉴定意见的审查流于形式。法官对医学知识的学习没有动力，也有畏难情绪。案件审理难度大，信访压力大，难出成绩，法官多不愿意长期从事此类案件的审理。审判岗位的人员流动过多过快，也客观上不利于审判经验的积累，审判专业化水平难以提高。

三、前瞻

（一）提升专业化水平

1. 建设专业合议庭。在医疗纠纷比较多法院成立审理医疗纠纷的专业合议庭，在绩效考核等方面考虑案件的特殊性，鼓励法官长期从事此类案件的审判工作。目前,广州中级法院和广州市的越秀区等基层法院在这方面有了成功的先例。

2. 推广医疗专家参加陪审。人民陪审制度是公民行使宪法赋予的权利,参与司法的重要途径,也是人民法院推进审判方式改革、促进司法公开的必要方式。医疗纠纷专业性强,大多数法官不具备医学知识,选任符合条件的医疗专家作为人民陪审员直接参与医疗纠纷一审案件的审理,是确保司法过程中的事实认定符合医疗行为自身规律的重要手段。目前,按照最高法院的部署,全省法院正在推行人民陪审员倍增计划。利用这一契机,在全省法院发展一批医疗专家作为人民陪审员参加医疗纠纷案件的审理,提升医疗纠纷案件审理的专业化水平。

(二)逐步实行鉴定一元化

鉴定是医疗纠纷案件审理的关键环节。在现阶段,鉴定意见往往决定判决结果,审判质量很大程度上依赖于鉴定质量。医疗纠纷在法律适用上的一元化必然要求鉴定的一元化。我们设想,分三个阶段推进鉴定的一元化:

1. 第一阶段:统一程序和实体标准。2011 年广东省高院出台了《关于人民法院委托医疗损害鉴定若干问题的意见(试行)》,对医疗损害鉴定中的主要程序和实体问题都进行了规范,同时适用于医学会和司法鉴定机构。

2. 第二阶段:建立全省统一的医疗鉴定专家库。司机鉴定机构在医疗鉴定中,鉴定人多数要根据《司法鉴定程序通则》第 25 条咨询专家意见后作出结论,由此产生四个问题:(1)咨询专家不属于鉴定人的范畴,无法要求其履行出庭义务;(2)咨询专家不愿公开身份,专家的工作无法接受当事人的监督和同行评价的监督;(3)专家的选任在程序上不公开、透明;(4)没有在全省范围内随机抽取咨询专家的渠道,通常只能靠熟人关系和与特定专家的合作关系来维持。如果能够建立全省统一的医疗鉴定专家库,实现资源共享,供全省列入名册的鉴定机构共同使用,将大大提升鉴定意见的科学性、客观性和公正性。

3. 第三阶段:成立专门的、独立的医疗损害鉴定机构。鉴定的实质在于鉴定人以其专业的意见服务于诉讼活动。对鉴定人和鉴定机构实行登记只是一种行政管理手段。根据《全国人民代表大会常务委员会关于司法鉴定管理问题的决定》,国家目前只对三类司法鉴定业务的鉴定人和鉴定机构实行登记管理制度,一是法医类鉴定,二是物证类鉴定,三是声像资料鉴定。目前,对医疗损害鉴定的内容是否全部属于法医类鉴定存在争议。死因判定和伤残等级鉴定属于法医类鉴定,但对诊疗过程的鉴定不一定属于法医类鉴定。但无论出于何种理由,都不应该以形式损害内容,以手段损害目的。行政主管机关应当考虑医疗损害鉴定不同于其他司法鉴定的特殊性——以专家评价另一专家的活动,在满足一定条件下,赋予医学会司法鉴定机构资质,赋予临床医学专家鉴定人资格。只有这样,才符合客观规律,才能满足实践的需要。将来的发展方向应当是,成立专门、独立的医疗损害鉴定机构。该机构不依附于任何行业、任何部门,鉴定人有法医,更多的是临床医疗专家。

(三)取消以药补医与《侵权责任法》第59条

《侵权责任法》第59条规定:"因药品、消毒药剂、医疗器械的缺陷,或者输入不合格的血液造成患者损害的,患者可以向生产者或者血液提供机构请求赔偿,也可以向医疗机构请求赔偿。患者向医疗机构请求赔偿的,医疗机构赔偿后,有权向负有责任的生产者或者血液提供机构追偿。"法律规定医疗机构对医疗产品责任与生产者承担连带责任的理由,是根据目前以药补医的现状,将医疗机构视为医疗产品的销售者。党的十八届三中全会通过的《中共中央关于全面深化改革若干重点问题的决定》提出:"深化医药卫生体制改革。""统筹推进医疗保障、医疗服务、公共卫生、药品供应、监管体制综合改革。取消以药补医,理顺医药价格。"根据这一改革方案,取消以药补医后,《侵权责任法》第59条应当修改,医疗机构不应当再对医疗产品侵权责任承担连带责任。

医疗损害责任纠纷的审判理念、思路与模式

官 健*

医疗损害责任纠纷(以下简称医疗纠纷)审判难,难在哪里?难在专业!同一般侵权相比,医疗侵权最大的特点或者说最核心的特征就体现在医学专业性上。医学专业性贯穿于医疗纠纷审判的整个过程中。比如说,医疗纠纷中最基本的证据——病历,非专业人士难以看懂;庭审过程中涉及医学术语、诊疗常规,非专业人士难以听懂;责任认定涉及医学专业性问题,法官需要求助于专家的鉴定意见;鉴定意见属于医学专业性的分析、判断,非专业人士看得懂结论,却难以审查结论的科学性。因此,医疗纠纷的审判理念、审判思路和审判模式均应紧紧围绕医学专业性这一核心去构建。可以说,医学专业性是医疗纠纷审判的“魂”!

一、医疗纠纷的审判理念

医疗损害主要表现为患者的人身损害,因此,医疗纠纷案件的审判涉及患者人身权益的保护。人的生老病死是一个自然规律,每个人均可能成为患者,故该类案件的审判实际上牵涉每个人的人身权益保护,意义极其重大。同时,医学是一种探索性的科学和实践,因此,医疗纠纷案件的审判又会涉及医学的发展与进步,其影响十分深远。特别需要指出的是,患者的保护和医学的发展是一个对立统一的关系,两者的对立性表现为:如果要更加充分保护患者的人身权益,就必须要求医方承担更多的义务和责任;而如果要鼓励医学的创新和发展,就不能要求医方对患方承担过多的责任。而两

---

* 官健,男,第一军医大学医学博士,西南政法大学法律硕士,现任广州市中级人民法院民事审判庭医疗纠纷专业合议庭审判长。

者的统一性则表现为：如果要求医方承担过多的义务、过重的责任，看似更充分地保护了患者的人身权益，但是，这会使得医生在实施医疗行为时缩手缩脚，更多地采取保守性治疗，这显然不利于医学的进步和创新，进而不利于患者病痛的诊治；反之，如果仅要求医方承担少量的义务和轻微的责任，则看似更有利于医学创新和发展，实际上，却会影响到医学的健康、有序的发展。因此，我们在处理这类案件时，应当秉承这样一个理念，既要以人为本，充分保护患者的合法权益，又要尊重医学科学和规律，不能要求医方负担过重的义务和责任，妥善平衡医患双方的权益。法官也是潜在的患者，不乏看病就医的体验与经历，审判实践中容易在潜意识中将自己摆在患者的一方，影响了公正审判的天平。因此需特别强调，法官在下判时应反问自己，这样的判决在保护了患者合法权益的同时，是否有助于规范医疗行为，是否有助于医学的发展进步，是否有利于医患关系的和谐，是否有利于人类健康的保障。

二、医疗纠纷的审判思路

笔者横跨医学与法学两大领域，从事医疗纠纷审判10年，先后审理医疗纠纷案件300余件，对医疗纠纷案件的疑难与复杂深有感触。下面，笔者将从审判实践出发，翻越医疗纠纷审理中常需面对的侵权责任认定、医疗损害鉴定、赔偿责任比例这“三座大山”，与大家共同分享医疗纠纷案件的审判思路。

（一）侵权责任认定

与一般侵权案件相同，医疗侵权责任成立的构成要件包括违法行为、过错、因果关系及损害后果（前两者主客观归一，故也可称为“三要件”）。一般而言，患者在医疗机构接受诊疗服务，即医方为患者实施医疗行为，以及患者遭受一定的医疗损害这些责任构成要件是较为容易证明的，这些往往不是当事人争议的焦点，也不是该类案件的审判难点。从司法实践来看，判断医方是否应当对患方承担民事损害赔偿责任的难点有两个：一是医方是否具有过错；二是医方的过错医疗行为与患方的损害后果之间是否有因果关系。在医疗纠纷案件中，在判断医方的过错与因果关系时，要注意以下几个问题：

1.“不足”≠“过失”

在医疗损害鉴定中，尤其是医学会专家所作出的鉴定意见中，通常会出现医疗行为存在“不足”或“缺陷”等字眼，同时又认为不存在医疗过失，让人颇为费解。这些所谓的“不足”或“缺陷”与过失之间究竟是什么关系，实践中如何去理解和把握？下面举两案例说明。

案例一：[①]某女70岁，诊断为冠心病：急性冠脉综合征，入院后行冠状动脉造影（CAG）和冠状动脉介入治疗（PCI），术后发生支架内亚急性血栓形成并致急性广泛前壁心肌梗塞，猝死。医学会鉴定认为，未发现医方的医疗行为违反医疗卫生管理法律、行政法规、部门规章和诊疗护理规范、常规；对患者行CAG和PCI是其疾病治疗所需，术后患者出现亚急性血栓形成是手术并发症；无医疗过失行为，存在医疗不足：（1）医疗文书书写欠详细，某些地方出现性别错误；（2）履行知情告知义务时与患方沟通不够，知情同意书内容过于笼统，针对性不强；（3）患者合并有糖尿病，最好请内分泌医生会诊，协助治疗。但患者的死亡与医方的医疗行为及上述医疗不足之间不存在因果关系。一审法院根据鉴定中所指出的不足，认为医方对患者的病情没有引起足够的重视，判定医方承担20%的责任。二审法院认定上述不足不构成过失，且与损害后果之间无因果关系，故改判驳回患方的诉请。

案例二：[②]某女67岁，入院诊断：（1）肝门区占位性质待查；（2）梗阻性黄疸。医方认为占位性质不明，有穿刺活检的指征，为患者实施了CT引导下

① 一审案号：广州市海珠区人民法院（2008）海民一初字第1241号；二审案号：广州市中级人民法院（2010）穗中法民一终字第6033号。

② 一审案号：广州市越秀区人民法院（2009）越法民一初字第3606号；二审案号：广州市中级人民法院（2011）穗中法民一终字第2181号。

肝门区肿块穿刺活检术。术后出现肝内血肿，后血肿破裂出血性休克经医治无效死亡。医学会鉴定认为，医方予患者行肝门区肿块穿刺活检术是其疾病的诊疗所需，术后出现肝内血肿和血肿破裂出血是该诊疗操作的常见并发症之一；未发现医方的医疗行为违反医疗卫生管理法律、行政法规、部门规章和诊疗护理规范、常规；无医疗过失行为，存在医疗不足：(1)与患方沟通不够，以致患方已在知情同意书上签名，仍说医方没有做充分告知；(2)对肝内血肿发生后的重视程度不够，对患者在术后给予二级护理的观察力度不足。但患者肝内血肿破裂出血与前述不足无因果关系。一审法院采信鉴定结论，认定医方无过错且医疗行为与损害后果之间无因果关系，判驳回患方的诉请。二审法院认为上述第2点不足以构成过失，且与患者死亡后果存在因果关系，改判医方承担30%的责任。

案例一中，第1点病历书写不足与第2点沟通不足在审判实践中极为常见，尤其是在医学会认为医方无责任的鉴定书中。首先，关于病历书写方面的不足，通常表现为书写不规范、内容欠详细或书写上的瑕疵，这些不影响医方的诊疗行为，不构成诊疗上的过失。其次，关于医患沟通方面的不足，需与医方法定的告知说明义务区分开来。关于告知说明义务，《侵权责任法》第55条对告知说明的内容和形式作出了明确的规定，医方若违反该义务给患者造成损害需承担相应的责任。医患沟通则并非法律概念，它强调的是医患双方之间的交流与理解、医方与患方沟通的方法与技巧。医患之间的沟通不畅，带来的可能是患方的误解，医患矛盾的激化，从而引发医患纠纷，但并不意味着医方有过失。需要引起注意的是，这些所谓的“沟通不足”可能包含了告知说明义务的违反，应加以仔细甄别。如上例第2点不足指出“知情同意书内容过于笼统，针对性不强”，若经查证医方确实存在对于手术风险的内容告知不充分，从而影响了患者的知情同意权，则医方可能需承担责任。但在该案审理中，患方当庭陈述：其当时知道手术风险很高，病房也有其他病人做了同样的手术而死亡，故其之前拒绝手术；后来患者疼痛难忍要求家属签名同意手术，其才签名。由此可见，患方是在对手术风险完全知情的情况下接受该手术的,故不构成侵权。最后,关于第3点不足,在医学会的鉴定书中亦不少见,由于涉及医方的诊疗义务,尤其需要加以重视。从字面上看,该项不足涉及会诊义务,若经查证医方确实存在因未按常规请专科会诊而未尽到与当时医疗水平相应的诊疗义务之情形,则应当认定为过失。经查实,患者住在心血管科,心血管科与内分泌科同属内科,按常规心血管科医生并非不能医治糖尿病,而且该科医生对于患者糖尿病方面的治疗没有违反诊疗规范,患者的血糖也被控制在一定的合理范围之内。因此,该项不足以构成过失。一审没有具体分析这些不足是否构成过失以及与患者死亡后果之间是否存在因果关系,就笼统地以此认定医方的责任,这在审判实践中并不鲜见。

案例二中,关于第1点沟通不足,医方在术前与患者签订的手术同意书中已清楚载明了相关风险,应视为已充分履行了告知说明义务。第2点不足涉及诊疗义务,需特别注意。在患者出现肝内血肿并发症后,医方应意识到血肿存在可能突发破裂的风险及其严重后果,若能给予足够重视,向患方充分告知风险及相关的注意事项,提高护理等级,加强护理观察力度,那么患者的病情转归和最终结果将可能会有所不同。但是,医方未尽上述义务,在一定程度上增加了患者肝内血肿发生破裂的风险。据此,应可认定医方对患者肝内血肿的破裂出血存在过失。

2.“过失”≠“责任”

医疗活动一般从门急诊就医开始,涉及检查、检验、开药、输液、输血、手术(又包括术前准备、术前讨论、术前谈话签字、麻醉、手术操作、术后监测、并发症处理等)、护理、会诊、转院等一系列环节,每个环节又包括具体的细节,多名医务人员、多个学科、甚至多家医院参与,并需要患方的积极配合,可以说是一项复杂浩大的系统工程。曾有医生朋友说过,如果他去打医疗官司,任何一个案子都能找到医院的问题。这从一个侧面说明,既然医疗活动是由许许多多个具体的医疗行为组成的复杂集合体,要求每一个细节都无可挑剔,这基本上是不可能的。现实中,也不可能每一个医疗纠纷中医方都有责任。这就要求法官在审理中应尽可能地抓住医疗活动中的重点环节,学会抓主要矛盾,而不是纠结于细枝末节,尤其不能被当事人牵着鼻子走。《侵权责任法》第54条规定,患者在诊疗活动中受到损害,医疗机构及其医务人员有过错的,由医疗机构承担赔偿责任。有些患方律师据此就认为,只要医方有过错,患者有损害,医方就应当赔偿,而无须两者之间存在因果关系。这显然是一种误读,该规定虽然没有明确提到因果关系,但从其行文表述中已经包含了因果关系之意,即对损害有过错,医方才需对该损害承担责任。因此,在审判实践中,应将过错与因果关系结合起来,不能孤立地考虑过错,而忽略因果关系的存在与否。也就是说,要将重点考查的对象放在与损害后果有因果关系的医疗行为上,切忌"捡了芝麻,丢了西瓜"。

例如:[①]某女65岁,考虑诊断为右侧桥小脑角占位病变,听神经鞘瘤可能性大。入院后行右侧桥小脑角肿瘤切除术,术后当天患者出现意识情况下降,呼吸不规则,右侧瞳孔4.5mm,光反射消失,左侧瞳孔3mm,行MRI检查示:术区呈肿瘤切除术后改变,脑干出血(急性期)。医方立即行开颅后颅窝减压术,术后患者一直昏迷,于两周后死亡。医学会鉴定认为,医方对患者的诊断、手术及救治过程,符合神经外科诊疗规范、常规,无医疗过失行为;同时存在如下医疗不足:(1)病历书写过于简单,如手术记录中未对使用显微技术、导航等做详细记录;(2)与患方沟通欠充分,如某些检查项目(如血清钾、钠、氯等检查)送外院进行,未与患方做解释说明。患者在行右侧听神经瘤术后出现脑干出血及最终死亡的原因与其本身肿瘤生长压迫脑干变形、移位,手术切除肿瘤对脑干的刺激及脑动脉硬化等基础病变有关,是听神经瘤手术的严重并发症,与医方的医疗行为及上述医疗不足之间不存在因果关系。一审认为医方应设置、配备符合医疗卫生标准的设备、设施,并做好日常维护,使各种设备处于良好的使用状态,从而有效地进行检测及诊

① 一审案号:广州市白云区人民法院(2010)云法民一初字第266号;二审案号:广州市中级人民法院(2011)穗中法民一终字第5464号。

疗。但根据查明的事实,医方在诊疗患者的过程中因检测仪器发生故障,将有关的检查项目送外院进行,并且未与患者家属做解释说明,存在医疗不足,对患者的诊治造成一定的影响。据此,一审判决医方承担10%的赔偿责任。判后,医方不服上诉。二审法院认为,一审仅以医方的检测仪器发生故障而将有关检查项目送外院进行为由,确定医方对患者死亡所造成的损失承担10%的责任,依据不足,并改判医方无责。

该案中,在医方不能证明自身对检测仪器的故障没有过错的情况下,认定医方存在过失并无不可。但应看到,医方对患者所实施的手术方案是否合理,手术操作是否正确,术后并发症(脑干出血)的处理是否及时得当,才是医方是否应对患者死亡承担责任的决定性因素,是主要矛盾;而检测仪器故障虽对血生化的检验结果造成了一定的延误,但该过失对于患者的死亡结果而言并无影响,既未增加死亡风险的概率,也未减少可能获得救治的机会,即两者之间不存在因果关系。当然,若在患者出现水、电解质严重失衡、紊乱(如严重的高钾、低钾、高钠高氯、低钠低氯等)时,因仪器故障导致不能及时掌握指标变化而延误了诊治,该过失的认定就成了主要矛盾,才对医方责任的认定有意义。显然,本案不属于这种情形。由此可见,"西瓜"与"芝麻"之间的地位在不同的案件中是可能会发生转换的,应具体案情具体分析,不可简单、机械照搬。

3. 因果关系

在法学界,关于因果关系的理论,纷繁复杂,门派众多,读之让人头晕目眩。为此,因果关系被称为侵权法的"幽灵"。其中,相当因果关系说成为大陆法系的通说,并在医疗纠纷审判实务中得以广泛运用。医疗损害的发生往往表现为多因一果,过错医疗行为只是其中的原因之一。对于过错医疗行为之于损害后果的原因力大小,既不要求达到充分条件,也不要求满足必要条件,而是要求具备"相当性"。依笔者理解,是否符合相当性之要求,实质上是"一个可能性的判断过程"。这种"可能性"可以表现为增加了损害发生的几率,也可以表现为减少了损害得以避免的机会。如果把医疗活动中患者发生损害作为一种风险的话,若医方没有过错,这种损害属于合理风险;若医方之过错可以增加损害发生的概率或者减少损害得以避免的机会,该过错为损害发生添加了不合理之元素,即可认定该过错医疗行为与损害后果之间存在相当因果关系。举一个简单例子:医方未经皮试为某患者注射青霉素,结果发生过敏性休克死亡。若医方按正规操作皮试为阴性,但当注射青霉素后依然发生过敏性休克死亡,或于皮试过程中即发生过敏性休克,此为合理风险;但依现有的医学知识,青霉素皮试确可大大减少这种损害后果发生的概率,也就是说,医方未按规范进行青霉素皮试的过错为患者增加了不合理的风险,与患者死亡后果之间存在因果关系。一言以蔽之,只要医方过错为损害发生增加了不合理的风险,因果关系即可成立。

审判实践中,分歧较大的是对于隐性损害①的因果关系认定。请看下例:②

某男 39 岁,腰背部疼痛,双下肢乏力;继而症状加重,不能走路,大小便困难,后发展为双下肢完全不能活动,感觉完全消失。入院初步诊断:T11 脊髓横贯性损害查因:(1)急性横贯性脊髓炎?(2)脊髓压迫症待排。MRI 检查证实 T9/T10 椎间盘向后压迫脊髓并骨性椎管狭窄。行 T9/T10 椎间盘切除术,术后双下肢瘫痪恢复不明显。17 年后,再次行 MR 检查提示:T8/T9 间盘左侧椎板术后改变;T9/T10 间盘向后脱出并椎管狭窄、脊髓受压。医学会鉴定证实,医方在给予患者施行 T9/T10 椎间盘突出切除手术过程中,存在手术部位错误的过失行为:因手术节段定位错误而切除了上一节段(T8/T9)的椎间盘,而原计划切除的 T9/T10 椎间盘没有得到切除。一审法院认为因患者术前已因 T9/T10 椎间盘突出压迫脊髓造成双下肢完全瘫痪,故对

① 医疗损害可分为三种情况:一是治疗前没有损害,治疗后出现损害;二是治疗前已有损害,治疗后损害明显加重;三是治疗前已有损害,治疗后损害依旧。前两者可称为显性损害,第三种为隐性损害。

② 一审案号:广州市越秀区人民法院(2009)越法民一初字第 2885 号;二审案号:广州市中级人民法院(2011)穗中法民一终字第 1266 号。

残疾赔偿金的请求不予支持。二审法院则认为由于医方的医疗过失行为，患者丧失了通过及时手术切除压迫脊髓的椎间盘从而令截瘫可能获得一定程度恢复的机会，故医方的医疗行为与患者的截瘫后果之间存在一定的因果关系，残疾赔偿金应当列入赔偿范围。

该案中，医方的过错是明显的，主要争议在于医方过错与患者截瘫后果之间是否存在因果关系。的确，患者于术前因椎间盘压迫脊髓已经全瘫。但是，医方决定通过手术切除压迫脊髓的椎间盘，正是为了给已经受到损伤的脊髓一个有利于恢复功能的局部环境。然而，由于医方切错了节段，不仅没有解除局部的压迫，而且破坏了相对正常的脊柱结构，加剧了脊柱的不稳定，令患者丧失了可能获得一定恢复的机会。诚然，即便当时医方的手术正确无误，患者也可能无法恢复。但显然，医方的过错为患者增加了不合理的风险，令恢复的希望彻底丧失。由此可以认定，医方过错与患者截瘫损害之间存在因果关系。

（二）医疗损害鉴定

医疗损害鉴定在医疗纠纷审理中的地位不言而喻，充分体现了医疗纠纷医学专业性的特点。因此，关于鉴定的有关问题最多，医患双方的分歧也最大。下面笔者将就审判实践中有关医疗损害鉴定的常见问题做逐一分析。

1. 鉴定的必要性

无论是之前的医疗事故技术鉴定、医疗过错鉴定，还是现在统一的医疗损害鉴定，其本质上都是法官为了解决医疗纠纷中涉及的医学专业性问题，借助鉴定专家的意见，明晰医方的责任。因此，并非每一个医疗纠纷都必须经鉴定程序，若依案件审理需要，不涉及超出法官认知范围的医学专业性问题，则医疗损害鉴定无须进行。如某案中，患者因右手网球肘到某骨伤科医院就诊，接受熥络宝仪器物理治疗，期间被电热烫伤。该案审理中，医方承认其对患者的损失承担全部责任，但患者仍然坚持要求进行医疗事故鉴定。显然，该案责任明确，并无鉴定之必要，故对患者的鉴定申请不予准许。在审判实践中，需要警惕的是，由于种种原因，一审法院没有取得专家鉴定意见而迳行下判，可能导致二审法院发回重审。下面举两案例说明。

案例一：①某患者因“车祸致头部流血、神志模糊1小时”急诊入院，确诊为“脑挫裂伤、蛛网膜下腔出血、右枕骨及左顶骨线形骨折”。48小时后，患者因“重型闭合性脑损伤、脑疝形成”经抢救无效死亡。诉讼中，双方均不申请进行医疗事故鉴定，一审根据双方的诉辩意见未经鉴定直接对医学专业性问题作出分析认定，并得出医方没有过错的结论，判决驳回患方的诉请。二审法院发回重审。

案例二：②某女，因“左侧乳头乳晕不全缺失”入院行小阴唇黏膜游离移植乳晕再造、乳头原位组织瓣成形术。术后，患者认为其左侧乳晕不仅没有取得预想的手术效果，并且加重了左侧乳头的外观畸形，还因双侧小阴唇被切除而造成了外生殖器的严重畸形，故起诉要求医院赔偿。诉讼中，一审法院委托某法医鉴定中心进行医疗损害鉴定，该中心回复称因未见到涉及本案的相关规范和客观技术标准，无法得出明确鉴定意见，故不予受理鉴定申请。一审法院未再委托鉴定，而以患者无证据证明医方存在过错为由驳回诉请。二审法院发回重审。

上述两案均涉及医学专业性问题，案例一为神经外科专业，案例二为医疗整形专科，涉及的医学问题专业性强，即便是一般的医学专业人士也难以做出判断，何况非医学专业的法官。案例一中，虽双方均未提出鉴定申请，但法官应当向负有举证责任一方释明或依职权启动鉴定，鉴定费由负举证责任一方承担。案例二中，该法医鉴定中心以“未见到涉及本案的相关规范

① 一审案号：广州市番禺区人民法院(2009)番法民一初字第3990号；二审案号：广州市中级人民法院(2010)穗中法民一终字第3091号。

② 一审案号：广州市海珠区人民法院(2013)穗海法民一初字第184号；二审案号：广州市中级人民法院(2014)穗中法民一终字第1544号。

和客观技术标准”为由不受理鉴定，显然对该案而言该理由并不成立。[①] 一审法院应另行委托其他有资质、有能力完成该鉴定的机构进行鉴定。[②] 除非在因客观原因（如鉴定材料问题）不能鉴定，或在一方当事人妨碍导致鉴定无法进行（如一方拒不配合鉴定、拒不交纳鉴定费）并经法院释明风险后该当事人仍坚持的情形下，均应在一审阶段完成鉴定。

2. 鉴定材料的争议

病历，作为主要的鉴定材料，在提交医疗损害鉴定前应经医患双方质证。在质证过程中，患方通常会对病历的真实性提出质疑，主张医方篡改、伪造病历以适用《侵权责任法》第58条推定医方有过错。而现实中，医方病历存在不规范或瑕疵的情况却又比较常见。于是，往往鉴定还没有开始，关于病历的争议已经非常激烈，令法官非常头痛。那么，医疗纠纷中常见的病历问题有哪些？病历瑕疵、不规范与病历不真实之间的关系如何？所产生的法律后果有何不同？笔者归纳历年来本人主审的200余件医疗纠纷案，就常见的病历问题总结如下：

（1）笔误。如病历记录写错日期，写错床号、页码、年龄等，一般不会影响对事实的认定。

（2）化验单粘贴错误。如将A的化验单粘贴在B的病历中，对于B而言，该化验单应排除在证据之外。

（3）检查报告或影像资料丢失。如某案中，[③]肾移植手术后数天内的化验单报告均丢失，医方根据电脑中存储的数据补充打印了这些化验单并提交给法庭。这种情况下，补充打印的化验单不是原始病历，仅能为案件审理

---

① 从以往医学会的鉴定也可以看出，从未有以此类理由拒绝鉴定。就如法院不能以法律没有相关规定为由不立案、不判决。现实中，由于种种原因，鉴定机构以各种理由不受理鉴定的情形比较多见，给法院审理医疗纠纷案件带来了相当大的困难，本章对此不做详细论述。

② 即便出现极端情况，所有有资质的鉴定机构均不受理，也不应仅依举证责任简单下判，而应对依法官学识能够判断的部分作出认定。

③ 一审案号：广州市白云区人民法院（2008）云法民一初字第586号；二审案号：广州市中级人民法院（2009）穗中法民一终字第4646号。

提供参考,若因此影响事实的认定,将对医方不利。

(4)修改、涂改与篡改。按照病历书写规范,有三种情况可以修改病历:一是书写中出现错字;二是实习生、试用期医务人员书写的病历,由合法执业的医师修改;三是上级医师可修改下级医师的病历。但应注意,修改应保持原记录清晰可辨,不得掩盖或去除原来的字迹,否则为涂改,可能影响事实的认定。若改动的内容经证实不客观,则为篡改,可直接推定过错。

(5)漏记或记录过于简单。此问题较为多见,如未书写门诊病历;麻醉未记录麻醉药剂量;手术记录简单格式化,对重要情况欠缺描述等。这些情况均会影响对重要事实的认定,导致对医方不利的局面。

(6)事后补签、补记、添加。事后补签包括医生补签和患方补签。医生补签一般不影响对事实的认定。患方补签如某案中,[①]手术同意书为术中出现并发症后医方与患方补签的,该补签行为不能免除医方术前的告知说明义务,医方仍需承担相应的责任。事后补记通常为抢救急危患者时来不及书写病历,但应在抢救结束后6小时内据实补记,并加以注明,否则可能涉嫌伪造。事后添加如手术同意书签订后医方又在其中添加了部分风险告知内容,未经患方再次签名确认,这可能被认定为伪造。

综上可见,病历不规范的情形众多,只有伪造、篡改的病历才被认定为不真实,并导致直接推定医方过错的法律后果。但是,不规范的病历可能影响对案件事实的认定,对医方产生不利的诉讼后果。需要指出,在审理过程中,非有充分依据,不得轻易否认病历的真实性,以尽可能保证鉴定的顺利进行。如某案中,[②]患方主张医方的主治医师周六、周日没有上班,而病历中却有这两天该医师的查房记录及医嘱,据此认为这两天的病历为伪造。一审法院以医方不能提供该医师上班的考勤记录为由,采信了患方的主张,将

① 一审案号:广州市番禺区人民法院(2009)番法民一初字第2391号;二审案号:广州市中级人民法院(2011)穗中法民一终字第1808号。

② 一审案号:广州市白云区人民法院(2010)云法民一初字第675号;二审案号:广州市中级人民法院(2013)穗中法民一终字第4132号。

这两天的病程记录和医嘱排除在鉴定材料之外，并因这两天恰好为病情变化的重要时点而导致医学会无法作出鉴定结论。显然，一审法院忽视了临床工作的特点，以一般劳动关系的考勤来要求医生周末休息日的查房，犯了常识性的错误，二审法院发回重审。

3. 鉴定意见①的审查与采信

诉讼中，鉴定意见一经作出，须经双方当事人质证。往往一方甚至双方当事人均会提出异议，法官需对鉴定意见加以审查并决定是否采信。这种审查并非简单的程序审查，而是全面的、实质性的审查。这个环节最能体现法官医法结合的水平和能力。法官在审查与采信鉴定意见时，应注意以下几个问题：

（1）反对两种倾向

有一种观点认为，法官不能对鉴定意见的实体判断进行评判，只要不存在程序问题，就应采信鉴定意见，并据此下判。这种典型的“以鉴代审”、“以鉴代判”，不仅是对法院司法判断的侵害，也是对当事人的司法救济缺失。鉴定意见作为证据的一种，当事人质证就是对其合法性、真实性、关联性发表意见，若法官仅审查程序的合法性，而不审查内容的真实性与科学性，则质证程序不免成为过场，“查证属实”②更成为一句空话。事实上，不管是医学会专家的鉴定，还是法医鉴定人的鉴定，都有其与生俱来的缺陷和明显的局限性，③其是否客观、科学，需要进一步的司法审查与判断，法官有责任筑起最后一道公正的防线。同时，应警惕另外一种倾向，即不尊重科学，不了

---

① 《民事诉讼法》于2012年修改，其中第63条将证据种类中的鉴定结论改为鉴定意见。在笔者看来，有两点提示：一是弱化了其以往的强势地位，强调的是意见，不是结论；二是从鉴定书内容上提请注意，不能只看最后的结论，还要看具体的分析意见。

② 《民事诉讼法》第63条第2款规定，证据必须查证属实，才能作为认定事实的根据。

③ 医学会作为鉴定主体，其中立性和公正性一直受到质疑，地方保护和行业保护也客观存在；法医鉴定机构虽为社会中介机构，但鉴定人多为法医，受专业限制，其科学性受到质疑。

解临床,缺乏充分依据,对专家意见妄下评判。如某案中,①患者于甲状腺切除术中突发心动过速,医方予静脉缓慢注射艾司洛尔20mg,观察1分钟后无明显好转,又静脉缓慢注射艾司洛尔20mg,后患者心跳停止,经心肺复苏后成植物人。医学会鉴定认为,患者有使用艾司洛尔的指征,医方用药剂量及方法没有超出药物说明书范围,在使用该药物后出现心跳停止,考虑与该药物的严重不良反应有关,属麻醉意外。一审法院认为,按照药品说明书的记载,医方第二次使用艾司洛尔应采用静脉滴注的方式,而不应采取静脉推注,据此认定医方有过错,判定医方承担50%的责任。而实际上,一审并未真正看懂药品说明书,②没有分清"负荷量"、"即刻控制剂量"与"维持量"之间的区别,把"围手术期心动过速"的用法用量与一般情况混为一谈,否定专家意见过于轻率,缺乏依据,导致二审法院改判。

(2)鉴定人出庭作证

在2012年《民事诉讼法》修订之前,《最高人民法院关于民事诉讼证据的若干规定》第59条便规定"鉴定人应当出庭接受当事人的质询"。但在审

---

① 一审案号:广州市越秀区人民法院(2009)越法民一初字第2141号;二审案号:广州市中级人民法院(2011)穗中法民一终字第2864号。

② 艾司洛尔注射说明书记载:"适应症:1. 用于心房颤动,心房扑动时控制心室率;2. 围手术期高血压;3. 窦性心动过速。用法用量:1. 控制心房颤动,心房扑动时控制心室率。成人先静脉注射负荷量:0.5mg/kg/min,约1分钟后,随静脉点滴维持量:自0.05mg/kg/min开始,4分钟后若疗效理想则继续维持,若疗效不佳可重复给予负荷量并将维持量以0.05 mg/kg/min的幅度递增,维持量最大可加至0.3 mg/kg/min,但0.2 mg/kg/min以上的剂量为显示能带来明显的好处。2. 围手术期高血压或心动过速。(1)即刻控制剂量为:1mg/kg30秒内静注,继续予0.15 mg/kg/min静点,最大维持量为0.3mg/kg/min。(2)逐渐控制剂量同室上性心动过速治疗。(3)治疗高血压的用量通常较治疗心率失常用量大。不良反应:大多数不良反应为轻度、一过性。最重要的不良反应是低血压。有报道使用艾司洛尔单纯控制心室率发生死亡。禁忌:1. 支气管哮喘或有支气管哮喘病史。2. 严重慢性阻塞性肺病。3. 窦性心动过缓。4. 二至三度房室传导阻滞。5. 难治性心功能不全。6. 心源性休克。7. 对本品过敏者。注意事项:1. 高浓度给药(>10mg/ml)会造成严重的静脉反映,包括血栓性静脉炎,20mg/ml的浓度在血管外可造成严重的局部反映,甚至坏死,故应尽量经大静脉给药。2. 本品酸性代谢产物经肾消除,半衰期约3.7小时,肾病患者则约为正常的10倍,故肾衰患者使用本品需注意监测。3. 糖尿病患者应用时小心,因本品可能掩盖低血反映。4. 支气管哮喘患者应慎用。5. 用药期间需监测血压,心率,心功能变化。用药过量:一次用量达12~50mg/kg,即可致命。药物过量时会出现心脏停博,心动过缓,低血压,电机械分离,意识丧失"。

判实践中,罕有鉴定人出庭的先例(尤其是医学会的鉴定,在广州地区,虽经法院通知,医学会往往以不便出庭为由书面答复质询)。在庭审中,双方当事人只能针对鉴定书发表意见,如隔靴搔痒,难以达到质证的目的,使重要的质证环节沦为过场。在2012年《民事诉讼法》修订之后,该法第78条规定:"当事人对鉴定意见有异议或者人民法院认为鉴定人有必要出庭的,鉴定人应当出庭作证。经人民法院通知,鉴定人拒不出庭作证的,鉴定意见不得作为认定事实的根据;支付鉴定费用的当事人可以要求返还鉴定费用。"第79条规定:"当事人可以申请人民法院通知有专门知识的人出庭,就鉴定人作出的鉴定意见或者专业问题提出意见。"上述法条对鉴定人不出庭的后果和责任作出了明确规定,并允许当事人聘请专家作为诉讼辅助人出庭支持质证,为实践中实现鉴定人出庭常态化提供了制度保障和技术支持,医疗纠纷审理模式将为此发生颠覆性的变化,也对医疗纠纷审判专业化提出了更高的要求。笔者认为,鉴定人出庭作证应常态化,依上述第78条的规定,当事人对鉴定意见有异议或法院认为有必要的,均应通知鉴定人出庭。通过双方当事人与鉴定人之间面对面、充分、专业的对抗,法官可以对案件争点建立更专业的判断和更科学的内心确信,对促进公正鉴定、公正审判意义重大。当然,这也要求审理医疗纠纷的法官具有专业、丰富的审判经验,以适应这种新型的庭审模式。下面举一案例①以说明鉴定人出庭的必要性。

某男45岁,入院诊断为右下肺中央型鳞癌(T3NOMO Ⅱb期),行右下肺癌根治、右全肺切除术。术后患者因血胸、左肺感染、肺水肿等并发症死亡。诉讼中,法院委托某司法鉴定所进行医疗损害鉴定。该所鉴定意见认为,患者属肺癌晚期,有手术指征,手术方式选择肺叶切除为妥,医方行右全肺切除存在过错,患者因术后并发症死亡,医方承担41%~60%的责任。一审经书面质证,医方对该鉴定意见提出异议,但一审法院未通知鉴定人出庭

① 一审案号:广州市海珠区人民法院(2012)穗海法民一初字第63号;二审案号:广州市中级人民法院(2013)穗中法民一终字第3253号。

作证,亦未准许重新鉴定,采信该鉴定意见,判定医方承担 50% 的责任。医方上诉,二审法院通知鉴定人出庭。鉴定人作证称,医方选择右全肺切除术导致了诸多并发症,如果选择只切除肺下叶,则可能结果完全不同,这说明医方没有考虑到患者的耐受能力,术式选择错误。但根据查明的事实,患者肿瘤巨大,直径约 10cm,位于右下肺叶近肺门处,并侵犯右中、上肺叶;患者术前没有明显的手术禁忌证;肺癌外科治疗的基本准则是在尽量切净肿瘤的前提下最大限度保存健康的有功能的肺组织。由此可见,医方选择右全肺切除并不违反临床治疗原则,鉴定人以效果论,这种“事后诸葛亮”的说法显然不符合医学临床的诊疗规律,缺乏科学性和说服力。据此,二审法院认为该鉴定意见明显缺乏依据,应准许医方重新鉴定的申请,故发回重审。

(3)多份鉴定意见的采信

一件医疗纠纷可能涉及两份甚至多份医疗损害鉴定,当鉴定与鉴定之间出现意见不一致或结论相互矛盾时,法官面临困难的抉择。如下例:①

某女 50 岁,因“左膝关节术后活动受限 4 月余”入住 A 医院。该院行左膝关节粘连手法松解术,术后使用去氨加压素止血。术后第二天,患者突发抽搐,神志不清,牙关紧闭,查血钠、氯严重低于正常值。急请 B 医院会诊,考虑癫痫发作,具体诱因不详。经家属同意,将患者转往 B 医院进一步诊治,转院诊断:①左膝关节术后纤维性强直;②低钠低氯血症;③癫痫查因。转院后,B 医院给予静脉补钠、氯、控制癫痫抽搐等治疗。20 小时后,患者出现高钠、氯血症,考虑电解质紊乱,予血液透析治疗。血液透析完毕时,患者突发呼吸、心跳停止,抢救无效死亡。一审诉讼中,法院先后委托市、省两级医学会进行鉴定。市医学会认为,A 医院无过失,但有不足;B 医院存在过失,构成一级甲等医疗事故,B 医院承担次要责任,A 医院无责任。省医学会认为,A 医院存在过失,构成一级甲等医疗事故,A 医院承担次要责任;B 医

① 一审案号:广州市越秀区人民法院(2009)越法民一初字第 146 号;二审案号:广州市中级人民法院(2011)穗中法民一终字第 2883 号。

院虽也有过失，但与患者死亡无因果关系，B医院无责任。一审法院采信了省医学会的鉴定意见，判A医院承担30%的责任，B医院不承担责任。患方不服上诉，二审期间，三方达成调解。[①]

该案中，两份鉴定看似结论矛盾，非此即彼，其实不然。经详细比较两份鉴定的分析意见并与法院查明的事实相对照，发现两份鉴定均有可取之处，且并非完全矛盾。对A医院而言，其术后使用去氨加压素缺乏指征，导致严重的药物副作用，省医学会的鉴定意见对此进行了分析认定，依据充分，而市医学会虽指出A医院存在不足，但没有对该用药问题予以分析，故可以采信省医学会对该问题的认定。对B医院而言，两份鉴定均指出其存在过失，只不过省医学会认为与患者死亡没有因果关系。但经审查，患者转至B医院时虽病情危重，但绝非没有希望。由于B医院在对患者病情的监护、监测、观察、评估等方面存在过失，为患者增加了不合理的风险，减少了其可能获得成功救治的机会，符合因果关系之相当性。因此，关于B医院医疗行为的评价，可以采信市医学会的意见。二审调解由A医院承担50%的责任，由B医院承担30%的责任，与本案实际情况是基本相符的。从本案可以看出，当有两份或多份鉴定时，应结合案情予以综合审查，并非选择采信哪一份鉴定那么简单。一个医疗纠纷可能存在多个有争议的医疗行为，一份鉴定意见也可能对多个医学专业性问题做出评判。因此，不能只盯着鉴定结论，而应具体审查鉴定中对于每个专业问题的分析意见，分开采信，综合考量，明晰责任。

（三）赔偿责任比例

过失相抵是民事侵权案件中确定赔偿责任比例的一般原则，医疗侵权也同样适用。不同的是，在医疗纠纷中，患方通常并无过失，那是否医方有

① 具体调解方案：患方要求赔偿总额16万元，A医院承担50%即8万元，B医院承担30%即4.8万元。

过失就应承担全部责任呢？显然，答案是否定的。[①] 原因在于，患者本身患有原发疾病，疾病本身就会导致损害，包括财产损失和身体伤害，可致残甚至致命，没有医生能绝对保证治愈，这是所谓的"原发病"因素（特殊体质等自身因素也可归于此）。还有一个因素就是"医疗风险"，医疗行为本身就伴随着风险，药物均有副作用，手术难免并发症，这些风险显然非医生所能完全控制。基于此，在考虑医方过错的同时，必须同时考虑患者原发病及医疗风险因素，通过比较过错医疗行为与原发病及医疗风险对于损害后果的原因力大小来确定赔偿责任比例，同时根据医方过错程度加以调节。下面通过两个案例的对比予以说明。

案例一：[②]某男50岁，因胸痛3小时由120急诊送入院。经检查，诊断为急性冠脉综合征、急性心肌梗塞、心源性休克、心律失常。经药物保守治疗后，病情有所缓解。次日（周日），患者家属曾提出转广东省人民医院治疗，但未能实施。该晚，患者再次发作，病情急剧恶化，经抢救无效死亡。诉讼中，先后经市、省两级医学会鉴定，均认为：按诊疗常规，本例应行急诊再灌注治疗（主要是指急诊PCI或CABG），但医方仅给予保守的药物治疗，若无此治疗条件亦未转往上级医院进行救治，使患者失去了选择或得到急诊再灌注的机会；医方行为虽一定程度上影响了病人得到当今最佳的治疗方案，但本例是重症急性心肌梗塞患者，即使行急诊PCI或CABG仍有非常高的死亡风险，同时内科药物治疗也是本病的基础治疗，医方已充分给予，亦收到一度病情减轻的效果；构成一级甲等医疗事故，医方负次要责任。一审法院判医方承担60%的责任，二审法院改判为40%。

案例二：[③]某女69岁，因"纳差1年余，头晕、心悸5月余，加重伴呕吐3

---

① 审判实践中，医方承担全部责任的判例只占很小比例（从笔者历年审理的案件情况看，应在5%以下）。

② 一审案号：广州市天河区人民法院（2008）天法民一初字第1250号；二审案号：广州市中级人民法院（2010）穗中法民一终字第3417号。

③ 一审案号：广州市天河区人民法院（2010）天法民一初字第2129号；二审案号：广州市中级人民法院（2013）穗中法民一终字第1113号。

天”入院，初步诊断：(1)慢性肾功能不全(氮质血症期)；(2)中度贫血。入院1周后，患者出现腹痛不适，以脐周明显，呈阵发性压榨样绞痛，考虑为急性胃肠炎，予解痉、止痛处理后，症状可改善，但仍有反复，未排大便。行清洁灌肠，第一次灌完患者能自行上厕所排便，第二次灌时，患者出现面色苍白，感到剧烈疼痛难忍，给予曲马多注射。查体：腹肌紧张、压痛、反跳痛(+)，急行腹部立卧位片提示：右隔下可见半月状游离气体，考虑急性腹膜炎。医方一直保守治疗，但病情持续恶化。1周后，医方建议手术，但患方拒绝并要求转往他院治疗。转院过程中，患者腹痛突然加重，病情再度恶化。转院后急行剖腹探查，术中发现肠管粘连明显，见大量暗红色血液流出，共吸出渗出血液3500ml，小肠明显扩张、水肿明显，肠管间见较多脓腔；降、乙状结肠交界处断裂，断端较多粪便及钡剂，空肠上端有一破孔，有深绿色肠液流出；诊断：乙状结肠断裂；空肠上端穿孔。术后2月终因病情危重不治死亡。诉讼中，先后经市、省两级医学会鉴定，均认为医方存在以下过失行为：(1)对急腹症的认识不足，诊断失误。患者已出现肠梗阻表现，而医方却误诊为“急性胃肠炎”。(2)在急腹症的治疗中，违反镇痛剂的使用原则。医方多次使用强烈镇痛剂，以致掩盖病情进展，延误诊断及治疗。(3)清洁灌肠指征掌握不当。当急腹症出现腹膜炎症状及体征，尤其是有肠坏死可能时，禁止进行任何的灌肠检查及治疗，以免造成肠穿孔，加剧病情进展。医方予患者进行清洁灌肠治疗，其后腹部平片提示膈下游离气体，证实由于灌肠造成了患者肠穿孔。(4)对急腹症手术适应症的掌握有误。急腹症患者经X线检查提示膈下有游离气体，即可确诊消化道穿孔。对于确诊消化道穿孔者的处理原则是尽快做好紧急手术术前准备，力争早期手术。医方没有提出争取尽快手术的方案，只是强调患者有心、肾功能不全，有手术禁忌证而作保守治疗，错失最佳手术时机，延误了对患者的救治。属于一级甲等医疗事故，鉴于患者年老，存在慢性肾功能不全和贫血等基础疾患，对疾病的进展和救治措施的实施也造成一定的影响，医方承担次要责任。一审法院判医方承担40%的责任，二审法院改判为60%。

两案有相似之处，医方均有错失最佳手术时机之过错，损害结果均为患者死亡，而一、二审之处理结果却截然相反。比较而言，先看原发病。案例一中，患者为急性心肌梗塞，伴有心源性休克、心律失常，属于内科的急危重症，常可表现为猝死，病情发展迅猛，死亡率高。案例二中，患者为存在慢性肾功能不全和贫血等基础疾患的老年人，住院期间发生急性肠梗阻，该病为外科急症，重者可发展为坏死、穿孔、急性腹膜炎、感染性休克，患者的基础疾患可增加治疗难度，但若及时、正确诊治，一般不会致死。可见，案例一患者的原发病更为严重。再看医疗风险。案例一中，医方不具备手术条件，若能及时转院令患者接受手术，患者确有一定生存机会，但即便手术及时，其死亡风险仍然很大，且可能在转院搬动或者运送病人的过程中病情急剧变化而来不及接受手术。案例二中，患者于住院期间发生急性肠梗阻，若医方诊断及时、处理得当，可能避免发展为肠坏死、穿孔；若在穿孔后及时手术，即便患者年老并有基础疾患，其死亡风险也不会太大。而事实上，由于手术延误了1周多，在腹腔感染非常严重、身体基础状态很差的情况下，患者仍然在术后生存了2个月。显然，案例一的医疗风险更大。最后看医方的过错程度。案例一中，医方诊断及时、正确，药物保守治疗也是充分、有效的，其过错在于在不具备相应手术条件的情况下没有积极履行转院义务。但应看到，能否及时转院并非医方单方能够决定，还取决于上级医院的态度，尤其是周末休息日，未能成功转院的原因可能是多方面的，当然该案中医方未能提供证据证明当天未能转院的责任不在其自身。案例二中，医方在诊断、灌肠、用药、手术等多个方面存在过失，有些甚至属于常识性错误。两相比较，案例二医方的过错程度更重。另外，案例二中，医方曾建议手术而遭患方拒绝，患方转院对手术有一定延误并在转运过程中病情有所加重，患方自身也有一定过错，可适当减轻医方的责任，但这对损害后果影响不大。综上分析，两案二审改判一审的责任比例是合理的。也可以看出，要把握好裁判尺度，准确酌定责任比例，法官应尽量了解与案情有关的医学知识，吃透专家的鉴定意见，积累足够的医疗纠纷审判经验，并多做横向、纵向比较，[①]才能避免主次颠倒、畸轻畸重、责任失衡。

三、医疗纠纷的审判模式

医疗纠纷审判的医学专业壁垒，令民事庭的法官们望而生畏。如何破解专业壁垒，唯有建立一支专业化的医疗纠纷审判队伍，构建一套专业化的医疗纠纷审判模式。此专业化非指医疗纠纷案件的主审法官必须要求医生出身或学过医学，这缺乏现实的可操作性，而是指可以将医疗纠纷案件集中于一个合议庭专门审理。唯有这样，该合议庭法官才更有精力和动力钻研医疗纠纷审判业务，熟悉案件相关的医学专业知识，有助于形成专业化的知识结构，积累和总结医疗纠纷审判经验，不断提高医疗纠纷审判水平，以适应医疗纠纷审判的专业化要求，最大限度保障案件审理流程的通畅高效，并有利于上、下两级法院裁判尺度的统一。[②]

笔者从医院走进法院，10 年来一直致力于医疗纠纷专业化审判。在笔者心中，理想的医疗纠纷审判模式应该是这样的：医患双方为相互对抗的两造，法官与鉴定人处于中立的位置而又相互制衡。在这个既有对抗、又有制衡的四角结构中，相对弱势的患方可以聘请具备医学背景的专业代理人对医方展开进攻，相对强势的医方自不乏医学专家和法律专业人士与之对抗，中立的鉴定人可以借助专家顾问的力量对攻防中需要鉴定的专业问题给出鉴定意见并出庭作证接受医患双方的质询，具备医学专业知识的法官对鉴定意见审查判断并居中裁判。这种专业化审理模式能充分体现对抗与制衡，将改变以往医方强而患方弱、鉴定专家强而主审法官弱的不平衡格局，

---

① 横向比较是指对同一时期的医疗纠纷案件进行比较；纵向比较是指与之前的判例进行比较。通过比较把握裁判尺度，尽可能减少主观因素对个案的影响，以实现总体上的公平、公正。

② 广州市中级人民法院民事审判庭从 2009 年下半年起试行医疗纠纷的专业化审判，笔者为具体的经办法官。据统计，专业化审判前后对比，医疗纠纷案件调解撤诉率提高 100% 以上，发回改判率降低 50%，平均审理周期缩短一半，效果显著。

有利于发现事实的真相并提高审判效率，改善医疗纠纷案件的审理水平和审判质量，提高司法裁判的公信力，并最终引导医疗纠纷更多地走入法治化的解决轨道，以规范医疗行为、促进医学事业发展，缓和医患矛盾并减少“医闹”现象，达到医患双赢的目的。

第6章 会议综述

第十六届中国南方国际心血管病学术会议医事法学高端论坛之剖析典型系列案医法专家再谈中国暴力伤医根源与对策
——立法问题还是执法问题?

广东省医学会医事法学分会 《中国医学论坛报》联合主办

April13,2014 Sunday 4月13日 星期日,

8th Floor,Southern Hall,DongFang Hotel 东方宾馆8楼南国厅

08:30-8:40 Session1	主席:宋儒亮 王斓 王绍强 赖永洪 杨扬 陈虹 袁伟伟 田柯	
08:30-08:40	开场致辞	王斓 朱宏
8:40-9:00 session2	主题:剖析典型系列案医法专家再谈中国暴力伤医根源与对策 ——立法问题还是执法问题? 主席:赖永洪 姚麟	
8:40-8:55	案例介绍(广州伊丽莎白妇产医院事件等系列案件)	姚 麟 耿 巍
8:55-9:05	对临床医生依法行医的几点警示	肖志雄

续表

9:05－9:15	临床诊疗实践中哪些环节易成为医患纠纷的导火索——一位心内科医生兼医务科主任的视角	张海澄
9:15－9:30	精神心理科教授:怎样识别可能具有精神心理障碍以及具有冲动伤人倾向的患者	关念红
9:30－9:45	医院管理者:在医疗纠纷处理过程中如何防范恶性伤医事件的发生	周民伟　李林 汪锦宏　王晓东 于宏
9:45－10:15	医院管理与司法实践中总结出的医学临床实践中常见“雷区”及应对策略——学会、医务、管理、律师、检察官、法官和媒体之视野	罗　斌　黄伟青 程东海　范秀玲 官　健　刘治家 杨金顺　梁　栋
10:15－10:45	集体讨论	田　柯　罗小林 刘根就　邓新建 张永桑　赖嘉敏
10:45－10:55	论坛总结	王　斓　王绍强 陈国翔　宋儒亮
10:55－12:00 Session3	主题:医事法学分会全体委员会议 主席:宋儒亮	
10:55－12:00	医事法学分会2014年活动安排通报	陈　虹　袁伟伟 陈　伟

广东省医学会医事法学分会与《中国医学论坛报》结缘三周年纪念活动：医法等一线专家再查中国暴力伤医真相

2012 年第 14 届中国南方国际心血管病学术会议上，广东省医学会医事法学分会在医事法学论坛邂逅《中国医学论坛报》，同年 6 月双方“结晶”——“医事法学”栏目在该报《循环周刊》重磅推出。

2013 年为纪念栏目成立一周年，双方相聚在第 15 届中国南方国际心血管病学术会议，合办“医事法学论坛：模拟法庭”，并在大会上派发合办著作《医事法学在广东》（法律出版社）。

2014 年，针对当前业界和社会广泛关注的“暴力伤医”热点问题，广东省医学会医事法学分会与《中国医学论坛报》将再度携手，致力打造一个高端的、有深度、有启发、促和谐的交流平台——医事法学高端论坛！

4 月 13 日上午，本届医事法学高端论坛确定主题：剖析典型系列案例医法专家再谈中国暴力伤医根源与对策——立法问题还是执法问题？会议主席宋儒亮教授主持了论坛的开幕仪式。

广东省卫计委保健局长、广东省医学会副会长兼秘书长朱宏、广东省卫计委医政处处长张伟、北京人民医院心血管教授张海澄、广州市中级人民法院行政庭庭长肖志雄、广东中山大学附属第三医院精神心理科教授关念红、《法制日报》广东记者站站长邓新建、《中国医学论坛报》副总编辑王斓、广东省律师协会副会长陈国翔、广东省医学会医事法学分会主任委员宋儒亮、副主任委员王绍强、赖永洪、袁伟伟、田柯、秘书沈利频、陈伟以及来自学会、医务、管理、律师、检察官、法官和媒体人的资深专家超过 150 人，共同就当前暴力伤医之根源与对策进行深度研讨，以期对医疗行业、医务管理和医师执业提供有益的暗示、提示和警示，提升执业风险防范能力，实践并实现医疗法治、行业法治、社会法治、政府法治和国家法治之目标。

论坛现场

宋儒亮主任(左三)在主持论坛开幕式

《中国医学论坛报》副总编辑王斓作为论坛主办方之一，代表大会发表了欢迎词，表示双方合作愉快，合作成果丰富，利于推进行业健康发展，利于医生开展服务，利于提升依法行医水平。

《中国医学论坛报》副总编辑王斓在致欢迎词

广东省卫计委保健局长、广东省医学会副会长朱宏致辞时首先代表广东省医学会对论坛召开表示热烈祝贺，对各位专家表示热烈欢迎，并对广东省医学会医事法学分会两年多来取得成绩表示充分肯定，寄望论坛以医事法制、暴力伤医处置问题作为研究对象，通过专业引导和分析，让社会各界对医患矛盾有更新、更深的认识，从而获得更多支持、关怀。相信通过能力，医患矛盾会得到有效缓解。

广东省卫计委保健局长、广东省医学会副会长朱宏在致辞

广东省卫计委医政处处长张伟在致辞时，结合工作实际，就处理医疗纠纷事宜进行重点阐述和分析，并向处理医疗纠纷工作第一线的专家、学者提出：工作要忍辱负重，事业要无私奉献和理想要美好长久，呼吁要为实现中国梦而不懈努力。

广东省卫计委医政处处长张伟致辞

在论坛研讨过程中，无论是"临床诊疗实践中哪些环节易成为医患纠纷的导火索"，还是"医学临床实践中常见'雷区'"都被一网打尽！广东医学会医事法学分会委员、中山大学附属第三医院医务科科长姚麟向与会人员重点介绍了近两年来的暴力伤医案件概况；广州市中级人民法院行政庭庭长肖志雄从法官视野对临床医生依法行医提出警示；北京人民医院张海澄主任以一位心内科医生兼医务科主任的视角谈临床诊疗实践中哪些环节易成为医患纠纷的导火索；中山大学附属第三医院精神心理科关念红教授教大家如何识别可能具有精神心理障碍以及具有冲动伤人倾向的患者。

来自省内三甲医院医务管理者周民伟、李林、汪锦宏、王晓东、于宏、黄伟青、程东海，司法鉴定人罗斌、资深医疗律师范秀玲、法官刘治家、检察官杨金顺以及媒体人梁栋等专家们针对医院管理与司法实践中总结出的医学临床实践中常见"雷区"支招——提出应对策略，观点碰撞剧烈，思想火花四溅,既有经验之谈,又有启示借鉴。

在集体讨论环节中,广东省医学会医事法学分会田柯副主任、委员罗小林、刘根就、《法制日报》广东记者站站长邓新建、《中国医学论坛报》循环周刊编辑张永燊分别发表围绕主题发表意见,其中邓新建站长提出“当医患纠纷发生以后,要善用媒体。面对不少问题,医院有自己责任,也有媒体责任。医院自我管理存在缺陷,信息公布、环节管理等存在缺陷。当媒体介入以后,它们被曝光于社会,有些细节管理不善等就暴露出来。社会应该有知情权,起码要了解这个事件和进行追踪。新闻媒体在医患纠纷中有报道选择倾向,各个媒体都有倾向。医疗机构应可与媒体有很多良性互动”。

经过近4小时的热烈讨论,广东省医学会医事法学分会副主任赖永洪总结发言提出,就立法还是执法问题,专家们刚已经给了答案:治本已立法,治标要执法。希望各方运用法治思维和法治方式解决当前医疗行业突出伤医问题。

最后,论坛主席、广东省医学会医事法学分会主任委员宋儒亮教授认为,正如各方观点各异,医事问题非常复杂,但无论如何,从医事法律关系角度,只有医事的宪法问题、刑事问题、行政问题和民事问题。就医事法制角度讲,暴力伤医的处置不是立法问题,不是法制问题,而是执法问题,即是法治问题,是如何落实有法必依、执法必严和违法必究的问题。这个问题上,卫生行政部门在行政监管、公安机关在秩序维护等上更应率先垂范。应以法律为先解决医事纠纷。过多地强调或者创设其他非法治精神的新方法、方式解决医事问题,不仅适得其反,且让医事问题解决更复杂和更艰难。当前要以医疗法制推动、推进医疗法治,再由医疗法治倒逼政府法治、社会法治和国家法治,不断提升医事治理的法治化水平。

本次论坛期间,由广东省医学会医事法学分会接受广东省卫计委委托编写的《医事法律进500问》(中国法制出版社出版)在现场进行了征订宣传。

医事法律
500问

权在法庭、威在科学：要适应鉴定结果由结论为意见之变[1]

2014年7月5日至7月6日，广州市司法局和市司法鉴定协会联合举办司法鉴定人初任培训班在广州天虹宾馆会议中心举行。

广州市司法局副局长谭祥平、广东省司法厅司法鉴定管理处处长杨锡武、副调研员范同学、广州市司法局司法鉴定管理处副处长姚自斌、法治广东研究中心主任宋儒亮教授、广东司法警官学院郝新华教授等领导专家出席了培训班。

在开班动员会上，谭祥平副局长做了热情洋溢的动员讲话，他鼓励各地司法鉴定人要努力学习司法鉴定方面的知识，要有自己的职业操守，成为社会公平的坚守者，为国家发展奉献自己的力量。培训班由姚自斌副处长主持。法治广东研究中心/广东省律师协会医疗法律专业委员会/广东省医学会医事法学分会宋儒亮主任、广州市司法鉴定协会秘书长姚自斌、广东司法警官学院郝新华教授分别为来自广州、深圳、湛江等省内各地市约280人进行了专题授课。

在培训班上，宋儒亮教授从理论和实际结合角度，以《诉讼与非诉讼：鉴定、鉴定人与鉴定意见》为题，分别从诉讼与非诉讼制度概况、司法鉴定在诉讼和非诉讼领域中的运用、司法鉴定人的出庭（以医疗领域为例）和司法鉴定的完善思考（以医疗纠纷处理为例）四方面进行了专门讲解。在授课中，在诉讼与非诉讼中，司法鉴定所起的作用是不同的，其法律效果也是不同的。就非诉讼与诉讼之衔提出了诉讼是保障、非诉讼是方式的观点，指出在鉴定结果称谓上已由“鉴定结论”调整为“鉴定意见”、在民事诉讼中鉴定人

① 法治广东研究中心2014年7月20日发布。

谭祥平副局长在做动员讲话

拒不出庭作证可被要求返还鉴定费用、鉴定意见要被采纳面临多学科交锋与博弈以及点明鉴定权威之权在法庭、之威在科学等观点。同时寄希望各位司法鉴定人在法治中国建设中，要保证自己的声誉，要以事实为依据，以法律为准绳，以科技手段为依托，以公平正义为追求，不能被利益所困。

针对目前现实，宋教授指出，鉴定人要珍惜手中的鉴定权。虽然当前司法鉴定的需求性很大，鉴定意见也被公众寄予了很高期盼，但在鉴定意见的采纳、鉴定人出庭接受质询和不同鉴定意见之间的冲突与取舍等方面依旧存在很多不足，需要进一步地完善。

宋儒亮教授在专题讲座

学员总结评价了本次培训的两个突出特点：一是充分体现了省市两级司法行政机关的服务意识在不断增强，注重为鉴定机构和鉴定人解决实际问题；二是跳出了为培训而培训的形式主义，培训课程有的放矢，学以致用，起到了对鉴定机构和鉴定人执业活动积极指导的作用，点化了司法鉴定实践中的不少疑点、难点。

以法治思维和方式处理医事纠纷大有可为[①]

研讨会现场

2014年7月19日下午，“推进以法治思维和方式处理医事纠纷”研讨会在广东省委党校/广东行政学院教学楼学术交流中心召开。

本次研讨会由法治广东研究中心和广东省律师协会医事法律专业委员会联合主办。广东省委党校/广东行政学院副校(院)长荀志效，广东省依法治省工作领导小组办公室依法治省处处长吴小洪、法治广东研究中心、广东省律师协会医事法律专业委员会、广东省医学会医事法学分会主任宋儒亮、广东省高级人民法院民一庭副庭长佘琼圣、广东省律师协会监事、广东广信君达律师事务所主任王晓华、法制日报社广东记者站站长邓新建、广州市法制办副调研员任元庆、广州市司法局调解处副处长潘盛鹏、广州市卫生局医政处副处长徐国智、广州仲裁委员会发展部部长钟晓东、广东省委党校/广东行政学院科研处处长方真、广东省委党校/广东行政学院法学部副教授周菊、文翔、南方医科大学卫生法学研究中心主任杜仕林、广东药学院附属第三医院院长林俊杰、中国人保分公司责任险部总经理李振华、芳村支公司副总经理温演望、医事责任保险业务部部门经理汶国强、广东省医师协会办公

① 法治广东研究中心2014年7月21日。

室主任罗艳琼、广东省律师协会医事法律专业委员会副主任葛志坚、秘书长程虎以及委员匡腊光、欧惠忠、庹明生、杨会林及南方都市报、中国医学论坛报、医药经济报等媒体代表30多人参加了研讨会。

研讨会现场

会议由法治广东研究中心主任、广东省律师协会医事法律专业委员会主任宋儒亮主持,广东省律师协会王晓华监事到会发表监事意见。

苟志效副校(院)长、吴小洪处长分别致欢迎词。苟志效副校(院)长在介绍党校行政学院科研等情况后,指出主题内容与人们的生活联系密切,具有很高的研究探索价值。以法治思维和法治方式处理纠纷是当前提高执政水平、提升领导干部能力要求以及推进治理体系和治理能力现代化的迫切需要。医事问题关系百姓民生,同最广大人民群众利益密切相关,解决好医事冲突问题利于凝聚民心、民情和民意。在医事领域中实现以法治思维和法治方式处理纠纷,任务艰巨,意义重大,要认真研讨,为法治政府建设提供建议和对策。

荀校长为研讨会致辞

吴小洪处长表示医事问题关乎民生，医事纠纷问题处理关系稳定大局。重视并认真研讨，对今后工作意义很大。希望专家们集思广益，贡献智慧。

吴小洪处长在致辞

宋儒亮主任在主持

邓新建站长在发言

方真处长

会议围绕主题，由“推动、推行和推进以法治思维和法治方式处理医事纠纷”、“医事纠纷五种处置方式实践现状、问题和解决对策”与“医事纠纷仲裁实施的可能性、操作路径和难点”三个子议题组成。

第一个子议题发言在宋儒亮主任对目前医事事件、医事纠纷现状介绍与分析中展开。邓新建站长、潘盛鹏副处长、徐国智副处长、钟晓东部长、佘琼圣副庭长分别从媒体、司法部门、卫生部门、仲裁委、法院等角度，分别发表了各自的观点。邓新建站长提出“医事机构应善待媒体、擅用媒体，与媒体建立良好的沟通纽带，以使医事纠纷得以妥善处理”的建议；潘盛鹏副处长通过对目前医事纠纷处理机制分析引出医事仲裁机制的制度化的筹划可行性；徐国智副处长对比处理医事纠纷的现有方式，提出“保险介入调解”、“医事仲裁大有可为”；钟晓东部长对医事仲裁的可仲裁性进行了分析，并就如何启动医事仲裁、引导当事人选择医事仲裁和进行实际操作面临的难点等进行了解读；佘琼圣副庭长就诉讼、调解和仲裁问题，分析总结了医事仲裁的八大优势及实施面临的“瓶颈”。

潘盛鹏副处长在发言

徐国智副处长在发言

钟晓东部长在发言

佘琼圣副庭长在发言

省律协医事法律专业委员会副主任葛志坚主持了“医事纠纷五种处置方式实践现状、问题和解决对策”专题研讨。委员匡腊光、欧惠忠委员分别发表了个人看法。针对目前医事纠纷五种处置方式现状与利弊分析,并表达了对医事仲裁或医事法庭的设立表示期望。

葛志坚副主任在主持会议

周菊、文翔副教授分别就上述发言进行了评议。周菊副教授针对医事仲裁可操作性、启动方式、机制机构设置、开展依据及规则等提出进一步的研究建议。文翔副教授建议完善医事纠纷处理制度,提前预防,减少医事纠纷的发生,并强调纠纷处置上坚持公平公正性。

周菊副教授在发表评议

文祥副教授在发表评议

王晓华监事发表了监事意见。他说："今天会议的选题非常好，宋主任一向是强调要推动以法治的方式治理国家、治理社会的。我国目前正处于改革中，以法治方式来处理医事纠纷这个题目很有意义。研讨会由法治广东研究中心和广东省律师协会医事法律专业委员会联合举办，会议参加的人数多，涉及的领域多，今天下午的会议开得很好，完全按照程序进行。”

王晓华监事在发表监事意见

医事纠纷的法治处理方式将如何发展？医事纠纷仲裁能否实现？如何保障医事仲裁的公信力？……任何一种制度的改革、机制的设置都非一蹴而就、朝夕间完成的，这需要经过政府部门、专家学者等方方面面通过反复研究，仔细推敲，多方论证方能实现。这些问题研讨，让整场研讨会更紧凑而有序，各方代表都积极做了富有针对性和建设性的发言。

与会代表普遍认为：一花独放不是春。医事问题处置复杂艰巨，医事处理方虽然丰富多样，但医事纠纷方式并非都已落地并被适用。医事纠纷有五种法定处理方式，研讨会能将处置所涉及的单位和人员汇聚一起，共同研讨商定，非常难能可贵，是一场集政府立法、实务操作、理论研讨和媒体报道于一体的高规格、高参与度、高专业性的研讨会。会议围绕“以法治思维和方式处理医事纠纷”这一主线，开创性地提出了医事仲裁研究院和医事纠纷法庭的设想。期待医事纠纷方式一种都不能少地早日全面、全部落实和落地。这一设想如果得以实现，广东省将在医事纠纷处理领域的方式落实和方式组合上引领先河，依法治国进程在医事领域也将向前迈了一大步。

以法治思维和方式处理医事纠纷大有可为。法治广东研究中心将继续以医事法治等为突破口，身体力行，为最终实现法治中国而不懈努力，早日开花结果！

研讨会成员全体合影

（法治广东研究中心　王文倩　姚文佩）

“专家顾问眼中医事法律的专业、领域和能力”专业研讨会在广州顺利召开

2014 年 11 月 4 日，由广东省律师协会医疗法律专业委员会举办的“专家顾问眼中医事法律的专业、领域和能力”专业研讨会在广东省律师协会会议厅胜利召开。

中国工程院钟南山院士、广东省律师协会欧永良会长、刘涛副总监事、叶港秘书长、邓捷副秘书长、广东省律协医疗法律专业委员会主任宋儒亮、副主任葛志坚、范秀玲、秘书长程虎等专家委员参加会议。

鉴于医事法学理论研究和实务发展需要，经省律师协会批准，广东省律师协会会长欧永良首先向医疗法律专业委员会聘请的专家顾问颁发顾问证书。专业委员会聘请的顾问专家包括中国工程院院士钟南山、广东省医学会副会长朱宏、广东省人民医院院长庄建、广州医科大学附属第一医院院长何建行、深圳市第四（福田）人民医院院长伍富贵、汕头大学医学院第一附属医院党委书记欧利民等 7 人。

与会专家顾问就“医事法律的专业领域、业务和能力”议题做主题发言。

针对医患关系问题，钟南山院士认为：医患矛盾首先是沟通不畅导致的结果。“医患关系表面上是沟通不畅，实际上是医护人员工作量过大，一上午看 50 多个病人怎么能沟通，报酬过低，要养家糊口，只能靠多开药，多做 CT 也能得到一些收入。”从更深一层次来看，医患纠纷频发是因为没有很好地做到依法行医。对于“依法行医”的问题，钟院士认为：“医疗环境的改善应从患者公众和医务人员两个方面努力，既要惩罚医务人员收红包的违法行为，也要判罚医闹行为，才能真正地改善医疗环境”。钟院士还提出，对于医疗鉴定，要想得到一个公平的结果，需要法律界与医学界通力合作。医事法学在医患关系上应起到关键的、润滑的作用。“医院应建立专门处理医患

关系的团队，里面既有医务人员，也有法律人员。”医务人员遇到医患纠纷应主动寻求律师的介入。“不要把医闹变成法闹。”同时，应通过媒体报道，让公众对医生慢慢有正确的看法。

陈德院长认为：“社会公众对医生道德要求过高，医生群体并不是道德沦丧，而是非常有良心道德的群体，绝大部分医生都是很有职业操守的，很多问题是当下不合理的机制、体制造成的。现在外界和法律对医生的要求过高，要求医生达到伦理道德的制高点，神化医生，是不可能的。一天看一百个病人，难有服务质量可言”。

欧利民书记认为“医生招聘现在是一个很严重的问题。以前很多人来报名，现在招聘的人数比求职者多，本来妇产科要求硕士，只能降低到本科，妇产与儿科尤甚。在校医学生心理也有波动，学校做了调查，自愿学医的50%，亲友鼓动占50%。1/4在校学生毕业后第一志愿不是当医生，浪费国家培养成本”。医学生里男女比例变化，以前10%～20%是女生，现在50%是女生，男生逐渐不愿学医。术科多数是男生，儿科内科大多数是女生，工作强度大、压力大、排班出现问题，怀孕、生病、照顾小孩、顶不住压力转行发生在女生身上多。希望医生帮法律工作者做培训，法律工作者对社会公众做普法教育。

针对顾问专家的主题，与会医疗法律专业委员会委员也纷纷表示，听了各位专家的意见后深受启发，也为自己在之后的实务工作中提供了新思路、新视野。

刘涛副总监事做总结性发言，他说：“律师和医生是天然亲近的行业。虽然历史上地位低，但是现在因为专业性强，地位逐步有所提高。医生和律师，应该在医患纠纷这个领域通力合作，才能找到解决医患纠纷问题的良药”。

主持人宋儒亮主任总结认为：医与法是两个与民生息息相关的重要领域，需要跨科的交叉、复合性的医事法学服务。顾问专家眼中的医事，让律师在处理医事纠纷案上有了更多的专业元素。律师要有效解决医患纠纷，需要多向顾问专家请教、交流、沟通和兼融。医学知识要进律师界，让律师执业获得医学专业知识支持，更好的服务当事人；法律知识要进医疗界，让医生执业能获得法律指引，更好地服务病人。

“专家顾问眼中医事法律的专业、领域和能力”专业研讨会在热烈的掌声中胜利落幕。

（程虎　王文倩　刘芳供稿）

宋儒亮

东省律师协会

出口
EXIT
广东省律师协会

"新常态·新思路·新选择:医事纠纷仲裁法律实务研讨会"在深圳成功举行

2015年10月17日,广东省律师协会医疗法律专业委员会和深圳市律师协会医疗卫生法律专业委员会联合举办的"新常态·新思路·新选择:医事纠纷仲裁法律实务研讨会"在深圳成功举行。

广东省律师协会医疗法律专业委员会宋儒亮、深圳市律师协会副会长张斌、广东省高级人民法院法官佘琼胜、南方医科大学司法鉴定中心主任王慧君、广州仲裁委部长钟晓东、深圳医患纠纷仲裁院副院长邹长林、深圳市医师协会常务副会长王天星等领导专家近40人参与本次会议。会议由深圳市律师协会医疗卫生法律专业委员会主任庹明生主持。

广东省律师协会医疗法律专业委员会宋儒亮主任代表主办单位致辞,表示这是一次在新常态、新思路、新选择情势下召开的专门研讨会议,医事纠纷仲裁深圳先行一步。希望通过经验介绍、比较分析、问题研讨、远景展望,更好地推进医事纠纷仲裁。

深圳市律师协会副会长张斌到会致欢迎词,认为研讨主题具有现实针对性,希望通过专业研讨,为医患纠纷处理提供更多、更好选择,实现医患和谐。

会议设置医事纠纷仲裁的现状与问题、医事纠纷仲裁实务中的问题与对策、医事纠纷仲裁的前景与展望三个议题。围绕医事纠纷仲裁的现状与问题议题,邹长林、王千华分别以深圳医患纠纷仲裁现状及困惑、世界主要国家目前在医疗纠纷解决方面的措施以及医疗仲裁的发展现状为题进行发言。评议这个议题时,王慧君指出:仲裁是解决医疗纠纷的三大途径之一,从医学鉴定的角度出发,本人非常支持这条途径。仲裁的权威性远远高于和稀泥的调解。医疗鉴定人员的医学水平要求非常高,至少15年的临床经验,所以合适的人才非常少,政府想快速培养医疗鉴定人员是不可能的。所以希望司法活动中,相关人员要积极甄选,把一些简单的医疗案件排除在鉴定之外,这样可以节约医疗鉴定资源,鉴定人员就可以花更多的时间和精力去鉴定难度大的案件。佘琼胜指出:本人代表法官支持医事仲裁,因为医事纠纷案件易演变为长期未结案件(立案一年以上还没有审结的案件),而且这方面的人才非常缺乏。他建议,第一,仲裁机构要多与法院互动,仲裁标准应该与法院保持一致。第二,扩大仲裁员的来源,可以考虑外市外省的仲裁员,这样更有利于患方接纳仲裁。第三,如果案件有疑难的法律问题,仲裁院可否成立仲裁委员会,由仲裁委员会集体讨论决定。第四,把当事人的协议转变为裁决书,法院是不可能这样做的。

会议第二个议题是"医事纠纷仲裁实务中的问题与对策"。主持人王利海,发言人分别为范秀玲、赵永胜和邱红,评议人是刘天平、冯伟和黄伟青。王利海指出医事仲裁大有发展前途,它非常有利于解决医事纠纷矛盾。范秀玲指出律师做仲裁员,首先要做角色转变,因为律师与仲裁员是有区别的,其次仲裁员要积极查明事实。赵永胜指出在医患纠纷中,患方疑虑医院和仲裁机构串通损害患者利益,所以愿意接受仲裁的主观性不强。邱红指出:要加强仲裁员的程序法培训和建议建立合理的仲裁受理费制度。现在深圳,一件医事案件的仲裁费是一百元左右,这严重影响了仲裁的严肃性。刘天平指出:当前调解依然对医疗纠纷的解决起到积极的作用。冯伟建议:在仲裁院里设立一个医学鉴定机构。黄伟青建议仲裁院要建立仲裁员能力考核制度。

会议第三个议题是"医事纠纷仲裁的前景与展望"。主持人是严凡,发言人分别是佘琼胜、谢孝义、匡腊光、梅臻和佟长辉,评议人是钟晓东和王天星。严凡介绍了自己设想的广东地区医事纠纷仲裁的发展前景。佘琼胜希望仲裁是解决医事纠纷的主要渠道。他还指出:目前,调解、仲裁和判决这三种渠道,从数量上看,调解方式最多,仲裁方式最少。实际上,解决专业性非常强的案件,是需要专业人士来完成,并且医事案件高度依赖鉴定。所以医患纠纷解决机制必须进行政府层面的改革。谢孝义指出:一是完善医患纠纷仲裁必须加大政府投入,二是加大对患者的人文关怀、多从患者角度思考他们的困难,三是综合各行各业的力量来解决医患纠纷,而不应该只是法律职业共同体的工作和责任。梅臻认为:医疗鉴定应该从源头解决,可以引入计算机技术。病历应由医生输入计算机并上传到指定的网络空间,这样病历更具有证据效力。佟长辉认为:医疗服务进行市场化改革是导致医患冲突的一个重要原因。钟晓东指出:要关注仲裁员的职业素质和专业性,完善仲裁员的推举和选拔制度,完善仲裁员的领导机构,由领导机构决定仲裁员的产生和任命,并且政府要加强对仲裁事业的引导。王天星指出:在医患纠纷中,要关注医生的权益,关注医疗秩序,对患方不合理的要求和激进做法要坚决抵制。张斌指出:医事仲裁应该与劳动仲裁一样,是一种公益的政府行为。

宋儒亮主任在研讨总结中,宋儒亮主任进行了概括提炼:第一,在解决医事纠纷的力量中,社会力量正在扮演着非常重要的角色、正在积极推动优选的纠纷化解方式。如广东省律师协会医疗法律委员会、广东省医学会医事法学分会正在关注和推进医事仲裁,把它当作一种新兴的纠纷和化解的法治新方式,予以研究。第二,比较调解、仲裁、诉讼各自优缺点后指出,医事仲裁在专业性、准司法性、说理性、后续引导性和重复性加油比较优势,是比较可行的一种解决医事纠纷的方式。第三,“医闹”这个词语具有歧视色彩,缺乏法律氛围研讨空间和法制支持,完全应该弃用。第四,目前推进的医疗纠纷仲裁,只关注医患矛盾的仲裁,视野狭窄,应该改“医疗纠纷仲裁”为“医事纠纷仲裁”,仲裁机构也要关注医院医疗行为之外的其他民事行为、商事行为,并通过协商把这些矛盾冲突解决纳入仲裁活动之中,扩大仲裁的业务范围。第五,政府支持医事仲裁。方案和方式之一应当政府通过购买仲裁服务,扩大仲裁适用,提高仲裁员积极性,提升仲裁公信力。第六,正确看待纠纷化解时间长短。不应当把法定时限当作是无效率、拖延工作之表现。这在当前以诉讼方式化解矛盾时常常遇到,如诉讼时间长等问题。尊重法定时间,是保障化解纠纷质量的重要因素,片面强调过急、过快解决问题,往往适得其反,第七,注重统筹协调各种纠纷化解方式的对接与衔接。政府在这方面更要扮演领导力量,应该对各种纠纷化解活动有顶层统筹计划、设计和管理。比如,可以通过引入社会评估等方式,把医事仲裁与其他方式进行效益比较,定期公布比较结果,通过方式优化,实现效果最优。第八,关注鉴定意见问题的法律演变。原来的是鉴定结论,现在改为鉴定意见,表明庭审中当仁不让的结论证据转变成为须行质证选择的证据之一,如此一来,更要明白:鉴定之权在鉴定人身上,鉴定之威在司法人身上。只有庭审才是确定鉴定意见最终效力之地。第九,代理人问题。比较权衡,现在应该明确,做医事法律业务,应该有一定的门槛和条件,不是什么律师都适应和适合代理的,医学和法学专业性问题,需要考虑专门性人才。比如,能否在医事仲裁中建立与专利代理人相类似的资格制度,值得研讨。第十,鉴定问题。鉴定意见在医疗纠纷责任认定中往往起着定海神针的作用。因此,医事仲裁庭审理过程中,考虑聘请鉴定人员担任仲裁员应当成为一种优选,化解医事仲裁也难以摆脱鉴定依赖的难题。医事仲裁推进中,相信鉴定但不依赖鉴定。否则,诉讼中的鉴定难题也会在医事仲裁中存在,让推进医事仲裁的价值也大打折扣。

通过对深圳医患纠纷仲裁的可复制性、案件的受理、仲裁员的遴选、仲裁员的报酬、仲裁中涉及的鉴定、调解、庭审方式及仲裁与诉讼的一致性等研讨与前景展望,呼吁各界积极参与到医事纠纷解决途径的实践探索之中。

研讨会召开,既加强了深圳市律师协会医疗卫生法律专业委员会和深圳仲裁委医患纠纷仲裁院之间的合作,又有利于提高深圳市医疗卫生法律服务执业律师的执业水平,也利于更多的执业律师参与到医患纠纷仲裁实务之中。

会议现场

由左至右分别为：庹明生主任、宋儒亮主任、张斌副会长

由左至右分别为：顾东林、佘琼胜法官、葛志坚副主任

由左至右分别为:邹长林副院长、冯伟科长、王天星常务副会长

王慧君主任在发言

钟晓东部长在评议

由左至右分别为:刘天平主任、王利海副主任、何平副主任

由左至右分别为：严凡律师、王千华教授、范秀玲副主任

部分与会人员集体合影留念

（程虎　庹明生　甄伟杰　姚文佩　撰写）

首场粤东地区“律师参与医疗纠纷专题培训会”在潮州成功举办[①]

为提高粤东地区律师办理医疗案件的综合能力和实务操作技能，2015年10月9日，省律协医疗专委会联合潮州市律协、汕头市律协、揭阳市律协在潮州共同举办“律师参与医疗纠纷专题培训会”。省律协医疗专委会主任宋儒亮，副主任葛志坚、范秀玲，秘书长程虎，委员匡腊光，以及来自潮州、汕头、揭阳市的执业律师等80余人参加培训会。省律协副会长陈国翔，潮州市司法局政治处主任陈伟煌、副调研员佘子波，潮州市律协会长许锦深，揭阳市律协会长杨望明，汕头市律师协会会长郑耀阳等出席会议。会议特邀广州市中院民事审判庭副庭长邓娟闰担任主讲嘉宾。

培训会上，陈国翔副会长和宋儒亮主任首先发表致辞。陈国翔副会长表示，医疗纠纷案件的处理难度大，要求律师具有较高的专业水平。本次医疗纠纷专题培训会主要针对当前粤东地区律师的执业现状而展开，具有一定必要性和重要性，希望参会律师认真听课，学以致用，以提高自身医疗纠纷案件的处理水平，展现粤东律师风采。宋儒亮主任表示，医事纠纷案件处理相较于其他案件，具有更强的综合性和专业性，需要律师有更高的医学、法学综合性思维和方式的运用能力。本次培训会旨在为粤东地区律师提供案件处理思维、技能、方式等“干货”，以更好地满足律师办理医事纠纷业务的需求。

在主题演讲环节，邓娟闰副庭长以“以法官角度谈医疗损害诉讼案的妥善处置”为题，介绍了广东地区法院的医疗纠纷诉讼比例情况，分析了当前医疗纠纷诉讼时间跨度长、对医疗损害鉴定依赖程度高等现象，并就如何更好地分配举证责任、引导患者积极配合鉴定等提出了很好的建议。葛志坚

① 广东省律师协会2015年10月28日发布。

副主任、范秀玲副主任、匡腊光委员分别以“医事纠纷中的律师实务”、“医疗卫生行政诉讼与律师实务”、“医事法律运用的实务与技巧”为题，向参会律师分享了医疗纠纷的处理、接待技巧和实务经验等。此外，结合不同律师的需求和提问，程虎秘书长还进行了针对性答疑与总结。

本次培训会从医学实践角度出发，多角度、多层面、多视野分析了医疗纠纷涉及的法律问题，进一步加深了参会律师对医疗纠纷司法程序、调解程序、医事事业行政监管和执法体制等内容的了解和掌握，有效地提高了参会律师办理医疗纠纷案件的实务技能。

（拟稿、摄影：省律协医疗专委会，核稿：羊捷捷，审定：邓捷）

广东省医学会医事法学国家级继续教育学习班暨广东省卫生法学研究会培训会议议程

2014年9月20日上午			
9:00-9:30	医事法学国家级继续教育学习班开班仪式		
主持人	林雄辉	南方医科大学人文与管理学院	院长
		广东省卫生法学研究会	秘书长
欢迎词	姜　虹	南方医科大学	党委副书记 纪委书记 教授
	邓坤金	中国卫生法学会·南方医科大学卫生法学国际研究院	常务副院长
	宋儒亮	法治广东研究中心 广东省医学会医事法学分会	主任 主任委员
主题报告			
主持人	杨扬	中山大学第三医院 广东省医学会医事法学分会	党委书记 副主任委员
9:30-10:50	大数据时代的医疗		
讲　者	游苏宁	中华医学会继教部	主任
10:50-12:00	医事法学与卫生法治		
讲　者	申卫星	清华大学法学院	副院长 教授

续表

2014年9月20日下午			
	专题报告 司法实务		
主持人	杜仕林	南方医科大学卫生法学研究中心	主任
		广东省卫生学法研究会	副秘书长
14:30－15:20	如何应对医疗纠纷诉讼		
讲　者	佘琼圣	广东省高级人民法院	高级法官
		广东省医学会医事法学分会	委员
15:20－16:10	法官说法:谈谈医师的告知说明义务		
讲　者	官　健	广州市中级人民法院民一庭	审判长
		广东省医学会医事法学分会	常务委员
医事管理			
主持人	田　柯	广东省卫生和计划生育委员会	副处长
		广东省医学会医事法学分会	副主任委员
16:10－17:00	创新管理内涵防范伤医事件发生发展		
讲　者	周民伟	广州军区总医院医务部	主任
		广东省医学会医事法学分会	常务委员
17:00－17:50	《侵权责任法》与医疗纠纷的防范		
讲　者	罗　斌	中山大学法医鉴定中心	副主任、教授
		广东省医学会医事法学分会	常务委员
17:50－18:00	课程互动答问		
2014年9月21日上午			
	医事法治理论与实务		
主持人	魏巍	广州市中级人民法院	法官
		广东省医学会医事法学分会医疗损害鉴定组	组员

续表

	刘秋生	中山大学附属第一医院质量管理评价处	处长
		广东省医学会医事法学分会	常务委员
8:30－9:10	公立医院改革的困境与路径		
讲　者	杜仕林	南方医科大学卫生法学研究中心	主任
		广东省卫生法学研究会	副秘书长
9:10－9:50	医药领域的商业贿赂与廉政风险防控		
讲　者	姜　虹	南方医科大学党委	副书记、纪委书记、教授
9:50－10:30	药品说明书在医疗纠纷中的地位和作用		
讲　者	姚　麟	中山大学附属第三医院医务科	科长
		广东省医学会医事法学分会医疗纠纷处理实践组	组长
10:30－11:10	如何避免医疗纠纷		
讲　者	梁　栋	广东南方电视台	主持
		广东省医学会医事法学分会媒体信息组	组长
11:10－11:50	医事纠纷六类处置方式的回顾与前瞻		
讲　者	宋儒亮	法治广东研究中心	主任
		广东省医学会医事法学分会	主任委员
11:50－12:10	医事法学国家级继续教育学习班总结		
讲　者	赖永洪	广州医科大学附属第三医院	党委书记
		广东省医学会医事法学分会	副主任委员
	广东省医学会医事法学分会学组成立大会暨颁证仪式（参会对象：省医学会、医事法学分会及学组成员）		
主持人	宋儒亮	法治广东研究中心	主任
		广东省医学会医事法学分会	主任委员

广东省医学会医事法学国家级继续教育学习班暨广东省卫生法学研究会培训会议综述

（现场录音整理　未经本人核实）

医事法学国家级继续教育学习班是由广东省医学会医事法学分会申请成功的医学会系统的第一个国家级继续教育项目（全国继续医学教育委员会〔2013〕14号文件）。此项目为中华医学会批准的国家级继续医学教育项目，为中华医学会首个医事法学类继续教育项目，具有首创性和开拓性。学习班将紧密结合当前医事法学实际，以热点、难点和问题为导向展开探讨、教育与培训，目的是希望进一步提高医疗卫生管理者、医务人员及相关人员的医事法律意识和理念，提升医疗质量和医院管理水平，推进医事法治改革进程，减少医疗风险，妥善处理医事纠纷，构建和谐医患关系，实现医疗法治。

2014年9月20～21日，广东省医学会医事法学国家级继续教育学习班暨广东省卫生法学研究会培训会议在南方医科大学举办。本次会议历时两天。主要包含七方面内容：（1）开班仪式。（2）主题报告。（3）司法实务之专题报告。（4）医事管理相关授课。（5）医事法治理论与实务相关授课。（6）学习班总结。（7）广东省医学会医事法学分会学组成立大会暨颁证仪式。

开班仪式

南方医科大学人文与管理学院院长/广东省卫生法学研究会秘书长林雄辉主持开班仪式

中华医学会继续教育部主任游苏宁主任、清华大学法学院副院长申卫星教授、南方医科大学党委副书记/纪委书记姜虹教授、广东省医学会医事法学分会主任委员/法治广东研究中心主任宋儒亮教授、广东省法学会研究部郑桂琼部长、广东省医学会医事法学分会副主任委员/广州医科大学附属第三医院党委书记赖永洪、广东省医学会医事法学分会副主任委员/中山大学第三医院党委书记杨扬、广东省医学会医事法学分会副主任委员/广东省卫生和计划生育委员会田柯副处长等参加了开幕式。来自广东、安徽等地的300多位医生、专家、学者、律师、媒体人士等参与继续教育班。

南方医科大学党委副书记、纪委书记姜虹代表承办单位致辞

在这个金秋时节,我们欢聚于此迎接广东省医学会医事法学国家级继续教育学习班暨广东省卫生法学会研究会培训会议的胜利召开,我谨代表本期培训班及培训班的承办单位向各位这次莅临培训会议的领导和嘉宾专家学者、学院致以最热烈的欢迎、致以最诚挚的感谢。

本次学习班是广东省医学会医事法学分会申请成功的中华医学会批准的全国第一个医事法学继续教育培训班。由广东省医学会、中国卫生法学会 · 南方医科大学卫生法学国际研究院、广东省医学会医事法学分会、广东省卫生法学研究会、法治广东研究中心联合举办,学习班邀请了国内卫生法学领域、医事法学领域顶尖的知名专家为学员们讲授卫生法、医事法的课程。以主题报告、专题报告形式展开医疗法律实务教学,授课内容涵盖医疗司法实务、纠纷风险控制、医疗机构改革等内容。学习班的课程内容非常丰富,形式多样,希望各位学员能够有所体会、有所感悟、有所收获。众所周知,在中国大陆,医护人员的执业环境不尽如人意,杀医伤医等医患事件频发,任何一位在医疗卫生领域的从业人士谈到这个话题无不带有感慨和唏嘘。本次举办学习班,其目的就是要增强和巩固医疗实务当中的法治观念,重塑医护人员的执业环境,尤其是人文与法律方面的执业环境。让医疗活动能够在公平、公正的法治平台上得以展开,让医疗行为能够得到应有的法律保障,让医疗健康产业能够在安全稳定的社会环境下逐步发展。最后祝各位领导嘉宾、各位专家学者以及各位学员生活愉快、身体健康。同时也预祝医事法学学习班取得圆满成功。谢谢大家!

广东省医学会医事法学分会主任委员、法治广东研究中心主任宋儒亮教授代表主办单位发表了热情洋溢的欢迎辞

今天是广东省医学会医事法学分会申办的全国医事法学继续教育学习班的开班第一天。本班是中华医学会批准的全国第一个医事法学继续教育培训班。这是医事法学由广东向全国迈进的第一步,先行先试的第一步。今天只是一个开始。能有这么多同道参与深感欣慰。想对大家说三句话:第一,感谢参与。能申请成功这个班,能举办起这个班,能有今天这样的状况,感谢在座的各位、各位同道的奉献和参与。这方面,还只是开头,还需要不断开拓、不断创新、不断成长。第二,感谢分享。这个班,不仅汇集了广东的智慧,也有全国的支持。主题报告、学术演讲、交流研讨,相信这些报告会让各位体会到医事法学的学术和思想盛宴,体悟到医学、法学对治病救人、治国救世的启示与启迪。第三,感谢付出。处于改革开放前沿的广东,医事法学分会是全国医学会系统内所成立的第一个法律学类的分会,分会在会后马上又要成立纠纷预防、纠纷处理、鉴定、媒体四个专业学组。分会把医师、医院管理者、律师、检察官、法官、学者、媒体等医事法学相关者聚集一起,期待多专业、多角度、多视野之真实再现,查清医疗活动的法律得失,更高服务医疗活动,更好造福人类健康。总之,学会同道的共同参与、学术盛宴的共同分享,会让我们更有信心把医事法学再推进一大步、把医患关系和谐再推前一大步、把广东医事法治再推高一大步。医事法学研究任重道远、医事法学道路前途光明,期待大家继续努力,共同为法治医疗、法治广东和法治中国不懈努力！

谢谢大家。

主题报告

由广东省医学会医事法学分会副主任委员、中山大学第三医院党委书记杨扬主持

杨书记表示：游教授作为中国期刊协会副会长、中国科技期刊编辑学会副理事长，《编辑学报》副主编，大家很熟悉。在医事法学这块，游主任也很有见地。大数据时代也是今年很热门的话题，游教授今天带来的是“大数据时代的医疗”演讲报告，相信演讲能给大家带来灵感和触动。掌声感谢并邀请游教授进行主题报告。

游苏宁教授主讲报告：大数据时代的医疗

什么叫大数据的时代？这样定义：大数据或称巨量资料指的是所涉及的资料量规模巨大到无法透过目前主流软件工具，在合理时间内达到采取、管理、处理并整理成为帮助企业经营决策更积极目的的资讯。但游教授指出，大数据只是一种工具，不应该被我们视为放之四海而皆准的解决方案。它只能服务于人，而不是驾驭人。

谈到大数据的现状，指出，人类现有的数据 90% 是互联网出现后产生的，互联网改变了人类很多东西，但在大数据里面有几个很经典的数据，就是互联网已经在无形偷取我们下一代。

谈到大数据的基本特征，他说：业内普遍采用 4V 来定义大数据的基本特征：海量、多样、快速、准确，关键是如何发掘数据的价值。我们的信息量非常大，但绝大多数都是没用的。人类不是第一次遇到大数据的问题。不同时代存在差异，古罗马时，人类无法计算 1 万以上的数据；阿波罗登月时，导航芯片只有 4K 大小；10 年前，我们还认为 20G 的数据永远填不满；在曼哈顿原子弹计划的时候，其裂变的数量级已经达到了 ZB（10 万亿亿字节）。

懒人推动了这个时代的进步和科学的发展，懒人都会去琢磨如何进步，勤快的人都只会按照标准去做。在大数据时代里有以下显著的特征：人类研究或分析某个现象时将使用全部的数据而不是抽样数据；在大数据时代不能一味追求数据的精确性，而要适应数据的丰富性、多样性，要了解数据之间相关性、因果关系是什么，是什么比为什么更重要。

大数据带来了很多影响。“啤酒和尿布”的故事大家都知道，这是一个非常经典的案例。也就是说，在国外所有的超市里卖尿布的地方旁边都是摆的啤酒。因为爸爸几乎都不是出于自愿去买尿布，爸爸在买尿布的时候看见了啤酒就一定会买来慰劳慰劳自己。Google 成功预测了未来可能发生流感的案例。实质很简单，技术改变世界。最近美国实施了一项针对独居老人的“魔力地毯”计划，老人在家走路的情况能时刻被监测到，一旦发现老人有步履不稳的情况就会很快派人到家里来。通过检测社交媒体帖子中工作、失业等关键词，来预测失业率。

大数据带来了许多的新知。很多人错误理解数据大就是大数据，或者认为大数据就是新鲜事物，实际上不是。我们的科技无论如何先进，收集到的数据也是极其微少，当我们使用大数据时应该铭记人性之本。在中国传统文化里，一直在说吃得好、保养好、活得长，但从来没有人告诉病人如何死得快！死得快也是一个非常重要的信息。有个患者知道自己只能活 14 周，他还给他的学生连续讲了 13 周的课，人家都说这个非常可怕，因为他活不过 14 周，但是他说不可怕，为什么？因为我有机会和大家说再见，很多人都没有机会和大家说再见。要提醒大家，医疗产业和健康产业是两个根本不同的产业，所有的人都在给医院打工，85% 的积蓄都花在人生最后的 5 个月，现在的医疗模式根本不适合人类现有的生产和生活方式。大数据是未来整个生物产业的全新方向。

医疗实践上一直是存在弊端的。250 年前先哲就告诉人们说，医生们开着自己不太熟悉的药，诊治着自己不甚了解的病情，评判着自己一无所知的人体。我也跟很多人讲，医生行业是最难进入互联网的行业，而且是一个非常刚愎自用的行业。你跟医生讲新的产品,但讲不过医生。100 年前,医学教育家、现代医学之父威廉·奥斯乐指出医学实践的弊端:历史洞察的贫乏、科学与人文的断裂、技术的进步与人道主义的疏离。100 年过去了,这三道难题至今仍然困惑着现代医学及医疗的发展与改革。有一位著名的医生说下辈子再也不做医生。大部分医生不希望自己的子女步入医学行业。在这里我们要感谢宋教授负责的医事法学分会帮了医生的忙。很多医生专家只对自己的专业了解,对其他的知之甚少。要加强对医事法学知识的普及、引导和指引。

现代医学仍然面临困惑与弊端,生命是一种死亡率为 100% 的常见性传播疾病。实际上,对人类而言遗忘才是常态,记忆只是例外。现代成像技术对于解剖的细腻展现以及丰富的功能,蒙蔽了医生的双眼,使他们忽视了放射性诊断的局限性和潜在危害。约 40% 的美国人尝试过替代医学,其中 95% 为无效,但替代医学的出色之处能提供安慰剂。医学的临床实践领域将会被彻底地革新,导致其创新的力量为互联网。最近看到台湾一本书,为何医生付出那么多还得不到病人的信任。因为很多医生告知患者的都是残酷的,而病人幻想的都是美好的。而替代医学的出色之处就是能提供安慰。确实,老一辈的医生问诊非常到位。今天一名医生面对的是大约 10,000 种疾病综合征、3000 种药品、1100 种检验方法等的海量知识,2010 年《大英百科全书》32 册印刷版的重达 58.5 公斤。然而,它的全部内容,还装不满一个 4G 的 U 盘。过去多年共同为医学打造基础,20 世纪 70 年代是移动电话、20 世纪80 年代是各类计算机、20 世纪 90 年代是互联网、2000 年是数码社会、现在是社交网络,这些进步也为医学带来了进步。超过 80% 的人会上网查询健康知识,接近 1/3 的人不会与医生分析健康问题。目前,可以通过粪便确定癌症患者,所以说现在科技非常先进。

无论医学怎样进步,人文关怀非常重要。现有医疗的弊端,65% 的民众相信我们提供的医疗有坚实的科学依据,而实际上有很好证据者低于 50% 。最近有研究癌症患者相信医生能治愈的与受教育程度无关。所以说知识和智慧是没有关联的，无论受教育程度高低，承受的疼痛是一样的。有人问他会死在哪，他说如果他知道他死在哪，他就坚决不会去那里，这是智慧。只有44%的医生愿意使用患者个人健康记录作为医疗过程的一部分。大数据不可能一口吃下，广东人教了我一个非常重要的哲学，你只做你最擅长的事情，不擅长的事情花钱找擅长的人去做。

互联网运动本质是开放和分享，基础是信息的标准化传递。医疗领域是最慢、最艰难的，有体制、固有观念、医学知识的复杂性等多种因素，很多医务工作者没有意识到的固有的缺陷，比如，在征求意见的时候医生都没有意见，一旦发布下来就个个都有意见。这跟美国不一样，美国征求时个个都提意见，一旦实施下来就没有意见。未来的医生不是知识仓库的角色，将成为知识管理者，应成为聪明病人的伙伴。

一直认为文献是进步的阶梯，实际上不然，太多的医学文献充斥着误导性和假阳性发现。在已经发表的文章中，90%都可以不发；现有的3800万份公开发表的文献中，被他人引用超过200次的仅有0.5%；引用超过1000次的论文罕见，被视为经典之作，而有一半论文从来没有被引用过；最常被引用的100多部学术著作，更多地出自团队之手。由于很多文章没有办法引用，所以从2004年开始，我们在中华医学杂志中第一页都会有本期导读，告诉读者什么文章有价值。中国的论文数量每年都在增长。有一个获得诺贝尔奖的兽医学家，他发表的文章两篇加起来都不够3页。所以现在的论文都限制在5000字以内，有人问有什么办法可以一字不改的发布文章，我说就是你自己创办一本杂志。建议大家看数据需要看原始数据，很多专家做报告不负责任。

谈到学术跟产业的复合体时，指出：学术产业复合体都是学术界和产业之间密切协作的结果，很难找到与生命科学产业无关的专家级医生。对50所拥有医学院的大学调查显示，每位研究者每年平均能收到33,417美元的产业资金，美国FDA严重依赖生命科学产业提供资金，2010年已经达到12.5亿美元，占其整个药品项目预算的46%。但问题值得思考：为何多数发表的研究结果有误,研究发现准确度低的主要原因包括四点:(1)研究规模小;(2)药物或疗法的效应低;(3)与研究有关的利益纠葛复杂;(4)研究领域热门。大规模的筛查反映人口医学不顾个体间的差异,一味倡导非必要的医学测试和手术治疗。药物开发存在手段错误问题,有药企向公众隐瞒不利的数据,有在关键的临床实验中操纵数据,有利用枪手在顶级医学报刊上发表有利于该药品的文章,有对调查员和意见领袖施加巨大压力,有自始至终采用过度激进的销售和营销战术。医疗事故的危害对如今的医院依旧可以称为“坟墓的接待室”。美国的权威数据显示:目前有 8 万种在医院发生的危险感染,每年发生 15 万起不必要的手术和医疗事故,死于可以避免的医疗差错事故者为 5 万人到 10 万人,涉及金额为 170 亿美元到 290 亿美元,42% 的美国人家中存在医疗事故的受害者。

疾病治疗问题需要进行认真反思。举些事例。(1)癌症治疗。化疗就是让患者进行毒性治疗,响应率极低,大多数有安慰剂控制的临床试验收效甚微,只能延长 1 ~3 个月的存活期。恶性黑色素瘤对标准化疗的响应率为 15% ,平均延长患者 2 个月的生存寿命,关键的临床试验显示:生物制剂对延长癌症患者生命仅有 1 ~5 个月,几乎没有可能治愈。(2)女性激素替代治疗需要再评估。尊重女性是男性的一种优良品质,看一下女性的激素替代治疗,很多人认为可以预防心脏病而风靡数十年,主要方式是通过雇佣枪手在医学期刊上发表文章。最近美国妇女健康学会对 16,000 名健康的绝经妇女进行对照研究,实验组患乳腺癌、心脏病和心脏病发作、中风以及高风险血栓的概率明显高于对照组,其代价远高于降低结肠癌和髋关节骨折的益处,原本 15 年的研究 6 年后被叫停。科学家说了一句话:人类非常可悲的是“人类目前所学到的知识,在十年后有一半是错误的,更为可悲的是不知道哪一半是错误的”。(3)阿托伐他汀事件:能够降低 36% 的心脏病发生概率,实际上患者发生心脏病的概率在服用安慰剂组为 3% ,服用阿托伐他汀为 2% ,每 100 位服用阿托伐他汀预防心脏病发作的患者中仅 1 位受益,服药者每天的药费为 4 美元,全年为 1500 美元,全球范围内每年销售额为 130 亿美元,每200人就有1人存在患心脏病或者中风的危险。(4)前列腺特异抗原(PSA)检测,这是历史上一件非常罕见的事情。1970年埃布林医生发明了PSA检测,40年后,他在《纽约时报》发表了一篇否定自己的文章《关于前列腺的大错误》,指出PSA检测的流行引发了一场劳民伤财的公众健康灾难。前列腺癌在男性极为常见,其中15%会被确诊,但在全部男性中死于该病者只有3%,仅PSA检测的费用每年超过30亿美元。所以我们看问题是不能只看表面。(5)非心脏术前常规使用β受体阻滞剂:最近欧洲公布了一项骇人听闻的结果,一个荷兰专家的学术造假使欧洲心脏病学会一指南致80余万人死亡。该专家牵头的2项临床研究表明:非心脏外科手术患者,围手术期使用β受体阻滞剂有心脏保护作用,其结论被2009版指南采纳。最近对11项临床研究结果进行荟萃分析:围手术期使用β受体阻滞剂患者的死亡率较对照组高27%,估算欧洲80万人因此死亡。医学原来是给我一座桥,但路在何方?我刚才说的内容都是来自《颠覆医疗》这本书。它向我们展示了数字时代的日新月异、医疗保健的残酷现实、盲人摸象的艰难前行、医院职能的必然让渡、数字医疗的美好愿景等。

新的医学时代即将来临。需要针对个体而非群体的实验数据,针对确实需要医治患者提供量身定制的筛选,合适的药物,适当的剂量,有针对性的医生,高质量的医疗服务,合理的医疗支出。目前虽然无线医疗很不错,但是他面临着很大的挑战:信息泛滥、安全与隐私、临床验证、费用以及等待被医学界采纳。一直都说不同领域需要互相帮忙,我们有医事法学来帮助医生,所以在这个方面有很大的进步。我们目前提倡维基医学,实际上是利用互联网来支持透明和诚信两大基本目标,是一个任何人都可以在上面做出贡献的网站,现在医学专业人士所能得到的科技文献信息是不充分且存在偏见的,顶级生物医学期刊已经实行希望发表的临床试验要在网站上登记的要求,大型医药企业与学术界的联系日益紧密。在大数据时代里98%的医生意识到患者基因会影响到药物效果,但仅有10%的医生才掌握到必要知识,90%未掌握到。药物采用条形码管理后,差错下降了41%,所以科学量化管理非常重要。不要把科学和绝对正确联系起来，科学不一定是正确的。在宗教强势、科学幼弱的年代，人们把魔法信为科学；在科学强势、宗教衰弱的今天，人们把医学误作魔法。

我一直在做期刊，做了30年，杂志是什么，个人认为杂志是一座桥，是读者与作者之间的一座桥，个人认为好的桥应该是协作者同行，与读者同在。在杂志社工作30年，我们自己给杂志定了目标，立志成为我国最好的医学期刊群体，这个目标达到了。中国有1万多种期刊，但有三大期刊已经代表中国水平，中国科学院评、中国社会科学院评和中华医学会期刊。杂志是一座没有围墙的大学，我们希望能成为授意解惑，育千万精英的读物，我们希望我们期刊能成为中国医学期刊之精品、中华名医成长之摇篮，使中国医学期刊进步。人的一生什么最重要？不是你获得的知识、财富和地位，最重要的是你微笑程度和心中的幸福指数。愿大家工作更好！

清华大学法学院副院长申卫星教授：医患关系现状的原因与解决之道

报告主要包含以下三个方面内容：医患关系的现状及其成因；对现有的法律处理，分析法律对现有的问题解决是否充分；对当下医患纠纷的一些看法。先了解一下医患纠纷。我想大家比我更熟悉。以前救死扶伤的白衣战士是令人羡慕的职业，而现在的伤医事件频发，医患关系紧张程度可见一斑。为什么会造成今天这样的局面呢？我觉得有国家体制原因，还有整个社会的心态、法律的不当介入。就像举证责任倒置，我个人是有看法的，举证责任倒置本身是保护患者的，因为患者本身对医疗技术不了解，希望有法律保护自己。但又导致了医生不得不检查，因为现在面临的患者未来可能成为原告，而必须收集有关证据，做相应的检查来证明自己和损害之间没有因果关系且没有过错。所以我也在反思法律目的是什么，明明是保护患者，但却伤害了患者。（编者：平衡之道就在于建立规范，依法行医。这一步不完成，就是半截子工程，不仅举证责任倒置的价值和意义难以完全实现，而且也导致各方权益都受到损害。举证责任倒置不能放弃，关键要建立治疗规范体系，而这就是政府要加快完成的，也是医改要不断完善的。）

第二个要讲的是，医疗费用过高导致患者的期待值过高，一旦手术失败，极易引发医患纠纷。过去80年代医疗技术未必有现在高，但也没有伤医、杀医事件发生，究其原因就是负担责任，过去的负担很小，也知道病人送进医院就能治好。现在花了几十万元病治不好很容易导致一种心态，这个原因来自国家。国家对医疗体制问题，我们老说房地产，房地产是刚性的需求，但房屋有大有小，医疗本身刚性于住房来说更高，国家在现代治理中，哪些属于市场，哪些由国家来管理，我个人觉得要保障最基本的需求，否则国家税收花到哪里？药费过高导致患者期待过高，也不利于发展。还有一个就是医疗资源分配不均衡，我们也调研过二甲医院条件很好，医疗设施也很好，但是没有患者，所有患者都集中到三甲医院或者北上广医院。这是由于患者对医院不信任，导致大医院人满为患，医生就诊压力过大，就诊时间有限，难以准确诊断，形成医疗纠纷，也容易导致医闹的出现，而医闹的出现恐怕是彻底把医患的紧张关系推到了极致。最后一点就是医患纠纷的解决渠道过于单一且没有缓冲带，容易造成医患之间的直接对抗，加剧医患矛盾。

中国作为一个法治国家，法治理念没有形成。法律上的治理，中国人对法律的理解与西方人的理解不一样，医生和律师交朋友的很多，中国人对法律存在畏法的现象，中国人认为法律是限制人和束缚人的，没有想到更是成全人，对法治的理解不一样，对法律的功能不一样，对规则的意识不一样。中国人缺乏规则意识，所以首要解决规则的意识。中国人，红绿灯意识差，深圳那边闯红灯要罚款100元，这就是法治土壤的缺失问题。还有上访制度，这是我们古代的文化，实际上是对法治土壤的破坏。当今中国社会矛盾比较多，医患关系是一个突破口。二元论问题仍然没有解决。对于免责事由，主要在《侵权责任法》第60条。侵权责任法对医疗也并非全是医疗，还有一种是推定，主要是违法行政、法律规章、违反诊疗规范。伪造、篡改病历资料。认定和推定有一字之差，认定就是不用举证来证明责任，但实际上也很难，所以就加重了医生的制造病历，对此在座的医生要注意。强调侵权责任法对，但认为医疗事故条例作废就是个很错误的认识，医疗事故条例是行政法规,行政法规是国务院制定的,是卫生管理部门执法的依据,因此,除了损害赔偿这一块,其他都是有效的。

最后谈下医患纠纷解决对策。加强舆论引导,重建医患信任关系。如果医患之间始终对立,那么,再好的法律也没戏。我国医保投入很低,外国医保体制很健全,很少发生杀医伤医事件。我觉得住有所居、病有所医是政府最基本要承担的,如果政府愿意承担,不会发生那么多恶性伤医事件。对于"以药养医"问题,国家投资比较少,医院要靠自己创收,即药物的提成和检查的提成,但这样造成的结果是患者付费了,但没有得到好的效果。个人认为药的价格应该通过市场来解决。医患纠纷解决应该有新的创新,应该有一个解决医疗纠纷的快速法。除了诉讼方式,现在很多地方都提倡调解。我认为可以先经过仲裁,很多人都质疑这个规定违法,但我认为仲裁还是客观需要,有的时候当事人双方已经达成了调解协议,但又怕对方反悔,仲裁有了法律效力,就不能赖皮。但现在仲裁确实面临很多问题,仲裁很多都是商业性的,但我个人理解仲裁,具有财产性、夫妻离婚、人身、结束收养关系当然不能通过仲裁,但财产是可以进行仲裁的,但不是所有的财产都能够仲裁,仅限于可以自由处分的财产。

医疗仲裁很多人反对医疗仲裁的原因是对人身损害而言,这不能仲裁,但实际上医疗纠纷并非实际上的人身纠纷,而是责任问题、赔偿数据问题,换句话说它仍然属于财产问题。但在实践当中,仲裁可能未必发挥更多效力,但可以增加渠道,是一个缓冲。同时我也推荐医疗责任险和医疗意外险,可能实际中未必推行那么顺利,医疗发展充满风险,风险并非一个人可以控制的,从患者来看手术成败也有自身原因,医生不能保证每次手术都能挽救生命。所以应当对没有过错的医疗以外进行投保和建立医疗责任险。比如,汽车交强险,没有交强险之前,双方闹到不可开交实际上最后就是赔偿,在马路上就会影响到很多人,而交强险就可以解决这个问题。过去发生医患纠纷,患者都会到医院来闹,而医疗保险就可以解决患者不在医院上闹,转移到了保险公司,在这个层面上也可以建立一个医生和患者的缓冲地带。医疗纠纷预防要有相应措施,要以投诉病人为中心,在纠纷之前、纠纷当中,一切都应该以患者为中心,不断改善医疗服务,与患者有良好沟通,分析原因、态度等。如果开始就有一种反感的情绪,病人当然对你也有情绪。总结起来有两点,维护医疗手段从行政手段开始转到多元化,从行政手段到诉讼、仲裁多方面解决,过去只是协商,现在有协商、调解、司法、预防等配合,单一解决不现实。从事前和事后都有预防。刑法上也有保护如携带危险道具等。

很多人反对医疗仲裁的原因是对人身损害而言,这不能仲裁,但实际上医疗纠纷并非实际上的人身纠纷,而是责任问题、赔偿数据问题,换句话说它仍然属于财产问题。但在实践当中,仲裁可能未必发挥更多效力,但可以增加渠道,是一个缓冲。同时我也推荐医疗责任险和医疗意外险,可能实际中未必推行那么顺利,医疗发展充满风险,风险并非一个人可以控制,从患者来看手术成败也有自身原因,也不能保证每次手术都能挽救生命。所以应当对没有过错的医疗以外进行投保和建立医疗责任险,这就好比是汽车交强险,没有交强险之前,双方闹到不可开交实际上最后就是赔偿,在马路上就会影响到很多人,而交强险就可以解决这个问题。过去发生医患纠纷,患者都会到医院来闹,而医疗保险就可以解决患者不在医院上闹,转移到了保险公司,在这个层面上也可以建立一个医生和患者的缓冲地带。医疗纠纷预防要有相应措施,要以投诉病人为中心,在纠纷之前、纠纷当中,一切都应该以患者为中心,不断改善医疗服务,与患者有良好沟通,分析原因、态度等。如果开始就有一种反感的情绪,病人当然对你也有情绪。总结起来有两点,维护医疗手段从行政手段开始转到多元化,从行政手段到诉讼、仲裁多方面解决,过去只是协商,现在有协商、调解、司法、预防等配合,单一解决不现实。从事前和事后都有预防。刑法上也有保护如携带危险道具等。

最近我也一直在呼吁立法。现在准备起草《中华人民共和国卫生法》。要树立对患者的尊重,要有多元化的渠道,要有鉴定建立专家库,供司法鉴定来选择,要让医学会进入司法库。要建立医疗风险分担机制问题,国家建立保险来分担风险。要加强舆论引导,追究乱报的责任,重新建立起医患的信任关系。化解医患纠纷是每个人共同努力的结果。谢谢大家。

司法实务专题报告

由广东省医学会医事法学分会学组成员、广东省卫生法学研究会副秘书长杜仕林担任主持人

分会委员余琼圣做主题报告:如何应对医疗诉讼纠纷

医疗纠纷首先是预防。全省每年发生的医疗纠纷大概有 2 万 ~3 万件,但是进入诉讼的只有 1000 件左右,这说明诉讼渠道不畅通。但我们也比较欣慰,因为法院现在是案多人少。现阶段状况是收案数比结案数还多,就像是医院的入院数比出院数还多,床位不够。所以通过其他的方式来解决纠纷也是我们很乐意看到的。但同时我们也对此感到些许忧虑,为何诉讼不受欢迎?究其原因可能有两点:一是时间长,二是成本高。诉讼对于解决医疗纠纷来说虽然不是一个很好的方式,但它毕竟是一个最终的方式,其他方式解决不了的,诉讼都能解决。下面我跟大家介绍三个问题:一是受案范围,二是举证责任,三是医疗机构的抗辩事由。

首先我们要区分两类医疗纠纷:一个是医疗服务合同纠纷;另一个是医疗损害责任纠纷。患者挂号之后就和医院之间产生了一个医疗服务合同,此时如果发生纠纷就会涉及一个请求权的竞合:患方有权选择主张违约责任或侵权责任,选定后不得变更。这两者之间的区别很多,我们讲一个大家最容易理解的,合同纠纷目前在实践上来讲不支持精神损害赔偿,但侵权责任是能够主张精神损害赔偿的。目前医患纠纷中,绝大部分患者都是以医疗损害责任为案由,选择侵权责任法作为请求权的基础。在侵权责任纠纷中,可以分为几类:一是医疗技术损害责任,即诊疗有没有达到当时的水平。二是侵害知情同意权责任,即没有尊重患者的知情同意权。三是侵害隐私权责任,即侵害患者隐私。四是过度医疗责任,即不必要的检查。五是医疗产品责任,如药品、医疗器械血液等造成的损害。不属于医疗损害责任纠纷的情形:(1)非法行医造成的损害赔偿纠纷,按照一般侵权处理;(2)非医疗机构实施美容活动引起的损害赔偿纠纷;(3)因预防接种异常反应造成的补偿纠纷(因医疗过失导致接种人受到损害及因疫苗不合格导致的损害赔偿纠纷属医疗损害责任纠纷)。属于医疗损害责任纠纷的情形:(1)计划生育技术服务损害责任纠纷;(2)不当出生损害责任纠纷,即孕检有缺陷没有检查出来,这些虽然不是看病治病引起的,但也属于医疗行为。

前面讲这个是因为有特殊性,首先体现在举证责任上,这是一个很重要的问题,也是我们今天要介绍的主要问题。民事诉讼首先要查明事实,主要是双方举证,特殊情况下法院也有主动调查职责。查明事实是为了证明对象,即证明法律要件事实。这就好比手术要具备指针,法律上要满足相应的要件后才能构成侵权责任。在审判中我们采取的是大前提、小前提和结论的一个三段论的推理过程。我们要查明的事实是小前提,大前提是法律规定。在医疗损害侵权责任中,我们要查明以下要件:(1)患者到医疗机构就诊,即存在医疗服务关系;(2)患方有损害,当然这个损害有时候可能很难查明,有时候还需要做一些鉴定;(3)医方在诊疗活动中存在过错,也就是我们所说的要尽到合理的诊疗义务,简单来说没有尽到注意义务就叫有过错;(4)因果关系,即医方过错行为与患方损害之间存在因果关系。我们现在采用的是标准式相当因果关系:公式是 A 一般情况下导致 B,事实上 A 也导致了 B,那么就认为 A 是 B 的原因。接下来向大家介绍一下客观事实与法律事实,我们说的以事实为依据、以法律为准绳中的事实指的是法律事实。所谓法律事实就是用证据能够证明的事实(即是法律规定的、能够引起法律规定产生、变更和消灭的现象,它必须符合法律规范逻辑结构中的假定情况。只有当这种假定情况在现实生活中出现,人们才有可能依据法律规范使法律关系得以产生、变更、消灭)。而客观事实永远也无法发现,法律事实只能无限接近客观事实,但永远不能等同,所以以事实为依据就是以法律事实为依据。举证责任:是指法律要件事实真伪不明时,由负有举证责任的当事人承担不利后果。下面有一些相关条文,《最高人民法院关于民事诉讼证据的若干规定》第2条规定:当事人对自己提出的诉讼请求所依据的事实或者反驳对方诉讼请求所依据的事实有责任提供证明加以证明。没有证据或者证据不足以证明当事人的事实主张的,由负有举证责任的当事人承担不利后果。第73条规定:双方当事人对同一事实分别举出相反的证据,但都没有足够的依据否定对方证据的,人民法院应当结合案件情况,判断一方提供证据的证明力是否明显大于另一方提供证据的证明力,并对证明力较大的证据予以确认。因证据的证明力无法判断导致争议事实难以认定的,人民法院应当依据举证责任分配的规则作出裁判。对同一事实双方都举证,就要看谁的证据更充分。一方举证证据力可能是50%,另一方的是80%,虽然相差30%,但另一方是100%的胜诉。就好像两方证据放到天平上去称,哪一个重就胜诉。一般来说是谁主张、谁举证,但是对自己不利的证据可以不拿出来。在医疗纠纷中最主要的是病历问题,患方永远对医方的病历有意见,一方面说不全,另一方面说伪造,都有这个争议。为什么?因为病历是最核心的证据,这个核心的证据都是由医院单方保管。这也是医疗纠纷难审理的原因。《最高人民法院关于民事诉讼证据的若干规定》第75条有证据证明一方当事人持有证明拒不提供,如果对方当事人主张该证据的内容不利于证据持有人,可以推定该主张成立。这就是证明妨碍,病历资料是由医方保管,如果拒不出示,那就要承担败诉的风险,所以我建议病历尽可能提供出来,没有必要遮遮掩掩,更没有必要去伪造等。第五个概念叫证明标准:即高度盖然性标准,也就是说要举证到什么程度才算胜诉。可以与刑事诉讼比较一下,刑事诉讼有一个叫排除合理怀疑,我们这个标准实际上达不到排除合理怀疑,只是差不多就行了。法官看到你的证据后,相信你是真的就行了。至于如何达到法官内心确信,这个无法统计,因每个案件都不一样。举个例子,就像一个借款案,原告有几万块的欠条,被告却说已经给了,并提供证据证明,首先这样法官会有个内心确信,但如果是1000万元,被告说给了,那么大的数额为何不转账,这样就达不到法官的内心确信,所以还是要看具体案件。接下来我们讲举证责任的分配。即谁对诊疗过程有举证责任，在医疗纠纷中应该说是医方来负主要的举证责任。其实医、患双方都应当分别提供由其保存的全部病历资料。一方当事人不能提供应由己方保存的病历资料，导致鉴定不能或无法认定诊疗活动是否存在过错及与损害结果是否存在因果关系的，由不能提供病历资料的一方承担举证不能的法律后果。关于病历资料的复制要注意的是，患方应当提供由其保管的门（急）诊病历、诊断证明、出院证明、医疗费发票及检查检验结果。医方应当提供由其保管的门（急）诊病历及住院病历、住院病案。患方有权复制、封存在接受诊疗期间形成的所有病历，包括门（急）诊病历和住院病历。医疗机构及其医务人员应当及时予以配合。医方无正当理由拖延、拒绝患方复制、封存已经形成的病历资料的，应承担相应的不利后果；如果拖延，患者就会认为医院在修改病历，为了避免发生纠纷，就要把握这个时间差，所以平时的病历书写、保存就必须要过硬。依法需要封存病历时，应当在医疗机构或者其委托代理人、患方或者其代理人在场的情况下，对病历共同进行确认，签封病历复制件；医疗机构申请封存病历时，医疗机构应当告知患者或者其代理人共同实施病历封存；但患者或者其代理人拒绝或者放弃实施病历封存的，医疗机构可以在公证机构公证的情况下或者卫生行政部门见证下，对病历进行确认，由公证机构或卫生行政部门签封病历复制件；病历尚未完成，需要封存病历时，可以对已完成病历先行封存，当医师按照规定完成病历后，再对新完成部分进行封存；医疗机构负责封存病历复制件的保管，封存后病历的原件可以继续记录和使用；开启封存病历应当在签封各方在场的情况下实施。瑕疵病历分四种情况分别处理：（1）当事人以伪造、篡改等不正当方式改变病历导致事实不清，承担不利后果；（2）病历内容明显错误、矛盾，医疗机构不能合理解释，导致事实不清的，医疗机构承担不利后果；（3）病历有瑕疵不影响案件要件事实的认定，瑕疵部分不作为鉴定依据；（4）形式不规范不影响病历真实性的认定。实际上有争议的问题是：主观性病历是否应提交？是否允许患者查阅、复印主观性病例？按照广东省医疗纠纷处理办法规定，要求把主观病历进行封存,但没有明确要求提供给法院,但我们认为原则上应该提交,因为这个区分不是很明确,什么是主观,什么是客观。还有就是双方信息不对称,如果不拿出来,法院对事实也无法查明。下面分别介绍举证责任:一般医疗损害责任纠纷的举证责任。患方依照《侵权责任法》第 54 条的规定主张医疗机构承担损害赔偿责任的,原告方应当对下列事实承担举证责任:(1)患者到医疗机构就诊的事实;(2)患者有损害;(3)医方在诊疗活动中存在过错或者存在《侵权责任法》第 58 条规定的情形之一;(4)过错行为与患者损害之间存在因果关系。上午申教授说因果关系还没有改过来,我对此不同意,自从《侵权责任法》实施以来,在实践中已经没有倒置了,最高法院司法解释虽然没有明文废止,但有新的法律出来,与新法相冲突的当然不能再用,这是最基本的法理,即从新原则。我们如何解读《侵权责任法》对这个问题的规定,我们看《侵权责任法》第 6 条:"行为人因过错侵害他人民事权益,应当承担侵权责任"规定。根据法律规定推定行为人有过错,行为人不能证明自己没有过错的,应承担侵权责任。这个就是包含了医疗责任在里面,从整个来看因果关系是不言而喻的。所以在这个情况下,说明因果关系也改过来了,没有相反的规定因果关系由原告来举证,如果要倒置一定是有条文的明确规定。《侵权责任法》第 58 条规定患者有损害,因下列情形之一的,推定医疗机构有过错(我个人理解就是认定):违反法律、行政法规、规章以及其他有关诊疗规范的规定;隐匿或者拒绝提供与纠纷有关的病历资料;伪造、篡改或者销毁病例资料。推定医疗机构有过错。有一位专家说过:推定有两种,一种是可以反证的推定,另一种是不能反证的推定,虽然是推定,但可以用"视为"这个词去理解。当然也不是有第 58 条情况就要承担责任,还有其他要件都是缺一不可。《侵权责任法》第 6 条就有规定:行为人因过错侵害他人民事权益,应当承担侵权责任,行为人不能证明自己没有过错就推定有过错,这里的推定是可以推翻的。举证责任倒置、过错推定责任都是由法律明文规定的,我们不能随意解释。下面来讲关于知情同意权的举证责任,患方依据《侵权责任法》第 55 条的规定主张医方承担损害赔偿责任的，应当对下列事实承担举证责任：(1)患者到医疗机构就诊的事实；(2)患者有损害；(3)医方未尽告知说明义务与患者损害之间存在因果关系。医方对已经尽到告知说明义务承担举证责任。实施手术、特殊检查、特殊治疗的，医方应当及时向患者说明医疗风险、替代医疗方案等情况以及取得患者或其近亲属书面同意的事实承担举证责任。医疗机构援引《侵权责任法》第56条的规定抗辩的，应当承担相应的举证责任。下面我想说一下说明义务的问题，说明义务要说明到什么程度，告知有一种标准是理性告知，作为一个理性病人应该知道什么程度是一个客观的标准，虽然标准很抽象，但也需要一个标准。侵害患者隐私权的举证责任侵害隐私权也是要求患方来举证，医方抗辩也是要进行举证。对于实习观摩问题，还是要征求患者的同意。实施不必要医学检查的举证责任患方依照《侵权责任法》第63条的规定主张医疗机构承担损害赔偿责任的，医方应对实施医学检查的必要性及其依据予以说明，并提供相关的证据。医方予以说明并提供了相关证据后，患方坚持认为医方违反诊疗规范实施了不必要的医学检查的，由患方对医方实施了不必要的医学检查以及不必要的检查对其造成损害承担举证责任。医疗产品纠纷的举证责任采取无过错责任。患者死因的举证责任：患者就医后死亡，医、患双方不能确定死因或者对死因有异议的，医方应当书面提示患方进行尸检。因医方未尽提示义务导致无法查明死亡原因，致使无法认定医方是否存在过错或者过错行为与损害结果之间是否存在因果关系的，医方应承担不利的法律后果。医方建议患方协助进行尸检，但因患方的原因未进行尸检，导致无法查明死亡原因，致使无法认定医方是否存在过错或者过错行为与损害结果之间是否存在因果关系的，患方应承担不利的法律后果。向适格的对象提示：决定人，法定代理人，近亲属。尸检同意书的内容：尸检的目的，决定尸检的时间限制，尸检单位的选择，尸检费用的承担，拒绝尸检的后果。医疗机构的抗辩事由，是由医方来举证。医疗纠纷有一个很大问题，包括抗辩事由。过错认定和因果关系认定都很特殊，一般侵权责任，我们不考虑被侵权人的体质问题。最高法院公布了指导性案例，是一个老人被车擦到导致倒地骨折，鉴定发现老人有骨质疏松，但因骨质疏松这个原因导致骨折只占了25%比例，他自己的因素占了75%，所以肇事者承担全部责任。从另一个角度说，肇事者也没有占100%责任，毕竟也有25%的原因是老人自身体质问题。但以交通事故的角度来判断，由于是肇事者触发的这个事情，所以无论老人是否自身有体质问题，肇事者都要负全责。在医疗纠纷中却从来没有这样判过，如果都以这种方式为依据来判，医院大部分要负全责。通常情况都是判疾病原因占多少，医疗原因占多少，这就是一个特殊性，为什么有这个特殊性存在呢，个人理解是因有一个合同存在，交通事故是没有合同的，医疗纠纷审理的是合同关系，当然合同关系很多情况下有竞合，因此医疗纠纷与其他侵权纠纷相比有很多特殊地方。就比如在医院摔跤、钱包被盗，这就不属于医疗纠纷而是属于安全保障责任范畴。情况紧急不能取得患者或者近亲属同意。这是有争议的，《侵权责任法》第56条因抢救生命垂危的患者等紧急情况，不能取得患者或者近亲属意见的，经医疗机构负责人或者授权的负责人批准，可以立即实施相应的医疗措施。我认为这个是紧急情况下救治特权的规定。还有包括造成损害结果有其他的原因也是医疗机构的抗辩事由，比如原有疾病、第三人的原因、曾就诊于其他医疗机构等，我认为在这样的情况下（是否）可以追加其他医疗机构为被告，责任便能相对减轻，以此来应对此种情况。以上是我对医疗纠纷的一些个人的见解，有些问题我自己也拿不准，欢迎大家参与讨论。

分会常委官健做主题报告：谈谈医师的告知说明义务

我要谈的是“医生告知说明义务”，我们最常见的医生的义务就是诊疗义务，这个义务的专业性比较强，而告知义务的法律性比较强。告知义务原来不是很重视，但现在它已经是一个值得重视的问题，今天学员来自医院的也比较多，所以我把这作为今天的主题分享给大家。第一部分介绍理论，第二部分介绍法律，核心是第三部分的案例分析，一共谈8个案例。

谈到告知说明义务，可能大家会想到另外一个词“医患沟通”，那么他们有什么区别呢，个人理解医患沟通是一个比较大的概念，包含了告知说明。

告知说明是法定义务，而义务是和患者权利并列的，违反该义务就可能对患者的权利造成侵犯并由医院承担相应责任，因此告知说明义务在医患沟通中占据重要地位。医患沟通是医患之间双向的交流，而告知说明强调的则是医生对患者的告知。医患沟通可以采取比较灵活的方式，而告知说明往往强调的是一个书面形式，尤其是要取得患者书面同意的内容，医方一定是以书面的形式来告知，否则会带来举证的困难。医患沟通是要有技巧性、经验性的，在这方面老医生可能更有优势。告知说明是法定义务。告知说明义务来源于国外"知情同意"理论，"知情同意"理论是随着医患关系的改变和人权运动的兴起而诞生、在美国的判例中形成和发展起来的（在医疗领域中，知情同意是向患者提供医疗信息、帮助患者理解医疗信息、获取患者医疗授权的法定工作程序。医疗知情同意包括三个侧面：沟通过程、合作过程和教育过程；三个阶段：提供信息、确认理解和签字同意；两个关键：充要知情和自愿授权；以及一个特点：深思熟虑）。在"知情同意"理论的基础上，产生了患者的知情同意权（或决定权、选择权）和医师的告知、说明义务。《侵权责任法》第55条是对患者知情同意的一个原则规定，医务人员在诊疗活动中应当向患者说明病情和医疗措施。需要实施手术、特殊检查、特殊治疗的，医务人员应当及时向患者说明医疗风险、替代医疗方案等情况，并取得其书面同意；不宜向患者说明的，应当向患者的近亲属说明，并取得其书面同意。医务人员未尽到前款义务，造成患者损害的，医疗机构应当承担赔偿责任。告知说明的内容包括病情、医疗措施、医疗风险、替代医疗方案。除此之外还要掌握告知的程度，即必须依法、充分、真实、准确。若某一情况应为一名合理医师所知晓，且这一情况的告知与否有足以导致具体患者作出不同决定之可能时，此时医方即有充分说明之义务。需要取得患者签字同意的范围：手术、特殊检查和特殊治疗；特殊检查与特殊治疗包括：有一定危险性，可能产生不良后果的检查和治疗；临床试验性检查和治疗；收费可能对患者造成较大经济负担的检查和治疗；由于患者体质特殊或者病情危笃，可能对患者产生不良后果和危险的检查和治疗。比如曾遇到的一个案例，一个患者做了心脏的起搏器,此类手术后一般需服用抗凝药物,此类药物对于一般的患者没有太大风险,不需要书面特别告知并取得患者同意,但是如果患者有胃溃疡胃出血等,抗凝药物就会增加出血的风险,在这样的情况下就要做一个书面的告知病取得患者书面的同意。根据患者的特殊情况,平时不需要告知的,特殊情况下也需要告知,这不是一成不变的。《侵权责任法》对告知说明的规定一共有两条,第56条规定的是例外的一种情形,因抢救生命垂危的患者等紧急情况,不能取得患者或者其近亲属意见的,经医疗机构负责人或授权的负责人批准,可以立即实施相应的医疗措施。经医疗机构负责人同意,可以做,不需要经患者同意。这个条例的出台同北京的一个产妇案例有直接或间接关联。代表患方签字的主体,原则上是本人,当患者不具备完全民事行为能力时,如未成年人、精神病人、失去神智的人,应当由其法定代理人签字。患者因病无法签字时,为其授权人员签字,授权应该是在入院之初做出来的;患者不具备签字能力时(如手断了、身体虚弱等原因)可以口头表达;因需要实施保护性医疗措施而不宜向患者说明时,为患者近亲属签字。这里的近亲属是一个法律的概念:包括配偶、父母、子女、祖父母、外祖父母、孙子女女、外孙子、兄弟姐妹。

下面介绍部分案例分析,其中涉及病情告知、术中告知,妇产科的告知,病情和术中告知问题。病情的告知:从住院开始到出院,病情有变化都应该及时告知患者,常规情况下不强调是书面形式,但需要手术或者风险治疗时要采用书面形式。案例1:病情告知/术中告知。患者39岁,多年不孕。1998年在外院B超检查为右侧卵巢未见异常、左侧卵巢小囊肿。此次入院行腹腔镜检查术,术前左附件似扪及包块,未做B超。术中见下腹前壁近膀胱处有一肿物,右卵巢未见,右输卵管只见峡部,似切断状,左输卵管伞端粘连闭锁。医方在没有告知患者的情况下做了肿物切除手术,术后病理为囊性畸胎瘤。出院后患者在外院B超检查:左侧卵巢囊肿,右侧卵巢缺无。患者以医院在没有争得其同意的情况下切除了其右侧卵巢,诉至法院。本案例从腹腔镜检查报告上留下的照片,能够看到腹腔的情况,与医院手术记录是一致的，法院最终相信了医院的说法，并取得患方的理解，通过调解医院向该患者赔偿了3万元。其实这个案件如果在告知说明上尽到义务，在术中或术后能及时向患方告知说明，是可以避免的。另外在手术前没有预料到，在手术当中要作出切除的决定，也一定要得到患者及家属的同意，即便是肿瘤。此案例对该手术主刀医生海归博士是一个教训，同时对行业来说也是一个警示。案例2：依法告知。患者36岁，孕17周产检，并行唐氏综合征血清学筛查，结果显示：21－三体筛查风险度1:80，评定为高风险。产检中妇产科大夫建议其做遗传咨询，其后患者一直在医方定期产检，但未进行遗传咨询及产前诊断。后产下唐氏儿。患儿的父母将医院告上法庭。对于告知我们应该按照相关法律规定来做，像这种高龄产妇，依照卫生部制定的《产前诊断技术管理办法》应进行书面的建议产前诊断，而该医院写的是建议遗传咨询。该案最后以医院没有依法告知进行产前诊断的这个理由判医院承担了90%的责任，医院认为不合理。个人认为结果争议比较大，可能患者自身责任更大。案例3：充分告知。患者女性，34岁，因右侧肢体麻木无力入院，MR检查考虑为脑胶质瘤。行开颅探查＋左颞顶叶占位性病变切除术，术中未见肿瘤组织，取活检送冰冻切片提示为炎症改变。术后患者右侧肢体瘫痪，出院诊断为左颞顶叶非特异性炎症。在手术同意书中，手术目的为切除肿瘤，明确性质，解除压迫。中间未交代肿瘤之外其他情况的可能性，也未讲明术中取活检进行冰冻切片以及活检可能带来的风险。这个案子，医院没有向患者说明占位可能是炎症，也未说明手术中要取活检，手术同意书中，对活检只字未提，这些情况会左右患者的选择，如果告诉患者也可能是炎症，不需要手术，以及活检的风险，则患者不一定会接受手术。最终法院判医院承担了10%的赔偿责任。这个案例，让我们了解告知程度和要求的重要性。案例4：费用如实告知。患者女性，63岁，头痛入院，MR为左侧后交通动脉瘤，15cm×15mm。拟用电解脱弹簧圈行介入栓塞手术，术前向家属交代需2~3个弹簧圈（每个7500元），医疗费5万元~6万元。术中造影显示为左颈内动脉动脉瘤，大小同前。医生认为，动脉瘤较大，所需弹簧圈较多,手术费用要增加到 10 万 ~20 万元,口头通报家属,家属表示同意,最终使用了 17 个弹簧圈,费用高达 20 多万元。术后患者突发高血压性脑出血,急诊行开颅血肿清除术。术后患者一直昏迷,2 年后再发颅内出血死亡。此案例是个典型的案例,对费用的告知,在临床科室中,如实告知不是很到位,有些夸大风险,有些是轻描淡写。当然这些都没有写到书面中,患方没办法举证。本案是卫生行政部门介入调查才确定的事实。术中检查动脉瘤大小与术前一致,医生对于使用多少弹簧圈应当有一个合理的判断,但前后数量相差巨大,超出了合理的范围。法院最后认定医方未如实告知材料费用,判决返还超出合理范围的费用。案例 5:术后补签同意书的效力。患者诊断贲门失弛缓症。拟行内镜下球囊扩张术,为该院首例,故邀请上级医院专家参与手术。术前未签订同意书,术中致食道撕裂穿孔,术后由患者父亲补签同意书。后转院行食道修补术。这个案子医院不承认是补签,但我们通过经验和证据判断是补签的。该患者在门诊做这个手术,手术前没有签订同意书,术后医院叫他父亲签订同意书,签了患者的名字,我们认为补签是无效的,强调一定要在手术前签订告知书和同意书,才能达到让患者知情选择的目的。而且,对于该医院实施该手术为首例的情况,显然可能对患者是否选择在该医院接受手术有重大的影响,属于应当告知的内容。但即便在补签的同意书中,也没有写明这一内容。基于医院上述情形较为恶劣,法院最后判决医院承担 80% 的责任。案例 6:患方犹豫不决时的告知。患者孕 38 周,阴道少量流水 1 小时入院。12:35 宫口开全,羊水清。13:55 发现羊水 III 度。向患者及其家属交代病情并建议行产钳助产,告知风险,患方犹豫不决。14:25胎心突然下降,波动在 90 ~100 次/分之间,医院再次告知,经家属同意并签字。14:31 产钳助产一活婴,脐带绕颈两周,重度窒息,经抢救无效死亡。这个案例中,患者犹豫不决,医生该如何告知? 我认为,除了告知风险外,还应当强调手术的必要性,也就是不做这个手术或者不及时做这个手术会出现哪些风险,如果患者明白这个情况,仍然犹豫不决,则后果自负。这也是告知内容不全面的一个问题,这个案子判决医院承担次要责任。案例7:尊重患方选择权。患者女性,24岁,因突发头痛伴呕吐入神经内科,诊断为蛛网膜下腔出血,前交通动脉瘤破裂。行介入栓塞术,手术顺利。当晚,继发左额叶脑出血,之后症状加重,CT显示出血增多,中线结构前份右移。患者处于浅昏迷,有脑疝表现。神经外科及外院教授会诊均认为,若家属同意可考虑手术减压。内科医生征求意见,家属同意并要求手术。但医院没有采用患者意见一直予以甘露醇脱水等保守治疗。之后患者陷入昏迷,并最终死亡。这个案例,外科手术风险很大,内科保守治疗也有其合理性,其实不管是选择外科手术还是内科保守,患者的机会都很渺茫。在这种情况下,医生应当充分尊重患者的选择权,只需将内科保守与外科手术的利弊风险清楚告知即可,由患者自行做出选择,既然患者已经做出了选择,但医院没有尊重患者的选择,应该承担责任。本案法院判医院承担10%的轻微责任。案例8:替代医疗方案告知。患者男性,28岁,主动脉夹层动脉瘤入院。CT:主动脉夹层,起自升主动脉,沿主动脉弓、降主动脉向下延伸,内膜近端裂口位于升主动脉起始部。动态三维观察见夹层开口位于左锁骨下动脉远侧。术中造影显示主动脉破口位于左锁骨下动脉远侧,升主动脉未见破口,诊断为Ⅲ型夹层,置入覆膜支架。术后2个月,患者突发胸痛、晕厥急诊入广东省人民医院,诊断为Ⅰ型夹层,行升主动脉、主动脉弓置换术。这个案例我想强调的是替代医疗方案的告知,《侵权责任法》对此有明确的规定,其实在《侵权责任法》实施之前,在法理上,替代医疗方案也应该作为需要告知说明的内容,如此才能达到充分之要求。本案中,虽最终经造影确定为Ⅲ型夹层,但该夹层比较特殊,它存在逆行剥脱,影响了升主动脉壁。此时,在手术方式上,既可以选择支架,也可以选择主动脉置换,但对这一情况医生没有向患方告知说明,侵犯了患者的选择权。经调解,医院赔偿了10万元,第一次住院的医疗费用返还了一半。替代医疗方案告知对临床来说已经非常重要,但遗憾的是,现在基本上所有的医院还没有重视这一问题,手术同意书中往往缺少这一内容。由于时间有限,今天的报告到此结束,谢谢大家。

医事管理课程

由广东省医学会医事法学分会副主任委员田柯担任主持

分会常委周伟民报告做主题报告:创新管理内涵防范伤医事件发生

作为医疗机构管理者,每天面对对外对内两件事,对外是如何处理医疗纠纷,对内是改善医疗管理工作。总体来说在法律层面上我们离法院的要求确实还有一定差距,不管从理念上、条件上、资质上都还有一定距离。我从事医疗工作20多年,每次医疗纠纷的谈判,我们都在做总结工作。我就将自己在总结过程中改进的一些工作,给大家报告下。

第一方面是关于谈话室问题。我们在全院重点科室设立谈话室,没有谈话室的医生办公室作为谈话室。我们以后重点手术都要进行录音录像。我认为建立谈话室,对保护我们医护人员,维护医护人员的合法权益有重要的意义。第二方面是关于病重病危的问题,我认为这个都没有一个规范,特别是老年人。老年人随时有可能发生病危、病重,但在诊治过程中我们应该如何与家属沟通,有些家属不希望患者那么快去世,希望拖一下时间,这对我们来说压力很大,对此我们一定要对家属进行一个告知,告知完毕后要签字盖手指摸。这个是病情的阶段性告知,对于某种病情阶段性和家属全面讨论形成一个共识,对双方目前的现状达成共识。第三方面是3D打印,其实我们6年前就已经做,我们也成立了重点实验室,重点放在整形外、骨科、口腔科。我们也买了两台3D打印机,所以现在我们很多手术都是先打印模型再告知患者,你的病情是什么样,我们要怎么为你做什么手术。这种告知方式我认为是有意义,但成本高。现在很多难度比较大的手术我们就采取这种告知方式。第四方面是关于动漫医学,我们也进行了一些尝试,用动漫医学的方式来告知患者,在某些方面也确实有一些效果。目前我们也正在协商,如何标准化,如何让患者接受,或者说成为我们医疗的一部分。动漫医学可将医学简单可视化,对患者大众及百姓的教育科普有直观感受及了解,能增加患者大众对医学的理解与支持。动漫医学通过传播能让患者受教更明白医疗的程序及内容。所以我认为这个工作大有潜力。当然这种内容的表现方式还可以改进,能让患者充分掌握、了解信息。通过这种方式是对告知的有利补充。第五方面是时钟同步系,目前很多医院的时钟都是不同步的,同一时间内有差距5分钟我认为是正常的。我院从前几年开始搞了一个统一时间系统,局域网上是标准时间。我们时间来自卫星,我们首先采用的是标准时间,其次是在医院内部统一时间,这部分绝大医院都没有做到。第六方面是胸痛中心,胸痛中心强化了区域卫生救治网络,强化了同意救治标准与培训,强化了医疗质量与效率,强化了时间管理,强化了数字化、信息化、数据化,强化了医疗管理力度,强化了团队协作,是解决急性心梗等部分疾病看病难的一种有效方法。我们做出这个改变后,领导们都说医改就是要做出这样有实质性的、行之有效的改革,所以现在国家也大力推动胸痛中心的改革。第七方面是关于严重创伤、多发伤救治绿色通道,现在跳楼的人很多,怎么救世界难题,我们也进行了探索。第八方面是关于医疗应急分队 RRT,分一线和二线 RRT,一线 RRT 科室由急诊科、麻醉科、ICU、MICU、儿科组成,我们应急的时间最好控制在6分钟。我们成立了不同组的 RRT,一接到电话马上到位。成立了 RRT 之后,我们便挽救了很多急症状况。之前有一个患者打完针后药物过敏晕倒了,我们的 RRT 在第一时间赶到现场并挽救了病人,患者因此没有追究医院的责任。第九方面是关于警务分队的问题,警务分队担负的任务主要包括地方破坏分子或恐怖势力针对我大门哨岗、机关楼、车库、兵器室、弹药库等重要目标和场所企图发动或正在发动的袭击、破坏或商人事件,在5分钟内出动方位力量。第十方面是关于我们医务人员受到伤害时,我认为报警是最有效的方式,以前我们遇到纠纷问题会由保卫科去解决,但是并没有太大的效果,所以现在当我们遇到这种情况时就会报警,由警察出面保卫科协助,这样当场就能解决很多问题。我们医护人员也要用适当的方式来保护自己。最后我总结一下,作为医院管理者,就像佘法官说的那样,我们确实离法院的要求还有一定的差距,尤其是在告知说明义务上,在这一点上我们需要注意的还有很多,我们还要不断探索新的方式,让患者得到更多信息,让医患关系更加和谐。谢谢大家!

分会常委罗斌做主题报告:《侵权责任法》与医疗纠纷的防范

感谢组委会给我这次学习的机会,上午我们听了很多报告,安排是很好的。我就从法医的角度、司法鉴定人的角度来介绍如何防范医疗纠纷。现在医疗损害的案件比较多,去年所接案件要委托鉴定的有 737 件,做了解剖的有 642 件,而医疗纠纷案件占了 30%,量很大,今天有人和我说你们委托鉴定能否快点,我说快不了。在这里我想谈谈我的感受,希望法院和医院同行谅解。在医疗鉴定过程,很多问题很麻烦,一个是鉴定机构的不断扯皮,一次鉴定、二次鉴定,鉴定期限等。再一个是本身程序和体制方面又有不尽如人意的地方。所以我们怎么样知法守法吸取教育,是我们这次学习的内容。医闹事件层出不穷,上层可能也是知道的,为什么要开这个班,为什么提很多对策,就是尽要量减少医疗纠纷。我们的医生写下了悲医赋,公道何在?最近有杂志封面写了 stop violence China,这说明世界关注到这个事情,所以我觉得很悲哀。医生是属于危险行业,医闹事件频频发生,医生随时都有可能遭受暴力,现在很多医生去健身练习怎么逃生,上海的新华医院专门请了人教跆拳道。虽然我们的案子看起来如履薄冰,需要我们思考,虽然我们改变不了社会,但我们要思考怎样适应社会。我们不断钻研医学知识,但总被病人不信任。医务人员的法律意识淡薄、反映很慢。曾有领导问一律师:如果你来告医院,什么事最容易告倒医院?答曰:对于患者来说,最容易告倒医院的有两大法宝:一是找到医院非法行医的证据;二是找到医师篡改病历的证据。我分别举个例子,第一个例子,在我们的某个附属医院的一位博士研究生,因为没有取得相应的证书,在发生医疗纠纷后患者仅以这一点就能证明医院非法行医。第二个例子发生在东莞某医院,来了一个手足口病的病人,病人是个孩子,处在失血状态,医院抢救大半小时无效,患者最终死亡,对此家属也表示理解。最后家属想要把病历拿回去。儿科医生就觉得抢救比较混乱,病历记载比较凌乱,让护士将旧病历规规整整地抄写了一遍，并把旧病历撕了，后来被家属发现，家属就认为撕毁病历是在毁灭证据。最近湖南省医学会认定湘潭县妇幼保健院“羊水栓塞”案不构成医疗事故，刚开始在媒体上写起来，不知道怎么回事，家属看了很激动，医生没办法只能走为上策。最近在我们广东省有很多起事件。我们卫计委李斌主任在人大和政协会议上说：去年全国门诊量 73 亿人次，出院 1.9 亿人次，而医疗纠纷只有 7 万件左右，量比较少，但是我们记住每个医疗事件的出现对我们来说都是大事，对医院管理层更是。

现在也有新困惑，原来通常是医疗事故技术鉴定，现在是医疗损害鉴定，这两种有何不同？从 2008 年以来，以及 2005 年关于司法鉴定的管理问题出现后，现在各自有各自的特点，医学会鉴定是一种证据形式，但司法鉴定追究到个人，就像很多人找到我说就是你的鉴定导致我无法赔偿。还有个问题，医学会鉴定更注重治疗效果，司法鉴定更注重程序。医学会鉴定内容主要是确定在医患关系中医疗机构及医务人员是否具有过错和违反诊疗常规，即围绕是否构成医疗事故进行的鉴定。司法鉴定的内容主要是被鉴定人是否构成轻伤、重伤、伤残程度亲缘关系、生理机能状态以及死亡原因等。

从法律的角度来看，出了事情，我们一定要知道尸检的重要性，我们可以告知他签字，不同意签字要注明。如果冰冻保存情况下争取 2 周内完成。过敏类，乙肝患者，一定要做血清检查，要提醒他，保留血清。关于鉴定机构的名录，第一类也就是首次鉴定机构（20 家）；但第二类有 4 家，鉴定地域为部分地市的机构名单 13 家。大家今天的水平可能参差不齐，所以我们反复培训，展开学习，让大家达成共识。医疗损害鉴定，有些新问题、新进展、新对策。为什么进行鉴定，一定要清楚侵权的事实、回答有无损害后果，和两者之间是否有因果关系。侵权责任法已经反反复复几遍了，它对卫生行业产生了很大影响。它有十个特点：(1) 只要有过错、有损害，医疗机构就要承担赔偿责任。(2)经患方签字的告知书、同意书成为必备的法定证据，妥善保管，不能随便改，包括时间签名。(3) 未向患者说明病情和医疗措施、医疗风险,就是过错。(4)未尽到相应诊疗义务造成损害,就应当承担赔偿责任。(5)医疗机构违法、违规,推定医疗机构有过错。(6)拒绝提供或隐匿伪造篡改销毁病历,推定医疗机构有过错。(7)产品质量损害可直接向医疗机构请求赔偿,包括药品,手术的细线。(8)紧急情况下医方有单方行医权,有不得拒绝抢救的义务。(9)医疗机构负有不得实施过度检查的义务。(10)医疗机构对患者的隐私负有保密义务。为什么有过错损害,在这里我讲一个案子:2013 年 11 月,一个患者怀孕 27 周,孕妇因"蛋白尿,妊娠 27 周"到某医院住院保胎,2012 年 1 月 15 日 0:41 孕 34 +2 周,经剖宫术顺产一男性活婴,1:00 转送新生儿科,数小时后告知婴儿死亡。原告入院后 7 次产前 B 超检查均未发现胎儿异常(2011 年 11 月 28 日首次 B 超 ~2012 年 1 月 14 日末次 B 超),也未发现畸形。胎儿体重约 2498 克。医院及家属均提出做解剖。因医院工作人员疏忽,该新生儿还未做解剖就交殡仪馆处理。到我们鉴定中心,心脏不见了,那么这个医院是有过错的,目前家属要求赔偿 79 万元。另外,告知书非常重要。举一个例子,深圳的一个医院,接种疫苗,有自费的,有免费的,患者要求进口的接种疫苗,却没有带钱,但是签的知情告知书没有说明,半年后,发生了事故。要以书面的形式呈现。这说明告知书很重要。鉴定机构应大力从自身建设、鉴定人员准入制度和法律法规支撑等方面着手改革,比如,解剖才用 3 天,但一个医疗事故的鉴定起码要 15 天,我们要不断提高鉴定水平,提高鉴定效率。司法鉴定有先天不足包括我们自己临床方面不是很懂,一定是哪方面的案子,就要请哪方面的专家来会诊。很多人都在说在法庭上,你鉴定说 30% ,35% 不可以吗? 法官表态,并不是分的越细越好,要多加强探讨互相沟通,现在讲几个案子。(1)2012 年年底,71 岁退休干部到某院看病,注射头孢类药物后死亡。数周前该院门诊病历曾记录:用过头孢类药物中有不适症状后要医院做出赔偿。(2)某些医院,传染病的,一定要隔离。某中医院收治一麻疹患儿,但未及时实施隔离,出现不良后果,被告上法庭。(3)卫生局局长给我描述的,阳西县某医院急诊室诊断一病人院外死亡,家属哭了约 20 分钟,慌忙大喊"病人手动啦,医生赶快来抢救啊”，急诊医生闻讯跑来，经抢救半小时仍未救活该患者。被家属告延误最佳抢救时间。如果这个人当时死了，你就抢救不力，当时没死的，你又延误了治疗时间。所以急诊室仅有口头描述是不行的，在这个案件中，如果你有一个心电图的详细描述，记录到时间，到秒，就有客观依据，医院没有做到这点，赔偿了7万元。（4）广州市南沙开发区医院接120台指示，一个交通事故，到事发现场救治伤者，将伤者送到医院抢救，终因病重死亡。家属告医院为什么不将伤者送条件好些的大医院！这个官司不能打赢，因为我们的120是个救护接线员，送到医院，要送到省医，中山医去救，更麻烦。医院也分三六九等，都要求这么高是不行的，所以我们司法鉴定就是按照当时当地的一般水平的标准来评价，这是中国的现实。医疗事故发生的原因十分复杂，具体有：误诊误治、延误抢救、药物方面、手术问题、输血问题、病理学诊断问题、严重失职、医院管理。手术的问题是否准备充分，有没有按照手术的规定程序进行操作。2012年11月24日20:00许，某女（26岁）于2小时前因家庭纠纷被丈夫用刀刺伤左侧背部，伤后左侧胸、背部疼痛，伤口流血，呼吸困难，无昏迷，未见抽搐现象，由“120”车送至本院就诊。CT检查示：左肺挫伤，左下肺部分肺不张，左侧胸腔液气胸，左侧胸壁皮下积气，左侧膈疝可能。伤口予纱布加压包扎后收治ICU。体查：T 36.2℃，P 153次/分，R 24次/分，BP 150/83mmHg。基本还可以，后出院诊断：左侧胸腔刀刺伤：左肺挫伤、左侧液气胸、左下肺不张、左侧胸壁皮下积气、左侧膈疝可能，中期妊娠。次日10:25“120”转某市人民医院途中出现呼吸、心跳停止。法医病理学诊断：这个人死了。①左背部单刃锐器刺创致胸腹部联合损伤左侧血气胸；②左肺不张；左侧胸壁皮下积气；左侧胸腔闭式引流术后；③左侧外伤性膈疝；④急性腹膜炎并腹腔少量积液/积血小肠、结肠急性浆膜炎。这个案件，能否抢救过来，医院哪些做得不足，医疗损害鉴定我们都要分析。一是医院方面是否存在过错问题？因为医院没有尽到高度注意义务，身体怀疑有膈疝可能时，仅仅做个左侧胸腔的引流是不够的，要不要做胎心的安查，为什么要做，是有规定的，检查不全面，没有进一步做CT检查，缝合也不注意,尤其是引流。很多件案子,被捅了以后,缝合情况不好,未及时实施开胸探查手术,延误了最佳治疗时间,不管是外科学,还是指南,应该做开胸检查。一般,我们是以教科书为标准、文献仅做参考依据,而且医院在评估的时候,我们也考虑医院是否有做开胸手术的能力,医方在入院评估中提到"必要时开胸手术",表明该院具备开胸手术能力。你不做,就是医院的问题,当然还有漏诊的情况,监测不严密的情况,正因为这个,通过急诊手术还有生还的可能性,做手术死亡率比较低。二是你的参与度和责任承担多少?对这个争议很大,第一点既然救活率很高,没有被救活要承担主要责任,第二点患者本身损伤性很严重,不利后果是次要的,所以给的鉴定意见就是折中。三是自己内心的评判,怎么解读?有人投诉我们称:司法鉴定权力太大了,想50%就50%,想80%就80%。面对本案,综合考虑,根据检查,确实还是存在比较问题,处理时间比较短,我们给的是10%,不是最高水平,当然也不一定正确。最后,无论怎样,我们处理起来要做到有爱心、耐心、细心、责任心,无论是言语沟通,还是文字表达。现在提倡的人文医学,值得关注,包括我们鉴定机构。还有医疗机构要真正做到改善服务态度,提高医疗质量,尊重患者权利,科学告知,安全行医。谢谢。

医事法治理论与实务

广东省医学会医事法学分会医疗损害鉴定组组员魏巍主持第一阶段的主题报告

各位嘉宾早上好,改革35年又走到关键时期,身处改革时代,改革与你我都有千丝万缕的联系,作为医疗工作者,医疗改革与我们更有不同寻常的意义,在国际社会上奥巴马实施的医改使他焦头烂额,向我们充分显示了医改是一个大难题,而公立医院改革作为大医改的一部分更是一个难题。如何实现让医生有尊严、让患者有保障的目标,在全面深化改革新起点上,公立医院的改革,国家政策的指导思想是什么,正确方向在哪里,具体改革内容有哪些,现实路径应该如何走,这些都是公立医院改革的重要问题。

广东省卫生学法研究会副秘书长、南方医科大学卫生法学研究中心主任杜仕林教授讲授:《解读公立医院改革的困境与路径》

公医改革问题。新医改出来到现在整整有5年了,医疗机构改革的路怎样走,面对很多问题。公立医院其实有很多制度,但在县级的医疗机构指导基层医院来执行的时候往往大打折扣。带着这些问题,我们对公立医院的相关改革进行探讨。

计委是所有者。当然经营者是医院管理层。中层干部关心的问题是工资、工作如何落实、科室如何配置,所以整个改革体系中,这个改革错位比较厉害。要理顺关系,公立医院是独立法人,独立法人要有财政权、决策权、经营权。政府要让医院是一个独立的法人,这样有助于公立医院的社会责任实现,保证有效解决看病难、看病贵问题,有助于基本医疗服务均衡化。公立医院改革提出法人治理的最大一个问题是什么,个人认为就是所有权转变,这是一个真正的方向。公立医院真正独立成立法人,才有法人资格权。对于公立医院配套改革普遍存在这些问题:一是医院债务负担重;二是医院人才缺乏;三是内部管理不善;四是医院管理者身份混乱;五是部分地区医务人员工作积极性不高;六是医务人员参与改革动力不足;七是各地区县级公立医院发展不平衡,不管是基层还是县级医院都普遍存在这些问题。

改革意义何在?根据医院、政府、患者各自的利益诉求,建议:一是建立以市场为导向的经营管理机制,市场只是管理手段,要与市场竞争保持公立性。二是建立可操作的人事机制。三是用人机制改革、收入机制改革必须要建立一个新的绩效制度,这里面涉及的内容非常多。四是构建人才培育机制,切实解决人才短缺难题,经过调研,发现基层医院人才短缺非常严重。在梅州调研,有个院长说本科生都不愿去县级公立医院,连县级医院也留不住人才,所以人才短缺是公立医院发展中最难的一个问题,要增加对公立医院技术人员培育专项基金。五是完善补偿机制,就是如何运行政府责任,并且在医疗行业等问题下,如何保证公立医院收入能够正常运作。

南方医科大学党委副书记、纪委书记姜虹教授讲授主题:《医药领域的行业贿赂与廉政风险防控》

今天很多人讲的都是专业的问题,我讲医药领域的商业贿赂与廉政风险防控,但这个题目也是不太好讲的,因为讲不好就变成单位的廉政报告。

但这是在被允许之事。商业贿赂问题好像在中国是比较大的问题,实际上在世界500强的企业里也有这些问题,对于这个方面确实有大环境影响。我国在这方面还是有很大空间要去努力改善的。很多跨国公司到中国后也出现了商业贿赂问题。20世纪90年代初就有两个比较出名的报告。一个就是专门针对企业在快速发展时,内控制度如何经营完善。比如,发展中国家扩展业务时,是否存在以非正常手段去争取到当地政府的支持,争取一些客户支持。另一个是廉政风险防控问题。不仅仅是中国关注的问题,也是全球都在关注的问题。目前我们在商业贿赂防控方面需要借鉴很多国内外方法,优化我们目前的状况。

从目前现状来说,我们简单分析一下。商业贿赂变成竞争砝码、收回扣乱象、医患关系紧张、医疗纠纷增多,甚至有些老百姓认为医疗越来越灰、越来越黑,这些给医疗行业造成的负面影响是不言而喻的。贿赂有很多原因,包括我们体制、监管等。廉政风险防控从一个体系来讲,实际上要从管理风险、道德风险、控制风险、监管风险这四个方面去共同联手来做。管理风险,大家都知道的有行业的、政策的等。道德风险,实际上我们现在存在着信任危机,有信任的缺失。防控风险,实际上是内部管理方面。监管风险来自政府监管、行业监管。在中国目前来看,监管力度是需要加大的,但监管力度如何加大,如何实施,我们可以参考以下做法。一是廉政教育需要加强,这个是要有针对性的。二是完善内部管理,除了常规财务管理要加强监管外,还要对信息公开,用药规范性等进行监管。三是实施规范监管。2013年12月国家财政部和国家审计署联合对行政事业单位和学校、医院进行了规范,这个规范的依据来自国际报告,这个报告在国际范围内都非常通行,主要是控制环境、程序、内部流程、监管、信息方面去管理和完善。下一步要对行政事业单位规范有个依据,这里主要关注从采购到管理全面推进。增强监管信息量。发挥好自我监督作用,如自我监督就像外国的西门子案例。西门子在出现贿赂后,制定了防范、监控、惩处的合规体系。这些手段可以在廉政防范中有些启发,要把廉政监督落实到体制内。

围绕这个主题,给大家讲解了这些内容,请大家多多理解。

广东省医学会医事法学分会委员姚麟讲授:《药品说明书在医疗纠纷中的地位和作用问题》

谈超说明书的,《侵权责任法》第59条非常重要,其规定:"因药品、消毒药剂、医疗器械的缺陷,或者输入不合格的血液造成患者损害的,患者可以向生产者或者血液提供机构请求赔偿,也可以向医疗机构请求赔偿。"患者向医疗机构请求赔偿的,医疗机构赔偿后,有权向负有责任的生产者或者血液提供机构追偿。简单来说,买了药品只要和说明不同,就可主张违约责任,因为没有按照合同的约定提供合格的产品。同时也可以主张侵权责任,用了食品和药品遭到人身损害就可以适用侵权责任,即使产品是按照合同给付的合格产品,但只要出现了人身损害就可以主张侵权责任。

下面来看些案例。案例一:61名眼疾患者在上海第一人民医院,注射一种叫"阿伐斯汀"的药而致眼睛肿痛,视力模糊。令人讶异的是,"阿伐斯汀"在药品说明书上仅被允许用于转移性结直肠癌,未被批准用于治疗眼疾,甚至它还没有在大陆上市。一时间,医院纷纷被质疑拿患者当小白鼠,甚至是牟私利。而医生则强烈否认,因为"阿伐斯汀"用于治疗眼疾,国外有许多成功先例,而且该药疗效好、价格低,他们也是为患者考虑。那么这样的考虑到底符合不符合法律,我们认为是不合法的,你的用药必须严格按照药品说明书来。这个案例告诉我们需要遵守法律,这很重要。

案例二:某医院采用连续5天微量囊动脉灌注"健择"。但是健择(盐酸吉西他滨)说明书:均为静脉滴注。显然,该卵巢癌化疗使用方法超说明书。市医学会鉴定医方无责任;省医学会鉴定医方轻微责任。法院二审认为:完全改变了药品说明书中的给药方式,且其未能举证证明其所采用的给药方式是安全的或临床所普遍采用的。若此种给药方式属于创新性的临床试验，医院应在其应用于临床前完成相关的实验和试用于临床的审批手续，且应征得患者的同意，显然其未尽此义务。承担40%的责任。二审认为其完全改变药品使用方式，没有举证改变是安全的。如果医院认为属于创新性，应该举证证明创新性、合法性。

案例三：超说明书剂量使用奥立宁致左坐骨神经损伤。患者因经期下腹疼痛、阴道流血增多到某医院妇科门诊治疗，在接受止血药“奥立宁”0.4g+生理盐水3ml左侧臀部肌肉注射后出现左侧臀部疼痛、左下肢酸软症状，最后诊断为“坐骨神经损伤”。“奥立宁”说明书：静脉注射、静脉滴注或肌内注射。凡遇急救性情况，第一次可大剂量静脉注射和静脉滴注同时应用。肌内注射：每次0.2g（0.2g：1支；0.4g：0.5支；0.6g：1/3支），每日1～2次，以注射用水稀释后使用。产生争议后，医学会鉴定：四级医疗事故，医方承担主要责任，理由主要是明显超越说明书。

薛丽萍等对国内一家医院儿科门诊3142份处方的分析发现：超说明书用药的处方有345份，发生率为11%。发现98%的住院患儿发生过超说明书用药，78.96%的用药医嘱为超说明书用药。某肿瘤医院2008年使用的靶向抗肿瘤药利妥西单抗、厄洛替尼和索拉非尼应用的调查，超说明书用药比例分别达到51%、27%和87%。莫西沙星超适应症用药比例达到30%以上。相信这里面有合理的，有不合理的。如何使合理的也合法？法官的判决书上的说明代表法院对超说明书的说明，未能举证证明其所采用的给药方式是安全的或临床所普遍采用的。药品说明书的使用方法是不需要举证的，而超越药品说明书的使用是需要举证的，人民法院就数个证据对同一事实的证明力，可以依照下列原则认定：国家机关、社会团体依职权制作的公文书证的证明力一般大于其他书证。关于药品说明书的法律地位，药品说明书和标签管理规定：（1）药品说明书和标签由国家食品药品监督管理局予以核准。（2）药品说明书应当包含药品安全性、有效性的重要科学数据、结论和信息，用以指导安全、合理使用药品。（3）药品生产企业未根据药品上市后的安全性、有效性情况及时修改说明书或者未将药品不良反应在说明书中充分说明的，由此引起的不良后果由该生产企业承担。药品说明书属于药品监管局予以核准的，药品说明书属于国家机关依职权制作的公文书证，其效力一般大于其他书证。说明书的效力很高的。

国外也有关于超适应症用药的调查研究。在美国基层诊所超适应症用药处方约占21%，英国一家妇产医院处方的调查中发现75%的处方存在超说明书用药的情况，而儿科有100%患者至少有一种药品属于超说明书用药。国内外关于超说明书用药的规定和共识，张伶俐发表的文章：(1)目前，全球有与药品超说明书使用相关立法的国家共7个，它们是美国、德国、意大利、荷兰、新西兰、印度和日本。除印度禁止超说明书用药外，其余6国均允许合理的超说明书用药，但仅英国和爱尔兰明确规定了超说明书处方权。在明确超说明书用药责任的国家中，主要责任仍由医务人员承担。(2)各国对超说明书用药规程的规范主要涉及以下程序：①获取超说明书用药相关信息与证据支持；②患者知情同意；③经伦理委员会或(和)药事管理委员会批准；④记录超说明用药的原因及疗效；⑤监测超说明书用药的不良反应。比如，北京天坛医院药事管理和药物治疗学委员会制定了《北京天坛医院关于超药品说明书使用药品的管理规定》，其中有关指导超药品说明书使用的原则如下：①用药目的仅仅是为了患者利益，而不是试验、研究，或其他关乎医师自身利益的使用。而且必须保证利益大于可能出现的危险；②超说明书用药的药品处方行为必须以公开发表的证据为基础，并首要考虑患者的安全问题，即超药品说明书使用应该有必要的科学依据、会诊意见、充分的临床实践和相关文献、研究报道；③当某种疾病治疗需要使用超药品说明书的药品时，临床科室应提出申请，并附上相关资料，经医院药事管理和药物治疗学委员会审核，建立指导其应用的方案，并依靠科学证据来指导其决策；④超药品说明书使用的安全性和有效性的最终责任者是开处方者，与国外不一样，我们医院也明确这一点；⑤对超说明书外使用证据的适当评价应尽可能全面并且平衡；⑥必须保证患者享有的知情权。广东省药学会专家达成共识:在影响患者生活质量或危及生命的情况下,无合理的可替代药品。似乎有很多制度捆绑了我们医生,不能充分发挥好我们的医学知识,但法律是制动系统,我们开的车取决于动力和制动系统,好的车必须配好的制动系统,社会也一样需要好的制动系统,这就是法律。依法是维护社会进步的方法,不能因为这些制度束缚了我们就不去做。新药的研发、新技术发展、市场推广属于动力系统,法律是制动系统。药品说明书希望我们不要过度放纵欲望。对于医生,采用新疗法治疗病人,需要一个合适的方式去控制法律风险,不要引发医疗纠纷。药品不良反应的发生与不合理用药密切相关,各国住院患者发生药品不良反应的比率在10% ~20%,其中有5%的患者因为严重的药品不良反应而死亡。据估计,在我国每年药品不良反应导致24万住院患者死亡。实际比这个大很多,感谢大家。

由广东省医学会医事法学分会常务委员刘秋生处长担任第二阶段报告的主持。

广东省医学会医事法学分会媒体组组长梁栋讲授:如何避免医患纠纷

大家好:我是来自南方电视台的主持人主编,我从事了10年记者工作,接触了一些医疗纠纷这种事件,我不是医院的专家,也不是法律的专家,可用另外一个角度去分析工作经历和感想。一个案例是白血病女孩。在南方医院治疗,一直以来都受到社会各界的帮助,但最后这个小女孩的病很难治好,他的爸爸也明白这个道理,而且在女孩去世的当天也做好了充分准备。但在当天晚上小女孩去世的时候,他爸爸情绪非常激动,将所有的情绪都指向医院,去追问为何医生不及时过来,为何打针的部位那么肿。此时,我就想起了一个事情,就是一旦患者发生问题,都会责怪医院,一是他不专业,二是他的情绪也没有让医院得到很好的安慰,可能他是不理解医院。另一个案例是有个村的书记暴打医生。主要原因是带脸部轻微擦伤的患儿到医院就诊,医院轻微做了处理后就说没有大碍,但这父亲就坚持要求把患儿送到市医院检查,医生认为没有大碍所以没有答应,然后这父亲就暴打医生,因为医生是轻微伤,也没有什么大碍所以就只写了检讨。为何举例中山市,因为中山是很特殊的城市，中山市规定发生纠纷警察必须15分钟到场，而且警察要比闹事的人多一个。但往往发生纠纷后，会有什么情况，我自己思考警察出勤后会做什么。如果家属拉横幅，警察可以做什么？如果警察只是站着，无法维护秩序，除了围观还可以做什么？大家要换位思考。第三个案例是发生在上海复旦大学。一个母亲带着女儿去看病，没有挂号就直接冲进去要求医生救治，然后医生要求她先挂号拿了病历再来就医，最后她很生气就暴打医生。警察很快到场制止，医生只是轻微伤，到了最后还是调解了事。但是，没有想到，医院作出令人匪夷所思的声明，就是不再为这个动手打医生母亲的女儿治疗。这个决定的好坏不予评价，我只想说何谓大将之风，何为小家之气。以上案例我想说的是当纠纷来临时，执法部门可以做什么，法律又可以做什么？你要做一个好人，只有你打了人，将伤势判断下来才能确定是行政拘留还是刑事拘留。就好像设灵堂，影响到正常秩序，警察才能处理。上次我与医生交流，医生就说现在的患者动不动就动手，如果他打我，我是否可以打他，法律是否可以为我讨回公道？我需要打多重才能避免法律制裁，又可以惩治一下这些暴徒？我想说的是，作为医生千万别动手，因为一动手情况就变得很复杂，因为我们记者也经常被打，因为医生和记者都不是国家公务人员，所以我们在采访的时候被阻挡不算是妨碍公务。我们很多时候被打，很多时候在派出所的调解书都是写发生纠纷，却从来没有在采访过程中受到侵害。我总觉得纠纷与侵害是两种不同的概念，但是我咨询过很多律师，他们都说是这样，没有什么大问题。所以不同的思维有不同的理解。医生和患者的判决或调解书中都是这样，发生纠纷。其实我们也真的只能是自我修炼多一点，防患未然，如果真的动起手来，把对方打伤了，我们在派出所待着是很难受的，即使是24小时都很难受，但他们不是这样想。

综上，我想说的是要有防范意识，我想作为医生应该让患者有归属感，让患者觉得你在乎他。记得我看病时，医生一个举动让我感受很深，医生当时是直接叫出我的名字，然后说我喉咙有发炎，让我少吃点肉，多吃点菜。

我很奇怪,看了那么多次病很少有医生会直呼我的名字,当时我没有走,留下来看了一下,发现医生看诊前都会去了解一下患者的病历,这个举动非常亲切。在陌生环境下,给病人哪怕是一点点的温暖,病人心里也会好舒服。医生应先学会做一个人,学会活在患者心里,学会让患者感觉到"你在乎他"。让他知道:我一直陪着你,并且我在乎你。让患者明白"手术很成功,但人死了"有很多情况,手术是没问题的,甚至说很成功。但由于各种原因,器官排斥,自身体质的好坏,术手,病人可能活不长!如果你告诉患者手术很成功,但最后死了,家属一定会闹,这样很多家属都会很难理解。在日本做手术前医生会用45分钟与患者沟通手术如何做,而且还会说手术不难的,但是有一些风险,并且让患者信任他。沟通应该从看病开始。沟通技巧:讲讲一个"海底捞"的例子。"海底捞"是家餐馆。我们知道,有人在地铁、公交等两小时会打架、会闹,为何在"海底捞"等位过程中很高兴,不打架、不闹。因为拿了号之后,"海底捞"会安排你们在门口坐,还有小吃,还可以美甲,反正这两小时也不会闷,还可以折折千纸鹤。千纸鹤还可以卖钱,整个过程会让你感觉很舒服。点餐的时候服务员也会建议你两个人不要点那么多菜,从整体服务来说是比较好。但如果态度恶劣的话,我相信冲突迟早会爆发,只是在选择适当机会而已。沟通是可以解决大部分问题的前提。有医生说看病时病人经常会问,医生我的病会好吗?我的药应该怎样吃?如果你治不好我,我应该挂什么号?我觉得对待这些病人千万不要按常理出发。有位专家说看病要看患者是什么状态,是耐心的状态还是很癫狂的状态,发现不对就要马上离开,同时也说办公桌不要背对门口,不然人家跑来刺你一刀也不知道。有报告说广州、深圳公共服务是全国第一,这有赖于相关媒体,媒体是引导舆论,但也是需要当事人来引导。就像一张图片,不同的图片也有不同的感受。医学是专业行业,与媒体沟通是非常重要的,甚至决定走向。我们要主动出击,坦诚相对。承认小错误,模糊大问题,坚定好态度。大问题有司法鉴定机构,小问题公众会理解,不好的态度媒体会看到。最简单的"9·16"的枪战,当天首要信息是报道警察和群众受伤。当时几乎所有人都在思考无论是警和匪都很正常,但为何有群众受伤?到了17日早上,才知道原来那个是一个开锁师傅。我也思考了很多,为何没有采取保护措施,为何警察没有专业人士等问题,这对警队都很不利。然后到了17日下午召开新闻发布会,说开锁师傅是热心人士,长期自愿为警队提供服务。瞬间讲明了开锁师傅那么伟大。后来有报纸说警察已经把防弹衣给了他。想说通过这个事例来看,我不说其他,警方这个发布会是一个最好的、合法的做法,也是无可挑剔的,这说明与媒体沟通是多么重要。最后讲一个务虚的东西,那么医生应该如何提升,我认为应该是要有"信仰":专业上"仁术",沟通上"仁心"。禅宗解释何为"禅":"吃饭时吃饭,睡觉时睡觉",这就是一种修行,其实也就是说何时何地,做适当的事情,便为修行。最近听了一段话,一个人清高就要宽容,否则清高就会成为孤傲;一个人仁慈就要果断,否则仁慈就会变成软弱;一个人强大就要敬畏,否则强大容易产生暴力;一个人富有就要节俭,否则富有就会滋生奢靡;一个人博学就要通俗,否则博学就容易变成刁钻;一个人尊贵就要谦卑,否则尊贵就会变成傲慢。没有一种品格是高枕无忧的。当然所有这些都可以汇聚成一句话"过犹不及"。谢谢大家!

广东省医学会医事法学分会宋儒亮主任讲授:医事纠纷六类处置方式的回顾与前瞻

围绕医事纠纷六类处置方式的回顾与前瞻,重点讲解了以下内容:

1.纠纷处理的法定方式和走向问题。面对这些方式,概括而言,大致存在以下特点:

(1)自行协商解决基本退出。在省的情况下,自行协商基本上已经退出江湖,1万元以下的,没有多大价值,1万元以上的医院没有处理权,但问题并没有完全化解。一直有一个观点,在医疗纠纷中,一个医院连1万元以上的处理权都没有,但医院却能投资很大的企业,这是否合理,值得认真思考。进一步说,医院法人权中具体某项权利有无是由政府规章限定,这是否合宪合法?显然是一个需要有更多论证和研究才可以回答的问题。

(2)调解方式已进入深水区;调解作用如何看待。如果调解都是用钱来解决，这便和原来信访没有区别。在追求解决问题的时候，案件是能了结，但同时通过这件事有什么预期，当事人、社会、国家有什么预期，也是非常重要的。如果法院调解大幅上升，法院和行政、调解委还有没有区别、区别在哪、有多大区别，等等。这是一个很令人担心的问题。虽然解决了问题，但只是针对当事人而言，其他人并不知道，不知道案件结束后的指引在哪里。当再次出现这种情况的时候怎么做还是不清楚。

(3)行政处理数量很少，这并不正常。要知道只有政府法治，政府才能实现为规矩政府。讲规矩的政府、依法行政的政府行动起来才能实现成本小但效果大的目标。目前医院中存在的许多问题没能有效解决，同某些行政监管缺位有很大关系。医疗纠纷一方当事人是医院、医生，他们的监管不能完全交给社会、交给调解组织。不能再让不依法行政这样的情况继续下去。

(4)司法诉讼作用并不显著，也不占主导。审理者裁判、裁判者负责正在不断推进。通过这种导向能明显看到和感觉到民众对司法公信在增加，法官要做好迎接立案登记制引发的诉讼准备。面对争议不怕，是否对错不重要，关键在于要能通过法规适用，对争议和对错来龙去脉给出说明，讲明它的是非曲直，然后举一反三，让大家能信任司法，遵守法律，明白生活。

(5)医疗仲裁正在起步。这是新事物。目前应当加强这方面的研究。就总体而言，评估之后有一个总的看法，其实这里是六种方式同时在走，广州市的做法是优先调解，调解不成的，引导其通过行政、司法、仲裁等合法途径解决纠纷。但问题是，目前看单一的解决方式很难，组合方式才更适合，这是一种趋势和现状。未来各种方式是按需选择，解决依顺序排列和效益优先，方式当中哪个最好，就先选择哪个。这方面的研究应当跟上。

(6)其他方式，如信访，这个方式在广东会有所明显改变。但在医疗纠纷领域，若上述方式没有作用或者不大，信访方式又会可能再重新大量出现。

2. 化解法律冲突的思维类型

用法律人的思维，法律关系角度有以下四类：民事类、行政类、刑事类、宪法类。这就将法律思维与其他学科思维区别开来。不同思维,重点各有侧重:民事类思维主要关注平等有偿自愿化解问题、讲究讨价还价问题;行政类思维主要谈权力有无,关注秩序和监管处罚问题;刑事类思维主要谈关系保护和定罪量刑问题,宪法类思维主要谈主权和人权问题。

只有围绕民事、行政、刑事、宪法四类关系、进行四种角度之研究,才能最全面地完善好纠纷处置的顶层设计,最好推进医事法治。

3. 法治方式的运用问题

以民事法律关系为例,谈沟通问题。医疗活动中常遇到如何把事项说清楚、说齐全、说完整是难题。有人提出靠经验,如少说、不说、要看人说、选择说等。从实践来说有效果,但难以持久。关键在于既没有依法行医,也难以应对法律难题。要依法才能有保证地沟通。按法沟通是进行沟通的底线,但遗憾的是,现在并不按这个引导医务人员,总是在微笑、态度等方面做文章,而这往往治标不治本,且有误导、延误纠纷彻底进入法治轨道之忧。

4. 纠纷处理方式选择之前瞻

现在不缺少法,要做的是执行。正在唤醒、不断唤醒,使用沉睡中的法律,这就是前瞻。这个很关键。当前要选择以法律来解决纠纷。纠纷解决最需要的不是方法而是正确用法。没有法律介入的医患关系不是现代医患关系,法律介入的医患关系才是法治化医患关系。

5. 纠纷处理要有正确导向

研讨交流中常常听到某些医生这样一个观点,我们就是这样在工作的:有时去治愈、常常去帮助、总是去安慰。意思就是不要期望太高。但问题是,医生真是这样工作吗?想想身边又见哪一个医学大家是这样做的?再说,若实践这样说,能获得患者、社会的认可吗?“有时去治愈、常常去帮助、总是去安慰”以前可以的,但现在存在局限了。应当在其之后加一句“一直在守法”:只要符合诊疗规范、尽到合理义务和限于当时水平,那么,医方就真是没有好办法了。遵守这三个准则之后,再谈“有时去治愈、常常去帮助、总是去安慰”才有了现实和法理的基础,也才有了追求。现在知识结构应当是“法商要高、理商要高、情商也高”。关系建立、纠纷化解也应当遵守“法为先、理为中、情为后处理”之顺序。这才是真正的医患和谐。

学习班总结

由广州医科大学附属第三医院党委副书记赖永洪对本次培训班会议进行总结

这两天活动很顺利,很精彩,个人感觉有两大特点:视觉新、视角多元。当我们医疗或者医学进入新的时代时,法治是一定不能缺席的。换句话说,在面临医学新的革命时期,法律一定要有一个很显著的位置。要符合多元,不管是人的来源还是研究领域、事项、内容都是从多方面视角去防范,讲解更加贴近我们医疗行业的每时每刻,很多观点都值得我们去思考。就医事法学而言,也谈一下个人的体会。我认为医学是站在法治医疗时代的路口,在这个路口我们准备好了吗?我们应该做什么?这是我们广东省医事法学分会面临的任务与责任。其实我们有省医事法学分会、有卫生法学分会等包括我们这个多元的平台,也有像宋教授医事法学的领军人,也有我们医事法学积极分子,有司法界、媒体界、学术界,有医生、院长、法官、律师、记者,这群人在这个平台上,在我们站在法治医疗时代路口的时候,我们应该从实践中探讨应该如何去做。首先我们应该从思想上、行动上,从理论中到实践中去思索、探索我们的路。在这个问题上,我们现在不应该再摸着石头过河,我们应该思考法治医疗的理想途径是怎么样。在这里借用邓正来书中的一句话对“理想图景”的强调,即“在根本上意味着要把一个被无视的、被忽略的关于中国人究竟应当生活在何种性质的社会秩序之中这个重大的问题开放出来,使它彻底地展现于中国人的面前”。我们也应该探索在法治医疗上的路径是如何,最起码的应该就是以法治思维、法治理念、法治方式来规范、约束、调整、解决医患关系,从每个案例都应该体现到法治医疗的理念。借用习近平总书记的话,从每一个案例中体现司法公正,我们要以这句话体现法治医疗的作用,从我们做起。充分调动和推动各方力量、运用各种形式、努力促进人文关怀的正确认知态度。要让老百姓知道,法治不仅仅是制裁人,法治还会维护保障人的利益。要坚持对医事法学、法治医疗追求不放松。希望也相信,广东医事法学跨出的每一步必将在未来留下深深的烙印。

最终回到宋教授开幕的一段话,其实我们是希望法律与人文医学前行,现在医患关系有三个核心:法律、技术、伦理。我们希望法律多一些人文的温度,给予软绵绵的人文多一些法律的刚强,医学在解决人文高端的学文中,相伴而行的应该是法学和人文,在这个时候就像梁栋所说的医生在乎患者。最低要求是遵守法律,依法必须做法律规定的事,要履行你的义务。从人文角度来说,尊重人也是人文核心,就是站在对方立场上去思考,在走进法治医疗的时候,让我们的法律与人文伴随医学同行。相信未来会更好。谢谢大家。

分会学组成立大会暨颁证仪式

田柯副主任主持:

在省医学会领导和学术部的关心指导下,通过大家努力分会组织又扩大了,成立了医疗风险防控组、媒体信息组、医疗纠纷处理实践组、医疗损害鉴定组。

按照事先安排的程序,依次进行了五项内容:

一、由广东省医学会学术管理与组织管理部陈华红部长宣读名单

二、四个新成立的学组组长发表感言:

医疗损害鉴定组长罗斌:尊敬的各位领导、同仁,受广东省医事法学分会医疗鉴定学组委托将学组组建和今后的工作设想与计划向大家做一个汇报。在宋教授的带领下,医事法学分会自2011年成立近三年以来,为提高医疗卫生管理者、医务人员、法官、律师、媒体等医疗法律意识和法制观念,深入推进医事法治改革和法治进程,减少医疗隐患,妥善处理医疗纠纷,构建和谐医患关系，为提高医疗质量和医疗管理平做出了卓有成效的贡献。举办了三次高峰论谈和学术活动，编写了医事法学问题500问，还有在各地进行了讲座。因为分会的影响日益扩大，所以7月份受命开始组建这个学组，这个学组人员由法官、司法鉴定人员、律师、学者、其他医务处人员33人组成。在此我感谢大家的大力支持和踊跃参会。今后来讲我作为组长感到责任重大，我会尽心尽力去工作。相信在医学会和分会的指导下，按照预定的开展工作，我们首先要做好以下几项工作：(1)要组建组群，以最快速度传播分会计划、学术动态；(2)要以专门课题来开展学术活动，为此准备拟定一个医疗损害指南。编订医疗损害鉴定理论与实践预案；(3)就医疗损害热点展开学术探讨和写相关论文，扩大分会影响力；(4)要做好宣传活动。汇报完毕，谢谢大家！

医疗风险防控组副组长陈伟：

我是医疗风险防控组副组长，受组长委托给大家做一个发言，谈以下三个方面：

第一个方面，是我们学组成立的背景有一个顺其发展的过程，我们学组2011年成立，在宋主委的带领下，举办了很多学术活动，影响也非常大，学组的活动经常有各个医院的人都来咨询我们，要求解决实际问题。

第二个方面，是广州医疗形势确实不平静，每次影响到伤医事件，宋主委都非常关心，经常给我们探讨如何处理，在法律方面给我们很多指导。所以处理纠纷当中很多同行都认为很有必要把法律引入医疗。我们也很感谢学组得到法学会很多帮助，我们学会在宋主委领导下还是比较新生的事物，短短3年内给了我们这么多机会，我个人来说是非常感激的。

第三个方面，我们学组成立的意义，我是深有体会的。现在整个医院的管理包括医院的处理，很多人都是从医疗去讲，但很少从法律去讲。所以医事法学在这方面的帮助是非常大的。我们学组希望在理论指导下，能给医院提供实际帮助。这也是我们学组的共同心声。我们学组有三大类人，第一类是长期在广东从事医务管理的人员，第二类是律师、法官、法律专业团队的人员，第三类是三甲医院在一线现场处理医疗纠纷的人员，他们很容易发现医患问题，而且他们都很年轻，有干劲。我们计划将医疗风险防控范围大概分为三类，一是医护人员身心健康；二是我们比较棘手的医疗损害防控，这个也是研究的重点；三是传染风险防控。但我们重点还是做医疗损害防控。那么我们应该如何把这个工作做好呢，在宋主委的领导下我们有一个很大的启发，在临床管理上，我们遇到各种各样的病人，层次不同，如何来体现公平和正义，可能从不同的角度看都有不同的答案，但是我想法律是最重要的一个基本原则，不管做什么都应该以法律为准绳，所以我们要用法律去研究这个医疗问题，用医疗法治来解决临床问题。我们现在初步想写个论文，做一下书，因为学组成立的时间也不长，也存在很多不成熟的地方，以后还需要领导给我们继续指导。谢谢大家！

医疗纠纷处理实践组组长姚麟：

尊敬的各位领导，大家好，我受医疗纠纷处理实践组的委托做一个简单的汇报。

我们组主要是由法官、律师和一线医务人员组成。我们现在关注到的是在医患纠纷中医生受到暴力，但其实我们处理医疗纠纷的一些一线医务人员也同样受到暴力。我们在处理医疗纠纷时受到软暴力甚至暴力威胁。我想借用一句话"要让患者得到满意，首先应该让我们医护人员也得到满意"，所以我想我们学组的工作就是如何提高医患纠纷处理过程中的满意。我们应该如何提高我们的人文素养，比如说通过我们的倾听，通过一些人文的关怀，使患者有一个很好的宣泄，或者有一个宣泄的渠道，使医患纠纷得到很好的解决。同时我们也与法官合作来结合一些案例，能够帮助我们合理、合法解决医患纠纷。对于我们医务人员来说，我们很多大夫都是专家，但对于医患关系来说确实存在一些问题。我们希望在处理过程中可以与临床医务人员有很好的交流，将来我们也要对这些人员进行交谈，提高医护人员对于法律、法治的认可。我的汇报完毕，谢谢大家！

媒体信息组组长梁栋：

我们学组是媒体信息，我很高兴有些学组要进行宣传，我们学组承接各学组的宣传。介绍一下我们学组,我们学组主要以媒体为主,还有一些医院的宣传科的朋友。我们最近的任务是想通过媒体进行社区医院的推广和宣传,免费为社区医院做一些网站,希望这些工作在今年可以完成。谢谢大家!

三、广东省医学会医事法学分会主任委员宋儒亮教授代表分会总结

尊敬的李秘书长,尊敬的陈部长,尊敬的各位同道:

大家好!

第一点,之所以成立学组是因为需要。概括而言,有五个需要。第一,国家需要。我们讲法治国家、法治社会、法治政府,但不管怎么走,政府一定和老百姓连在一起,都是为了老百姓,老百姓需要身体健康,也需要我们医务人员如何去合法地保护。第二,社会需要。在很多社会问题上你说你有理,我说我有理,到底谁有理?不是谁强谁有理,不是谁权大谁有理,不是谁钱多谁有理。去闹更无理。依法最有理。如何在社会上,引导纠纷化解依法而行?所以我想社会需要有机构。第三,学会需要。刚才陈华虹部长讲得好,我们要学会得到医学会的厚爱,刚刚上任的李国营秘书长也参加了学组成立仪式。把参加学会第一次活动机会给我们,分会甚感光荣。回想从申请到学会到今天成长的点点滴滴,都得到医学会领导的关心和厚爱。所以,更好回报学会的关心需要我们创新。成立这些学组,有利于实现分会宗旨,让分会有更多途经和方式完成学会交代工作。第四,委员需要。委员研究方向是具体的,但他的工作、他的经历、他的事业、他的专业又需要沟通、交流,分会需要提供让大家分享和沟通的渠道和平台。第五,分会需要。分会有了工作宗旨和框架,但分会的柱子在哪里?学组就是柱子。搭建了四个柱子,让分会力量能传递下去。总之,面对国家需要,社会需要,协会需要,委员需要,分会需要,作为主委,有这么多需要,没有道理不适应、不满足、不落实。

第二点,成立学组要该干什么。刚才组长发表了感言,想法也和大家讲了。起个名字是有讲究、有深意的。顾名思义,就知道目标所在。期待学组就是按名称所指做好设计、按照名义所向确定的思路做好工作。我们大家都对他们拭目以待。

第三点,要以怎样的心态去工作。众所周知,分会、学组不是官场,没有位置,也没有待遇。不为官位,不为待遇。是我们自己愿意,是我们自己乐意。做得有快乐,做得有价值。这些年分会做了不少工作,比如,举办了富有影响的南方医事法学高峰论坛;出了《医事法学在广东》一书,且书的影响很大;和中国医学论坛报合作了一个栏目,介绍了医事法学。目前的中国的医学界太需要我们了。百年后,我们在座的都是医事法学领域的开拓者、创立者。我们现在做得很好,很多声音已在大平台中传播。让大家慢慢知道了广东有这样一个平台。今天全国继续教育班成功举办就是一个证明。

未来比我们大家想象的要宽广!分会、学组提供了这些平台让我们有了贡献的机会。我愿意和大家一起,大家共同努力,把医学会和医事法学分会越做越好。谢谢大家!

四、广东医学会李国营秘书长代表医学会做重要讲话

尊敬的各位专家,各位同学、领导,大家好,已经到了中午,时间紧,谈一下我个人的几点认识。

第一点,广东省能成立医事法学会,并且今天成立了学组,是很有意义的事情。它瞄准了当前医疗行业的难点和重点问题,以此来进行研究和交流、来提供各种咨询、支持。这样来说,讲依法治国,它解决了社会的难点,是非常有意义的。我国有长达两千多年的人治社会、封建社会,中国对法的概念和法的治理是比较弱的,无论是国民还是医生,谈依法治国都是近几十年才建立起来的。所以要让法治观念深入人心,还有待各个方面努力的耕耘。成立学组就是努力之一。

第二点,哈佛医学院是最大的一个附属医院,终审判决赔300万美元。院长要求所有的人在一周内学习相关的法律,包括做研究的。每一个人都要去做,就是一个隐私权的扩散就这么严厉。今天有这么多医疗朋友,有管理者、法学者、媒体、保险,共同研讨中国在法律方面怎样看医疗,在医疗方面如何看待法律,怎么介入,怎样推动我们整体医患关系的解决,如何构建和谐医疗关系,构建和谐社会。我们这个分会,这个学组,着眼这样一个方向,切中了当前医疗工作的难点,非常有意义。

第三点,刚才每个学组都发表了看法和工作的设想,希望大家共同努力,就像宋主委讲的我们四条柱子已经搭建起来。那我们要把它变得丰满,研讨出一批成果,对一个问题形成一个有共识的认识和理念。期待学组为我们的医疗,医患关系的解决做出更多更好的贡献,推进医疗事业与和谐医患关系的发展。再次感谢宋主委,感谢委员和学组组长,组员,感谢大家。

五、由李国营秘书长和宋儒亮主任为各学组代表颁发证书

分会工作又进入了新时代。在大家的欢笑和期待中,广东省医学会医事法学分会学组成立大会暨颁证仪式学组成立及发证仪式圆满结束!

医事法学高端论坛之多视角看心血管诊疗技术发展中的法律风险识别与防控综述

广东省医学会医事法学分会、《中国医学论坛报》联合主办

广东省医学会医事法学分会医疗风险防控学组承办

4月12日 星期日

白云国际会议中心3308室

08:30-08:40	主席:宋儒亮,王娣,王绍强,赖永洪,杨扬,陈虹,袁伟伟,田柯	
08:30-08:40	开场致辞	李国营,王娣
08:40-11:00	主题:多视角看心血管诊疗技术发展中的法律风险识别与防控 执行主席:刘秋生,陈伟	
8:40	主持	赖永洪
08:40-09:10	心血管诊疗技术的临床风险防控	周玉杰
9:10	主持	杨扬
09:10-09:30	从医院等级评审谈心血管专业执业风险与防范	刘秋生
9:30	主持	田柯
09:30-09:45	历年司法实践中心血管诊疗纠纷案例剖析、总结与经验	张坚雄
9:45	主持	袁伟伟
09:45-10:20	心血管诊疗技术发展之如何提升医疗技术的同时兼顾法律风险防范——以人文伦理、法律、管理之视野	彭锐 杜作义 陈伟 孙新 余怀生 雷锦程

续表

10:20 - 10:45	集体讨论	施祥，刘玉莹，曹翔，姚文佩，王文倩，刘芳，许茂怡
10:45 - 11:00	论坛总结	王娣，王绍强，陈国翔，宋儒亮
11:00 - 11:30	主题：医事法学分会全体委员会议 主席：宋儒亮	
11:00 - 11:30	医事法学分会 2015 年活动安排通报	王绍强 赖永洪 杨扬 陈虹 袁伟伟 田柯

第十七届中国南方国际心血管病学术会议之医事法学高端论坛

——多视角看心血管诊疗技术发展中的法律风险识别与防控会议综述

（会议录音整理　未经本人核对）

2015年4月12日上午，第十七届中国南方国际心血管病学术会议之医事法学高端论坛——多视角看心血管诊疗技术发展中的法律风险识别与防控——在广州白云国际会议中心隆重举行。本届论坛是广东省医学会医事法学分会与《中国医学论坛报》为庆祝“医事法学”栏目开办3周年而联合举办的特别活动之一，由广东省医学会医事法学分会医疗风险防控学组承办。

本次论坛一共有五部分的内容，即“开场致辞”、“主题报告”、“集体讨论”、“论坛总结”、“医事法学分会全体委员会议”。它通过不同角度讨论了心血管诊疗技术发展中的法律风险识别与防控，吸引了包括临床专家、医院管理者、专家学者、法官、检察官、律师、媒体人、在校大学生等在内的100多位各界精英。

开场致辞　由广东省医学会医事法学分会主任宋儒亮教授主持

宋儒亮主任首先对参加本次论坛的领导、专家学者表示感谢。指出，南方医学会医事法学论坛在这4年中不断发展壮大，取得相当良好的社会效果。与论坛报的合作非常愉快。期待在未来的日子里，共同努力，争取更大成绩。

作为活动的主办方之一，论坛主席、《中国医学论坛报·循环周刊》主编王娣博士代表《中国医学论坛报》致贺辞。王娣主编表示本次论坛是借南方会来预祝广东省医学会医事法学分会与《中国医学论坛报》合作“医事法学”栏目3周年的专场。这4年来,《中国医学论坛报》与广东省医学会医事法学分会开辟的医事法学栏目不断发展壮大,她感到非常高兴。同时,王娣主编还表示非常钦佩宋儒亮主任及其团队在开拓医事法学领域的勇气和努力,衷心祝愿医事法学分会在推动中国医事法学研究进程中起到更大的作用。王娣主编还提到,她从事的主要是心血管方面的医学编辑工作,深深感觉到医学技术发展的日新月异,许多医生在运用新技术的过程中面临着法律风险,这次论坛的主题可以说是对这方面内容的有益探索。

广东省医学会李国营秘书长致辞。首先对各位专家学者的到来表示热烈的欢迎。李国营秘书长强调,广东省医学会医事法学分会是全国第一家把医疗和法学结合起来研究探讨的分会,经过3年多的努力,已经得到了许多医院专家、医务工作者的认同,他对此非常欣慰。李国营秘书长指出,参加医事法学的都是热爱社会事业,有担当的,愿意解决当前医患关系的社会工作人;有关心血管疾病治疗所涉及的各方面问题又属于医学中容易出现医患纠纷的。因此,探讨心血管诊疗技术发展中的法律风险识别与防控非常有意义,也是各位同道中人可以出力的一个重点。李国营秘书长认为。当前许多新的医疗技术在拯救患者的同时,也存在不小的法律风险,相关的法律问题如何界定,是一个非常重要的课题。他希望通过本次论坛的举办,能促使各位专家学者对这个问题进行有益的探索。最后,李国营秘书长祝愿本次论坛取得圆满成功。

宋儒亮主任再代表分会衷心感谢。指出,医学科学是很实在的,法律科学也是很坚实的,两者结合在一起的时候更应该踏踏实实,一切从实际出发。任何工作的成功离不开天时地利人和。在医患关系日益紧张的今天,在广东这个改革开放前沿阵地探索医事法学,深得省内外专家学者的支持,无疑是占尽了天时地利人和。虽然当前医事法学刚刚起步,但非常有价值,应该让更多热心的人加入这个行列当中,把医事法学推向更高层次、更高级别和更快速轨道之中。

主题报告　分别由广东省医学会医事法学分会副主任赖永洪和田柯主持

周玉杰教授:《心血管诊疗技术的临床风险防控》

周玉杰教授擅长复杂、高难度、高风险心血管介入,是国内优秀的、综合性中青年专家。在报告中,周玉杰教授指出:医学技术本身非常复杂,从不同角度出发看待一种医学诊疗方法会得出迥然不同的结论。因此,在这种情形下,医生做一些法律风险的规避是非常有必要的。还指出,许多心血管疾病,尤其涉及心脏问题,对于医生来说尤其棘手,许多手术都属于中等和高危的,存在的风险非常大。这也从一个侧面要求医生必须懂得一定的法律知识来规避相关的法律风险。周教授认为,当前医学和法学结合是社会发展的必然结果,依法治院是未来医院的一个发展方向。周教授在报告中还介绍了英、美、法等法治发达的国家依法治院的案例,指出,在这些国家中,法律对于医院的保护是相当周全的,这在很大程度上保障了医疗秩序,维护了医生的合法权益。在强调依法治院的同时,提出,医生也要提高自己的道德伦理修养,有自己的信仰和人生追求,这是作为一个医生最基本的要求。患者也要提高自己的法律素养,共同维护良好的医疗秩序,希望医事法学分会能越办越好,为社会多做贡献。

广东省医学会医事法学分会常委刘秋生:《从医院等级评审心血管专业职业风险与防范》

他认为,当前社会进步很快,技术日新月异,但医疗安全仍然是无法回避的问题。医疗风险是制度和医学发展的辩证结果,认识医疗风险,防范医疗风险,化解医疗风险是加强管理的必要步骤。接着,刘秋生常委介绍了医院等级评审制度。医院等级评审是从国家层面对医疗安全进行的评价,是医院管理科学的一个大发展。医院评审制度最主要的是自我评价,也有周期评价,不定期重点检查,主要内容有四大块——书面评价、统计评价、现场评价和社会评价。评价人员分三组,打破专业限制,在评审前对医院相关数据审查,审查完基本上带着问题到医院检查,在检查过程中一边检查一边沟通。统计评价之前也要进行分析,对医院进行了解,最后把评选的结论提交给省卫计委。所以评审是要脚踏实地的,要融入到日常工作中,是对医院日常管理系统系有一个积极性、有效性调节,最后融入到常态去。

面对心血管诊疗技术发展中的法律风险识别与防控,指出心血管患者比较容易紧张、焦虑,并且需要长期用药,依赖性比较高,因而风险也比较大。当前国家虽然出台了一部分法律法规来规范相关的操作,但依旧不够具体完善。心血管疾病的相关医护人员在具备丰富医学知识的同时,也需要提高自己的法律意识,依法行医,从而达到规避法律风险的目的。

广州市中级人民法院民一庭庭长张坚雄:《历年司法实践中心血管诊疗纠纷案例剖析、总结与经验》。报告主要围绕两个案例展开:

案例一:魏某某医疗纠纷案。基本案情:魏某某(74 岁)既往病史:2000 年诊断为“急性肾功能衰竭”,后演变为“慢性肾功能不全”。2005 年诊断为“快速房颤”。2006 年因“消化溃疡病、胃十二指肠出血”,行胃大部分切除术,术后出血数次,长期口服胃保护药。2006 年诊断为“病态窦房结综合症”,2007 年植入心脏起搏器。本案主要情况:2008 年 11 月 26 日,魏某某因“反复心悸 3 年余,加重 1 周”入住 A 医院诊治。入院后,即予拜阿司匹林肠溶片抗血小板凝集,洛汀新扩张血管、改善心功能以及中医中药等治疗。入院第三天,心电图检查显示:心房纤颤,心室率 100 次/分,遂嘱口服悦复隆药物复律,停用拜阿司匹林肠溶片,改为每晚睡前口服一次华法林 1.25mg,抗凝治疗。12 月 1 日(口服华法林 3 天),患者开始便血,12 月 2 日检查提示上消化道出血,当晚停用华法林,予络赛克抑酸护胃,嘱全流饮食,并行对症处理治疗。12 月 3 日早晨患者便血,诊断为急性上消化道出血,予络赛克针、善宁针(奥曲肽)、邦亭针止血及扩充血容量等治疗。当天上午 11:00 患者再次便血,突发神志不清,大动脉搏动消失,抢救至 14:40,告临床死亡。死亡原因考虑为急性脑血管意外;心脏骤停;急性上消化道出血;病态窦房结综合征;慢性肾功能不全(氮质血症期)。患者死亡后,医方建议做尸体解剖,患方家属拒绝签字。鉴定情况:2010 年 10 月 9 日,医学会作出《医疗事故技术鉴定书》,分析认为:(1)关于患者的主要治疗。第一,临床关于慢性心房颤动(阵发性、持续性与永久性)的治疗,医方所用药物均有适应症,其药物剂量、用法、抗凝强度均符合诊疗规范。第二,对于因"消化溃疡病、胃十二指肠出血"行胃大部分切除术且术后仍出血数次的患者,临床常规长期应用抑制胃酸分泌的药物[H2 受体拮抗剂(H2RA)、质子泵抑制剂(PPI)]和保护胃黏膜的药物。鉴定专家组认为,医方先后在给予患者抗血小板药物(拜阿司匹林)、抗凝药物(华法林)治疗期间,没有同时给予患者服用上述治疗消化性溃疡的药物,不符合治疗常规,增加了患者消化道出血的风险。(2)关于患者死亡原因的分析,由于缺乏尸解资料,患者确切的死因未能明确。根据患者的主要诊断、药物治疗经过以及病情演变过程,推断患者的死亡是由于服用了抗血小板药物(拜阿司匹林)和抗凝药物(华法林)之后出现了药物不良反应(出血事件),导致急性脑出血(脑干出血可能性大)和急性上消化道出血所致。急性脑干出血是非常凶险的急危症,抢救成功的概率极低,几乎为零(尤其出血量大者)。(3)关于医方的医疗缺陷。第一,在应用抗血小板药物和抗凝药之前,对患者可能存在的出血风险评估不足;缺乏与患方沟通,未告知患方治疗用药的适应症(效益)和可能出现的不良反应(出血风险),应让患方有知情权和选择权。第二,对患者既往基础病(胃大部分切除术后)的评估与重视不够,尤其是术后仍出血数次,在应用抗血小板药物和抗凝药物的同时没有应用治疗消化性溃疡的药物(胃保护药)。综上所述,未发现医方的医疗行为违反医疗卫生管理法律、行政法规和部门规章;在给予患者抗血小板药物和抗凝药物治疗期间,没有同时应用治疗消化性溃疡的药物,不符合治疗常规;患者的死亡是药物的不良反应导致的出血事件(急性脑出血、急性上消化道出血)的结果,与医方的医疗行为及上述医疗缺陷之间不存在直接的因果关系。结论为:本医案不构成医疗事故。裁判及理由:法院认为,医学会鉴定结论虽然认为本案不构成医疗事故,但指出了医方的医疗缺陷,包括:医方在使用抗血小板药物和抗凝药物之前,对患者可能存在的出血风险评估不足;缺乏与患方沟通,未告知患方治疗用药的适应症(效益)和可能出现的不良反应(出血风险),影响了患方知情权和选择权的行使;对患者既往基础病(胃大部分切除术后)的评估与重视不够,尤其是术后仍出血数次,在应用抗血小板药物和抗凝药物的同时没有应用治疗消化性溃疡的药物(胃保护药)。关于患者死亡原因,医学会的鉴定专家经分析认为,由于缺乏尸解资料,患者确切的死因未能明确,但根据患者的主要诊断、药物治疗经过以及病情演变过程,推断患者的死亡是由于服用了抗血小板药物(拜阿司匹林)和抗凝药物(华法林)之后出现了药物不良反应(出血事件),导致急性脑出血(脑干出血可能性大)和急性上消化道出血所致。由此可见,医方在给患者使用抗血小板及抗凝药物治疗期间存在过错,且与患者最终出血死亡存在一定的因果关系。考虑到患者74岁高龄,身患心、肾、胃等多脏器疾病,有应用抗血小板及抗凝药物的适应症;患者突发神志不清,经抢救无效死亡,急性脑出血(脑干出血可能性大)考虑是导致其死亡的直接和主要原因。因此,患者的自身原发病因素及医疗风险应为导致患者死亡的主要因素,医方的过错应为次要因素,医院应对患方的损失承担次要责任。最终,法院判令医院向患方赔偿40,000元。

案例二:卢某某医疗纠纷案。基本案情:入院3天前于学校宿舍沐浴时自感缺氧,头部胀痛,咽喉部疼痛等,到其他医院就诊,胸部正侧片示:(1)右上纵膈轻度增宽;(2)主动脉弓左下缘金属影,考虑术后改变,予护胃、止痛等处理后无明显好转。既往史记载患者10余年前做过动脉导管未闭封堵术。入院心电图示:窦性心动过速,除avR,avL外余导联ST段抬高,提示心包炎可能;多个导联可见J波。诊断或初步诊断:(1)胸痛、发热查因:急性心包炎?(2)动脉导管未闭封堵术后。2011年1月16日,患者卢某某因胸骨后疼痛伴发热3天入甲医院治疗。医院当时认为,患者应在CCU或ICU观察一到两天,待病情平稳后再到普通病房,但当时CCU和ICU没有床位,只能在普通病房给予心电监护。1月17日彩超显示:右肝内多发小高回声团，考虑肝血管瘤可能性大；胆囊多发结石；考虑心包炎可能，升主动脉增宽，彩色多普勒检查未见明显异常血流，左室收缩功能正常，心包积液（少量）；动脉导管未闭封堵术后，心肺未见异常。医嘱单记载患者入院后医院给予抗炎（先后头孢曲松、头孢哌酮舒巴坦）、参芪扶正注射液、万爽力、辅酶Q10、倍他乐克缓释片、阿斯美、沐舒坦等药物治疗。1月17～18日，患者发热，体温最高38.0℃，咳嗽较前稍频繁，痰少不易咳出，偶感气促。1月19日11:30，患者到病房外入厕10余分钟未归，家属紧急向医生呼救，医生协助破门进入卫生间，发现患者昏倒在地，大动脉不可触及，嘴唇面色发绀，听诊心音消失，经抢救4小时后症状无改善，患者临床死亡。《死亡医学证明书》载明患者死亡原因为心脏猝死。入院记录载明医院最后诊断患者为：(1)心脏猝死；(2)急性心肌心包炎；(3)动脉导管未闭封堵术后；(4)肝血管瘤；(5)胆囊结石。鉴定情况：2013年2月1日，北京法源司法科学证据鉴定中心作出《法医学鉴定意见书》。分析说明：(1)关于医疗行为。入院时考虑初步诊断胸痛、发热查因，疑诊急性心包炎具有一定医学依据，医院给予患者的治疗，符合针对急性心包炎病情的诊疗原则。2011年1月16日外院胸片和2011年1月17日入院后检查胸片，可见右上纵隔增宽影像表现；入院后心脏彩超示升主动脉49mm，明显增宽，提示患者升主动脉异常增宽，具有进一步检查明确升主动脉异常增宽原因的临床指征。病历反映医院未能对此作进一步完善检查，或邀请胸外科会诊协助诊治，故医院存在诊断思维局限，未能对患者进一步鉴别诊断的过失。对于医院是否对患者进行了卧床休息等告知，医患双方存在明显争议。依据病历材料，病程和护理记录中见嘱患者严格卧床休息，避免较大活动，嘱其在家属陪同下入厕等记载，但鉴于缺乏医患沟通的书面记录，以及医嘱中未见卧床、陪护的记载，故本次鉴定无法对相关告知情况给予评价。(2)关于因果关系和参与度。本次鉴定无法排除患者可能存在主动脉发育异常情况，如主动脉瘤、主动脉夹层。依据现有病历材料分析，患者因主动脉夹层破裂引起心包炎可以解释其病情表现，但2011年1月19日抢救患者时床边B超示心包积液较前无明显变化,而未见超声对其他心血管情况的描述及缺乏该检查报告单,故本案不能完全排除患者因主动脉夹层破裂致突发循环衰竭、死亡的可能性,但确切、直接的死因证据仍需依靠病理学检验。综上所述,入院初步疑诊急性心包炎并给予抗炎等治疗未违反诊疗原则,但医院针对患者升主动脉增宽影像表现,缺乏进一步的临床分析和鉴别诊断,提示医院对患者病情诊断思维局限,故医院存在医疗过失。此外,医院对患方进行卧床、陪护的相关告知问题,尚需法庭进一步审理确定。在医疗过失参与度评定方面,就本案而言,参与度的评定需要考虑以下因素:(1)未行尸检病理学检查,对获得确切、直接的死因证据的影响;(2)2011 年 1 月 19 日床边超声未见对其他心血管情况的描述及缺乏该检查报告单,对患者临终时心血管情况影像学判断依据不足;(3)患者临床表现缺乏特征性,入院时间短对医院诊断思维的影响;(4)医院的医疗过失和医疗级别对应的医疗水准;(5)对于告知问题的法庭确定。因此,参与度的评定经本次鉴定认为:(1)若经法庭质证明确医院对患方告知卧床、陪护,则医疗过失参与度拟为 C 级;(2)若法庭质证明确医院未对患方告知卧床、陪护,则医疗过失参与度拟为 D 级。但是否妥当请法庭质证,并由法庭结合审理的情况综合确定民事赔偿等级和程度。鉴定意见:(1)诊疗行为存在医疗过失。(2)依据现有病历材料,不能排除医疗过失与患者突发循环衰竭、死亡的因果关系,但确切、直接的死因证据仍需依靠病理学检验。本案医疗过失法医学参与度评定具有难度,本次鉴定认为:(1)若经法庭质证明确医院对患方告知卧床、陪护,则医疗过失参与度拟为 C 级;(2)若法庭质证明确医院未对患方告知卧床、陪护,则医疗过失参与度拟为 D 级。请法庭综合裁量。鉴定意见附《医疗过失参与度对照表》,其中 C 级理论系数值 25%,参与度参考范围 20% ~40%;D 级理论系数值 50%,参与度参考范围 40% ~60%。裁判及理由在庭审阶段,法院通知北京法源司法科技证据鉴定中心出庭接受质询,对鉴定意见进行了说明。同时准许医院申请其他医院的心血管外科主任医师、超声科主任医师作为专家辅助人到庭就本案有关专门性问题进行说明。(1)关于医疗过失问题。第一,医患双方对抢救时是否使用了床边B超存在争议，床边B超缺乏书面报告单，且患者《临时医嘱单》、《护理记录》中均未记载患者抢救时使用了床边B超，尽管《临时医嘱单》、《护理记录》在患者死亡当天的抢救记录非常详细，但唯独没有关于床边B超的记载，这显然不符合卫生部《病历书写基本规范》关于“住院病历书写内容及要求”的有关规定。故在医患双方对是否对患者使用了床边B超这一医疗措施存在争议且《临时医嘱单》、《护理记录》没有有关记录的情形下，无法确认《病程记录》及《死亡病例讨论记录》中关于“床边B超示患者心包积液较前无明显变化”这一记载的真实性，无法确认医方当时对患者使用了床边B超。第二，关于医方在诊疗过程中，是否存在思维局限，未针对患者升主动脉增宽影像表现，进行进一步的临床分析和鉴别诊断问题。从医学角度分析，仅仅根据心脏超声示患者升主动脉增宽49mm这一影像表现，显然是无法排除患者患有升主动脉夹层疾病，对于主动脉夹层这一疾病的影像学检查手段而言，相对于心脏超声，MRI影像学检查更为准确，其特异性和敏感性均高达98%～100%。在患方外院胸片示右上纵膈增宽，入院后心脏超声示升主动脉明显增宽，入院前后提示患者升主动脉异常增宽的情形下，鉴定意见认为患者具有进一步检查明确升主动脉异常增宽原因的临床指征，该意见分析有据，予以采信，认定医方在诊疗过程中存在未能针对患者病情及时进行鉴别诊断的医疗过失。(2)关于医方是否履行了告知说明义务问题。医方称以患者的病情，本应进入CCU或ICU观察，待病情平缓后再转入普通病房。可见医方于收治患者当时即认识到患者病情严重，但本案并无证据证明医方与患者及家属就此问题进行了沟通。在医方缺乏相应的收治条件(CCU或ICU无病床)的情形下，也未见医方建议患者转院。《病程记录》与《护理记录单》中虽有嘱患者严格卧床，避免较大活动，告知家属陪同入厕及危险性、嘱家属密切观察患者体温、心率、血压等情况等医方履行告知说明义务的记载，但在《临时医嘱单》中未见有关卧床、陪护的记载。本案患者属病情危重，随时可能发生病情变化需要进行抢救的情形，其护理级别本可以更高。《病程记录》中关于嘱患者严格卧床休息的记载同样属于一级护理的内容，护理人员对病人生命体征、活动情况的监督、检查同样属于护理内容。根据以上分析，认定医方在诊疗过程中，未能向患方充分告知说明患者病情严重性及护理要点，存在未能与患方进行有效、及时沟通的不足。因患者家属拒绝尸检，导致本案未能进行尸检，未能最终确认导致患者死亡的病理学原因。尽管如此，根据现有的证据材料，足以认定医方存在过失及不足。依据鉴定意见，考虑到患者本人原发病情属危重情形，其自身疾病转归也是导致其死亡的重要因素，法院判令医院应当对死亡后果承担50%的赔偿责任，共计296,817.81元。

综上所述，两个案件都涉及说明告知义务。从司法层面来看，以说明告知义务来探讨：

一是说明告知义务涉及患者的知情权，很多患者都是从说明告知义务方面入手去告医院，所以医院应当做好这方面的证据保存。

二是两案件都有很好的地方就是都有告知患者进行尸检，避免了后续无法查清死因。就像当事人投诉法院记录不完全，法官态度粗心，其实绝大多数都是不实，但他们都说的很真实，院领导、党组都很关注。现在法庭都安装了录音录像，有什么问题就可以调出来看，有了录音录像对这方面的问题投诉少了很多。纠纷中患者总是感到很憋屈，法院也很为难，有些病历制作非常草率，而病历制作、保管，都要做好才能经得起患者的质疑。

三是2010年7月1日《侵权责任法》实施，医疗纠纷事故鉴定开始向医疗过错鉴定转变，到了2013年广州地区法院除了医疗事故鉴定外，现在大力推举鉴定人出庭接受质询，这样可以大量解除法官的疑惑。现在我们建议建立一个网络平台模式，当事人在法庭法官的指导下，通过视频进行鉴定听证和质证，这个反映非常好。我们也希望医疗鉴定可以把医疗过错纳入进来，更好地发挥医疗鉴定的专业功能。各位嘉宾、朋友都担任着重要的社会职责，更重要的是我们都有一个共同的目标就是为医患关系和谐发展做出努力。

集体讨论　由广东省医学会医事法学分会副主任委员/广东省人民医院医务处处长袁伟伟担任主持

彭锐、杜作义、陈伟、孙新、余怀生、雷锦程6位讲者以人文伦理、法律、管理为视野对心血管诊疗技术发展如何提升医疗技术的同时兼顾法律风险防范各抒己见。

彭锐博士表示:感谢各位专家、同道来到这里讨论医事法学问题。心血管介入技术方面近几年发展迅猛,今天我们以介入方面去讨论一下。1844年有一位医生他用导管插入心脏,1929年有人自己在自己身上行了第一例冠状动脉检查术,1977年有位医生行了世界第一例PTCA,从此以后介入技术就迅速发展。冠心病方面最早是单质病变、多质病变、复杂病变、慢性病变等,技术越来越发展,包括我们用的导管、导丝、支架也有很多发展,这些技术给医生面对冠心病带来很好效果,但同时也带来很多伦理问题。心衰竭方面从最早三驾马车扩血管治疗到目前为止也可以用辅助装置,甚至也可以换人工心脏,心脏移植或干细胞移植。心外科从以前的开胸,到如今的微创,这些都是我们患者的福荫,同事也带来很多问题,我们这个讨论会有法律专家、医学专家,请他们各抒己见,看看自己的看法。

杜作义主任表示:心血管发展给医生治疗病人提供了机会。我们动的是心脏的血管、动的是心脏的瓣膜这些部位,我们手上一个地方处置不好,患者就可能走不下手术台。我们花尽所有精神都要医学发展,我都建议能吃药就不要手术,能用一个支架就不要两个支架,我们的团队都是这样,但医疗队伍可能有些外行的人不了解,就以为我们过度滥用。其实,医生都有自己的职责,如何使用支架都有指南。在治疗时首先要病人知情,让其知道这个治疗可以解决什么问题。心脏就像一个房子,B超就可以发现门的好坏、墙的厚度。心电图就代替不了B超,心电图只能看血管好不好。所以不同的检查有不同的意义,要充分保障患者的知情权。患者接受治疗后更应该注意,比如起搏器,植入支架这些都要防止引起的不良并发症。医生也要对患者进行充分的回访,要对病人进行跟踪,简简单单一句回访,哪怕是一个电话都可以对病人提醒。心脏手术要讲悟性,有的人短短时间可能做得很好,有的人做了很长时间可能都不好。因此,需要对科室的医务人员进行严格的培训。

孙新主任认为现在很多评审要求是以病人安全为目的进行质量改进,因此很多同行都说开展临床创新不允许,其实这是一个误区,评审并没有排斥创新。在儿童心脏病方面,家属所关心的有几个问题,大部分先天性心脏病的患儿都比较困难,很多患儿的家长都很关心费用的解决。医院也通过政府、基金会来帮助这些困难家庭进行手术治疗。在整个过程中,医生对儿科的培训不是很规范,因为儿科和成人有不同,儿科来得快、死得快,尤其是对于早产、重症的患儿都要进行治疗,这些都需要技术的支持。对有些科室对患儿疾病认识不足可能导致患儿死亡,希望可以多学科合作,提高整体治疗水平。强调了人文关怀的重要性,面对家长关心的探视问题,医院改进了新生儿探视病房,希望给家长更多人文关怀。

陈伟科长指出在心血管问题突飞猛进的时候,法律上面显得比较滞后。希望通过法院对医疗案件的判决来管理医疗风险防范。认为要尽到合理的告知义务和高度谨慎义务。如果医院考虑到患者在不做不行的情况下,医院还是要做,但也有相应的判决认为医院不应当去做。因此,遇到这些紧急情况时应该上报,通过第三方医务处与患者沟通,上报到全院讨论,这样就表示出医方有一个高度谨慎的义务,使患者对医方更加理解。医院应该有一个基金,在高新技术方面的事故我们医院也是从未处罚过医生,所以我建议要有一个基金能够充分保障技术发展。

雷锦程教授认为如今医患关系差主要是因为信任问题。在谈到如何防范法律风险的问题上,雷教授认为要从防控现行医疗体制上的问题入手。首先作为医生、管理者要认识清楚这个来源是利益冲突,利益冲突的表现是经济利益,要把利益冲突降到最小,大部分要依赖国家体制变化,这个在国家没有实现之前,我们自身如何做好就涉及自身意识。除了经济利益外还有科学创新问题,有时候为了新东西,下意识会加大患者的风险。对于创新应该鼓励,但在新技术上不要太着急,要慢慢累积经验,得到经验再推广出去。但现在很多医生、领导都很急,从而加大了患者的风险。降低风险最重要的就是知情同意,这个大家都清楚,但也是最难做好的,因为大家都很忙,也没有多少时间与病人沟通,要病人理解是非常难,有很多医生很努力让病人理解,但一般人对医学很多问题确实想不通。医生要花点时间去了解病人的需求。最后,雷教授强调在我们当医生过程中能够降低风险的最重要的是高度谨慎义务。

余怀生律师表示医生内部对医疗判断标准也可能存在争议,就如在医疗官司中患者会提供很多医学论文做证明,这个标准不一的情况如何看待,我强调规范统一性的同时也希望医院内部允许医生一个自主权,在要求技术突破的同时也希望允许这个探索和创新。回到《侵权责任法》第 57 条规定,这个条款明确以当时诊疗水平去评判,但当时医疗水平也是比较抽象,在不发达的地区肯定不能引用发达的地区水平去看待。作为同行之间去判断同行是否达到水平也应该出言谨慎。规范培训在现实中也是有很多没法到位的地方,心血管诊疗有一个特点就是紧急问题,医生救治的紧急权限在哪里? 法律是有规定。不过我个人认为如果在没有家属的情况下,医院是否要给病人最优的治疗方案(如放置支架),我个人认为在紧急情况下,应该以合理诊疗为界限,不应包括放置支架。

彭锐主任指出:心血管植入指南和操作出现矛盾时,应以什么为标准去判断? 这个问题在现实当中经常会碰到,主要看知情同意是否充分,也要看医生技术上面的掌握。在几个规范冲突的情况下,要看哪个具有合法性,以及与案件结合时哪个更合法,要看本案当中如何选择最优方案以及当时医疗水平综合判断,包括社会、媒体也要专业表述。最后,彭锐主任指出我们目前知情同意是规避新技术带来风险的方法,回访也是搭建双互沟通的桥梁。医生也应该要有内心的衡量,不要只追求利益或创新,要从中有一个内心的平衡点。针对医生自杀事件,应该放平心态,遇到问题要多与同事、领导沟通。

论坛总结由《中华医学论坛报》循环周刊主编王娣、广东省医学会医事法学分会主任宋儒亮教授分别进行论坛总结

王娣主编:听完报告,感触最深的是我们临床医生都处于水深火热当中,但其实很多困惑、很多委屈,其实法律上都有清晰的界定和解决方案,只是我们医生不知道。希望在医学界和法学界宏观的地方,实实在在写进宋教授这篇。非常感谢各位讲者今天的发言,也感谢各位听众,祝福大家。

宋儒亮教授:法律搞得好不好是医学能否有序发展的有效因素,如果这个没有搞好,这边往前冲,后面问题就暴露了。医学与法学要结合,将律师观点、医生观点、法官观点、媒体观点结合起来,这个平台就是途径之一。大家一起碰撞、讨论去实现真相,反过来也让法律人士了解了看病不是容易的事情。医学和法学也要守住底线。现在有这样一个情形:某些医生越来越像律师,某些律师也越来越像医生,所以我们要各司其职。医学和法律要积极搭建开放、开明的平台。坦率而言,能像我们分会般坚持那么多年、活动层出不穷的不多,也很感谢论坛报,能把我们声音带给全国同道。去年我们大家做了几项工作:积极参与会议。开了常委会,很多常委都是冒雨前来参加。举办南方医事法学高峰论坛。这个论坛用了整整两天的时间,中间也没有怎么休息,但大家感觉就是时间太短了。还成立了 4 个学组,可以说广东在医事法学,在医学和法律可涉及的范围,可吸引的医事法学人才、举办活动的空间等,都是丰富的。我们这就是"百货商场",没有供应不到的。参与了法治广东研究中心包括很多政府机构、律师、医院合作的医疗纠纷处理的高端调研报告,这个报告第一次在中国社科院法治栏题发表,可以说应该是社科院第一个对有关医疗处理的蓝皮书报告,权威性就出来了。报告里我们提出很多观点,比如,不要再用"医闹"这个词、提出建立医事法院。如果中国南方有一天成立医事法院,就有我们对这个领域的贡献。从这个角度来讲要再接再厉,我们不但能做,我们还能写,我们提供学术,有人员、有学术、有队伍、有可持续性,这就是就是我们理念。去年我们搞了医事法学进医院的演讲,其中《医事法学 500 问》是我们医事法学分会核心主办,因为这个书，因为这个活动，广东省卫计委获得了全国普法活动的先进单位。今年我们将与《医事法学论坛报》合作进行一些巡讲、研讨会。《医事法学进展在广东》正在编辑之中，希望有很好的稿子提供出来。正在筹备举办第四届医事法学高峰论坛。也准备组建一个学组就是药品组，医不可能离开药，药很多都在羞羞答答的干，与其羞羞答答的干，不如我们加入一起来解决这些问题，如药品和器械，我们也联系到一些世界500强的公司，让他们派人来探讨这些问题，看如何规范化。

总之，医事法学已在广东医事领域中行走、《医事法学在广东》已出版、《医事法学进展在广东》正在编辑，后续的“医事法学突破在广东”、“医事法学跨越在广东”正在路上，蓄势待发，大家共同努力。谢谢。

第7章 学组风采

广东省医学会医事法学分会医疗纠纷处理实践学组第一次学术沙龙在广州举行

广东省医学会医事法学分会医疗纠纷处理实践学组第一次学术沙龙于2015年8月7日在中山大学附属第三医院门诊楼十三楼多媒体厅举行。与会专家以医疗责任保险在医疗纠纷处理实践中的应用、问题与对策为主题进行了深入的讨论。

广东省医学会医事法学分会主委宋儒亮教授、医疗纠纷处理实践学组组长、中山大学附属第三医院医务科科长姚麟、医疗纠纷处理实践学组副组长、华南师范大学法学院陈雪副教授、南方医院客服中心主任章弦、广州医学院附属第一医院医务科科长黄伟青、广东省第二中医院医务科科长黄琳、南方医科大学卫生法学研究中心主任杜仕林、广东省医学会医事法学分会常委官健、广东省医学会医事法学分会委员洪嘉忠等医疗纠纷处理实践学组成员以及多家医院医务管理代表、医学专家、高校学者、资深法官、律师、医学会代表等近30人,参加了本次研讨沙龙。

广东省医学会医事法学分会医疗纠纷处理实践学组组长、中山大学附属第三医院医务科科长姚麟主持了本次沙龙研讨。

广东省医学会医事法学分会常委黄伟青科长首先做主题发言。重点介绍了人保财险医疗责任保险在广州医学院附属第一医院医疗纠纷处理实践中的应用与思考。指出，运用医责险解决纠纷存在三个困境：第一，单个案件设有 30 万元的赔付上限，即使通过法院判赔的案件，超过上限的部分仍需由医院承担，给医院带来较大的经济压力。第二，患者治疗后出现并发症而医院不存在过错的，无法得到保险赔付。第三，理赔速度缓慢不利于纠纷的顺利化解。

常委黄伟青科长发言

章弦主任在主题发言中，专门介绍了华泰财险医疗责任保险在南方医院医疗纠纷处理实践中的应用与思考。他对医责险的合同条款作了深入解析，提出了几点意见：第一，单纯以医院规模来评估其医疗风险并据此确定医责险保费不合理。第二，保险期限与诉讼时效不一致时无法理赔。第三，跨年度未结案诉讼的赔付金额按标的计算显然不妥。第四，建议每年 6 次自主解决纠纷权限的金额调整为保费的 10%。第五，医务人员赴异地鉴定的差旅费用无法理赔。第六，案件是否上诉不应仅由案件管理中心决定，医院应具有决策权。

章弦主任在发言

针对两位讲者的主题发言，医疗纠纷处理实践学组组长姚麟科长总结表示：第一，医责险分担风险的作用对基层医疗机构意义重大，但基层医院谈判能力差，也往往不受保险公司的青睐。第二，考虑到患者的治疗是由多名医师组成的治疗组负责，建议单个案件不设50万元/医师的赔偿限额。第三，未决案件不宜按照标的计算赔付金额。第四，为避免医患对立情绪的加剧，保险公司不宜随意界定非法行医，可考虑界定为不规范行医。

医疗纠纷处理实践学组组长姚麟科长在主持

黄琳科长认为,医责险应参与前期调解,而非仅在进入诉讼程序后才介入;一些纠纷中患者的后续治疗费用应予理赔。

广东省医学会医事法学分会常委官健指出,医责险并不直接认可诉前联调下达的民事调解书。大家还需要群策群力。处理好各方关系,妥善应对纠纷,是各方共同责任。

洪嘉忠委员指出,地方医调委与省医调委存在双重标准,不时出现判定责任比例与赔付金额相差较大的情况。建议修改完善,防止随意性,提高统一性。

洪嘉忠委员在发言

医疗纠纷处理实践学组副组长陈雪教授建议:一、有关细节以附加条款的形式补充进入合同;二、学组应组织医疗机构形成合力,拟定一份代表医疗机构利益与诉求的示范性合同。

医疗纠纷处理实践学组学组成员杜仕林主任指出,第三方调解在实践中发挥了一定作用,应当肯定。同时,也建议第三方调解应提高专业性。

医疗纠纷处理实践学组学组秘书耿巍建议:一、医疗机构可灵活运用申请再次函询或评鉴会等方式促进纠纷的解决。二、医疗机构可与医调委密

陈雪副教授发言

切配合，灵活运用自主权限以提高纠纷的获赔率。三、医责险对于医院过错导致患者直接的经济损失而无明确人身伤害的纠纷，也应有所承担。

学组秘书耿巍发言

经过热烈的讨论，与会专家一致认同医疗机构应形成合力，通过拟定示范性合同等形式，让医方在医责险运行中提高与保险公司博弈的能力，实现共赢，造福医疗卫生事业。

医疗纠纷处理实践学组姚麟科长在沙龙总结中指出，大家讨论很有针对性,也很有启发性。学组拟综合各方意见,争取把学术研讨同实践操作相结合,注重专业性,通过拟定示范性合同等方式,为各级医疗机构在医责险的购买与应用方面提供指引,贡献医疗纠纷处理实践学组力量。

宋儒亮主委点评

广东省医学会医事法学分会主委宋儒亮教授对本次沙龙作了精彩点评并对学组的发展提出了建议意见。认为会议议题和研讨,特贴近医院实际、特贴近专业需求、特回映需求,发言有见地,也有水平,望再接再厉、不断提高。针对当前面临的困惑,提出,不要把医事纠纷防范和处置看做是医疗健康事业进步、医疗机构日常工作的负资产。选择通过法律方式化解纠纷,如同医学通过救治实现对生命健康保护一样,是对人权保护和保障的自然延续,在人权问题上,医学保护和法律保护具有同质性。指出,医事法学分会的各学组应展现专业性、提高学术性,如针对今天议题,可考虑制定医疗机构购买医疗保险等的学术指引、指南,以学术为引领、以专业性为基础,推动纠纷的专业化解决,展现高端法治思维和法治方式在纠纷处理的地位与价值。就今天研讨主题而言,还可从医疗卫生现状、利益主体、经济诉求、法律诉求、医学需求、患方需求、纠纷调处方式等角度探讨,找到引发医疗纠纷的深层次原因并提出有针对性的对策。这方面,我们有充足专业人才,医疗纠纷处理实践学组就是这方面、这类型的优秀代表。

与会专家在热烈研讨交流

沙龙在智慧不断、见解有方和共识清楚的研讨交流中圆满结束！

（医疗纠纷处理实践学组　耿巍　供稿）

修改完善医疗责任保险条款 医疗纠纷处理实践学组在发声

医疗纠纷处理实践学组于2015年8月7日举办以医疗责任保险在医疗纠纷处理实践中的应用、问题与对策为主题的学术沙龙。多家医院医务管理代表、医学专家、高校学者、资深法官、律师、医学会代表等近30人进行了热烈而深入的讨论。

围绕现行医疗责任保险在保险条款和实践运用中存在的突出问题，一致认同由学组汇总相应的改进建议，形成示范性条款，反馈给保险公司，以推动其修订医疗责任保险条款。经过整理与完善，核心建议如下：

一、删除现有条款“第三部分　承保明细表；三、赔偿限额；3. 每人每次事故赔偿限额（即每位医务人员每次事故赔偿限额）：RMB 50 万元”。理由：(1)对患者实施诊疗的基本单位并非某一名医师，而是包含多名医师的治疗组。(2)现有条款的设计在实际运用中会因保险公司只认可一名当事医师而造成同一治疗组医务人员之间的矛盾。(3)医院提供的当事医师人数与保险公司认可的人数不一致时会激发医院与保险公司之间的矛盾。

二、现有条款“第三部分　承保明细表；十一、特别约定 3. 11. 1 对于人民币10,000元以下（含10,000元）的赔案，甲方可自行处理并赔偿受害方，乙方有权跟进，但乙方要依据甲方与患者达成的赔偿协议进行赔偿处理，每个保险年度甲方自行处理此类案件不得超过6次（含6次）”。改为“对于人民币10,000元以下（含10,000元）的赔案（含甲方存在医疗过错但未对患者造成明显人身伤害或仅造成经济损失的赔案）……每个保险年度甲方自行处理此类案件累计总金额不得超过本年度保费的10%”。理由：(1)现行“医疗责任保险”实际上被设定为“医疗损害责任保险”，仅对因医疗过错导致患者发生人身损害的纠纷予以理赔。实际上随着医学发展和法律法规的进步,因告知不足引发的纠纷日益增多。在诉讼判决中,因告知不足被判赔的案例比比皆是。告知不足或告知错误属于医院的责任,由此引发的人身伤害、精神伤害或经济损失理应纳入医疗责任保险的赔偿范围。考虑到医责险将赔偿范围扩大很难一步到位,故建议纳入"特别约定"部分,并和自行处理案件共用赔偿额上限,以此作为过渡。(2)现行每年6次的设计在实际运用中往往令医院捉襟见肘。一方面是由于适用于自行和解的纠纷大多数属于小纠纷,涉及金额远远不及1万元,但次数却多于6次;另一方面医疗纠纷发生在时间上具有不确定性,小额纠纷是否使用自行和解权限令医院左右为难。由限制次数改为限制上限可以增加医院自行快速处理小额纠纷的灵活性,可以大大提高医院和医调委调处纠纷的工作效率。

三、现有条款"第三部分　承保明细表;十一、特别约定3.11.5.续保保费=标准保费×续保调整因子"。现行续保调整因子的设计更倾向于规避高额年度赔付的风险,而在小额年度赔付的鼓励方面力度不够。医院年赔付率低于30%的情况下,调整因子仍高达85%;而赔付率只要高于80%,调整因子即达到1.1。考虑到保险要正常运行确需一定的成本,本着保本微利的原则,建议在医院年赔付率较低时,进一步调低续保调整因子。反之,在年赔付率过高时,进一步调高续保调整因子。

四、现有条款"第三部分　承保明细表;十一、特别约定3.11.5.赔付率=(已决赔款金额+未决赔款金额)/上年度保费×100%"。目前未决赔款金额尚缺乏计算标准,实际运用中主要包括以下几个方面:

(1)患方不接受医调委的调解并提起诉讼。在司法实践中,医疗损害案件涉及律师费、受理费、鉴定费等费用且往往产生或多或少的赔偿。建议若调解过程中医调委专家意见为无差错,则未决金额=律师费+(标的+预估鉴定费+预估受理费)×0-5%+其他费用(如已付的尸检费);若调解过程中医调委专家意见为有差错且得到医院认可,则未决金额=律师费+(标的+预估鉴定费+预估受理费)×预估责任比例+其他费用(如已付的尸检费);多次专家函询或评鉴会意见存在分歧的,以有利于医疗机构的责任比例意见为准。

(2)医疗行为发生的时间跨保险年度的,建议案件不计入当年未决案件,而按结案时间所在年度计算赔偿金。

(3)患方不接受医调委的调解但暂未提起诉讼。尽管患方最终是否提起诉讼具有不确定性,但考虑到放弃诉讼的患者占大多数,故建议以专家分析意见的责任比例×估损结案。

(4)患方未经调解直接提起诉讼。由于没有经过调解,医调委未形成专家意见,建议形成常规的诉讼评估机制,及时出具专家意见并征求医院的意见,医院认可的,参照第(1)点进行计算。

(5)医院不认可医调委专家意见的,出具院内专家讨论意见并由双方协商,协商不成的,建议案件不计入当年未决案件,而按结案时间所在年度计算赔偿金。

2015 年 8 月 14 日,在广东省医调委组织召开的医责险医疗机构见面会上,就部分建议与医调委、保险公司代表及其他医院代表进行了讨论。

展望未来,医疗纠纷处理实践学组拟在以下方面开展工作:

1. 目前业内对医疗纠纷的交流多着眼于产生明显人身损害的纠纷、鉴定和诉讼,而日常工作中多而繁杂的"小纠纷"因损害小、影响小、一般不产生赔偿而未受关注,但这些小纠纷的处理难度往往不输于重大医疗纠纷,如服务态度、院内(非病房内)跌倒、病历与药品封存等,其处理经验与技巧、规范流程的制定、背后隐藏的问题、对医疗服务改进的指导意义其实值得讨论和交流。学组拟着眼于这些"小问题",以专题沙龙的形式进行分享、讨论与整理,并尝试将其分门别类,梳理每一类纠纷的处置经验和由此制定的制度与流程。

2. 医疗安全(不良)事件在很多情况下会成为医疗纠纷的直接导火索或潜在危险因素,某些种类的事件如科室之间推诿病人、会诊制度难以落实等不仅给医务管理造成极大困扰,也直接导致了医疗纠纷的发生。学组拟针对日常工作中发生率较高及潜在风险较大的医疗安全(不良)事件组织沙龙讨论,整理有价值的经验和建议,以简报的方式进行展示与分享。

3. 医疗纠纷与医疗安全(不良)事件调处应注重信息化建设。学组通过专题沙龙、实地考察等形式拟借鉴同行经验,整理医疗纠纷与医疗安全(不良)事件信息系统的运行经验以提供指导和借鉴。

传点点温情　促医患和谐

——医事法学分会媒体信息学组“为医生送爱心”活动成功举办综述

在医患关系不容乐观的当下，充分发挥媒体的作用十分必要而重要。为促进医患和谐，衡平各方利益，构建法治广东，在广东省医学会医事法学会大力支持下，以梁栋为组长的媒体信息学组率先行动，在护士节来临前夕，精心策划了“为医生送爱心”的活动。活动的主旨是“传点点温情　促医患和谐”。

护士节前夕，在梁栋组长带领下，分会委员、学组成员与广东广播电视台《最新闻》栏目组与《新快报》、《腾讯网》等一行来到广州市妇幼保健院，走访当班的医生护士，表达学组敬意，送上暖心热汤，传递爱心关心。

在活动中，梁栋组长、组员、媒体同道与医生护士进行了愉快的交流。活动当晚，《今日最新闻》栏目播出了媒体信息组当天的活动，在节目中，医事法学分会宋儒亮主任也就“医患关系，关怀医务人员”表达了建立法治医疗的期待。活动举办和节目播出，取得了良好的社会效果，为医患之间良好沟通，搭建了有益的桥梁。

本次活动是媒体信息学组成立以来的一次较大的活动。媒体信息学组的活动，既践行了学组成立时的庄严承诺，又以活动方式呼吁社会尊重和关爱医务人员，既为其他学组举办类似活动提供了有益借鉴和启示，又对构建和谐医患，建立法治广东、幸福广东，有着推动作用，效果明显，意义深远。

媒体信息学组的活动获得了广州市妇幼保健医院和保利中环广场等单位的大力支持。

宋儒亮主任在接受采访

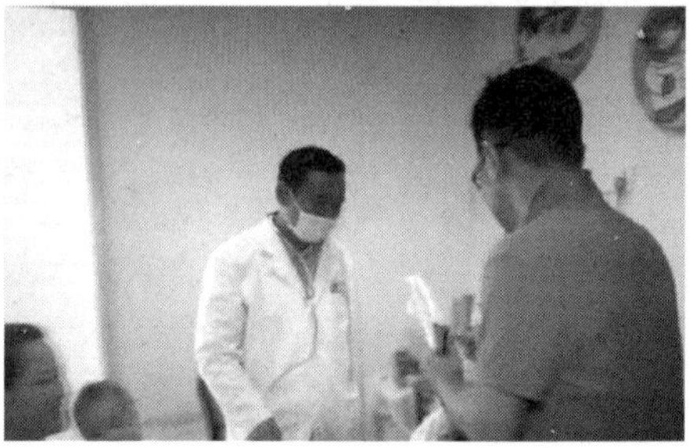

组长梁栋为医生送暖心热汤

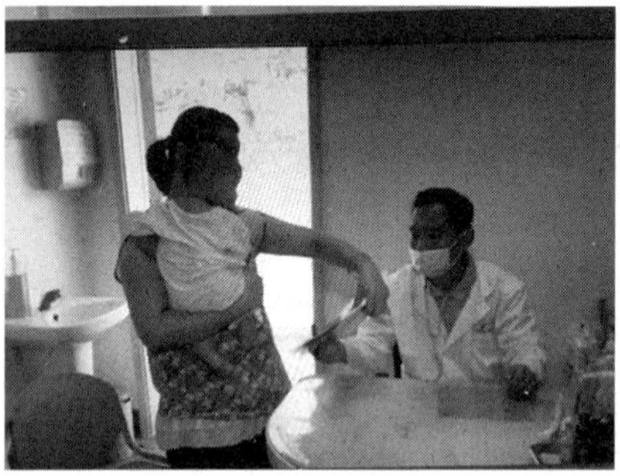

医生在现场接诊

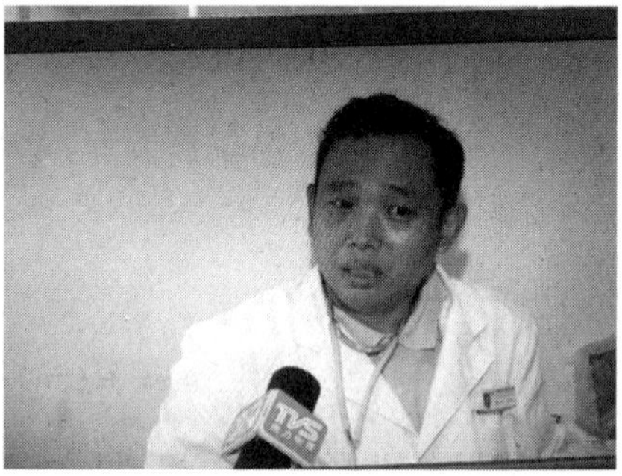

医生在接受采访

医疗风险防控学组第三期学术沙龙成功在广东省第二人民医院举办综述

2015年7月5日,广东省医学会医事法学分会医疗风险防控学组第三期学术沙龙暨广东省第二人民医院医疗质量提升年医疗风险防控学术沙龙在广东省第二人民医院顺利举办,沙龙主题是并发症的法律风险识别与防范。沙龙是医疗风险防控学组所承办活动之一。

广东省医学会医事法学分会主任委员宋儒亮教授、广东省医学会医事法学分会医疗风险防控学组组长刘秋生、副组长陈伟、程宇星、汪锦宏;学组成员刘子锋、施祥、单玉涛、王鹏飞、温健、于宏、徐爱光、朱日魁、刘玉莹等;省二医泌尿外科主任杨国胜主任、质量管理专家毛莉颖、番禺二院赵自更副院长等领导、嘉宾共约50余人出席了本次学术沙龙活动。

开幕致辞 沙龙由广东省医学会医事法学分会秘书、医事法学分会医疗风险防控学组副组长、省二医门诊部主任陈伟主持。

刘秋生组长实场介绍了医事法学会医疗风险防控小组的成立和活动的目的,专门对本次沙龙目的、内容、形式等进行了介绍,期待借助第三期学术沙龙活动这个平台,与各位专家学者共聚一堂交流学习,增强互动交往。

宋儒亮主任表达了三方面内容,一是充分肯定了活动的创新性,将医疗防范学组和医院临床科室相结合,有利于学组和医院医疗工作的共同发展与协作。二是希望通过活动的报道和宣传,增强学会的影响力,争取在全国医事法学上有会一定的话语权。三是预告了广东省医学会法事学会即将成立的第五个学组——药事器械学组,并鼓励各学组之间要整合资源,携手合作,共同发展。

主题发言:学组秘书刘玉莹进行第一个主题发言:案例介绍及浅谈手术并发症法律风险点。首先,介绍沙龙讨论的案例,接着介绍了手术并发症的定义、特征,其后列举目前手术并发症的风险点:(1)从知情同意书以及医患沟通谈话记录审查说明义务。(2)从诊疗措施的必要性、术前准备是否完善、手术方式方法和具体操作是否符合技术规范、手术后环节的密切观察监测和处理措施是否规范到位这四个方面审查注意义务是否履行。(3)审查病历书写是否存在纰漏,要查看:①术前讨论记录、术前小结:对并发症的预见和防范措施;②手术记录:术中查看到具体情况,反映操作是否到位;③病程记录:反映对并发症的鉴别诊断和及时处理情况。侵权责任法的依据更多体现的是在病历上,因此病历书写显得更为重要。

中大附一医患办施祥科长进行第二个主题发言:医疗并发症的防控。从医务管理的角度,认为传统术前讨论、死亡病例讨论、质量改进等措施,由于各个部门各自为政,成效不佳。他建议通过三个层次并发症检测、并发症分析、并发症控制进行防控。并发症监测,并发症监测需基于医院信息系统支持下安全监控体系的建立。并发症分析,并发症分析可分为三级,一级分析是专业分类分析,二级分析包括治疗和手术分类分析和人员分类分析,三级分析是具体情况具体分析;并发症控制,并发症的控制首先需要多部门协同的工作机制,科室负责人、质控小组成员和治疗组面谈讨论,再以数据为依据的基础上逐一进行分析和交换意见。然后通过面谈形成并发症控制的措施。最后其总结,并发症的控制应注重以下几点:组建多部门协助的团队,定期开展工作;要有有效运作的信息系统支持;有针对性地选择对象,深入临床一线反馈;院领导和科室负责人支持。

中大口腔医院医务科刘子锋副科长进行第三个主题发言:侵权责任法中因果关系的认定。首先,阐述法律上的因果关系所说的事实,并不是基于客观事实,而是法律问题。因果关系的概念最基本的条件是:一个事件的发生是不可或缺的。其次,介绍了因果关系各个学术学说。其认为,虽然各自观点不同,但因果关系论的本质是在事实认定的基础上,利用各种学说、规则、工具进行判决,最终达到公平正义的结果。同时阐述了介入因素对因果关系的影响,主要考虑介入因素是否切断原来关系链。针对要讨论的案件,因果关系是非常明确地,并发症是由手术引起的。最后,其阐述过错和因果关系对行为不同的法律评价。其认为侧重点应当有所区别。但现在很多学者的论述和判决往往是将过错和因果关系归咎在一起,如承担的比例是由过错的严重程度和因果关系的原因力大小共同决定它的责任程度。其个人是不赞同这种做法的。因果关系的作用在于关系链的切断,在于责任范围的划分,过错则是在这划分的责任范围内再进行切割。

案例研讨

一、案情介绍。患者吴某,男,56 岁,因“无痛性血尿 3 天”于 2009 年 9 月 4 日入某医院泌尿外科诊治。入院诊断为左肾肿瘤:肾癌。9 月 9 日,医方为吴某在全麻下按照常规行腹腔镜下左肾癌根治术(经腹腔),术程顺利。后经病理检查证实为左肾癌。术后当晚进行血常规和血生化等检查,未见明显异常。9 月 10 日凌晨 3 时许,患者出现烦躁不安、心率增快,医方予以对症处理,经增加补液、输血和应用止血药物等治疗,患者病情一度改善。当天下午患者再次出现心率加快、血压及血色素下降,尿少,经组织会诊讨论,考虑术后腹腔内出血、休克,需行急诊剖腹探查止血术。向患者家属说明病情、手术的必要性和有切除脾脏等脏器的可能,患者家属表示理解并签字同意手术。当日 18:20 分在全麻下行剖腹探查术,术中见腹腔内大量凝血块及出血,共计约 3000ml。检查发现脾脏和左膈肌脚处出血,因无法止血而行脾脏切除。术后送患者入 ICU 病房继续观察病情变化,术后 4 小时患者再次出现腹胀、心率加快和血压下降。医方讨论后考虑腹腔手术区域出血,经患方签字同意后于 9 月 11 日再次行剖腹探查止血,术中见腹腔内大量凝血块及出血,清理腹腔出血和血块后发现左侧胸腔有血性液体,组织胸外科有关专家会诊,探查左侧胸腔无异常,考虑左侧胸腔积液为腹内积血压力过高所导致的反应性渗出，予以左侧胸腔闭式引流。经对渗血点进行缝扎止血，反复观察未见活动出血，患者血压和尿量恢复正常并稳定后结束手术。患者康复并于2009年11月19日出院。

一审各方主张及判决如下：

诉辩要点：脾损伤、脾切除及腹腔内出血等手术并发症的发生是否存在医疗行为过失、承担比例？患方诉称：医方手术操作不当伤及患者脾脏，导致其脾脏被切除及一系列并发症的发生，医方的医疗行为有重大过错，故请求法院判医方向其赔偿321,148元。医方辩称：医方术前已经告知风险，手术操作符合常规，出现脾损伤和腹腔内出血的并发症是腹腔镜肾癌根治术的并发症之一，目前医疗技术难以完全避免。请求驳回患方的诉讼请求。

一审法院委托某医学会作出医疗事故技术鉴定，其分析意见认为：肾癌根治术、脾切除术和剖腹探查止血符合诊疗规范；术中损伤脾脏是腹腔镜下肾癌根治术并发症之一，发生率达8～13%。本患者左肾肿瘤较大，手术易出现副损伤，在无法止血的情况下予以脾脏切除是恰当的处理方法。据国内外文献报导，左肾癌根治术中脾脏切除率为4.3～13.2%。结论不构成医疗事故。不足之处：(1)术前沟通不够，如第二次手术前已高度怀疑脾损伤出血，探查手术可能需行脾切除的情况与患方沟通不详；(2)病历记录较简单，缺乏对病情的详细分析，容易造成患方的误解。

一审法院判决：并发症是一种损害后果，判断医院对并发症应否承担责任的关键，应当也只能是医疗行为有无过失以及医疗过失行为与并发症的发生之间有无因果关系。医方现并无证据证明其已对于患者脾脏被损伤的事实加以了充分的注意并采取了积极有效的防止措施。患者的损害后果与医生的医疗行为存在不能排除的直接因果关系。根据医方的过错程度、原因大小等因素，医疗过错仅起次要因素，医方承担30%的赔偿责任，判决医方向患者赔偿71,744元。

二审各方主张及判决：

上诉焦点：脾损伤、脾切除及腹腔内出血等手术并发症的发生是否存在医疗行为过失、承担比例？患方上诉：肾脏手术伤及脾脏，导致脾被切除，应为医方的过错行为造成，医方应承担全部责任。医方上诉：医方对患者诊疗符合医疗常规和规范，不存在医疗过错。患者发生脾脏损伤导致脾脏切除是不可避免的并发症，与患者本身疾病（左肾肿瘤较大）、目前医疗技术发展水平等因素有关，并非医疗行为的过错造成。

二审法院判决：并发症并非医方得以完全免责的抗辩事由，而应视具体案情，考查医方对此是否尽到了谨慎之注意义务。虽对并发症有所预见，但根据病历（术前小结、讨论记录非常简单，没有对手术当中可能发生的副损伤等风险如何防范、应对措施进行分析、讨论；手术记录等病历中未反映出患者存在左肾癌肿与脾脏粘连紧密等可能增加脾脏损伤风险的情形）。医方不能证明其已经尽到谨慎的注意义务，可认定医方存在过失。至于医方的责任比例，应比较医方的过失和患者的原发病及医疗风险对损害后果的原因力大小而定。医方在手术中过失伤及脾脏是导致患者脾脏切除的直接原因，医疗过失应为主要因素，原发病及医疗风险相对来讲为次要因素。医方承担60%的赔偿责任，向患者赔偿113,488.8元。

二、研讨交流

主要观点：针对主题发言，围绕“《侵权责任法》视野下，如何判定并发症医方应承担责任？责任比例如何判定？”、“此案例出现术中损伤脾脏术后切除是否属于不能防范、难以防范的并发症？”、“在防范和处理并发症过程中，医方如何体现已尽到高度谨慎注意义务？”三大问题，进行了医学、管理、法律、伦理等视野的发言，研讨广泛而深入，提出了许多有价值的指引。主要观点如下：

杨国胜主任：案例中出现的问题有：（1）术前判断。如果左肾瘤与脾脏粘连，则脾脏应部分切除，但病历上没有体现要切除脾脏，结果是因为脾脏出血而导致了脾脏的切除。（2）第二次手术时机判断。10日凌晨3时至下午18时的脾脏慢性出血问题，医生没有及时发现，导致第二次手术时机的延误。（3）第3次手术问题。11日进行第三次手术，是因为第二次手术没有处理好，腹腔仍存在出血情况。因此我个人认为二审的判断较为合适，责任比例甚至还应达到70%。此外，还存在着医疗缺陷，术前诊断准确性不够，术中处理的合理性不到位，术后发生情况处理不及时等问题。

毛莉颖科长：针对此案例，主要注意术前的评估，术中的处理，以及术后的观察。如果医生和病人及家属对病情进行了充分的交代、沟通和注意说明，即使术后出现并发症甚至死亡，医疗纠纷的风险性也会降低。通过此案例，医生应提高对病历书写的重视，特别是在术前小结、术前谈话等病历记录上，要有针对性的谈话记录，否则在法庭上无法证明医生是否已履行了谨慎注意义务。

赵自更院长：在此案例中，还存在医生自身态度问题。第一次手术后过分轻视，自认为第一次手术很成功，忽略了对病人的跟踪观察，导致术后出血十几个小时后才发现。第二次手术过分自信，认为只要将脾脏切除就可完成止血问题。第三次手术明显慌了阵脚。并发症是低概率的事情，对于并发症的预防其实就是投入的问题，并发症是无法消除的，我们要做的是预防就是对并发症出现后的跟踪治疗。如打青蒿素死亡，即使皮试结果呈阴性，亦不能免责，最重要的是打完青蒿素后的抢救是否及时。因此并不是并发症就可以免责，重点是要对并发症出现后采取正确及时的解决办法。此外，在处理问题上，不应把态度问题变成病历书写问题，而应把正确时间放在医疗安全的加固上，这样才可有效的防范并发症的发生。

朱日魁律师：并发症免责需具备两个要件：(1)实体要件，即专业性，要预见和预防并发症的发生，但一旦发生了并发症，要有专业的判断和及时的处理。(2)证据要件，即程序性，包括病历书写记录，手术资质等。在并发症的预防上，首先思想要有保守性，包括手术范围和对自身手术水平的保守思想，然后在实际方法上，要注重多学科的会诊，这样才能更好地预见并发症的发生，最后要降低患者的期望值。并发症发生的责任是多因性的，不是单一性的，但针对本案例，法院的判决责任低，存在的问题主要有医生过于自信的态度和病历问题。

胸科医院徐爱光：在《侵权责任法》视野下，并发症是否可免责，主要要看医方是否履行注意义务和说明义务，术前是否有预见和预防并发症的措施，术中是否规范操作，术后是否有观察处理。在案例中，医方术前讨论记录简单甚至确实，是法官认定医方承担责任的依据。而责任比例则是根据鉴定结论和因果关系判定的。此案例出现的并发症是属于可预见性的并发症，在预防并发症过程中，医方可从注意义务和说明义务两方面下手，在现阶段的审判制度上看，病历记录还是十分重要的一项有利呈堂证据，因此注重病历书写也是目前可操作性最强的预防措施之一。

市一院投诉管理科于宏：本案例重点在关注腹腔镜手术资质的问题上，自2009年开展腹腔镜至2011年，腹腔镜手术可谓“忽如一夜春风来，千树万树梨花开”。但是究竟腹腔镜手术医生资质准入规范是如何？卫计委关于这类手术医生资质的准入认定也是较为仓促，如何建立医生资质考评体系，关于并发症出现后，如何对医生资质准入的管理？希望能通过今天的学术探讨得出一些办法或意见。

省妇幼医患办温健科长：作为专科医院，手术并发症问题主要集中在妇科手术膀胱、输尿管的损失，产科手术子宫切除、羊水栓塞，乳腺手术伤口问题等。每年约5000－8000手术量，手术量相对较少且并发症单一。医院在并发症的防范上主要采取的措施有：(1)成立MTD，多学科合作。妇产科和泌尿外科合作，在手术前采取提前预见性措施，成效显著，最近5年未出现1例妇产科手术出现输尿管损失。(2)加强手术权限的管理。根据卫生部关于手术权限的规定以及参照大医院的做法，制定了院内手术权限准入规范，依据医生的手术经验、资质、进修等情况综合考核医生手术权限，并非一定根据职称来限制医生手术权限。如违反规范，则禁止其开展手术1个月。以上是我院在并发症防范上的做法。

市一院投诉管理科于宏：关于并发症，临床医生普遍存在“出现并发症，医生不用承担责任”的认识，因此这次的主题研讨非常有意义。从另外一个角度思考，知情同意书到底保护医生什么？这几年知情同意书不断地被规范和完善，从简单到复杂，从粗糙到精细，这一变化过程反映了法律对医疗行为的要求不断地提升。知情同意书的作用主要有两点：(1)证明治疗方案已得到患方的理解和授权，医生实施该医疗行为具有合法性。这也是知情同意书最重要的法律意义。(2)证明所有法律所要求的元素，如治疗方案、替代方案、费用等，对患方进行了确定的告知。除了这两点作用外，知情同意书的其他作用相对较弱。关于第一点告知的合法性问题，没有知情同意书意味着没有患方授权，医疗行为是违法的，而第二点告知不完整，是瑕疵问题，承担的是次要或轻微责任。知情同意书的签署并不代表出现并发症后可以免责，并发症免责还应从并发症的预防、发现、积极采取有效措施、避免损害后果等方面进行努力。

研讨总结。刘秋生组长：首先，针对案例中法院的判决进行了原因分析，提出要加强规范医疗操作和术后观察，降低并发症发生的概率。其次，对并发症的概念和分类进行了总结阐述，提出并发症适度预见和说明。再者，建议下一期沙龙活动在中大附一进行主题探讨医疗防控风险转移，如何从患者保险、说明告知等手段对医疗高风险进行转移，完善医疗风险防控架构。最后，肯定了年轻人的发言报告，对报告及活动能结合临床个案并从医、法、管理等多角度分析讨论进行医疗风险防控研讨的形式予以肯定。同时结合临床个案分析讨论，也提高了学组人员的风险防控技能，也让年轻人通过自我探索和研究得到了成长，达到学组的目的。

宋儒亮主委认为：学组沙龙组织活动非常有效，学组活动形式非常有导向性；与会专家学者们的报告和讨论十分到位，评论直接、中肯，达到了举办本次学术活动的目的。同时也指出了研讨在总结并发症的概念和范围同时，不仅要从管理角度思考问题，也要多从法律思维看问题，要通过对并发症防范的学术活动，探索从“不确定”进入到“确定”中去，进一步增强学术探讨的法律指引，在总结中不断进步，为后来者做好专业积累，为壮大学会贡献力量。

大家认为，在工作中，并发症的风险防控是临床及医疗纠纷处理的热点问题。学术沙龙活动主题紧贴当下热点，通过对临床病例医疗、法律、管理多角度相结合进行分析，对之后的医事法学研究、临床医疗指引、医院管理完善、医疗鉴定提升、医事纠纷处理等都有重要的借鉴和指导意义。

在大家的热烈掌声中，陈伟副组长宣布学术沙龙圆满结束！

宋儒亮主任致辞

刘秋生组长致辞

学术沙龙成员合影

学术沙龙讨论现场

广东省医事法学会医疗风险防控学组“远程门诊诊疗医疗法律风险识别与防范”学术沙龙会议综述

（根据录音整理　未与本人核对）

时间：2015 年 1 月 15 日 19：00－21：00

会议议程：

19：00－19：05　学组组长陈伟致辞

19：05－19：25　主题报告　广东省网络医院开展情况报告　广东省网络医院　王盛飞

19：25－20：55　沙龙讨论部分

主持人：刘玉莹　医疗风险防控学组秘书

发言人：赵自更　番禺区第二人民医院　医疗副院长

梁远振　广东金康药房　经理

王勋道　友德医科技公司　技术员

余欣茵　金域检验法务部主任　医疗风险防范学组委员

余怀生　广东法圣律师事务所　医疗风险防范学组委员

陈　伟　省二医门诊部主任　医疗风险防范学组副组长

毛莉颖　广东省第二人民医院　质量管理科科长

姬长锁　广东省第二人民医院　康复科主任

尹春艳　广东省第二人民医院　原产科主任

卢慧勤　广东省第二人民医院　药学部副主任

一、讨论背景

目前随着互联网技术，移动互联网技术、大数据技术的发展，移动信息化技术与医疗、急救、护理等的结合已成为新的趋势。据报道,2012 年美国医疗卫生总支出占 GDP 的 17.9%,日本占 10.1%,中国仅占 5.4%,支出总计约三万亿元。中国医疗卫生支出目前以每年 20% 的速度在增长,预计 2020 年为 8 万亿,2020 年中国移动医疗市场规模将接近 2 千亿元。因此,移动医疗行业的市场空间巨大。当然,作为新鲜事物,在面临巨大商业机会的同时,也面临许多医疗和法律风险。

关于网上诊疗行为,原卫生部 2009 年颁布的《互联网医疗保健信息服务管理办法》里将医疗保健信息服务分为经营性医疗保健信息服务与非经营性医疗保健信息服务,同时规定不得从事网上诊断和治疗活动。2014 年 9 月份国家卫计委颁布的《关于推进医疗机构远程医疗服务的意见》,推进和规范医疗机构远程医疗服务。远程医疗服务项目包括远程病理诊断、远程医学影像(含影像、超声、核医学、心电图、肌电图、脑电图等)诊断、远程监护、远程会诊、远程门诊、远程病例讨论及省级以上卫生计生行政部门规定的其他项目。

2014 年 10 月 25 日,广东省网络医院在广东省第二人民医院正式上线启用,全国首家获得卫生计生部门许可的网络医院。广东省网络医院的运行模式是由三甲医院提供在线医务人员,第三方提供网络平台,在社区建立网络就诊点,就诊点可提供血压、血糖、心电图等检测服务,患者在这些就诊点直接和在线的专家通过视频对话完成就医过程,医生根据患者的病情开具处方,患者在社区医疗中心或药店取药,完成就诊过程。

远程门诊由于就医的便捷性,通过移动 APP 快速了解自身状况,逐渐被人们所接受和推广。但目前国内还处于互联网医疗的探索期,存在国家立法滞后,没有成熟的行业规范和标准等问题,同时因为远程门诊医疗本身对虚拟网络的高度依赖性,造成其具有很大的法律风险性和一定的诊疗风险。比如远程门诊的医生的资质准入、诊疗疾病范围、诊疗流程?远程门诊如“隔空猜物”会不会增加医疗误诊与延诊风险?会不会造成药物滥用?远程门诊的服务质量控制?如何保证药店药物调配质量?在就诊点设置血压、血糖、心电图等检测服务的合法性？作为诊断依据的就诊点血压、血糖、心电图等检测服务结果科学性如何保障？远程门诊服务合同的建立和结束如何判定？如何界定服务咨询和诊疗服务？如果出现医疗纠纷，如何保障网络纠纷处理的合法化与渠道畅通化，网络医院、第三方平台、药店三方如何分责？

二、广东省网络医院开展情况

（一）观看网络医院就医视频

（二）网络医院介绍，包括定义、服务范畴、局限性、目前已开展工作、运营以来数据

1. 定义　网上医院，实际上就是以互联网为载体，开展在线医疗健康咨询和信息服务的专业健康网站。它主要提供三个方面的信息：在线健康咨询、医疗信息服务、医药营销与传播。患者能与网上医生互动、交流，得到针对性解答，听取指导性解决方案。

2. 广东省网络医院服务范畴　针对18个月以上儿童和成人患者普通疾病、轻微外伤以及皮肤病。即感冒、喉咙痛等常见病，一共40多种。此外，还为一些慢性病（如糖尿病等）患者进行健康状况监测。部分特殊疾病健康咨询及指引。

3. 存在的局限性　和患者非面对面，不能全面做到传统医疗的“视触叩听”、“望闻问切”。

4. 目前已开展的工作

（1）把网络门诊接诊点设置在品牌连锁药店、基层社区服务中心。

（2）电子病历和音频视频存储于数据平台，可以随时调阅。

（3）规范接诊点网络就诊流程，保护病人隐私。

（4）制定医生的行为守则，避免和药店有商业利益交集。

（5）制定网络医院疾病诊治范围和诊疗规范，目前已对40种疾病进行

整理。

(6)规范电子处方管理(主要参考门诊处方管理),目前正在完善电子签名。

(7)针对病人建立随访系统,监测患者病情变化。

(8)在接诊点增加辅助设备,帮助医生获取患者临床体征等数据,如电子听诊器、血压计、血糖仪等。

(9)已邀请医疗行业相关专家开展头脑风暴,对网络医院相关问题、未来发展规划进行论证。

5.运营以来相关数据(2014.10.25 - 2014.12.29)

(1)总体数据

咨询人数	处方数量	处方占比	处方金额(元)	单方金额(元)
2400	1371	57.1%	78,951	57.5

(2)疾病种类:约50种

咳嗽、上呼吸道感染、感冒、胃肠功能紊乱(未特指)、慢性胃炎、月经失调、口腔溃疡、非器质性失眠症、痤疮、便秘、牙周炎、月经稀少(未特指)、胃肠型感冒、结膜炎、高血压、过敏性皮炎、鼻炎、痛经、特发性(良性)高血压病、烫伤、糖尿病等。

(3)药物种类:约350种

蓝芩口服液、多潘立酮片、感冒清热软胶囊、咽炎片、复方甘草口服液、复方片仔癀软膏、兰索拉唑肠溶片、加味逍遥丸、抗病毒口服液、乌鸡白凤丸、铝碳酸镁片、双氯芬酸缓释胶囊、胃康灵胶囊、乌灵胶囊、双歧杆菌乳杆菌三联活菌片、清热解毒软胶囊、金水宝胶囊、复方青橄榄利咽含片、隔山消积颗粒、布洛芬缓释胶囊、藿香正气滴丸、逍遥丸、玉屏风颗粒、归龙筋骨宁片、富马酸酮替芬片、口炎清颗粒、胃苏颗粒、头孢克肟颗粒、湿毒清片、甲钴胺片、盐酸氨溴索缓释胶囊等。

三、议题讨论

议题一:网络医院人员资质问题

(一)关于医生资质问题。大家观点不一,但综合来看,大家均认同网络医院在目前来说,属新兴事物,卫生计生部门虽许可了网络医院的合法性,但未出台相关法律规范和准入标准,网络医院的运行尚处于探索期。在国家对于远程医疗的相关法律法规的制定相对落后的情况下,网络医院应加强网络医院医生的规范管理,制定适用于远程医疗的管理制度以规范整个诊疗行为,使实施远程医疗的医生,在现有制度的框架内有规范的诊疗行为。对于网络医院医生的准入条件,大家存在不同观点。

观点一:进行全科医师培训并发证、持证上岗。

就目前来说,由于网络医疗的特点,决定了网络医院医生以全科医生较合适,部分专家认为网络医院医生应进行全科医师培训并发证,持证上岗。

观点二:初期全科医师担任,必要时转介专科医师。

余怀生律师认为:执业范围方面,目前国家尚未有网络问诊医师资格类别。根据网络问诊的特点,初期由全科医师担任,必要时转介专科医师较合理,也能更大程度防范医疗风险。

观点三:不能单纯靠培训来衡量,应以工作年限为主。

网络医院王盛飞医生介绍,美国在很多连锁药店设诊所进行网络医疗,在人员的配备方面,诊所人员资质主要是以护士或初级保健师为主。目前,我省网络医院配备的医师主要以具备两个条件为主:一是有执业医师证;二是至少有两年工作经验。

尹春艳主任认为:美国的网络医院,级别并不高,主要以头疼脑热为主,且美国的护士有开处方的权利,与我国不太一样。另外,我省网络医院已上升到针对以上所说几十种疾病的诊断、用药的层面,而且涉及糖尿病、高血压、妇科等疾病,是很难简单界定的,仅两年的工作经验是不够的。如果医生应用不当,可能会产生医疗纠纷。作为多年从事网络咨询的专家,认为网络医院医生资质应严格要求,且资历要高。

(二)关于药店与药师资质问题。

药店选取原则?目前,省网络医院选取药店以具备资质为要求,一般以大的连锁药店为主。但大家存在较大疑义的地方在于,所选取的药店是否有配备执业药师,执业药师是否存在真正驻场?处方如何进行审核?

对于这一问题,卢慧勤副主任药师认为:

1. 对于执业药师资格。目前,按照《执业药师资格制度暂行规定》凡从事药品生产、经营、使用的单位均应配备相应的执业药师,并以此作为开办药品生产、经营、使用单位的必备条件之一。它只是药监部门对从事药店零售企业、药厂制药企业的要求,反而,对医疗机构没有做要求,但医疗机构很多人员却取得了执业药师资格。

2. 药店执业药师的配备。目前,对现有药店来说,全国执业药师的数量是远远不够的。截至2014年5月,全国药师20.38万人,且大部分药师集中在医疗机构,如我院67人均有执业药师,如果在医疗机构的这部分药师都下放到药店,能起到很大作用,但实际上没有。现在很多药店的执业药师是挂名的,甚至一个药师挂几个药店,实际是不在场的。

3. 关于处方药销售。如果是处方药销售,要求必须有执业药师在场,进行现场审核把关,但是很多药店没有人驻场,只是挂名。对于互联网销售处方药,目前还是非法的,国家尚未批准,但去年5月,国家食药总局发了一个征求意见稿,有可能今年上半年执行互联网处方药的销售开放,如果开放了,就不存在这方面的法律问题。

4. 关于药师网上审方。从法律层面来看,尚未立法,不可行。因为存在注册的问题,沿未明确规定由谁许可。

从技术层面上看,可以做到。网络医院在建设时,应考虑药师网上审方的问题。在系统上给药师开个端口,医生开处方后,药师进行网上审核,再由药店打印处方,但这样存在医生电子签名的问题,目前电子签名尚不合法。

目前,药监局对药店的要求是做好处方药的发放登记,包括姓名、电话、药品名称等。在操作流程上,尚没有做到每一张处方审核签字这一步,可能还需进一步完善。

(三)关于挂号、分诊与病历书写问题。

网络医院与实体医院不同,如何进行分诊?患者如何选择医生?目前,我省网络医院的做法主要是网络医生在线分诊,首次接诊 A 医生与患者初步询问沟通后,将患者转给 B 医生,患者病历由 B 医生书写,A 医生初步分诊情况暂无详细记录。

针对目前这种操作方式,很多在场的专家不能认同,认为在医疗文书书写方面存在风险。作为首诊医生,A 医生参与问诊与分诊,属诊疗行为,理应如实做好记录,以规避风险。经讨论,第三方平台专家指出,对于首诊和转诊的记录,如果需要记录清楚,系统是可以做到的,后续会进一步完善。

毛莉颖科长认为医疗文书管理应按照《病历书写基本规范》、《电子病历基本规范(试行)》、《电子病历系统功能规范(试行)》等执行,开具处方时应该按照《处方管理办法(试行)》规定执行,特别在用药方面需保障患者安全。

(四)辅助人员、设备的监控问题。

有专家认为,随着网络医院地不断地发展,规模会越来越大,医院效益自然而然会成为考虑的重点,考虑到效益,势必会降低成本,这样一来就可能用一些辅助人员去帮助医师做一些网上的诊疗,那么什么样的人员可以做?又怎样去监控这些人员?可能会成为一个问题。如药店工作人员的参与行为,是否会被定义为诊疗行为,如果是,是否具有合法性?药店里配备的血糖仪等设备,谁来质控,以确保仪器设备的准确性?这些均是网络医院需要考虑的问题。

王盛飞指出,网络医院平台提供的周边穿戴设备准确性,通过严格的设备管理流程保障设备能得到及时权威的调校。

陈伟认为网络医院可以通过参照 POCT 即时检验设备加强操作人员资质及人员培训,并定期对检验结果进行比对。

余欣茵认为关于检验设备的问题：未来患者自行检测需要根据不同项目分析。比如抽血晕血的问题。药店是没有相应的资格以及能力处理的，而这个对病人的伤害是巨大的。我们或许可以学习美国的经验，连接网络的检验设备在美国是由 FDA 进行监管，监管的标准的根据对病人产生的风险程度来划分。分别分为 3 个等级。只有当第三个等级有可能对病人造成严重伤害的时候才需要 FDA 的严格审批。其他申请得到了备案即可。

议题二：网络医院诊疗范围

在座专家多认为网络医院的诊疗范围很难一时去界定，还需要在工作中慢慢去摸索。还需要行政机关予以划界设定。这方面，工作很多、难题很多，值得不断完善。

议题三：网络医院的质量控制（处方、病历等）主要集中在以下问题：

1. 信息平台能否将处方、病历提供给医院质控管理部门去质控？

2. 作为电子病历，写完之后是不允许修改的，如果修改，是否会有痕迹？能否做到不能修改病历这一点。

经第三方平台的专家解释，目前的网络医院，尚未将实体医院的 HIS 系统完全移植过来，但在技术操作层面是可以做到的，后续会进一步完善。

刘玉莹：按照《病历书写基本规范》，门诊病历可以由患者保留，如将处方等资料打印给患者且告知其保管的义务，将来需举证时，由患者举证，将病历举证责任转移给患者。但大部分专家不认同这一观点，认为病历资料应由医院保管，且医院主管部门有进行病历质控的义务。

余怀生律师：在电子病历方面，由于网络诊疗具有即时性、片断性和远程性等特点，怎么操作才能够既提高效率又满足《电子病历管理规范》里要求的电子病历录入客观、真实、准确、及时、完整的原则？对信息如何进行修改？万一出现医疗纠纷时，如何对病历证据的真实性进行认定？这些问题是争议焦点。关于处方、病历等证据保管的问题，患者不用担心电子病历还在医院，就心里不踏实，因为国家是有电子病历管理规范的，规范要求必须有一个后台系统，后台系统是可以查阅患者所有的病历有无更改的问题。

当然,实际上多少医院能做到,可能要打个问号。网络医院涉及证据力的保存问题,所以个人觉得未来应该由政府牵头,有一个第三方协助,专门保管网络医院的所有病历,目前浙江已经在做这方面的突破了。如果是由政府认可资质的第三方保管病历,那它的证据力肯定会比打印处方给患者保管要好,而且打印处方给患者保管,个人觉得从技术层面上也是不可行的,因为如果他去伪造一个,怎样去鉴别,也是一个问题。

姬长锁主任认为:在网络医院的质量控制中,技术控制更重要,如之前用过的一种软件,对每一个症状、每一个药的用量都有警示、有提示与限制,想破格都不行。比如怀孕期用药,假如问诊时,你没问是否怀孕,它会提示你还未完成。个人认为,在网络医院未来的发展中医生的作用可能弱化,软件的作用会更强化。另外,使用软件时,术语使用要规范,如果没有规范用语,病历检索、云数据收集时会比较麻烦。

议题四:网络医院、第三方平台、药店(社区)这三方如何分责?

实体医院,从接诊、分诊、到就诊、发药都是在医院,只涉及一个医疗服务合同;而对网络就医来说,接诊在药店,看病的过程在网络医院(借助第三方平台),发药在药店,这就涉及服务合同的问题,到底网络就医是一个合同还是几个合同?另外,网络医院、第三方平台、药店这三方的责任如何划分?怎样从法律上来规避风险?

对于这一问题,大家意见不一。

刘玉莹认为患者与网络医院的医疗服务合同在网络医院开完处方后,便已终结。因为患者在网络医院看病,属与医院建立诊疗服务合同,接下来在药店买药,属于患者与药店建立的买卖合同,这是两个合同。至于这两个合同之间有无关系,要视情况而定,如果网络医院开的处方本身没问题,但药店发错了药,那是药店的责任,与医院没关系;但如果处方本身有问题,那可能就与医院有关系,因为处方是错的,虽然药店有审核的义务,但是主要责任还应在医院。

从风险上看,虽然有几个合同,但医院还是存在很大的风险。在现有情况下,网络医院对药店的要求会更高。

余怀生律师:目前,省网络医院审方是放在药店。但个人认为无论药店有无审核,这个审方的义务还是网络医院的。因为2014年9月《国家卫生计生委关于推进医疗机构远程医疗服务的意见》的规定里面已经明确了只有医疗机构才能够从事网络诊疗,也就是说患者来网络医院就诊,除了接受诊疗的服务之外,还包括后续的处方合理性的审方服务。处方审核的义务是由药店承担,还是由医院药剂师进行处方审核后再传送到合作药店,是一个需要明确的问题。建议在与药店的合作合同方案中,预先划分包括配发药品错误、远程数据传送错误等因素下的承责和追责条款。

余欣茵律师:关于服务合同的理解,有一点不同意见。认为即使是通过网络医院直接转到某个药店,也不能认定该药店是网络医院的延续,只有当网络医院投资建设了这个药店或是网络医院对该药店持股时,才能认为是延续,如果不持股,不能认为是延续。那么在不一定延续也有可能导致风险的情况下,认为一个好的规避风险的方法就是在开处方的时候写明或告知清楚。

(根据录音整理　未与本人核对)

广东省医学会医事法学分会医疗风险防范学组“医疗事故罪的法律风险识别与防范——以李建雪医疗事故罪事件为例”学术沙龙综述

时间:2015 年 04 月 24 日　15:00 - 17:10

议程:

大会主持　陈　伟　广东省第二人民医院门诊部主任　学组组长

15:00 - 15:15　医疗事故罪概述及医疗事故罪判例分析主题报告
余怀生律师

15:15 - 15:30　李建雪“医疗事故罪”案件简介　刘玉莹　学组秘书

15:30 - 16:00　议题一　从李建雪案件谈医疗法律风险防范

主持人:汪锦宏　广州市第一人民医院投诉管理科科长　学组副组长

发言人:赵自更　番禺区第二人民医院医疗副院长
朱宁湖　广东省第二人民医院产科主任
王灿敏　广东省第二人民医院副主任医师
章　弦　南方医院医患办主任
王鹏飞　中山二院医患办主任　学组委员

16:00 - 16:30　议题二医疗事故罪立案标准及医疗事故罪构成要件解析

主持人:施　祥　中山附属第一医院医患办科长

发言人:符　忠　经纶律师事务所律师
刘子锋　中大口腔医院医务科副科长
雷锦程　南方医科大学伦理学教授
洪树勇　法圣律师事务所律师

肖潮富　海珠区赤岗派出所民警

16:30－17:00　议题三　医生医疗权权益保护——从医学、法学、人文伦理、管理、媒体人视野

主持人:梁　栋　广东省电视台主持人　医事法学分会媒体学组组长

发言人:刘志平　新海医院医务科科长　学组委员

余怀生　法圣律师事务所律师　学组委员

汪锦宏　广州市第一人民医院投诉管理科科长　学组副组长

雷锦程　南方医科大学伦理学教授

刘玉莹　广东省第二人民医院科员　学组秘书

会议内容

一、背景

为加强医护人员对医疗事故罪的认识,提高医务医务人员医疗事故罪的风险防范意识,进一步探讨医护人员依法执业权益的保护,推动和规范我省医事法学事业的发展。省医学会医事法学分会医疗风险防范学组在广州举办第二期学术沙龙暨广东省第二人民医院医疗质量提升年医疗风险防范沙龙活动。沙龙通过对医疗事故罪判例回顾分析、李建雪"医疗事故罪"事件深入剖析及对医疗事故罪的探讨展望,将医疗法律与临床医疗实务对接,发现医疗安全风险点,提高质量安全管理风险防范共识。

(二)李建雪"医疗事故罪"案件简介

2011 年 12 月 28 日　产妇陈某入住长乐市医院妇产科待产。入院未提供门诊产检资料。产科医生吴某接诊,进行产前检查,结果显示:红细胞压积 43.8%,纤维蛋白原 5.76、白蛋白 3＋＋,存在子痫前期重度、低蛋白血症。吴某交班时,未向接班医生代为查看陈某的化验结果,也未继续跟踪过问。陈某的检验结果异常无人查看。

12 月 29 日 12 时 -31 日 11 时 50 分　陈某离开病房回家休息。

12 月 31 日 21 时 24 分　陈某会阴侧切顺产一健康女婴,产后出现阴道出血。

12 月 31 日 21 时 37 分　一线值班医生李建雪接到产房电话后前往处理,此时才见到陈某之前的化验结果,她检查发现患者宫缩欠佳,注射药液后宫缩好转,但阴道仍有活动性出血。便上报二线值班王医生。随后李建雪又配合上级医师修补裂伤口;王医生估计出血量为 1500 毫升,并给予陈某输血 800 毫升和输液治疗。23 时,陈某开始输血。上级王医生认为陈某病情稳定,没有生命危险,便离开产房,临走时叮嘱李建雪有情况随时汇报。

2012 年 1 月 1 日 1 时　患者生命体征示:心率 100 次/分,呼吸 20 次/分,血压 90/58 mmHg,休克指数 1.111,李建雪见患者尿量少,予以速尿 20 mg 静脉推注,半小时后,患者尿量未见明显增加,请示二线值班医生王医生,王医生指示加大补液量 1500ml。

1 月 1 日 2 时　许患者排尿 300ml,2 时 20 分左右,补液量近 4000ml,生命体征:脉搏 100 次/分,呼吸 20 次/分,血压 110/65 mmHg。阴道出血 5ml。

1 月 1 日 2 时 35 分　许陈某由产房送至病房。患者主诉寒冷,出现颤抖症状,未引起值班护士重视。

1 月 1 日 2 时 45 分　患者出现烦躁、面色苍白症状,生命体征示:脉搏 144 次/分,呼吸 23 次/分,血压 94/45mmHg,血氧饱和度 86%,休克指数 1.532。值班护士仍未向值班医生汇报。

1 月 1 日 3 时 20 分　患者出现谵妄症状,生命体征示:脉搏 123 次/分,呼吸 23 次/分,血压 110/50mmHg,血氧饱和度 76%。值班医生李建雪立刻通知二线王医生。

1 月 1 日 3 时 29 分　一线、二线、三线医生组织抢救,患者因抢救无效死亡。

1 月 2 日长乐市公安部门对此案件立案审查。

医疗事故鉴定情况:

2012 年 5 月 9 日　福州市医学会鉴定：因本例未行尸检，死亡原因不确定，根据现有资料，患者死于产后出血性休克或伴急性肺动脉血栓栓塞可能性大。患者存在肾脏损害（肾病综合征）、血液高凝状态等基础疾病。医方对病情观察不仔细，产后出血量估计不足，处理不到位。案件性质被定位为一级甲等医疗事故，医方承担主要责任。

2012 年 9 月 20 日，福建省医学会进行二次医疗事故鉴定：认为产妇入院分娩前，红细胞压积 43.8%，纤维蛋白原 5.76、白蛋白 3 + +，存在子痫前期重度、低蛋白血症，与宫缩乏力导致产后出血有一定的关系；医方对病情认识不足，抢救措施不力，与患者的死亡存在因果关系。案件性质被定位为一级甲等医疗事故，医方承担主要责任。

审查起诉情况：

2013 年 9 月　长乐市公安局以李建雪和另外两名医生涉嫌医疗事故罪，向长乐市检察院移送审查起诉。但最终，长乐市检察院仅起诉了李建雪一人。

在长乐市人民检察院的起诉书中提到，质控的理由：主要是李建雪没有意识到陈某出血性休克的状态，给陈某注射了速尿针，以及在病人病情不稳定的时候，将其送至病房。李建雪身为妇产科医生，在抢救产后出血过程中，严重不负责任，造成陈某因产后出血致失血性休克死亡，其行为触犯了《刑法》第 335 条，犯罪事实清楚，证据确实充分，以医疗事故罪追究其刑事责任。

医院赔偿情况：

长乐市医院已经一次性赔偿患方医疗费、护理费、住院伙食补助费、死亡赔偿金（含被抚养人生活费）、丧葬费、交通费、鉴定费以及精神损害抚慰金等，共计 150 万元。院长以及相关医务人员 10 余次到患者家里赔礼道歉，仅院长带队的就有 3 次。

议题讨论

议题一:从李建雪案件谈医疗法律风险防范

产科朱宁湖主任认为:该病例提供信息非常不详细,产妇一般正当年、身体比较好,单纯出血量1500ml,就是2500ml、4500ml,都不会死亡这么快,而且已经输了800ml的血了。从这个病例来看,李医生还真的没有不负责任,他一直在观察、输液,从病人发病到死亡不到3个小时,以我个人经验看,要么是肺栓塞,要么是出血量的估计严重不足,是由于急性失血造成的死亡,也就是说护理人员或是他们这个医院的整个团队,对病人的观察都是不到位的。针对使用20mg速尿的不足,应该在充分补液的情况下再去用,可能会更好一些,但即使用了也没什么大的问题。总体来讲,我个人认为这个案例,达不到一级甲等医疗事故,因为病因都不明确就定罪,确实不太恰当。存在的不足:因这个案例提供的资料较少,缺乏资料的完整性,但从现有的资料和记录来看,存在以下不足:(1)观察不到位、处理不及时,但这与孕产妇的死亡没有直接关系。①血制品输的不够;②上级医生不在场,个人认为就这个案例来说上级医生有更大的责任。(2)医疗文书的书写不合格。

针对产前检查的3个结果一直没人看。朱主任认为,这几个结果与病人死亡没有任何关系。从网上获取的资料来看,当时病情并不严重,严重的话患者不会自行出院回家。如果真的是重度子痫前期,那么患者一定要住院治疗,但单从这三个化验结果来看,属于妊娠晚期、血液黏稠度增高的正常产妇。从记录来看,李医生自始至终一直在患者身边,可能由于李医生的经验有限,水平不够,没有发现问题,所以他的上级医生更不应该离开。

重症医学科王灿敏副主任医师认为:个人认为,从提供的这些资料来看:①这个产妇是因为产后出血引起的死亡这种可能性是非常小的,应该考虑是否羊水栓塞、肺栓塞之类的。②李建雪医生处理还是可以的,可能上级医生的责任更大。③从描述来看，护士的责任也很大，当时送病房后，患者就诉寒冷，这个时候医生没有处理，护士也没有请示。

南方医院医患办章弦主任认为：在医疗事故罪方面进行了搜索，其中有一篇文章进行了统计，严重损害的比例是非常小的，更多的是患者死亡的案例。从处理及预防纠纷的角度，建议：①加强沟通。从这个案例来看，整个过程中完全没有医生和患者家属的任何沟通。②危急值报告制度。③核心制度。④及时有效的处理和防控。⑤诊疗常规、法律法规。

我们在平时的工作中一直在强调医疗安全，但医疗安全到底怎么做，个人觉得最基础的就是把三基三严、护理常规、诊疗常规等工作做好，加强对医生、护士的培训，让他们建立严格的意识，这个是很重要的。同时，应加强行政执法，针对被鉴定医疗事故的，如果说抓一两个典型的，对医生护士进行停牌，示范效应和教育意义是非常强大的，但是没有。所以我们是在走钢丝，但医生护士也到了该反省反省我们的工作和行为与法律法规要求的差距，以及实际工作中是否有真正的遵守卫生法律法规。我觉得医护人员需要自我学习、自我发展，自我完善，很重要一部分就是法律的基础知识，弄清楚权利和义务。

议题二：医疗事故罪立案标准及医疗事故罪构成要件解析，由施祥主持

1. 洪树勇律师认为：这个案子存在的问题：(1)公安机关办案程序的问题。孕妇1月1日死亡，1月2日李建雪就被公安机关立案侦查，那立案依据的是什么呢？(2)医院在处理时存在的不当。医方赔偿150万元高额的赔偿费。家属会认为，你医院、医生如果没有责任，为什么要赔偿这么多钱，社会上很多不明真相的人也会这样想，这对案件的后续处理也会造成很不好的影响。个人认为这个案子不构成医疗事故罪，应该属于一般的医疗纠纷。

2. 符忠律师认为：医疗事故罪是绝对不会废除的，一定会保留，只是看

怎么调整的问题。李医生这个案子,给我的感觉,更倾向于技术事故,违反了技术规范,是不是都可以入罪?这是一个非常扩大化的趋势。我认为要解决这个问题,应该从立法上去解决,构成医疗事故罪的客观条件,应该是明确的责任事故或者必须是严重违反了核心制度的行为,比如,一个三级手术,一定是要有术前讨论的,我们的医疗中如果没有术前讨论就给患者做了手术,但手术中又出现了医疗意外的东西,我觉得可以把它当成刑事案件来看。总结一点,从法律历史变化来看,如果不在立法上改变,笼统的去制定医疗事故,而恢复到原来的、清晰的去分清楚责任事故还是技术事故的话,医生入罪的情况只会越来越多。

3. 雷锦程教授认为:医疗事故罪入刑法当年本身就存在很大争议,为什么争议这么大还是入罪了呢?这跟我们当时的整个导向有关系。当时的导向侧重于医生侵犯患者的权益,要怎么保护病人,从病人和社会公众的权益考虑更多,所以当时入罪了。个人认为这个罪可能是当时刑法里面最不成熟的一个罪。同时此案件存在 3 个问题:(1)立案标准的问题。患者的死亡之间是否有没有因果关系,没有尸检、明确的死因,怎么说没有确凿的证据。在没搞清楚情况就随随便便去入罪的话,带来的社会后果会非常严重。我认为,长乐这个案子,法官至少要清醒点,不能随便去判,否则后果就会像七八年前"南京彭宇案"一样,影响坏的一塌糊涂。(2)责任主体的问题。医疗责任的主体往往不是一个人,基本上是一个医疗组,你给谁定罪?谁负主要责任?这有争议。(3)在这件事上,警察可以做的是:强制要求尸检,这是当时该做却没做的事情。

施祥科长认为:(1)刑法定罪时会考虑到社会危害性,医生这个主体还是以知识分子为主,他的社会危害性不会像其他刑事罪那么大,在适用这个医疗事故罪的时候应相对从宽。(2)关于定罪主体的问题,刑法里面还有一个原则叫"行为自负",即我只对我的行为负责,我不对别人的行为负责。在这个案件里,患者的最终死亡肯定是一系列的行为构成的,包括医院管理行为以及其他医务人员的行为,但最后由一个医生去承担,我觉得这样的案件适用刑法不太恰当，应该更适用于行政处罚。

议题总结：关于立案标准，大家都讲到几个方面：程序；构成要件；定罪主体。最关键的还是怎样理解“严重不负责任行为”，也就是客观要件，有待进一步明确。人大代表或是政协委员可通过相关渠道表达观点，影响立法。

议题三：医生医疗权权益保护——从医学、法学、人文伦理、管理、媒体人视野

媒体人梁栋：作为媒体来说，早期可能确实有不足，较大的篇幅都偏向了患者，因为会觉得医院比较强势，有了专业知识后，会慢慢的有一些平衡。那如果像李建雪这一类的案件，法律界、医疗界都存在很大的疑惑，媒体作为一个公众的窗口，应该怎样去采写报道，才能给公众一个正确的引导呢？

汪锦宏科长认为：媒体介入有助于在一定层面上将这件事公开。同时媒体应给大家、给关系之外的人一个信息：①拉横幅与总体价值取向不符；②任何纠纷与争议是正常的，出现矛盾和争议后怎么去解决，解决之道才是大家更应该关注的。媒体站在客观的立场，引导社会走向一个法治的理念或思维，媒体的价值和公信力是这样产生的。

刘志平科长：李建雪医案是个个案，但社会导向很重要。刚才梁先生的问题很切合这个事情，媒体怎么去报，就决定这个社会的良心在哪里。比如说这个事，核心是不管发生什么问题，确定医务人员的动机是什么，这点非常重要，立案也是要判断这点，不能把这个基础破坏了。“大妈倒地”的引导也是这样子的，就算是推倒的，也要先认定他有主动救人这一点，现在之所以不敢扶，是因为一开始我们就在怀疑大妈是不是被人推倒的。我们在确定医疗事故或纠纷的时候，这个因果关系中的“因”太重要了。同时其还指出要加强医院人文建设，西医的一个重大的缺陷就是走的越精尖，越脱离人文，现在我们拼命要把医生拉回来，你要想到你是人，你面对的也是人。中医在这方面就有很大的优点，是在人文的条件下发展的，一直没有离开互相

平等的人来打交道。

汪锦宏副组长总结认为:作为风险防控组,建议形成医疗风险防控联合体,共同来面对和解决各种问题。风险防控学组把每次的沙龙议题形成会议记录,能够反馈到临床,反馈回护理,比较便利地去操作。我举个例子,知情同意书的签署问题,不少医生是糊里糊涂的,谁来签,不知道。很多医生告诉我这么多年都是家属首先签,法律上肯定不是这样认为的,权利主体是病人,除非他没有民事行为能力或者说有其他方面的问题没法表达清楚意思,近亲属签才是符合法律要求的。下次沙龙能不能定一个主题:知情同意书怎么签署,包括流程,制定出一个 SOP,我们防控组讨论成熟了以后,回去就在临床实施,我相信很多医生是需要的。临床很迫切需要一个简单明了、可操作性很强的制度,让他们去操作,防控法律风险。

(根据录音整理　未与本人核对)

2015年广东省医学会医事法学分会医疗风险防控学组学术会议暨医疗安全与风险管理研讨班会议综述

2015年11月7日，由广东省医学会医事法学分会主办，医事法学分会医疗风险防控学组和广东省第二人民医院协办的省级继教班医疗安全与风险管理研讨班在广东省第二人民医院召开。大会由省二医医教部主任刘瑛主持，省二医医疗副院长李贵涛、中山附一院质量评价处处长、医疗风险防控学组组长刘秋生等参加会议并致辞。广东省第二人民医院副院长李贵涛；中山大学某附属医院质量评价处处长、广东省医学会医事法学分会医疗风险防控学组组长刘秋生；广东省人民医院平洲医院院长、广东省医学会医事法学分会副主委袁伟伟，广东省第二人民医院门诊部主任、医疗风险防控学组副组长陈伟；南方医科大学珠江医院质量管理科张梅霞主任、广州市第一人民医院投诉管理科科长、医疗风险防控学组副组长汪锦宏科长等参加了开班仪式。来自广东省人民医院、广东省妇幼保健院、广东省第二中医院、中山一院、中山二院、中山三院、南医三院、广东法圣律师所等广东省各地的医疗安全管理专家、学者、临床专家、法律专家及省二医部分质控员共100余人参加了本次研讨会。

李贵涛院长在致辞中表示：本次研讨会，是我院与医疗风险防控学组联合举办最大规模的一次学术会议，来自医疗安全管理的一线专家们围绕着医、法、管理相结合，建机制，防风险的主题，从执行核心制度、注重病历书写、加强学科整合、医院应急管理、人文管理、医学哲学、依法行医等多角度，采用专题讲座、病历分析、学术沙龙多形式，进行分析临床中风险点和建言防范措施。我相信此次研讨会的成果将积极推动我省医疗质量和安全管理建设。最后,我要借此机会为本次会议付出辛勤劳动的医教部及肿瘤二科的各位同仁、医疗风险防控学组领导和专家及热心医院医疗质量和安全的企业单位表示最诚挚的谢意。

学组刘秋生处长在致辞中,表示医疗风险防控学组成立于 2014 年 10 月,虽“年轻”但务实开拓。学组创新地将医疗纠纷处理实务人员、律师、质控专家和医院临床科室紧密相结合,一直致力于医事法学前沿热点,临床一线及医疗纠纷实践中面临医疗风险点理论分析和事务探讨,在广东医事法学领地创出了一片天地。此次学术规模虽不大,但汇集医疗纠纷处理一线的精英,同时包含全国知名的质控专家张梅霞主任,充满哲理思维的医学专家傅晓英主任等。我相信,由医学、法律、管理三个学科碰撞的学术报告会让各位体会医事法学的学术和思想盛宴。

医疗风险防控学组组长刘秋生处长致辞

主题报告

广州医科大学附属第三医院北院医务科孙超君科长:从人文的角度跟大家分享如何更好地进行医疗风险防控

他认为目前医疗纠纷已经上升到人民内部的第二大矛盾。造成医疗纠纷、医闹等的原因很多,医院方面的原因更多一些:如核心制度的执行,违反诊疗常规,责任心不强等。患者方面的原因急诊科是重点风险防控点,要做好相应的风险防控工作,平时工作中应特别针对节假日、交接班、夜间,牙科、耳鼻喉科,低收入人群,以及医生做好医疗思维和人文思维的教育。

广州医科大学附属第三医院北院医务科孙超君科长作主题报告

广东省第二人民医院专家组专家傅晓英主任:既要防范医疗纠纷又须防止医学退步

医学进步的核心是医生精湛的技术和强大的责任心。专业的基石来自于信任,当信任发生问题,就会出现纠纷,医疗的、人为诱发的纠纷。现代临床医疗纠纷无处不在,相关医事法规非常多,苛刻规则使得医院退步,原因归为:(1)科班培养出的庸医。(2)钝化的感悟。(3)违规的善举。(4)合规的亵渎。慎防医学退步要照章办事,以病和人为主,做到技术高、沟通好,要做到本心,学会保护自己。

傅晓英主任作主题报告

广东省第二人民医院肿瘤二科主任蔡长青蔡主任：恶性肿瘤的MDT问题。从多学科综合治疗概念、缘起与发展、MDT团队的组成、MDT团队的责任和义务、MDT团队的运行和管理、MDT团队建立的方式、目前存在的问题及改进建议几个方面详细地介绍了恶性肿瘤的多学科治疗。

南方医科大学珠江医院质量管理部张梅霞主任：医院应急管理与风险评估。根据工作实际，结合三甲评审实施细则的要求，给大家简述医院各部门应急管理的要求。通过介绍脆弱性分析及模型，建议大家在实际管理工作中使用。组织医院多部门共同参与，针对当下的情况进行打分，找出医院需要优先改进的地方，进行整改完善，修订预案或是加强演练等。其后又重点介绍了持续改进中编制预案及隐患排查两个方面。

学组秘书刘玉莹：医疗纠纷风险识别与防范。列举了易发生医疗纠纷的人群，以及判定医疗过错的基本原则，并从规范、服务、沟通、记录四个方面结合实际纠纷案例谈医疗风险防范措施。

广东省第二人民医院质量管理科毛莉颖科长：病历书写中存在的医疗风险点。毛科长结合当前的相关法律法规，分别从病历的功能、目前病历书写普遍存在的问题以及病历书写中各个部分的风险点几个方面进行了分享。首先,强调一定要从书写的基础教育开始,强调证据作用;在书写病历时,要在卫生部病历书写规范的基础上加入《侵权责任法》的相关要求。用实例举例说明电子病历书写普遍存在的问题:不及时、不完整、不真实、不连贯、不规范。提出目前病历书写中门(急)诊病历目前最大的风险点是没有询问,或者问了没有记录。详细介绍住院病历中普遍存在的各种问题以及病历书写中各个部分的风险点。

广东省人民医院平洲分院院长袁伟伟:医疗核心制度——案例点评。袁院长认为临床实践中容易出问题的主要是两个方面:一个是医疗技术本身;另一个是医疗核心制度的执行情况,他以案例点评的形式,对应该怎样去理解医疗核心制度以及核心制度的作用进行了详细讲解。同时阐述了非法行医相关概念、法律条款、行为表现等存在的各种问题,并对我们医务管理者给出了严防非法行医的建议。

广东省第二人民医院门诊部主任、医疗风险防控学组副组长陈伟:网络医院法律风险防范。从互联网医疗发展趋势、广东省网络医院模式以及网络医院的法律风险防控三个方面进行分享。介绍互联网医疗市场规模呈逐年上升,广东省网络医院模式采取多方合作,分工负责、责任明确的模式,对全新的诊疗模式——网络医院的诊疗风险防控可以借鉴实体医院两点做法:第一,出台规章制度加强自我管理,纳入医疗质控管理,如处方有药师点评;第二,严格管理网络医院医生,专科专治,设置分诊功能,更科学合理。实行处方电子签名,注重患者隐私保护等。

广东省第二人民医院李贵涛副院长:医疗单元职责体制机制与医疗质量。目前存在的医疗风险,一些明知故犯的错误,与医院体制机制的有关。机制是一个好的方法,能够保证目标的实现。医政人是医院质量管理的谋划者、执行者、监督者,从事医政管理的同志,责任大,担子重。医政人首先要明确医疗质量要素,知识不代表能力,品德不能代表质量,信任不能代替监管。医疗行为如何统一?各司其职,职责与时俱进,机制奖勤罚懒。医疗控制第一个要自我控制,第二个就是同级控制,再一个是逐级控制、预防控制等。各位医政人协助院领导制定岗位职责、清晰的单元结构。职责体制第一要素就是：架构科学，责任精准明确，机制要有激励，要有监督，要有奖惩，还要能够实行改进，僵化的体制必然产生僵化的机制，不合理的机制必然让好的机制走向慢性死亡。

广东省第二人民医院李贵涛医疗副院长作主题报告

学术沙龙主题：转诊或转院中涉及法律问题的思考

中山大学附属第三医院岭南医院医疗办公室单玉涛主任：转诊中涉及法律问题的思考。

结合三个实际案例对转诊的定义、转诊的常见原因、转诊的规范化要求、转诊中面临的问题、转诊中涉及的法定义务、转诊中涉及的法律责任以及特殊转诊规定等做了详细阐述。

围绕着“转诊或转院中涉及法律问题的思考”沙龙主题，来自综合医院、专科医院、基层医院、120 指挥中心、民间急救转运站、律师事务所的专家、学者从医学、管理、法律等方面进行了广泛而深入的探讨，引发了深刻的思考。

广州 120 指挥中心主任李双明：列举了 2008 年国家卫生部在标准化文本中将救护车分为四大类，第一类是抢救监护型救护车，目前广州 120 采用的全部是抢救监护型救护车，里面的设备、人员要求是有文本规定的；第二类是转运型救护车，从配置要求上比抢救监护型救护车要低一点；第三类是防护型救护车；第四类是特种救护车，包括血液、通讯保障这一类比较特殊的。其认为关于转运、转诊，医疗机构，必须要有应急系统的规划，靠大医院来接病人，是不现实的，从体系上讲，谁接的谁送。

广州市第一人民医院医务科科长汪锦宏：认为不管什么原因，发生转诊或是转院，通过自定的半表格式医疗文书，明确客观的告知患者转院和转诊医疗上的风险。对于医方来讲，这些客观的病历资料证明履行了告知义务，同时对于患方来讲，也可以让他对转运过程中的风险有个更深入的认识，作出更客观的判断和选择。

广州市第八人民医院罗红彬科长：介绍了大家经常打电话咨询的一些关于转诊的问题。(1)关于结核：一般的结核是在胸科医院收治，不会转到我们医院，但是如果结核携艾滋的，结核携肝病的，我们医院都会收治。(2)关于产科方面的传染病患者：胸科医院没有产科，产科方面的传染病患者都会转到我们医院，医院设有绿色通道，联系一下都会接收，这种情况不要求会诊。(3)一般的传染病：都需要经过会诊，比如艾滋，大部分经过初筛，有相当一部分最终确定是阴性的，和别的艾滋病人在一起会有很大意见，大多数都要求有确诊报告才会转。其他一般的传染病，比如水痘，麻疹、流感之类，不是很大的，其实很多医院也可以治疗。(4)重大的突发性疾病：比如禽流感、埃博拉。禽流感，主要是呼吸重症，很多医院都可以做，但是卫生局有要求，尽量转到广州市第八人民医院，但要先经过会诊，其实很多病人不具备转诊条件，确实也对实际工作造成很多困难。埃博拉，目前非洲疫情基本结束，大部分黑人发烧都是艾滋、疟疾等。前一段时间中东呼吸症，一般是安排负压救护车转诊。广州市共6家医院都具备收治和转诊能力。

广东省妇幼保健院医务科科长温健，作为妇幼专科医院，只有小儿外科，没有成人外科，病情非常严重，如果是按照文件处理后才能转诊，可我们没有成人外科,这就是一个很大的问题。我们目前的做法是与综合医院签订协议,碰到这种情况就近转往协议医院。广州市这一块相对还是比较完善的,但是下面的地级市就不清楚了。

广州安捷急救转运站刘晓辉:作为商业化的转运公司,分享尽量规避转运风险的经验.:(1)一般不直接从家里接病人,因为判断不了病情。(2)一定要严格做好病情评估,其实有两个环节,一是主管医生介绍病情,一般主管医生评估安全的才会同意转运;二是我们医护人员评估病情。(3)签知情同意书,告知转运过程中的风险。(4)购买医疗责任保险、交通意外险。

广东法圣律师事务所律师余怀生律师,有几个环节需要注意:(1)对病情要做必要的前期处理,如止血包扎;(2)必要的病历,转诊的质量考虑;(3)必要的情况下安排医务人员陪同;(4)《刑法》第335条医疗事故罪,最高检和公安部立案标准共有7条,第2条规定无正当理由拒绝对危急就诊人士实施必要医疗救治的,医务人员可能构成主观上的不负责任,如果我们在转诊过程中涉及这一点,是有可能构成医疗事故罪的。

学术沙龙讨论

总结致辞

李贵涛副院长认为各位专家学者们的主题报告和讨论非常精彩、到位，对规范医疗管理者及医护人员的工作行为具有很好的指导与现实意义。他指出管理的核心就是质量的控制与改进，医疗工作是一个富有挑战性的工作，也是一个螺旋式不断上升的过程，作为医务工作者，建议大家一定自豪自己所从事的艰辛且辉煌的工作，做到有目标、有行动、有监管，不断地持续改进，将我们的医疗工作做得越来越好。同时，感谢各位专家、学者、学员们对本次会议的大力支持和积极参与，希望今后有更多机会一起探讨、共同进步。2015 年广东省医学会医事法学分会医疗风险防控学组学术会议暨医疗安全与风险管理研讨班圆满结束。

会议合影

会议现场

医疗与企业事务学组沿革、成立暨学术研讨会综述

自成立以来，广东省医学会医事法学分会一直在各个方面很注重，通过与医事相关的单位和个人进行交流互动，共同提高理论研究和实践工作水平。实践表明，医疗体制是涉及患者、医疗机构、医务人员、医疗器械供应商、药品供应商、保险机构以及各方管理决策者等相关方构建的有机体。从某种意义上说，医疗体制的法治化就是上述主体之间关系的法治化。在国家治理法治化的背景下，医疗机构、医务人员以及供应商和高级管理人员为医疗体制的一部分，它们的诉求和建议应该得到尊重。为此，在医事法学分会中，筹备设立与医疗相关的，以医疗、制药、医疗器械、保险及法律服务机构等为主要成员学组就成为一项重要工作。期待通过学组的成立和工作，将其作为专门纽带，提供学术研讨、社会服务，更好促进广东医事法学的研究和实践工作。

医疗与企业事务学组的筹备，可追溯到 2015 年 6 月，受分会主委宋儒亮主任的委托，上海罗氏制药有限公司南中国区总监孙海峰先生、赛诺菲安万特制药有限公司南中国区商务总监陈卫东先生、南海新特药总经理余金城先生，在半年时间内，紧锣密鼓，联系了 33 名适合条件且也愿意成为组员的同道，共同形成学组队伍，这些成员涉及领域包括医疗、制药、医疗器械、保险及法律服务机构等领域。

2015 年 11 月 29 日，在广东省医学会殷切关怀和医事法学分会大力支持下，医疗与企业事务学组成立暨学术研讨会在中山大学学人馆三楼 2 号会议室成功举办。根据安排，设置议题有四项：(1)省医学会及分会领导致辞；(2)学组代表发言；(3)学组委员证书颁发仪式；(4)医事法学热点问题研讨。

广东省省医学会副会长兼秘书长李国营教授、广东省医学会医事法学分会主任委员宋儒亮教授、中山大学法学院周林彬教授、广东省医学会医事法学分会副主任委员田柯教授、广东省医学会医事法学分会医疗事故鉴定学组组长罗斌教授等领导、专家出席会议。印根权、孙海峰、梁敏怡、冯曦、刘华、陈志勇、黄彬、陈吉生、傅茜、练磊、赖伟华、陈清霞、闽登梅、郭丹、张顺聪、陈卫东、余金城、马红文、骆旗、张朝棋、杨敏、袁晨、许伟灿、郭怡、徐有恒、赖伟清、张家奕、汶国强、李秦、何颖君等学组成员参加本次会议。

李国营副会长兼秘书长李国营教授在表示热烈祝贺同时，就学组宗旨、定位、职责和意义等做出了翔实而中肯的阐述，并就如何按照医学会章程要求，如何将学术成果，通过宣教、传播、培训等方式，按照法规章程，转化为实践行动，提出了明确要求，给出了指导意见。宋儒亮主任代表分会就学组成立和成员努力表示肯定之际，指出作为省医学会的特色分会，广东省医学会医事法学分会在省内乃至全国都产生了积极影响。作为分会下属的学组，既迎来医事法学工作的新探讨和新扩展，也更要面对如何在法治轨道和框架内做好工作的挑战，成员们如何在法律框架下行医和执业的问题。这些问题是学组成立之后，各位医疗机构及医药企业等学组成员必须严肃对待的事情。希望通过积极有效工作，团结组织从业人员，通过法律、保险等途径保障，打捞行业从业人员合法声音，维护自身权益，保障行业健康有序发展。

会议同时为学组代组长宋儒亮主任、副组长印根权教授、孙海峰总监、冯曦副研究员、梁敏怡经理的颁发了委任证书。

孙海峰总监作为学组代表，就学组筹备的历程、学组的要务和活动计划向领导进行了简要汇报并就以后如何开展工作提出了建议意见。学组目标主要有：(1)宣教医疗与企业从业主题依法从业；(2)维护行业从业人员的合法权益；(3)履行医疗企业的社会责任。从而推进法治广东、和谐医疗的建设，成为相关部门决策参考的智库之一。学组其他成员也表达了在学会和分会领导下开展好各项工作和任务的信心与决心。

黄彬教授、冯曦副研究员和汶国强经理分别以“精准医疗背景下法律与社会伦理相关问题的思考”、“药企馈赠行为的规制——美国经验及其对中国的启示”、“医调委与医疗责任保险在医疗风险防控中的运作情况与问题探讨”作了专题报告。在精准医疗与基因检测方面，黄彬教授指出我国有一些基因检测管理规范无专门的隐私权保护法，但缺乏行政层面的有效监管机制，需出台基因检测相关的法律法规，在行业自律的基础上，加大行政监管与专项立法的力度。冯曦副研究员从国外对医疗行业商业贿赂行为的界定及相关法律法规完善进程的独特视角出发，提出了可供国内相关法律条款思考与借鉴的要点。汶国强经理对广东省医疗责任保险及医调委的运作现状做了综述，同时从医疗保险从业者的角度对于当今社会医疗环境下的医疗事故鉴定与赔偿流程提出了几点思考意见。

与会领导和成员，围绕报道进行了答问，并就对学术研讨内容给了积极评价。

在国家治理法治化、医疗体制法治化改革的背景下，医事法学分会下设立医疗健康行业学组，扩充医事法学的研究领域和研究队伍，对推动医事法学分会事业向广度和深度发展，为建构和谐美好的健康中国将具有积极的作用。

李国营副会长兼秘书长同学组组长、副组长合影

学组成员集体合影

图书在版编目(CIP)数据

医事法学进展在广东 / 宋儒亮主编. —北京:法律出版社,2016.4
ISBN 978-7-5118-9206-5

Ⅰ.①医… Ⅱ.①宋… Ⅲ.①医药卫生管理—法学—中国 Ⅳ.①D922.161

中国版本图书馆 CIP 数据核字(2016)第 042591 号

责任编辑/冯高琼 **装帧设计**/李 瞻

出版/法律出版社 **编辑统筹**/法规出版分社
总发行/中国法律图书有限公司 **经销**/新华书店
责任校对/杨昆玲 **责任印制**/吕亚莉
印刷/固安华明印业有限公司

开本/720 毫米×960 毫米 1/16 **印张**/44 **字数**/567 千
版本/2016 年 4 月第 1 版 **印次**/2016 年 4 月第 1 次印刷

法律出版社/北京市丰台区莲花池西里 7 号(100073)
电子邮件/info@lawpress.com.cn **销售热线**/010-63939792/9779
网址/www.lawpress.com.cn **咨询电话**/010-63939796

中国法律图书有限公司/北京市丰台区莲花池西里 7 号(100073)
全国各地中法图分、子公司电话:
第一法律书店/010-63939781/9782 **西安分公司**/029-85388843 **上海公司**/021-62071010/1636
北京分公司/010-62534456 **深圳公司**/0755-83072995 **重庆公司**/023-65382816/2908

书号:ISBN 978-7-5118-9206-5 **定价:**88.00 元